Histoire de la psychanalyse en France. 1

Du même auteur

Un discours au réel
Mame, 1973

L'Inconscient et ses lettres
Mame, 1975

Pour une politique de la psychanalyse
Maspero, 1977

La Psychanalyse mère et chienne
(en collaboration avec Henri Deluy)
UGE, coll. « 10/18 », 1979

« Céline et Semmelweis : la médecine, le délire et la mort »
in Les psychanalystes parlent de la mort
Tchou, 1979

Les Maîtres de la langue
(en collaboration avec
Y. Mignot, J.-M. Gayman, F. Gadet)
Maspero, 1979

La Bataille de cent ans
Histoire de la psychanalyse en France
t. 2, 1925-1985
Seuil, 1986

Théroigne de Méricourt
Une femme mélancolique sous la Révolution
Seuil, 1989

Elisabeth Roudinesco

La bataille de cent ans

Histoire de la psychanalyse en France. 1

1885-1939

Seuil
27, rue Jacob, Paris VIe

La première édition de cet ouvrage
a paru en 1982 aux Éditions Ramsay
(ISBN 2-85956-305-9)

ISBN 2-02-009350-2 (éd. complète brochée)
ISBN 2-02-009346-4 (tome 1 broché)
ISBN 2-02-009406-1 (éd. complète reliée)
ISBN 2-02-009404-5 (tome 1 relié)

à Jean-Pierre Lefranc, qui a permis
l'existence de ce livre.

Si la relativité se révèle juste, les Allemands diront que je suis allemand, les Suisses que je suis citoyen suisse, et les Français que je suis un grand homme de science. Si la relativité se révèle fausse, les Français diront que je suis suisse, les Suisses que je suis allemand, et les Allemands que je suis juif.

ALBERT EINSTEIN.

Avertissement

C'est la première fois qu'est publiée une histoire complète de l'introduction et de l'exercice de la psychanalyse en France. Ce livre est le premier volume d'une aventure qui prend pour points de repère l'année 1885, où Sigmund Freud fait un voyage d'études auprès du neurologue Jean Martin Charcot, et l'année 1981, date de la mort de Jacques Lacan dont la trajectoire débute vers les années trente et atteint son apogée entre 1950 et 1970 durant les crises qui frappent, à cette époque, le mouvement psychanalytique français. Si l'on ajoute les quelques années qui suivent cette mort, cela fait cent ans.

Le temps de la bataille n'est pas celui de la guerre, mais d'un moment privilégié de la guerre, où l'histoire d'une doctrine se confond avec celle de ses crises, où les crises témoignent de l'implantation d'une doctrine, de ses défaites ou de ses victoires. L'auteur raconte l'histoire de la psychanalyse à partir de ses batailles, en se servant des outils théoriques forgés par la psychanalyse elle-même : une histoire de la psychanalyse ne peut se passer d'une interprétation psychanalytique de l'histoire.

La première étape retrace la découverte de l'hystérie à l'hospice de la Salpêtrière, puis le démembrement de la doctrine de Charcot ainsi que les marques laissées par son enseignement dans la littérature et notamment dans l'œuvre de Maupassant.

Un détour est effectué ensuite par Vienne, où se forme, au sein d'une judéité particulière, le premier cercle psychanalytique. Puis on aborde le conflit entre Freud, Jung et le courant psychiatrique zurichois pour déboucher sur l'essor du mouvement psychanalytique international, véritable conquête de l'Ouest pour la doctrine freudienne. Sur ces trois scènes se déploient des refontes et des batailles qui éclairent les modalités de l'introduction de la psychanalyse en France.

Le retour au territoire français commence avec l'historique des différents courants d'idées liés à la théorie de l'hérédité-dégénérescence : celle-ci n'est pas seulement une doctrine psychiatrique mais un mode de pensée qui traverse, notamment, la constitution de la forme moderne de l'antisémitisme, dans le creuset de l'affaire Dreyfus et par le biais d'une généralisation du darwinisme social. Ce chapitre se referme sur l'avènement de la psychologie largement fondée sur une hostilité au prétendu « pansexualisme » freudien.

L'histoire des Douze relate le destin de la première génération des psychanalystes français, celle des fondateurs de la *Société psychanalytique de Paris,* créée en 1926. L'étude de cette période nous amène jusqu'en 1939, avec des incursions, pour le commentaire de certains textes, dans la période d'après-guerre. En contrepoint, on trouve l'historique de la première génération des psychiatres du *Groupe de l'Évolution psychiatrique,* fondé en 1925. Ceux-ci représentent le courant de la nouvelle psychiatrie dynamique et parmi eux, se trouvent, en majorité, des psychanalystes de la SPP.

L'itinéraire de Jacques Lacan et de la deuxième génération des psychanalystes, qui débute dans l'entre-deux-guerres, sera traité au volume II, ainsi que l'aventure des salons littéraires et des autres modes de pénétration du freudisme à cette époque. A cela viendra s'ajouter l'histoire du mouvement psychanalytique français de 1945 à nos jours. Une place sera faite aux écoles jungienne et adlérienne, implantées tardivement en France et marginales par rapport à l'importance du mouvement freudien.

Certaines questions théoriques, où se marque une continuité entre l'œuvre de Lacan et celles des fondateurs de la première génération, sont traitées dès le premier volume, sans respect pour la stricte chronologie. Cela permet de situer l'émergence d'un corpus conceptuel et de briser une légende selon laquelle la doctrine lacanienne serait sans attaches avec le contexte français et d'inspiration exclusivement freudienne. L'œuvre et la position de novateur de Jacques Lacan trouveront leur place au volume II. Les renvois nécessaires seront faits systématiquement d'un volume à l'autre.

L'emploi des termes psychanalyse française, américaine, viennoise, allemande ou juive est impropre. Ils ne sont utilisés ici que « métaphoriquement » ou pour être rapportés aux auteurs qui les ont définis dans le cadre d'un projet idéologique. Il n'y a pas de *psychanalyse française,* mais une *situation française de la psychanalyse,* aussi spécifique que celle des autres pays. La théorie comme la pensée n'ont ni frontières ni patrie, mais les conditions dans lesquelles elles s'exercent sont toujours nationales et linguistiques.

L'histoire de la situation française de la psychanalyse est l'histoire de ce livre.

Remerciements

Je remercie les personnes suivantes, qui ont contribué à l'élaboration de ce travail : René Major, H.P. Hildebrand (Tavistock Clinic), Jacques Sédat, Pierre Lartigue, Frédéric Pottecher, Bernard Leuillot, Henri Deluy, Paméla Tytell, Eliette de Beaurepaire, Fanny Colonomos, Juliette Favez-Boutonier, Olivier Flournoy, Laurent Cornaz, Jean Piel, Elisabeth Loewenstein-Novick, Hubert Mignot, Jacques-Alain Miller, Alexandre Minkowski, Jeanine Pilliard-Minkowski, Jacques Postel, Étienne Pichon, Victor Smirnoff, Wladimir Granoff, Claire Schiff-Doz, Istvan Varga, Françoise Gadet, Grahame Lock, Paul Henry, Françoise Gaillard, Jill Duncan (Inst. de psychanalyse de Londres) Michel Plon, Germaine Guex, Laurence Bataille, Yvon Belaval, Jean-Pierre Mordier, Jacques Nobécourt, Jenny Aubry, Jean-Louis Bastide, Philippe Boyer, Martine Aubry, Robert Charvet, Françoise Dolto, Délia Clauzel-Laforgue, Angélique Pêcheux (Inst. de psychologie), Serge Lebovici, Claude Girard (Inst. de psychanalyse), Léon Cordet, Marie-Odile Poïvet, Dominique Poïvet, Régine Robin, René Pache, Jean-Paul Ricœur, Raphaël Brossart, Anne Barbé, Jean-Pierre Winter.

Je remercie tout particulièrement le professeur André Bourguignon qui m'a ouvert ses archives personnelles et m'a guidée alors qu'il ne partageait pas toujours mes opinions.

Je remercie également les historiens du mouvement psychanalytique français qui m'ont communiqué leurs travaux : Martine Lilamand, Daniel Moreau, Jacqueline de Mitry, Laurent Bouvard, François Gautray et Geneviève Poncet. Ainsi que Mireille Cifali, pour le mouvement psychanalytique helvétique.

Je remercie aussi Pierre Macherey et les membres de son séminaire philosophique qui m'ont initiée pendant deux ans à l'introduction de l'hégélianisme en France.

Je remercie Bruno Dubourg qui a dépouillé la presse française d'avant-guerre.

Première partie

La découverte de l'hystérie

– Ah! Oui, reprenait Félicité, vous êtes justement comme la Guérine, la fille au père Guérin, le pêcheur du Pollet, que j'ai connue à Dieppe avant de venir chez vous. Elle était si triste, si triste, qu'à la voir debout sur le seuil de sa maison, elle vous faisait l'effet d'un drap d'enterrement tendu devant la porte. Son mal, à ce qu'il paraît, était une manière de brouillard qu'elle avait dans sa tête et les médecins n'y pouvaient rien ni le curé non plus. Quand ça la prenait trop fort, elle s'en allait toute seule sur le bord de la mer si bien que le lieutenant de la douane, en faisant sa tournée, souvent la trouvait étendue à plat ventre et pleurant sur les galets. Puis, après son mariage, ça lui a passé, dit-on.

– Mais moi, reprenait Emma, c'est après le mariage que ça m'est venu.

GUSTAVE FLAUBERT.

I

« De ces causes génitales »

I. *L'école des cadavres*

Paris, septembre 1885 : le voyageur découvre une cité moderne séparée par les rives d'un fleuve gris. En amont de la ville, il contemple la Seine et aime cette odeur de rivière pleine de souvenirs. Un canotier lui parle de mortes mystérieuses qui charrient dans leurs corps étranglés par le froid et mangés par les insectes les récits d'une vie sinistre. Les légendes du fleuve racontent la tragédie d'une société, drames intimes et farces banales.

Le voyageur regarde les grandes artères d'une ville nouvellement pavée; il imagine de sanglantes émeutes, la construction hâtive des barricades et les feux des Versaillais; quinze ans déjà : la Commune est aux oubliettes; on a décimé les chefs de la Révolution et déporté les fédérés; depuis 1880, ils sont amnistiés mais vaincus; Marx est mort et les socialistes s'intègrent à la vie parlementaire de la IIIe République.

Dans la chaleur brumeuse du matin, il échange avec un batelier du Pont-Neuf des paroles amères sur les maladies qui sèment la crainte dans l'opinion publique.

L'honnête homme sait que le choléra vient d'une contrée mystérieuse, le Bengale dit-on, où il sévit en permanence. Les progrès des échanges commerciaux et de la navigation ont contribué à sa dissémination en Chine, en Iran, en Syrie, en Égypte puis dans tout le bassin méditerranéen. Il tient de son père le récit atroce de la première des six pandémies.

Le voyageur est un homme de science, chargé de recueillir les témoignages de la mémoire collective. Le batelier lui conte les ravages de la grande maladie : la transmission directe a lieu par voie orale, ingestion d'eau ou d'aliments contaminés, contact avec des selles souillées; la contagion indirecte est encore plus terrifiante; il faut se méfier des linges humides, des fruits et des légumes consommés crus et lavés dans une eau impropre. Le fléau emporte des populations entières; les hommes meurent dans d'affreuses convulsions. Le corps se dessèche, les membres s'atrophient et deviennent noirâtres. Le malade maigrit à vue d'œil, se vidant de ses matières et de son sang. Les villages deviennent des brasiers, les villes des cimetières. On parle d'une punition collective envoyée par l'orage, où la parole de Dieu semble un rugissement d'enfer.

Le voyageur informe aussi son interlocuteur : un savant allemand, le docteur Robert Koch, vient de découvrir le germe de la mort noire. Il a annoncé la prochaine disparition du fléau. Mais l'homme se tient immobile, incrédule et fermé.

La conversation glisse alors vers la scrofule dont la Dame aux camélias est porteuse, à cause de ses péchés de chair. L'homme ne sait pas lire mais il est au courant. Des bruits circulent. On raconte que cette femme malingre, qui a connu la misère dans son enfance, puis commis un inceste, a pris sa revanche. Mais vaincue dans son corps par la consomption, elle a dû renoncer à l'amour et à la maternité pour mourir dans la solitude. Le batelier conte au voyageur l'horrible itinéraire de la femme phtisique, vers les abattoirs, pour avaler d'un trait le sang des bêtes. L'étranger tente alors de lui expliquer à nouveau les progrès de la science, les mérites de ce même savant allemand qui a mis en évidence le bacille de la tuberculose, un an avant la découverte du vibrion cholérique. Il ajoute encore le tournant du siècle dernier : la publication par le célèbre Morgagni, à Venise, d'un important traité d'anatomopathologie, et celle, à Vienne, d'un ouvrage d'Auenbrugger sur l'exploration du thorax par la percussion. Ces travaux ont permis à Laennec et à Corvisart, deux médecins français, de faire des progrès considérables dans le repérage et le traitement du mal. Le batelier, lui, continue de parler des tares de la pécheresse.

Il associe la scrofule à la figure de la vérole. Il invoque l'image pieuse de l'Immaculée Conception pour exorciser le nom païen de Vénus, déesse enjôleuse, responsable des sorcelleries sorties de l'utérus des femmes. Le voyageur sait mal dissocier la syphilis de l'hystérie, mais il sent confusément que l'une est une maladie des organismes et l'autre une curieuse excitation des nerfs. Il voudrait expliquer à son compagnon les deux doctrines qui s'affrontent sur l'origine de la vérole : la « colombienne » affirme que la maladie a été ramenée du Nouveau Monde par les marins de Christophe Colomb; au contraire la thèse « uniciste » estime qu'elle a existé dès la Préhistoire, qu'on l'a confondue avec d'autres fléaux, la lèpre notamment. L'étranger suppose la présence d'un agent responsable, comme pour la tuberculose. Il ne sait rien de plus, mais l'origine colombienne lui paraît suspecte. Il est persuadé, en tout cas, du caractère héréditaire de la maladie.

Le batelier n'écoute plus son compagnon qui lui demande de le conduire au grand hospice de la Salpêtrière et l'homme comprend que l'étranger est peut-être malade de la vérole, phtisique, artiste, nerveux ou alcoolique. Pris de terreur, il invoque le souvenir de ses ancêtres, morts de la lèpre ou du choléra.

Le voyageur franchit les portes de la Salpêtrière et découvre un vaste bâtiment formé de maisons à un étage disposées en quadrilatères et entourées de jardins. Cet ancien arsenal construit sous Louis XIV et destiné à la fabrique du salpêtre abritait autrefois une étrange population d'aliénés. L'hospice était réservé aux femmes et aux filles; en 1657, l'arrêt du renfermement des pauvres est publié, au son des trompes, et affiché sur tous les murs de la capitale. La mendicité est interdite et un nouveau corps de police, les Archers de Paris, a pour mission d'interner les mendiants, les clochards, les fous. Le grand renfermement a lieu sans incidents; pendant longtemps la Salpêtrière est le plus grand hôpital d'Europe et renferme cinq à huit mille pensionnaires. Les femmes alcooliques, les prostituées voisinent avec les vieillards déments et les enfants débiles. Les folles sont isolées dans le quartier spécial des incurables et enchaînées; on les abandonne ainsi à demi nues, au milieu de leurs immondices; à travers les barreaux d'une grille, on leur distribue une nourriture faite de soupes froides et de déchets; elles mangent à même la paille qui leur sert de lit.

Les épileptiques racontent des cauchemars, des histoires de membres tronqués, de mers enflammées; elles sont dévorées par des sortes de crustacés à tête d'oiseau; les cris, les pleurs, les lamentations, les contorsions donnent à ces bâtiments l'allure d'une demeure hantée, surgie des ténèbres du Moyen Age. Les hystériques soignent leurs compagnes en simulant à merveille leurs maladies; elles sont possédées par la manie de mettre en scène la souffrance des autres : elles ont le génie du rire, des tragédies et du sanglot; elles ressemblent aux acrobates, aux bouffons; mouillées, hurlantes, déguenillées, elles enseignent la folie du monde, la misère du peuple.

Comme l'Hôtel-Dieu, gigantesque mouroir, la Salpêtrière témoigne de l'état du savoir médical où l'asile et l'hospice sont des cours des miracles habitées par la gangrène et la disette. Sous la Monarchie de Juillet, Paris a subi une épidémie de choléra, les médecins ne savent pas s'il s'agit d'une maladie « contagieuse » ou « infectieuse » et la notion de contagion leur inspire une véritable terreur. A vingt ans d'intervalle, deux phrases semblables sont prononcées à l'Académie de médecine : « Même si le choléra était contagieux, le devoir serait de le taire » (1849); « Si la phtisie est contagieuse, il faut le dire tout bas » (1867) [1]. Vingt ans plus tard, encore, en 1886, le sexe fait peur; dans la bouche de Charcot, il est logé à la même enseigne que la maladie contagieuse : « Il ne faut pas parler des causes génitales de l'hystérie », murmure-t-il à l'oreille de ses élèves.

Si la chirurgie est devenue une pratique noble sous l'impulsion des « panseurs de plaies » qui ont parcouru, depuis Valmy, les champs de bataille de l'Europe, elle est encore marquée par l'héritage des artisans barbiers.

Juste avant le début du siècle, Xavier Bichat, le fondateur de l'anatomie pathologique, n'obtient pas le titre de docteur en médecine, alors qu'il pratique des autopsies et exerce les fonctions de chirurgien militaire. A l'âge de trente-deux ans, il se blesse au cours d'une dissection et meurt des suites d'un « empoisonnement cadavérique » comme on dit à l'époque. Fils d'un docteur formé à l'école vitaliste de Montpellier, il a appris l'anatomie à

Lyon puis réuni deux branches du savoir médical pour donner un fondement à la récente anatomie pathologique. Alors même que Pinel était demeuré sourd aux enseignements de cette discipline, Bichat s'est inspiré de sa nosologie pour joindre l'observation anatomique à la clinique, dans un aménagement mutuel. Avec lui, deux figures hétérogènes du savoir ont donc été réunies : « Si bien, souligne M. Foucault, que la grande coupure dans l'histoire de la médecine occidentale date du moment où l'expérience clinique est devenue le regard anatomo-clinique [2]. »

Bichat peut comparer sa découverte à celle de Lavoisier : la chimie possède ses corps simples, qui forment, par des combinaisons diverses, des corps composés; l'anatomie a maintenant ses tissus simples qui, par leurs combinaisons, forment des organes. Mais surtout, il met en cause les tenants du vitalisme de l'école de Montpellier; ces derniers refusent l'annexion de leurs recherches par les sciences de la nature et défendent l'idée d'un principe vital, d'une âme, ou d'une force, régissant tous les processus biologiques indépendamment des facteurs physiques, lesquels sont fixes et uniformes et peuvent être soumis à un calcul. Or, Bichat est acclamé par les vitalistes au moment où il s'écarte de la doctrine du principe unique. Son « vitalisme » consiste, en fait, à cerner le caractère spécifique du phénomène vivant sans le réduire à un mécanisme physique; du même coup, il fait éclater le concept de vie en relativisant celui de mort. La maladie frappant le vivant est analysée du point de vue de la mort, d'une mort déchue de son absolutisme et répartie dans la vie même des organes : morts lentes, morts partielles ou évolutives, morts souterraines... Cet examen est inspiré à Bichat par la dissection des cadavres : à l'Hôtel-Dieu, il essaye minutieusement les effets des remèdes nouveaux sur les propriétés vitales et se montre capable d'autopsier, en un seul hiver, les viscères de six cents cadavres.

Comme Bichat, Corvisart développe l'anatomo-clinique. Successivement médecin de l'hôpital de la Charité, titulaire de la chaire de médecine de Paris puis de celle du Collège de France, il est aussi le médecin personnel de Bonaparte dont il dissipe les troubles digestifs par une sévère hygiène alimentaire. Il suit le destin de son « client » en participant comme panseur aux campagnes d'Italie et d'Autriche; l'Empereur le fait baron d'Empire et affirme : « Je ne crois pas en la médecine, je crois en Corvisart. » Il est le créateur de l'enseignement anatomo-clinique, au lit du malade, tel qu'il est encore pratiqué aujourd'hui : études de cas, observations et notations des symptômes, visites, discussions avec les élèves, cours magistraux... Grâce aux pouvoirs que lui confère sa position, il fait œuvre de réformateur et transpose, dans l'architecture même de l'hôpital, les idéaux de la nouvelle clinique. Il fait construire, à la Charité, une salle de pathologie, un amphithéâtre d'anatomie, une salle d'opération, un local d'expérimentation électrique puis transcrit, dans la pratique, le principe de l'unité du savoir médical : la chirurgie figure en bonne place à côté de la médecine, qui s'enrichit des progrès de la physique et de la chimie, et esquisse un rapprochement avec les pharmaciens et les hygiénistes; on commence à s'intéresser aux remèdes et l'on tente de combattre l'insalubrité des locaux hospitaliers. A la mort subite de Bichat, s'oppose l'agonie rationnelle de Corvisart : atteint d'hémiplégie en 1816, il craint que la maladie ne lui fasse commettre des erreurs de diagnostic, et cesse d'enseigner et de soigner. Il passe ses dernières années à observer l'évolution de son mal.

A cette époque l'ouverture des cadavres suscite un débat litigieux dans lequel les vieilles croyances semblent s'opposer à la lumineuse rationalité du progrès scientifique. On imagine le siècle précédent comme une période troublée faite de messes noires, de sépultures éventrées; on a le sentiment que la dissection est issue de la clinique et qu'une manière neuve de transgresser le corps peut contrer les obscurités de la religion ou ordonner la clarté d'un regard, enfin ouvert à la raison pensante.

Rayer, qui sera le maître de Charcot, déclare avec enthousiasme, en 1818, que le nouvel esprit médical est lié à la révolution anatomo-pathologique : « Une époque nouvelle pour la médecine vient de commencer en France...; l'analyse appliquée à l'étude des phénomènes physiologiques, un goût éclairé pour les écrits de l'Antiquité, la réunion de la médecine et de la chirurgie, l'organisation des écoles cliniques ont opéré cette étonnante Révolution caractérisée par les progrès de l'anatomie pathologique [3]. » Michel Foucault montre que cette reconstitution mythique, qui a lieu au début du XIXᵉ siècle, a pour fonction de fabriquer une illusion rétrospective. En effet, au XVIIIᵉ siècle, cinquante ans avant les travaux de Bichat, Morgagni, Hunter et d'autres pratiquent facilement des autopsies. Après eux le XIXᵉ siècle prête à l'Ancien Régime les couleurs d'un noir Moyen Age, si bien que les contemporains de Bichat et de Corvisart ont le sentiment de redécouvrir l'anatomie pathologique, déjà existante, alors qu'ils l'aménagent conformément à une figure du savoir fondée sur la clinique. La cohérence anatomo-clinique se réalise et donne naissance à un nouveau regard, contre une pensée clinicienne qui empêche la médecine d'entendre la leçon de Morgagni : « Du jour où il fut admis que les lésions expliquaient les symptômes, et que l'anatomie pathologique fondait la clinique, il fallut bien convoquer une *histoire transfigurée,* où l'ouverture des cadavres, au moins à titre d'exigence scientifique, précédait l'observation, enfin positive, des malades; le besoin de connaître la mort devait exister déjà quand apparaissait le souci de comprendre le vif. De toutes pièces on a donc imaginé une conjuration noire de la dissection, une église de l'anatomie militante et souffrante, dont l'esprit caché aurait permis la clinique, avant de faire surface lui-même dans la pratique régulière, autorisée et diurne de l'autopsie [4]. »

Cette illusion et les conflits internes qui agitent l'histoire de la médecine française, tout au long du XIXᵉ siècle, permettent de comprendre les décalages existant entre la réalité d'une découverte et les fantasmes qu'elle suscite à une époque donnée. Comme nous le verrons ultérieurement, une pratique médicale « aberrante » ou la convocation d'une histoire transfigurée peuvent cacher une refonte exemplaire de la clinique; on ne peut établir de correspondances étroites entre les options politiques et philosophiques, dont se réclame le corps social, et les antagonismes qui constituent l'histoire du savoir médical; à cet égard il en va de Bichat comme de Broussais ou de Charcot : à prendre les choses de haut, on pourrait dire que l'organicisme de l'école anatomo-clinique représente les idéaux de l'anticléricalisme républicain, et que le vitalisme a la faveur des nostalgiques du temps passé. Ainsi pour Léon Daudet, « l'hystérie et les localisations cérébrales font partie du programme républicain [5] ». En fait, les choses ne se passent pas ainsi; s'il est vrai par exemple, comme l'a démontré Georges Canguilhem, que la méthode positiviste, inaugurée par Auguste Comte dans son analyse des phénomènes sociaux, adhère au principe nosologique de Broussais selon lequel les maladies sont les effets de simples changements dans l'action des stimulants indispensables [6] à l'entretien de la santé, on ne peut en conclure qu'une position philosophique soit le reflet d'une découverte scientifique. Il existe, d'un domaine à l'autre, des correspondances, ou des refontes, mais cela ne signifie pas qu'une figure quelconque du savoir soit commandée, dans son historicité interne, par un système dont on pourrait ordonner, après coup, l'effet de vérité.

Et pourtant, quand on raconte l'histoire, on n'échappe pas à une sorte *d'apurement des comptes,* qui permet de rendre lisible l'imaginaire d'une époque et le sens d'une doctrine; jamais l'histoire n'est « impartiale », mais partielle et engagée, tramée, comme le récit ou la fiction, de monologues, de commentaires ou de flash-back. L'historien est à la fois un narrateur fou, capable d'affirmer avec Michelet que chaque siècle est plus inventif que le précédent, et un savant, prompt à entériner le principe de Claude Bernard selon lequel, dans les sciences, on est obligé de passer par l'erreur avant d'arriver à la vérité.

A l'intérieur de cette oscillation, on peut repérer le sol « archaïque » sur lequel va se déployer l'introduction de la psychanalyse en France, au début du XXe siècle. Ce sol est constitué, à travers l'enseignement de Charcot, par les figures dominantes qui régissent le savoir médical moderne : anatomo-pathologie, anatomo-clinique, anatomo-physiologie, microbiologie, localisations cérébrales, hérédité-dégénérescence, ... toutes ces notions président à l'élaboration, ou à la refonte, des différents domaines de la clinique des « maladies nerveuses » : neurologie, psychiatrie, psychopathologie, psychologie, et « psycho-analyse ».

La fabrication d'une histoire transfigurée permet à la médecine du premier quart du XIXe siècle de se reconnaître dans l'anatomo-clinique et de mettre en évidence une conceptualité nouvelle de la morbidité; le principe de Broussais fait entrer cette autre clinique dans le champ ouvert par la physiologie et résout le problème des fièvres essentielles laissé intact par les anatomo-pathologistes [7]. Après 1832, et le débat sur le choléra et les maladies infectieuses, la question de la transmissibilité des maladies par les « agents provocateurs », puis de l'hérédité des « tares », va trouver un début de réponse avec les travaux de Pasteur. En 1885, la microbiologie est en passe de révolutionner le savoir médical et Charcot, « l'hommecarrefour », peut alors affirmer deux vérités en apparence contradictoires : l'une « pastorienne », selon laquelle l'hystérie est une maladie nerveuse « transmissible » par voie héréditaire, l'autre « neurologique », pour laquelle l'hystérie n'est pas une simulation, mais une maladie nerveuse à part entière, autonome, fonctionnelle et sans traces lésionnelles. Par cette double proposition, il renouvelle le geste de Pinel : il déchaîne les « folles » et leur offre les fers d'une nosologie adéquate. Pour accomplir cet acte, il convoque les grands principes de la clinique anatomo-pathologique et de la physiologie et construit une nouvelle neurologie dont il inscrit le fonctionnement dans l'hérédité, au prix de révoquer le sexe, notion floue et encombrante découverte dans les couloirs de la Salpêtrière.

A l'intérieur du grand hospice, le promeneur du temps présent n'entend plus de hurlements. La souffrance quotidienne du malade hospitalisé s'exprime aujourd'hui dans le silence : silence des linges blanchis, silence des instruments stérilisés, silence des couloirs nus, éclairés par les rais d'une lumière aveuglante, silence des chambres de repos où l'on reçoit, comme un rituel, les pilules colorées d'une savante médication, silence moral enfin : le malade moderne ne saurait se plaindre ou gémir; quel que soit son mal, il croit toujours que d'autres sont plus atteints que lui.

Notre époque a forgé une nouvelle manière de « vivre » la maladie : on n'hérite plus d'un mal comme d'un destin, on le « fabrique » dans son corps. Le malade d'aujourd'hui participe à son traitement : sa maladie dépend du ministère de la Santé et sa mort fait partie de sa vie; elle n'est plus le tragique au-delà d'une histoire, mais le symptôme d'une guérison possible : d'où l'idée que la médecine progresse en reculant l'inévitable fin d'un organisme, au prix d'une mort partielle des organes malsains. Le scalpel de Bichat et le principe de Claude Bernard ont triomphé des anciens mythes; de nos jours, la chirurgie d'organes et les diverses chimiothérapies, l'emploi des scanners, des lasers et des rayons sont devenus le lot commun d'une médecine où les douleurs engendrées par le traitement lui-même sont acceptées silencieusement, puisqu'elles symbolisent la manière dont le corps peut combattre les souffrances provoquées par la maladie.

Au siècle précédent, on ne sait pas maîtriser la douleur; l'anesthésie totale est employée à partir de 1847, dans des interventions importantes. Les anesthésies locales à la cocaïne ne se répandent qu'après 1884, en même temps que les débuts de l'asepsie. L'opium est onéreux, le chloroforme manque et les populations ont recours, pour soigner les névralgies, les rhumatismes et les affections chroniques, à des magnétiseurs, des rebouteux et des barreurs de feu. De 1815 à 1870, les armées sont décimées par le typhus, la tuberculose, la vermine et la famine. Les mourants éventrés, victimes de la mitraille, sont la proie de chirurgiens-majors qui amputent en série. La neige et le laudanum sont les seuls ingrédients utilisés tandis que le fer rouge cautérise à vif les plaies infectées menacées par la gangrène et le tétanos.

Les hôpitaux des villes abritent une autre forme de souffrance : les fiévreux, les mendiants, les enfants, les vieillards, les cas sociaux et les aliénés se bousculent dans d'immenses dortoirs crasseux. En période de guerre ou de crise, le surpeuplement multiplie les risques de contagion, et la disette fait rage : des malades se partagent le même lit, des orphelins ou des insensés assistent à des opérations, parfois effectuées dans les salles communes. La promiscuité est le lot quotidien de cet enfer hospitalier où les convalescents voisinent avec les chroniques, où les incurables côtoient les aveugles sous la surveillance de soignants illettrés, tandis que d'autres pensionnaires se traînent dans des salles mal chauffées, sur des planchers malpropres ou couverts d'une sciure épaisse. Au milieu des guenilles, l'eau potable est un luxe, l'hygiène n'existe pas, ni les salles d'isolement, ni les préaux de convalescence[8].

Les « leçons », les « tableaux » et les « cours magistraux » des maîtres de la médecine sont en passe de devenir un genre littéraire. Auprès des splendides descriptions de Laennec, qui, sous la Restauration, « penche pour la première fois son oreille vers la poitrine des femmes[9] », et des fameux tableaux de Charcot sur les malheurs de l'hystérie, les variations infinies que fait subir Émile Littré aux mots de la langue française ressemblent à de véritables exercices d'anatomie pathologique. Elles scellent la rencontre entre le « style » du discours médical et la rhétorique des grands juristes de la langue. Dans ce pays, qui vit naître la grammaire de Port-Royal, et fut la patrie des encyclopédistes, avant de forger sous la Révolution le principe d'une langue nationale, l'esprit codificateur va de pair avec une sorte d'universalisme, où les mots, la syntaxe et la grammaire ont à charge de restaurer les règles « cartésiennes » de la pensée humaine. Fasciné par la langue d'Hippocrate, dont il a traduit les œuvres, Littré ne pratique pas la médecine... mais, comme Corvisart, il se regarde mourir; puis de cette leçon d'anatomie écrite à même sa chair, il tire la préface de son dictionnaire, portant témoignage d'un labeur où le temps retrouvé de la langue s'énonce dans le silence du pourrissement d'un corps.

Autre lieu, autre scène : en 1885, le public parisien se passionne pour la comédienne Sarah Bernhardt dont la voix et le regard hypnotisent les foules. Sarah possède le regard de Charcot et ses gestes évoquent les convulsionnaires de la Salpêtrière; elle transporte, sur les tréteaux, les interrogations de son époque sur l'ambivalence de la sexualité humaine, jouant tantôt des rôles d'hommes confrontés à leur féminité, tantôt des personnages de femmes dévorées par une libido qui semble appartenir au sexe masculin. L'actrice est à l'image du « sujet partagé » du syndrome hystérique; homme efféminé en quête d'une identité mâle, femme phallique à la recherche d'une féminité sans mascarade : Hamlet, l'Aiglon, Lorenzaccio et Phèdre, Frou-Frou ou la Dame aux camélias. Pendant la guerre de 1870 Sarah reste à Paris et organise une ambulance à l'Odéon; abandonnant sa loge, elle se consacre aux blessés. Un jour elle soigne un jeune homme qui lui demande sa photo dédicacée; il a dix-neuf ans et se nomme Ferdinand Foch. En 1915, amputée d'une jambe, elle part pour le front et sert le même homme, devenu maréchal. En 1897, elle se rend auprès de Zola pour le convaincre que la dégradation du capitaine Dreyfus est une injustice; en 1898, après la parution de *J'accuse,* une foule de manifestants entoure la maison de l'écrivain; Sarah Bernhardt ouvre la fenêtre; son ascendant est si grand que la meute se disperse [10].

Le 6 novembre 1886, Freud se rend au théâtre de la porte Saint-Martin pour assister à la représentation d'un mélodrame de Victorien Sardou. Il occupe un clapier d'orchestre très inconfortable. Dès les premières répliques de l'actrice, il est prêt à croire tout ce qu'elle dit. Dans une lettre à Martha, il donne la description complète du drame, de son néant, de ses costumes byzantins; est-ce un hasard? Il s'agit de l'histoire d'une aventurière amoureuse d'un jeune patricien aux sentiments républicains qui ignore le passé orageux de sa maîtresse. A la fin, celle-ci meurt étranglée.

En 1885, la France bourgeoise est devenue une entité; elle a développé sa doctrine morale et économique; son unité spirituelle est constituée. L'éducation et la famille sont ses deux préoccupations majeures et le bourgeois français cultive un certain bon goût, qui oscille entre le conservatisme et le panache. Il se croit doué d'une intelligence hors du commun et il est persuadé que son pays est le plus beau du monde : « Les autres étrangers que je rencontre ici, écrit Freud, sont du même avis que moi au sujet de la prétendue amabilité des Français [11]. »

Depuis 1875, la majorité monarchiste s'est disloquée; grâce à l'action de Gambetta, le parti républicain a rapidement progressé; les orléanistes du centre droit se sont rapprochés des conservateurs du centre gauche. Pour s'installer la République n'a pas hésité à faire des compromis. Après avoir failli restaurer la royauté, l'Assemblée a fini par doter le pays d'une constitution républicaine.

II. *Rencontres*

Freud arrive à Paris un matin d'octobre 1885, à la veille de la crise de la République ouverte par le boulangisme. La ville est peu accueillante pour les étrangers, considérés comme des barbares. Le futur inventeur de la psychanalyse est un jeune médecin juif âgé de vingt-neuf ans, amoureux de sa fiancée à laquelle il envoie un volumineux courrier. Il vient en France pour découvrir sa véritable vocation. Le sait-il déjà?

Après des études dans le laboratoire de physiologie de Brücke, Freud est entré en 1882 dans le service du professeur de médecine générale Nothnagel, initiateur à Vienne de l'électrophysiologie. Il séjourne ensuite comme interne dans le service psychiatrique de Meynert, considéré de son temps comme le plus grand anatomiste du cerveau. Devenu psychiatre après avoir été neurologue, celui-ci cherche à donner une explication anatomo-physiologique de tous les troubles mentaux. Freud est fasciné par son enseignement, mais déjà attiré par le nom de Charcot et par une méthode anatomo-clinique plus souple à l'égard de la physiologie. Il décide d'obtenir le grade de Dozent avant de se rendre à Paris poursuivre ses études. Dans sa valise, il emporte l'histoire de Bertha Pappenheim, plus connue sous le nom d'Anna O. [12].

De 1880 à 1882, le médecin viennois Breuer s'est occupé de cette jeune fille de vingt et un ans qui présente des symptômes hystériques liés à la maladie de son père. Elle a une paralysie de trois membres, des troubles de la vue et du langage, une toux nerveuse qui ne s'arrête pas; elle est en outre anorexique et l'on observe chez elle deux états distincts : à certains moments, elle est calme et rangée, à d'autres, elle se conduit comme une enfant insupportable, dérangeant sans cesse son entourage par ses cris et ses plaintes. Le passage d'un état à l'autre est accompagné de phases d'auto-hypnotisation dont elle se réveille lucide et tranquille. Breuer la visite durant ces périodes et elle prend l'habitude de lui raconter ses hallucinations, ses angoisses, les différents incidents qui troublent son existence; un jour, après avoir fait le récit de certains symptômes, elle les fait disparaître d'elle-même puis donne des noms à ses découvertes : elle appelle « cure par la parole » ou « ramonage de cheminée » le processus qui la conduit vers la guérison. On sait maintenant qu'Anna O. a littéralement « inventé » la psychanalyse; cette invention se fait en anglais, à une époque où la jeune femme a oublié sa langue maternelle, l'allemand, et où elle parle plusieurs langues étrangères.

Joseph Breuer est le fils d'un rabbin de condition modeste, très respecté à l'intérieur de la communauté juive viennoise. Au contraire de Freud, il vénère son père, et il est attaché aux valeurs religieuses de la tradition juive. Le lien de Breuer au judaïsme n'est pas sans rapport avec celui de Jung au protestantisme [13]; né en 1842, il a quatorze ans de plus que Freud et fait, comme ce dernier, l'essentiel de ses études de médecine chez Brücke : ses recherches dans le domaine de la physiologie vont fournir l'une des bases conceptuelles de la théorie freudienne de l'hystérie. Alors que son cadet est encore un jeune étudiant, Breuer l'aide financièrement et, en guise de remerciement, Freud donne à sa fille aînée le nom de Mathilde, c'est-à-dire celui de la femme de son ami.

L'histoire d'Anna O. est devenue légendaire et fonctionne désormais comme l'un des mythes fondateurs de l'histoire de la psychanalyse. Si Freud a découvert l'inconscient, Bertha Pappenheim a « inventé » la cure. Son vrai nom a été révélé par Jones qui a fait d'elle une héroïne de fiction. S'appuyant sur des propos de Freud énoncés après coup, il a fabriqué l'histoire du contre-transfert de Breuer. Selon lui, en effet, le cas d'Anna O. absorbe tellement le médecin que sa femme en éprouve une grande jalousie. Il décide alors d'interrompre le traitement et prend congé de sa patiente; le soir même, il est rappelé à son chevet et la trouve en proie à des symptômes d'accouchement imaginaire qui témoignent d'une grossesse hystérique dont il ne s'est pas aperçu, tant il est persuadé du caractère asexué des troubles de sa patiente. Il semble pourtant affecté par le comportement d'Anna, la calme momentanément puis prend sa canne et son chapeau et s'enfuit pour Venise avec sa femme, où il passe une seconde lune de miel. Ce voyage, toujours selon Jones, a pour conséquence la naissance d'une fille, nommée Dora, qui se suicide soixante ans plus tard à Vienne, pour échapper aux nazis.

Henri F. Ellenberger a rétabli la vérité et l'on sait aujourd'hui que la fille de Breuer, Dora, est née le 11 mars 1882 et qu'il est donc impossible qu'elle ait été conçue, comme l'affirme Jones, à la suite du prétendu incident qui se situerait en juin 1882. Par ailleurs, le rapport de Breuer sur Anna ne mentionne pas les symptômes de grossesse hystérique et le mot catharsis n'est pas employé : la malade n'a donc pas été « guérie » et le fameux prototype de la guérison cathartique n'est ni une guérison, ni une catharsis [14]. Après le traitement, Anna est devenue morphinomane et a conservé une partie de ses symptômes les plus manifestes. Cela n'empêche pas Breuer de présenter, conjointement avec Freud, ce cas initial comme un modèle de guérison par la cure cathartique.

Dans cette histoire, on ne peut accuser Jones de falsification. Il invente une fiction, mais cette invention témoigne d'une vérité historique à laquelle on ne peut opposer la simple argumentation d'une « réalité » des faits. En effet, quand on croit trop à la transparence de l'événement, on risque de dénoncer l'activité fabulatrice comme une intentionnalité mensongère, position difficile à soutenir, puisque la psychanalyse a mis en cause, à propos de l'hystérie, la notion même de simulation. La vérité de cette histoire tient donc à sa légende et renvoie à la manière dont le mouvement psychanalytique se raconte à lui-même les fantasmes initiaux d'une naissance.

Dans la réalité, Breuer n'est pas le personnage imaginé par Jones. Mais la « coupure » entre Freud et Breuer passe bien par la problématique du sexe et de la relation transférentielle. De toute évidence, Breuer montre une certaine répugnance à parler du cas Anna O. et souligne, à son propos, que l'élément sexuel est peu marqué. Ainsi dans la préface de 1908 à la deuxième édition des *Études sur l'hystérie,* après la rupture avec Freud, il insiste sur le fait qu'il a cessé de s'occuper depuis longtemps de ce « sujet » et qu'il n'a pris aucune part à son développement. Freud, au contraire, affirme : « Le lecteur attentif trouvera en germe, dans ce livre, tout ce qui s'est ultérieurement ajouté à la théorie cathartique : le rôle du facteur psycho-sexuel, celui de l'infantilisme, la signification des rêves et le symbolisme inconscient. Le meilleur conseil que je puisse donner à toute personne qu'intéresse l'acheminement de la catharsis vers la psychanalyse est de commencer par les *Études sur l'hystérie* et de suivre ainsi la voie que j'ai moi-même parcourue [15]. »

Freud transforme l'histoire de la psychanalyse, non pour la fausser, mais pour expliquer le sens d'un itinéraire théorique; il est persuadé que sa découverte lui appartient, sans pour autant affirmer que les idées sont la propriété définitive d'un auteur. Dans l'après-coup, il reconstitue certaines déclarations de Breuer sur les rapports « secrets » de l'hystérie avec le lit conjugal. Mais il se rappelle aussi les propos que Charcot a tenus devant lui à son assistant Brouardel, en 1886, sur l'impact de la « chose génitale » : « En ce qui me concerne, écrit-il, je ferais observer que je n'avais aucune idée préconçue touchant l'importance du facteur sexuel dans l'étiologie de l'hystérie. Les deux chercheurs dont j'étais l'élève quand je commençai à étudier ce sujet, Charcot et Breuer, étaient bien loin d'une pareille supposition; au contraire ils avaient une répugnance personnelle pour cette idée qui au début m'inspira les mêmes sentiments [16]. »

En ce sens, Freud transmet à Jones ce qui est devenu « le secret de polichinelle » de la psychanalyse [17] et avec cela l'historiographe fabrique une fiction qui reste vraie du point de vue de l'itinéraire théorique du freudisme. En effet, c'est bien *à cause du sexuel* que la rupture est survenue entre les deux amis. Le « secret », ainsi parlé de bouche à oreille, est devenu une thèse majeure de la nouvelle doctrine de l'hystérie tandis que l'histoire de ses origines se raconte à travers une légende.

L'obstacle que constitue la reconnaissance du sexuel dans l'étiologie de l'hystérie ne fonctionne pas de la même manière dans les hypothèses de Charcot et dans celles de Breuer. Dans la doctrine de la Salpêtrière, la mise à l'écart du sexuel est une nécessité théorique qui permet une définition nouvelle du concept de névrose. Chez Breuer, le rejet n'est pas commandé par une attitude théorique, mais par une répugnance morale et religieuse, celle-là même que Freud parvient à surmonter dans l'après-coup de la rencontre avec Charcot. En ce sens, la position de Jung devant le phénomène de la sexualité sera plus proche de celle de Breuer que de celle du savant français.

Dans son « réexamen de la brouille [18] », Frank J. Sulloway reprend les arguments qu'Ellenberger a développés contre Jones pour les compléter par une démonstration peu convaincante : il explique, en citant de nombreuses sources, que la séparation entre Freud et Breuer n'a pas eu pour cause la question sexuelle et que le scénario inventé par Jones est le symptôme d'un détournement freudien de la vérité de l'histoire. Sulloway n'analyse pas les causes du conflit entre les deux hommes et reste dans l'hypothèse vague de la tyrannie de Freud et de son intolérance aux opinions des autres. S'appuyant sur des déclarations authentiques de Breuer, il montre que celui-ci avait reconnu l'importance de la sexualité dans l'étiologie de l'hystérie.

On peut opposer à cette argumentation un point de vue fort différent : à la fin du siècle dernier, *tous* les spécialistes des maladies nerveuses reconnaissent l'importance du facteur sexuel dans la genèse des symptômes névrotiques; mais, parmi eux, personne ne sait quoi faire de cette constatation, qui remonte du reste à l'Antiquité. Autrement dit, Sulloway néglige un fait épistémologique fondamental : Freud ne se contente pas de constater ce que tout le monde connaît, en « volant » les idées de ses contemporains, il traduit une évidence par des concepts nouveaux. Dans cette perspective, il est bien le seul savant de son époque qui soit capable d'apporter une solution théorique au fameux problème des causes génitales.

En l'accusant de falsifier l'histoire, Sulloway raisonne, malgré sa grande érudition, comme si une théorie était de même nature qu'une évidence concrète, comme si le concept de chien était produit par un aboiement.

Ce genre d'argumentation est fréquent et doit être réinscrit, dans l'histoire, comme l'une des formes de la résistance à la découverte freudienne. Celle-ci consiste à démontrer que Freud n'a rien inventé, puisque ce dont il parle existait avant lui, comme la chose du monde la mieux partagée. En réalité, elle ne sert qu'à faire obstacle à la compréhension réelle des différents modes d'appréhension de la sexualité, de Breuer à Freud, de Charcot à Jung et de Flournoy à l'école française.

Freud a été impressionné par le cas Anna O. dont Breuer lui a longuement parlé. Pendant son séjour à Paris, il le raconte à Charcot, qui ne l'écoute pas. Les pensées du maître sont ailleurs : sur la scène d'un théâtre « public » de l'hystérie, non au cœur d'un récit intime.

La véritable Anna O., Bertha Pappenheim, est une femme d'une vive intelligence et d'un charme certain; sur une photo restée célèbre, elle est habillée de noir, porte un chapeau melon, tient d'une main une canne et de l'autre une paire de gants. Élevée à Vienne par une mère redoutable, elle conserve la grâce et l'humour de la capitale autrichienne. C'est vers la fin des années 1880 qu'elle s'intéresse à des activités humanitaires : d'abord directrice d'un orphelinat juif à Francfort, elle voyage ensuite dans les Balkans, le Proche-Orient et la Russie pour des enquêtes sur la traite des Blanches. En 1904, elle fonde la Ligue des femmes juives et en 1907 un établissement d'enseignement affilié à cette organisation. Restée au cœur du judaïsme, elle poursuit des études sur la condition des femmes juives et des criminels juifs et vers la fin de sa vie, elle réédite des ouvrages anciens de religion juive puis écrit l'histoire d'une de ses ancêtres. Lorsque Hitler prend le pouvoir, elle se prononce contre l'émigration, avant de mourir en 1936; on se souviendra d'elle dans le domaine du travail social et des idées féministes par un timbre-poste tiré à son effigie en RFA.

Bertha Pappenheim apparaît dans la réalité historique de son époque comme un personnage aussi légendaire que celui des origines de la psychanalyse; elle ne se marie pas, mais le sexe, sous ses formes diverses, occupe une grande partie de sa vie : elle écrit, un jour, que si la justice existe encore dans le futur, les femmes feront les lois et les hommes porteront les enfants. Elle ne parle jamais de son « histoire » avec Breuer, refuse que les jeunes filles qui lui sont confiées se fassent analyser et affirme souvent que la psychanalyse est au médecin ce que la confession est au curé : une arme « à double tranchant [19] ».

Freud est passionné par son séjour dans la capitale française; à cette époque, pourtant, il est pauvre et déprimé, avec pour seules ressources une bourse d'études accordée par le fonds du jubilé de l'université de Vienne. Il est descendu dans un petit hôtel, proche du Panthéon et de la Sorbonne, où il vit cinq mois. Il reste chaste, peu enclin à profiter des facilités de la vie parisienne, parle à peine le français et passe ses soirées à rédiger de longues lettres à sa fiancée Martha; dans la première, datée du 19 novembre 1885, il décrit ses promenades le long du quai d'Orsay, aux Invalides et dans le quartier chic des Champs-Élysées; il admire, sur la place de la Concorde, l'obélisque de Louqsor, et de là il se rend au musée du Louvre où il est impressionné par les bustes d'empereurs « représentés plusieurs fois sans jamais se ressembler ». Le manque d'argent et la migraine sont évoqués et Freud raconte sa soirée au Théâtre-Français, où il a assisté à la représentation de trois pièces de Molière; dans une lettre du 19 octobre 1885, il commente les mésaventures des républicains : « Je me suis trouvé au milieu du vacarme parisien le plus insensé jusqu'au moment où après m'être frayé un passage, je suis arrivé sur les fameux grands boulevards et la rue de Richelieu. Place de la République j'ai vu une statue gigantesque de la République portant les dates : 1789, 1792, 1830, 1848 et 1870. Cela donne une idée de l'existence discontinue de cette pauvre République. »

La nouvelle la plus importante est annoncée par une lettre du 21 octobre : Freud s'est rendu pour la seconde fois à la Salpêtrière et tout s'est bien passé; il a été désigné, sur un reçu, comme étant : « Monsieur Freud, élève de médecine », et, à dix heures, il se trouve en présence de Charcot : « C'est un homme de haute taille, écrit-il, âgé de cinquante-huit ans, chapeau haut-de-forme; il a des yeux sombres étrangement doux (un des deux plutôt car l'autre est dénué d'expression, étant affecté d'un strabisme convergent); il a le visage rasé, de longues mèches de cheveux ramenées derrière les oreilles, ses traits sont très expressifs, ses lèvres pleines et écartées, bref il a tout du prêtre séculier dont on attend qu'il ait de l'esprit et montre du goût pour les bonnes choses de ce monde. Il s'est assis et s'est mis à examiner les malades. Il m'en a imposé par son brillant diagnostic et le très vif intérêt qu'il montre pour tout. Aucun rapport avec les airs de supériorité et de distinction artificielle auxquels nous ont habitués nos grands pontes [20]. »

Qui est donc ce « Meister » âgé de soixante ans (et non pas cinquante-huit) et qui est au sommet de sa gloire?

Né en 1825 d'une famille modeste, Charcot fait ses études secondaires au lycée Bonaparte. Son père est ouvrier carrossier et sa mère se consacre à l'éducation de ses enfants; vers sa vingtième année il décide d'entrer dans la carrière médicale et loue une petite chambre au quartier Latin, proche sans doute de l'hôtel où Freud descendra plus tard. L'homme est un « visuel » et son strabisme n'est pas un détail sans importance. Il a bientôt pour maître Rayer, qui a été le médecin personnel de Napoléon III et qui occupe à partir de 1862 une chaire de pathologie comparée, créée spécialement pour lui. Ce dernier présente Charcot au ministre des Finances Achille Fould qui fait avec lui un voyage en Italie avant de le prendre comme médecin de famille; cela lui attire la sympathie des bonapartistes; la même année (1862), il devient le médecin de l'hospice de la Salpêtrière et le demeure jusqu'à sa mort. Dès lors son orientation scientifique se transforme au contact des malades de l'asile puisque jusque-là, il ne s'est guère intéressé à la pathologie du système nerveux. Entre 1862 et 1870, il devient le créateur d'une nouvelle neurologie après avoir débuté par des observations sur la sclérose en plaques, les arthropathies tabétiques et les localisations médullaires. Chaque année, il fait des conférences sur les maladies des vieillards, la goutte, les rhumatismes, l'anatomie et la physiologie du système nerveux. A l'époque de son entrée à la Salpêtrière, il épouse une jeune veuve, fille d'un tailleur réputé pour ses collections de tableaux : encore l'attrait pour le « visuel »...

A partir de 1872, il acquiert une réputation importante. Il est nommé professeur de la chaire d'anatomie pathologique et commence à donner des leçons sur les localisations cérébrales et l'épilepsie corticale. Bientôt Charcot devient un consultant national et international; les familles royales d'Espagne, du Brésil, de Russie, lui rendent visite, puis les écrivains, les acteurs, les journalistes et les gens du monde; ses leçons captivent le regard du public comme de véritables scènes théâtrales; il rédige à l'avance le texte de ses conférences et les apprend par cœur, afin d'en tirer le meilleur effet; il exhibe ses malades et se révèle capable de jouer plusieurs rôles à la fois.

En juillet 1881, sur l'initiative de Gambetta, le Parlement vote un crédit pour la création d'une chaire de clinique des maladies nerveuses et Charcot en devient titulaire : en 1882, la neurologie est reconnue pour la première fois comme une discipline autonome. A ce moment-là, il s'intéresse à l'hystérie et à l'hypnotisme et donne un contenu nouveau au concept de névrose, ce qui entraîne une première polémique sur la question de l'étiologie des maladies « nerveuses ». Adepte d'une clinique fondée sur la théâtralisation des symptômes, Charcot est l'un des premiers à adopter des appareils de projection lors de ses conférences; ses croquis et ses photos fournissent une documentation spectaculaire sur les angoisses de toute une génération. A la veille de l'arrivée de Freud à Paris, il vient habiter un bel hôtel particulier du faubourg Saint-Germain; il y fait aménager un imposant cabinet de travail, haut de plafond et tapissé de bibliothèques dessinées sur le modèle de celles des Médicis à Florence. Il remplace les vitres par des vitraux pour assombrir la pièce et lui donner une allure mystérieuse. « Il s'asseyait près d'une table, souligne son biographe Georges Guillain, et immédiatement convoquait le malade qu'il devait examiner. Celui-ci était alors complètement déshabillé. L'interne lisait le résumé clinique du cas tandis que le maître écoutait attentivement. Suivait un long silence durant lequel Charcot ne cessait de regarder le patient tout en tambourinant des doigts sur la table. Ses assistants, debout près de lui, attendaient anxieusement un mot d'éclaircissement. Charcot continuait à garder le silence. Enfin il demandait au malade de faire un mouvement, il l'invitait à parler, faisait examiner ses réflexes et contrôler ses réactions sensorielles. Et de nouveau le silence, le mystérieux silence de Charcot. Finalement il convoquait un second patient, l'examinait comme le premier, en faisait venir un troisième et toujours sans mot dire se livrait à des comparaisons entre eux. Ce genre d'examen clinique méticuleux, de type essentiellement visuel, était à la base des découvertes de Charcot [21]. »

Charcot est un silencieux, préférant l'œil à la parole. Il semble redouter le contact avec les humains et a une véritable passion pour les animaux. Sa vie durant il s'entoure de chiens de toutes tailles et longtemps, il vit en compagnie d'une petite guenon qui, à table, est assise sur une chaise haute d'enfant. Il prend soin de sa nourriture et s'extasie quand elle lui vole des aliments dans son assiette. Il s'oppose à la vivisection, fait campagne contre la chasse et se passionne pour le cirque et les clowns.

En 1887, il prend la défense de Pasteur, attaqué de toutes parts par les adeptes de la « génération spontanée », hostiles à la vaccination antirabique. Cette prise de position ne s'explique pas seulement par les opinions résolument modernes de Charcot : la rage est une maladie infectieuse du système nerveux, et, à cette époque, on peut supposer, comme le fera Calmette plus tard, qu'il existe des microbes encore inconnus ayant une affinité spéciale pour le système nerveux. Charcot lui-même tient à l'idée que la maladie nerveuse possède son autonomie mais il ne conçoit pas qu'elle ait une origine sans fondement organique; sur ce plan il est l'héritier de la tradition anatomo-pathologique à laquelle il ajoute les récentes découvertes de Claude Bernard en matière de physiologie. Dans sa leçon d'ouverture, il précise : « L'anatomie pathologique n'aurait qu'une existence incertaine si elle était véritablement réduite à la seule contemplation de la lésion morte... En réalité les attaches de l'anatomie pathologique avec les départements limitrophes de la biologie sont indissolubles. Placée en quelque sorte dans une situation intermédiaire entre l'anatomie normale d'un côté et la pathologie de l'autre, elle les relie étroitement, en même temps qu'elle se confond avec elles par une transition insensible. » Il adopte cette position de Claude Bernard : « Il ne faut pas subordonner la pathologie à la physiologie. C'est l'inverse qu'il faut faire. Il faut poser d'abord le problème médical tel qu'il est donné par l'observation de la maladie, puis chercher à fournir l'explication physiologique. Agir autrement, ce serait s'exposer à perdre le malade de vue et à défigurer la maladie [22]. »

Sensible aux contorsions des corps, fasciné par la caricature, Charcot installe dans son hôtel particulier un atelier de peinture sur émaux et faïences. Pour décorer la façade de sa maison, il copie la *Danse des fous* de Dürer, mais ne manifeste aucun intérêt pour l'art moderne, les impressionnistes ou la nouvelle poésie. En revanche, il publie, avec Richet, un livre intitulé *Les Démoniaques dans l'art* et illustré de gravures d'extatiques et d'épileptiques; cet ouvrage est destiné à faire la preuve que l'hystérie n'a pas été inventée par la science, comme on le prétend, mais qu'elle a existé à toutes les époques [23]. Sa passion pour le domaine des hallucinations et de la sorcellerie remonte à 1853, où il a fait une expérience avec le hachisch et raconté ses visions, remplaçant les mots par des dessins.

Toujours dans l'ordre du visuel, les recherches de Charcot sur l'aphasie ont pour but d'établir des rapports entre les théories de l'image et celles du langage. Pour cela, il s'appuie sur les travaux de Théodule Ribot et considère que le mot possède quatre éléments : l'image auditive, l'image visuelle, l'image motrice d'articulation et l'image motrice graphique. Il envisage l'aphasie comme une amnésie, produite par la suppression d'une de ces mémoires partielles. Cette notion explique, pour lui, tous les troubles du langage et il pense que le système langagier ne fonctionne pas de la même façon pour chaque individu où un centre peut prédominer sur un autre. Par cette démarche il soutient l'existence d'une typologie de la perception humaine, fondée sur une classification opposant les auditifs et les visuels.

III. *Filiations*

Aux soirées du mardi, à l'hôtel du boulevard Saint-Germain, on rencontre les plus grands noms de la médecine, de la politique et de la littérature. Gambetta, Alphonse Daudet, son fils Léon, côtoient le professeur Lépine, Gilles de la Tourette, Vulpian, Brouardel, Babinski, etc. Un soir, Freud est invité à souper, en compagnie d'un certain Richetti, médecin viennois qui porte toujours des vêtements râpés; mais ce jour-là, il étrenne un nouvel habit, une barbe propre et des cheveux coupés. Mme Charcot, sensible au charme de ce polyglotte, demande à Freud combien de langues il parle lui-même : « Allemand, anglais, un peu d'espagnol et très mal le français », répond-il. C'est alors que Jean Martin Charcot prononce cette phrase prophétique : « Il est trop modeste, dit-il, il ne lui manque que d'habituer l'oreille. » Ravi, Freud confirme la parole et ajoute avec humour : « Souvent, je comprends ce que je viens de dire au bout seulement d'une demi-minute [24] »; puis il compare sa manière de réagir à un symptôme du tabès.

Ce soir-là, Freud remarque que Charcot a été aussi pauvre que lui et qu'il doit sa richesse à son mariage. Il est aussi très attiré par la fille de son maître, Jeanne Charcot. Celle-ci n'est pas belle, mais rendue intéressante à cause d'une « ressemblance comique » avec son père. Elle comprend l'allemand et l'anglais et Richetti lui fait un brin de cour tandis que Freud reste toute la soirée auprès des « vieux messieurs » : « Imagine-moi maintenant, écrit-il à Martha, n'étant pas déjà amoureux et étant en outre un véritable aventurier, j'aurais pu succomber à une forte tentation, car rien n'est plus dangereux qu'une jeune fille qui a les traits d'un homme qu'on admire. On se moquerait alors de moi, on me chasserait et il ne me resterait plus que d'avoir vécu une belle aventure. C'est tout de même mieux ainsi [25]. »

En effet, *c'est tout de même mieux ainsi*. On peut imaginer ce qu'aurait été le destin de Freud s'il avait cédé à ses tentations. Par un matin de printemps, il aurait épousé la fille de maître Charcot, une jeune personne un peu grasse, laide et fort riche. L'explorateur de l'inconscient serait devenu le gendre de l'inventeur du concept moderne de névrose hystérique et l'aventure de la psychanalyse dans ce pays eût été autre. Pourtant, dans le salon illuminé du boulevard Saint-Germain, la littérature, la théorie et les « affaires » de famille ont partie liée. La Jeanne, qui ressemble à son père, est amoureuse de Léon Daudet qui ne veut pas d'elle et Charcot en éprouve un violent ressentiment. Par un curieux hasard, le jeune homme épousera plus tard la petite-fille de Victor Hugo, qui se prénomme Jeanne et qui aura été, auparavant, la femme de Jean-Baptiste Charcot, lui-même fils du maître et explorateur de banquises, alors que son père le voulait médecin. Daudet sera ainsi le petit-fils par alliance d'un poète auquel il reprochera sa « libido », sa « chiennerie » et ses « fantaisies » extra-conjugales.

Charcot est un libéral, défenseur de la République et critique de l'esprit religieux. Lors de l'affaire Boulanger, il ne dissimule pas son aversion pour la dictature. Il manifeste toujours des opinions patriotiques sans les confondre avec l'intérêt de la science. Après la guerre de 1870, il refuse de se rendre à des congrès en Allemagne mais en 1867, dans l'introduction à ses leçons sur la pathologie des vieillards, il déclare : « Il n'est permis à personne d'oublier que la science n'est d'aucun pays et n'appartient en propre à aucune race [26]. » Il montre que la France est restée sourde pendant plus de dix ans au mouvement intellectuel allemand et qu'au moment où la science d'outre-Rhin est enfin reconnue, les savants germaniques, grisés par leurs succès, semblent persuadés que l'empire de la science leur appartient. Cette prise de position est prophétique pour le devenir de la psychanalyse en France; en effet, la rencontre Charcot-Freud a lieu dans une période caractérisée par l'opposition entre l'école allemande d'anatomo-pathologie et l'école française de neuropathologie. Meynert d'un côté et Charcot de l'autre sont tributaires d'une orientation de la science qui voit l'essor des localisations anatomiques tandis que Freud, plus jeune, bénéficie de l'enseignement conjugué des deux maîtres. Il voit s'ouvrir une époque nouvelle, où le triomphe des localisations cérébrales passe déjà pour avoir donné lieu à des espoirs excessifs et où les théories fonctionnalistes du système nerveux sont prédominantes, grâce au développement de la physiologie et de l'électrophysiologie [27]. On a remarqué que Charcot a assimilé une partie de l'enseignement de Claude Bernard. Plus tard, il deviendra le partisan d'une anatomo-physiologie dans laquelle la méthode anatomo-clinique restera dominante, avec pour principe l'étude méthodique des symptômes et la constatation du siège des lésions après la mort.

Freud raconte, à ce propos, l'anecdote suivante : « Le hasard lui adressa lorsqu'il était étudiant une servante qui souffrait d'un tremblement particulier et ne pouvait du fait de sa maladresse trouver aucune place. Charcot reconnut son état pour la paralysie choréiforme déjà décrite par Duchenne, mais dont on ne connaissait pas les fondements. Il garda à son service cette domestique intéressante bien qu'elle lui coutât au long des années une petite fortune en assiettes et en plats et lorsque finalement elle mourut, il put démontrer sur elle que la paralysie choréiforme était l'expression clinique de la sclérose cérébro-spinale multiple[28]. »

De fait, en proclamant la neutralité de la science par rapport aux races et aux nations, Charcot s'affirme comme l'adversaire d'une large tradition chauvine de la médecine et se situe comme le champion d'une conception de la recherche où la vérité interne à la science doit primer sur les conditions sociologiques, nationales ou « raciales » de sa pratique. Cette profession de foi n'est pas étrangère à l'oubli qui va frapper sa découverte.

A partir du cadre de la neurologie, il donne un statut précis à l'hystérie en créant un nouveau concept de névrose qui va être à l'origine de la découverte de l'inconscient. En ce sens l'introduction de la psychanalyse en France commence en 1885, avec la rencontre entre Freud et Charcot, qui rend patente l'idée que l'hystérique *invente* des symptômes et qu'elle conduit le savant sur la voie de leur compréhension. Par cet événement, le malade fabrique, montre, exprime et le médecin *découvre*.

Avec le cas Anna O., Freud possède depuis 1880 une expérience *d'écoute* dont il ne sait que faire et vient à Paris pour *voir* Charcot régner au milieu des hystériques; ce dernier ne s'intéresse pas à l'histoire d'Anna mais crée et supprime des symptômes par une parole suggestive. Il montre, en dehors de toute magie, que les phénomènes de l'hystérie obéissent à des lois; il traite les observations cliniques comme des faits et en tire des conjectures neurologiques, contrairement aux cliniciens allemands qui se fondent sur une théorie des états morbides. « Charcot, souligne Freud, ne se lassa jamais de défendre les droits du travail purement clinique, qui consiste à voir et à ordonner, contre les empiètements de la médecine théorique. Nous étions une fois réunis à un petit groupe d'étrangers, et, formés par l'école allemande de physiologie, l'importunions à contester ses nouveautés cliniques : " Cela ne se peut pourtant pas, lui objecta un jour l'un de nous, cela contredit la théorie de Young-Helmholtz. " Il ne répondit pas : " C'est d'autant plus fâcheux pour la théorie que les faits cliniques ont la prééminence " ou autre chose du même ordre mais il nous dit cependant, ce qui nous fit une grosse impression : " La théorie c'est bon mais ça n'empêche pas d'exister[29]. " [en français dans le texte] » Charcot privilégie une conception « expérimentale » de la clinique et à la faveur de ses observations, Freud est amené à concevoir la possibilité d'une pensée détachée de la conscience : celle-ci produit des effets somatiques à l'insu des individus, puisque l'hystérique est « possédée » par ses symptômes.

Dans un deuxième temps, de retour à Vienne, Freud se sépare progressivement d'une clinique dominée par la fonction du regard, le culte du tableau et celui de la leçon; il va mettre en œuvre une nouvelle pratique fondée sur le primat de l'écoute et du récit. Au terme de ce double renversement, où l'hystérique tient une place centrale, la notion d'inconscient émerge et la psychanalyse voit le jour : le médecin renonce au voir et au toucher, s'éloignant des deux termes qui scellent l'existence de la clinique au XIXe siècle; du même coup la parole change de camp : le savant se tait et garde pour lui ses commentaires; il se retire dans le silence, laissant au malade le soin de se guérir lui-même. Avec l'entrée en scène de « l'oreille freudienne », le patient occupe la place réservée autrefois au médecin; il devient créateur, récitant, romancier, invente un discours et fabrique son cas.

Au moment où Charcot est en passe d'occuper une position de novateur, c'est un personnage public dénoncé pour son césarisme. Il appartient à cette classe de médecins que des mariages d'argent ont élevés dans la hiérarchie sociale. Comme d'autres Parisiens avant lui, il est venu exercer la profession dans un quartier chic.

A cette époque, les médecins ne peuvent vivre des honoraires perçus auprès des gens du peuple et souvent, ils s'attachent une clientèle riche qui leur permet de soigner gratuitement les pauvres. Charcot est parvenu au sommet de la gloire en étant un des « grands patrons » de la médecine française; à ce titre, il est entouré d'élèves respectueux qui favorisent son népotisme.

Le métier médical jouit dans la bourgeoisie d'une faveur considérable car il est synonyme d'indépendance. On y est son propre maître et l'on bénéficie du culte réservé d'habitude aux détenteurs d'un savoir mystérieux ou d'un pouvoir magique. Comme les médecins, les rebouteux, les charlatans et les guérisseurs jouissent, à la campagne comme à la ville, d'un prestige important. La distinction entre la science et l'art de guérir est sujette à controverses mais aucune réglementation ne fait loi. La plupart des gens et des médecins sont convaincus du caractère « héréditaire » de toutes les maladies et des trains entiers transportent les foules vers les lieux saints où tous les maux sont « guéris » par miracle.

Sous le Second Empire, on commence à condamner les charlatans et les médecins qui pratiquent des traitements imaginaires pour des maladies incurables. Ensuite sous la IIIe République, une ère nouvelle semble s'ouvrir avec le triomphe du positivisme; pourtant les mœurs de la population et des médecins en matière de soins sont loin de faire corps avec la science contre l'obscurantisme.

La plupart des grands médecins parisiens sont des mécènes cultivés; ils fréquentent les salons littéraires et les allées du pouvoir. Richement installés, ils ont l'art du clinquant ou du savoir-vivre. Leurs hôtels particuliers sont cossus, décorés à l'ancienne. L'une des caractéristiques de cette classe réside dans ses « manies ». Les soigneurs des quartiers riches ont tous une activité privée, cultivent leurs dons intimes ou sont des collectionneurs passionnés d'art pictural; certains professent un culte pour les vases chinois ou les morceaux de temples grecs; d'autres sont bibliophiles et parcourent l'Europe à la recherche d'éditions rares; d'autres encore s'enthousiasment pour des romanciers, des musiciens ou des sculpteurs. Ces médecins sont les « voyeurs » d'un talent qu'ils ne possèdent pas et dans lequel ils décèlent les stigmates d'un don lié à la pathologie. La théorie de l'hérédité-dégénérescence fait fureur et l'on a tendance à retrouver dans les capacités artistiques le trait d'une maladie propre à la criminalité. Tout médecin célèbre possède, dans sa clientèle, au sommet de sa carrière, un artiste fameux avec lequel il entretient un dialogue sur la genèse de la faculté créatrice. Ainsi le docteur Blanche est le consultant de Van Gogh et de Maupassant, Édouard Toulouse celui de Zola et d'Artaud, etc.

Charcot appartient à cette « race » de médecins français, marqués par une époque où la science médicale se constitue, réunissant dans le dernier éclat d'une clinique du regard, le talent d'une voyance et celui d'une objectivité rationnelle. Obsédés par la syphilis, ces savants sont fascinés par la puissance du sexe, où ils cherchent le secret des passions et de la décadence des civilisations. L'hystérie, la folie, la mélancolie, l'épilepsie, non encore détachées de leur socle organique, leur dévoilent les facettes d'un genre humain où ils trouvent, comme en miroir, la violence et les terreurs qu'ils redoutent de voir germer en eux. La femme, l'homosexuel, le fou, le créateur leur offrent l'image de ce qu'ils veulent être. Le culte du beau et la manie de la brocante couvrent leurs tentations inavouables.

Par les polémiques que son personnage suscite, Charcot appartient à la lignée de Broussais, qui est, avant lui, l'un des tenants les plus controversés de la tradition médicale française. Pour de nombreux chroniqueurs, cet homme éloquent caractérise, au début du XIXe siècle, les aberrations du savoir médical. Il soutient que l'inflammation intestinale est la cause de toutes les maladies et pour la guérir il prescrit des saignées, la pose de sangsues et des diètes sévères. Ses patients affamés ou meurtris par la perte du sang meurent comme des mouches.

Pour l'historien des sciences, la position de Broussais est d'une tout autre portée. Michel Foucault fait valoir qu'il occupe, dans la crise des fièvres, une place de novateur, puisque avec ses travaux, l'anatomie pathologique s'ouvre à une physiologie du phénomène morbide : « Broussais fait passer l'axiome de localisation avant le principe de visibilité, écrit-il : la maladie est dans l'espace avant d'être pour la vue [...] la médecine s'ouvre alors à un champ d'investissement entièrement spécialisé et déterminé de bout en bout par les valeurs locales. » Dans cette perspective, la cause des maladies va pouvoir être définie à partir d'une conception qui englobe l'agent externe et la modification interne, d'où le lien entre cette découverte et des mœurs thérapeutiques aberrantes : « Il n'avait réussi à contourner l'idée des maladies essentielles que moyennant un prix extraordinairement élevé; il lui avait fallu réarmer la vieille notion si critiquée (et justement par l'anatomie pathologique) de sympathie; il avait dû faire retour au concept hallérien d'irritation; il s'était replié sur un monisme pathologique qui rappelait Brown, et il avait remis en jeu, dans la logique de son système, les vieilles pratiques de la saignée [...]. Tout était justifié dans les attaques forcenées que les contemporains de Broussais lançaient contre lui. Pas tout à fait cependant : cette perception anatomo-clinique, enfin conquise dans sa totalité et capable de se contrôler elle-même, cette perception au nom de laquelle ils avaient raison contre lui, c'est à sa " médecine psychologique " qu'ils la devaient ou qu'ils en devaient du moins la forme définitive d'équilibre [30]. »

De Bichat à Charcot, et par Broussais, le savoir médical se constitue à travers des pertes et des oublis : les partisans de l'anatomo-clinique ont l'impression de transgresser les préceptes de l'obscurantisme en ouvrant les cadavres. Plus tard Broussais fait disparaître « l'être de la maladie » en opposant à l'idée de maladie essentielle une physiologie des organes malades. Ensuite Charcot « oublie » le sexe, qui dérange sa nouvelle nosologie.

Faut-il toujours cheminer par l'erreur pour accéder à une parcelle de vérité? L'oubli est-il une manière de retrouver le temps? Une véritable symbolique de la castration, qui confine, par instants, à la réalité d'une perte incontournable, parcourt l'histoire des sciences : le cancer de Freud, semblable aux ravages de l'inconscient, le scalpel de Bichat, pareil à l'engrenage, dans l'organisme, des entités morbides, la « folie » de Littré devant la résistance des mots, celle de Flaubert, empêché par la mort de terminer *Bouvard et Pécuchet;* et plus tard, les errances d'un Pichon, pressé par le démon d'une nouvelle nomination des choses; Lacan encore, obsédé par le « hasard mallarméen ». Folie du savoir : telle est la « maladie » que Freud reçoit des hystériques et dont il s'empare à l'orée du siècle pour avertir les hommes de leur blessure originelle. La psychanalyse est une manière particulière de raconter l'histoire d'Œdipe; l'angoisse, l'oubli, le souvenir, le temps, le déchirement, les yeux crevés : autant de termes qui symbolisent la perte d'une maîtrise, sans cesse reconstituée par l'illusion d'un moi. Quant à l'histoire de la psychanalyse, elle se confond avec celle d'un utérus trompeur. Que faut-il arracher aux femmes de la Salpêtrière pour entendre leur sexe? A cette énigme, aucune clinique ne peut répondre puisqu'on sait bien que l'examen anatomo-pathologique ne donne point la clé de l'hystérie. Et pourtant il faut le prouver : Charcot s'y épuise, démontrant, par là, l'existence de l'hystérie masculine; Freud, à sa suite, prend le risque du scalpel, sépare l'organe de sa fonction, ampute le sexe du corps anatomique, au prix de rompre le contrat qui unit, depuis l'Antiquité, l'utérus et le sexe, la maladie nerveuse et la médecine, le clinicien et son organe.

La mise en acte de l'inconscient de Freud dans sa relation à Charcot joue un rôle important dans la naissance de la psychanalyse. Elle permet de repérer les conditions de production d'un nouveau concept de névrose, à partir d'une scène « visuelle », où l'hystérique occupe la place centrale. Dans son admiration pour le maître, Freud s'identifie, à son insu, à un malade hystérique; ayant toujours souffert de troubles « nerveux » il se croit atteint de neurasthénie.

Ce dernier terme, introduit par Beard, en Amérique, dans les années 1880-1884, correspond à la première mise en place d'une théorie psychosociologique de la maladie mentale. On dit que les conditions de la vie moderne, créées par l'industrialisation capitaliste, sont jugées suffisantes à provoquer ce trouble nerveux; on dit également que l'hystérie est une maladie à la mode. Et Freud, quand il sépare la neurasthénie de l'hystérie, constate du même coup l'identité notionnelle des deux formes de névrose : « Il est possible d'émettre l'hypothèse, souligne J. Nassif, que la neurasthénie comme névrose n'est rien d'autre que le terme à partir duquel Freud pourra construire le concept de névrose obsessionnelle [31]. »

L'identification de Freud à l'hystérique et ses liens ambivalents à l'égard du maître de la Salpêtrière nous portent à prendre en compte la problématique des filiations imaginaires. En effet, la dimension du transfert est essentielle pour situer, dans l'histoire des sciences, la division introduite par Freud entre savoir et vérité. Dans un texte ancien, O. Mannoni [32] fait observer qu'on ne peut comprendre la genèse de la théorie freudienne par référence à un modèle de linéarité et de progrès et qu'il faut distinguer, voire opposer, le savoir acquis par Freud auprès de Charcot et de Breuer, qui se constitue comme un corps d'hypothèses, du savoir porté par le désir inconscient, dont le savant fait l'expérience à son retour à Vienne auprès de Fliess, lors de son « auto-analyse ». Cette « analyse originelle » situe le savoir théorique sous l'angle d'une situation transférentielle. Dans cette optique, la théorie de l'inconscient ne sort ni de la tête de Freud ni d'une logique de la raison, mais de la rencontre contradictoire entre une pratique spontanée et un savoir théorique où la vérité se dit dans l'erreur. Il ne faut donc pas confondre l'identité symbolique d'une découverte avec la figure de son géniteur, alors même que celui-ci se prend en permanence pour le père de son œuvre. En séparant théoriquement les deux domaines, on comprend comment, dans la réalité, ils sont toujours mêlés.

Par son identification à l'hystérique, Freud va donner au concept de névrose un statut nouveau, mais d'un même mouvement, porté par son désir inconscient, il va devenir, comme Charcot, un maître fondateur. Cette position ambivalente caractérise, pour le mouvement psychanalytique, une filiation [33] qui met chaque disciple dans un rapport transférentiel au savoir et à la personne du maître. D'où l'importance d'étudier comment se perpétue l'image du « grand homme » dans l'histoire de la formation des analystes.

IV. *Le sexe, la femme, l'hystérie*

Pierre Marie, un disciple de Charcot, assure que c'est le « hasard » qui plonge son maître en pleine hystérie; le bâtiment Sainte-Laure, à la Salpêtrière, se trouve dans un tel état de vétusté que l'administration hospitalière doit le faire évacuer. Elle en profite pour séparer les aliénés des épileptiques non aliénés et des hystériques. Comme ces deux catégories de malades présentent des crises convulsives, elle trouve logique de les réunir et de créer pour elles un quartier spécial : le *quartier des épileptiques simples.* Freud, peu soucieux de hasard, souligne que Charcot reconnaît la nécessité de soumettre ces malades à une observation constante et associe cette « révolution » à celle de Pinel : « Charcot avait répété à une petite échelle l'acte de libération en mémoire duquel le portrait de Pinel était suspendu à la Salpêtrière dans la salle de conférences [34]. » Quand il est nommé médecin de l'hospice en 1862, il parcourt les salles du bâtiment et fait des croquis : « Les types cliniques, écrit-il, s'offrent à l'observation, représentés par de nombreux exemplaires qui permettent de considérer l'affectation d'une façon pour ainsi dire permanente car les vides qui se font avec le temps seront bientôt comblés. Nous sommes en présence d'une sorte de musée dont les ressources sont considérables [35]. »

L'espace de l'hôpital se confond pour Charcot avec les idéaux d'une nosographie. Le découpage en bâtiments doit coïncider avec celui d'entités délimitées par la nouvelle clinique : « La sectorisation est ici nosographique, souligne J.B. Pontalis [...]. L'espace psychique est le grand absent. Il faudra que Freud parcoure tout un chemin, avec ses obstacles, ses embûches et ses pièges, pour le constituer, cet espace, et pour le différencier. Il lui faudra reconnaître dans la conversion (métaphore spatiale) non pas, comme on l'a cru, la forme effectivement prévalente de l'hystérie, mais le modèle de son mécanisme, qu'il y ait ou non symptômes somatiques; cela supposait précisément qu'une conversion soit opérée dans l'approche et le traitement de l'hystérie : les ressorts n'en seront plus cherchés directement dans les lieux du corps mais dans l'agencement du fantasme avec ses lois spatio-temporelles propres, non plus dans le tableau gestuel et figé mais dans les positions identificatoires variables, multiples et cachées [36]. »

Le mot « hystérie » désigne depuis l'Antiquité une maladie organique d'origine utérine affectant le corps dans son entier; Hippocrate est l'inventeur du terme. Les troubles nerveux sont observés, avant tout, chez des femmes qui n'ont pas eu de grossesse ou qui abusent des plaisirs charnels. Le traitement recommande le mariage pour les jeunes filles et le remariage pour les veuves. Au Moyen Age, sous l'influence des conceptions augustiniennes, on voit, dans les manifestations hystériques, une intervention du diable. La chasse aux sorcières dure deux siècles et parmi les victimes dites « possédées » on compte surtout des hystériques. Déjà à cette époque, l'opinion médicale résiste à la conception démoniaque de l'hystérie. Au XVIIe siècle, avant Charcot, Charles Lepois affirme que cette maladie vient du cerveau puisqu'elle frappe les deux sexes : la théorie « utérine » est donc contestée. On évoque parallèlement le rôle des émotions à l'origine des troubles. Le lien entre le cerveau et la matrice demeure, mais il est déplacé; le cerveau joue un rôle de relais et de distributeur d'un mal dont l'origine est viscérale. « Jusqu'à la fin du XVIIIe siècle, écrit M. Foucault, jusqu'à Pinel, l'utérus et la matrice demeureront présents dans la pathologie de l'hystérie, mais grâce à un privilège de diffusion par les humeurs et les nerfs, et non par un prestige particulier de leur nature [37]. »

Charcot inaugure un mode de classification qui différencie la crise hystérique de la crise épileptique et libère les malades de l'accusation de simulation; mais la science officielle affirme alors que les hystériques de Charcot sont d'excellentes comédiennes et que le maître fabrique la maladie comme un prestidigitateur fait sortir les lapins de son chapeau. En fait l'essentiel de la découverte de Charcot porte sur les points suivants : il abandonne la définition ancienne de l'hystérie et lui substitue celle moderne de névrose; il ramène celle-ci à une origine traumatique ayant un lien avec le système génital, puis démontre l'existence de l'hystérie masculine, à laquelle on ne croit pas vraiment, et passe ainsi d'une sorte de sémantique des fluides circulant de la matrice vers le cerveau à une sémiologie de la névrose. Il abandonne donc la question de l'utérus pour faire de l'hystérie une maladie nerveuse, d'origine héréditaire et organique, et, pour dégager celle-ci de la simulation, il renonce à cette étiologie sexuelle ancienne dont Freud va s'emparer, pour détacher ensuite la névrose du champ de la maladie organique. Un soir de 1886, le jeune Freud apprend de la bouche de Charcot que le maître « sait » la primauté des causes génitales mais qu'elles doivent rester secrètes en leurs alcôves. Reconvoquer le sexe, ce sera pour Freud, à la lumière du cas Anna O., sortir de l'espace de la maladie et donner au concept de névrose un statut qui échappe aux cadres de la neurologie.

Pour expliquer que l'hystérie n'est pas une maladie du siècle industriel, mais une affection précise, pouvant recevoir une description nosologique, Charcot démontre que ses stigmates sont repérables dans les œuvres picturales des époques antérieures. Il retrouve dans les crises de possession et les extases connues depuis l'Antiquité les symptômes d'une maladie qui n'a pas encore reçu sa définition scientifique : « L'hystérie, affirme-t-il, est là même en tout lieu. » L'étude du tableau de Rubens sur saint Ignace guérissant les possédés [38] lui fournit l'occasion de décrire, avec une foule de détails, les périodes de la grande attaque hystérique; la *phase épileptoïde* avec ses mouvements toniques, où la malade est ramassée en boule et fait un tour complet sur elle-même pour se retrouver ensuite dans une attitude tétanique; la *phase de clownisme* avec ses contorsions, son mouvement en arc de cercle et ses cris de rage; la *phase passionnelle,* accompagnée de ses attitudes de supplication et de paralysies extatiques; enfin la *période terminale,* avec ses contractures généralisées, où les bras et les jambes se tordent de manière saccadée. A cela Charcot ajoute une *variété démoniaque* de l'hystérie, où l'Inquisition voyait les signes de la présence de Satan dans l'utérus des femmes.

Par ce rapport de l'hystérie à l'œuvre d'art, Charcot fait du peintre une sorte de médecin de la transparence anatomique des corps. Pour lui, l'artiste est un copieur qui pose sur son époque ou sur les temps anciens la marque de son talent, et l'œuvre d'art une sorte d'*hystérie réussie.* Cette conception de la création est celle des thérapeutes du XIXe et de la première moitié du XXe siècle, qui voient dans le don la marque de la folie. Freud va mettre en cause cette conception de l'art. Certes, la « modernité » ne le touche pas, mais il est porté par un véritable coup de force puisque, avec lui, l'hystérie reçoit une définition « inverse » de celle que lui avait attribuée Charcot; en se profilant dans le concept de conversion, elle devient déformation, fantasme, déplacement, torsion de mots, roman, sexe... Dans cette brèche Freud transforme le concept de névrose et débouche sur une appréhension nouvelle de la création et des formes, celles-là même que prônent les tenants de la modernité. Ainsi, au moment où l'hystérie est en passe de recevoir une définition qui met en jeu le primat de la sexualité, au moment où elle prend une autonomie face à l'hérédité et à l'organicisme, au moment où le regard s'efface et où une parole est entendue, une conception freudienne de l'art peut s'affirmer, détachée des idéaux de l'imitation. En soutenant que « l'hystérie est une œuvre d'art déformée », Freud établit une relation nouvelle entre l'art et la névrose, le génie et la folie, l'inconscient et la lettre. Ce sont les écrivains, plus que les psychanalystes, qui entendront ce message.

L'histoire d'Anna O. suggère à Freud l'idée de l'origine sexuelle de l'hystérie, mais le spectacle des manifestations érotiques de la Salpêtrière, orchestrées par Charcot, ne le laisse pas sans émotion. A Paris, Freud se trouve seul; il considère la capitale française comme un lieu de débauches et de tentations : « Je crois, écrit-il à Martha, que ses habitants ignorent la pudeur et la peur. Les femmes comme les hommes se pressent autour des nudités comme autour des cadavres de la morgue, ou des horribles affiches dans les rues, annonçant un nouveau roman dans tel ou tel journal et donnant en même temps un échantillon de son contenu. C'est le peuple des épidémies psychiques, des convulsions historiques de masse et il n'a pas changé depuis le temps de *Notre-Dame de Paris* de Victor Hugo [39]. » Les assistants de la Salpêtrière ont un mode de vie plus libre que Freud; ils sont habitués aux plaisanteries de salle de garde, courent les maisons galantes et sont à l'affût de relations mondaines. En ce dernier quart de siècle, le sexe est dissocié des valeurs conjugales; on le voit s'afficher sur le corps des hystériques, et pour une large frange de l'intelligentsia, il est synonyme de révolte ou traduit la haine des traditions familiales. Ainsi Maupassant fréquente les bordels mais assiste également aux leçons de Charcot.

Bien des années après la rencontre de Freud avec Paris, les adversaires français de la psychanalyse accusent le « pansexualisme » freudien d'avoir pour origine la situation corrompue de la ville de Vienne : le chauvinisme projette ainsi sur une culture étrangère ses propres fantasmes érotiques; du reste, les Viennois reprochent à Freud, dans un même mouvement, de s'être souillé au contact des plaisirs parisiens.

Il est vrai que la connivence établie par Freud entre la sexualité et l'hystérie s'enracine dans les nouvelles formes de représentation du sexe survenues à la fin du siècle, lorsque la bourgeoisie installée au pouvoir remplace la « symbolique du sang » par une « analytique de la sexualité ». Ainsi s'explique le mot de D.H. Lawrence : « Aujourd'hui, la compréhension de l'instinct sexuel importe plus que l'acte sexuel lui-même. » Le bourgeois produit sa descendance dans la chaleur d'un foyer clos, mais il fait l'expérience de ses instincts auprès des femmes publiques. Il mêle l'hygiène à la défense de la race, aime le plaisir mais redoute ses maladies; la syphilis et l'hystérie viennent le frapper, à l'intérieur de ses progrès et de ses traditions, dans son patrimoine héréditaire, comme si les maisons closes reversaient leur venin dans le flanc des valeurs conjugales. D'où le désir d'analyser le sexe, de le soigner, de le passer au tamis du discours médical.

Charcot dissocie l'hystérie de la sexualité, dans le cadre d'une organisation visuelle de la clinique, mais il fait passer « en douce » la chose génitale. Le murmure entendu par Freud va commencer d'opérer la rupture entre la scène de la consultation publique et celle du cabinet privé, où le fauteuil et le divan deviennent les instruments rituels d'un « espace psychique », sans commune mesure avec celui, gestuel, de l'hôpital.

A Vienne, à Paris, et sous le règne du puritanisme victorien, on parle beaucoup de sexualité. Deux contemporains de Freud, Krafft-Ebing et Havelock Ellis [40], un Viennois et un Anglais, ont mis en page ses dérèglements et ses perversions. Le premier rédige un manuel à l'usage des juristes et des médecins. Il introduit les termes de masochisme et de sadisme et fait passer, dans le vocabulaire de la science, les grands fantasmes des littérateurs. En fait, il les apprivoise, par un voyeurisme subtil; il use volontiers d'un vocabulaire compliqué, farci de mots latins, afin de désamorcer le caractère érotique des histoires racontées. Il décrit à longueur de page les aventures de la nécrophilie, de la flagellation, de la pédérastie, de la claudication, du fétichisme et de la zoophilie, avec des détails et des commentaires bien tournés. Freud passe pour dire des obscénités extra-médicales, alors que Krafft-Ebing, sous couvert de recherche scientifique, est considéré comme un auteur sérieux : « On assiste de nos jours, souligne J. Clavreul en 1970, à un étrange renversement des choses, qui fait que celui qui passait pour obscène devient maintenant un auteur très sérieux, alors que le grave professeur vient alimenter la bibliothèque des érotiques [41]. »

Havelock Ellis est sexologue et écrivain. A l'encontre de Freud qui a une vie familiale « normale », il vit dans la passion et la souffrance en épousant une femme homosexuelle qui devient folle. Il est lui-même pédéraste et passe son temps à lutter contre les codes moraux de l'Angleterre victorienne. Freud est souvent en conflit avec Krafft-Ebing, mais il a pour Ellis un respect évident; ce dernier accueille avec faveur les théories viennoises sur l'hystérie mais il maintient l'origine héréditaire des névroses et notamment celle de l'homosexualité. En fait, Ellis ressemble à l'hystérique de la fin du siècle; il éprouve dans son corps les stigmates d'une souffrance qui a pour origine la sexualité et dont il fait son écriture.

Si la France est le pays où l'hystérie commence à recevoir une nouvelle définition, c'est peut-être parce que, paradoxalement, la figure de l'hystérique évoque une vision de cauchemar. Michelet a réhabilité l'image de la sorcière en substituant à la défaillance de l'âme la position de la femme. Avec lui, celle-ci est devenue le produit d'une « aliénation sociale ». « Isolée dans sa masure, écrit Roland Barthes, la jeune femme du serf prête l'oreille à ces légers démons du foyer, restes des anciens dieux païens que l'Église a chassés [...]. Michelet a daté la naissance de la sorcière au moment où le rapport humain fondamental est détruit, où la femme du serf s'exclut du foyer, gagne la lande, fait un pacte avec Satan et recueille dans son désert, comme un dépôt précieux, la Nature chassée du monde [42]. » La sorcière guérit les maux et console les malades. Michelet affirme que son règne a duré trois siècles : le siècle lépreux (XIVe), le siècle épileptique (XVe) et le siècle syphilitique (XVIe). Si le XIXe siècle est celui où la science essaie de triompher des maladies, la sorcière, sous la figure de l'hystérique, prend sur elle les infirmités du monde. Elle était thérapeute; elle est devenue malade.

Dans la société française de la fin du XIXe, la libération des « démoniaques », la mise à l'honneur par Michelet de la sorcière et la légitimation par Charcot de l'hystérie mâle et femelle se déploient au moment où le féminisme prend une allure singulière : il est amorcé par des hommes (C. Fourier, V. Considérant, P. Leroux) et ce sont des hommes qui le font triompher. Il n'y a pas de mouvement féministe de masse, car la France est dominée par l'influence occulte des bourgeoises au foyer, conscientes de la puissance de leur règne sur les traditions familiales.

Au moment du premier séjour de Freud à Paris, le divorce vient d'être rétabli par la République, mais l'adultère demeure un crime puni par la loi. La « possédée » exprime les contorsions d'une sexualité exclue du foyer. N'étant plus simulatrice, elle révèle au monde que les ruses du beau sexe ne sont pas l'apanage des femmes; devenue « névrose », la maladie peut atteindre les hommes. Mme Charcot règne en « maître » sur le foyer de son mari : tous deux sont grassement nourris; ils ont le goût de cette gastronomie française à laquelle Freud ne parvient pas à s'habituer; Mme Charcot est fière de son époux. Son existence durant, elle déploie ses efforts pour lui créer un intérieur agréable et faciliter ses travaux scientifiques. Habitué aux mises en scène de la Salpêtrière, le « patron » se montre froid et réservé dans son ménage. Il n'accepte pas d'être dérangé quand il travaille et ne va jamais dîner en ville : on vient souper chez lui, somptueusement. Son « césarisme » ne dépasse pas les frontières de l'hôpital; il règne sur les hystériques, mais sa « bourgeoise » le gouverne : « Quand nous voulions obtenir quelque chose du patron, écrit un élève, et que nous doutions de son acquiescement, c'était Mme Charcot que nous priions de faire agréer notre requête; et cela réussissait quand nous ne demandions pas l'impossible [43]. »

Gageons que cet « impossible » marque la frontière entre le lieu du savoir médical et celui de la vie privée. L'hystérique est « la chose » du maître et le mari volage est « l'affaire » de la femme légitime. Entre ces deux espaces, cloisonnés et pourtant symétriques, se déploient les rites d'une sexualité d'époque, reproductrice et silencieuse, sur son versant conjugal, houleuse, sur ses bords extérieurs.

Charcot est l'initiateur d'une clinique de la névrose hystérique. Ce terme de « névrose » a été introduit par un médecin écossais, W. Cullen, vers 1777. Sous cette catégorie, on range des affections mentales auxquelles on attribue une origine organique précise; on les nomme « fonctionnelles », c'est-à-dire sans inflammation ni lésion de l'organe où la douleur apparaît. Elles sont donc tenues pour des *maladies nerveuses*.

Avant Charcot, Briquet a décrit l'hystérie selon une clinique qui intègre les phénomènes « sociologiques »; il a fait entrer, dans la maladie, les choses de la vie, les reproductions rythmées de la nature, les mouvements des astres, les saignements de l'utérus, l'âge et les conditions de vie. Bref, il a donné à l'hystérie une allure de Protée insaisissable. Charcot récuse cette conception et procède, à l'inverse de Briquet, à une classification qui rattache la description du symptôme à la recherche des différences et des corrélations ainsi qu'à l'examen des pièces anatomiques. Freud, à son tour, va abandonner la méthode de Charcot pour fonder une nouvelle clinique, aussi « sémiologique » que celle du maître, mais qui réintègre dans son champ le domaine du « sociologique » par la voie du récit, du fantasme, de la parole et du langage.

De fait, Briquet avait déplacé le siège de l'hystérie des organes sexuels vers l'encéphale. Avec lui le symptôme avait changé de sens : de sexuel, il était devenu affectif et sujet à diverses transformations, d'où l'idée d'une typologie sociale de l'hystérie. Dans un mouvement contraire, Charcot construit une nosographie en se détournant de la problématique sexuelle. Quant à Freud, il réactualise la doctrine des causes sexuelles à la lumière de la moderne théorie de la névrose. On ne s'étonnera donc pas de constater qu'il ne cède jamais devant ses adversaires et maintient le primat de la sexualité dans la pratique de la psychanalyse et dans la théorie de l'inconscient. Celle-ci se confond avec l'objet même de sa découverte. Autant il est nécessaire à Charcot de s'écarter « théoriquement » de la « chose génitale », pour construire le concept de névrose hystérique et lui donner un statut de maladie « vraie », autant il est essentiel pour Freud d'affirmer le rôle central de la sexualité, pour dégager l'hystérie du savoir médical et des anciennes doctrines morales ou sociologiques.

II

Des mages, des lettrés, des savants

I. *Magnétiseurs*

Charcot et Freud ne sont pas les deux premiers médecins à établir un lien scientifique entre l'Autriche et la France. Pour comprendre le renversement opéré par Freud à partir de la nosographie de Charcot, il faut se tourner vers le passé et étudier comment l'hypnose est convoquée à la Salpêtrière. Charcot « guérit » ses malades en utilisant une méthode expérimentale héritée du XVIIIe siècle, qui s'est épanouie dans le cadre de la France prérévolutionnaire. Son but n'est pas exactement conforme à celui du magnétiseur à l'ancienne, car il cherche moins à donner des soins qu'à théoriser une découverte. La mission thérapeutique ne domine pas la pratique de Charcot et c'est pourquoi a lieu la controverse avec Bernheim et l'école de Nancy. Ce débat va marquer ensuite la position adoptée par Freud à l'égard de l'hypnose : ce dernier abandonne cette méthode jugée inadéquate, après avoir attribué à Bernheim et à Charcot des places à la fois complémentaires et contradictoires dans la genèse de l'invention de la psychanalyse.

La psychothérapie entre dans sa phase expérimentale avec les théories de l'Autrichien Franz A. Mesmer sur le magnétisme animal. Docteur de l'université de Vienne, il doit quitter sa ville natale, parce que l'excentricité de ses doctrines provoque des controverses passionnées. Il n'a pas de théories médicales, sur l'origine des maladies nerveuses, mais il soutient qu'elles proviennent d'un déséquilibre dans la distribution d'un « fluide universel » qui s'écoule dans l'organisme humain et animal. La théorie fluidique inspirée par les doctrines « secrètes » de la franc-maçonnerie a, pour Mesmer, un contenu rationnel; le savant est « physiologiste » et pense que le fluide s'apparente à l'aimant. Ainsi le magnétisme animal conduit à l'hypnotisme, c'est-à-dire à une pratique thérapeutique fondée sur la toute-puissance du regard. On croit que le fluide émane de l'éclat des yeux et qu'en mettant les malades nerveux en état de somnambulisme, on rétablit l'équilibre de la circulation fluidique. Le magnétiseur procède par une série de manipulations « transférentielles », attouchements ou « passes magnétiques », par lesquelles il provoque des crises convulsives chez ses patients. Mesmer est connu pour l'utilisation de son célèbre « baquet » dans des scènes de guérison collective : dans une cuve remplie d'eau sont réunis des éclats de verre, des pierres, de la limaille de fer, des bouteilles et des tiges de fer dont les pointes émergent pour toucher les malades reliés entre eux par une corde qui permet la circulation du fluide.

Expulsé de Vienne, Mesmer demande asile à Louis XVI qui lui octroie un château. Il peut s'y livrer à ses expériences, devient célèbre et se prend pour un bienfaiteur de l'humanité; le mesmérisme conquiert les nobles qui se piquent au jeu et organisent des rencontres mondaines autour du fameux baquet. La doctrine autrichienne devient alors l'affaire des salons tandis que de nombreux charlatans se transforment en magnétiseurs; le peuple est entraîné dans le mouvement et un grand nombre de guérisseurs divulguent les « secrets » du fluide sur les places des marchés. Naturellement cela provoque des complications érotiques; des hypnotiseurs s'envolent avec leurs malades, et transforment la relation thérapeutique en rapports amoureux. Si la moralité de Mesmer n'est pas mise en doute, une commission est créée pour enquêter sur la validité du magnétisme qui est condamné : le traitement hypnotique est jugé dangereux pour les mœurs, parce qu'il conduit au vice et à la débauche. On fait remarquer que seuls les hommes possèdent le pouvoir magnétique d'endormir les femmes et de provoquer en elles de fortes agitations érotiques. Dans ces conditions, on abandonne les thèses fluidiques et Mesmer quitte la France en 1784; cela ne suffit pas à extirper du sol national les adeptes de l'hypnotisme. L'élève le plus réputé de Mesmer, Puységur, continue et améliore ses expériences. A sa suite, de nombreux autres, dont Deleuze, Virey, de Villiers, Noizet, l'abbé Faria, Charpignon, Bertrand, contribuent à populariser la doctrine du magnétisme [1].

En 1840, les grands corps de la médecine découragent les études sur le magnétisme et c'est en Angleterre que se marque alors un tournant dans l'étude de la psychothéraphie, avec les travaux de l'Écossais James Braid qui abandonne le terme de magnétisme animal au profit de celui d'hypnotisme (du grec *hypnos,* sommeil). E. Jones remarque que le mot magnétisme comporte en lui-même une connotation sexuelle : *magnes* (aimant) vient des mots phéniciens *mag* (homme fort et robuste) et *naz* (ou nez, qui s'écoule et affecte une autre chose); il relève également que le terme anglais *coiton* (coït) désigne, à l'origine, l'union de deux substances magnétisées [2]. *Magnétisme* s'employait donc pour les attributs humains puis pour les substances inanimées avant de désigner, sous le nom de magnétisme animal, le phénomène de l'hypnotisme.

Braid est à l'origine de la remise à l'honneur, dans la tradition médicale française, des travaux sur l'hypnose qui rencontrent les récentes découvertes de l'anatomie pathologique et des localisations cérébrales. A partir de ses travaux, cette thérapeutique peut recevoir une nouvelle définition et être prise en compte par Charcot, Bernheim et Liébault. Braid récuse la théorie fluidique et lui substitue la notion de stimulation physico-chimico-psychologique. Pour lui, tout se passe dans le cerveau du sujet sans la force extérieure imaginée par les magnétiseurs; l'opérateur agit comme un mécanicien, sans l'intervention d'un regard personnalisé; Braid s'inspire des idées de la phrénologie de Gall, qui voit dans le cerveau un assemblage de parties distinctes correspondant chacune à une faculté précise, et invente ainsi la méthode phréno-hypnotique : il appuie sur telle région du crâne, qu'il tient pour le siège de tel sentiment; s'il presse, par exemple, sur le siège de la vénération, il provoque chez le sujet une attitude de prière.

Le médecin français Broca, adepte de la phrénologie, prend connaissance des travaux de Braid et emploie l'hypnotisme comme méthode d'anesthésie dans une opération à l'hôpital Necker, puis en rend compte à l'Académie des sciences en 1859. Le lien entre la doctrine des localisations et celle de l'hypnose se fait en France, à travers Broca et Charcot, qui défendent chacun différemment la méthode anatomo-pathologique. Les deux hommes s'opposent sur la question de l'aphasie et de sa localisation. Selon Broca, le siège du langage articulé se trouve dans la troisième circonvolution cérébrale et l'aphasie est provoquée par une lésion de celle-ci. Pour Charcot, qui le démontre par l'autopsie d'un sujet aphasique, la circonvolution reste intacte. Ici, comme pour l'hystérie, Charcot privilégie l'examen des *causes* de la maladie sur celui de son *siège*. Cet épisode a son importance : on y voit comment Charcot peut déclarer achevée la tâche de l'anatomie du cerveau et affirmer ouvert le champ de la névrose; c'est à propos de l'aphasie que Freud, en 1891, abandonne le terrain de la neurologie et critique les conceptions de Charcot sur le langage. En retranchant l'hystérie de l'espace « pictural » de la reproduction, pour l'introduire dans l'ordre du fantasme, il peut aussi arracher le langage à la problématique de la visualisation et de la localisation et lui substituer la notion d'association qui privilégie l'élément acoustique : « Ainsi, comme le souligne Jacques Nassif, le langage lui-même pouvait être caractérisé comme un savoir de l'inconscient [3]. »

Après son premier séjour à Paris, Freud retourne à Vienne avec dans ses bagages le plan d'un travail sur l'étude comparée des paralysies organiques et hystériques. Dans *Ma Vie et la Psychanalyse,* il note : « Je voulais y démontrer la thèse selon laquelle, dans l'hystérie, les paralysies et anesthésies des diverses parties du corps sont délimitées suivant la représentation populaire (non anatomique) que s'en font les hommes. Charcot était d'accord avec moi, mais on pouvait aisément voir qu'au fond il n'avait aucune prédilection pour une étude approfondie des névroses [4]. » En fait, Charcot ne partage pas les conceptions de Freud sur le caractère purement idéationnel de l'anatomie du cerveau dans la névrose hystérique, mais il n'hésite pas à publier l'article de Freud dans *Les Archives neurologiques* [5].

Entre 1886 et 1889, Freud épouse Martha, ouvre son cabinet un dimanche de Pâques et publie une traduction des *Leçons du mardi* de

Charcot et du livre de Bernheim sur la suggestion. Il fait aussi la connaissance de Fliess et applique à Emmy von N. le traitement que Breuer a pratiqué avec Anna O.

Le 15 octobre 1886, il fait une conférence sur *L'Hystérie masculine* où il expose devant les autorités viennoises les conceptions de Charcot sur la maladie. Il décrit un cas d'hystérie traumatique chez un homme qui est tombé d'un échafaudage. Dans son autobiographie de 1925, il souligne : « Je fus mal reçu; des autorités telles que Bamberger, le président, déclarèrent que ce que je racontais n'était pas digne de foi; Meynert me somma de rechercher dans Vienne des cas semblables à ceux que je décrivais. » En fait la mésentente entre Freud et les autorités médicales viennoises ne porte pas seulement sur des divergences scientifiques. Il est vrai que dans toute l'Europe, on ne s'est guère intéressé aux travaux de Charcot qui est considéré dans sa vieillesse comme une sorte d'illusionniste. Dans les pays anglo-saxons, on pense, souligne Jones, « que les accès hystériques sont la conséquence d'un dressage dû à la suggestion » et que « Charcot est tombé dans la sénilité après avoir été un savant véritable [6] ». A Vienne, on affirme plutôt que l'hystérie n'est pas d'origine traumatique, mais on sait depuis déjà un certain temps qu'elle n'est pas liée à la simulation et qu'elle n'a pas pour siège les organes génitaux féminins. Krafft-Ebing a refusé l'opinion courante selon laquelle les symptômes hystériques proviennent d'une mystification et, comme Nothnagel, il soutient Freud dans sa carrière. En fait Vienne est une ville aussi chauvine que Paris : ce qui contrarie les autorités dans les conclusions de Freud, c'est qu'il attribue à Charcot, *c'est-à-dire à la France,* une découverte dont elles revendiquent la paternité. Certes, Meynert affirme que l'erreur de Charcot réside dans sa méconnaissance de l'existence d'une petite branche de la carotide interne, l'artère choroïdale [7], mais une grande partie de son animosité à l'égard de Freud, dont il a été le patron, est due à l'amour que porte son ancien protégé au « père » français. Il se moque de Freud, lui reproche de vouloir l'instruire et de s'être éloigné du sentier de la science pure, qui à ses yeux ne peut être que viennoise et « meynertienne ».

En 1889, Freud fait un deuxième voyage à Paris. On inaugure la tour Eiffel, idole nouvelle du siècle bourgeois, dressée au lieu même des fusillades révolutionnaires et de la fête de la Fédération... Le peuple s'extasie devant le monstre de fer et d'électricité, symbole du progressisme. « J'ai quitté Paris et même la France, écrit Maupassant, parce que la Tour finissait par m'ennuyer trop. Non seulement on la voyait de partout, mais on la trouvait partout, faite de toutes les matières connues, exposée à toutes les vitres, cauchemar inévitable et torturant [...]. Cela prouve d'ailleurs d'une façon définitive le triomphe complet de la démocratie; il n'y a plus de castes, de races, d'épidermes aristocrates. Il n'y a plus chez nous que des gens riches et des gens pauvres. Aucun autre classement ne peut différencier les degrés de la société contemporaine [8]. »

Cette année-là Freud rencontre les chefs de file de l'école de Nancy,

Ambroise Liébault et Hippolyte Bernheim, qui s'opposent aux théories de la Salpêtrière.

Liébault est encore étudiant quand il s'intéresse au magnétisme animal. En 1850, il s'installe comme médecin de campagne non loin de Nancy et renonce au titre d'homme de science pour pratiquer une thérapeutique traditionnelle qui lui vaut les moqueries de ses confrères. Il veut être guérisseur. Il emploie la technique hypnotique de Braid en lui ajoutant certains procédés de l'abbé Faria. Il vit modestement et soigne les pauvres : « Je vis le pieux et touchant Liébault, écrit Freud en 1925 [9]. » Ce médecin du peuple est arrivé à la conclusion que le secret de la méthode hypnotique de Braid réside dans la suggestion. Il s'approche ainsi d'un point de vue psychologique, où le recours aux mots permet de plonger le sujet dans un état de sommeil semblable à celui que procure la drogue; dès lors, le sommeil hypnotique s'apparente au sommeil normal.

En 1882, Bernheim est professeur depuis dix ans à la faculté de Nancy, où est établie, après la défaite de Sedan, l'ancienne université de Strasbourg. Il assiste aux expériences de Liébault et commence à faire connaître ses idées : ainsi naît l'école de Nancy. Ses adeptes tiennent la suggestion verbale pour un concept psychologique et la décrivent dans les termes d'une physiologie cérébrale purement métaphorique. Cela revient à mettre à l'honneur le traitement « psychique » de la maladie, en instituant une nouvelle position du médecin dans sa relation au patient : « Avec Bernheim, écrit Nassif, l'hypnose est dissoute dans la suggestion et un hiatus est créé *entre la science du médecin et le savoir du malade* [10]. »

Hypnotiseur, Charcot reste le maître d'une scène gouvernée par la fusion du démiurge et de son double; tandis que Bernheim anticipe, avec la suggestion, la séparation de la neurologie et du fait psychique, laquelle va conduire Freud à la découverte du transfert, à l'emploi de la catharsis puis de l'association libre. Freud s'est rendu à Nancy accompagné d'une de ses patientes hystériques : il propose à Bernheim de la plonger dans le sommeil par suggestion mais celui-ci n'obtient aucun résultat et avoue, du reste, n'avoir jamais produit de succès thérapeutique hors de son contexte hospitalier.

La rivalité est vive entre l'école de Nancy et celle de la Salpêtrière; l'Est triomphe d'abord de Paris et Charcot est accusé d'attenter à la dignité du malade. Mais, à son tour, la suggestion subit un dénigrement : on dit qu'elle s'attaque à la « personnalité » des sujets.

En fait, Charcot utilise l'hypnose pour démontrer le bien-fondé de sa doctrine. Il veut reproduire des symptômes de façon expérimentale mais ses conceptions de la maladie ne sont pas les mêmes que celles du maître de Nancy. Pour Bernheim, la suggestion prouve le caractère « psychologique » et « relationnel » des affections nerveuses; pour Charcot l'hypnose est un instrument : d'où l'aspect théâtral des démonstrations de la Salpêtrière où il faut apporter la *preuve* que l'hystérie est une névrose; l'hypnotisme sert à cette démonstration, et c'est pourquoi Charcot travaille au grand jour, comme un démiurge, laissant à ses assistants le soin de préparer les femmes dans les coulisses de son théâtre. Il ne croit pas « réellement » au caractère thérapeutique que véhicule, dans l'hypnose, la relation du médecin et du malade; le but de sa démarche est autre. L'école de Nancy a « raison » de critiquer ce point de vue : peu soucieuse elle-même de faire entrer l'hystérie dans le tableau des maladies nerveuses ou de combattre l'idée de simulation, elle se préoccupe avant tout de soigner des malades. La relation thérapeutique a valeur de « preuve » ontologique et donne sens à une théorie de l'organisation physiologique des êtres. De ce point de vue, elle peut affirmer que tous les phénomènes constatés à la Salpêtrière n'existent pas : ni les trois phases (catalepsie, léthargie et somnambulisme), ni l'hyperexcitabilité neuromusculaire de la période de léthargie, ni la contracture faciale provoquée dans la période de somnambulisme, ni l'influence des aimants sur les hystériques (ou métallo-thérapie). Pour Bernheim, à la Salpêtrière, les sujets ne réalisent ces phénomènes que pour les avoir vu réaliser par d'autres, ou en avoir entendu parler; ils ne « simulent » pas, ils sont « sous influence »; en un mot, l'idée du phénomène s'est introduite dans leur cerveau par voie de suggestion, et l'hypnotisme de Charcot est un *hypnotisme de culture.*

Toujours selon Bernheim, les phénomènes observés sous hypnotisme sont simplement l'exagération de comportements communs à tous les hommes. L'état hypnotique se caractérise par une augmentation de la suggestibilité et de ce point de vue il n'y a pas de différence de nature entre le normal et le pathologique. Cette constatation ne lui permet cependant pas d'isoler le fait névrotique de son substrat physiologique. L'hystérie et l'ensemble des maladies « émotives » restent, chez lui, liées au principe de la suggestibilité. Le médecin assume la suggestion et ne sépare pas ainsi la névrose hystérique de la simulation. Il garde son « pouvoir » sur le malade, à partir d'une position contradictoire dans laquelle il reste ignorant des données de la maladie elle-même. Pour ces raisons, Bernheim est sourd aux expériences de la Salpêtrière : il ne perçoit pas ce qu'elles mettent en jeu.

Charcot, impliqué dans sa bataille théorique pour donner à l'hystérie le statut d'une « authentique » maladie, ne peut entendre les arguments de l'école de Nancy. Il comprend bien, pour l'avoir expérimenté, que la suggestion hypnotique est un instrument thérapeutique, mais il ne fait pas le lien entre cette pratique de guérison « miraculeuse » et le caractère purement « psychologique » de la névrose hystérique.

Dans un article publié quelques mois avant sa mort et intitulé *La Foi qui guérit* [11] il soutient encore sa position nosographique, mais il semble pourtant s'en éloigner; il souligne que les hystériques sont justiciables de guérisons « miraculeuses » car ce sont des sujets atteints d'une maladie « spéciale » où l'influence de l'esprit sur le corps est immense. Est-ce une manière de valider les expériences de l'école de Nancy? Certes non. Il ne croit à l'efficacité de la suggestion que dans la mesure où elle reste l'instrument d'une preuve de l'existence de l'hystérie, mais du coup, il l'enferme dans le cadre d'un phénomène surnaturel non encore explicable par la science.

Après son deuxième voyage, Freud ne complète pas les hypothèses de Charcot par la méthode de Bernheim. Il n'associe pas la théorie de l'un à la pratique de l'autre. Son cheminement est dialectique : il comprend que Charcot utilise l'hypnose comme une démonstration et il constate que Bernheim ne prend pas le risque de pratiquer la suggestion dans sa clientèle privée, évitant ainsi de rompre le charme discret du climat hospitalier. Si Charcot est le « père » de Freud, Bernheim est en quelque sorte son « frère aîné », un médecin qui fait appel aux traditions des guérisseurs. Son échec hors de la pratique hospitalière montre l'inefficacité du traitement par la suggestion hypnotique. Dans la cure d'Emmy von N., Freud l'abandonne. En d'autres termes, il renvoie Charcot et Bernheim dos à dos et tire de l'un et de l'autre des leçons fructueuses. Le premier a ouvert la voie à une nouvelle conceptualité de la maladie nerveuse et le second, *contre* le premier, a montré le principe de son traitement psychologique. « L'erreur » des deux savants va faire avancer Freud, par la « négative », vers la découverte de l'inconscient et du transfert.

Une fois de plus, une femme contribue à l'invention de la psychanalyse. Emmy von N. permet à Freud d'abandonner la suggestion; elle lui indique la place qu'il doit occuper dans la cure : « Ne bougez pas. Ne dites rien! Ne me touchez pas! » s'écrie-t-elle un certain 1er mai 1889. La science du thérapeute peut alors se détacher du savoir du malade et l'écoute devient l'instrument d'une nouvelle clinique de la névrose.

Comme celle de la sorcière, la figure de l'hypnotiseur a été popularisée par la grande littérature romanesque du XIXe siècle. Alexandre Dumas a fait de l'abbé Faria un personnage central de son plus beau roman : *Le Comte de Monte-Cristo* [12]. Pendant près de quinze ans, l'abbé donne au jeune marin Edmond Dantès les instruments d'une des plus grandes vengeances jamais contée dans un récit. Enfermé au château d'If, ce savant polyglotte, magicien, philosophe et mathématicien transmet son savoir monumental à son élève interné avec lui; il en fait un « autre » homme, un comédien hors pair, un justicier redoutable, habité par la mort et le désespoir; cette éducation, qui ressemble à une « cure par la parole », transforme le marin marseillais en un personnage de légende, un héros mythique, un maître absolu, possédant le pouvoir de détruire ses ennemis ou d'accorder la grâce à ses amis. Au cours de cet enfermement « thérapeutique » il est dépossédé de toutes les illusions de sa jeunesse; il se libère de toutes ses passions, sauf celle de se venger, et assimile, dans la souffrance, la totalité du savoir de son époque. Grâce à l'abbé, détenteur du secret d'un trésor caché, il devient riche. Les connaissances alliées à la fortune vont lui permettre d'accomplir son destin et de mourir en paix.

Ce roman donne une peinture forte de la société française dans la tourmente de la Monarchie de Juillet où les fortunes se font et se défont. *Monte-Cristo* témoigne de la fascination que le XIXe siècle troublé porte au mode initiatique de la transmission du savoir, dont les psychanalystes sont, en partie, les héritiers. A côté de l'Université, qui va devenir le symbole d'une organisation rationnelle de l'éducation, se maintient l'idéal archaïque du lettré, magicien et aristocrate, capable, dans sa déchéance historique, de récolter auprès de maîtres occultes une science dont les secrets permettent de gouverner le monde. Dès lors l'initiation est le lieu d'une culture ancestrale, où l'élite croit maintenir, dans le secret, les apanages d'un pouvoir que l'Université lui dérobe. Au dernier quart du siècle, le rite initiatique tourne à la dérision : en 1881, avec Flaubert, Bouvard et Pécuchet, deux copieurs, sont les détenteurs d'un savoir désormais inutile; autre vision pourtant : à la Salpêtrière, la science renoue avec la fable : l'hystérique et le mage perpétuent l'aventure des thaumaturges et des sorcières.

Dans un autre roman, *Joseph Balsamo* [13], Dumas décrit les capacités extraordinaires du pouvoir hypnotique. Le schéma est toujours le même : un homme, d'origine modeste, est bafoué dans son enfance; grâce à ses talents, il se venge de la société qui l'opprime, devient noble et fabrique de véritables machinations, où se révèle son pouvoir de détruire ou de faire le bien. Le roman s'inspire d'un personnage célèbre qui, à l'époque du mesmérisme, défraya la chronique avant d'être pourchassé pour ses impostures. Ce double du savant autrichien, qui a été lui-même persécuté, prend ainsi l'allure d'un mythe. Joseph Balsamo, alias Cagliostro, est au peuple ce que Mesmer est à la noblesse; la légende raconte qu'il est le fils d'une sorcière de l'Italie méridionale, condamnée par les autorités à être brûlée après une dénonciation. Il assiste sa mère dans son agonie et fort de l'art qu'elle lui a transmis, il entreprend de la venger en devenant l'artisan de hautes intrigues de cour. Si l'hypnotiseur est le fils d'une sorcière, la boucle est bouclée : le thaumaturge devient l'héritier d'un savoir que l'hystérique lui transmet et qu'il peut à son tour enseigner à ses malades, quitte à « fabriquer » des symptômes; le mage est l'homme de science des masses; il possède la connaissance des doctes mais il l'a acquise au contact du peuple et des femmes; il est un maître mais son pouvoir ne lui vient pas des universités. Entre lui et la sorcière, nul hiatus, nulle discontinuité ne viennent troubler un lien fondé sur une filiation naturelle. Le thaumaturge est plus qu'un savant ou un médecin, il est un dieu; par ses manigances secrètes, il inspire le peuple dans sa lutte contre les despotes. Joseph Balsamo utilise son pouvoir sur des sujets qui lui font connaître le futur, puis cherche à provoquer une révolution sociale en agissant à la fois sur les sociétés secrètes, qui sont sous sa dépendance, et sur la royauté, dont il précipite la chute par la corruption.

Dans *Le Docteur mystérieux* [14], publié à titre posthume, Alexandre Dumas laisse une sorte de testament. Il meurt le 5 décembre 1870 tandis que l'Europe est décimée par la guerre et que la France se trouve à la veille de la Commune. Les idéaux du siècle des Lumières sont à leur déclin et Dumas raconte la fin d'une utopie : le docteur mystérieux est un mage qui soigne la population d'une ville de la Creuse. Nous sommes en 1785; quelques années plus tard viendront les invasions et le triomphe de Valmy. Dumas sait que les adeptes de Mesmer ont disparu et son message porte le désespoir; il se sert du passé pour évoquer l'époque présente : la fin d'un monde où l'écrivain n'est plus le flambeau des destinées de la nation, où les thaumaturges sont devenus d'humbles médecins de campagne.

Imaginons l'Histoire : au moment où s'éteint l'auteur du *Comte de Monte-Cristo,* maître Charcot regarde déambuler, dans les jardins de la Salpêtrière, les hystériques venues de toutes les provinces de France. Le canon gronde. Les baraquements sont à moitié démolis. L'homme de science réfléchit et se promène; ses épaules voûtées et ses cheveux raidis sous sa toque de fourrure contrastent avec l'allure majestueuse de sa marche allongée. Alors l'étincelle se produit : le mythe du thaumaturge, qui sombre avec Dumas, renaît dans le corps du savant pour servir les idéaux d'une nouvelle médecine, plus adaptée au grand mouvement des sciences et qui conserve les traditions des pauvres.

II. *L'hystérie révisée, Charcot démembré*

En 1885, Freud aurait pu rencontrer Guy de Maupassant et déjeuner avec lui dans une maison galante des bords de Marne. Les deux hommes auraient pu échanger des propos sur la validité du magnétisme ou sur les causes génitales de l'hystérie. Le « chaste » aurait appris au « débauché » les secrets d'une neurasthénie provoquée par l'abstinence. Il lui aurait parlé de Vienne, de sa musique qu'il n'aimait pas, de l'art baroque, de son village natal de Moravie, de l'humour, des souffrances et des résignations du peuple juif; le débauché lui aurait confié son désespoir, son mépris de la République et son admiration pour Schopenhauer; il l'aurait instruit du grand style de son maître Flaubert et lui aurait parlé du sexe, de la campagne normande, des froideurs du vice. La rencontre n'a pas eu lieu. Maupassant suit pourtant les présentations de Charcot à la Salpêtrière mais ne fréquente pas le salon du boulevard Saint-Germain. Léon Daudet est également un adepte de l'hospice et il est reçu aux soupers de Charcot. Freud le rencontre mais ne lui parle guère. Le jeune Sigmund a moins de trente ans. Il est en proie à des identifications paternelles compliquées. Léon est âgé d'à peine vingt ans : c'est un esthète, fringant et tourmenté, qui vient de commencer des études de médecine. Il se rend aux réceptions du boulevard Saint-Germain en compagnie de son père Alphonse, écrivain célèbre et respecté de l'intelligentsia parisienne. Celui-ci a surnommé son fils le « petit Tartarin ».

A propos d'un personnage d'un roman d'Alphonse Daudet, *Le Nabab,* Freud fait un rêve qui relate sa propre position de fils à l'égard de Charcot. Cette œuvre publiée en 1878 est une sorte de tableau qui se veut corrosif des mœurs du Second Empire. Elle raconte l'histoire d'un aventurier roublard et candide, surnommé le Nabab parce qu'il a fait fortune à la cour du bey de Tunis au moyen d'énormes escroqueries financières; il revient à Paris et devient la proie de gens faméliques, imposteurs et intrigants. Après avoir été célébré, il est ruiné et trompé par sa femme; un soir, au théâtre, il meurt d'une attaque d'apoplexie.

Dans *Psychopathologie de la vie quotidienne* [15], Freud raconte que lorsqu'il rédige le dernier chapitre de *L'Interprétation des rêves* il se trouve en villégiature et n'a aucun livre à sa portée. Il fait allusion à un personnage du roman d'A. Daudet, le « pauvre comptable », qu'il appelle M. Jocelyn. Il lui attribue une rêverie dans laquelle celui-ci se jette à la tête d'un cheval emballé et sauve un haut personnage qui lui assure alors les protections dont il a besoin. Revenu de ses vacances, Freud s'aperçoit qu'il a commis une double erreur : sur un nom et sur un événement; le comptable ne s'appelle pas *Jocelyn* mais *Joyeuse,* qui est la transcription féminine en français du nom de Freud (joie). D'autre part, la rêverie qu'il lui a attribuée est absente du roman. Cette deuxième erreur fournit à Freud l'explication de la première : il veut oublier que lorsqu'il était à Paris et errait tristement dans les rues, il rêvait d'être introduit dans le cercle de Charcot et d'obtenir sa protection. Il a refoulé hors de sa conscience le souvenir pénible lié à sa répugnance de s'être trouvé dans la situation d'un protégé; il a censuré le mot Joyeuse (Freud-Joie remplacé par Jocelyn) et il a attribué au comptable du roman une rêverie qui lui appartient en propre et qui révèle la nature contradictoire de son désir inconscient : *il souhaite être l'élève d'un maître tout en méprisant la condition de disciple* [16].

Si la relation d'ambivalence de Freud à Charcot lui fournit un exemple de la manière ambivalente dont se structure la personnalité humaine, celle de Léon Daudet avec le maître de la Salpêtrière illustre comment cette ambivalence peut donner naissance à un véritable délire : quand la figure du maître est fantasmatiquement déliée de sa place symbolique, elle devient le lieu d'une dissociation, où la haine se renverse en amour, où le pamphlet furieux renvoie à une hagiographie honteuse d'elle-même, où le visage persécuteur d'un tyran rejeté témoigne de l'adoration que l'on voue à un dieu; telle est la position de Daudet à l'égard de Charcot : durant trente ans, de 1893, date de la mort de Charcot, à 1923, date du suicide de son fils Philippe, Daudet ne cessera d'être hanté par le fantôme de l'homme de la Salpêtrière. Tandis que Freud poursuit à Vienne son itinéraire, Léon Daudet charge Charcot, au lendemain de sa mort, de toutes les « tares » qu'il n'ose attribuer à son père Alphonse atteint de syphilis et dont la célébrité le fascine autant qu'elle le révolte.

Après avoir abandonné ses études de médecine, Léon Daudet écrit ses premiers textes antisémites dans *La Libre Parole* de Drumont puis il rencontre Maurras, se convertit au catholicisme et adhère aux idées monarchistes. Au milieu de tout cela, on trouve le fantôme de Charcot, la peur de la contagion, la hantise de ces microbes récemment découverts, la terreur du sexe, de l'hystérie, de la maladie mentale ou vénérienne. En 1922, au moment où Léon Daudet évoque pour la dernière fois la figure de Charcot, Philippe Daudet, son fils, devient anarchiste; il se suicide en 1923 et son père imagine un complot; il accuse la police et le gouvernement puis est inculpé et condamné à la prison d'où il s'évade pour la Belgique. Avant de mourir, vingt ans plus tard, en 1942, très affecté par la défaite, il aura défendu Gide, voué un culte à Claudel, imposé le Juif Proust aux

Goncourt, lancé Bernanos, et consacré Céline... Comme la découverte freudienne, l'œuvre littéraire de Daudet naît de la rencontre avec Charcot et du spectacle de l'hystérie; elle se termine au moment du Vel' d'Hiv' quand la France de Pétain est « contaminée » par le « virus » nazi.

En 1894, un an après la mort de Charcot, Daudet publie *Les Morticoles* [17] où il use d'un procédé littéraire employé par Swift dans *Les Voyages de Gulliver*. A la suite d'une erreur de navigation, son héros, Félix Canelon, se voit contraint d'aborder les rives d'un pays imaginaire nommé Morticolie. Ses habitants sont des maniaques qui ont donné aux médecins le pouvoir absolu pour les gouverner. Ceux-ci sont présents partout : à l'Académie, au Parlement, à la Diète et à la Cour de Justice. Après une rigoureuse quarantaine en haute mer et un séjour au quartier des typhiques, Félix peut observer la vie que l'on mène dans les hôpitaux de la ville. Voici comment Daudet décrit le service du professeur *Foutange,* personnage sinistre, dans lequel on reconnaît la figure de Charcot : celui-ci est assisté d'un interne nommé *Tripard* qui fait des farces à son patron en recrutant pour lui des filles désargentées; pour quelques sous, celles-ci acceptent de simuler des crises d'hystérie et de faire semblant de céder à la suggestion hypnotique. Les leçons de Foutange sont assimilées par Daudet à de véritables supercheries et le maître est montré comme un ignoble charlatan, affublé d'un infect manteau de caoutchouc et adepte de « théories matérialistes »; il donne aux maladies des noms baroques et attribue leur étiologie à l'alcool, à la syphilis et aux dégénérescences nerveuses; son ennemi juré, où l'on reconnaît Bernheim, s'appelle *Boustinbras;* il est également désigné comme un escroc. Il porte une barbiche et une houppette de cheveux qui lui donne l'allure d'un enfant capricieux. Il a sur Foutange le gros désavantage d'être juif et étranger; il parle le français avec un fort accent allemand : « Je reconnais là, écrit Daudet, alias Canelon, un de ces juifaillons qui infestent le pays des Morticoles [18]. » Il prononce « temante » au lieu de « demande » et « barole » au lieu de « parole ». Il est évidemment encore plus ridicule que son compère.

Après avoir décrit une séance de grand-guignol où les deux « maîtres » se disputent sur le dos de simulatrices goguenardes, Daudet prend le parti du « peuple », exploité par le pouvoir médical, et il attribue à Charcot des phrases en fait destinées à parodier l'univers romanesque de Zola dont il déteste le style et qui deviendra son ennemi juré tout au long de l'affaire Dreyfus : « Hérédité, hérédité, hérédité, hurle Foutange s'adressant à une petite fille atteinte de danse de Saint-Guy; son oncle est mort d'une congestion cérébrale; sa grand-mère était incestueuse. N'est-ce pas, elle vivait avec votre père? Dans leur taudis, messieurs, ils s'accouplent comme des chiens. L'inceste est la règle; ils conçoivent dans la débauche, après plusieurs bouteilles d'alcool [19]. »

L'intérêt de ce livre, dont la nullité littéraire est évidente, réside dans son « style », qui fera école. On trouve dans *Les Morticoles,* à l'état naissant, l'emphase, la redondance, la rhétorique accumulatoire, et le balancement de la parole alexandrine, qui vont caractériser, pendant tout le siècle suivant, le phrasé spectaculaire du pamphlet antisémite. Il va se répandre, tel le microbe qu'il dénonce, dans la presse française d'extrême droite, dans les livres de Céline d'après 1936 et dans l'ensemble des journaux collaborationnistes jusqu'en 1945. Ce style emprunte ses mots, son imagerie et ses thèmes au discours médical du XIXe siècle dont il inverse les idéaux progressistes et dont il parodie le verbe novateur. A Pasteur, il dérobe les agents provocateurs, les virus, la contagion, la décomposition, pour en faire des espions, des comploteurs, des agents de l'étranger; à Claude Bernard et aux anatomo-pathologistes, il extorque la morbidité, les entrailles, les cadavres, le cloaque, qu'il transforme en triomphalisme guerrier ou en imprécations patriotiques; à Darwin enfin, il vole l'idée de descendance, l'hérédité, la bête immonde, le culte de la horde ancienne et surtout une sacro-sainte affirmation de l'inégalité originelle entre les hommes, qui viendra conforter, étendard au poing, tous les sermons racistes où se retrouvent la peur du sexe, la haine de la folie, l'horreur du pédéraste, la terreur du nègre ou du barbare. Que cette nouvelle manière de pratiquer la langue nationale se soit affirmée, à l'aurore de ce siècle, dans un roman qui se réclame à la fois de Rabelais et des leçons de la Salpêtrière ne nous étonnera pas; dans le nom même de Foutange sont inscrits les stigmates historiques de la rencontre de 1885 : *Foutange,* celui qui « fout », introduit son foutre dans la matrice des femmes et en revient malade; contaminé, il contamine lui-même; c'est aussi celui dont on se « fout », dont on se moque puisque le maître est « roulé » par une putain simulatrice qui lui fait croire qu'il la gouverne, alors qu'elle est « payée » pour jouer ce rôle par un *Tripard,* un carabin adepte des bordels, né de la « tripe » d'une mère maquerelle. *L'Ange,* c'est le guerrier de Dieu, privé de sexe, messager annonciateur du miracle de l'Immaculée Conception, un être crédule, chaste et dénué de raison; c'est le savant momifié ou moqué, idéalisé ou mystifié. A côté du maître « foutu » ou ridiculisé se trouve *Boustinbras,* alias Bernheim, l'Alsacien devenu allemand après la défaite de 1870. Son nom rappelle celui de *Fortinbras,* le jeune prince norvégien qui, dans la pièce de Shakespeare, va gouverner le royaume du Danemark après la mort d'Hamlet. Curieuse manière, de la part de Daudet, d'évoquer sous les traits d'un savant juif honni le souvenir d'un prince nordique chargé de rétablir l'ordre dans un royaume dévasté par la tragédie de l'inceste. Boustinbras s'oppose à Foutange : le barbare risque d'envahir le territoire si l'on ne débarrasse pas la France de ses faux savants matérialistes qui font de la famille un lieu de débauche. Fortinbras respecte la dépouille d'Hamlet; il lui fait de splendides funérailles; homme d'action et guerrier, il est une sorte de « frère jumeau » du prince neurasthénique; Foutange et Boustinbras sont deux compères ridicules, deux frères ennemis, deux imposteurs. Charcot est à Daudet ce que la figure du père assassiné est à Hamlet : un revenant qui erre sur les remparts de la Salpêtrière, un pousse-au-crime, un tyran de pierre, un juge haï et admiré, une mauvaise conscience, une parole caverneuse, faite de remords, de vengeance, de souvenirs.

Le héros de ce voyage en terre morticolienne, est au centre d'un roman familial qui rassemble les trois figures de la dynastie des Daudet; *Félix* et *Canelon,* ces deux termes forment un condensé de trois prénoms : Alphonse, Léon, Philippe. A l'origine, un père syphilitique, au centre, un fils hanté par le démon du sexe, au bout du compte, par anticipation, un futur suicidé, auquel un père retirera son acte en accusant de meurtre l'État républicain. La *Morticolie* est un royaume burlesque, sortie tout droit du *Picrochole* de Rabelais. Ce dernier personnage est un voisin belliqueux de Grandgousier, père du fameux Gargantua, auquel il fait la guerre, à la suite d'une querelle survenue entre deux clans rivaux de marchands de galettes. On sait que pour écrire le récit de la guerre picrocholine, Rabelais s'inspira d'un procès qui s'était déroulé dans sa jeunesse entre son père et un rival de celui-ci, nommé Gaucher, à propos de la circulation des bateaux sur la Loire. Grandgousier le père, Gargantua le fils géant et Pantagruel le petit-fils : cet autre roman familial n'est pas sans lien avec la genèse du roman de Daudet, alias le « petit Tartarin », qui rêve de produire une écriture « à la française » capable de renouer avec la tradition du verbe rabelaisien.

Sous les traits de Rosalie, la simulatrice des faubourgs, amie de Tripard, on reconnaît la « prima donna » de la Salpêtrière, Blanche ou Marie Wittmann. Dans le célèbre tableau de Brouillet, *Une leçon clinique à la Salpêtrière,* on voit Charcot présenter un cas de grande hystérie à une assistance composée de médecins fameux ou d'écrivains de renommée. Derrière lui, Babinski, le favori, portant la barbe et la moustache. Il retient une femme évanouie prête à tomber sur une civière, qui porte une longue jupe sombre. Elle a les yeux révulsés, le poignet gauche retourné. Son corsage blanc, sous lequel on devine un corset desserré, laisse entrevoir une poitrine charnue. Elle s'appelle peut-être Blanche, alias Rosalie. Elle est très jeune lors de son arrivée à la Salpêtrière, et Charcot l'admire. On la surnomme la reine des hystériques et elle sert à la démonstration des trois stades de l'hypnose. Autoritaire, capricieuse et désagréable, elle méprise les autres pensionnaires. Après sa glorieuse carrière, elle entre à l'Hôtel-Dieu, où elle est examinée par Jules Janet, le frère de Pierre, qui découvre qu'elle n'est pas la Blanche que l'on croit et cherche à démasquer sa personnalité de simulatrice.

Une deuxième femme surgit alors de la première à laquelle Janet cherche à donner le prénom de Louise puis de Blanche II. Dans ce nouvel état, elle retrouve sa sensibilité, son sens musculaire, son acuité visuelle, son audition. Elle n'a plus d'hallucinations et le médecin constate que les fameux points hystérogènes ont disparu. En vérité, dit-il, la deuxième Blanche est une personne « normale », non hystérique. Frederick Myers, qui l'observe à son tour, affirme qu'elle a été consciente de son rôle de diva et qu'elle l'a joué d'autant plus ardemment qu'elle contemplait furieuse et muette, les crises extatiques de son propre personnage. On dit aussi qu'à l'Hôtel-Dieu, elle se découvre guérie de l'hystérie de la Salpêtrière. Le traitement de Janet semble mieux lui convenir que celui de Charcot, car sans doute, Rosalie est une comédienne et le fléau de son âme une « fausse » maladie. Pourtant cette « guérison » se termine en tragédie. Blanche retourne à la Salpêtrière, comme technicienne, affectée au laboratoire de photographie. Lorsqu'on crée le service de radiologie, elle est employée au maniement des appareils.

De nouveau exaltée et souveraine, elle renie son passé et s'irrite à son évocation. Bientôt, elle « attrape » le cancer des radiologues et l'histoire officielle raconte qu'elle meurt dans un calvaire atroce sans jamais présenter de symptômes hystériques. Après de multiples opérations, elle est consacrée martyre de la science. A la fin de l'aventure, il ne reste plus rien du corps de Rosalie, la reine de la simulation, selon Daudet [20].

Chère Rosalie, vous êtes un magnifique personnage et tous les historiens de la psychanalyse devraient glorifier votre nom. Blanche, deux fois Blanche, vous êtes la femme noyée sous un masque mortuaire et vous portez dans les indices de votre patronyme le souvenir d'un homme. Est-ce le visage sans barbe de Charcot, qui fait ainsi redondance avec votre légende, ou la trace secrète d'une enfance? Vous vous appelez Marie peut-être, Geneviève, Joséphine, Madeleine, Marguerite, Emma ou Augustine. Vous êtes lingère sans doute, fille d'alcoolique ou amante d'un ouvrier anonyme pour lequel vous bravez le regard des savants. Votre père venait de Suisse ou d'ailleurs, votre mère était folle ou misérable, votre sœur s'appelait Blanche ou Charlotte et vous fûtes, comme Charcot, accusée d'inventer vos symptômes. On a dit que votre maître était un charlatan, sénile, roué ou naïf et l'on a dit que vous étiez complice de ses basses œuvres. Aujourd'hui encore on ose prétendre que l'homme de la Salpêtrière « inventa » l'hystérie en vous manipulant. Le tribunal des sciences vous a jugée simulatrice ou dédoublée, et vous avez racheté votre prétendu crime par une soumission à sa loi d'airain. Votre corps cent fois démembré ressemble à l'hystérie sans cesse révisée et sous vos jupes se cache la figure d'un grand homme lui-même maudit. Entre Charcot et Freud, votre affreuse maladie témoigne de la violence d'une découverte, où les chairs mutilées accompagnent l'aventure des héros de ce monde.

Dans *L'Entre-Deux-Guerres,* un livre de souvenirs publié en 1915 qui évoque les milieux littéraires, politiques, artistiques et médicaux des années 1880-1905, Léon Daudet est de nouveau hanté par le fantôme de Charcot; cette fois-ci, le ton du récit et son style ont complètement changé; au portrait grotesque des *Morticoles* s'oppose celui, valeureux, de 1915, comme si la patine du temps avait permis de faire du bouffon un héros de légende. La mort de Charcot fait retour sous la plume de Daudet; il raconte comment il en fut informé et range cette aventure dans le cadre des phénomènes télépathiques. La veille du 15 août 1893, il a la vision du maître mourant, dans une chambre d'hôtel d'Uriage où il prend les eaux : « Le grand homme, écrit-il, dont le masque impérieux avait hanté ma jeunesse, venait de mourir, et ma pensée, à travers l'espace avait pris conscience de cette mort [...]. J'écrivis à mon père à Champrosoy ce qui s'était passé. » Le lendemain Daudet apprend que Charcot est mort par un télégramme du rédacteur du journal *Le Temps* qui lui demande une page de souvenirs sur le grand médecin; il répond par la négative : « Le drame qui frappait l'hospitalière et glorieuse demeure, écrit-il, m'avait atterré. Le maître de la Salpêtrière avait tyrannisé pendant vingt ans la faculté de médecine. Il n'en était pas moins une des plus remarquables intelligences dont se soit enorgueillie la médecine française. Philosophe nul, thérapeute médiocre, observateur visionnaire, clinicien génial, il prendra dans l'avenir, j'en suis certain, quand les rancunes accumulées par ses partis pris souvent injustes auront disparu, une belle place au-dessous de Claude Bernard [...][21]. »

Léon Daudet se montre obsédé par l' « assomption » de Charcot. Plongé dans la croyance à l'existence de la télépathie, il est convaincu, sans le savoir, de la toute-puissance de l'hypnose et se sent poursuivi par un revenant. L'épisode des eaux d'Uriage exprime son désir de mort à l'égard du maître dont il redoute la figure omnipotente. Le soir de la « vision », il se précipite à sa table et rédige pour son père le récit de son rêve éveillé... A cette époque, Alphonse est malade et perclus de rhumatismes. Son fils lui annonce ainsi, par anticipation, de quelle manière il souhaite le voir mourir. De même qu'il publie *Les Morticoles* au lendemain de la mort de Charcot, de même il raconte le souvenir d'Uriage, bien des années après le décès de son père.

Chez Daudet, la croyance aux fantômes et aux mages s'affirme dans la dénégation de la validité des thèses de Charcot sur l'hystérie, qu'il réduit à une simulation. Elle s'accompagne d'une glorification de plus en plus grande de la figure d'un maître, engoncé dans son masque mortuaire. Du côté de la réalité l'écrivain peut alors trouver le visage paternel approprié à ses desseins de nettoyeur de la nation : ce sera Charles Maurras; celui-ci est d'un an son cadet, mais son identification aux valeurs « héréditaires » de la monarchie le met, aux yeux de Daudet, en position de souverain; Maurras, le « despote éclairé », adepte du positivisme de Comte, exorcise les fantômes de Daudet en prônant la raison cartésienne contre la métaphysique « boche » représentée par Nietzsche, autre syphilitique, dont le « petit Tartarin » redoute l'influence pernicieuse; c'est sur ce père de remplacement qu'il trouvera un soutien : « Sur ce bras fort et seul capable de soutenir l'Europe défaillante, écrit-il, je me suis appuyé le dimanche 25 novembre 1923, date fatale, devant le corps étendu de mon petit Philippe lâchement assassiné par la police, à l'âge de quatorze ans et demi. » Et encore : « Quand en 1895, c'est-à-dire deux ans avant l'Affaire, on prononçait devant moi le mot de royaliste, je voyais aussitôt un vieux monsieur en redingote, avec un col haut, deux raies, l'une dans les cheveux, l'autre dans la barbe, et qui avait horreur des " nouveautés ". Il a fallu les articles et les livres de Maurras, la fréquentation de Vaugeois, pour bouleverser là-dessus mes opinions, et convertir, comme chez tant d'autres, mon nationalisme en royalisme [22]. »

Léon Daudet fait une troisième fois le portrait de Charcot, en 1922, dans un livre intitulé *Les Œuvres dans les hommes* [23].

Cette fois-ci, il ne s'agit plus de caricaturer le grand homme, comme dans *Les Morticoles,* ni de céder aux charmes de la télépathie comme en 1914. En 1923, Daudet se livre à une véritable réflexion sur le maître, sur son époque et sur le sens de son œuvre. Le « style » de ce portrait emprunte plus à Sainte-Beuve et à la langue classique qu'au pamphlet antisémite, sauf dans la description des défauts physiques des personnages. Daudet fait état de la dispersion de l'école de la Salpêtrière et de l'effacement des travaux de Claude Bernard. Après avoir considéré l'allure du « dictateur », il fait le recensement de ses élèves : Gilles de la Tourette et Brissaud, sous les traits desquels on peut reconnaître le dénommé Tripard, sont figurés l'un comme un fou syphilitique à l'aspect pileux et rugueux, l'autre comme un plaisantin célèbre pour ses « mystifications de salles de garde ». Pierre Marie est célébré comme un fonctionnaire soumis et ponctuel qui n'a pas le courage de mettre à sac les théories matérialistes de son maître et enfin Babinski fait l'objet d'un éloge passionné : « Babinski, dont je fus plus tard l'interne provisoire, pendant quelques semaines, affirmait déjà cette prééminence intellectuelle, qui a fait de lui le premier de nos neurologues. Il se tenait merveilleusement en dehors des intrigues et conspirations de faculté. Sa haute taille, sa figure ouverte, son œil rapide, sa forte voix, son rire clair le rendaient sympathique à tous. Charcot avait manifestement une prédilection pour lui, et loin d'étouffer cette originalité déjà puissante, l'encourageait [24]. »

Daudet stigmatise l'athéisme de Charcot et note l'absence d'ironie de son œuvre. Pasteur dont la doctrine, en 1923, a déjà fait le tour du monde, est reconnu comme un génie moins à cause de ses travaux que pour sa foi : « Aujourd'hui, écrit-il, il apparaît néanmoins que l'interventionnisme, même hypothétique, de Pasteur l'emportait sur le contemplativisme, un peu trop bouddhique, de Charcot. C'est que Pasteur croyait au miracle, puisqu'il avait la foi, au lieu que Charcot considérait le miracle comme une absurdité et une impossibilité [25]. » Tout au long du texte, Daudet s'en prend au césarisme et à l'outrecuidance des grands patrons de l'institution hospitalière mais le plus intéressant est sa prise de parti contre le caractère de maladie nerveuse attribué à l'hystérie. Il explique que les travaux de Charcot entrèrent dans une impasse quand celui-ci voulut séparer les troubles organiques des troubles fonctionnels : « Trouble organique, trouble fonctionnel... c'est très gentil : mais le trouble fonctionnel ne serait-il point, par hasard, un trouble organique qui aurait échappé à la vigilance ou aux moyens de laboratoire de l'observateur? Grosse question, et qui demeure suspendue sur trente années de recherches et de constatations médicales. A l'heure où j'écris, elle n'est point encore résolue et je remarque que les jeunes médecins l'éludent; il en était à peu près de même en 1885 [26]. » Daudet attribue les « erreurs » de Charcot au fait que la génération médicale de la fin du XIXe siècle était grisée par les débuts du laboratoire et que les affections nerveuses, spécialité de la Salpêtrière, cherchaient à échapper aux causes bacillaires qu'avait révélées le génie pastorien. Selon lui, Charcot n'essayait pas véritablement de traiter les lésions rebelles, parce qu'il croyait encore à une fatalité de la nature : « Parce qu'il repoussait, écrit-il, l'idée de la conscience dynamique et de la libre volonté capable d'agir sur les tissus, dans certaines conditions, et de faire fondre, associées à certaines substances, les scléroses; parce qu'il était ancré dans cette opinion, à mon avis très fausse, qu'il n'y a pas de " saltus ", ni de franchissements, ni de brusques virages, ni de failles, ni de redressements soudains dans la nature; parce qu'il combattait la possibilité du miracle, de la prière, de l'intervention divine [27]. »

L'intérêt de cet incroyable portrait de Charcot est évident. Comparé à celui des *Morticoles* ou du souvenir d'Uriage, il témoigne du destin de la découverte de Charcot dans l'histoire de la tradition médicale française : 1894, 1914, 1922, ces trois dates coïncident avec les trente années où l'œuvre freudienne commence lentement à s'introduire sur le sol national. Durant cette période, les travaux de Charcot sont démantelés et Daudet suit le courant dominant. Autrement dit : au fur et à mesure que l'œuvre du maître est mise en pièces, on glorifie son image, comme s'il fallait, pour exorciser la vérité d'une découverte, auréoler son auteur d'un prestige fabuleux.

A travers la naissance d'un « style antisémite » puis à la faveur d'un « portrait psychologique », les trois textes de Daudet rendent compte de la progressive disparition du concept de névrose hystérique dans le discours médical français, puis de son remplacement par la notion de maladie mentale, et par celle de simulation. En 1922, alors que la psychanalyse est en passe de devenir célèbre, Daudet ne cite pas le nom de Freud. Il décrit les soirées du mardi à l'hôtel du boulevard Saint-Germain, énumère les personnalités de l'époque, parle des inconnus d'alors devenus célèbres, mais à aucun moment il n'est traversé par le moindre doute sur la destinée « viennoise » du concept d'hystérie; pour Daudet, l'Autriche se trouve en Chine et Paris au centre du monde.

Non seulement il s'en tient à une vision chauvine de la médecine mais il range au placard l'œuvre de Claude Bernard dont il a fait l'éloge en 1914, tandis qu'inversement, il glorifie le nom de Pasteur dont il a mis en doute le sérieux trente ans plus tôt, avant sa conversion au catholicisme et au royalisme.

Daudet s'étonne qu'aucun article nécrologique n'ait paru dans la presse française à la mort de Charcot : « Soit que l'attitude hautaine du maître de la Salpêtrière, écrit-il, eût indisposé ses confrères et les journalistes (qu'il avait en horreur) contre lui; soit que sa personnalité fulgurante et complexe eût échappé à l'observation assez courte des contemporains [28]. » En fait la réponse à cette question est apportée, à l'insu de Daudet lui-même, par l'apologie qu'il fait de Babinski en 1922. Ce n'est pas l'attitude orgueilleuse de Charcot qui empêche ses contemporains d'écrire des articles nécrologiques à la hauteur de son œuvre, c'est la mise en pièces de celle-ci par son élève préféré, Babinski, qui a commencé du vivant du maître. Le silence de la presse française à la mort de Charcot répond ainsi à une situation de fait. Daudet participe de ce silence en refusant un article à Adrien Hébrard, directeur du *Temps*, et, en 1894, dans *Les Morticoles*, il enterre, à sa manière, le maître de la Salpêtrière. En 1922, au moment où l'œuvre de Charcot est oubliée, il s'en tire par une pirouette : « Il s'en fallut ainsi de peu, écrit-il, que le plus important journal de la République n'accueillît la prose d'un jeune écrivain, qui devait plus tard scandaliser le milieu républicain, où il avait été élevé, par son royalisme et son cléricalisme. J'ai eu l'occasion de rappeler depuis, bien souvent, à ce charmant et spirituel Adrien Hébrard, le danger auquel la docte feuille avait échappé cette fois-là, et nous en avons ri ensemble [29]. » Notons au passage que la figure de Charcot est assimilée par Léon à celle de son père Alphonse, à cause de leurs opinions républicaines.

La position de Joseph Babinski dans le processus historique qui va conduire à la dissolution du concept d'hystérie est complexe. Elle traverse le débat qui oppose Charcot à Bernheim sur la question de la suggestion; elle rencontre la problématique de la simulation; elle est au carrefour d'une différenciation entre la psychiatrie et la neurologie, à propos d'une nouvelle définition du fait mental; enfin, elle se situe sur le terrain de la découverte freudienne, dans un rapport qui oscille entre l'analogie ou la promiscuité, d'une part, et l'étrangeté ou l'hostilité, de l'autre. Le règne de Babinski et de ses conceptions neurologiques réactualise « négativement », dès 1893, et jusqu'en 1925, l'événement de 1885, donnant ainsi une orientation spécifique à l'introduction du freudisme en France.

Ce médecin français né à Paris en 1857 de parents émigrés polonais est d'un an le cadet de Freud. Après des études secondaires à l'école polonaise des Batignolles, il est interne à l'Hôtel-Dieu, puis chef de clinique à la Salpêtrière en 1884. En 1885, il soutient sa thèse sur la sclérose en plaques et devient, après 1890, à l'hôpital de la Pitié, le grand patron d'une nouvelle neurologie, qui hérite de la tradition des localisations cérébrales et débouche sur la création de la neurochirurgie. En 1911, le professeur Lecène opère une tumeur méningée dont Babinski lui a désigné le siège parce qu'il a réussi à localiser des lésions et à préciser leurs sièges.

En 1901, huit ans après la mort de Charcot, son élève préféré lui rend un « splendide hommage » en révisant sa définition du concept d'hystérie : « L'hystérie est un état psychique, écrit-il, rendant le sujet qui s'y trouve capable de s'autosuggestionner. Elle se manifeste principalement par des troubles primitifs, et, accessoirement, par des troubles secondaires. Ce qui caractérise les troubles primitifs, c'est qu'il est possible de les reproduire par suggestion, avec une exactitude rigoureuse chez certains sujets, et de les faire disparaître sous l'influence exclusive de la persuasion. Ce qui caractérise les troubles secondaires, c'est qu'ils sont exactement subordonnés à des troubles primitifs. On pourrait donner à ces troubles les noms de pithiatiques. Les mots grecs " peithos " et " iatos " signifient le premier " persuasion " et le second " guérissable "; le néologisme " pithiatique " pourrait fort bien désigner l'état psychique qui se manifeste par des troubles guérissables par la persuation et remplacerait avantageusement le mot hystérie. L'adjectif " pithiatique " serait substitué à " hystérique " [30]. »

Comme c'est souvent le cas, une bataille théorique a pour enjeu le remplacement d'un mot par un autre : « Le pithiatisme à la place de l'hystérie. » De fait cette substitution renouvelle le débat sur la simulation et la suggestion. Babinski semble prendre le parti de Bernheim contre celui de la Salpêtrière, mais il cherche, avant tout, à mettre en place une authentique neurologie qui se fonderait, à travers la compréhension des réflexes, sur le repérage et la localisation des signes organiques. Seule, en effet, une sémiologie rigoureuse peut donner à la nouvelle « science des nerfs » la consistance théorique qui lui manque, comme l'anatomie pathologique avait, un siècle auparavant, donné une forme à la nouvelle clinique des corps malades. Babinski réaménage la clinique neurologique de Charcot en la dotant d'une sémiologie spécifique, que son maître avait contournée parce qu'il cherchait obscurément, et sans y parvenir, à faire de l'hystérie une maladie mentale, nerveuse, fonctionnelle et dépourvue de traces lésionnelles. Pour cela il avait convoqué l'hypnotisme et la suggestion et provoqué le débat avec l'école de Nancy. Ainsi Charcot était-il lui-même à l'origine de la dissolution de sa propre conception de l'hystérie; il avait su faire le lien entre la névrose et l'hystérie, mais, trop attaché à l'hérédité, il n'arrachait pas cette nouvelle maladie à son socle organique et renonçait à l'étiologie sexuelle, sans se défaire, en privé, des causes génitales. Or, Babinski théorise les impasses et les contradictions de Charcot : en effet le mot « pithiatisme » liquide l'imaginaire sexuel que charrie le terme d'hystérie et fait passer du côté du psychiatre une affection jusque-là ancrée dans l'organique. Babinski ne peut construire une sémiologie du système nerveux qu'au prix de rompre avec la doctrine de son maître et de dissoudre le vocable qui l'a rendu célèbre. D'où son affirmation apparente de la suprématie des thèses de l'école de Nancy sur celles de la Salpêtrière. En réalité, sous le nom de « pithiatisme », l'hystérie est réduite à une « simulation », provoquée chez le malade par la suggestion inconsciente du médecin. La neurologie babinskienne voit le jour, moins en écartant l'hystérie qu'en la rejetant du champ de la médecine, du côté des guérisseurs. Charcot apparaît alors comme le clinicien génial d'une doctrine dont l'objet s'est évanoui. Si l'hystérie est produite par la suggestion, il suffit de l'écarter comme telle, pour apporter une solution au problème des maladies du système nerveux. Mais alors, la nouvelle neurologie, dotée d'une sémiologie adéquate, retombe sur la question non résolue de l'identité de la maladie hystérique. Le cadavre enfermé dans le placard ressurgit dès que se pose le problème de l'interprétation des stigmates hystériques et du rôle des « émotions ».

Babinski soutient à la fois que les émotions vraies ne jouent aucun rôle dans la pathogénie de l'hystérie et que le neurologue échoue à distinguer les « vrais simulateurs » des « malades sincères » : « De l'observation de très nombreux hystériques que j'ai suivis, écrit-il, s'est dégagée pour moi cette conviction, qui est aussi celle de tous les neurologistes, que beaucoup de ces sujets sont sincères et ne peuvent être considérés comme des simulateurs, mais je dois avouer que cette idée est fondée sur des arguments d'ordre moral et ne saurait être démontrée avec la rigueur scientifique qu'on doit apporter dans l'étude des affections organiques. Un simulateur habile et éduqué à bonne école pourrait arriver à reproduire avec précision tous les accidents hystériques, ce qui est une source de difficulté pour ainsi dire insurmontable dans les expertises médico-légales relatives à des cas d'hystéro-traumatisme [31]. »

Comme souvent dans l'histoire de la médecine, ce sont les champs de bataille qui tranchent dans le vif du sujet : ainsi la terreur qu'inspirent aux soldats les charniers de l'Est réactualise le débat sur l'hystérie et, avant 1914, le pithiatisme a déjà remplacé l'hystérie. Par une sorte d'adhésion collective, de nombreux troubles psychiques ou organiques sont considérés, pêle-mêle, comme des simulations pithiatiques, alors qu'ils ne disparaissent pas avec la suggestion. Mais, quand survient la guerre, on convoque la neurologie pour distinguer les simulateurs des « vrais » malades. Babinski s'y emploie, sans pouvoir résoudre le problème, et prend une part active dans les décisions médico-militaires concernant les réformes et les invalidités. Que sont donc ces « faux malades » ou « vrais simulateurs » envoyés au front par Babinski? Ce sont de « vrais névrosés » dont les symptômes, à juste titre, ne rentrent pas dans le cadre de la sémiologie.

A partir de 1890, Babinski a systématisé l'étude des signes réflexifs, tendineux, cutanés et pupillaires qui vont permettre de distinguer les névroses, ou maladies nerveuses sans traces neurologiques, des maladies du système nerveux qui se manifestent par des symptômes ou « signes » neurologiques précis. En 1896, il découvre le signe qui porte son nom et dans lequel l'inversion du réflexe cutané plantaire, en rapport avec une perturbation du faisceau pyramidal, se traduit par l'extension du gros orteil. Autrement dit, quand Babinski chatouille la plante des pieds d'un bon névrosé, celle-ci se rétracte et ses orteils se plient. Si ce même névrosé est atteint d'une lésion du faisceau pyramidal le chatouillis provoque une extension de son gros orteil. En 1903, il complète ce signe par celui de l'éventail : avec le même chatouillis, les doigts de pied peuvent prendre la forme de ce bel objet utilisé par les dames. A cela il va ajouter le signe peaucier, le réflexe achilléen, le réflexe paradoxal du coude, etc., puis mettre au point des tests compliqués pour déceler les lésions du cervelet et de l'appareil vestibulaire. Il fait la première observation du syndrome adiposo-génital et la description d'un syndrome observé dans certains cas de lésions bulbaires unilatérales. Il étudie également les troubles pupillaires liés aux crises gastriques et aux anévrismes de l'aorte, ainsi que l'abolition des réflexes pupillaires dans la syphilis, et l'atrophie des nerfs optiques dans le tabès : lorsque Babinski regarde, à la lumière électrique, la pupille d'un bon névrosé, celle-ci se contracte; au contraire si le patient est atteint d'une lésion neurologique d'origine syphilitique, sa pupille reste identique à elle-même.

Il apparaît donc bien que pour délimiter avec précision le domaine de la neurologie lésionnelle, Babinski est obligé de dynamiter l'enseignement de Charcot en l'amputant de ses recherches sur l'hystérie. Il apporte aux cours martiales et aux psychiatres un invité de choix : le malade « nerveux » dans tous ses états. C'est pour cette raison, et non pour défendre les « vraies » conceptions de Charcot, qu'en 1908 la thèse du pithiatisme est longuement discutée et attaquée en France par les grands noms de la psychiatrie : Raymond, Janet, Binet, Claude, Pitres et Déjerine, chacun à leur manière, affirment, contre Babinski, que les accidents hystériques sont indépendants de la suggestion et que l'émotion joue un rôle important dans la genèse de ces phénomènes. S'en prenant ainsi à Babinski, le discours psychiatrique ou psychologique contribue à un deuxième démantèlement de l'œuvre de Charcot; il se réapproprie l'hystérie, abandonnée par la nouvelle neurologie, et peut du même coup se réclamer du glorieux héritage du maître de la Salpêtrière.

« Babinski, écrit Michel Foucault, imposant du dehors à sa malade l'emprise de la suggestion, la conduisait à ce point d'aliénation où, effondrée, sans voix et sans mouvement, elle était prête à accueillir l'efficace de la parole miraculeuse : " Lève-toi et marche! " Et le médecin trouvait le signe de la simulation dans la réussite de sa paraphrase évangélique puisque la malade, suivant l'injonction ironiquement prophétique, se levait réellement et réellement marchait [32]. » C'est contre cette « magie » babinskienne que la psychiatrie réhabilite le nom de Charcot, au détriment de l'étiologie sexuelle.

Au moment où Charcot observait les hystériques dans la cour de la Salpêtrière, le père de Joseph Babinski n'avait pas hésité à remercier la France, sa terre d'exil, en mettant ses capacités d'ingénieur à la disposition du gouvernement de Défense nationale. Ainsi enseignait-il à son fils l'amour de la nouvelle patrie catholique. Plus tard, celui-ci servira la nation en danger, face à l'Allemagne, en dépistant les simulateurs. Ainsi donc, dans la révision « neurologique » de l'hystérie (pithiatisme), comme dans celle du discours psychiatrique, disparaît du savoir médical français un mot chargé de sexe, que Freud va reprendre, sans substrat biologique. Cette double révision marque le point d'origine de « l'anti-pansexualisme » des introducteurs de la psychanalyse en France.

Il n'est donc pas étonnant que le seul article nécrologique qui paraît en 1893 sur l'enseignement de Charcot est publié à Vienne, en langue allemande, par un médecin nommé Sigmund Freud. Cet article peut être mis en parallèle avec ceux de Babinski sur le pithiatisme, puis ceux de Janet et de Binet sur l'enseignement de la Salpêtrière.

Freud écrit que la jeune science neurologique vient de perdre son plus illustre promoteur et donne de l'homme un portrait qui contraste singulièrement avec la figure dictatoriale imposée par Daudet. Le Charcot de Freud est un visuel, une sorte d'artiste, hanté par le démon de l'observation. Il est comparé à Cuvier et à Adam : « [Ce dernier], écrit-il, devait avoir éprouvé au plus haut point cette jouissance intellectuelle éprouvée par Charcot, lorsque Dieu lui présenta les êtres vivants du paradis afin qu'il les nommât et les séparât les uns des autres. »

Après un rappel historique des principes de la neuropathologie et une description des qualités pédagogiques du maître, Freud souligne que celui-ci se tourne vers l'hystérie au moment où elle a subi un grand discrédit : « A un observateur sans aucune prévention, écrit-il, se serait offert le point de départ suivant : si je trouve un être humain dans un état qui comporte tous les signes d'un affect douloureux, pleurant, tempêtant, criant, je ne suis pas éloigné d'en conclure qu'il faut supposer chez cet être un processus psychique dont ces phénomènes physiques sont l'expression fondée. Le sujet sain serait alors en mesure de communiquer l'impression qui le tourmente; l'hystérique répondrait qu'il ne le sait pas et le problème se poserait aussitôt de savoir comment il se fait que l'hystérique subit un affect dont il prétend ne rien savoir de ce qui l'a provoqué [...]. Que l'on n'objecte pas que la théorie d'une Spaltung (clivage, division) de la conscience, en tant que solution de l'énigme posée par l'hystérie, est bien trop éloignée pour pouvoir s'imposer à l'observateur non prévenu et sans préjugés d'école. En fait le Moyen Age avait bien choisi cette solution en déclarant que la possession par un démon était à l'origine des phénomènes hystériques. Il ne s'agirait que de substituer à la terminologie religieuse de cette époque sombre et superstitieuse la terminologie scientifique contemporaine [33]. »

Freud explique ensuite que Charcot n'a pas pris ce chemin parce que sa nosologie reste tributaire d'une conception héréditariste de la maladie nerveuse : « [Selon Charcot], écrit-il, l'hérédité doit être considérée comme l'unique cause; l'hystérie est par conséquent une forme de dégénérescence, un membre de " la famille névrotique " [en français dans le texte]; tous les autres moments étiologiques jouent le rôle de causes occasionnelles, " d'agents provocateurs " [en français] [34]. » Freud expose alors la manière dont Charcot a utilisé l'hypnose pour reproduire artificiellement les symptômes hystériques; il relate le conflit avec Bernheim et conclut en remarquant que le « Meister » n'est pas parvenu à donner une distinction tranchée entre les affections nerveuses organiques et les véritables névroses. Il termine par ces mots : « Il est inévitable que le progrès de notre science, en même temps qu'il accroît nos connaissances, dévalorise aussi maintes choses parmi celles que Charcot nous a enseignées; mais aucun changement des temps ni des idées ne pourra diminuer la gloire posthume de l'homme dont nous portons maintenant tous – en France et ailleurs – le deuil [35]. »

Ce texte indique la voie prise par Freud après l'enseignement de Charcot. En 1893, à l'inverse de Babinski, il ne s'oriente pas vers l'élaboration d'une neurologie moderne, mais cherche à délimiter le champ d'une nouvelle psychologie, fondée sur le clivage de la conscience, seule capable d'hériter du concept de névrose hystérique. Il résout ainsi le problème de la névrose en écartant les deux hypothèses de la simulation et de l'hérédité. Il manque à Babinski ce qui va permettre à Freud de renoncer à la neurologie : l'émergence progressive de la notion d'inconscient. Parce qu'il réduit l'hystérie au pithiatisme, Babinski délimite le champ de la neurologie, au prix d'exclure, par avance, toute interrogation sur un « savoir inconscient du malade ». Dans un geste contraire, Freud interroge Charcot sur le versant de l'hystérie et indique la voie d'une théorie des maladies nerveuses hors du domaine de la neurologie. Freud et Babinski, les deux « frères ennemis », appartiennent à une même génération médicale... Ils se trouvent vis-à-vis de la neurologie dans un rapport de miroir inversé; le premier délaisse la neurologie de Charcot et se dirige, à travers l'hystérie, vers de nouvelles voies; le second abandonne l'hystérie, pour retourner à la neurologie du même Charcot; on comprend pourquoi Babinski ne peut accomplir son geste qu'en révisant la doctrine du maître alors que Freud la situe dans son historicité propre.

Au moment où Freud publie à Vienne l'article nécrologique sur Charcot, paraît à Paris, dans *Les Archives neurologiques,* un texte qu'il a rédigé en français et dont Charcot a accepté la publication. Celui-ci est intitulé *Quelques Considérations pour une étude comparative des paralysies motrices organiques et hystériques* [36]. Freud produit là un véritable renversement de la doctrine du maître. *Pour la première fois,* dans l'histoire de la clinique des maladies nerveuses, l'indépendance de l'hystérie au regard de l'anatomie du système nerveux est démontrée; Freud définit un nouvel espace de la névrose, fondé sur l'observation du fait psychique « pour lui-même ». Il affirme que l'hystérie ne simule jamais les paralysies périphéro-spinales ou de projection. En effet, les paralysies hystériques partagent seulement les caractères des paralysies organiques de *représentation,* dont les symptômes se retrouvent comme *morcelés* dans l'hystérie : « L'hystérie se comporte dans ses paralysies et autres manifestations, écrit-il, comme si l'anatomie n'existait pas ou comme si elle n'en avait nulle connaissance », et : « L'hystérie est ignorante de la distribution des nerfs, et c'est pour cette raison qu'elle ne simule pas les paralysies périphéro-spinales ou de projection [37]. » Freud se demande alors quelle est la nature de la lésion, à l'origine des paralysies hystériques. Après avoir démontré qu'une altération fonctionnelle peut exister sans lésion organique concomitante, il réclame la permission de faire passer l'étude de l'hystérie sur le terrain de la psychologie. Un tel passage est nécessaire à ses yeux pour comprendre qu'une paralysie hystérique du bras consiste dans le fait que « la conception du bras ne peut pas entrer en association avec les autres idées qui constituent le moi, dont le corps de l'individu forme une partie importante. La lésion serait donc l'abolition de l'accessibilité associative de la conception du bras [38] ». Pour étayer sa démonstration, Freud ajoute : « Le bras sera paralysé en proportion de la persistance de cette valeur affective ou de sa diminution par des moyens psychiques appropriés. C'est la solution au problème que nous avons posé, car, dans tous les cas de paralysie hystérique, on trouve que l'organe paralysé, ou la fonction abolie, est engagé dans une association subconsciente qui est munie d'une grande valeur affective, et l'on peut montrer que le bras devient libre aussitôt que cette valeur affective est effacée [39]. »

Cet article rédigé entre 1888 et 1893 est le pendant de celui sur Charcot; il montre comment la rencontre de 1885 engage Freud, à Vienne, vers la découverte de l'inconscient, tandis qu'en France, les héritiers de la Salpêtrière prennent un chemin différent. Or le texte sur Charcot *n'a jamais été traduit* officiellement en langue française, bien qu'il soit souvent cité. Quant à l'étude sur les paralysies hystériques, elle n'a plus été rééditée en

France, depuis sa première parution. Ainsi, en 1973, un volume publié par les soins de Jean Laplanche sous le titre *Névrose, Psychose et Perversion* [40] rassemble plusieurs textes de Freud encore inédits en français. L'article sur Charcot n'y figure pas, ni celui sur les paralysies hystériques, alors que les deux autres textes publiés par Freud en français en 1895 et 1896 *(Obsessions et Phobies* et *L'Hérédité et l'Étiologie des névroses* [41]) sont repris. Dans l'introduction, J. Laplanche précise que les articles réédités dans ce volume jalonnent l'évolution de la pensée freudienne sur la psychopathologie. On doit alors imaginer que les deux textes de 1893 sont volontairement oubliés et que, pour les traducteurs, l'élaboration de la théorie freudienne en matière de psychopathologie commence en 1894, c'est-à-dire juste au moment de la publication des *Études sur l'hystérie* et non pas entre 1888 et 1893. Personne n'explique pourquoi et l'on constate, en fait, que la rencontre entre Freud et Charcot *est toujours mentionnée* par le discours psychanalytique français, mais que, dans la réalité éditoriale, elle est constamment effacée. L'introduction de J. Laplanche de 1973 en porte témoignage : il souligne que Freud aimait répéter la formule de Charcot « La théorie c'est bon mais ça n'empêche pas d'exister », mais il s'abstient d'en donner les raisons et de publier le texte où Freud commente le sens de cette formule. Notons d'ores et déjà que l'article sur l'hérédité et l'étiologie des névroses ne concerne pas directement la rencontre de 1885; il est explicitement adressé aux disciples français de Charcot qu'il s'agit de mettre en garde contre l'interprétation purement héréditariste de l'hystérie. Par conséquent, en 1896, Freud sait par quelles voies la doctrine du maître commence à être démantelée.

En 1925, à l'occasion du centenaire de la naissance de Charcot, René Laforgue demande à Freud pour *Le Progrès médical* un article où il serait traité « avant tout de ses relations personnelles avec le maître et de ce qu'il lui devait ». Freud obtempère en envoyant la nécrologie de 1893. Celle-ci n'est pas publiée et remplacée par un article cosigné par R. Laforgue et H. Codet intitulé *L'Influence de Charcot sur Freud* [42]. Au lieu d'expliquer pourquoi ils ont refusé de faire paraître le texte de Freud, les auteurs écrivent : « Mais encore est-il intéressant de chercher à préciser la part de son influence dans la genèse de la psychanalyse elle-même et de connaître sur ce point l'opinion de son créateur. Interrogé à ce sujet, M. le professeur Freud nous a fort aimablement répondu que son jugement n'avait point varié depuis l'époque de la mort de Charcot, jugement qu'il avait alors publié dans un article [43]. » Suit alors un résumé des idées de Charcot sur l'hystérie, où il est affirmé que l'étude « dogmatique » proposée par lui a été sujette à révision : « Il n'en reste pas moins qu'il a envisagé l'hystérie comme un chapitre particulier de la neuropathologie; c'est par sa méthode elle-même que ses élèves et continuateurs ont pu réviser une part de son œuvre propre [44]. » Ils citent ensuite l'article de Freud en choisissant le seul passage où il est question de « l'influence » de Charcot sur... Janet! : « C'est grâce à ses conceptions que Pierre Janet, Bleuler et d'autres ont pu esquisser une théorie des névroses susceptible de satisfaire l'esprit scientifique [45]. »

Quant à l'étiologie de l'hystérie, ils relèvent l'attachement de Charcot à la thèse de l'hérédité et affirment que celui-ci cherchait la véritable cause des névroses dans la sexualité. Freud apparaît alors comme le continuateur du maître français et il est précisé qu'il a simplement élargi l'investigation pathogénique commencée avant lui. A ce propos, les auteurs citent l'article *Obsessions et Phobies*, en oubliant de mentionner qu'il a été publié en français en 1895 dans la *Revue neurologique*. Ils se réfèrent ainsi à un texte où il n'est pas question de l'hérédité, mais de l'émotion, et ne citent pas celui sur l'hérédité et l'étiologie des névroses. Ils terminent leur panégyrique en notant que Freud a accroché un portrait de Charcot dans son cabinet de travail (signe de « l'ascendant » ou de « l'influence » du maître sur l'élève) puis rappellent ce qu'il a écrit en 1893 à la gloire de Charcot.

Ainsi les deux hommes énoncent-ils la rencontre entre Freud et Charcot : ils insistent sur les *personnes* et négligent le *sens* des textes. En attribuant au maître de la Salpêtrière la découverte de l'origine sexuelle de la névrose hystérique, ils prennent le risque d'annuler celle de Freud et laissent entendre, entre les lignes, que la psychanalyse est d'origine française et non viennoise. Par ailleurs, ils continuent d'adhérer à la thèse héréditariste, fortement discutée par Freud depuis 1893, et surtout ils approuvent, du bout des lèvres, la révision de la doctrine de Charcot, qualifiée de « dogmatique ». En 1925, ces deux psychanalystes ne parviennent donc pas à faire un choix clair entre trois positions qui dominent l'approche clinique de l'hystérie : la psycho-philosophie de Janet, la neurologie de Babinski et la psychanalyse freudienne. Le texte de la célébration du centenaire de Charcot est le produit de cette hésitation. Comme chez Daudet, Charcot est convoqué sous les traits d'un ancêtre, mais à la différence de l'écrivain, les deux psychanalystes ne racontent ni leurs angoisses ni leurs rêves éveillés et parlent le discours de la science. Le contenu théorique de leur texte est inscrit dans le titre choisi : « *L'influence* de Charcot sur Freud. » *Influence :* sorte d'écoulement matériel que l'ancienne physique supposait provenir des astres et agir sur les hommes et les choses. *Influencer :* exercer un ascendant (Littré). La catégorie d'influence vient à la fois de l'astrologie et de la notion d'influx; ce sont les astres qui influencent la destinée des hommes et ce terme suppose une intersubjectivité entre deux consciences, la transmission d'un flux magnétique entre deux individualités qui s'acceptent ou refusent de se reconnaître. En choisissant ce vocable au lieu de ceux de « rencontre », de « transfert », de « filiation », ou de « diffusion d'idées », Laforgue et Codet apparaissent, à leur insu et malgré leurs bonnes intentions, comme les héritiers de la doctrine du pithiatisme. Semblable à l'hystérique soumis au pouvoir de la suggestion, Freud est, selon eux, *un homme sous influence*, guidé par la voix d'un maître tout-puissant dont le « portrait » règne dans sa demeure. Ainsi la genèse d'une découverte se réduit-elle à la relation entre deux savants dont l'un est toujours l'ancêtre de l'autre, qui devient, par suggestion, son initié. On comprend pourquoi Laforgue insiste auprès de Freud pour obtenir un article où il serait question de ses relations *personnelles* avec Charcot et *de ce qu'il lui devait :* encore l'influence; on demande à Freud de raconter une histoire qui serait basée sur la croyance au pouvoir de l'hypnose, c'est-à-dire sur une doctrine qu'il a écartée depuis longtemps. On comprend pourquoi Freud envoie le texte de 1893 et pourquoi ce dernier n'est pas publié. A suivre...

III. *Le Horla, l'Unbewusste*

Il suffit de lire les *Chroniques journalistiques* et les *Contes fantastiques* de Guy de Maupassant [46] pour saisir combien « l'Ailleurs » est présent au fil d'une écriture qui passe comme un météore dans la littérature de langue française. Habitants de la planète Mars, hallucinations colorées, migraines, absences, au-delà, momies, cadavres, doublures, impressions d'étrangeté, ou de membres coupés, perversions sexuelles, convulsions hystériques : ces termes sont inscrits dans une œuvre, presque entièrement rédigée en une dizaine d'années (entre 1880 et 1890), qui culmine avec *Le Horla* [47], sorte de vampire accouché par la Salpêtrière.

Avant de suivre les cours de Charcot, Maupassant refuse le magnétisme dans sa version « télépathique » et accorde à l'hystérie une attention originale. A travers elle, il livre son opinion sur les mœurs de la France de 1880. Dans un article de 1882 intitulé *Une femme* [48], et publié dans le *Gil Blas,* un journal de centre gauche, l'écrivain commente le cas de la femme Fenayrou qui défraie la chronique judiciaire. Celle-ci a entraîné son mari, dont elle redoute la jalousie violente, à tuer son amant qui est sur le point de la délaisser. Ce dernier est l'ami et l'employé du mari, lui-même patron d'un petit commerce. Maupassant commence par se moquer de la grande presse qui attribue le qualificatif d'hystérique à toutes les âmes de la population : « Nous sommes tous des hystériques, écrit-il, depuis que Charcot, cet éleveur d'hystériques en chambre, entretient à grands frais, dans son établissement modèle de la Salpêtrière, un peuple de femmes nerveuses, auxquelles il inocule la folie et dont il fait en peu de temps des démoniaques »; à cela il ajoute : « Tous les grands hommes le furent. Napoléon Ier l'était (pas l'autre), Marat, Robespierre, Danton l'étaient. On entend dire fréquemment de Madame Sarah Bernhardt : " C'est une hystérique. " Messieurs les médecins nous apprennent aussi que le talent est une espèce d'hystérie, et qu'il provient d'une lésion cérébrale. Le génie par conséquent doit provenir de deux lésions voisines, c'est de l'hystérie double. La Commune n'est pas autre chose qu'une crise d'hystérie de Paris. Nous voilà bien renseignés [49]. » Il termine son article sur une note d'humour, en attaquant les idées féministes : les femmes françaises, dit-il, représentent les forces réactionnaires de la nation, et, en leur donnant des droits politiques, la République risque, à coup sûr, de rétablir la monarchie, avec le pape comme souverain temporel.

L'article de Maupassant s'en prend à la position souveraine de la

« bourgeoise » dans l'institution du mariage. Pourquoi Martin Fenayrou a-t-il accepté de tuer Aubert, l'amant de sa femme, plutôt que d'assassiner celle-ci? Cet homme « sous influence » n'est-il pas lui-même un hystérique? Gabrielle Fenayrou aime-t-elle ou n'aime-t-elle pas Aubert? Peu importe, Aubert ne l'aime plus. Elle est donc une femme abandonnée. Cela suffit. Dans les critiques qu'il adresse à Charcot, Maupassant saisit le sens d'une nouvelle doctrine, puisqu'il se moque des médecins adeptes de l'hérédité-dégénérescence, et décrit l'hystérie, sans même s'en rendre compte, comme une maladie « faussement » héréditaire et « métaphoriquement » contagieuse. Il attribue au savoir médical une conception de l'hystérie qui est moins la leur que la sienne propre. En effet, si *tout le monde* est hystérique, de Napoléon à la ville de Paris, alors l'hystérie n'est plus une « maladie », au sens classique, mais une névrose pouvant atteindre n'importe qui. Maupassant devance ainsi, contre les aliénistes, les théories de Freud.

Dans un conte intitulé *Magnétisme* et publié également dans le *Gil Blas,* en avril 1882, quelques mois avant *Une femme,* Maupassant dépeint l'ambiance d'un dîner parisien, où une conversation s'engage à propos des expériences de Charcot et d'un certain Donato. Ce magnétiseur fréquente les salons et met en état de suggestion son médium préféré, Mlle Lucie. Un procès retentissant va l'opposer à sa femme qui l'accuse d'être l'amant de la demoiselle. Son défenseur dira que cette dernière s'est trouvée sans défense devant les suggestions du mage. Ainsi l'histoire de Cagliostro reprend-elle du poil de la bête, dans la réalité historique de la France de la fin du XIXe siècle. Dans le conte, Maupassant se décrit lui-même, à la troisième personne, sous les traits d'un écrivain vigoureux, chasseur de jupons, et adepte de la plus parfaite incroyance en matière de phénomènes occultes. Ce personnage donne de Charcot un portrait étonnant : « Nous ne discuterons pas Donato qui est tout simplement un très malin faiseur de tours. Quant à Monsieur Charcot, qu'on dit être un remarquable savant, il me fait l'effet de ces conteurs dans le genre d'Edgar Poe, qui finissent par devenir fous à force de réfléchir à d'étranges cas de folie. Il a constaté des phénomènes nerveux inexpliqués et encore inexplicables, il marche dans cet inconnu qu'on explore chaque jour, et ne pouvant toujours comprendre ce qu'il voit, il se souvient trop peut-être des explications ecclésiastiques des mystères. Et puis je voudrais l'entendre parler, ce serait tout autre chose que ce que vous répétez [30]. »

Pour démontrer l'inanité des thèses du « magnétisme télépathique », l'incrédule raconte ensuite deux histoires différentes. La première a trait à la Normandie natale de Maupassant : dans le petit village d'Étretat, un enfant se réveille une nuit en sursaut et affirme que son père, pêcheur à la morue sur les bancs de Terre-Neuve, est mort en mer. Un mois après, celui-ci n'est pas revenu et l'on apprend qu'il s'est noyé. Les deux événements, le rêve et la noyade, s'étant produits la même nuit, on crie au miracle et l'on explique le phénomène par le magnétisme. Le commentaire fait par l'incrédule est évidemment beaucoup plus subtil; les femmes et les enfants des pêcheurs absents, dit-il, rêvent fréquemment que les hommes sont emportés par la mer. Il suffit donc que l'un de ces songes coïncide avec un accident réel pour que cela devienne une prophétie. On célèbre alors l'intervention de Dieu ou du magnétisme.

L'autre histoire raconte une aventure amoureuse de Maupassant. Le narrateur connaît une jeune femme insignifiante, ni belle, ni laide, une créature sur laquelle « le désir ne s'abat point ». Or un soir, il a une sorte de rêve éveillé, dans lequel cette femme, dont il ne sait que le nom, lui apparaît pleine de qualités. Elle a un charme doux et un attrait langoureux. Il se couche, et dans son sommeil, cette femme devient sa maîtresse. Trois fois dans la nuit le songe se renouvelle. Le jour venu, il est si obsédé qu'il se précipite chez elle; il devient son amant et la liaison dure deux ans. Un des convives interroge alors le conteur sur les conclusions de cette aventure. Celui-ci hésite et répond : « J'en conclus... je conclus à une coïncidence parbleu! Et puis qui sait? C'est peut-être un regard d'elle que je n'avais point remarqué et qui m'est revenu ce soir-là par un de ces mystérieux et inconscients rappels de la mémoire qui nous représentent souvent les choses négligées par notre conscience, passées inaperçues devant notre intelligence. » Un invité rétorque : « Tout ce que vous voudrez, mais si vous ne croyez pas au magnétisme après cela, vous êtes un ingrat, mon cher monsieur[31]! »

Dans le premier récit, la tentative d'expliquer le rêve par le principe du « magnétisme télépathique » se réduit à une absurdité. Les songes des femmes et des enfants du village d'Étretat reflètent l'anxiété d'une population soumise, par sa situation économique, aux intempéries du climat maritime. A la guerre, les soldats rêvent de la mort sous toutes ses formes. Aux bords des mers, les villageois sont hantés par la noyade. Il ne s'agit pas là de « magnétisme », d'« influence » ou de « transmission de pensées » mais d'un mécanisme dont Freud expliquera le fonctionnement dans la *Traumdeutung*.

L'incrédule du conte de Maupassant sait que son premier récit est une histoire drôle. Il ridiculise un magnétisme de salon, celui de Donato et non celui de Charcot ou de Bernheim. Le deuxième récit est différent du premier. Il évoque la figure d'un homme cherchant à interpréter le sens de ses visions; le rêve du séducteur a partie liée avec la réalisation d'un désir inconscient; dans le sommeil, apparaissent les traits physiques et intellectuels de la femme convoitée, que la conscience a négligés. N'ayant pas oublié son nom, le séducteur peut la conquérir. Ainsi Maupassant est-il un homme de « l'avant-siècle », un être double : côté salon, il liquide les mages de son enfance, côté jardin secret, il cherche en Charcot un nouvel Edgar Poe et s'approche de « l'Ailleurs », de cet « Unbewusste » qui possède pour lui les attraits d'une femme morte, juive, asiatique ou putain, un de ces êtres dangereux et perfides qui ont pour mission d'entraîner les hommes dans des abîmes inconnus[32].

Le séducteur de 1882 compare Charcot à un fou et rêve d'entendre sa voix. Durant deux ans, de 1884 à 1886, Maupassant réalise ce souhait. Il assiste aux leçons de la Salpêtrière et un an plus tard, il publie avec *Le Horla* l'un des plus beaux récits jamais écrits sur le vécu intime de la folie. La rencontre avec Charcot permet à Maupassant d'inventer une forme nouvelle de narration, entre le conte et le document. Celle-ci emprunte à Tourgueniev l'art des « histoires simples, où se mêle simplement quelque chose d'un peu vague et d'un peu troublant [33] », mais surtout, elle fait basculer du côté du sujet lui-même les grandes hallucinations qui troublent le regard clinique de tout le siècle. Dans les mots utilisés par l'écrivain, on retrouve les principes de Bichat et de Claude Bernard ou les visions d'une vie biologique dévorée par les assauts d'une mort rampante. Au détour de ses phrases, on découvre les maladies infectieuses de Pasteur, l'hystérie de Charcot, le catalogue pervers de Krafft-Ebing. Chez Maupassant, l'art d'écrire est à l'image d'une tare familiale. « Transmissible », comme le savoir des mages ou des médecins, il s'apprend par « contact » et par initiation; il se transporte d'un maître à un disciple. On sait que le jeune écrivain fut l'élève de Flaubert, lui-même ami intime d'un poète mort prématurément, Alfred Le Poittevin, frère de la mère de Maupassant. Ce « neveu » dont le père se prénomme Gustave est le portrait vivant de l'oncle : il est le fantôme d'un mort, son double, son revenant... Quand Flaubert reçoit pour la première fois son futur disciple, il l'accueille par ces mots : « Tiens, comme vous ressemblez à mon pauvre Alfred... Au fait ce n'est pas étonnant puisqu'il était le frère de votre mère... Embrassez-moi, mon garçon, ça me remue le cœur de vous voir... J'ai cru tout à l'heure que j'entendais parler Alfred! » « Ce fut là, écrit Maupassant, la cause vraie, profonde de sa grande amitié pour moi, j'étais une sorte d'apparition de l'Autrefois [34]. »

Avant de devenir l'élève de Flaubert, Maupassant a rencontré, au cours d'une noyade manquée, l'étrange poète anglais Algernon Charles Swinburne. « Voici comment je l'ai connu, écrit-il en 1891 : J'étais fort jeune et, passant l'été sur la plage d'Étretat, un matin vers dix heures, des marins arrivèrent en criant qu'un nageur se noyait sous la Porte d'amont. Ils prirent un bateau et je les accompagnai. Le nageur, ignorant le terrible courant de marée qui passe sous cette arcade, avait été entraîné puis recueilli par une barque qui pêchait derrière cette porte, appelée communément la Petite Porte. J'appris le soir même que le baigneur imprudent était un poète anglais, descendu depuis quelques jours chez un autre Anglais avec qui je causais quelquefois sur le galet, M. Powel, propriétaire d'un petit chalet, qu'il avait baptisé " Chaumière Dolmancé " [35]. »

Maupassant se rend à l'invitation des deux personnages : « deux visionnaires malades, ivres de poésie magique et perverse [36] ». Swinburne est d'une maigreur effrayante, comme le sera le narrateur du *Horla*. Son corps est agité en permanence par de violentes secousses nerveuses. Sur les tables de sa demeure, traînent de nombreux ossements, dont la main d'écorché d'un parricide que Swinburne offre au jeune homme. Les deux Anglais mangent souvent du singe rôti et ont apprivoisé un macaque, qui est un jour pendu et enterré dans le jardin, selon un cérémonial venu d'Orient. Le poète voue un culte immense au marquis de Sade. « Il était l'inventeur le plus célèbre du " vice anglais ", c'est-à-dire l'envahissement des pratiques érotiques par la pratique du fouet [57]. » L'eau salée est pour Maupassant un équivalent au sexe féminin. La « mer » le frappe, le fouette, le fige. Au bordel, l'eau souillée de la vulve lui apporte le poison. Dans les maisons de cure qu'il fréquente, il demande toujours d'être soumis aux jets violents de l'eau.

Entre 1872 et 1880, date de sa mort, Flaubert fait l'éducation du neveu de son ami, à la manière dont l'abbé Faria a mené celle d'Edmond Dantès. Il se plaît à l'appeler son disciple et veut lui enseigner l'art d'écrire des chefs-d'œuvre. En échange, il lui demande de nombreux services. Travaillant à la rédaction de *Bouvard et Pécuchet,* il le charge de recueillir des renseignements pour illustrer la bêtise de ses héros. Maupassant lui communique des notes sur les copistes du ministère et lui compose un itinéraire des environs d'Étretat. Mais surtout, Flaubert éveille chez son élève le sens du regard et de la « vision juste ». Dès son enfance le jeune homme eut l'impression d'être possédé par une sensation profonde de « manger » le monde avec ses yeux. Après la mort de son maître il va affiner cet organe de la vue, moins dans le roman, comme le souhaitait Flaubert, que dans la pratique du journalisme et du conte fantastique : « La chronique, écrit H. Juin, c'est un peu le gueuloir de Maupassant [58]. » Il défend très tôt l'idée que le monde visible est traversé par le domaine de l'invisibilité. Le « double » surgit à travers une fascination pour l'Eau et la Femme. La représentation d'un « troisième œil » le conduit à rénover le style du récit fantastique. L'œuvre de Maupassant est « double » : ses romans, de tradition balzacienne et flaubertienne, obéissent au principe d'un style descriptif, tandis que ses nouvelles, ses chroniques et ses contes, souvent écrits à la première personne, conduisent, via la rencontre avec Charcot, à l'élaboration d'une clinique hallucinée de la vision. Le fantôme de Flaubert hante l'écrivain : « Je ne saurais vous dire combien je pense à Flaubert, écrit-il à Zola en 1880, il me hante et me poursuit. Sa pensée me revient sans cesse, j'entends sa voix, je retrouve ses gestes, je le vois à tout moment debout devant moi, avec sa grande robe brune et ses bras levés en parlant. C'est comme une solitude qui s'est faite autour de moi, le commencement des horribles séparations qui se continueront maintenant [59]. » Incorporation, coupure, castration : pour accéder à sa propre écriture et se détacher de l'enseignement de Flaubert, Maupassant « mange » le corps du maître mort; il se sépare alors de son « magnétiseur », et peut le faire revivre en lui. Cet « autre » est un inconnu, un étranger : il est là, présent dans sa maison; il boit l'eau et le lait de sa carafe, il se repaît de son identité, il suce son sang, il occulte son image dans le miroir, il mange sa nourriture, le poursuit, le rend fou, écrit à sa place : quand Maupassant rédige ses textes, Flaubert dirige sa plume. Un Flaubert « imaginaire », dépossédé de son pouvoir, un Flaubert mort, inventé de toutes pièces pour incarner le rôle de l'Autre, au cœur du Même.

En incorporant l'image du maître admiré, l'écrivain se détache de ses commandements littéraires. Il commet un « parricide », et du même coup, il se sépare des idéaux du magnétisme. N'étant plus hypnotisé par le regard de l'autre, il sait que sa folie ne lui vient pas d'un autre, mais de lui-même. L'autre, il le place en lui et hors de lui, là, dans son être, et ailleurs, dans l'inconnu : c'est l'histoire du Horla, et *Le Horla* n'est autre, dans la littérature, que l'histoire de la découverte de l'inconscient. Pas l'inconscient des psychologues ou des aliénistes, ni le subconscient des magnétiseurs; pas un « lieutenant » de la conscience, mais un « non-connu », situé là et ailleurs, une autre scène, négative, interne à la pensée. *Le Horla,* c'est l'histoire d'une blessure narcissique où l'écriture bascule dans le récit de la folie.

En 1885, les travaux de Darwin ont déjà révélé que les enfants d'Adam descendent des arbres et non du ciel. A la même époque on pense que les planètes sont peuplées par des êtres intelligents supérieurs à l'homme. Camille Flammarion a publié plusieurs ouvrages à propos de la pesanteur et de la durée des saisons sur la planète Mars [60]. Il lui semble que la série zoologique « martiale » s'est développée par la succession des espèces ailées, et en conclut que les espèces animales supérieures de la planète Mars sont munies d'ailes. Convaincu que la couleur dominante de cet astre n'est pas le rouge, mais la nuance jaune orangé du gaz d'éclairage, il affirme également que les « mers » de Mars changent suivant les saisons. En même temps que Flammarion, Schiaparelli a démontré l'existence sur Mars de « canaux »; on est alors vite persuadé, dans l'opinion publique, de l'existence, sur cette planète, d'une vie intelligente comparable à la nôtre. On imagine des oasis, des cultures, des irrigations, une société organisée. Un darwinisme vulgarisé vient ainsi conforter les acquis de la révolution copernicienne, et l'astre « martial » apparaît comme un lieu de fantasmes, une sorte de doublure de la planète humaine, une réplique en modèle réduit de la Terre Mère. Elle peut être « accueillante » ou « redoutée » : elle ressemble tantôt à un jardin des délices et tantôt à un enfer plein de démons. Depuis que H. G. Wells a publié en 1897 *La Guerre des mondes,* les machines ailées, les soucoupes volantes, les météores, les comètes, et les objets non identifiés sont assimilés, comme la peste, le choléra, la tuberculose et la syphilis, aux grands fléaux qui peuplent la mémoire de l'homme civilisé. Or, la découverte freudienne peut être saisie « métaphoriquement » comme l'introduction d'un fléau dans la cité de la conscience. L'inconscient, l'Unbewusste, est à la fois un objet non identifié, un monstre ancestral, et une maladie de l'être. Freud théorise cette métaphore en 1917, en publiant un texte où il explique que l'investigation scientifique fait éprouver au narcissisme humain trois grandes humiliations; la première, d'ordre cosmologique, a été infligée par la révolution copernicienne, qui ruine l'illusion selon laquelle la terre occupe une place centrale dans l'univers; la deuxième, d'ordre biologique, est venue du darwinisme et défait la prétention de l'homme à s'affirmer « autre » que l'animal; la troisième, d'ordre psychologique, est la conséquence de l'existence de l'inconscient freudien; elle contredit l'idée selon laquelle le Moi est maître en sa demeure [61].

Dans un autre texte de 1919, consacré en partie à *L'Homme de sable* de Hoffmann, Freud désigne par « inquiétante étrangeté [62] » cette sorte de l'effrayant qui se rattache aux choses connues depuis longtemps et de tout temps familières. Celle-ci se produit, dans la vie quotidienne comme dans la création artistique, lorsque les complexes infantiles refoulés sont réveillés par une impression extérieure. L'inquiétante étrangeté se déploie à travers plusieurs thèmes : l'angoisse de castration, la figure du double et l'automate. Ces trois modalités de l'étrange ont pour trait commun de réactiver des forces primitives que la civilisation semble avoir oubliées et que l'individu croit avoir surmontées en parvenant à l'âge adulte. Dans la figure ancestrale du double ou de l'automate, il s'agit du sommeil artificiel ou du retour des morts à la vision : on doute qu'un être en apparence animé ne soit vivant, et inversement qu'un objet sans vie ne soit en quelque sorte animé. Quant à l'angoisse de castration, elle se dévoile dans les descriptions hallucinées de cloaques, de vampires et de membres dévorés qui peuplent les rêves et hantent les formes de l'art que l'esthétique range sous la catégorie du *fantastique*.

Le Horla n'appartient pas exactement au domaine de l'inquiétante étrangeté. Ce récit ne réactive pas un « complexe » refoulé. Au contraire, il exclut la dimension du refoulement. Martien venu des astres, le personnage du texte symbolise aussi le tréponème syphilitique porté par les galions de l'Océan. Dans l'histoire, le héros est dévoré par une « présence absente », puis frappé de folie. Chassé de sa maison, il y revient et met le feu. Il s'aperçoit bientôt que le Horla s'est emparé de son corps et de son esprit. Pour l'exterminer, il doit se tuer lui-même. Le Horla est ainsi innommable. Maupassant a forgé le terme en mélangeant des mots allemands et des noms de villages normands. On trouve *Herr,* qui signifie *monsieur, seigneur, maître,* et *Aus* qui veut dire *hors de*. Herrestaus renvoie à celui qui vient d'ailleurs et se rapproche du patronyme *Horlaville*.

Le Horla c'est à la fois l'Unbewusste freudien, l'inconscient de la première topique, et l'hallucination négative décrite par Bernheim [63]. Indice de « l'extériorité interne » de l'inconscient, le Horla appartient donc, par anticipation, à la clinique freudienne. Il « invente » l'inconscient en faisant basculer le récit narratif dans la folie.

Freud redoutait l'œuvre de Nietzsche et voyait dans l'itinéraire du philosophe une destinée qui ressemblait à la sienne. La folie racontée du côté de l'artiste lui inspirait une sorte de méfiance et d'angoisse. Cette exclusion lui était nécessaire pour faire émerger le théâtre hystérique sur la scène positive de la science. Notre modernité a réuni les deux versions d'une même histoire : la légende de la folle et celle du syphilitique sont reliées, par la culture freudienne, au continent d'un savoir positif. L'extériorité est devenue interne; l'ailleurs fait partie de notre quotidien. Et l'hystérie comme telle, celle d'une époque hantée par les fantômes, a disparu. Lacan disait un jour qu'on ne la trouvait plus dans notre monde et que la psychanalyse risquait d'en périr : « Où sont-elles passées les hystériques de jadis, ces femmes merveilleuses, les Anna O., les Emmy von N.? Elles jouaient non seulement un certain rôle, un rôle social certain, mais quand Freud se mit à les écouter, ce furent elles qui permirent la naissance de la psychanalyse. C'est de leur écoute que Freud a inauguré un mode entièrement nouveau de la relation humaine. Qu'est-ce qui remplace aujourd'hui les symptômes hystériques d'autrefois? L'hystérie ne s'est-elle pas déplacée dans le champ social, la loufoquerie psychanalytique ne l'aurait-elle pas remplacée [64] ? »

Le Horla avait tellement l'apparence d'un document psychiatrique ou d'une relation de cas que la plupart des commentateurs de l'œuvre ne surent pas comment le cataloguer. Certains affirmaient qu'il s'agissait d'un authentique récit d'aliéné et que l'écrivain avait perdu la maîtrise de ses mots; d'autres, au contraire, juraient qu'il avait rédigé « consciemment » une splendide œuvre d'art. Ces deux positions apparemment contradictoires témoignent du fait que *Le Horla* reste un texte impossible à circonscrire. D'un côté on dit qu'il « reflète » l'état mental d'un auteur malade, de l'autre on rétorque qu'il est « fabriqué » de toutes pièces. Or la grande nouveauté du récit de Maupassant ne réside dans aucune de ces deux affirmations.

L'écrivain est en effet atteint de syphilis et souffre depuis longtemps de la progression du mal. La paralysie générale met plus de dix ans à achever son œuvre de dégradation, le temps qu'il faut à Maupassant pour rédiger la sienne. Les médecins lui prescrivent la thérapeutique habituelle pour l'époque : l'iode et le bromure. Il respire mal, son cœur s'affole au moindre effort, des herpès lui rongent l'épiderme et des rhumatismes corrodent ses membres. En 1880 il est frappé d'une cécité partielle de l'œil droit. Son ventre est traversé d'affreuses coliques et des varices lui boursouflent les muqueuses de la gorge. Il a de nombreuses migraines qu'il soigne en consommant du hachisch, de l'éther et de l'opium. Il se croit poursuivi par des êtres sans nom, doute de son identité, se sent attaqué par des chiens et imagine que son cerveau est troué par des gouttelettes de morphine. Après l'internement et la mort de son frère, il fait un séjour à Passy, dans la clinique du docteur Blanche. Là il voit partout des banquiers,des pédérastes et des courtiers en bourse. Enfin il cherche à engendrer les continuateurs de sa race : il plante des rameaux verdoyants, prétendant fabriquer des « petits Maupassant ».

Il refuse d'admettre que les maux dont il souffre ont une origine vénérienne. Or cette méconnaissance volontaire lui permet de décrire les symptômes de sa folie. Le problème n'est pas de savoir si *Le Horla* est le texte d'un fou ou d'un auteur doué de raison; peu importe que la maladie du narrateur soit « vraie » ou « inventée », peu importe qu'elle soit ou non d'origine syphilitique, la vraie question posée par l'écriture du *Horla* c'est qu'un texte littéraire, inspiré par l'enseignement de la Salpêtrière, abandonne le style du roman naturaliste afin de prendre pour objet la description d'un délire vécu de l'intérieur. Au reste, Maupassant sait bien ce qu'il raconte à ses contemporains. Avant de rédiger le journal de bord de son héros, il a écrit une première version du *Horla,* moins connue. Ce n'est ni une ébauche, ni un brouillon du second texte, mais le récit d'une présentation de malade. Dans cette brève nouvelle, un certain docteur Marrande réunit deux collègues pour qu'ils examinent un patient interné dans sa clinique. Aucun médecin n'a pu déterminer s'il s'agit d'un fou, d'un simulateur ou d'un savant visionnaire. Face aux éminents spécialistes, l'homme raconte alors l'histoire de sa dévoration par un vampire. A la fin Marrande se lève et murmure : « Moi non plus je ne sais si cet homme est fou ou si nous le sommes tous les deux... ou... si notre successeur est arrivé [65]. »

Ainsi Maupassant raconte-t-il deux fois la même histoire. Dans la première version, l'aventure de la folie est soumise au regard des aliénistes et rédigée dans le style du discours psychiatrique. Dans la seconde, elle est relatée à partir du savoir inconscient d'un narrateur et écrite avec les mots de la folie elle-même. D'un texte à l'autre la place prééminente du médecin s'est évanouie : le « successeur » est arrivé... Le texte de Maupassant est l'expérience d'une limite à partir de laquelle surgit une configuration, où la littérature rejoint le récit clinique, où le vécu intime de la maladie ne se reflète plus dans le discours du savoir dominant, mais devient œuvre d'art avec ses formes propres. C'est dans l'aventure de cette limite que s'engouffre l'histoire de la clinique freudienne.

A ces deux récits, il faut ajouter quatre contes en forme de fait divers ou de chronique, publiés par Maupassant entre 1884 et 1887, et intitulés successivement : *Un Fou?, Lettre d'un fou, Fou,* et *Le Voyage du Horla* [66]. Le premier raconte l'histoire d'un certain Monsieur Parent interné dans un établissement de santé. Un soir le narrateur lui rend visite accompagné de sa chienne Mirza. Le fou fait alors devant lui la démonstration de son pouvoir magnétique. Avec sa main, il transforme la bête en un véritable somnambule et fait danser tous les objets. Le deuxième conte est un récit d'aliéné qui aperçoit dans la glace des monstres et des cadavres hideux. Le troisième, d'un modernisme étonnant, témoigne de la position de Maupassant sur le crime et la peine de mort : c'est le portrait d'un juge assassin; après le décès d'un procureur de la République, célèbre pour ses réquisitoires intransigeants, un notaire découvre le journal intime du magistrat. Celui-ci avait noté au jour le jour la montée en lui d'une formidable pulsion meurtrière qui l'avait conduit à tuer un enfant et un pêcheur à la ligne. Il avait ensuite réclamé la guillotine contre celui qui était accusé de meurtre à sa place et il s'était réjoui d'assister à l'exécution. Enfin la quatrième histoire fait le lien entre les animaux ailés venus de Mars et le vampire. Le Horla est le nom d'une montgolfière, qui s'envole dans les airs avec le narrateur à son bord et qui voyage de Paris jusqu'à l'embouchure de l'Escaut. Dans cette version humoristique du *Horla,* la bête est une belle chauve-souris gonflée de gaz s'évadant vers la lune puis revenant sur la terre ferme.

La légende dit que Maupassant mourut dans des douleurs atroces. Il était retourné en enfance et marchait à quatre pattes, se prenant pour une chienne enragée; il aboyait, bavait et perdait ses mots. Il prescrivit que son cadavre ne fût point enterré, souhaitant, après sa mort, la réunion de son corps à la terre mère. L'administration des pompes funèbres refusa d'accomplir ce vœu, jugé trop indécent. Des hommes de lettres suivirent le convoi en échangeant des historiettes. L'une d'elles racontait qu'une petite fille avait été un jour violée par son tuteur dans le corbillard amenant au cimetière la dépouille de sa grand-mère.

Deuxième partie

Le mouvement psychanalytique international

C'est à lui que revient le mérite d'avoir donné une organisation à l'anarchie du rêve. Mais tout s'y passe comme en Autriche.

KARL KRAUS.

I

Détour par Vienne :
un maître sans commandement

I. *Paradoxes viennois, destinées juives*

Dans la propagation du chauvinisme, le rôle joué par Vienne pour la culture austro-hongroise est comparable à celui joué par Paris pour la culture française. Dans la première ville on considère que le Juif Freud a ramené de France les germes d'une maladie trouvée sous le jupon des femmes du Moulin-Rouge; dans la seconde on affirme que sa théorie « germanique » a pour origine géographique une cité perverse, polluée par des bordels. La notion de dégénérescence, attribuée à des lieux, s'explique par le fait que la plupart des penseurs de cette époque ont assimilé, au sein d'une idéologie commune, les visions du darwinisme, les représentations nosographiques de la médecine mentale et la thématique d'un discours selon lequel l'histoire d'une civilisation est comparable à l'évolution d'un organisme vivant (jeunesse, maturité, décadence, vieillesse et mort). Si le génie et le malade mental ne font qu'un, on peut considérer que toute épopée de l'intelligence est le corollaire de la dégradation d'un empire ou de la sclérose d'une société. Dans cette optique, Vienne comme Paris semblent être des villes de paradoxes; pour l'une, l'échec de la Commune, le désastre de Sedan et l'établissement d'une République solide vont de pair avec la fin des illusions du romantisme; pour l'autre, le déclin de l'Empire austro-hongrois accompagne la naissance d'une nouvelle modernité : Kokoschka et Klimt sont à la peinture ce que Musil, Schnitzler et Hofmansthal sont à l'écriture; Mahler et Schönberg sont à la musique ce que Karl Kraus puis Wittgenstein sont à la théorie du langage.

Cette position quant à l'histoire donne naissance à une idéologie raciste, xénophobe et antisémite, lorsque les notions de décadence et de dégénérescence servent à l'adoption d'une mythologie de l'inégalité, de l'infériorité ou de la suprématie (d'une civilisation sur une autre, d'un individu sur un autre, etc.), mais elle peut, comme c'est le cas dans l'œuvre de Freud, se présenter sous l'angle d'un évolutionnisme capable d'intégrer la vision darwinienne de la culture à la découverte de l'inconscient. Chez

Freud la pensée de l'histoire est toujours métaphorisée comme le « reste » d'une démarche biologique. C'est pourquoi elle part du mythe du héros pour aboutir à l'interprétation du fait historique.

La doctrine freudienne comprend, outre la théorie de l'inconscient et la pratique de la cure, une « politique » qui dénote la manière dont la psychanalyse conçoit les modalités de son pouvoir et l'organisation de ses institutions. Pendant quarante ans, de la publication, à Vienne, de la *Traumdeutung,* à celle, à Londres, de *L'Homme Moïse,* Freud interroge sans cesse la problématique du pouvoir, à travers tous les mythes relatifs à la naissance du héros. Le destin historique du mouvement psychanalytique se lit dans l'élaboration des principaux concepts freudiens. Freud oscille en permanence entre deux conceptions du pouvoir. L'une relève du décentrement, de la division, de la révolte, de la rupture; elle pose le primat de la castration sur la maîtrise imaginaire; elle situe le chef, le souverain, le grand homme, le prince, sous la catégorie de la blessure narcissique, à la place d'un maître sans commandement; la « cause » alors défendue est celle de la subversion, de la fureur, de la résistance. L'autre procède de la sublimation, de la souveraineté, du culte du chef et de l'unité du moi; elle attribue au héros la place d'un père fondateur, d'un roi autoritaire; la « cause » alors soutenue est celle de l'unité de l'empire et de l'universalité de la doctrine, de la religion monothéiste. D'un côté, Hannibal insurgé contre Rome, de l'autre Alexandre, en proie à la folie de la conquête. Au centre, Moïse, le Juif, dépossédé de son identité, barré, castré, redevenu égyptien, oscillant entre la toute-puissance du législateur et la faille ou l'acte manqué d'un homme qui laisse s'échapper les tables de la loi. Dans le Sémite, africain et homme de couleur, on reconnaît Freud abordant le continent américain en 1909, certain de transporter une révolution. Dans le Macédonien fougueux, on saisit le projet d'une Internationale, d'un « Empire de la psychanalyse », d'une unité de la cause défendue. Dans l'Hébreu-Égyptien, on trouve la dimension complexe d'un Juif, habitant Vienne, parlant allemand et né en Moravie, adepte de la Lettre, fils du Talmud, meurtrier de son père, fondateur d'une doctrine de l'Œdipe, qui risque de devenir une religion ou une mystique. Dans les deux cas de figure, un fils légendaire accomplit un meurtre rituel, symbolique ou réel. Il règne à la place d'un père mort en devenant lui-même le père élu d'un peuple. Ces deux conceptions du pouvoir accompagnent en permanence l'histoire de la politique du mouvement psychanalytique. Elles expliquent ses ruptures, ses scissions, ses tragédies, ses échecs, ses suicides, en France, à Vienne, à Londres, à New York. Elles sont enchevêtrées l'une dans l'autre, contradictoires mais impossibles à séparer. La conception freudienne de la politique, celle qu'il applique à l'organisation de l'institution psychanalytique, ressemble à la monarchie bicéphale de l'Empire austro-hongrois : à condition toutefois que l'emblème impérial soit la métaphore du principe de Bichat : « La vie est l'ensemble des fonctions qui résistent à la mort. » On ne dira jamais assez que Freud ne fut pas « vitaliste » et que toute sa doctrine tend, un siècle après les lumières de l'anatomie pathologique, vers la découverte d'un principe fondateur de la psyché humaine : la pulsion de mort.

Dans l'imagination des voyageurs, la ville de Vienne évoque les valses, les cafés baroques, les pâtisseries élégantes et une certaine joie de vivre dont on retrouve l'écho dans le nom de Freud. Jacques Lacan souligne que celui-ci a une consonance ambiguë, anglophone et germanophone, et qu'il égrène les petits lieux charmants des environs de la ville : « Si je m'arrête à ce nom, ce n'est pas par procédé panégyrique. J'anticipe sur une articulation de mon discours, en rappelant que sa famille, comme toutes les familles de Moravie, de Galicie, des provinces limitrophes de la Hongrie, a dû en raison d'un édit de Joseph II en 1785 choisir ce nom parmi une liste de prénoms – *c'est un prénom féminin,* porté assez fréquemment à l'époque. Mais ce nom est plus anciennement un nom juif, qu'à travers l'histoire on retrouve déjà traduit autrement [1]. »

Dans les coulisses de la cité dorée se cache, au début du siècle, une réalité fort sombre. La plus célèbre des valses de Strauss, *Le Beau Danube bleu,* est composée au lendemain de la bataille de Sadowa, après la victoire de la Prusse sur l'Autriche-Hongrie [2]. Celle-ci mettait fin à la domination des Habsbourg dans les pays de langue allemande. La défaite de l'armée de François-Joseph, mise en déroute par celle de Bismarck, avait fait de la monarchie bicéphale une puissance de second ordre. L'amour des Viennois pour la valse apparaissait au voyageur de ce temps-là comme une tentative démoniaque d'échapper aux réalités : « Tel un bouillant Africain [Strauss], exubérant, agité, sans beauté, passionné... il fait sortir de nos corps les démons maléfiques et cela avec des valses, forme moderne de l'exorcisme... qui capte nos sens en une douce extase. [...] Comme dans une bacchanale les couples dansent... voluptueusement sans retenue [3]. »

Dans *L'Homme sans qualités,* Robert Musil évoque le climat qui règne dans la ville baroque au début du siècle. La capitale des Habsbourg n'a pas de nom reconnu et l'écrivain la surnomme *Cacanie,* mot dont la sonorité est scatologique : « La Cacanie était par exemple, kaiserlich-königlich (impériale royale) et aussi bien kaiserlich und königlich (impériale et royale); il n'était chose ni personne qui ne fût affectée là-bas de l'un de ces deux sigles, K.K. ou K.U.K.; il n'en fallait pas moins disposer d'une science secrète pour pouvoir décider à coup sûr quelles institutions et quels hommes pouvaient être dits K.K. ou K.U.K. Elle s'appelait par écrit Monarchie austro-hongroise, et se faisait appeler oralement Autriche : nom qu'elle avait officiellement et solennellement abjuré, mais conservait dans les affaires de cœur, comme pour prouver que les sentiments ont autant d'importance que le droit public et que les prescriptions n'ont rien à voir avec le véritable sérieux de la vie. La constitution était libérale, mais le régime clérical. Le régime était clérical mais les habitants libres penseurs. Tous les bourgeois n'étaient pas égaux devant la loi mais justement, tous n'étaient pas bourgeois [14]. »

Tandis que de nombreux intellectuels dégustent des strudels dans des cafés aux boiseries sombres et aux rideaux dentelés, la ville souffre d'une grave pénurie de logements et d'un accroissement de la prostitution. Les habitations ouvrières sont sales, tristes ou insalubres. La presse s'indigne de découvrir des homosexuels et des femmes galantes dans les rues, et pourtant, dans les colonnes des journaux, on trouve de multiples annonces de « masseurs » et de « compagnes ». Les salons de thé et les pâtisseries sont le refuge de ceux qui fuient la grisaille et le spectacle de la misère. On lui attribue le même qualificatif qu'au Juif ou au malade mental, celui de « ville dégénérée ».

La cité bourgeoise adopte à l'encontre de son intellitgentsia une attitude haineuse : elle l'observe avec le même regard que celui porté sur elle par les pays européens. Les novateurs et les artistes mènent une vie pénible, surtout s'ils sont juifs ou appartiennent à des minorités. On adule G. Mahler pour son talent de chef d'orchestre et pour la manière dont il a rehaussé l'Opéra de la ville, mais on le traite de compositeur « dégénéré ». Le médecin Philippe Ignace Semmelweis qui met en évidence, pour la première fois, l'infection puerpérale et tente de la soigner, est rejeté par ses compatriotes : il est hongrois. Comme Freud, il écoute des femmes, recueille toutes sortes de lamentations et de cris d'utérus; il travaille dans un cadre hospitalier où viennent, non les riches bourgeoises, mais les démunies, les prostituées, les filles mères, les maudites, toutes celles que la société viennoise envoie au ruisseau... Il est accusé par les défenseurs de « la génération spontanée » de menacer le savoir médical. Il le menace en effet : il a prouvé que les médecins et les étudiants transportent, à leur insu, l'infection par les autopsies et les touchers vaginaux. Or, la médecine officielle, inféodée au pouvoir d'État, doit rester « pure » de toute idée de contamination, elle doit être à l'image d'un empire sacré, inviolable. L'agent provocateur ne peut se trouver dans sa demeure. Dès lors, on cherche un coupable, on affirme que la maladie vient de l'extérieur, des espions, des barbares... Semmelweis, l'étranger, est chassé de l'hôpital, condamné puis exilé; il devient fou. Comme Bichat, il est emporté par le mal auquel il a consacré sa vie : il meurt d'empoisonnement cadavérique, après une dissection. Quand la Hongrie devient une nation, elle réhabilite celui que la chirurgie moderne considère comme le précurseur de Pasteur [3].

La société viennoise est obsédée par la sexualité. On y pense d'autant plus qu'on ne peut en parler. La vieille génération puritaine la considère comme un facteur d'anarchie tandis que les jeunes femmes souffrent de leur condition d'épouse. On comprend que l'hystérie, décrite par Freud, ait affecté tantôt des jeunes filles, élevées avec rigidité, tantôt des bourgeoises, mariées suivant des critères liés aux intérêts financiers de leurs familles. La science officielle considère la théorie de la sexualité comme une émanation de « la dégénérescence » et le savant au « prénom féminin » est assimilé à la femelle possédée, dont il décrit les souffrances.

La nouvelle génération des artistes viennois prône l'art pour l'art et a le culte de la forme pour elle-même. Elle s'oppose à ses « pères », hommes d'affaires, commerçants et banquiers qui associent l'art à l'utilitarisme d'un ornement baroque, cherchant à détourner leurs fils de la seule activité qu'ils trouvent créatrice. La bourgeoisie montante affairiste a voulu ressembler à la vieille aristocratie autrichienne. Le goût du monumental et du baroque est devenu pour elle un signe de richesse et de réussite : « Les Viennois de la génération qui atteignit sa maturité au tournant du siècle furent élevés dans une atmosphère où les valeurs esthétiques tenaient une place telle qu'on oubliait qu'il pouvait en exister d'autres [6]. » Freud appartient à la fois à la génération des pères et à celle des fils : dans le domaine de l'art, il adopte le goût de la bourgeoisie libérale viennoise et préfère le classicisme au modernisme, Hugo à Musil, Shakespeare à Joyce, Vinci à Kokoschka ou Klimt, Michel-Ange à l'architecture fonctionnelle de Loos. Il n'aime pas la musique, ni celle de Mahler ou de Schönberg, à laquelle il ne comprend rien, ni celle des romantiques. Il néglige l'opéra et le concert pour vouer son oreille aux cris des névrosés. Étant le fils d'un marchand juif, il refuse, comme les artistes novateurs, le monde des affaires et du commerce, pour se consacrer à l'étude de la médecine, où il devient un savant « d'avant-garde ». Il côtoie donc de près ou de loin les plus grandes personnalités de la société viennoise. Gustav Mahler le consulte pour guérir de son impuissance sexuelle. Il travaille avec Schnitzler dans la clinique de Meynert et c'est à Karl Kraus qu'il écrit le 12 janvier 1906 quand il est accusé de plagiat dans l'affaire Fliess-Swoboda-Weininger [7]. On dit que dans sa jeunesse il se bat en duel avec Viktor Adler, le fondateur de la social-démocratie autrichienne. Enfin, il se lie d'amitié avec la sœur aînée de Wittgenstein, qui organise, avec Marie Bonaparte, son départ d'Autriche après la proclamation de l'Anschluss. Freud n'est pas à l'écart de l'intelligentsia de son époque et bien qu'il ne partage pas ses goûts modernistes, il est traversé par son souffle. Un exemple témoigne de cette attitude contradictoire; par deux fois, en 1906 et en 1922, il écrit à Schnitzler. Dans la première lettre il constate que les vues de l'écrivain sur la psychologie et la sexualité sont proches des siennes : « Je me suis souvent demandé d'où vous teniez la connaissance de tel ou tel point caché, alors que je ne l'avais acquise que par un pénible travail d'investigation, et j'en suis venu à envier l'écrivain que déjà j'admirais [8]. » Dans la deuxième, il va plus loin et lui fait un aveu : il n'a pas cherché à le fréquenter parce qu'il a peur de rencontrer son double : « En me plongeant dans vos splendides créations, j'ai toujours cru y trouver, derrière l'apparence poétique, les hypothèses, les intérêts et les résultats que je savais être les miens [9]. »

A travers ces deux lettres, on peut comprendre la logique des rapports que Freud entretient avec les artistes de son temps : elle est tracée dans la *Traumdeutung*. Ce livre, écrit par un savant, est un roman moderne; il mêle le journal intime, le récit psychologique et l'autobiographie. Il tient de la quête proustienne, pour la recherche du temps perdu, de l'épopée joycienne, pour l'art du monologue intérieur, et de la dramaturgie brechtienne pour la technique de la distanciation... Freud annonce la couleur : il découvre laborieusement ce que le poète connaît spontanément... Il se sent si proche de l'artiste, son « double », qu'il met à distance l'expressivité romanesque ou poétique pour faire passer du côté de la science ses hypothèses sur la subjectivité humaine. Chez Freud, l'activité théorique passe par le renoncement à devenir un écrivain; d'où ce paradoxe : ce renoncement lui permet d'inventer une nouvelle écriture qui va « influencer » l'art romanesque, pictural, poétique... La méfiance admirative qu'il affiche à l'égard des artistes modernes est la contrepartie de cette affirmation plusieurs fois répétée, selon laquelle l'existence du don, du talent ou du génie ne relève pas de l'explication psychologique. Le renoncement freudien n'est jamais un reniement; Freud renonce aux études juridiques, c'est-à-dire à la carrière politique, parce qu'elle est incompatible avec l'activité médicale. De même il renonce à la neurologie parce qu'elle est inadéquate à la découverte de l'inconscient; il renonce sans détruire, au contraire de Babinski, qui est obligé de défaire une partie de l'enseignement de Charcot pour faire place à la sémiologie. Cette attitude explique la cohérence d'une démarche : en art, en médecine, en politique, en religion. Dans le domaine du judaïsme, Freud échappe à la logique mystique des conversions et du reniement : restant fidèle à une appartenance, il met à distance les idéaux religieux qui traversent son histoire et tente de les analyser de l'intérieur, dans leurs contradictions. Ce renoncement est une forme de « distanciation »; au contraire du reniement ou de la conversion, il prend en compte les *restes* de la chose abandonnée, c'est-à-dire ses incohérences, ses impasses, ses contradictions, ses ambiguïtés, etc.

Schnitzler, comme Freud, appartient à l'élite intellectuelle des Juifs viennois « tiraillés entre la crainte de paraître des intrus et l'amertume d'être tenus pour capables de céder à l'impudence du grand nombre; entre la conscience d'être chez eux là où ils vivent et exercent leur activité et l'indignation de se voir là justement persécutés et couverts d'insultes : ballottés entre le défi et le découragement, troublés jusque dans le sentiment de leur existence, de leur valeur, de leur droit [10] ». Freud adopte à l'égard de Vienne une attitude ambivalente. Celle-ci n'est pas sa ville natale et il la déteste, comme un émigré qui se sent étranger dans une demeure nouvelle; elle est cependant la ville natale de la psychanalyse et Freud s'identifie à ses paradoxes : il refuse d'en faire le siège de son association internationale en 1910, mais il ne veut point la quitter en 1938, lorsqu'elle est envahie par les nazis. Les rapports de Freud à la ville de Vienne sont à l'image de sa théorie des blessures narcissiques : comme Juif, il s'y sent « décentré »; comme théoricien de l'inconscient, il est fixé à ses partages et à ses divisions; comme chef d'une organisation, il veut la mettre à distance. Freud vit le drame d'un Juif germanisé, d'un savant rationaliste : peut-être cherche-t-il à se guérir en inventant une nouvelle manière de penser [11]? Pendant la Première Guerre mondiale, il est patriote; la guerre finie et Vienne ruinée, il refuse de s'installer en Hollande. Il est loyaliste à l'égard de l'Autriche comme François-Joseph à l'égard des Juifs. En effet chaque fois que des scandales antisémites éclatent, l'empereur exprime son mécontentement. Un soir, au théâtre, il quitte la salle parce que le public a scandé des slogans antijuifs. L'historien C.E. Schorske [12] remarque que l'Empire des Habsbourg est « un petit monde dans lequel se répète le grand ». Comme l'Europe, il se déchire en deux sens : verticalement selon les lignes nationales; horizontalement, selon des lignes idéologiques de classes. Jusqu'aux années 1890, les forces politiques s'organisent suivant des oppositions classiques : libéraux contre conservateurs. Ensuite, de nouveaux groupes défient les dirigeants traditionnels; le socialisme surgit de la classe ouvrière tandis qu'un nationalisme virulent et chauvin s'élève de la petite-bourgeoisie et de la paysannerie.

Exprimant le sentiment de nombreux Autrichiens, Musil déclare : « Il y a deux choses contre lesquelles on ne peut lutter, ce sont Karl Kraus et la psychanalyse [13]. » Ce Witz situe le personnage de Karl Kraus dans ses aspects contradictoires : comme habitant de la Cacanie, il porte dans son nom les deux lettres d'un royaume innommable; comme Juif, il est en proie à la recherche d'une identité introuvable; enfin comme polémiste, il est aussi redouté par la société viennoise que la nouvelle théorie freudienne. Karl Kraus affirme que Vienne est un terrain d'essai pour la destruction du monde. Il compare les Viennois aux Hébreux et se prend pour le prophète Jérémie, chargé par Dieu de dénoncer les errements du peuple élu. Il choisit l'arme du pamphlet et de la satire. C'est à travers le goût affirmé par ses contemporains pour le théâtre, la littérature et la musique, qu'il entreprend de dénoncer l'hypocrisie de la vie viennoise. Issue d'une famille aisée, originaire de Bohême, il lance en 1899, à l'âge de vingt-quatre ans, son bimensuel satirique *Die Fackel* (« Le Flambeau »). Kraus écrit parfaitement bien la langue allemande; il jongle avec les mots, fait des calembours et parodie le style de ceux qu'il attaque. Son journal se donne pour tâche de dénoncer la corruption partout où elle se manifeste. Outre ses propres écrits, il publie des textes de Liebknecht, H. Mann, Schönberg, Wedekind ou Hugo Wolf. Il a une aversion profonde pour la presse et présente *Die Fackel* comme un anti-journal, destiné à saper la confiance que la presse inspire au public. Sa cible principale est la *Neue Freie Press,* le meilleur journal de l'Empire austro-hongrois, où collaborent de nombreux Juifs. Il s'attaque plus spécialement à la « chronique à la française » si chère à Maupassant. Celle-ci a été introduite en Allemagne par Heinrich Heine, et, selon Kraus, elle ne se prête pas aux modalités de la langue germanique. Son subjectivisme lui semble avoir un double défaut : il déforme l'événement et empêche l'auteur d'exprimer les profondeurs de sa personnalité en l'obligeant à commenter un fait d'actualité. Le style de la chronique, si prisé par les journaux viennois, exprime, de l'avis de Kraus, l'état de décadence d'une société où la littérature ne vise que la perfection de la forme. Il prend un malin plaisir à envoyer au rédacteur en chef de la NFP, sous des pseudonymes, des lettres écrites dans un style faussement érudit et traitant de questions ridicules. Le pamphlétaire « anti-formaliste » est pourtant un maniaque de la langue et il a compris, comme Freud et Wittgenstein, que les « Vorstellungen » de la philosophie kantienne sont des représentations structurées par les formes du langage. Comme le font remarquer A. Janik et S. Toulmin [14], Wittgenstein est moins un disciple de Russel qu'un contemporain de Kraus. Ici encore Vienne est la ville des paradoxes : sous le masque d'un philosophe anglophone protestant, farouchement individualiste, se cache toujours le visage d'un Juif viennois, aux prises avec les mots, le rêve, les calembours et les jeux de l'enfance, perdu dans le système des conversions, et des changements d'identité, des lieux et des personnes.

Karl Kraus est un « vampire » de la pensée : il dort le jour et travaille la nuit. Il a la haine de toutes les idées neuves. Sa position de pamphlétaire caustique masque à peine un mode de pensée caractéristique d'un certain nombre d'idéologues viennois dévorés par les contradictions qui ravagent la conscience juive de l'époque. Chez Kraus la haine du sionisme exprime une aversion profonde pour sa condition de Juif : il s'est converti au catholicisme mais ne révèle son appartenance à l'Église qu'en la quittant en 1922, vingt-trois ans après avoir renié de la même façon la religion juive. Sa haine du féminisme est le symptôme de son ambivalence à l'égard de la femme; celle-ci est à ses yeux un être inférieur, irrationnel, « intégralement sexualisé », irresponsable. Malgré cela, et contrairement à Weininger, il pense que le principe féminin complète le principe masculin, qu'il est la source et l'origine inconsciente de tout ce qui a du prix dans la civilisation et qu'il a à charge de féconder la raison masculine, vide de contenu. Kraus est l'adversaire du mouvement féministe parce qu'il pense que l'éternel féminin, qui nourrit l'art moderne, est menacé de toutes parts : par les féministes elles-mêmes, par une presse corrompue, par la moralité bourgeoise et par la théorie freudienne. « La psychanalyse, affirme-t-il, est cette maladie de l'esprit, dont elle se considère elle-même comme le remède [15]. » Cet aphorisme dissimule une attitude « conservatrice » à l'égard de l'hystérie. Kraus pense, comme certains commentateurs de Charcot, que celle-ci est une maladie d'époque qui disparaîtra avec la transformation des habitudes sexuelles. Il considère la cure comme un danger pour l'artiste : « Ces médecins des nerfs qui détruisent le génie à nos yeux en l'appelant pathologique, on devrait leur fracasser le crâne avec les œuvres complètes du génie en question... On devrait écraser à coups de talon le visage de tous les rationalistes bienfaiteurs de " l'humanité normale " qui rassurent les gens incapables d'apprécier les produits de l'esprit et de l'imagination. » En fait il n'est pas si éloigné qu'il le croit des positions de Freud, concernant l'analyse des artistes et des poètes [16]. L'occasion directe de son attaque contre la psychanalyse est légitimée par le « traitement qu'il suivit avec F. Wittels, un néophyte du freudisme, écrivent Janik et Toulmin, membre de l'*Association viennoise* : « Dans une communication, celui-ci déclara que l'activité polémique de Kraus était la conséquence d'une frustration œdipienne et il avança à l'appui de sa thèse des arguments si simplistes que Freud en personne les contesta [17]. » Cette anecdote en dit long sur la manière dont les premiers psychanalystes mènent leurs cures et sont eux-mêmes les représentants du « paradoxe viennois ».

La haine de Kraus pour la psychanalyse est moins une hostilité à la doctrine freudienne que le corollaire de ses idéaux de nettoyeur de la nation. La femme hystérique, le sexe névrotisé par la science, et le Juif exalté par la Terre promise symbolisent une dépravation dont il se croit le porteur et dont il veut se laver en se prenant pour un nouvel élu de Dieu. Son attitude n'est pas « antisémite », comme on le croit souvent, même si elle reprend une partie du vocabulaire de l'antisémitisme. Elle est surtout hostile au sionisme et à la bourgeoisie juive ou non juive. D'une manière générale, la « haine de soi » du Juif n'est pas exactement superposable à un antisémitisme, mais à un système projectif où le Juif ne parvient à vivre son identité que dans un discours qui lui est imposé de l'extérieur.

On peut mettre en parallèle la trajectoire de Kraus avec celle d'Otto Weininger, qui joue un rôle important dans la controverse entre Fliess et Freud, à propos de la notion de bisexualité. En 1903, celui-ci scandalise deux fois la société viennoise : par la publication de son ouvrage *Sexe et Caractère* [18] et par son suicide dans la maison où a vécu Beethoven. Plus tard il sera admiré par de nombreux antisémites. Comme Kraus, Weininger se trouve pris au piège d'une logique en forme de cercle vicieux : l'assimilation d'un Juif à une société non juive étant aussi impossible que l'affirmation d'une identité juive dans un monde hostile au judaïsme, il ne reste au Juif que l'alternative d'adopter l'étiquette que son adversaire lui impose et de se considérer comme pervers et dégénéré; il peut alors passer sa vie à renier toutes les religions, la sienne propre et celle des autres; il peut aussi choisir de disparaître. Kraus adopte la première solution et Weininger la seconde : à l'âge de vingt-trois ans il se donne la mort d'un coup de pistolet. Un an avant son suicide, en 1902, il s'était converti au protestantisme. Contrairement à Kraus, fasciné par le catholicisme, comme tous les Juifs attachés à la tradition du baroque viennois, Weininger est prussien et le choix de la religion protestante s'explique par une identification aux idéaux de l'homme du Nord, à l'Allemand, à Kant dont il admire la philosophie, à Wagner dont il idolâtre la musique. Conversion, suicide, reniement : les actes sont différents mais la logique est identique. Weininger se suicide pour extirper de lui le Juif et la sexualité. Il présente son livre comme l'équivalent d'une condamnation à mort : mourir, c'est éviter de devenir un assassin en tuant un autre que lui.

On se suicide beaucoup à Vienne en ce temps-là. La liste des Autrichiens atteints par la maladie de la mort volontaire est impressionnante. On y trouve Ludwig Boltzmann, le fondateur de la thermodynamique statistique, Otto Mahler, le frère du compositeur, Georg Trakl, le poète lyrique, Viktor Tausk, le disciple de Freud, ami de Lou Andréas-Salomé, les trois frères de Ludwig Wittgenstein et l'archiduc Rodolphe, héritier du trône impérial. A cela il faut ajouter Stefan Zweig qui se donne la mort avec sa deuxième femme, aux environs de Rio de Janeiro en 1942. Y a-t-il une origine commune à tous ces suicides, dont le paradoxe viennois serait la cause? Rien ne le prouve. Il reste cependant qu'un lien existe, dans la logique des filiations, entre le phénomène de la conversion qui caractérise la destinée juive, et l'invention langagière, la création artistique ou la découverte scientifique; comme si l'étincelle du génie possédait toujours cet étrange mode de circularité d'avoir un pied dans une tombe et l'autre dans un ghetto.

Otto Weininger affirme que sa caractérologie s'inspire de Platon, de Kant et de Schopenhauer. Selon lui les concepts de masculin et de féminin représentent des types psychologiques idéaux ou des variations de formes platoniciennes. Ils s'incarnent dans des corps et constituent une base permettant d'expliquer le comportement humain. L'idée masculine renvoie à la créativité, au pouvoir et à la rationalité, l'idée féminine au désordre et au sexe insatiable. L'homosexuel, la femme, le Juif font partie de la même dépravation. La fécondité est répugnante et seule la chasteté est grande. La race aryenne est l'incarnation d'une créativité idéale. Pour se libérer, le Juif doit vaincre la judéité qui le définit comme tel et la femme doit s'émanciper du phallus masculin en renonçant au coït, symbole de son asservissement.

Le suicide de Weininger est mentionné en quelques lignes dans la rubrique des faits divers. On voit à son enterrement Karl Kraus, Ludwig Wittgenstein et Stefan Zweig. Un an plus tard *Sexe et Caractère* devient l'un des ouvrages les plus lus et les plus discutés dans les pays de langue allemande. « Il y eut une mode Weininger, souligne Roland Jaccard; on raconte qu'à la lecture du livre des étudiantes juives se tuèrent parce qu'étant juives et femmes, elles ne pouvaient plus croire qu'elles atteindraient un jour à l'idéal de bonté, de grandeur et de justice pour lequel elles voulaient vivre [19]. »

L'assimilation du Juif à une femme, et réciproquement, est l'un des thèmes majeurs du discours antisémite; or l'idée que le peuple juif est une femme vient tout droit de la Bible et des traditions de la pensée juive : « Depuis les Prophètes, écrit J.-P. Winter, qui traitaient Israël de prostituée jusqu'au Cantique des Cantiques, où, selon la tradition, la femme qui s'adresse à son amant ne serait que la métaphore d'Israël s'adressant à Dieu [20]. » Dans sa dénonciation quasi délirante d'une féminité inscrite en termes de passivité, d'arrogance, d'insatisfaction, de luxure ou de soumission, Weininger apparaît comme l'un des représentants les plus tragiques de la destinée du Juif occidental au XXe siècle. Celui-ci est au centre de toutes les découvertes scientifiques, de la théorie de la relativité à la bombe atomique; il est victime de toutes les balkanisations, du traité de Versailles au partage de Yalta; il participe de tous les fanatismes religieux : sionisme, Islam; il préside à la naissance de tous les mouvements politiques qui chercheront à l'éliminer, dont le nazisme; enfin, il est au cœur du grand débat d'idées sur la nature de la sexualité humaine [21].

Un autre Juif viennois a un itinéraire qui peut se comparer à celui de Kraus et de Weininger; c'est en effet l'échec d'un effort répété pour échapper à sa condition de Juif qui conduit Theodor Herzl au sionisme. Ce dandy rêve d'appartenir à l'aristocratie mais exclu de sa confrérie d'étudiants à l'université pour avoir défendu le judaïsme, il se dirige vers le journalisme et devient, en 1891, correspondant à Paris de la *Neue Freie Press*. C'est dans cette ville qu'il adhère au sionisme. Ici encore, il s'agit d'un phénomène de conversion dans lequel une mystique s'oppose à une autre mystique. Herzl a l'idée de faire passer dans la réalité les projets de retour à la Terre promise qui hantent le mouvement sioniste. Effrayé par le procès de Dreyfus, par celui de Ravachol et par la lecture de *La Libre Parole* de Drumont, il pense que l'assimilation est devenue impossible. Juriste de formation, il est légaliste et, à la différence de Freud, il a été élevé dans un milieu juif déjà converti; il s'inspire du socialisme à la française pour élaborer son programme d'exode des Juifs en Palestine. Son sionisme politique s'oppose au sionisme pratique des Juifs russes qui préconisent la poursuite d'une infiltration en Palestine et la renaissance de la langue hébraïque. Herzl préfère l'allemand comme langue officielle pour le nouvel État. Pour de nombreuses masses juives, il est considéré comme un nouveau Moïse élevé à la cour du Pharaon (Vienne) et condamné à ne jamais connaître la Terre promise. Lorsque l'État juif, dont il avait rêvé, voit le jour en 1949, il ordonne en son honneur des funérailles nationales posthumes. Le socialisme utopique de Herzl ressemble au romantisme d'un D'Annunzio ou d'un Barrès. Le personnage entretient du reste avec ses adversaires un rapport ambivalent. Pour faire la preuve que le peuple juif a un sens de l'honneur aussi développé que celui des aristocrates, il provoque en duel des antisémites notoires : « Si son adversaire le tue, explique-t-il, cela fera de lui un martyr et gagnera à la cause juive l'opinion mondiale; dans le cas contraire, il fera devant ses juges le procès de l'antisémitisme [22]. » Il veut également obtenir le soutien du pape contre les ennemis des Juifs en lui promettant, en contrepartie, des « conversions ».

Si l'amalgame du Juif et de la femme fait partie d'un étonnant programme de nettoyage de la pensée, un autre terme vient s'ajouter au couple maudit, celui de « dégénérescence ». Kraus a de bonnes raisons de haïr le sionisme et d'affirmer que celui-ci n'est pas seulement « l'opium des prolétaires juifs orientaux », mais encore « le délire colonialiste de la bourgeoisie juive ». Par-delà la violence de la diatribe, l'écrivain a conscience, sans doute, du système projectif qui fonctionne dans l'idéologie sioniste. C'est le Juif hongrois Max Nordau, proche compagnon de lutte de Herzl, qui contribue le plus directement à la diffusion du vocable de « dégénéré ». Dans son livre intitulé *Dégénérescence,* il écrit : « Les dégénérés ne sont pas toujours des criminels, des prostituées, des anarchistes ou des fous déclarés. Ce sont quelquefois des écrivains et des artistes. Mais ceux-ci présentent les mêmes caractéristiques intellectuelles – et souvent aussi physiques – que ces membres de la même famille anthropologique qui satisfont leurs instincts malsains avec le couteau de l'assassin ou la grenade du dynamiteur au lieu de le faire avec la plume ou le pinceau [23]. » Parmi les dégénérés célèbres, Nordau compte le « pédéraste » Oscar Wilde, le futur dreyfusard Émile Zola, le « débauché » Baudelaire et l'ami anglais de Maupassant, Swinburne. A cela, il ajoute les préraphaélites... En guise de thérapie, il souhaite, comme plus tard Goebbels, « que l'on écrase impitoyablement cette vermine antisociale, cette bande de porcs des professionnels de la pornographie qui se repaît d'ordures ». Au contraire de celui, splendide, de Kraus, le style de Nordau s'apparente à cette « écriture sans Witz » du pamphlet antisémite dont, en France, Daudet, Drumont et

Céline sont les plus purs représentants. Le même Max Nordau est à l'origine du succès triomphal remporté par le livre de Weininger, auquel il rend hommage, dans un article qui fait l'apologie de l'inégalité des sexes [24]. On sait quel destin connaîtra la notion d'art dégénéré, puisque Hitler la mettra à son programme, pour déclencher de gigantesques autodafés contre l'ensemble de la culture.

La femme, le fou, le Juif, le criminel, le taré : tels sont les noms communs d'une idéologie de la dégénérescence où circule, à travers tous les fanatismes, la vision d'une humanité réduite à ses allégories héréditaristes. On dirait que, pour l'intelligentsia du début de ce siècle, l'homme est une bête à l'image d'un totem rêvé, coupable de toutes les perversions.

Dans l'abandon par Freud de la thématique de la bisexualité, on peut lire en filigrane l'évolution d'un savant, qui renonce progressivement aux doctrines héréditaristes issues du darwinisme. Freud ne délaisse pas la méthode inaugurale de la biologie pour fabriquer une « pure » science psychologique, il se défait d'une partie de sa fantasmatique, qu'il transforme en un reste nécessaire à l'élaboration de sa théorie. Ce reste devient alors une légende : comme le Totem ou le Tabou, il est la marque de l'inconscient dans l'histoire des destinées humaines. Du côté de la sexualité, cet abandon est aussi le signe d'une rupture de Freud avec les racines mystiques de la judéité. Non sans difficulté, le savant se démarque des visions bibliques d'une « décadence faite femme »... L'hystérie masculine, ou l'hystérie nommée névrose, ou encore l'hystérie détachée des normes et des pathologies, c'est aussi l'abandon d'une nosographie « raciste », de celle qui fait du Juif et de la femme des représentants de la dégénérescence des nations. De toutes les doctrines de son époque concernant la sexualité, Freud garde l'idée que l'essence de la sexualité humaine comporte deux versants; mais il change leur organisation. A la place d'une libido double, clivée en un principe mâle, supérieur, rationnel, positif, créateur, etc., et un principe féminin, inférieur, hystérique, désordonné, il propose le modèle d'une libido unique organisée autour de la représentation du pénis (sa présence ou son manque), et structurant la personnalité humaine en deux pôles (féminin et masculin) qui se répartissent sur des individus quelle que soit la nature biologique de leur différence sexuelle. Dans la théorie psychanalytique de la sexualité, il n'y a plus de place pour les notions d'inégalité, de dégénérescence ou de normalité. Même la perversion, définie comme « déviation » sexuelle par rapport à une norme (le coït vaginal), n'est plus assimilée à une anomalie de comportement, mais à une différence structurale (à côté de la névrose et de la psychose); elle concerne le déni de la castration et la survivance d'une sexualité infantile. Certes il reste chez Freud des éléments qui marquent l'ancrage de sa doctrine dans les idéaux héréditaristes et biologisants de son époque; au détour de certains énoncés on trouve des jugements qui « infériorisent » la féminité comme telle; mais le « phallocratisme » freudien, dont le féminisme n'a monté en épingle que l'aspect caricatural, n'a plus grand-chose à voir avec le fabuleux délire qui se répandait au début du siècle dans tous les ouvrages concernant les modalités de la sexualité humaine. On comprend alors mieux l'enjeu des ruptures freudiennes à propos de la bisexualité : avec le Berlinois Fliess et des représentations liées en partie au fonctionnement de la judéité et de ses fanatismes; avec Jung et une conception « non juive » du sexe, mais mystique ou chrétienne, qui rétablit le principe d'une dualité naturelle des âmes.

Lorsque Freud affirme que la sexualité est le pivot essentiel de la théorie psychanalytique, il se réfère à la sexualité infantile et au principe d'une libido unique. A Adler, il reproche une conception de la différence des sexes dans laquelle le biologique, le social et le psychologique sont confondus de façon telle que la névrose apparaît comme la conséquence d'une dégénérescence ou d'une infériorité d'origine organique; dans cette perspective, il ne s'agit plus d'une position psychanalytique, mais d'une véritable psychologie du déficit où l'inconscient est rationalisé à partir des aspirations du moi. Quant à Jung, Freud l'accuse de renoncer à la sexualité infantile et de faire fonctionner la sexualité humaine de manière abstraite, afin de sauver les valeurs spirituelles de la morale et de la religion. On sait que cette « sublimation » de la problématique sexuelle amènera Jung à défendre une libido mystique, duelle et dépourvue d'instincts, fondée sur la notion de complémentarité entre les individus de sexe opposé; chez l'homme, en effet, l'archétype de l'âme prend la forme d'une figure féminine idéale (l'*anima*), chez la femme, celle d'une figure masculine (l'*animus*), chacun d'eux ayant dans son subconscient une représentation idéale de l'autre.

Vincent Brome[25] constate que durant l'année 1909, deux hommes promis à une gloire internationale vivent à Vienne s'ignorant l'un l'autre. Ils fréquentent sans doute les mêmes cafés mais n'habitent pas le même quartier. L'aîné des deux s'appelle Freud et le second, âgé d'à peine vingt ans, chassera l'autre un jour de sa cité natale. A cette époque pourtant ce dernier est pauvre et souffre de la faim; il déteste la ville et se prend pour un grand peintre mais échoue deux fois à l'entrée de l'Académie des beaux-arts. En outre il est atteint d'une anomalie puisque son appareil génital ne comporte qu'un testicule. Hanté par l'idée d'une obscure connivence entre le sexe, la femme et le Juif, il voit dans ses cauchemars des bâtards circoncis et des filles perverties. Il est lui-même l'héritier d'un étrange roman familial : son père était le fils d'une servante, engrossée, dit-on, par un bourgeois juif et il avait épousé sa jeune cousine; celle-ci, la mère du jeune homme, vient de mourir d'un cancer du sein après avoir été soigné par un certain Édouard Bloch, juif et viennois, qui plus tard sera sauvé de la déportation. Quant au peintre, avant de devenir célèbre, il sera l'amant d'une de ses demi-sœurs. Déjà à cette époque, il ne supporte pas la vue du sang ni le spectacle des exécutions. Il a peur des fous et des malades. Après 1920, il découvrira les œuvres de Gustave Le Bon en lisant un livre intitulé *Psychologie des foules et Analyse du moi*[26].

Malgré cela Freud ne rencontre jamais Adolf Hitler, mais lorsqu'il doit quitter la ville de Vienne il fait peur aux Nazis qui tentent de piller son appartement. On lui demande en gage de son départ de signer une déclaration témoignant qu'il n'a subi aucune violence. Il demande alors d'ajouter quelques mots en bas de la page : « Je puis cordialement recommander à tous la Gestapo », écrit-il.

Freud termine sa carrière viennoise sur un Witz et quelques mois plus tard il publie son dernier livre, une sorte de psychanalyse de l'antisémitisme. Si l'on tourne les pages du *Moïse,* on peut lire entre les lignes l'épopée d'une ville légendaire dont le Nil se nomme Danube et dont le héros égyptien est un Juif de Moravie.

C'est étrange comme à Vienne se côtoient, à l'orée du siècle, les principales doctrines qui marquent notre modernité, depuis la nouvelle théorie de l'inceste et de la sexualité, jusqu'à l'idéologie de la solution finale en passant par l'utopie sioniste : un mot les relie entre elles et supporte leurs liens de parenté, celui de judéité.

II. *La horde sauvage*

Nous allons voir maintenant comment l'histoire de l'institutionnalisation de la psychanalyse, depuis la naissance à Vienne de la horde sauvage, jusqu'à l'organisation anglo-saxonne de l'Internationale, peut se déchiffrer à travers les différentes étapes de l'élaboration du mythe du héros dans la doctrine freudienne. Toutes les dissidences qui surviennent à l'intérieur du mouvement, qu'elles soient juives (Adler, Rank, Ferenczi, etc.) ou non juives (Jung), témoignent de la transformation progressive d'une politique de la psychanalyse, fondée sur le décentrement, en une « religion de la cause », fondée sur le culte d'un prophète et la défense d'une mystique. Ce processus, qui va de 1902 à 1939, porte la marque historique du phénomène de conversion-reniement qui caractérise la situation du Juif occidental au début du siècle et dont la ville de Vienne donne le photogramme le plus saisissant; dans son itinéraire personnel Freud échappe à ce phénomène mais non à ses effets. Au terme de cette aventure où l'on rencontre des pères humiliés, des fils conquérants, suicidaires ou déçus, des empereurs et des prophètes, l'IPA créée par Freud est devenue l'instrument d'une bureaucratisation gigantesque de la psychanalyse. En 1939, le vieil homme se retourne sur son passé de Juif viennois et tente de comprendre pourquoi la « réussite » de la doctrine témoigne de l'« échec » du mouvement. Il se dépossède lui-même de son rôle de prophète, faisant de Moïse le symbole de la théorie de la castration. Ce livre ultime se présente comme un testament, la fin d'une auto-analyse commencée avec Charcot, poursuivie avec Fliess et perdue dans les brumes des querelles et des dissensions.

Depuis 1902 quelques hommes ont pris l'habitude de se réunir chaque mercredi soir au domicile de Freud. Ce dernier a envoyé des cartes postales à quatre personnes pour les inviter à former un petit cercle de discussions autour de la psychanalyse. Ces cartes sont adressées à Kahane, Reitler, Adler et Stekel. Les deux premiers sont médecins. Kahane travaille dans un sanatorium pour psychonévrosés et utilise l'électricité et d'autres thérapies courantes à cette époque. Reitler pratique déjà la psychanalyse dont il est l'un des pionniers. C'est un homme fin et doué pour l'art : il dessine et compose de la musique vocale. Les deux autres, Adler et Stekel, deviendront célèbres. L'un est un socialiste convaincu, membre du Parti social-démocrate autrichien, et ses convictions politiques vont se retrouver dans ses idées scientifiques. Quant à Stekel il ne fera pas école, mais racontera dans son *Autobiographie* les conflits qui l'opposèrent à Freud. Il possède un don remarquable pour la compréhension des symboles et contribue à la vulgarisation de la psychanalyse. Stekel est important dans l'histoire des débuts du mouvement analytique moins par la quantité de ses travaux que par la place « symbolique » qu'il occupe. Il est en effet le premier « malade » de Freud à devenir psychanalyste et sa cure porte le témoignage par anticipation de ce qui deviendra, dans les institutions analytiques, l'échec chronique de la transmission et de la formation didactique. Freud qui a fait son « auto-analyse » avec Fliess suggère très tôt que les analystes se soumettent à une cure, afin d'analyser les « points aveugles » qui les empêchent de comprendre leurs patients. C'est seulement en 1918, au congrès de Budapest, qu'une motion est présentée demandant que les futurs analystes fassent obligatoirement une analyse. Il faut attendre le congrès de Hombourg en 1925 pour que cette règle soit instaurée.

En 1902, les hommes du mercredi forment un groupe hétérogène, composé de médecins, d'éducateurs et d'écrivains. Ils sont liés par une insatisfaction commune à l'égard de la psychiatrie, des sciences humaines et de l'éducation. Ils représentent un échantillonnage assez fidèle de l'intelligentsia européenne du début du siècle. En ce temps-là, les idées de Charcot et celles de l'école de Nancy se répandent dans l'opinion. En Allemagne, Kraepelin dote la psychiatrie d'une nouvelle nosologie, Nietzsche développe une morale qui tient compte de la folie, du sexe et des angoisses et Wundt exerce une influence prépondérante sur la psychologie. Le darwinisme agit de plusieurs manières sur la pensée scientifique, tandis que les mouvements d'avant-garde culturels et littéraires commencent à chanter les louanges du nouveau siècle électrique. En politique, le socialisme est une idée neuve qui agite tous les esprits. Comme le monde dans lequel ils vivent, les hommes du mercredi sont déchirés par des conflits. A chaque réunion, ils commentent des textes, parlent de leurs cas ou échangent des propos théoriques, mais ils discutent aussi de leurs propres problèmes, de leurs échecs, de leurs affaires de sexe. Le désir qui les pousse à comprendre leurs semblables a l'allure d'une interrogation sur eux-mêmes, sur leur enfance, leurs parents, leurs ancêtres.

Le conflit qui va opposer Freud à Stekel est la répétition de celui qui s'est produit avec Wilhelm Fliess. Il a pour enjeu principal la question du plagiat. En fait, Fliess a reproché à Freud de lui avoir « volé » ses idées sur la bisexualité et de les avoir transmises à l'un de ses patients nommé Swoboda. Celui-ci à son tour les a confiées à Weininger, son ami intime, qui en a fait la matière d'un livre. Freud a récusé les propos de Fliess en soulignant que Swoboda n'était pas un disciple mais un patient et que sans doute Weininger avait découvert cette idée en puisant à d'autres sources, étant donné que celle-ci était présente dans la littérature scientifique de l'époque.

Dans cette histoire, Freud reconnaît qu'il a parlé à Swoboda de la notion de bisexualité pour l'aider au cours du traitement. Mais quand il est ensuite accusé par Fliess d'avoir dissimulé le fait qu'il a lu le livre de Weininger, il commet l'erreur de ne pas couper court à la querelle en prenant prétexte par exemple qu'une idée scientifique n'est la propriété de personne. Au contraire, il tente de se justifier auprès de Fliess en reconnaissant sa tentative de plagiat et en essayant de l'analyser. Cela ne fait qu'envenimer la passion accusatrice de Fliess.

Un peu plus tard Weininger se suicide en laissant à Swoboda ses livres et ses papiers. Celui-ci publie alors un livre où il reprend les thèses de son ami « volées » à Fliess. En 1906, ce dernier édite à son tour un ouvrage intitulé : *Le Développement de la vie : fondements d'une science biologique exacte*. Les choses prennent ensuite une tournure délirante : un certain Pfenning, bibliothécaire à la cour, publie un pamphlet inspiré par Fliess qui dénonce comme plagiaires Swoboda et Weininger et qui accuse Freud indirectement. Swoboda poursuit Fliess et Pfenning pour diffamation, mais l'affaire ne vient jamais devant les tribunaux parce que la législation ne tient pas compte de l'idée de plagiat dans le domaine scientifique.

Il faut donc l'intervention de la loi, par défaut de jugement, pour mettre fin aux délires de quelques hommes de science incapables de reconnaître ce lieu commun : *les idées n'appartiennent à personne*. Cette histoire est significative : elle montre qu'à l'origine du mouvement analytique, le délire fait corps avec la production théorique; le fantasme du plagiat accompagne de plain-pied l'élaboration scientifique au point qu'il ne la quittera pas dans les conflits qui opposeront Freud à ses principaux disciples.

A l'époque de la rupture avec Fliess, Freud fait un rêve qu'il rapporte dans *L'Interprétation des rêves,* sans le relier à cet épisode : « L'idée du plagiat, écrit-il, l'idée de s'approprier tout ce que l'on peut, même ce qui appartient à autrui, menait directement à la deuxième partie du rêve où j'apparaissais comme un voleur qui depuis un certain temps dérobait des manteaux dans les bibliothèques [27]. »

Fliess accuse Freud de lui voler ses idées pour les transmettre à un autre, parce qu'il est convaincu que des pensées peuvent être « dérobées » comme des poteries dans une vitrine. Freud, au contraire, ne croit pas à la réalité « objective » du plagiat, mais il n'est pas certain de son « innocence » quant à son désir inconscient de s'approprier ce qui ne lui appartient pas; Freud est atteint d'une obsession de vol des idées; elle ne revêt pas chez lui une forme délirante mais a trait à la culpabilité qu'il ressent d'occuper une place de maître et de novateur; l'un de ses professeurs à qui il doit ses connaissances en histologie avait accusé un certain *Knödl* de lui avoir dérobé ses découvertes. Dans son rêve, Freud associe cette histoire de plagiat aux *knödel,* ces boulettes de farine que l'on mange fréquemment en Europe centrale et qui ressemblent à des fragments d'épiderme (histologie); la mère de Freud en fabriquait et il raconte, dans l'analyse du rêve, qu'il est lui-même un de ces fragments : il est fait avec de la terre et il retombera en poussière. Il se prend pour un plagiaire (un knödel), c'est-à-dire pour l'élève d'un professeur dont il s'est approprié les idées; Freud n'insiste guère sur cet aspect du rêve et se contente de mettre en relation le dénommé Knödl avec les boulettes de farine.

De son côté, Stekel répète contre Freud les accusations portées par Fliess : « Freud utilisa mes découvertes, écrit-il dans son *Autobiographie,* sans mentionner mon nom; dans ses écrits ultérieurs, il ne se réfère même pas à la première édition de mon livre où j'ai défini l'angoisse comme une réaction de l'instinct de vie contre la poussée de l'instinct de mort. Ainsi beaucoup croient que l'instinct de mort compte parmi les découvertes de Freud [28]. » Par rapport au conflit entre Freud et Fliess, Stekel occupe la position de Swoboda, accusé par Fliess d'être le messager occulte auquel Freud aurait délivré ses secrets. Mais à la différence de cette première relation triangulaire, la situation ici est duelle puisque le « go-between » a disparu. Stekel occupe une position commune aux trois autres : comme Fliess, il accuse Freud de plagiat, comme Swoboda, il est son « malade », et comme Freud il est le disciple d'un analyste, puisque l'histoire considère que Freud a fait son (auto-)analyse avec Fliess. Le premier paradoxe de la formation « impossible » des analystes trouve son origine dans cette relation qui est elle-même à l'origine de la fondation de la première société de psychanalystes.

Avant de rencontrer Freud en 1902, Stekel a publié en 1895 un article sur *Le Coït chez les enfants*. Jones rapporte qu'il a inventé une méthode radicale pour le traitement des affections névrotiques. Dans un article de 1896 sur *L'Étiologie de l'hystérie* [29], Freud cite le travail de Stekel et lui donne « par erreur » une fausse date : 1896 au lieu de 1895. Cet acte manqué est la manière dont Freud attribue à l'article de Stekel une place erronée dans la chronologie. A son insu il désigne qu'il ne tolère pas qu'un autre avant lui ait pu parler de la sexualité infantile. Freud ne « plagie » ni Fliess, ni Stekel, ni d'autres, mais ce petit accident révèle qu'il est hanté par la peur de s'approprier les idées d'autrui. Il n'analysera jamais vraiment les causes névrotiques de cette obsession et celle-ci affectera ses relations avec son entourage.

La paternité historique de la création du cercle du mercredi revient à Stekel; celui-ci souffre d'impuissance sexuelle, il se fait soigner par Freud et la cure, menée promptement, est, dit-on, couronnée de succès. Stekel affirme que son traitement n'a comporté que huit séances et Jones soutient que cela est très improbable. Il est certain que Stekel devient vite un adepte fervent de la psychanalyse. C'est lui qui suggère à Freud l'envoi des cartes postales et l'idée des réunions du mercredi; ses affaires conjugales se portent mal et sa femme affirme que la psychanalyse est une « escroquerie ». Cette bourgeoise bien-pensante est obsédée par un « plagiat » d'un autre genre : elle accuse Freud de lui « voler » son mari et de le détourner, via le divan, du sacro-saint lit conjugal. Plagiat, escroquerie, sexe, confusion de dates : tous ces mots ont fait fortune; ils appartiennent à une histoire non réductible à l'anecdote qui nous aide à saisir les liens existant entre la réalité d'une découverte scientifique et le cheminement inconscient par lequel elle se produit dans la tête des savants qui en sont les auteurs.

Jusqu'en 1907, la société du mercredi se compose de vingt-deux membres actifs. A partir de 1906 le jeune Otto Rank, nommé secrétaire, est chargé d'établir le compte rendu détaillé des séances. Ces fameuses « Minutes » sont soigneusement conservées par Freud qui les sauve en 1938 de la destruction nazie. Il les transmet ensuite à Paul Federn.

Les séances commencent en 1902; elles se tiennent dans l'appartement de Freud et sont dénommées « soirées psychologiques du mercredi ». Plus tard, elles seront connues sous le nom de « séances du mercredi soir ». En 1907, Freud annonce la dissolution du cercle privé qui se transforme en *Association viennoise de psychanalyse.* Le mercredi est maintenu par tradition mais cette société est à nouveau dissoute en 1910, au moment de la création à Nuremberg de l'Association internationale. Elle est ensuite reconstituée. Il n'existe pas de procès-verbaux pour la période de 1902 à 1906 mais, avec la création de la société de Vienne, les séances « privées » prennent l'allure d'une activité officielle. En 1910, elles sont transférées de l'appartement de Freud au *Collège des docteurs.* Jusqu'en 1908, toute personne assistant aux séances est *tenue de prendre part aux discussions,* mais, à cette date, on décide que la participation sera volontaire. Outre les premiers fondateurs, la société accueille des invités; parmi eux se trouvent Jung, Binswanger, Tausk, Jones, Brill, Abraham, Eitingon, Sachs, etc.

Cette brève chronologie indique que la transformation progressive de la « horde sauvage » en société de psychanalystes se produit à coups de dissolutions et de refontes. La géographie des lieux n'est pas étrangère à cette histoire : jusqu'en 1910, les réunions se déroulent dans l'intimité de Freud, dans sa maison, au milieu de ses objets familiers. En 1908, c'est-à-dire après la dissolution du premier cercle, une nouvelle réglementation voit le jour; paradoxalement, celle-ci est plus libérale que la règle antérieure : les participants ne sont plus obligés de prendre la parole. Ce fait, en apparence anecdotique, est d'une importance capitale; il montre qu'une institutionnalisation plus ferme de la chose analytique va de pair avec l'apparition d'un certain semblant; la réglementation de 1908, qui autorise le silence, s'explique par l'accroissement du nombre des participants, mais elle témoigne aussi de la prise en compte, dans les statuts mêmes de la société, de l'existence explicite de « membres fantômes », de disciples potentiellement muets ou voyeurs. Après 1907, on assiste donc à la naissance d'une société de psychanalystes qui est à l'image de celles que nous connaissons aujourd'hui : une association dont seuls certains participants produisent un travail concret et dont les autres sont des spectateurs, « autorisés comme tels ».

A la horde active de 1902-1907 succède une société libérale moderne régie par la réglementation démocratique du droit à la liberté de parole. Celle-ci, comme nous allons le voir, est en contradiction avec la politique freudienne de la psychanalyse qui s'appuie sur la théorie de l'inconscient. Cette contradiction entre la réalité juridique de l'organisation des psychanalystes et la politique de la psychanalyse va produire en 1910 l'éclatement du mouvement, au moment même où celui-ci croit se donner, avec la création de l'IPA, une direction centralisée.

Pour comprendre le sens de cette contradiction, il faut revenir en arrière. Dans l'histoire du mouvement psychanalytique, le devenir de la théorie de l'inconscient est inséparable de son aventure historique, c'est-à-dire des moyens politiques que se donne une théorie pour exister matériellement. On ne comprend pas d'où viennent les psychanalystes sans se demander comment s'introduit la psychanalyse dans le champ du savoir. De même que l'effort consacré au rejet d'une doctrine est le symptôme de son progrès agissant, de même la formation des analystes, et son échec chronique, témoignent d'une histoire singulière des filiations où la résistance à l'inconscient perpétue sa découverte. A l'intérieur du cercle du mercredi, l'échange théorique est le mouvement par lequel un lien transférentiel soude une communauté en refoulant ce qui la fait tenir. A l'origine, on ne trouve pas l'aurore mais le mouvement des vagues, on ne trouve pas une unité mais le flottement d'une division en perpétuelle refonte.

Un souvenir d'enfance raconté par Freud dans *L'Interprétation des rêves* est devenu célèbre. Il s'agit de l'histoire suivante : un jour Jakob Freud relate à son fils une anecdote ancienne pour lui prouver que le temps présent est meilleur que le passé. Autrefois, un chrétien a jeté son bonnet de fourrure dans la boue en criant : « Juif, descends du trottoir. » Comme l'enfant demande à son père ce qu'il a fait, celui-ci répond : « J'ai ramassé mon bonnet [30]. » A cette scène qui lui déplaît, le petit Sigmund en oppose une autre, plus conforme à ses aspirations : celle, historique, où Hamilcar fait jurer à son fils Hannibal qu'il se vengera des Romains et défendra Carthage jusqu'à sa mort.

Ce souvenir contient deux éléments importants : l'un concerne la position du père et il faut le rapprocher du rêve sur le plagiat. L'autre a trait à l'identification de Freud enfant à la figure d'Hannibal; ce déplacement d'une filiation singulière vers une filiation historique montre comment Freud adulte situe sa découverte dans le champ de l'Histoire à travers l'énoncé d'un roman familial : le fils d'un commerçant juif devient un héros et se construit une paternité imaginaire. La défaillance du père renvoie à la culpabilité de Freud, à sa hantise de devenir un chef et à sa peur d'être un voleur d'idées. L'identification au général sémite retrace de quelle manière il cherche à être une sorte d'Hannibal de la psychanalyse. La contradiction entre ces deux positions est à l'image de ce qui règle le destin historique du mouvement psychanalytique : Freud oscille en permanence entre le centre et le décentrement, entre le refus d'occuper la place du maître et celui de ne pas l'occuper. D'un côté il s'affirme comme l'auteur de sa découverte, de l'autre il s'accuse de plagiat. D'une part il sait que l'obsession du vol est un délire, de l'autre il semble l'oublier. Il veut défendre Carthage et en même temps il la déserte. Autrement dit, il cherche à concilier la marque du chef avec celle d'un général sans commandement : comment rester un maître quand on sait que la découverte de l'inconscient inflige à l'homme la blessure inéluctable d'une perte de la maîtrise?

Freud veut chasser la psychanalyse de la ville de Vienne et lui trouver un autre « centre » : « Une ville comme Zurich, écrit-il, placée au cœur de l'Europe et dans laquelle un professeur d'université avait ouvert un institut de psychanalyse, me semblait mieux se prêter à jouer un rôle de centre du mouvement psychanalytique [31]. » Hannibal symbolise la rébellion d'un peuple contre ses colonisateurs, une rébellion qui n'a rien de spontané et qui est une lutte organisée sous la tutelle d'un chef militaire pour la conquête d'une indépendance fondée sur la souveraineté d'un idéal démocratique. Carthage veut être gérée hors de l'impérialisme romain et Freud veut ressembler à son libérateur, mais il écrit : « J'envisageais avec découragement la perspective d'avoir à assumer sur mes vieux jours le rôle de chef et de guide et cependant, me disais-je, un chef est nécessaire [32]. »

Dans cette double identification de Freud à Hannibal et à son père défaillant, on peut saisir le lien qui existe entre sa découverte et les moyens qu'il se donne pour la faire reconnaître : *il veut être un maître qui ne soit pas à une place de maître :* telle est la contradiction à l'œuvre vers 1907 dans le mouvement analytique, entre le projet freudien et sa réalisation matérielle.

Il faut rapprocher ce souvenir du rêve sur « M. Joyeuse » dans lequel Freud s'aperçoit qu'il souhaite être le disciple d'un maître (Charcot) tout en méprisant la condition de disciple. De fait, Freud entretient avec la position de « père-maître » et de « fils-disciple » le même rapport ambigu qu'avec les villes de Rome et de Vienne. Entre 1895 et 1898, il fait cinq voyages en Italie sans jamais atteindre Rome. Une inhibition l'en empêche [33] : il ne cesse de rêver de la topographie de la ville et il compare son sort à celui d'Hannibal destiné à ne jamais voir Rome. Conquérir la cité « catholique » ou tirer vengeance des Romains, ce n'est pas renier la religion juive en se convertissant, c'est chercher à venger un père trop faible pour se révolter contre les chrétiens. Le régime des Habsbourg soutient l'Église romaine et la Rome de Freud apparaît comme un lieu étrangement partagé : d'un côté une ville de rêve, au sens littéral, admirée, convoitée, symbole des strates archéologiques de l'inconscient, avec ses antiquités, ses catacombes, sa culture latine; de l'autre une cité honnie qu'il faut vaincre pour surpasser un père et réaliser les conceptions libérales que celui-ci professait sans parvenir à les défendre.

Surpasser un père : telle est l'obligation d'un fils, quand il veut devenir un héros. Dans une lettre envoyée à Romain Rolland [34] à l'occasion du soixante-dixième anniversaire de celui-ci, Freud raconte un souvenir de jeunesse qui a trait au voyage qu'il fit à Athènes en compagnie de son frère Alexandre, en 1904. Durant le séjour, il fut pris d'un sentiment d'inquiétante étrangeté en découvrant que la ville n'était pas un fantôme inventé par les livres mais qu'elle existait réellement, géographiquement. A l'école, étant enfant, il avait refusé de prendre en compte la réalité historique de l'Acropole et la rencontre avec les pierres du Parthénon lui révélait maintenant ce mécanisme de refoulement. Le trouble qu'il éprouvait était comparable à celui d'une personne qui tombe malade parce que son désir s'accomplit : dans ce cas, *le « succès » se traduit par un « échec »*. Freud explique qu'il avait douté de l'existence d'Athènes dans son jeune âge parce qu'il avait peur de ne jamais voir l'Acropole. En faisant le récit de ce souvenir, Freud montre comment un fils surpasse son père; à l'égal d'Hannibal, il le venge : Jakob Freud n'avait pas fait d'études et la culture grecque n'avait aucune signification pour lui. Devant le Parthénon, Sigmund pouvait alors se tourner vers Alexandre et lui parler ainsi : « Qu'aurait dit notre père? » Ce geste est identique à celui de Napoléon Bonaparte qui se tourna vers son frère au moment de son couronnement et lui fit la même remarque. En confrontant une fois de plus la Légende et l'Histoire, on s'aperçoit qu'en 1904, il ne suffit pas à Freud de s'identifier à un général sémite pour venger un père humilié; en d'autres termes, *la résistance hannibalienne* contre le pouvoir dominant est nécessaire à la psychanalyse mais elle n'est pas suffisante, puisque le général veut *aussi* être sacré empereur. Il désire simultanément deux choses contradictoires : rester un maître « décentré » (sémite, juif, révolté, etc.) et devenir un souverain capable de conquérir une nouvelle culture, la grecque, étrangère au judaïsme, « supérieure » peut-être. Pour Freud il faut donc surpasser Jakob le père, mais encore il faut réussir où Hannibal a échoué : celui-ci ne parvint jamais à Rome, tandis que Freud voit l'Acropole, puis Rome; il a accès aux deux cultures, la grecque et la latine.

Freud avait dix ans quand naquit son jeune frère; il incita son père à lui donner le prénom d'Alexandre, reportant ainsi sur lui ses rêves de conquête, comme un père reporte les siens sur sa descendance. Quand il devint père à son tour il donna à ses enfants les prénoms des héros qu'il admirait : Martin à cause de Charcot, Olivier à cause de Cromwell, etc.[35]... Alexandre et Napoléon : ces deux empereurs ressemblent à Freud; le Grec est un Macédonien, qui vient d'une région éloignée d'Athènes; il unifie la Grèce puis devient un conquérant d'empire; le Français est un Corse, un métèque, l'équivalent d'un Juif; il devient le souverain d'un pays dont il parle la langue nationale avec un fort accent italien.

Hannibal, Alexandre, Napoléon; un Sémite, un Macédonien, un Corse; telles sont les figures héroïques dans lesquelles s'inscrit, au début du siècle, l'histoire du mouvement psychanalytique. Pourtant la résistance hannibalienne de la psychanalyse va progressivement se transformer en son contraire. La société du mercredi est très vite ruinée par ses conflits internes. Elle se transforme d'abord en une association « réglementée », et ensuite en un empire. Carthage est vaincue de l'intérieur, comme Rome plus tard. En même temps que la théorie de l'inconscient traverse l'Atlantique pour conquérir un nouveau monde, les clivages apparaissent. Jung et Freud sont déjà des « ennemis » : le fils veut encore surpasser le père. A partir de 1907, Freud est toujours un général carthaginois, mais il devient déjà le souverain d'un empire. Le succès remporté par la doctrine psychanalytique va de pair avec l'échec d'un mouvement déjà en proie au gigantisme. En 1936, Freud se tourne vers son passé; il s'adresse à Romain Rolland, de dix ans son cadet, comme Alexandre son frère. Veut-il signifier à la France qu'un écrivain lauréat du prix Nobel est son premier « véritable » disciple? Nous reviendrons plus tard sur cette question.

A l'époque du voyage à Athènes, Freud est proche de la cinquantaine. Il a produit une part importante de son œuvre. L'inconscient existe à travers la première topique et la pratique de la psychanalyse est en place, avec la méthode des associations libres, l'interprétation des rêves, des lapsus et des actes manqués. Depuis quelque temps déjà, la théorie de la sexualité infantile donne un contenu nouveau au mécanisme du conflit psychique. Avec l'analyse du mot d'esprit, l'inconscient prend racine dans le langage tandis que l'étude de la *Gradiva* de Jensen fait l'apologie de la thérapeutique freudienne. La cure de Dora, qui vient après les *Études sur l'hystérie,* jette un regard nouveau sur le transfert et sort la névrose de son ancrage dans l'hérédité-dégénérescence. Le concept d'identification a déjà un statut auquel il manque ce que Freud lui ajoutera dans *Psychologie des foules et Analyse du Moi* [36].

Arrêtons-nous à l'événement du 22 septembre 1907. Dans une lettre circulaire adressée de Rome aux membres du cercle du mercredi, Freud annonce sa proposition de dissoudre le groupe pour le reformer immédiatement. Par ce moyen, il cherche à résoudre les conflits qui sont apparus et permettre aux participants qui le désireraient de s'en aller sans être exclus ou sans crainte de voir leurs démissions considérées comme « un acte inamical ». Freud veut ainsi tenir compte « des changements naturels qui interviennent dans les relations humaines [37] », et propose à ses amis de fonder une nouvelle société puis de répéter cette procédure de dissolution tous les trois ans.

Si l'on tente de comprendre la procédure utilisée en septembre 1907, on s'aperçoit qu'elle sous-tend une idée-force qui sera reprise en 1910 au moment de la création de l'IPA. Celle-ci a trait à la manière dont la théorie de l'inconscient donne un statut nouveau à la notion de liberté humaine. De fait, Freud soutient confusément qu'une société de psychanalystes ne peut être régie « démocratiquement », puisque la découverte de l'inconscient montre que le sujet n'est pas libre de ses paroles. Dissoudre et reconstituer : cela doit permettre de tenir compte de l'inconscient; cela doit permettre aussi à chacun à la fois de décider et de ne rien décider; le cercle étant dissous, ses membres ont la « liberté » de rejoindre ou non les rangs de la nouvelle société, mais ils n'ont pas celle de refuser de défaire l'ancienne. Ils sont libres de leurs actes; ils peuvent rester ou s'en aller et cela définit un choix politique; mais ils ne sont pas libres de leur parole et ne peuvent débattre « démocratiquement » de l'opportunité d'une dissolution.

Ce processus décrit la manière dont Freud accorde les violons d'une théorie de l'inconscient avec ceux d'une politique et d'une pratique de la psychanalyse; l'acte seul est témoignage d'une liberté, où la parole ne l'est pas. Si Freud avait suivi une procédure classique, il aurait demandé à ceux qui étaient en conflit avec lui de fonder leur propre cercle; il aurait pu également les prier de rester malgré leurs divergences. En d'autres termes, il pouvait ou les exclure purement et simplement, ou prendre en compte la réalité conflictuelle, avec l'espoir que la « vérité » triompherait. Il avait la possibilité d'accepter un certain semblant, c'est-à-dire l'ensemble du fonctionnement imaginaire du groupe, sachant que le caractère d'inexactitude de la « science » analytique la rendait inapte à trancher entre le vrai et le faux. Or Freud ne choisit ni la première solution, l'exclusion, ni la seconde, l'acceptation du conflit ou du semblant. Il demeure dans l'entre-deux, c'est-à-dire dans une ambiguïté qui permet de lier, à travers l'inconscient, la liberté de l'acte et l'aliénation de la parole. La procédure de dissolution apparaît donc comme le moyen juridique retenu pour mettre en acte une conception de la liberté issue de la découverte de l'inconscient. Elle est à l'image des deux éléments qui coexistent, chez Freud, dans le souvenir d'enfance et dans l'épisode du voyage à Athènes : être un maître sans occuper la place d'un chef (oscillation entre la défaillance et le commandement). Cette position est de nouveau illustrée par un déplacement géographique puisque le 22 septembre 1907, Freud ne réside pas à Vienne, mais à Rome, d'où il envoie la lettre circulaire : Rome, la ville honnie et admirée, enfin conquise. Le maître ne se trouve pas là où on l'attend; il prend ses vacances, il est « en vacance » de pouvoir, et, de cette place, il dirige les opérations, régnant par son absence même. Ainsi, la première société de psychanalystes est fondée à partir d'une politique qui se donne les moyens juridiques de tenir compte de l'existence de l'inconscient : pour la « légende », pour la « réalité » historique, pour « l'expérience » scientifique...

Dès cette époque, il apparaît que ce qui doit dominer l'organisation du mouvement analytique, ce n'est pas la liberté de chacun de théoriser à sa guise, mais la lutte de « guérilla » pour le triomphe des idées vraies [38]. Les psychanalystes doivent être groupés autour d'une cause commune et le lien qui les unit doit être fondé sur une éthique, qui néglige les relations imaginaires entre les membres du groupe. L'association a pour but de défendre la théorie de l'inconscient, elle n'est pas faite pour soutenir les psychanalystes dans leurs revendications professionnelles. En 1907, Freud fonde une *société de psychanalyse et non pas une association de psychanalystes;* ceux-ci doivent se reconnaître entre eux, parce qu'ils travaillent à une « cause », mais la société n'a pas pour fonction de faire valoir une reconnaissance horizontale entre les individus d'un même clan aux fins de garantir l'exercice de leur moi. La position freudienne n'est pas fausse « en soi » mais comme elle va produire des effets désastreux, il faut s'interroger sur sa validité. Le fait de savoir qu'un sujet n'est pas libre de ses pensées doit-il conduire à restreindre ou à interdire la liberté de parole? Certes non. On ne peut confondre le « droit » à la liberté de parole avec celui de théoriser ses états d'âme. Le droit à la liberté de parole relève d'une question juridique et politique; il ne s'appuie pas sur une éthique mais sur le principe démocratique de la liberté individuelle. Du point de vue de l'inconscient, celle-ci devient vite un droit imaginaire de l'ego à soutenir la jouissance d'une parole. On sait que la cure par la parole est assise sur le principe du « ramonage » ou de l'association libre dont Freud a découvert qu'elle n'était pas libre du tout : parler, c'est soumettre le conscient à la primauté du processus primaire. Telle est la « politique » soutenue par la psychanalyse.

L'organisation de la première société de psychanalyse met en jeu cette double représentation contradictoire de la notion de liberté : selon la règle inconsciente, aucun homme n'est le maître de ce qu'il dit ou de ce qu'il fait. Suivant la règle de la démocratie sociale, il est au contraire né libre de ses actes et de ses mots; d'un côté, l'*association libre* témoigne de l'impossibilité d'une liberté, de l'autre, la *libre association* permet aux individus de se grouper ou de se séparer, comme ils le souhaitent, en fonction d'une juridiction basée sur le principe des libertés démocratiques.

Après la lettre circulaire du 22 septembre, il va se produire le contraire de ce que Freud projetait, bien qu'à cette époque il ne s'en rende pas compte. Aucune défection importante n'a lieu et, sur les vingt-deux membres du cercle du mercredi, quatre seulement ne se retrouvent pas dans la nouvelle société. Kahane, l'un des fondateurs, se retire, mais ceux avec lesquels Freud est déjà en conflit continuent de participer aux travaux du groupe. Les dissensions théoriques apparaissent et ne deviendront effectives qu'à partir de 1910.

La première rupture se produit avec Adler dont les travaux sont critiqués aux séances de la société. Les divergences avec Jung ne sont pas discutées car celui-ci n'appartient pas au cercle viennois; sa défection a lieu après 1910. La rupture avec Rank intervient plus tard en même temps que le conflit avec Ferenczi.

De fait, au moment même où Freud cherche à construire une « association » destinée à renforcer la validité de ses découvertes, il crée, à son insu, les conditions d'une situation qui va à l'encontre de ses visées. Voulant réaliser l'unité du mouvement ou son recentrement autour d'une cause commune, il favorise au contraire l'émergence des divisions internes. La dissolution de 1907 était destinée à mettre en acte une conception de la liberté adaptée à la découverte de l'inconscient et à créer une association débarrassée de ses membres fantômes; or, en 1908, le sens de cette procédure est littéralement annulé par la promulgation du nouveau règlement intérieur, qui autorise les membres à ne pas prendre part aux discussions. Le droit à la liberté de parole est rétabli par la négative : permettre le silence, cela revient en effet à autoriser le primat du droit démocratique à la liberté de parole sur celui, non libre, de se soumettre à la règle inconsciente. Les hommes du cercle du mercredi n'étaient pas

« libres » de leur parole : ils étaient obligés de discuter des travaux de leurs confrères; la procédure de la dissolution permettait à Freud de faire passer le primat de la règle inconsciente sur celui de la démocratie en respectant, malgré tout, les individus. Ceux-ci étaient obligés de prendre une décision, ce qui revenait à une obligation de parler. Les membres de la société de 1908 sont régis par un règlement inverse : ils ont gagné en démocratie ce qu'ils ont perdu du côté de la soumission à l'inconscient. Ils ont acquis le droit à la liberté de parole : ils peuvent se taire et croire que leur silence est le signe d'une parole « libre »; mais ils ont perdu l'obligation de poser des actes de parole ou des décisions. Dès lors, l'énoncé des conflits théoriques va se confondre avec le droit de chaque individu à sa propre rationalisation. Dans le groupe viennois, à partir de 1908, chaque membre possède le privilège de se croire libre de ce qu'il dit et d'affirmer qu'il est l'auteur d'une théorie. On est passé du primat accordé à la règle inconsciente à celui attribué à la relation sociale; la liberté de s'associer a remplacé l'association libre : l'homme peut se croire de nouveau maître en sa demeure; du coup, le groupe viennois change de maison : en 1910 il quitte l'appartement de Freud pour le local du *Collège des docteurs*.

Dans les faits, l'affirmation d'une politique de l'unité de la cause va de pair avec son abandon progressif et la psychanalyse est atteinte de la maladie expansionniste : en 1908, la société viennoise compte vingt-six nouveaux membres parmi lesquels Ferenczi, Tausk, Binswanger, Rie, E. Weiss, etc. En 1910, l'IPA a déjà la carrure d'un monstre. Plus on affirme l'unité « guerrière » du mouvement, plus on procède à des compromis. Plus Freud essaie de renforcer la cohésion, plus il crée les conditions de la division. La création de l'IPA est le symptôme de cette situation désordonnée du mouvement psychanalytique. Quant à l'*Association viennoise,* elle subit quelques transformations. Certains membres démissionnent, mais la plupart restent fidèles jusqu'à la dissolution effective de 1938.

La procédure de la dissolution permet à Freud, en 1907, de *faire semblant* de dénouer des liens qui se reconstituent ensuite, mais, en même temps, elle témoigne d'une tentative d'assurer à la psychanalyse une reconnaissance symbolique.

L'utilisation de cette procédure de dissolution n'est pas courante dans les pratiques politiques classiques. Certaines constitutions permettent à des chefs d'État de dissoudre le Parlement, mais l'emploi du mot « dissolution » évoque à lui tout seul la peur, l'anarchie, la destruction et aussi la fin de tous les « faux-semblants ». La dissolution, c'est la mort ou le risque de la dictature. En général, cettre procédure est employée, au XXe siècle, par de nombreux mouvements d'avant-garde littéraires ou politiques. Elle caractérise la manière dont une avant-garde se représente les modalités de son pouvoir; se dissoudre c'est arrêter le cours du temps, anticiper sur une mort naturelle et conserver une toute-puissance sur la reproduction ou la naissance. Se dissoudre c'est éviter de disparaître, comme le suicide est le détournement d'une mort qu'il précipite.

Tous les mouvements historiques qui eurent recours à la dissolution se voulaient par essence d'avant-garde. Ils concevaient leur existence dans une durée semblable à celle d'une enfance fictive, reconstruite par l'adulte. Ils pensaient leur historicité selon une préhistoire, comme l'antériorité d'une grande époque qui devait advenir, dans l'après-coup, après les chutes, les ruptures, les refontes. Le mot dissolution évoque la mort parce qu'il préconise la vie, la renaissance, la fluctuation violente des organismes. Il est jeunesse, enfance, maladie, puberté, gauchisme; il est à la croisée de la conservation et de la pulsion de mort. Il est la mort dans la vie et réciproquement, un peu à l'image de ce cancer dont Freud était atteint et qu'il comparait à l'inconscient.

Deux exemples historiques en portent témoignage : la dissolution par Lénine de l'Internationale socialiste en 1914 et l'autodissolution du groupe dadaïste en 1922 et 1924. Dans les deux cas, il s'agit d'achever un moribond, de mettre fin à un mouvement qui fait semblant de vivre parce qu'il est devenu une institution. Mais la dissolution ne s'arrête pas à l'autodestruction, elle se propose toujours de donner naissance à un mouvement nouveau, innommable ou au contraire déjà constitué. La procédure de la dissolution est alors une manière de se fondre dans la dialectique naturelle de l'histoire. Ainsi, la fin proclamée de la Deuxième Internationale annonce immédiatement la naissance de la Troisième; celle-ci est morte, vaincue par l'opportunisme de la social-démocratie, mais elle renaîtra plus belle et plus heureuse. La dissolution va de pair avec la notion d'éternité, de répétition. Tristan Tzara célèbre en 1922 la mort du groupe Dada : « Après avoir attiré l'attention sur la présence constante de la mort parmi nous, écrit-il, Dada se tait, il ne combat même plus car il sait que cela n'a pas d'importance; ce qui intéresse un dadaïste, c'est sa propre façon de vivre. » En 1924, la dernière mise à mort de Dada est annoncée par un faire-part de deuil : « Les amis et connaissances de Dada, mort à la fleur de l'âge d'une littératurite aiguë, se réuniront, etc.[39]. » Elle est aussitôt suivie de la publication du premier manifeste surréaliste d'André Breton. Le surréalisme naît des décombres du dadaïsme; pour les uns il le trahit, pour les autres, il en hérite. En tout cas, il se constitue d'emblée, en un ordre symbolique et par un projet révolutionnaire, qui contrastent avec la fureur individualiste de Dada. L'un naît de l'autre et l'accouchement se fait dans la violence, la haine, la trahison, le plagiat, le renoncement à un désordre originaire pour l'allégeance à un « bonheur » nouveau.

L'acte freudien de 1907 participe d'une idéologie commune à ces deux mouvements. Avant lui, la psychanalyse était encore dans sa période dadaïste. Comme avant-garde, elle possédait le « secret de transformer la chicorée en chicorée, les épinards en épinards et la merde en caca [40] ». Elle comprenait des dissidents, des opportunistes, des social-traîtres et de futurs renégats. Après 1907, et à partir de 1910, elle dispose d'une institution, d'un programme et de projets divers; elle rejette aussi ses opposants. Comme le surréalisme, elle veut changer le monde en transformant le sens des mots. Comme la Troisième Internationale elle institue un centralisme qui lui est propre : un « centralisme décentré ». L'*Association psychanalytique internationale* ne pourra jamais se dissoudre et dès sa naissance, la psychanalyse cessera d'exister, comme mouvement d'avant-garde.

Au lendemain du congrès de Nuremberg, Freud entérine la fin de la période « dadaïste » de la psychanalyse : « J'ai l'impression, écrit-il, que l'enfance de notre mouvement s'achève avec le Reichstag de Nuremberg; reste à espérer que la période de la jeunesse sera fructueuse et belle[41]. »

C'est après la dissolution de 1907 et la création de la société viennoise que Freud songe à fonder une vaste association qui regrouperait les sociétés locales. Un pharmacien nommé Knapp lui en donne l'idée pratique en venant lui demander son soutien pour une ligue antialcoolique, la *Société de fraternité internationale pour la morale et la culture,* dont le psychiatre suisse Forel est le président. Freud, qui dans sa jeunesse a goûté la cocaïne, rejette l'idée d'adhérer à une telle ligue mais garde le projet d'une association purement psychanalytique. D'une drogue à l'autre les événements suivent leur cours : en effet les idéaux de l'humanisme puritain ne sont pas étrangers à la naissance de la première internationale psychanalytique. Ainsi le psychiatre suisse Bleuler, le maître de Jung à la clinique du Burghölzli de Zürich, refuse d'adhérer à la nouvelle association malgré les demandes réitérées de Freud; la cause du conflit entre les deux hommes, puis de leur brouille définitive, a trait à l'alcoolisme. L'abstinence totale en ce domaine a pris pour Bleuler la forme d'une véritable religion, comme pour son prédécesseur Forel. Freud s'efforce de le débarrasser de ce préjugé en s'en moquant. Il souligne par ailleurs que ses objections concernant l'Association sont compréhensibles mais stupides : « Il est impossible, écrit-il, lorsque nous travaillons au progrès de la psychanalyse, d'insérer dans notre programme des choses comme la distribution de vêtements aux écoliers qui ont froid; cela ferait à l'auberge appelée hôtel d'Angleterre et du Coq rouge[42]. » Cette attitude choque Bleuler qui démissionne de la société et cesse de s'intéresser à l'avenir de la psychanalyse. Du coup les relations entre Bleuler et Jung vont être sérieusement affectées et ce dernier va évoluer vers une rupture avec Freud.

On peut dire que dès la fondation de l'IPA, la question du sexuel est au centre des débats. Il y a en effet une analogie entre la « religion » antialcoolique et le refus de prendre en compte les causes sexuelles. Jung a été élevé dans la même tradition calviniste que son maître Bleuler et le rejet de la chose génitale peut se comprendre chez lui comme un déplacement de l'antialcoolisme, le sexuel étant assimilé à une drogue pernicieuse. Par ailleurs, l'idée de l'IPA est venue à Freud à partir du projet de Forel de créer une ligue antialcoolique; il a gardé une forme en la vidant de son contenu, mais l'idéal religieux est conservé dans la forme institutionnelle et militante dont hérite la nouvelle association psychanalytique. Ainsi, en 1910, une « religion » de la psychanalyse voit le jour, qui risque de recouvrir son effet subversif, c'est-à-dire l'étiologie sexuelle.

C'est au congrès de Nuremberg que Ferenczi est chargé par Freud de soulever la question de la création de l'IPA. Le Hongrois préconise la fondation d'une République des élites semblable à celle que Platon avait établie pour les philosophes, et soutient que l'organisation de la psychanalyse ne doit pas prendre pour modèle les traditions démocratiques [43]. Sa déclaration est accueillie par un tonnerre de protestations. Adler et Stekel s'opposent à la nomination d'analystes suisses aux postes de secrétaire et de président, tandis que la plupart des membres de l'assemblée sont hostiles à la dictature selon laquelle les textes des communications et des articles devront être soumis à l'approbation du comité directeur, ou d'un président.

Pour apaiser les révoltés, Freud annonce sa démission de président de la société viennoise et son remplacement par Adler. Ensuite, afin de concurrencer la revue *Jahrbuch der Psychoanalyse* créée en 1909 et dirigée par Jung, il consent à la publication d'un nouveau périodique, la *Zentralblatt für Psychoanalyse,* qui sera géré conjointement par Adler et Stekel. Freud assume la rédaction en chef de la revue tandis que Jung est nommé président de l'IPA. Il prend Riklin comme secrétaire et comme directeur d'une autre publication officielle dont la création est proposée : le *Correspondanzblatt der internationalen Psychoanalytischen Vereinigung.* Ce bulletin doit donner à tous les membres les nouvelles susceptibles de les intéresser. Il cesse de paraître après le cinquième numéro et fusionne avec la *Zentralblatt* après le congrès de Weimar en 1911. A partir de 1913, c'est l'*Internationale Zeitschrift für ärtzliche Psychoanalyse* qui devient jusqu'en 1937 l'organe officiel en langue allemande de la voix viennoise.

Cherchant à assurer l'unité du mouvement psychanalytique, l'IPA provoque en fait sa dislocation. Cet échec amène la création en 1912 d'un *comité secret,* composé de la vieille garde des disciples. Une fois de plus l'idée n'émane pas de Freud et une fois de plus il va occuper la place d'un *maître sans commandement,* attendant que le futur chef du mouvement émerge du groupe. Tandis que l'IPA prend en charge la libre association de toutes les sociétés existantes, le comité tente de recentrer la politique du mouvement sur la théorie de l'inconscient. En réalité, ses membres s'engagent à servir la « cause » comme on se soumet à un suzerain. Ils jurent de ne rejeter aucun des concepts fondamentaux de la psychanalyse sans en avoir averti les autres membres du groupe. Cette politique est désastreuse et les échecs se succèdent : la création de l'IPA a amené la défection d'Adler, de Stekel et de Jung, celle du comité a pour conséquence la rupture avec Ferenczi et Rank. Quant à Stekel, il se suicidera à Londres en 1940.

L'histoire des débuts du mouvement analytique est traversée d'une thématique où se retrouvent mêlés les termes de plagiat, dissolution, avant-garde, maître sans commandement, alcoolisme, drogue. Cela nous ramène à un événement antérieur au conflit de Freud avec Fliess et Swoboda, qui concerne la cocaïne; cet épisode va nous conduire à une autre étape de cette histoire, où Freud rencontre des difficultés avec Otto Gross, un disciple moins connu que les autres mais dont la position mérite d'être précisée.

III. *Une nouvelle terre promise : Jung, Bleuler et la psychiatrie*

En 1884, Freud est chargé d'une étude sur la cocaïne; il découvre ses propriétés analgésiques, soupçonne ses qualités anesthésiques et publie une monographie, où il décrit les rituels de la coca chez les peuplades d'Amérique du Sud. A cette époque il rêve de devenir célèbre pour gagner de l'argent et épouser sa fiancée Martha. Il croit faire une découverte importante en montrant que la cocaïne peut servir d'antidote dans les toxicomanies déclenchées par l'usage de la morphine. Or, le mérite revient à Carl Koller d'avoir compris le véritable usage scientifique de la cocaïne dans les anesthésies locales : il a été le premier à l'appliquer à la chirurgie de l'œil; un temps assez long s'écoule avant que Freud n'admette l'amère réalité. Il utilise lui-même la cocaïne pour soigner la dépression relative à ses longues fiançailles et l'administre au physiologiste Fleischl, son ami intime. Celui-ci cherche à se déshabituer de la morphine dont il a fait un usage excessif pour calmer des douleurs causées par une névrite. Le résultat est catastrophique et Freud ne se rend pas compte qu'il s'est trompé sur le sens des propriétés analgésiques de la drogue. En voulant le sevrer, Freud transforme Fleischl en adepte de la cocaïne; celui-ci devient toxicomane et meurt.

Il est intéressant de suivre la destinée du mot *drogue* dans l'histoire des origines de l'institution analytique. On a déjà montré le rôle joué par la ligue antialcoolique de Forel dans la création de l'IPA. Un détail a son importance : au début de 1886, Freud rencontre un ophtalmologiste américain réputé, du nom de Knapp, qui le félicite d'avoir isolé le rôle de la cocaïne. Or en 1910, alors que son destin n'est plus lié à celui de cette découverte, un autre personnage également nommé Knapp, un pharmacien membre de la société antialcoolique de Forel, lui donne l'idée de fonder une association internationale; cette homonymie signe la répétition d'une conjoncture où le mot drogue tient une place centrale. L'adjectif *knapp* en allemand signifie « juste, étroit, étriqué, maigre, insuffisant », l'adverbe a le sens de « chichement, à grand-peine, à l'étroit ». Ainsi, à deux reprises, Freud rencontre sous le nom de Knapp la question épineuse de la reconnaissance; avec la cocaïne il a voulu devenir riche et célèbre, et sortir de sa situation « étriquée ». Avec l'IPA, il cherche à donner à sa doctrine un rayonnement hors des frontières « serrées » de l'Europe centrale. Avec le mot *knapp* et sous le déguisement de deux personnages successifs, Freud rencontre ainsi le slogan majeur de sa destinée de Juif et de novateur : *sortir du ghetto.*

Déjà en 1907 et 1908, à l'époque où se constitue l'*Association viennoise de psychanalyse,* Freud s'est trouvé pris dans une aventure où se répétaient l'épisode de la relation avec Fleischl et celui de la brouille avec Fliess. Dans une lettre de juin 1907, Jung attire l'attention de Freud sur l'ouvrage d'un certain Otto Gross intitulé *L'Idéogénité freudienne et sa signification dans l'aliénation maniaco-dépressive de Kraepelin* [44]. L'auteur y met en relation le concept freudien de dissociation avec celui du psychiatre allemand. Né en 1877, Gross est le fils d'un médecin célèbre, fondateur de la psychologie criminologique; il a été l'assistant de Kraepelin à Munich où il a eu une liaison avec la future épouse de D.H. Lawrence. D'abord abstinent et végétarien, Gross est ensuite toxicomane; il se drogue à la morphine et son père prie Jung de l'interner à la clinique du Burghölzli pour le désintoxiquer.

Ici commence l' « affaire Gross »; Jung rend compte à Freud, dans ses lettres, du déroulement de la cure de son protégé. Il vante ses mérites de théoricien et pose deux diagnostics successifs : névrose obsessionnelle et démence précoce; ainsi catalogué, Gross devient un enjeu, un « go-between », dans la relation entre les deux hommes. Objet d'une observation « scientifique », il permet à Jung de soutenir auprès de Freud la validité de la notion de démence précoce à laquelle le maître de Vienne résiste vaillamment. Au cours de cet échange Freud revit la question non réglée pour lui du plagiat : il reproche au livre de Gross de mal théoriser le vol, de piller sa propre doctrine et voit dans ce dernier trait le signe d'une vie affective anormale. Il associe Gross à l'idée de kleptomanie théorique et avoue à Jung : « Depuis que j'ai traité le philosophe Swoboda, je frémis devant de telles situations difficiles [45]. »

A l'origine, Freud devait prendre Gross en analyse et Jung devait simplement le déshabituer de la morphine; Freud se défile et laisse Jung occuper auprès de Gross toutes les positions possibles : analyste, ami, médecin; Jung entre en relation avec la femme de Gross : il approuve ses décisions et la plaint. Bientôt Gross est de plus en plus fou et malade et s'évade de la clinique. Pour Jung, il représente maintenant un danger humain et théorique; c'est un « extrémiste » de la libido. Ici le thème du sexe rejoint celui de la drogue : ces deux vices mettent en danger les valeurs de la civilisation. Déjà Jung joue sa partie contre Freud. En 1909, il écrit : « Il vaudrait mieux ne pas pousser au premier plan la théorie de la sexualité. J'ai beaucoup d'idées là-dessus, particulièrement sur les côtés éthiques de la question. Je crois que proclamer publiquement certaines choses, ce serait scier la branche sur laquelle repose la civilisation; on sape les tendances à la sublimation... L'attitude extrême représentée par Gross est incontestablement erronée et met en péril tout le mouvement... Avec les étudiants comme avec les malades, je continue à ne plus donner la première place au thème de la sexualité [46]. »

Devant l'échec de la cure menée par Jung et après une visite sans résultat de Jones à Gross, Freud déclare : « Il n'y a malheureusement rien à dire de lui; il est tombé et causera seulement beaucoup de tort à notre cause [47]. » Gross est « tombé » en effet : il meurt en 1919 de famine, de misère et de drogue et Jones affirmera qu'il s'est suicidé.

L' « affaire Otto Gross » est l'un des nombreux exemples du phénomène de « prise en sandwich » qui caractérise les premières cures, qu'elles soient ou non d'inspiration psychanalytique. En 1900, la méthode dite « psychothérapie » héritée de Mesmer et des anciens hypnotiseurs s'est imposée. Le mot est d'abord utilisé par les disciples de Bernheim mais les écrivains et le public ne tardent pas à l'adopter. Ainsi en France, dès 1891, Maurice Barrès s'interroge sur l'avenir de cette méthode, tandis que Bergson déclare en 1901 : « Explorer l'inconscient, travailler dans le sous-sol de l'esprit avec des méthodes spécialement appropriées, telle sera la tâche principale de la psychologie dans le siècle qui s'ouvre [48]. » Ainsi la psychanalyse est-elle une « thérapeutique de classe ». Entendons par là que l'abandon généralisé de l'hypnose, au début du siècle, coïncide avec une transformation de la pratique médicale liée à l'essor du capitalisme. Au moment où les savants s'interrogent sur les méthodes thérapeutiques de leurs ancêtres, ils convoquent la légende du chaman et du mage; ils réactualisent, en une histoire transfigurée, le mythe du guérisseur et de la sorcière. Ils voient en Charcot et Bernheim les héritiers d'une tribu de démiurges, parés d'une voyance prophétique. Dans le même temps, cette glorification signe l'arrêt de mort de la pratique de ceux que l'on célèbre. On constate que la suggestion et l'hypnose sont des méthodes « archaïques » faites pour les bons sauvages ou les barbares. On affirme qu'elles ne guérissent que les malades des classes inférieures, les hospitalisés, les pauvres, les crédules, les analphabètes. A l'orée du siècle un nouvel idéal thérapeutique s'impose donc, qui n'est pas étranger à la trajectoire de Freud et qui ne se résume pas simplement à la découverte et à la théorisation du transfert. Cet idéal « positiviste », par lequel la psychanalyse s'acharne à prendre place aux côtés de la science, fait partie de la pensée scientifique elle-même. Il est inscrit au cœur de la transformation des sociétés occidentales et commande le phénomène de légalisation du métier de psychanalyste. Abandonner l'hypnose, c'est inventer une thérapie qui convienne à l'homme nouveau du monde moderne, à l'homme du siècle électrique, à l'homme cultivé des sociétés libres, à l'homme qui ne croit plus au ciel de Ptolémée ni à la sorcellerie mais à l'humanisme, à l'anthropologie, aux sciences. D'où cette contradiction qui traverse l'œuvre freudienne : pour ouvrir le chemin de l'inconscient, il faut inventer une thérapeutique débarrassée de la religion hypnotique, une méthode non autoritaire, qui n'entrave pas les libertés humaines. Il est vrai que Freud est seul, parmi les thérapeutes de son temps, à affronter d'emblée cette contradiction. En mettant la question de la résolution du transfert au centre de la pratique de la cure, il jette les seules bases réelles d'un véritable abandon de l'hypnose; il évite le chemin des proclamations vertueuses ou des reniements intempestifs car même si le résultat n'est pas celui escompté, le problème de l'hypnose reçoit enfin sa première solution théorique.

Thérapeutique de classe : cela ne veut pas dire que la doctrine freudienne soit une « science bourgeoise », mais, plus simplement, que le sexe et l'inconscient sont, au début du siècle, les termes majeurs d'une transformation radicale des pratiques soignantes. L'abandon généralisé de l'hypnose, hautement proclamé, et faiblement théorisé, concrétise une réorganisation de la psychologie et de la psychiatrie, c'est-à-dire des deux domaines de savoir concernés par l'approche du fait psychique et de la maladie mentale.

Dans cette perspective, le conflit qui oppose Jung à Freud entre 1906 et 1913 dépasse largement le cadre du mouvement psychanalytique. Il porte sur des concepts (l'inconscient, la sexualité) et une méthode (le test associatif contre l'association libre); il s'organise autour d'un lien transférentiel, impossible à dissoudre, entre un maître qui défend sa doctrine et un disciple qui veut fonder la sienne; il met en scène une « guerre de religion » où l'on voit un Juif viennois se battre en duel contre un protestant suisse qui parle la même langue que lui; il a lieu à travers des cures où des malades sont les cobayes d'une querelle de savants; mais surtout, il est le révélateur d'un combat, qui se livre au-delà des protagonistes, entre la découverte freudienne et la médecine psychiatrique. De ce combat-là, aucun des deux adversaires ne sortira vainqueur. A l'issue de la bataille, Jung devient un maître à penser; il abandonne Bleuler, la psychiatrie, le Burghölzli, l'hôpital, les pauvres et les fous, pour se consacrer dans sa maison du bord du lac à sa clientèle privée. Freud, de son côté, assure le triomphe de sa doctrine en renonçant à une nouvelle conquête.

Quand Freud rencontre Jung, il compare la psychiatrie à une terre promise qu'il rêve d'investir; quand il le quitte, c'est pour abdiquer, se replier sur le ghetto. Certes il continue de réfléchir au traitement des psychoses, il construit une nouvelle nosographie, mais au prix d'un repliement de la psychanalyse sur ses frontières, sur le divan et le fauteuil. Au bout du compte, la Terre promise reste inatteignable, et faute d'être conquise par la psychanalyse, elle s'approprie ses découvertes et ses méthodes.

Du point de vue de l'introduction de la psychanalyse en France, le conflit entre Jung et Freud représente un moment décisif. En effet, sous des formes différentes, il est de même nature que celui qui oppose Freud à Janet, à Hesnard, ou à Claude. Dans les deux cas, la divergence tourne autour de la définition du statut de la psychanalyse dans son rapport à la psychiatrie et du maintien ou du rejet de la théorie de la sexualité. Malgré leurs différences considérables, la *psychologie individuelle* d'Adler, la *psychologie analytique* de Jung et l'*analyse psychologique* de Janet sont plus proches les unes des autres que de la *psychanalyse* de Freud. Ces trois doctrines ont en commun d'écarter le primat du sexuel et de garder l'idée d'un inconscient faisant partie de la conscience, un « subconscient » ou un « supra-conscient ». D'où le fait qu'elles maintiennent dans leur appellation même le mot « psychologie ».

On pourrait écrire l'histoire de la psychanalyse d'un tout autre point de vue : à partir d'un historique des cures individuelles. On sait maintenant que les premiers patients de Freud et de tous les thérapeutes du début du siècle servirent de cobayes à l'élaboration d'une doctrine scientifique; depuis la célèbre « prima donna » de la Salpêtrière jusqu'à l'aventure poignante de l'homme aux loups en passant par l'affaire Otto Gross, la « Martienne » de Flournoy ou le tampon d'ouate oublié par Fliess dans la narine de la fameuse Emma, l'histoire de la découverte de l'inconscient est aussi et toujours l'histoire d'un malade dont la souffrance est célébrée au nom du progrès de la science.

Dans une optique encore différente, on pourrait raconter la même histoire à partir de l'énumération des nombreuses techniques de guérison mises en œuvre par les praticiens de l'âme. A côté de l'aventure, des singularités anonymes ou célèbres, on trouverait l'énoncé scientifique des cas et de leurs traitements. L'un des moments essentiels de l'histoire du mouvement analytique est celui où la doctrine freudienne rencontre la nosographie psychiatrique à travers des histoires de fous. Or, le conflit qui oppose Freud à Jung met en scène ce moment décisif. Dans ce cas, la position du disciple est proche de celle d'un patient : celui-ci est pris en sandwich entre deux maîtres (Bleuler et Freud), entre la psychiatrie et la psychanalyse.

Lorsque, en 1898, Eugen Bleuler est désigné pour succéder à Forel au poste de directeur de la clinique du Burghölzli, la psychiatrie de langue allemande est dominée par la nosologie issue des travaux d'Emil Kraepelin. Né en 1856, celui-ci a le même âge que Freud. Élève de Wundt, il est persuadé, comme Pinel, que l'investigation psychologique du malade est indispensable à la compréhension des maladies dites « mentales ». C'est en 1883 que paraît son *Compendium de psychiatrie* qui ne sera jamais traduit en français. Ce petit manuel connaîtra, durant trente ans, huit éditions successives et deviendra une bible en matière de clinique psychiatrique.

A la fin du XIXe siècle le terme de psychose recouvre toute la gamme des maladies mentales. On les nomme ainsi parce qu'elles atteignent la totalité de la personnalité et on les distingue des névroses, ou maladies des nerfs, qui ne touchent qu'une frange de la personnalité et se caractérisent par des troubles fonctionnels sans lésions neurologiques. Même si l'on reconnaît le caractère psychique de toutes ces affections, elles restent tributaires d'une classification organiciste fixée au cadre de l'hérédité. Étant une branche de la médecine, la psychiatrie obéit au principe selon lequel on ne contracte pas un mal, mais on en hérite. Les malades atteints de psychose sont qualifiés de fous ou de déments et relèvent des aliénistes et de l'asile, tandis que les autres trouvent refuge dans la médecine « normale ». La nosologie psychiatrique s'est toujours caractérisée par son instabilité permanente. Depuis Pinel, chaque grand aliéniste commence par bâtir un système de classification qu'il juge plus adéquat que celui de l'époque précédente. Souvent, comme c'est le cas pour Kraepelin, les cliniciens procèdent eux-mêmes à des refontes successives de leur propre système. De fait, les frontières entre les différentes affections ne sont jamais rigoureuses; on a vu par exemple que les psychiatres de langue allemande contestent la nosographie de Charcot et l'assimilation qu'il fait de la névrose traumatique à l'hystérie; d'où le quiproquo entre Freud et ses collègues viennois lors de sa conférence sur l'hystérie masculine à son retour de Paris.

Kraepelin pense que la psychologie de la normalité peut fournir à la clinique un outil conceptuel enrichissant. En ce sens, il s'oppose à l'école française issue de Claude Bernard et de l'anatomo-clinique qui soutient au contraire que le pathologique éclaire le normal de la même manière que la mort donne sens au concept de vie. A travers Charcot, Freud est imprégné de cette idée qui fait retour dans son élaboration de la pulsion de mort vers 1920. La position novatrice de Kraepelin réside dans le fait qu'il apporte un ordre et une clarté à l'anarchie régnante, en construisant une nosologie rationnelle des maladies mentales. Il distingue trois groupes fondamentaux de psychoses : la paranoïa, la folie maniaco-dépressive, la démence précoce. Cette classification domine encore une partie du savoir psychiatrique contemporain. *La paranoïa,* selon Kraepelin, est définie de la manière suivante : « développement insidieux, sous la dépendance de causes internes et selon une évolution continue, d'un système délirant, durable et impossible à ébranler, qui s'instaure avec une conservation complète de la clarté et de l'ordre dans la pensée, le vouloir et l'action [49] ». C'est une maladie *constitutionnelle* qui repose sur deux mécanismes fondamentaux : le délire de référence et les illusions de la mémoire qui produisent les différents thèmes de persécution, de jalousie et de grandeur. Le sujet se prend pour un prophète, un empereur, un grand homme, un inventeur ou un réformateur. Il s'agit toujours d'une maladie chronique. *La folie maniaco-dépressive* regroupe autour des états maniaques ou dépressifs tous les états aigus qui sont constitués par trois types de troubles fondamentaux : de l'humeur, de l'idéation et de la volonté. Dans le cas d'un trouble de l'humeur, il y a tantôt dépression et tantôt exaltation; pour le trouble de l'idéation, il y a ralentissement ou fuite des idées; dans le trouble de la volonté, on assiste à une inhibition ou à une excitation psychomotrice. *La démence précoce* groupe un ensemble d'affections où se retrouvent trois formes de démence : *la psychose hallucinatoire chronique,* caractérisée par un délire mal systématisé, des hallucinations et des incohérences; *l'hébéphrénie,* ou psychose de l'adolescence, avec excitation intellectuelle et motrice (bavardage, néologismes, maniérisme, etc.); *la catatonie* qui se reconnaît au négativisme du sujet : mutisme, refus d'aliments, barrages de volonté et réactions stéréotypées. La paranoïa se différencie de la démence précoce par le fait que, dans cette dernière, la personnalité corporelle du sujet est lésée : des forces étrangères semblent agir sur l'organisme, sur les sensations et sur les pensées comme le ferait la télépathie.

Bien que novateur, Emil Kraepelin reste attaché au principe d'une psychiatrie entièrement médicalisée dans laquelle le fou est considéré comme un individu dangereux, à enfermer. Il passe sa vie à observer des malades mentaux, cherche sans cesse de nouveaux traitements et met au point des tests psychologiques basés sur une enquête policière de la vie du malade. Il croit en effet que la compréhension du « cas » relève d'une « connaissance objective » de l'histoire singulière des individus. Vers 1900, Kraepelin est devenu le bouc émissaire de bon nombre de psychiatres qui lui reprochent de coller une étiquette diagnostique sur ses patients sans rien faire pour les aider [50].

Par rapport à cet état de choses, l'œuvre clinique d'Eugen Bleuler représente l'une des premières tentatives de « démédicalisation » de la pratique psychiatrique. Celui-ci n'est pas un grand bâtisseur de systèmes, mais il se trouve à l'origine d'un mouvement « politique » qui aboutit à une refonte importante de l'approche des psychoses.

Ce mouvement se développe ultérieurement à travers les théories représentées en France par le groupe de l'*Évolution psychiatrique* et dans ce qu'on appelle la psychiatrie dynamique [31]. Cette nouvelle forme de clinique de la folie maintient l'idée d'une origine organique, héréditaire ou toxique de la maladie mentale, mais, par rapport aux théories purement organicistes, ou constitutionnalistes, elle apporte un mode de traitement centré sur la relation « dynamique » entre le médecin et le malade. La refonte qui commence avec Bleuler et renouvelle le geste de Pinel et de Charcot est « analogiquement » du même ordre que celle inaugurée par Freud dans le traitement des névroses hystériques. Dans les deux cas, il s'agit d'un « décentrement » de la position du thérapeute qui privilégie l'écoute du patient au détriment d'une classification de son cas. Le savoir sur la maladie change de camp. L'idée se forme progressivement que le malade en sait plus sur lui-même que le médecin chargé de le soigner. Ce processus aboutira après la Deuxième Guerre mondiale à une nouvelle transformation avec l'émergence du mouvement antipsychiatrique qui prônera l'abandon complet de l'ancrage de la folie dans l'organicisme. Dans sa version anglo-saxonne et américaine, il sera commandé par cette éthique protestante qui marque les travaux de Bleuler et de Jung. Dans sa version latine (italienne surtout), il trouvera, dans le marxisme, un mode de compréhension de la folie nettement plus politique, et détaché des idéaux du puritanisme. Ce n'est pas un hasard si ce mouvement débute avec Bleuler par un renversement qui met au centre de la clinique des psychoses la question de la schizophrénie « contre » celle de la paranoïa. Nous allons voir comment et pourquoi.

Eugen Bleuler appartient à la même génération que Kraepelin et Freud. Il est né en 1857 dans un village de paysans qui fait partie aujourd'hui de la banlieue de Zurich. Ses ancêtres sont des campagnards et son père est marchand et administrateur de l'école locale. Dans cette famille on garde le souvenir d'une époque où la population rurale du canton se trouvait sous la domination des autorités zurichoises et était empêchée d'accéder à certaines professions et à l'éducation supérieure. Les Bleuler ont pris part à des luttes politiques qui ont marqué le moment où la paysannerie du canton a pris conscience de son existence comme classe sociale, tantôt dans une aspiration réformiste, tantôt sous une forme révolutionnaire. De 1831 à 1833, ces luttes ont abouti à la reconnaissance de l'égalité des droits pour les paysans et à la création de l'université de Zurich destinée à promouvoir le développement intellectuel de la jeune génération paysanne.

Les premiers professeurs qui enseignent la psychiatrie à Zurich sont des Allemands. Ils sont également les premiers directeurs de la clinique du Burghölzli. On leur reproche, comme à Kraepelin, de passer plus de temps avec leurs microscopes qu'avec les malades. Ils parlent le haut-allemand, ignorent le dialecte local et ne parviennent pas à se faire comprendre de leurs administrés. Durant ses études médicales Bleuler entend ces plaintes et cherche à concevoir une approche de la folie adaptée à une « écoute » du malade mental.

Ouvrons une parenthèse : autour de 1900, la question de la langue traverse celle de l'élaboration des nouvelles thérapies. La langue du rêve déchiffrée par Freud est à l'image de ce mélange viennois où se côtoient les jargons, les dialectes, les patois et les langues des minorités de l'empire des Habsbourg. C'est en langue allemande que le théoricien rédige son œuvre, dans une langue de culture et d'emprunt, qui fait de la psychanalyse une méthode universelle pour les uns et une doctrine germanique pour les autres. Avant Freud, Bernheim, alsacien, bilingue, tente de comprendre ses malades dans toutes les langues, en allemand, en patois, en français. Ensuite, le Suisse Bleuler établit un lien entre la langue « imaginaire » ou « fondamentale » de la psychose et le dialecte local des paysans, méconnu par les psychiatres allemands. Et c'est avec une langue d'emprunt, une langue théorique, la langue allemande, qu'il va élaborer la notion de schizophrénie. Comprendre le fou c'est donc aussi retourner à la terre, à la langue natale, maternelle, paysanne, déchiffrer un dialecte qui s'énonce à l'insu de la nosologie psychiatrique.

Au fil de cette aventure qui tente d'écrire l'histoire de la folie à partir de la folie elle-même, à partir de la langue de l'insensé ou de l'hystérique, un autre événement fait son apparition. C'est à Genève en 1916 que prend naissance une nouvelle science des langues et du langage, la linguistique; elle est « structurale » et tente une rupture avec les idéaux de la grammaire évolutive ou normative. Ferdinand de Saussure méconnaît Freud et ne rencontre pas Bleuler. Il est le descendant d'une illustre famille d'alpinistes. Horace Bénédict, son ancêtre, né à Genève en 1740, explore le Mont-Blanc et fait son ascension en compagnie de montagnards de sa région, paysans analphabètes. Comme Bleuler plus tard, il opte pour le laboratoire de la nature et mène une vie de flibustier des cimes. Écrite au XVIIIᵉ siècle, sa « langue » est éclipsée par celle de J.-J. Rousseau et de Buffon. Son journal de voyage appartient à un genre mineur [32] et pourtant cet homme de science, qui récuse les grands systèmes en vogue à son époque, fait une hypothèse hardie sur la formation des montagnes, alliant l'observation « clinique » à « l'expérimentation sur le terrain ».

Encore la langue : dans sa version télépathique, magnétique, mystique ou cosmique. Le médecin genevois Théodore Flournoy, né deux ans avant Freud, philosophe, psychologue et disciple de Wundt, entreprend dès 1891 d'appliquer les techniques de la psychologie expérimentale aux phénomènes parapsychologiques. En 1894, il est invité à une séance où une célèbre médium, Hélène Smith, de son vrai nom Catherine Müller, fait l'étalage de ses dons de voyance. Elle rapporte des événements qui se sont passés dans la famille de Flournoy assez longtemps auparavant et le savant se demande comment elle en a eu connaissance. Après une enquête minutieuse, il découvre que jadis ses propres parents ont été en relation avec ceux du médium; elle peut donc avoir entendu parler de ces événements dans son enfance. Il devient le médecin de Catherine et la voyance de celle-ci s'en trouve transformée. Elle sombre volontiers dans un état somnambulique, sa personnalité se transforme et elle réactualise des scènes de ses vies antérieures composées de trois cycles. Dans le premier elle se voit princesse indienne au XVe siècle. Dans le second, elle revit des épisodes de la vie de Marie-Antoinette et dans le troisième, enfin, elle prétend connaître tous les détails de la vie sur la planète Mars. Elle fait une description de ses paysages, de ses habitants, de sa langue qu'elle parle et écrit. Flournoy s'aperçoit qu'une grande partie des inventions de Catherine Müller provient de livres lus dans son enfance. Il publie les résultats de son observation dans un superbe ouvrage intitulé *Des Indes à la planète Mars*...[33] Selon lui, chacun des cycles revécus par la spirite est construit sur une « réversion » de sa personnalité à un âge différent : le cycle de Marie-Antoinette la ramène à l'âge de seize ans, le cycle hindou à l'âge de douze ans et le cycle martien à la prime enfance. Dans cette aventure, deux éléments retiennent l'attention. D'une part on ne sait plus qui est le « fou » de l'histoire, le médecin ou la jeune femme, celui qui reconstruit la langue de la glossolalie somnambulique, ou celle qui parle et écrit cette langue, en affirmant qu'elle lui est « révélée » par les habitants du cosmos. D'autre part, on s'aperçoit que l'enquête minutieuse du savant fonctionne à partir d'une relation fusionnelle entre le médium et son interprète. Flournoy est un magnétiseur à l'ancienne qui ne parvient pas à prendre en compte la dimension du transfert. Il comprend la nature sexuelle de l'attachement de la spirite à sa personne, mais par discrétion, il n'y insiste pas, sachant que son livre sera lu par elle et par ses familiers[34]. Dans cette histoire de sexe et de transfert, la langue joue un rôle central. Flournoy ne s'est trompé qu'à moitié; il a mis en évidence, à travers le fantasme d'une langue martienne, la place prépondérante, pour la structure de la personnalité, d'une langue fondamentale, imaginaire, maternelle, inconsciente, archaïque; mais, refusant de proclamer la nature sexuelle de la relation transférentielle, il oublie dans son enquête un élément majeur. Il montre que la grammaire de la langue martienne est calquée sur celle de la langue française; autrement dit, la langue « révélée » de la spirite est de même nature que celle de son interprète. Or en 1901, le linguiste Victor Henry, professeur de sanskrit et de grammaire comparée des langues indo-européennes, intervient dans le débat. Il écarte l'hypothèse d'une communication surnaturelle entre mademoiselle Smith et les habitants de la planète Mars; il affirme qu'elle a « inventé » le martien de toutes pièces en utilisant un vocabulaire composé de mots hongrois déformés, cette langue étant la langue maternelle de son père. Le linguiste lève le lièvre d'un refoulement qui a échappé au psychologue. Chez Flournoy, le refus de la dimension du sexe a pour corollaire un attachement aux idéaux de l'hypnose, qui le conduit à identifier la langue imaginaire de la spirite à la sienne propre, c'est-à-dire à la langue « manifeste » dans laquelle se fait l'échange : d'où l'impossibilité de concevoir une langue du refoulement, non « somnambulique », mais commune à tous les sujets parlants et énoncée « à distance » de leur langue parlée. L'aventure de Flournoy et de son médium se termine tragiquement. Lorsque celle-ci s'aperçoit qu'on la dépossède de sa « langue martienne », elle rompt avec son médecin et ses amis spirites. Une riche Américaine lui fait don d'une importante fortune qu'elle consacre à ses expériences. Elle abandonne son métier de vendeuse et sombre dans un isolement somnambulique complet. Elle peint des tableaux mystiques qui sont exposés après sa mort à Genève et à Paris.

Flournoy reconnaît l'existence de la sexualité, mais il refuse de prendre en compte son principe dans la dimension transférentielle. Il fonctionne, à l'égard de la libido, comme Jung et Bleuler. Il s'agit d'un « oui mais », ou d'un « je sais bien mais quand même ». Le sexuel oui, mais pour ne rien en faire. Flournoy démontre, à une époque où l'on croit aux « tables parlantes », que la langue de la spirite n'est pas une langue de l'au-delà, mais une langue existante. Là réside l'intérêt de sa découverte. L'argumentation critique de Victor Henry confirme son hypothèse. Mais le Genevois, contrairement à Freud, reste tributaire d'une conception de la psychologie héréditariste et organiciste. La direction suivie par Jung et Bleuler lui sera plus sympathique que la démarche viennoise, non pour des raisons affectives, comme le croit Claparède, mais parce qu'il reste persuadé qu'une théorie psychologique n'est pas une théorie au sens propre : pour lui elle est d'abord l'expression d'une sorte d'inconscient collectif lié à la différence des peuples et à la diversité des races [35]. Dans cette optique, Flournoy demeure prisonnier d'une idée de la science marquée par le faux dilemme de l'opposition du rationalisme et de l'irrationalisme. Il combat la science comme s'il s'agissait d'une totalité dogmatique, non historicisable, oppressive et lui oppose une sorte d'humanisme religieux ou libéral. Il défend le spontanéisme des anciens magnétiseurs contre la modernité des savants et reste hostile à un prétendu rationalisme freudien, alors même qu'il vient de démontrer l'inexistence des langues révélées. A lire Flournoy, on perçoit « par avance » l'itinéraire jungien et l'on saisit déjà l'essence du conflit avec Freud.

Théodore Flournoy publie en 1903 le meilleur compte rendu de *L'Interprétation des rêves;* il parle avec enthousiasme de la découverte freudienne. Il explique la condensation, la censure, les désirs cachés, etc. Son article est le premier à révéler fidèlement aux lecteurs français le contenu de ce livre qui ouvre le siècle. Malgré ses réserves à l'égard de la psychanalyse, il est membre en 1907 du *Cercle Freud* de Zurich [36].

Revenons à l'itinéraire d'Eugen Bleuler. Après avoir terminé ses études de médecine et de psychiatrie, il quitte la Suisse pour se rendre à la Salpêtrière où il travaille avec Charcot. En 1886, il est nommé directeur de l'hôpital de Rheinau, immense asile de malades mentaux grabataires. Célibataire, il habite l'institution et la réforme complètement. Bleuler fait partie de ces aliénistes qui passent leur vie enfermés avec leurs malades. Depuis les premières heures du matin jusqu'à un moment avancé de la nuit, il organise des soins et des séances de thérapies rééducatives inventées sur le terrain. Au Burghölzli, en 1898, il cherche à transmettre à ses étudiants, notamment à Jung, les fruits de son expérience de Rheinau. Ayant écouté les fous parler dans leur propre dialecte, il s'applique à transposer cette écoute par l'invention d'une langue de la démence. Il cherche à interpréter le sens caché des hallucinations, des rêves et des paroles entendus. Pour cela il met au point un test d'associations verbales puis s'intéresse aux théories venues de Vienne.

Quand le jeune Jung entre en fonction, en 1900, au Burghölzli, il ne connaît pas encore Freud. Alphonse Maeder, qui fait partie de l'équipe, décrit ainsi les méthodes de ce monastère psychiatrique : « Le véritable centre d'intérêt c'était le malade. L'étudiant apprenait comment il fallait lui parler. Le Burghölzli était à cette époque une sorte d'usine où il fallait travailler très dur pour une rémunération modique. Chaque membre de l'équipe, du professeur au plus jeune interne, était totalement absorbé par son travail. Les boissons alcooliques étaient prohibées. Bleuler se montrait aimable à l'égard de chacun et ne jouait jamais le personnage du chef[57]. »

Les premiers contacts entre Jung et Bleuler sont chaleureux et pourtant, dans son *Autobiographie*[58], Jung ne mentionne pas une seule fois le nom de son maître. Il prétend que lorsqu'il arriva au Burghölzli, les psychiatres de l'endroit n'avaient pas d'autre souci que de coller une étiquette sur les malades. Que s'est-il passé entre les personnages de ce roman, pour que l'un d'eux se sente obligé de brouiller les cartes, cinquante années plus tard?

Après une thèse de médecine consacrée au spiritisme et un grand intérêt porté à Flournoy, Jung effectue un voyage à Paris durant le semestre d'hiver 1902-1903, et rend visite à Janet, seul héritier de l'hystérie de Charcot et déjà rival de Freud. Cet itinéraire, qui répète étrangement celui du Viennois, Jung ne le mentionne pas non plus dans son *Autobiographie*. A son retour en Suisse, il épouse sa fiancée, Emma. Déçu par Janet, il s'attache à la personne de Bleuler puis entreprend ses premières expériences avec le test associatif. Il met au point une technique qui va rivaliser avec celle des associations libres. A partir de 1906, et après la rencontre avec Freud, les passes d'armes entre nos héros ont pour thématique la clinique des psychoses. Elles se déroulent autour de trois notions clés : la schizophrénie, l'autisme et la Spaltung.

A cette époque, Bleuler emploie le terme de schizophrénie pour désigner les affections rangées par Kraepelin sous la dénomination de démence précoce. Selon lui, celle-ci est mal désignée puisque la maladie n'est pas forcément juvénile ou précoce. Il expose longuement ses conceptions dans sa monumentale monographie, rédigée en 1908 et publiée en 1911. Il applique à la démence précoce les hypothèses freudiennes déjà utilisées dans l'analyse de la paranoïa. Jung l'a précédé dans cette tentative en 1906, en dégageant plusieurs points importants. Celui-ci part du fait que la théorie freudienne ne rend pas compte des mécanismes par lesquels une démence précoce apparaît à la place d'une hystérie et il ramène la différence à un point fondamental; c'est la fixation des complexes qui donne à la maladie son contenu particulier : la séparation du schizophrène d'avec la réalité est explicable par l'influence d'un complexe invincible, c'est-à-dire d'un fragment psychique qui provoque des troubles de l'activité consciente en se substituant à l'ego du sujet. Le *test associatif* permet de détecter les complexes par une mesure du temps de réaction et de l'interprétation donnée à un mot inducteur. Ainsi lorsque le malade réagit avec retard à l'énoncé d'un terme « induit » par le thérapeute, cela prouve qu'un complexe est touché et que le sujet cherche à le dissimuler ou n'en a pas conscience. Pour Jung, l'état amoureux est le modèle de la position autiste. En effet, celui dont les intérêts sont absorbés par un tel complexe, semble mort pour son entourage, rêvant les yeux ouverts et incapable de s'adapter à l'environnement. Quant à la fixation, Jung, comme Bleuler, la renvoie à une causalité organique.

Sur ce point les deux hommes s'opposent : pourquoi peut-on venir à bout des « complexes » dans l'hystérie et non dans la démence précoce? Jung émet l'hypothèse que dans ce dernier cas, les complexes déterminent l'apparition d'une toxine exerçant une action nocive sur le cerveau et rendant la maladie irréversible. Bleuler, au contraire, voit la cause primaire de la maladie dans l'action d'une toxine hypothétique sur le cerveau. Le comportement « puritain » du psychiatre va de pair avec sa théorie nosographique; l'alcool, le sexe, l'amour, la passion sont prohibés de sa vie, comme de véritables fléaux susceptibles d'empoisonner le cerveau humain. Selon lui les complexes ne sont pas à l'origine des symptômes, mais leur donnent leurs formes. Dans une déclaration commune, Jung et Bleuler précisent leurs divergences. La même année Jung énonce que les idées délirantes du malade sont l'expression d'un effort pour se fabriquer une vision du monde adéquate à ses pensées [59].

En lisant la correspondance entre Freud et Jung on peut saisir de quelle manière l'élaboration divergente de l'approche des psychoses par la psychiatrie dynamique, par la psychologie analytique et par la psychanalyse va provoquer la rupture entre les trois hommes. Au travers d'un véritable débat scientifique, passionné et violent, se joue une relation transférentielle impossible à dissoudre de part et d'autre. Freud choisit la paranoïa de Kraepelin contre la schizophrénie de Bleuler, tandis que Jung maintient la notion « autonome » d'une démence précoce qu'il ne nomme pas schizophrénie. Freud lui rétorque avec deux arguments : vous pourriez croire, dit-il en substance, qu'il y a de la démence précoce; il n'y en a pas, il n'y a que de la névrose obsessionnelle et de l'hystérie. Et, ajoute-t-il, si la démence précoce existe, c'est la même chose que la paranoïa [60]. Dans cet échange, Freud répète une situation qu'il a déjà connue. Il tient auprès de Jung, promu héritier « non juif » de la psychanalyse, la place que Fliess occupa auprès de lui dans son analyse originelle. Il défend la « cause » de la psychanalyse, au fil d'une sorte de délire à deux, tantôt en ramenant la démence précoce à la paranoïa, tantôt en niant son existence. S'il fit avec Charcot l'expérience de sa propre hystérie ou de sa névrose, et avec Fliess celle de sa paranoïa ou de sa psychose (plagiat, vol d'idées, etc.), il fait avec

Jung celle de sa position de « maître sans commandement », ou de « père impossible ». Le protestant oscille entre révolte et soumission tandis que le Viennois offre le visage d'un Moïse spolié, séducteur ou coléreux.

Jung et Freud se disputent le terrain et c'est le troisième larron qui tire les conséquences de l'enseignement freudien, à sa manière. Alors que Jung reste attaché au terme de démence précoce, Bleuler adopte un point de vue structural et sort la démence précoce de la nosologie kraepelinienne pour en faire la schizophrénie. Pour défendre Freud et sa propre doctrine, Jung rompt avec Bleuler. En 1909, il quitte le Burghölzli et se retire dans sa maison de Küsnacht, dans cette tour « nocturne » où il va passer le reste de sa vie. Tel Flournoy, son maître préféré, il deviendra un mage, le prophète moderne de cette « étrangeté venue d'ailleurs » qui a tant fasciné les hommes de cette époque.

Par un retournement qui est fréquent dans l'histoire des sciences, Bleuler réalise donc pour la psychiatrie ce que Jung croyait réaliser lui-même quand il clamait l'efficacité de sa stratégie à l'égard des milieux psychiatriques zurichois. Du coup, Freud ne fait pas la conquête d'une nouvelle Terre promise, et, à la date où Bleuler introduit officiellement le terme de schizophrénie (1911), il publie l'analyse du *Cas Schreber* sous le nom de « démence paranoïde ». Il choisit la nosographie de Kraepelin en distinguant la paranoïa de la démence précoce. Or, contre Jung, il avait utilisé, pour désigner cette dernière, le terme de paraphrénie. Ce mot est proche par sa sonorité de la paranoïa et marque à la fois l'unité du champ des psychoses et sa division en deux versants fondamentaux. Il lui permet de faire coup double : contre Jung et la démence précoce d'abord, contre Bleuler et la schizophrénie, ensuite. Devant le succès du terme bleulerien il renonce à la paraphrénie et élabore une doctrine psychanalytique des psychoses. Celle-ci, à son tour, va bouleverser le savoir psychiatrique. La clinique freudienne, en effet, ne se donne pas pour tâche d'édifier une classification des maladies mentales. Elle aborde le domaine des psychoses à partir d'une conception de l'appareil psychique fondée sur le fait inconscient. Celui-ci est décrit, au fil des années, selon trois instances regroupées en deux topiques successives : le conscient, le préconscient et l'inconscient pour la première (1900, *L'Interprétation des rêves*); le moi, le ça et le surmoi pour la seconde (1920-1923). Ainsi s'établit une distinction structurale, dont le modèle remonte à Kraepelin, entre la névrose, la psychose et la perversion. La folie, dans la perspective freudienne, échappe au domaine de la maladie mentale, comme l'hystérie avait échappé à celui de la maladie des nerfs. Elle reçoit alors une définition non normative : la névrose est le résultat d'un conflit, la perversion un déni de la castration et une fixation à la sexualité infantile, et la psychose la reconstruction d'une réalité hallucinatoire.

Avec ses *Remarques psychanalytiques sur l'autobiographie d'un cas de paranoïa : le président Schreber,* Freud donne une théorie à peu près complète du mécanisme de la psychose paranoïaque. Les remarques ont pour point de départ, non une relation thérapeutique, mais un récit publié en 1903 par un juriste, Daniel Paul Schreber, sous le titre *Mémoires d'un névropathe*. Ce texte [61] veut faire connaître au public l'histoire d'un délire. D.P. Schreber, qui est stérile, se croit l'élu de Dieu; il se voit engrossé par lui et cette union doit donner naissance à une humanité nouvelle dont il sera le prophète. L'étude du cas permet à Freud de démontrer que la connaissance paranoïaque que le fou a de lui-même est aussi « vraie » que celle, rationnelle, du clinicien. Dans cette perspective, la psychose cesse d'être la propriété du savoir psychiatrique pour devenir celle d'un sujet parlant. Comme l'hystérique qui avait « inventé » la cure par la parole, comme le poète qui possède un savoir spontané de l'inconscient, le fou paranoïaque est capable de fabriquer, mieux que le psychiatre, une théorie vraie de son cas.

Freud est théoricien ou doctrinaire, là où Bleuler est pragmatique ou empiriste. Tous deux, et Jung au milieu, sont à la recherche de cette langue fondamentale de la psychose que les savants de leur temps repèrent dans les glossolalies somnambuliques et dans un ailleurs « martien », étrange et proche. Bleuler la trouve dans une approche dynamique de la schizophrénie, dans un contact étroit avec le malade. Freud, ce n'est pas un hasard, la découvre, à distance d'une relation thérapeutique, à travers la paranoïa, dans un texte écrit, et non dans une « parole vive ». Il arrache la psychose à la psychiatrie, comme il avait arraché la névrose à la neurologie, en la dégageant de son ancrage héréditaire et organique. Comme Kraepelin, et comme plus tard Lacan, il est fasciné par la paranoïa, qui devient, pour lui , le modèle même de toute psychose, sans doute parce qu'elle est la forme de la folie qui se rapproche le plus de l'élaboration théorique, c'est-à-dire d'un mode de connaissance de soi et du monde totalisant, mégalomaniaque, persécutif, interprétatif, solitaire et systématique. Il existe toujours entre la théorie et le délire, entre un savant et un fou, entre un bâtisseur d'empire et un aliéné une connivence qui passe par la paranoïa.

A y regarder de près, on dirait que la schizophrénie du paysan zurichois est le symétrique inverse de la paranoïa du Juif viennois. Chez l'un se joue la révolte d'un dialecte contre la langue d'un savoir dominant, une parole vive, contre un écrit figé. Chez l'autre, se profile l'idéal d'un attachement « talmudique » à l'inscription littérale, qui autorise le possible d'une langue inconsciente, écrite, refoulée, tracée, commune à tous, au fou comme au savant.

Dès 1906 Jung soutenait qu'il ne partageait pas les idées de Freud sur la sexualité infantile et qu'il considérait la psychanalyse comme une thérapeutique parmi d'autres. Sa théorie de l'inconscient ressemblait à celle de Janet sur les « idées subconscientes ». Son approche des psychoses dérivait des constatations faites par Flournoy sur les romans subliminaux. Sa méthode du test associatif maintenait, contre la technique des associations libres, l'idée d'un pouvoir inducteur, d'une suggestion hypnotique, d'une influence, d'une communication télépathique. Sa conception de la démence précoce et du complexe s'écartait à la fois de la nocivité toxique de Bleuler et de la disposition structurale de Freud. La doctrine jungienne était le résultat d'un immense bricolage théorique, splendidement ancré dans les préoccupations de l'époque, mais qui « ratait » le moment de la découverte de l'inconscient, comme il ratait l'instant de la rencontre entre la psychiatrie et la psychanalyse. Rencontre manquée, mais rencontre quand même, qui se fait à travers Jung et sur son dos. Vu de France, le destin du disciple préféré de Freud est comparable à celui de Janet. Ils sont tous deux les fils perdus d'un maître auréolé de gloire, le premier de Freud, le second de Charcot. A ceci près que Jung ne connaîtra pas le sort réservé à Janet. Il ne sera ni « oublié », ni taxé d'imposture. Sans doute parce qu'il s'était frotté, mieux que quiconque, à la violence de l'inconscient et du transfert.

On comprend alors le poids des mots que Freud prononça un jour à l'oreille de Kardiner, qui lui demandait s'il se considérait comme un grand homme : « Non, répondit-il, je ne le suis pas mais j'ai fait une grande découverte [62]. » On comprend aussi pourquoi il fut si implacable dans les dissidences juives viennoises d'avant 1913. Après la rupture avec Jung, il fera passer officiellement le conflit sur un plan théorique. A propos de Stekel, il prononcera au contraire des mots redoutables : « Un homme sans scrupule, sans considération pour les autres, de la plus basse ambition, nourrissant de minables idées de grandeur. » A la mort d'Adler, il dira encore à Arnold Zweig : « Je ne comprends pas votre sympathie pour Adler. Pour un garçon juif d'un faubourg viennois, une mort à Aberdeen est une carrière inhabituelle en elle-même et une preuve de son avancement. Le monde l'a généreusement et réellement récompensé pour le service qu'il lui a rendu en s'opposant à la psychanalyse [63]. » On dirait que, malgré ses violences, Freud a relativement épargné son disciple chrétien parce qu'avec lui il a voulu déjudaïser la psychanalyse et a raté du même coup la conquête d'une nouvelle Terre promise.

Dans le débat qui se déroule entre Zurich et Vienne, la sexualité est une notion clé. A la fin du mois de mars 1907, Jung écrit à Freud qu'il reconnaît le rôle essentiel de l'auto-érotisme dans la genèse de la démence précoce. Ce mot fut utilisé pour la première fois par Havelock Ellis dans un article publié en 1898 [64], et Freud l'employa à son tour pour la première fois dans une lettre à Fliess en 1899. Il désigne un comportement sexuel infantile précoce dans lequel une pulsion partielle, liée au fonctionnement d'un organe ou à l'excitation d'une zone érogène, trouve sa satisfaction sans recours à un objet extérieur et sans référence à une image du corps unifié. Constatant que Bleuler accorde une grande importance aux rapports de l'auto-érotisme et de l'infantilisme, mais répugne à employer le mot libido, Jung propose à Freud de réserver le terme « sexuel » aux manifestations extrêmes de la libido et de le supprimer dans les autres cas, afin de ne pas heurter les résistances de Bleuler et de faire admettre ainsi les enseignements de la psychanalyse par une voie détournée. Dans une lettre du début du mois d'avril, Freud répond laconiquement : « Je rends hommage pour leurs motifs à vos efforts pour épargner aux autres le goût acide de l'instant où ils mordent dans la pomme, mais je ne crois pas que cela aura du succès. Si même nous appelons l'inconscient " psychoïde ", il n'en reste pas moins l'inconscient et si nous ne gardons pas la " libido " dans la sexualité élargie, cela n'en reste pas moins la libido, et dans tout ce que nous en faisons découler, nous revenons à ce dont nous voulions détourner l'attention par une dénomination. Si nous ne pouvons pas nous épargner des résistances, pourquoi ne pas plutôt les provoquer tout de suite? L'agression est la meilleure défense. Peut-être sous-estimez-vous l'intensité de ces résistances, quand vous essayez de les prévenir par de petites concessions. Ce qu'on nous demande n'est rien d'autre que de nier la pulsion sexuelle. Reconnaissons-la donc [65]! »

Dans une lettre suivante, Jung explique alors comment Bleuler a réussi à forger la notion d'autisme en caviardant le mot auto-érotisme. Pour écarter le danger du « pansexualisme » il suffit d'amputer « l'auto-érotisme » de son éro(s), cela donne « autisme » : « Il manque encore à Bleuler, écrit Jung, une définition claire de l'auto-érotisme et de ses effets psychologiques spécifiques. Il a cependant accepté la notion pour sa présentation de la dém. préc. dans le manuel d'Aschaffenburg. Il ne veut toutefois pas dire auto-érotisme (pour des raisons connues), mais " autisme " ou " ipsisme ". Pour moi, je me suis déjà habitué à auto-érotisme [66]. »

Tel est le destin de ce terme qui va triompher dans l'histoire de la psychiatrie, pour désigner le symptôme majeur de la schizophrénie, c'est-à-dire la polarisation de la vie mentale du sujet sur son monde intérieur, dans une perte de contact avec la réalité. Chose étonnante, l'aventure de cette contraction sémantique, chargée d'exclure le sexuel du domaine des psychoses, n'est pratiquement pas mentionnée dans les manuels de psychiatrie. Est-ce parce que l'autisme dénote en lui-même l'auto-érotisme, auquel cas Freud a gagné contre Bleuler et le sexe détourné n'en est pas moins le sexe? Est-ce au contraire parce que l'autisme ne contient plus de références au sexe, auquel cas Bleuler a triomphé de Freud et le sexe contourné ne s'appelle plus le sexe? La vérité est ailleurs sans doute et la victoire est « partagée ». En réalité le savoir psychiatrique a maintenu l'*auto-érotisme* à côté de l'*autisme,* en évacuant les liens historiques qui unissent les deux termes. Le premier garde un contenu sexuel et le second l'exclut. Bataille de mots, guerre de concepts : splendide passe d'armes, superbe hypocrisie!

Contre Bleuler, Freud maintient l'auto-érotisme, tandis que Jung, pris en sandwich, tire son épingle du jeu et introduit, hors du terrain mouillé, le terme d'*introversion* (1910), sorte de compromis entre la Suisse et Vienne, qui désigne le détachement de la libido de ses objets extérieurs et son retrait sur le monde intérieur du sujet. En 1914, dans *Pour introduire le narcissisme* [67], Freud reprend la formulation jungienne en limitant l'usage de l'introversion au retrait de la libido sur des fantasmes. Il lui oppose le concept de *narcissisme* : primaire, comme investissement de la libido pour elle-même, secondaire, comme retrait de la libido sur des fantasmes. Alors que Jung connote la psychose comme névrose d'introversion, Freud la connote comme névrose narcissique.

L'aventure du concept d'autisme se termine sur une note d'humour : en 1908, Bleuler fait un voyage à Vienne et rend visite à Freud. Il défend avec passion son refus du sexuel et celui-ci rétorque que personne ne sera capable de trouver un mot susceptible de remplacer celui de sexe : « C'est un remède de bonne femme », s'exclame-t-il [68].

Si cette notion dérive d'une exclusion du sexuel, celle de schizophrénie met en jeu l'un des concepts majeurs que se partagent au début du siècle la théorie freudienne et le savoir psychiatrique. *Schize* en grec veut dire dissociation, rupture, clivage, *Spaltung*, en allemand.

Les travaux de la fin du XIXe siècle sur l'hystérie et l'hypnose sont imprégnés comme on l'a vu de l'idée d'un « ailleurs » et de notions telles que le « dédoublement de la personnalité », la « double conscience », l' « étrange », etc. Breuer, Freud et Janet partent de ce terreau et posent l'hypothèse d'une coexistence au sein du pychisme de deux groupes de phénomènes, voire de deux personnalités qui peuvent s'ignorer mutuellement. Pour la psychanalyse, l'histoire de l'élaboration du concept de *clivage (Spaltung)* va de pair avec celle de l'inconscient. Elle commence dans la rencontre avec Charcot et Bernheim et se termine à la mort de Freud.

Très tôt l'*Ichspaltung* ou *clivage du moi* désigne une division intrapsychique, c'est-à-dire une position conflictuelle du moi, dans laquelle le sujet est séparé d'une partie de ses représentations. Par cette avancée, Freud opère une rupture avec la psychologie du dédoublement fondée sur le primat de la conscience. En effet, si le moi est clivé, dans le cadre d'un système psychique, bâti sur une topique, et lui-même séparé en trois instances, l'idée d'une dualité hiérarchisée entre une conscience et une supraconscience est abandonnée au profit d'une sorte de dialectique des divisions. Le moi clivé n'est pas un moi à part entière, la conscience n'est plus la partie rationnelle d'un subconscient caché, mais au contraire ce moi, cette conscience sont eux-mêmes pensés sous la catégorie d'un inconscient, à l'œuvre, en acte, en mouvement. Le sujet divisé est le lieu d'une coexistence « pacifique », c'est-à-dire « conflictuelle », entre deux attitudes psychiques; l'une contrarie l'exigence pulsionnelle et tient compte de la réalité, l'autre la dénie et met à sa place une production désirante. Dans cette optique, les « deux attitudes persistent côte à côte sans s'influencer réciproquement [69] ».

Éclairé par la psychose d'un côté et par la perversion de l'autre, le concept de clivage du moi va acquérir après 1920 un statut spécifiquement analytique. Chez Freud, la psychose n'est pas retrait, autisme, mais reconstruction. On trouve en elle, comme dans la névrose, la coexistence des deux positions du moi : l'une tient compte de la réalité, l'autre se traduit par la production d'une nouvelle réalité, délirante, mais aussi « vraie » que l'autre. On voit donc pourquoi, dans le débat avec Jung et Bleuler, Freud privilégie la paranoïa contre la schizophrénie, en maintenant toutefois deux versants psychotiques. Par elle, et à travers la division ternaire des lieux, se met en place une organisation structurale de la personnalité délirante, où l'ordre rigide du normal et du pathologique est aboli au profit d'une dialectique du refoulement qui rend compte de l'ensemble du fonctionnement de l'appareil psychique. La paranoïa contre la schizophrénie, c'est le choix de la « structure » contre celui de la « description », du « refoulement » contre celui de la « communication », etc.

Du côté du fétichisme, c'est par rapport à la castration que Freud retrouve encore la coexistence et la persistance, au sein du moi, des deux attitudes contradictoires. Le fétichiste dénie le fait d'une perception qui lui montre le défaut de pénis chez la femme; ce déni conduit à la création d'un fétiche, substitut d'un imaginaire pénis féminin; mais simultanément il reconnaît le manque et identifie une différence entre les sexes [70].

L'itinéraire de la *Spaltung* dans le discours psychiatrique est fondamentalement différent. Sous ce terme, Bleuler entend un trouble des associations qui régissent le cours de la pensée : d'où la dénomination de schizo-phrénie, qui témoigne de l'existence première de ce trouble. Le symptôme primaire est l'expression directe du processus morbide, tandis que le symptôme secondaire est la réaction de « l'âme malade » à cette pathogénie. D'où l'existence d'une *Zerspaltung,* désagrégation ou éclatement de la personnalité, et d'une *Spaltung,* ou clivage des pensées en plusieurs groupements. La *Spaltung schizophrénique* de Bleuler va subsister dans le discours psychiatrique français sous le terme de *dissociation.* En l'absence d'une véritable théorie de l'appareil psychique, cette notion se rapproche de ce que Freud décrit comme étant le propre de l'inconscient. Elle inclut l'idée d'un déficit à l'origine de la désagrégation du processus mental. La schizophrénie sera reconvertie par Laforgue et Pichon en *schizonoïa* tandis que la *Spaltung freudienne* sera relue par Lacan en termes de *sujet divisé* ou *barré,* et de *refente.*

Après la rencontre avec Charcot et l'arrachement de l'hystérie à la neurologie, le débat sur la clinique des psychoses, qui coïncide avec les débuts du mouvement psychanalytique, se poursuit à l'intérieur d'une relation où Freud joue contre Jung la carte de la conquête d'une Terre promise, la carte de sa politique de la psychanalyse. Face au fils adoptif, rebelle et prodigue, il est successivement Hannibal, Alexandre et Moïse. Une fois de plus, les déplacements géographiques concordent avec les lieux de l'imaginaire. En 1908, Freud est invité par Stanley Hall, président de l'université Clark à Worcester dans le Massachusetts, à se rendre en Amérique. Ce voyage a lieu en 1909 en compagnie de Jung. Freud emmène également Ferenczi, son fils de cœur.

Le nouvel Hannibal traverse l'Atlantique sur un galion au nom prestigieux, le *George Washington.* En 1909, la Terre promise de la psychiatrie zurichoise semble perdue tandis que celle du continent américain déploie ses charmes. Pourtant le conquérant allait être conquis, et la psychanalyse légalisée. L'épopée maritime devait aboutir à la victoire de l'Ouest sur l'Est.

II

La psychanalyse des notables ou la nouvelle conquête de l'Ouest

I. *La cause freudienne dans la Grande Guerre*

Au moment du conflit avec Jung, Freud et les disciples restés fidèles décident la création d'un *comité secret* afin de surveiller la marche de l'IPA et de rétablir l'orthodoxie de la doctrine face aux déviations théoriques jugées dangereuses. A l'origine, le comité est composé de six membres : trois Viennois, Sigmund Freud, Hanns Sachs et Otto Rank, un Berlinois, Karl Abraham, un Hongrois, Sandor Ferenczi et un Anglais, Ernest Jones. Max Eitingon rejoint le groupe en 1919. L'idée de ce cercle restreint émane de Jones qui s'inspire des histoires de paladins de Charlemagne lues dans son enfance. Freud fait cadeau aux membres de la secte d'une intaille grecque de sa collection privée. Montée sur un anneau d'or, elle devient le symbole d'un lien indestructible entre le suzerain et ses vassaux. Avec l'avènement du comité, la psychanalyse fait son entrée sur la scène de la légende arthurienne.

Selon Jones, qui en fut le président, le comité réalise pendant dix ans (jusqu'en 1922) la tâche qu'il s'est fixée. Il demeure une société secrète jusqu'en 1927, date à laquelle il se dissout dans le bureau officiel de l'IPA.

Le processus d'institutionnalisation de la psychanalyse comprend donc schématiquement quatre étapes principales. De 1902 à 1906, c'est le règne de la horde sauvage. De 1906 à 1912, on assiste à une expansion de la doctrine freudienne vers l'étranger, qui va de pair avec une professionnalisation de plus en plus importante de la pratique analytique. Durant cette période, Jung fonde la *Société Freud* à Zurich (1907), Abraham la *Société de Berlin* (1908), Brill la *Société psychanalytique de New York* et Jones l'*Association psychanalytique américaine* (1911). En 1910, l'IPA est devenue l'organisme dirigeant de toutes les sociétés déjà créées ou à venir. La période qui va de 1912 à 1927 voit se développer un mécanisme de double pouvoir. L'IPA continue son travail « unificateur » au milieu des dissensions, des exclusions et des départs, tandis que le comité dirige secrètement les affaires du mouvement. C'est l'ère du fanatisme religieux et du dogmatisme. Ferenczi fonde la *Société psychanalytique de Budapest* et Jones celle de Londres (1913), puis il crée l'*Association anglaise* (1919). Le développement du mouvement s'accompagne de la création de multiples lieux de publications : la revue *Imago* (1912), la *Zeitschrifft* (1913). Freud crée en 1919 une maison d'édition internationale, l'*Internationaler Psychoanalytischer Verlag.* En 1920, c'est la création de l'*International Journal of psychoanalysis,* présidé par Ferenczi. On organise également de nombreux congrès qui activent ou retardent l'éclosion des conflits mais contribuent à la diffusion des idées freudiennes : Munich (1913), Budapest (1918), La Haye (1920), Berlin (1922). La quatrième étape va de 1926 à 1939 et voit la dissolution du comité (1927) puis la fin du règne des « élites » sur les « masses ». La ligne « libérale » triomphe de la ligne « dogmatique ». La chute du pouvoir du comité est la conséquence d'une professionnalisation complète du métier, acquise au congrès de Bad Hombourg, en 1926, avec l'obligation de la cure à visée didactique imposée aux analystes. Cette date marque l'avènement de la « psychanalyse moderne » telle que nous la connaissons aujourd'hui, avec ses sociétés rivales, ses rituels de formation, sa bureaucratie, ses filiations transférentielles organisées, son culte des cadres et des petits chefs, etc. Comme nous le verrons ultérieurement cette période est capitale pour l'histoire de la psychanalyse en France car la *Société psychanalytique de Paris* voit le jour en 1926, en retard sur les autres, à une époque où la légalisation du métier d'analyste est en passe de devenir le fait dominant de l'organisation internationale du mouvement.

Nous avons vu comment fonctionne de 1902 à 1910 le mécanisme du pouvoir dans le mouvement psychanalytique. La période « anarchique » de la horde sauvage va de pair avec la position hannibalienne de Freud, mais déjà se met en place la tendance organisationnelle : celle-ci fonctionne dès 1906 et s'actualise en 1910 avec la création de l'IPA. Freud réalise alors son « rêve » : il devient un conquérant macédonien tout en restant dans la position d'un maître sans commandement. Avec la création du comité secret, une troisième variante de la représentation freudienne du pouvoir se développe, qui est déjà en acte dans les réunions du mercredi; avec elle, la psychanalyse prend l'allure d'une religion. Ici Freud n'est plus un Sémite révolté, ni un Macédonien rêvant de conquête, il fait retour à une identification antérieure; il retrouve sa culture juive et se prend pour Moïse. Durant cette période, apparaissent des tiraillements entre les Juifs du comité et le seul « goy » qui en fait partie, Jones. Le petit cercle des élus ressemble à une secte mystique dont les membres sont moins des savants que des prophètes ou des militants. Le comité est la métaphore d'une sorte de « judéité intégralement viennoise ». La défection de Jung a ravivé chez Freud et ses fidèles une véritable phobie de l'antisémitisme. Jones explique qu'il pouvait adhérer à l'optique juive de ses collègues du comité parce qu'il était gallois, c'est-à-dire issu lui-même d'une race opprimée : « Ils étaient tous extrêmement sensibles à tout signe d'antisémitisme, Freud compris, raconte-t-il à Brome. Il me regardait parfois d'un air railleur comme pour me demander : mais que faites-vous parmi nous, vous un non-Juif dont la langue maternelle n'est pas l'allemand? En tant que Juif, il n'avait pas échappé à la persécution, bien au contraire, et il était porté à inverser le mouvement. A une ou deux reprises, l'on a douté de moi, l'on m'a même soupçonné; ainsi je me suis trouvé en conflit avec les autres et au moins une fois j'ai pensé que le fait que je n'étais pas juif y était pour quelque chose [1]. »

En novembre 1907, Karl Abraham adresse à Freud une lettre où il lui dit son intention de quitter le Burghölzli pour s'installer à Berlin comme spécialiste des maladies nerveuses. Il est lui aussi pris en sandwich dans un réseau de nationalités. En Allemagne, comme Juif, et à Zurich, comme non-Suisse, il n'a pu aller au-delà d'un poste d'assistant. Il demande à Freud son soutien pour faire entendre les principes de la psychanalyse et compte s'appuyer sur sa formation psychiatrique qui fait défaut aux médecins berlinois. Abraham se méfie de Jung et de Bleuler. Il fait part de ses craintes à Freud, qui lui donne le conseil suivant : « Soyez tolérant et n'oubliez pas qu'à vrai dire, il vous est plus facile qu'à Jung de suivre mes pensées, car premièrement vous êtes entièrement indépendant, et ensuite, de par notre même appartenance raciale, vous êtes plus proche de ma constitution intellectuelle, tandis que lui, comme chrétien et comme fils de pasteur, trouve son chemin vers moi seulement en luttant contre de grandes résistances intérieures. Son ralliement a donc d'autant plus de valeur. Je dirais même que c'est seulement à partir de son arrivée que la psychanalyse a été soustraite au danger de devenir une affaire de la nation juive [2]. »

Après avoir voulu déjudaïser la psychanalyse en créant une association internationale dirigée par un fils de pasteur en révolte contre la religion de son père, Freud recentre les activités du mouvement à Vienne et renoue avec une judéité qu'il n'a jamais reniée. Autrefois il redoutait que la psychanalyse fût la proie des antisémites; or, avec la création du comité, il transforme celle-ci en une religion qui répond, en symétrie, à la peur de l'antisémitisme. En 1912, la psychanalyse tente de redevenir clandestine, occulte, « juive », inavouable.

A Sabina Spielrein qui cherche à le réconcilier avec Jung, Freud écrit cette lettre d'une violence inouïe : « Pour ma part, comme vous savez, je suis guéri de toute séquelle de prédilection pour les Aryens, et je veux supposer, si votre enfant est un garçon, qu'il deviendra un inébranlable sioniste. Il faut qu'il soit brun ou qu'en tout cas, il le devienne; plus de têtes blondes. Laissons courir ces farfadaiseries! [...] Nous sommes et nous restons juifs; les autres ne feront que nous utiliser toujours sans jamais nous comprendre ni nous respecter [3]. »

La création du comité secret est en fait l'actualisation de la composante mystique de la judéité freudienne, de celle qui a été refoulée par l'accès à une autre culture.

Une anecdote témoigne de la position de Freud au sein du comité; en

1914, la revue *Imago* publie un article *anonyme* intitulé *Sur le Moïse de Michel-Ange* [4]. L'auteur analyse la célèbre sculpture et conclut que celle-ci n'exprime pas la colère du prophète prêt à briser les Tables de la Loi mais l'effort suprême du grand homme pour maîtriser sa rage. A cette date, Freud écrit donc un article non signé, occulte, anonyme, pour mettre en scène l'acte manqué d'un Moïse à la fois défaillant et superbe. *Anonymat et failles :* ces deux éléments renvoient une fois de plus aux contradictions de la politique freudienne à l'intérieur du mouvement psychanalytique. L'anonymat est l'équivalent de la mystique de la clandestinité prônée par le comité. Il répond à l'appel du ghetto : rester dans le cercle, ne pas sortir des frontières, demeurer maître en sa demeure, sans s'exposer aux quolibets; l'auteur anonyme est par essence inattaquable, puisqu'il n'a pas de nom. La faille, c'est au contraire la position hannibalienne d'un maître sans commandement : celui-ci ne jette pas les Tables de la Loi, il maîtrise sa colère, mais cette maîtrise est signe de sa faiblesse, de son échec, de sa position de sujet décentré. Les tablettes de pierre risquent de lui échapper; un geste de trop et elles tombent; un geste et l'unité du mouvement psychanalytique est réduite à néant. En réalité, entre 1912 et 1922, le comité n'a pas réussi à sauver l'unité du mouvement. Celui-ci est rongé par une mosaïque de tendances divergentes. Comme l'Empire romain, il se défait de l'intérieur. En 1914, le mouvement psychanalytique est à l'image de l'Europe, au seuil de la guerre. Il est agité par la montée croissante de toutes les résistances nationales. A cette date la théorie freudienne commence à obtenir un succès à travers le monde, au moment même où son navire est déserté par le disciple « préféré » : Jung démissionne de la présidence de l'IPA et dissout la Société suisse.

Curieusement, Freud s'aperçoit que le système des conversions mystiques est au centre de la problématique des dissensions. Dans sa *Contribution à l'histoire du mouvement psychanalytique* rédigée en 1914, en pleine expansion du comité, il écrit : « Les antécédents théologiques de tant de Suisses n'ont pas joué dans leur attitude à l'égard de la psychanalyse un rôle moins grand que les antécédents socialistes d'Adler dans le développement de sa psychologie individuelle. » Pour étayer sa démonstration il prend une comparaison : « Supposons que nous ayons affaire à un parvenu qui se vante de descendre d'une famille de vieille noblesse, mais étrangère à la société au sein de laquelle il vit lui-même. Et voilà qu'on vient lui prouver que ses parents habitent à proximité et sont des gens de condition très modeste. Il ne lui reste plus alors qu'une ressource, à laquelle il ne se fait pas faute de recourir. Il ne peut plus renier ses parents, mais il prétend qu'ils sont eux-mêmes des nobles déchus et obtient d'un fonctionnaire complaisant des documents attestant leur noblesse. Les Suisses à mon avis n'ont pas agi autrement (avec la psychanalyse) [5]. »

Il faut lire cette parabole en appliquant à la démarche freudienne la grille qu'il applique à celle de ses disciples. Dans cette perspective, le judaïsme est à Freud ce que le socialisme est à Adler et la théologie protestante à Jung. Si l'on retrouve chez les disciples l'écho d'une croyance ou d'un mode de pensée qui marque leurs doctrines respectives, cela est vrai également pour le maître. Or Freud dénonce chez ses adversaires une appartenance religieuse ou morale qu'il ne voit pas fonctionner dans sa propre démarche. Il est si attaché aux idéaux scientistes de son époque qu'il se peint sous les traits d'un savant positiviste et pense que sa judéité lui a évité l'écueil du mysticisme chrétien ou du « fanatisme » socialiste. N'ayant lui-même jamais rien renié, il croit pouvoir « influencer » l'histoire du mouvement psychanalytique et éviter que se répète, dans la nouvelle communauté, le système des conversions et des reniements; c'est pour que les psychanalystes ne se dévorent pas entre eux qu'il crée le comité; comme l'IPA, celui-ci va devenir un nouveau lieu de conflits et de ruptures.

Pour comprendre le sens de la politique mystique et dogmatique inaugurée par le comité, il faut se référer à la définition donnée par Freud de la résistance. Dans le processus de la cure, celle-ci désigne les paroles et les actions par lesquelles un sujet fait obstacle à l'émergence de son inconscient. D'un point de vue épistémologique, l'introduction de ce concept, dès 1896, autorise une nouvelle compréhension de la naissance et de l'évolution d'une doctrine à partir de ses effets négatifs. Quand Freud renonce à l'hypnose et à la suggestion, parce que ses patients refusent de s'y soumettre, il rend possible la méthode des associations libres. Du même coup, il théorise une manière de raconter l'histoire, déjà pratiquée par de nombreux historiens, qui consiste à montrer que l'opposition rencontrée par une nouvelle doctrine est le symptôme de son progrès agissant. Si chaque grande découverte inflige à l'homme une humiliation narcissique, la résistance qu'on lui manifeste témoigne de son effet de vérité : elle est le signe « en négatif » de son agir inconscient. En théorisant le concept de résistance, Freud indique la possibilité d'une dépsychologisation de la méthode historique, quel que soit son objet, le collectif ou le singulier, le mythe ou les mentalités, etc. Rompre avec l'hypnose et la suggestion c'est en effet abandonner les notions d'influence, de transmission, de télépathie, etc. Dès 1896, Freud a compris que les réactions hostiles sont autant de preuves de la justesse de sa découverte : « Je ne possède ni sou ni maille, écrit-il à Fliess, mais un bloc informe de minerai qui contient une quantité inconnue de métal précieux. Dans l'ensemble je ne suis pas mécontent de mes progrès, mais l'hostilité qu'on me témoigne et mon isolement pourraient faire supposer que j'ai découvert les plus grandes vérités [6]. » Or en 1912, il met en œuvre une politique qui semble méconnaître ce processus. Les membres du comité se prennent pour les chevaliers d'une table ronde ayant à charge de maintenir une illusoire « pureté » de la doctrine. Comment expliquer cette contradiction qui va durer très au-delà de la Grande Guerre?

La politique du comité est à l'image du triomphe remporté par la doctrine freudienne en Europe et en Amérique. Triomphe par la « négative », aussi : la psychanalyse est sortie de son ghetto viennois; étant reconnue, elle est combattue mais en même temps pillée, assimilée, introduite, admirée. En 1921, on devient psychanalyste comme on devenait autrefois guérisseur. Dans l'iconographie véhiculée par la presse et les livres de vulgarisation, un psychanalyste est un étrange personnage; un savant comme Charcot, un thérapeute comme Bernheim, mais aussi un mage comme Cagliostro. A cette époque, des voyants s'installent en Angleterre et aux États-Unis avec le titre de « spécialistes formés à Vienne ». C'est l'ère où l'imposture voisine avec la science. Des journaux publient des annonces : « Voulez-vous gagner mille livres annuelles en devenant psychanalyste? Nous pouvons vous permettre d'y arriver. Prenez huit leçons par correspondance avec nous, au prix de quatre guinées la leçon. » C'est le temps où les « Meilleurs Analystes » promettent des cures miracles aux paralytiques : « Les " Secrets de l'Analyse " étaient révélés en " Six Leçons faciles ", écrit V. Brome, les photographies de Freud étaient utilisées pour conférer une certaine autorité à ces annonces adressées à de pauvres dupes incapables de comprendre les techniques freudiennes qu'ils voulaient appliquer [7]. »

Ce succès va de pair avec une hostilité amplifiée par un climat germanophobe. La psychanalyse semble responsable des mourants de Verdun. Ses opposants la qualifient de « science boche », de « produit typique de la décadence allemande et de la bestialité universelle ». Jones, qui s'occupe de la diffusion des publications psychanalytiques dans le monde anglo-saxon, mène une politique défensive. Il cherche à éviter de mentionner les attaches de la psychanalyse avec la pensée allemande en affirmant que Freud est autrichien avant d'être allemand, viennois plutôt qu'autrichien, peut-être tchèque et surtout juif, malgré sa langue. Il fait éliminer tous les germanismes du *Journal* et cède à l'adversaire. Dès lors l'adversité devient le lot commun des réunions du comité.

La politique du comité est donc aussi la réponse donnée par les dirigeants de l'IPA à cette situation anarchique. Se replier sur soi, sur l'esprit juif, sur le ghetto viennois, c'est tenter d'éviter de nouvelles dissensions et lutter contre un succès grandissant qui caricature, au-delà des frontières, la « vraie » psychanalyse scientifique.

Le dogmatisme du comité en matière de théorie va de pair avec l'affirmation d'une religion de la cause. Si pour l'antisémite le Juif est un barbare, le non-Juif est pour le Juif un danger. A partir de 1913, Freud semble oublier que ses premiers conflits eurent lieu avec des Juifs et charge Jung, l'Aryen, le protestant, le Suisse, de tous les péchés qu'il attribuera plus tard à ses dissidents juifs. Ce retournement traduit le fanatisme de Freud à l'égard de ceux qui n'obéissent pas à sa doctrine. Il les condamne sans rémission, comme la science officielle avait condamné sa découverte. En réponse ils le renient pour se convertir à une nouvelle religion.

Marthe Robert remarque qu'il y a deux manières de définir l'esprit juif dans ses rapports avec la transmission du savoir intellectuel. Tantôt le terme est pris dans un sens franchement péjoratif et la psychanalyse, déjà décriée comme science, est par surcroît dénigrée comme science juive, tantôt il sert à prouver que la pensée juive est par essence révolutionnaire auquel cas on cite pêle-mêle Freud, Bergson, Marx et Einstein. Dans les deux affirmations, l'esprit juif ne reçoit aucune définition. Il apparaît seulement comme une manière d'exprimer une différence entre une « race » juive et les autres « peuples »[8].

On pourrait dire que dans les deux cas de figure se cache un discours antisémite. Il est avoué et évident dans l'attitude dénigrante, il est voilé et refoulé dans le comportement philosémite. Décrier l'esprit juif ou l'inférioriser, cela revient au même que de l'étiqueter supérieur. L'antisémitisme est aussi la métaphore de tous les racismes : il est produit par la notion d'inégalité, contenue elle-même dans une démarche centrée sur la haine de l'autre et de soi-même. Freud était impie et athée mais toute sa vie il est resté membre de la loge juive libérale du B'nai B'rith devant laquelle il affirme un jour : « Étant juif, je me trouvais exempt de nombreux préjugés qui limitaient les autres dans l'usage de leurs facultés intellectuelles; comme Juif j'étais aussi préparé à rejoindre l'opposition et à renoncer à toute entente avec la majorité compacte[9]. »

Freud a toujours été convaincu de deux choses contradictoires qui se retrouvent dans la politique du mouvement psychanalytique. D'un côté, il pense que sa condition de Juif l'a aidé dans son combat, en lui permettant de renouer avec le thème spinoziste de la non-conformité aux tyrannies du savoir dominant; de l'autre, il affirme sans cesse que la psychanalyse doit se débarrasser de sa judéité pour se faire reconnaître par la science.

Cette attitude ambivalente explique le surgissement d'une « mystique juive » au sein du comité. La religiosité refoulée de Freud, exacerbée par la rupture avec Jung, fait retour dans une politique qui tend à transformer le mouvement en une secte. Avec la guerre, les thèmes de l' « union sacrée » et de la « patrie en danger » viennent renforcer les idéaux d'une judéité persécutée et repliée sur son ghetto. Tandis que l'Europe se transforme en champ de bataille, la psychanalyse brandit son étendard glorieux.

En 1914, ressurgit la notion d'ennemi héréditaire. Chaque peuple est le « Juif » ou le « barbare » d'un autre peuple. A cette date, Freud écrit sa *Contribution à l'histoire du mouvement psychanalytique* et, malgré la justesse de ses positions théoriques, le texte n'échappe pas à l'allure guerrière d'une époque où les nations rêvent de se déchirer. Sous la bannière d'une apologie « pro domo et pro patria », chacun s'accroche aux mamelles d'une terre en révolte. Le bellicisme domine les mentalités et dans tous les pays, les journaux affirment que le sol natal est entouré d'ennemis.

En France, on lorgne la ligne bleue des Vosges et l'on regrette l'Alsace et la Lorraine perdues en 1870. En Allemagne, on cherche à imposer à la France et à la Russie l'hégémonie de l'ancienne Prusse. En Russie, à l'est comme à l'ouest, on évoque les grands souvenirs historiques, l'encerclement par les Teutons et les Tatars. En Italie, on se souvient de l'occupant autrichien et l'on fait éclater l'idée de neutralisme. En Turquie, on n'oublie pas le Slave et son éternelle menace.

Dès les premiers jours du conflit, la haine de l'ennemi s'exprime dans toute la presse française. Maurras disserte sur la sauvagerie innée du sang allemand, tandis que Bergson dénonce la régression de l'Allemagne à l'état sauvage, sa brutalité, son cynisme, son mépris de la justice et de la vérité [10].

L'Europe va donc mourir pour les Balkans et les États-Unis, bientôt, vont la suivre et mourir pour l'Europe. Plusieurs fois, lorsqu'un conflit a menacé d'éclater à propos des Serbes et des Bulgares, Berlin a retenu Vienne et Paris freiné Saint-Pétersbourg. On n'imagine pas, quand se produit le crime de Sarajevo, qu'une lutte localisée sera à l'origine de la première guerre civile internationale du XXᵉ siècle. Les terroristes serbes liés aux services secrets commettent leur attentat en juin 1914 contre l'archiduc François-Ferdinand, héritier libéral du trône de Vienne. Ils pensent que la mort de celui-ci va susciter une intervention autrichienne contre le gouvernement de Belgrade qu'ils accusent de trahir l'idéal de la grande Serbie. Les milieux panslavistes de Saint-Pétersbourg soutiennent Belgrade tandis que l'Allemagne pousse Vienne à agir. Berlin pense que la France va retenir la Russie et que l'Autriche peut tranquillement châtier son ennemi. Mais le revanchard Poincaré ne voit pas les choses ainsi. Il assure l'allié russe du soutien de la France. Saint-Pétersbourg mobilise et Paris fait de même, début août. L'Angleterre n'attend que cela pour jeter sa gourme. Guillaume II a cru la tenir à l'écart du conflit en démontrant sa force par l'invasion de la Belgique. Faux calcul : menacée, la Grande-Bretagne hâte son entrée en guerre.

A Verdun, six mois durant, c'est le « tourniquet des combattants », l'hécatombe dans les deux camps. Bientôt, il n'y a plus de front mais un enchevêtrement de boyaux et de tranchées. Isolées dans la nuit, la crasse, la boue, traversées par l'odeur des cadavres, les unités sont livrées à elles-mêmes. Chaque soldat acquiert la conviction que le sort de la bataille dépend de lui. Les combats à l'arme blanche font autant de carnages que les tirs d'artillerie ou les gaz asphyxiants.

Très vite, les premiers chars d'assaut tentent de venir à bout des tranchées, puis l'aéroplane et les zeppelins se partagent l'espace aérien. Enfin la guerre sous-marine fait son apparition, et c'est la « guerre dans la guerre ». Le panislamisme s'éveille, visant à reconstituer un empire s'étendant du Pamir à l'Indus et au Nil. Le pangermanisme lui répond avec son ambition de régner à l'ouest sur une frontière qui irait de Boulogne à la Meuse et au Rhône, en annexant Brest, Toulon, la Belgique et ses colonies, le Luxembourg et les Pays-Bas. La France aussi veut étendre son influence au-delà de ses frontières. Officiellement, elle revendique l'Alsace et la Lorraine, mais elle pense à la rive gauche du Rhin, à la Sarre. Elle rêve de démanteler l'Empire allemand, d'abattre la Kultur sous le flambeau de la Civilisation. Avec l'Angleterre et l'Italie, elle envisage de se partager l'Empire turc. Les Britanniques cherchent à s'approprier les colonies allemandes, tandis que les Allemands songent à constituer des Indes africaines, qui regrouperaient le Maroc, l'Afrique équatoriale, Madagascar, les colonies portugaises. Ils ressuscitent l'idée du « Drang nach Ostern » en voulant occuper la Pologne, l'Ukraine, le Caucase. Dans un camp, un conflit oppose les Franco-Britanniques aux Grecs lors de l'opération de

Salonique, tandis que les Italiens se disputent avec les Serbes. Dans l'autre camp, c'est la querelle entre les Allemands et les Turcs, dans le Caucase.

Les militaires allemands croient impressionner les Américains en coulant leurs navires qui se rendent en Angleterre. Fausse manœuvre. La guerre sous-marine suscite l'intervention des États-Unis dans le conflit qui amène la défaite des Empires centraux.

Le traité de Versailles signé en juin 1919 dépossède l'Allemagne de l'Alsace-Lorraine, de la Posnanie, d'Eupen et Malmédy et de ses territoires d'outre-mer. On décide l'organisation d'un plébiscite pour savoir si la Silésie sera allemande ou polonaise, si la Sarre retournera à l'Allemagne ou restera française. L'Allemagne est jugée « responsable » de la guerre. Son armée est réduite à la portion congrue et sa flotte confisquée. On exige le paiement de lourdes réparations. Le peuple allemand juge iniques ces clauses désastreuses où les vainqueurs prétendent se venger des vaincus et agir au nom du droit des nations à disposer d'elles-mêmes. Plus tard, la légende naîtra outre-Rhin du fameux « coup de poignard dans le dos », selon laquelle la révolution spartakiste aurait anéanti une armée jusque-là invaincue par ses adversaires. Même fausse, cette histoire tenace va maintenir le prestige de l'armée et de ses chefs et contribuer à répandre dans les masses des idéaux revanchards. Humilié par les puissances européennes, le peuple allemand prête l'oreille aux principaux slogans nazis parmi lesquels revient de manière lancinante la volonté furieuse d'annuler les clauses du honteux traité.

Par les traités de Trianon et de Saint-Germain conclus en 1920, les populations qui ont formé l'Empire austro-hongrois se trouvent « balkanisées » en trois groupes. Le premier est attribué à ceux qui se sont rangés du côté des vainqueurs. Le second groupe comprend l'Autriche d'une part et la Hongrie de l'autre. L'Autriche est amputée des Sudètes, de langue allemande, au profit de la Tchécoslovaquie et du Tyrol, annexé à l'Italie. La Hongrie est dépossédée d'un tiers de sa population (la Transylvanie) en faveur de la Roumanie. Dans le troisième groupe se trouvent les Slovaques, les Slovènes et les Ruthènes qui vont aux États héritiers alliés des vainqueurs. Au cours de l'été 1919, juste après la signature du traité de Versailles, Bela Kun instaure la Commune de Budapest, une République des Conseils, qui prend pour modèle la démocratie des Soviets. On crée à l'Université la première chaire d'enseignement de la psychanalyse, confiée à Ferenczi. Il n'a pas le temps de l'organiser [11]. Les troupes de l'amiral Horthy, appuyées par les militaires français, reprennent la capitale et se livrent à une sanglante répression. Le vainqueur installe une monarchie sans roi, un régime conservateur et antisémite. Il signe le traité de Trianon qui tranforme la Hongrie millénaire en un royaume caricatural. Vingt ans plus tard, il s'allie au Reich pour reprendre à la Roumanie une partie de la Transylvanie.

Tous ces traités ont une grande importance pour l'histoire du mouvement psychanalytique. A partir de 1920 et jusqu'en 1939, une guerre acharnée va opposer les « vaincus du ghetto » et « les vainqueurs de l'Ouest », les minorités démantelées, fanatiques, épuisées, et les libéraux triomphants. Le comité secret fusionne avec la direction de l'IPA tandis que Freud perd les rênes du commandement qui passent progressivement aux mains de Jones et des Anglo-Américains. C'est la fin de l'Autriche des Habsbourg; c'est aussi la fin de la mystique juive viennoise et le début d'un nouveau fanatisme qui prolonge l'ancien. La défense de la cause prend alors l'allure d'une croisade. Freud devient un personnage de légende, écarté de la direction effective des affaires. C'est le temps des notables de la psychanalyse, l'ère des sociétés légales et honorables. C'est l'époque du métier codifié avec ses lois, ses rituels, ses engrenages, sa hiérarchie. Comme les nations vaincues, les sociétés psychanalytiques se déchirent entre elles, par le biais des grands congrès internationaux. Elles s'émancipent du ghetto viennois pour tomber sous la tutelle du libéralisme occidental. Après le départ d'Eitingon pour la Palestine et l'émigration des Juifs vers l'Ouest, Jones va devenir une sorte d'arbitre du mouvement psychanalytique. Il va gérer les affaires du vieux continent dans l'optique pragmatique du Nouveau Monde. C'est le temps de la psychanalyse « utile », démocratisée, adaptée à l'usage du « genius loci ». Chaque nation fabrique sa théorie et sa pratique « pro domo et pro patria », tandis que les idéaux de l'Amérique triomphante évincent ceux des minorités rivales. La langue anglaise devient universelle dans les congrès, les journaux et les publications, tandis que la langue germanique se fait honteuse, tels les vaincus d'outre-Rhin. L'humour anglo-saxon, le joke, supplante le Witz [12].

Quelques années après la conférence de la paix le diplomate américain William Bullitt envisage de consacrer un chapitre à Wilson dans un livre sur le traité de Versailles. Il rencontre Freud qui lui propose avec enthousiasme de collaborer à la rédaction de l'ouvrage. Dix ans plus tard un volume a vu le jour. Les deux auteurs, le Juif agnostique et le chrétien convaincu, étant aussi têtus l'un que l'autre, des divergences apparaissent. Freud se met à modifier le manuscrit et Bullitt se fâche. Les compères décident alors de laisser le texte en sommeil et de signer en commun chaque chapitre. En 1938, l'ambassadeur rend visite à l'exilé de Londres. Celui-ci accepte de supprimer les modifications de 1932. Le livre est publié en anglais en 1966, après la mort de la deuxième femme du président américain [13].

Ignoré ou méprisé par les milieux psychanalytiques, ce portrait psychanalytique est l'une des œuvres majeures de Freud. Il parle de la politique et du gouvernement des hommes à la manière du *Prince* de Machiavel [14]. Si le commentateur de la tragédie des Borgia avait disposé des instruments de la psychopathologie, il aurait sans doute expliqué l'ascension de Wilson avec la plume de Freud et de Bullitt. Le récit du cas de ce président américain auquel Freud ne pardonna jamais le traité de Versailles constitue le second volet des aventures du président Schreber. Pour décrire son histoire, Freud renonce à établir une structure rigide entre le normal et le pathologique. Le président est atteint d'une maladie qui fait de lui un souverain dément. Identifié dès son jeune âge à la personne de son

« incomparable père », pasteur presbystérien et grand sermonneur, Wilson se prend d'abord pour le fils de Dieu avant de se « convertir » à une nouvelle religion, dans laquelle il s'attribue la place de Dieu lui-même. Pour réaliser ses rêves messianiques, il choisit la carrière d'homme d'État, cherchant à ressembler à Gladstone, son héros favori. Wilson est un homme constamment malade. Il a des troubles digestifs et des douleurs abdominales. Ses artères sont en mauvais état. Il est chétif, laid, neurasthénique et myope. Aliéné du monde réel, il applique en politique les méthodes de la Christian Science. Comme il ne sait pas comment interpréter les faits, il croit, par exemple, que Dieu est bon et que la maladie est mauvaise; puisque la maladie est en contradiction avec la nature même de Dieu, Wilson en vient à penser que si Dieu existe, la maladie n'existe pas : « Comment s'attendre, écrit Freud, à ce qu'un thérapeute de cette école s'intéresse à la symptomatologie. » N'étant jamais sorti hors des frontières de l'Amérique qu'il considère, après l'Angleterre, comme le plus beau pays du monde, il ne connaît pas la géographie de l'Europe et ne parle aucune langue étrangère. En 1920, il oublie donc l'existence du col du Brenner et livre à l'Italie les Autrichiens du Tyrol sans savoir qu'ils parlent allemand. Wilson aime la reine Victoria et pense que les Germains sont des bêtes sauvages; un soir, il fait confiance à un proche qui lui affirme que la communauté juive comprend cent millions d'individus, répartis aux quatre coins du monde. Quand on lui démontre que c'est faux, il a peine à le croire. Bientôt le grand homme est propulsé dans une tragédie à laquelle il ne comprend rien : la guerre internationale. Il veut être le missionnaire de la paix, et sera l'artisan d'une nouvelle guerre et le jouet de ses associés. Ainsi, il crée la Société des Nations *avant* de discuter des conditions de paix, moyennant quoi les vainqueurs, garantis par la sécurité américaine, peuvent dépecer tranquillement l'Europe et condamner l'Allemagne en toute impunité. Il croit alors tenir en quatorze points la clé de la fraternité universelle mais, au lieu de menacer ses partenaires avec des arguments économiques et financiers, il leur fait un sermon sur la montagne. Il pense aussitôt qu'il les a convaincus et quitte l'Europe, persuadé d'avoir établi une paix éternelle sur le monde.

Pour Freud, Wilson est le contraire d'Hannibal ou de Bonaparte. Ce n'est ni un révolté ni un véritable conquérant, mais un illuminé, incapable de dépasser la religion de son père. Quand les faits lui déplaisent, Wilson supprime les faits. Il obéit à ce fameux principe selon lequel si le gouvernement déplaît au peuple, le peuple doit s'en aller. Wilson, c'est littéralement la folie au pouvoir. Pour décrire ce don quichotte américain, Freud adopte la plume de Cervantès. Il regarde son héros avec une compassion et un humour d'où la haine et la violence ne sont pas absentes. Flanqué de ses idéaux grotesques, Wilson ressemble à Ubu ou à Arturo Ui, à un pantin exalté que le monde et lui-même prennent pour un grand homme alors qu'il est petit et ordinaire. Comme Brecht, Freud sait faire rire; il connaît l'art de se moquer des dictateurs qui sont des tigres de papier.

Ce livre n'est pas sans évoquer la figure dérisoire de la psychanalyse légalisée, de cette psychanalyse « wilsonienne » qui va triompher de Vienne et de l'Europe, en imposant au monde le visage d'un grand homme momifié. Don Quichotte au pouvoir, c'est un peu l'équivalent mimé d'Hannibal vaincu ou de Moïse assassiné. Wilson c'est l'envers ridicule de l'authentique grand homme.

On ne saura jamais quelles furent les modifications apportées par Freud et refusées par Bullitt. Mais il est certain qu'en 1932, Freud n'a toujours pas pardonné à Wilson le traité de Versailles, dont les conséquences ont été désastreuses pour le mouvement psychanalytique. En 1938 il aurait pu rendre le président américain « responsable » de son exil mais il ne le fait pas. Il est passé de l'aversion profonde à la compassion et supprime ses modifications. Il a rendez-vous avec Moïse et délaisse Ubu. La tragédie se substitue à la comédie; les traités « scélérats » ont porté leurs fruits : l'œuvre freudienne est en partie étranglée par l'Amérique et mise en flammes par le nazisme.

II. *Les illusions perdues*

Le processus qui amène la légalisation du métier de psychanalyste se déploie dans trois domaines : la question de la *Laienanalyse* [15] oppose les partisans de la cure pratiquée par les médecins aux défenseurs de l'analyse faite par les « amateurs ». Le problème de la psychanalyse des enfants est soulevé par Mélanie Klein, dont les thèses s'imposent contre celles d'Anna Freud. Enfin la discussion sur la formation des thérapeutes débouche sur l'obligation, étendue à toutes les sociétés, de l'analyse dite « didactique ». Les conflits qui apparaissent dans ces trois domaines sont du même registre. Il s'agit chaque fois d'un bouleversement historique et théorique qui vise à adapter la découverte freudienne, sa technique et sa méthode, à l'ordre social dominant et aux idéaux thérapeutiques nécessaires à le maintenir. Fait remarquable : c'est l' « american way of life » qui assure un triomphe véritable au freudisme et donne à la psychanalyse ses débouchés les plus larges. L'Ouest est colonisé par la « science » venue de l'Est, au prix d'un renversement selon lequel l'Ouest conquis impose sa domination politique et idéologique à l'Est conquérant, dont la guerre mondiale a amené le déclin. Autrefois les pionniers de la Nouvelle-Angleterre avaient réussi à faire entendre leurs lois et leur culture à l'Ouest sauvage en liquidant ses héros légendaires et en exterminant la race indienne. Avec la nouvelle configuration « wilsonienne » du monde, la conquête de l'Ouest prend une autre tournure, à l'échelle de deux continents. L'Europe vaincue découvre le modernisme américain, tandis que l'Amérique vient chercher sur le terrain de la vieille Europe les idées neuves qui lui manquent pour donner sens à son élan pragmatique.

Durant les années qui suivent la guerre, le mouvement psychanalytique se trouve confronté au même problème que le magnétisme un siècle plus tôt : celui du charlatanisme. Faut-il réserver le droit de pratiquer la cure par la parole aux seuls médecins, ou au contraire peut-on l'étendre à des non-médecins? Dans ce dernier cas une formation stricte et appropriée doit être mise en œuvre dans les diverses sociétés. D'autre part, si les psychanalystes se posent comme les chirurgiens de l'âme, c'est que leurs idéaux se rapprochent de ceux de la pédagogie ou de la religion. Dans cette optique, leur profession s'apparente à celle des éducateurs et des directeurs de conscience. La psychanalyse est alors une thérapeutique à l'usage des égarés, des déviants ou encore des enfants qui sont les « pervers » de la civilisation. Dans le mouvement international, le débat sur la psychanalyse des enfants fait suite à celui inauguré par Freud avec Bleuler et Jung, sur le traitement des psychoses. Une nouvelle Terre promise reste à conquérir et la Suisse, avec son éthique protestante, est le lieu d'élection d'un débat qui va s'étendre au Nouveau Monde. Tandis que les discussions sur la Laienanalyse se déroulent avec les Anglo-Américains, celles sur la pédagogie débutent sur le même terrain que celles sur la folie, par la rencontre en 1908 entre Freud et Oskar Pfister.

Celui-ci est zurichois, pasteur et fils de pasteur. Il a pris connaissance de la psychanalyse par Jung, Bleuler et le Burghölzli. Lors du conflit de 1913, il reste fidèle aux thèses viennoises malgré ses résistances sur le problème de la sexualité. Après la guerre, il devient pour Freud un interlocuteur privilégié, au moment où se constitue une nouvelle société freudienne sans Jung et les jungiens. A côté de Binswanger et de Rorschach [16], il fait partie du bureau directeur du groupe. Hanns Sachs, en convalescence sur les bords du lac, surveille avec méfiance l'évolution du mouvement suisse et se montre réticent devant sa demande d'affiliation à l'IPA. Le débat qui se poursuit entre Freud et Pfister et culmine en 1927 avec la publication de *L'Avenir d'une illusion* [17] est de même nature que celui qui oppose les partisans et les adversaires de la Laienanalyse. Pour le Viennois, la méthode analytique ne relève pas plus d'une thérapeutique médicale que d'une « Seelsorge » ou direction des âmes. Le psychanalyste n'est ni un médecin qui soigne, ni un pasteur qui conseille, ni un pédagogue qui oriente. Freud démontre à Pfister qu'on ne peut concilier la religion et la science, ni la pratique de l'inconscient avec les illusions d'une pédagogie directive. Le Zurichois n'est pas médecin mais il entend établir des liens entre le dialogue pastoral et la relation thérapeutique, entre la cure par la parole et la direction de conscience. Le ministre du culte, par sa fonction de confesseur, est un pôle d'attraction pour les croyants qui viennent lui demander secours. Ceux-ci souffrent de conflits psychiques de nature névrotique où les difficultés sexuelles sont au premier plan. Ils préfèrent se confier au curé qu'au médecin. Pfister et ses condisciples se trouvent donc engagés dans une forme de pédagogie adaptatrice qui consiste à soutenir les brebis malheureuses dans leur effort pour guérir de leurs symptômes; le directeur d'âme doit conseiller le « dirigé » et l'amener à modifier sa conduite. A la demande de Pfister, Freud répond par l'argument de la *neutralité analytique :* le psychanalyste ne peut trouver de recours ailleurs que dans *sa* science; il ne doit ni conseiller son patient, ni diriger ses pensées, mais seulement l'écouter et interpréter ses rêves et ses symptômes [18].

Entre 1925 et 1930, la notion de prophylaxie prend un essor considérable. Chez Freud et ses disciples, la pédagogie d'inspiration psychanalytique semble être un moyen d'assurer l'éradication des névroses de l'adulte. L'époque se prête à tous les rêves de société nouvelle et la révolution des mentalités est à l'ordre du jour. Dans le mouvement communiste se profile la grande figure stakhanoviste de l'homme nouveau libéré des contraintes du capitalisme et de la famille bourgeoise. Ailleurs, on songe à de nouvelles manières de vivre le sexe, la liberté ou la création artistique. De Zurich, territoire neutre au cœur du grand carnage, le dadaïsme a lancé son slogan de destruction des formes traditionnelles. A la suite le surréalisme a pris la relève, et le mythe de l'enfance retrouvée suscite partout l'enthousiasme d'une intelligentsia confiante dans la valeur des idées neuves. A Moscou, Vera Schmidt a créé un institut où sont appliquées des méthodes éducatives égalitaires et non répressives. A Berlin, Wilhelm Reich cherche à développer des expériences thérapeutiques dans la classe ouvrière. A Paris, Marie Bonaparte promet un avenir radieux à la prophylaxie infantile des névroses [19].

Freud soutient de nombreuses innovations mais se montre réticent. A ses yeux le problème est ailleurs. Contre les vitalistes et les partisans d'une société non répressive, il pose le principe de la pulsion de mort et doute de l'existence d'une communauté sans contraintes. Dans cette optique, l'adaptation à la vie réelle passe par la sublimation. Freud est adepte des réformes plus que des révolutions. Toutes les religions, communistes, chrétiennes ou autres relèvent pour lui d'une illusion pédagogique, d'une névrose. Il frappe « à droite » contre les conservateurs, partisans de la psychanalyse médicale, mais il cogne « à gauche » contre les évangélistes de tous bords, défenseurs de l'enfance heureuse et de l'homme libéré. Pour en découdre avec les idéaux de Pfister, Freud rédige *L'Avenir d'une illusion.* Dans ce livre, il vante les mérites du réalisme scientifique contre les arguments de la croyance. Pfister lui répond par un pamphlet intitulé *L'Illusion d'un avenir.* On pense à Marx et à Proudhon, au grand débat qui a opposé l'auteur de *Philosophie de la misère* à celui de *Misère de la philosophie,* mais on songe aussi à la polémique livrée par Édouard Pichon contre Freud. A la manière du Suisse, mais par un calembour plus proche du Witz que de l'inversion, le Français oppose à *Malaise dans la civilisation,* un article qu'il nomme *A l'aise dans la civilisation* [20]. Les enjeux sont retournés mais identiques. Pfister dénonce les illusions scientistes de Freud, son utilitarisme dénué de rêves et d'espérances. Pichon le renvoie à la « Kultur », à la pensée germanique, contre lesquelles il propose l'idéal d'une civilisation fondée sur la raison humaine, française, maurrassienne, cartésienne.

Dans le souffle de cette époque, ballottée entre deux guerres, Freud a

« théoriquement » raison. Il décrit « l'âme humaine » au plus juste de sa vérité : dans ses contradictions, ses folies meurtrières, son archaïsme. Mais ses idées restent minoritaires. Elles sont entachées d'un pessimisme qui n'est pas à l'ordre du jour. Plus elles s'énoncent, plus elles sont vulgarisées et plus elles sont rejetées, combattues par ceux-là mêmes qui semblent les adopter. En réalité, ce sont des notables qui dirigent les affaires du royaume, et la psychanalyse est devenue une nouvelle religion.

On pourrait dire que l'échec relatif que Freud rencontre dans le domaine des psychoses et dans celui du traitement des enfants tient au statut particulier qu'il leur attribue dans les deux cas célèbres publiés avant-guerre [21]. En effet, il aborde la paranoïa de Schreber et la phobie du petit Hans dans un travail où la relation directe entre le patient et son thérapeute est absente. Du côté de Schreber, il ne s'agit pas d'une cure, mais d'un « portrait psychanalytique » rédigé à partir de la lecture des mémoires du névropathe. Du côté du petit Hans, c'est Max Graf, le père, qui mène la thérapie de son fils en suivant les conseils de Freud. Il y a des raisons historiques à cela; la révélation de l'existence de la sexualité infantile est si scandaleuse pour l'époque que le thérapeute a besoin de la caution du pouvoir paternel pour faire admettre la justesse de ses thèses. Max Graf était un musicologue réputé, adepte du premier cercle viennois. Il se prêta volontiers à l'expérience qui amena la guérison partielle de son fils. Freud raconte qu'en 1922, un jeune homme vint le voir en affirmant être le petit Hans. Il se portait bien, malgré les malheurs que la bonne société avait prédits à un pauvre enfant violé dans son innocence par la psychanalyse. Il avait lu l'histoire de sa maladie et ne s'y reconnaissait pas. Il avait oublié la cure et l'analyse elle-même était devenue la proie de l'amnésie.

Il reste que l'enfant et le psychotique n'ont pas, dans la démarche de Freud, le même statut que les autres névrosés, notamment les hystériques. A l'origine, ils font l'objet d'une étude privilégiée où la mise à distance prend le pas sur la relation thérapeutique directe. Cette attitude pèse sur l'histoire du mouvement. Dans ces deux domaines Freud se trouve dans la situation de préférer la démonstration théorique à l'expérience concrète, comme s'il ne parvenait pas à détacher la pratique de la cure du théâtre de l'hystérie. Ce sont ses disciples psychiatres qui s'approprient le domaine des psychoses, tandis que celui de la psychanalyse des enfants est officiellement confié à Anna qui devient dépositaire en titre de l'héritage pédagogique de son père.

Après la guerre un grand tournant se produit dans la doctrine freudienne. Entre 1920 et 1926, la technique psychanalytique et la théorie sont bouleversées de fond en comble. Cette transformation touche plusieurs domaines. En premier lieu l'élaboration de la notion de pulsion de mort liquide les restes d'un vitalisme encore à l'œuvre dans l'organisation antérieure du psychisme. Par ailleurs la création d'une nouvelle topique centrée autour du moi et du ça réarticule la place de l'inconscient. Entre 1900 et 1906, celui-ci était pensé, selon un principe dynamique, comme un équivalent du refoulé. Dans son étude consacrée à la *Gradiva* de Jensen, Freud affirmait le lien entre les deux termes : « Inconscient est le concept le plus général, refoulé, le plus particulier », et « inconscient est un terme purement descriptif et indéfini sous bien des rapports; c'est pour ainsi dire un terme statique; refoulé est un terme dynamique... [22] ». En 1923 le moi, instance refoulante, est inscrit dans le processus inconscient et le terme *das Es* (le ça), emprunté à Groddeck, exprime l'idée littérale d'un *Unbewusste,* d'une force inconnue qui agit à l'insu du sujet. La lucarne du moi et du conscient se rétrécit d'une topique à l'autre. L'inconscient devient progressivement la partie vive et législatrice de l'être psychique. Rien ne s'oppose plus à son omnipotence et la conscience est pensée sous la catégorie d'un non-connu généralisé. Le moi n'est plus qu'une sorte de « hublot sur la réalité [23] ».

La deuxième topique obéit à la dialectique du décentrement déjà exprimée par Freud. L'introduction du concept de pulsion de mort agit dans le sens d'une affirmation renouvelée du principe de la blessure narcissique. Non seulement l'homme n'est plus maître en sa demeure, mais son activité psychique est commandée par une force indépendante du principe de plaisir qui tend à le faire régresser vers l'état inorganique. Si le ça inscrit le moi dans le processus inconscient, c'est que les pulsions du moi perdent leur autonomie pour obéir à la grande opposition entre les pulsions de vie et les pulsions de mort. Penser la catégorie du moi sous celle du ça revient à énoncer que la pulsion de mort définit l'essence même du processus pulsionnel. En elle, se réalise le caractère éminemment répétitif de la pulsion dans sa généralité.

La découverte de 1920 réactualise celle de 1900. Pour tenter de dégager le concept d'inconscient de son perpétuel ancrage héréditariste et psychologisant, Freud répète le geste inaugural de la *Traumdeutung,* à une époque où les principes de la psychanalyse commencent à être reconnus par la science officielle et en un temps où la pratique de la cure passe de l'état sauvage à un statut nouveau dans lequel la formation didactique recouvre la fonction thérapeutique, sous l'étiquette d'une législation. Dans un mouvement qui contredit cette avancée, Freud retourne aux sources de l'anatomo-pathologie. Il procède à une nouvelle ouverture des cadavres, mais cette fois-ci, le mort est caché dans le placard de l'inconscient. Il renoue avec les conceptions de Bichat pour produire, dans le domaine du psychisme, un équivalent « métaphorisé » du règne de la morbidité des organismes. Seule manière de protéger la théorie de l'inconscient d'une réappropriation « vitaliste » qui se fait pressante. Cette réactualisation d'un geste inaugural a des effets immédiats sur le mouvement psychanalytique. En 1920, deux mois avant la publication du texte sur la nouvelle topique, les concepts de moi et de surmoi servent déjà à édifier une nouvelle théorie du pouvoir fondée sur le principe de l'identification. *Psychologie des foules et Analyse du moi,* publié en 1921, est la conséquence directe de *Au-delà du principe de plaisir,* consacré à la pulsion de mort [24]. Sans l'introduction de cette notion, Freud n'aurait pas pu élaborer une Massenpsychologie cohérente avec sa doctrine du décentrement du sujet. La pulsion de mort lui permet de produire un modèle d'inconscient collectif irréductible aux formulations de Gustave Le Bon [25]. Freud s'inspire de la démarche traditionnelle de la psychologie des foules, et du même coup il s'en démarque en éliminant les notions d'hérédité, de profondeur, de mentalité, d'hypnose et d'archaïcité, bref l'héritage d'un certain darwinisme social, au profit d'une structuration des identifications inconscientes. Chez Freud, il n'y a plus de masses séduites ou intimidées par des tyrans mais un système de représentations imaginaires dans lequel l'inconscient échappe à la double alternance de l'individuel et du collectif. Ni la sociologie du comportement des foules, ni la psychologie des maîtres, mais une « psychanalyse » des idéaux de la chefferie et des modes de fonctionnement de son pouvoir.

Cette refonte d'ensemble de la doctrine va de pair avec une réflexion sur la pratique analytique. Il y a une relation de cause à effet entre l'introduction de la nouvelle topique, l'élaboration de la pulsion de mort et la bataille sur l'analyse profane. A partir de 1926, avec la publication de *Psychanalyse et Médecine,* Freud se lance dans la défense des praticiens amateurs contre les tenants de la médicalisation. Il cherche le moyen de doter sa doctrine d'un statut autonome où les idéaux du bonheur, de la guérison et de la pulsion de conservation seraient, non pas expulsés, mais réinterprétés dans le cadre d'une pratique spécifiquement analytique et conforme à la nouvelle théorie de l'inconscient. En d'autres termes, l'opposition de Freud aux partisans anglo-américains de l'analyse médicale obéit au principe de sa refonte doctrinale. Elle va de pair avec une lutte qui affirme le primat de l'inconscient sur la conscience, du ça sur le moi, de la pulsion de mort sur l'ego, du désir sur l'adaptation, du « démon » sur le bonheur et la religion, bref de la psychanalyse sur la psychologie. Il ne faut pas s'y tromper : le courant anglo-américain ne défend pas l'analyse médicale, contre la profane, pour affirmer la suprématie de la médecine sur la psychanalyse, mais parce qu'il trouve dans les idéaux de la médecine les moyens de mettre en œuvre une théorie du moi et de l'adaptation qui va en sens contraire de l'évolution de la doctrine freudienne et de sa réaffirmation du primat de l'inconscient. D'où ce paradoxe : plus le freudisme est reconnu comme idéologie majeure d'un renouveau de l'ancienne psychologie, plus la théorie freudienne s'énonce en sens inverse de cette reconnaissance, en opposant un pessimisme constant au triomphalisme dominant.

L'histoire d'une « cure didactique » donne une image assez claire de la situation de la pratique et de la théorie de Freud en 1921. A cette époque, de nombreux étrangers affluent à Vienne pour se faire analyser par le maître. Abram Kardiner qui deviendra, aux États-Unis, l'un des représentants importants du courant culturaliste, a raconté son analyse dans un livre publié en 1978 [26]. Il commence par suivre une cure à New York chez Horace W. Frink qui a été lui-même sur le divan de Freud. Insatisfait, il s'adresse à ce dernier et débarque à Vienne en octobre 1921. Freud ne reçoit presque plus de clients « malades » comme autrefois et tous ses patients sont des élèves en formation, qui cherchent à saisir le sens de la pratique analytique à travers une cure personnelle. Le maître partage son temps entre trois Anglais, quatre Américains et un Suisse. Chaque patient a droit à six séances par semaine, d'une durée de soixante minutes. Il consacre dix-huit heures aux Anglais et ne peut donner plus de trente heures aux autres. Freud réunit les six personnages et les informe de la solution qu'il a trouvée pour répartir équitablement le temps qu'il peut leur consacrer : « C'est Anna, ma fille, dit-il, qui a fait la meilleure proposition. Étant quelque peu mathématicienne, elle a calculé que 6 × 5 = 30 et que 5 × 6 = 30. Donc si chacun de vous consent à sacrifier une heure par semaine, je pourrai prendre tout le monde [27]. »

Bien des années après sa cure, Kardiner s'aperçoit que l'inventeur du concept de transfert ne sait pas reconnaître celui-ci quand il se présente dans la pratique. Au début du mois de mars 1922, Freud annonce à son patient que son analyse se terminera le 1er avril. Kardiner se rebiffe mais le maître reste inébranlable. Il lui rappelle que le délai fixé au mois d'octobre était de six mois. Celui-ci avait oublié ce détail. Il apprend que Frink doit revenir à Vienne pour faire une nouvelle « tranche » et Freud lui dit : « Vous avez dit un jour que l'analyse ne pouvait faire de mal à personne. Eh bien laissez-moi vous montrer quelque chose. » Il sort deux photographies : « Celle-ci représente Frink avant son analyse, et celle-ci a été prise après un an d'analyse. » Sur la première photo, Frink ressemble à l'homme que Kardiner a connu. Sur la seconde, il a l'air hagard, il est décharné et il accuse vingt ans de plus [28].

Au cours d'une discussion qui aborde le récent suicide de deux analystes à Vienne, Freud souligne avec humour : « Eh bien, le jour n'est pas loin où l'on considérera la psychanalyse comme une cause légitime de décès [29]. » Freud n'hésite pas à parler de son pessimisme et souvent il ne reste pas silencieux sur son propre désir. Un jour, Kardiner lui demande quel jugement il porte sur sa pratique et sur lui-même : « Je suis content que vous me posiez la question, répond Freud, parce que, à dire les choses franchement, les problèmes thérapeutiques ne m'intéressent pas beaucoup. Je suis à présent beaucoup trop impatient. Je souffre d'un certain nombre de handicaps qui m'empêchent d'être un grand analyste. Entre autres, je suis beaucoup trop un père. Deuxièmement, je m'occupe tout le temps de théorie, je m'en occupe beaucoup trop, si bien que les occasions qui se présentent me servent plus à travailler ma propre théorie qu'à faire attention aux questions de thérapie. Troisièmement, je n'ai pas la patience de garder les gens longtemps. Je me fatigue d'eux et je préfère étendre mon influence [30]. »

A Vienne, les rivalités entre Anglais et Américains sont très importantes. On sait que Freud parle plus à Kardiner qu'à ses autres patients. Un jour celui-ci est convié à prendre le thé chez ses collègues anglais, James Strachey et John Rickman; ils lui demandent comment il s'y prend pour faire parler le maître; des années plus tard, Kardiner fait cette réflexion : « Je présume que le comportement de Freud à l'égard de ces étudiants britanniques a donné naissance à " l'école anglaise " de psychanalyse, conformément à laquelle l'analyste n'ouvre pas la bouche, sinon pour dire bonjour et au revoir. Et cela peut durer quatre, cinq ou six ans. Je le sais, j'ai eu plusieurs personnes qui avaient été analysées par des Anglais, issus du même cru, qui ne leur avaient jamais parlé [31]. »

Le récit de Kardiner nous apprend qu'en 1921, Freud ne s'intéresse plus à la valeur thérapeutique de la cure. Il préfère la théorie à la pratique, et met ses talents de traducteur du message inconscient au service d'une méconnaissance de la dimension du transfert. Il ne peut s'empêcher d'être le père de ses disciples et règne en maître sur le petit cercle viennois. Il est l'objet d'un culte invraisemblable de la part de son entourage. Theodor Reik, par exemple, s'habille comme Freud, fume le cigare comme Freud et taille sa barbe comme Freud. On le surnomme « simili-Freud ». Le maître ne croit plus au bonheur de la guérison. Il est à la fois pessimiste, rigoriste et rempli d'humour. Doué d'une étonnante voyance, il se conduit souvent comme une diseuse de bonne aventure. En faisant ses adieux à Kardiner, il lui prédit un beau mariage, une brillante carrière et une certaine richesse. Celui-ci reste stupéfait. Quelques années plus tard, la « prophétie » se réalise.

Si l'on compare la situation de 1921 à celle du début du siècle, on s'aperçoit que l'enthousiasme s'est envolé et a fait place à une tristesse résignée. La cure n'est plus le témoignage vivant de découvertes grandioses. Elle ne possède plus la force magique d'autrefois. Elle a perdu son âme, sa vérité, sa valeur de ramonage, son caractère épique, sa puissance héroïque. L'aventure des grands soirs est finie. Emmy, Dora, Anna, Hans, l'homme aux loups, sont les fantômes insaisissables d'un continent perdu. Freud est devenu un maître à penser. Il enseigne, il transmet, il produit un travail théorique immense mais la cure n'est plus un lieu de références. Le roman d'amour de Gradiva et de son archéologue, avec son happy end et sa guérison miraculeuse, s'est éloigné de l'horizon de la psychanalyse. L'heure n'est plus à l'espoir et la tourmente approche. Dans les faits, avant même sa légalisation, l'existence de la cure didactique a rendu impossible l'analyse du transfert. Les disciples formés par Freud vont répéter les impasses du père fondateur. Mais à la différence de Freud, ils seront dans l'impossibilité d'avouer leur impuissance et couvriront par des rituels institutionnels les points aveugles de leur pratique.

On ne peut comprendre le sens de la bataille qui débute dans l'IPA en 1925 si l'on n'a pas saisi la place occupée par Freud dans la refonte théorique de l'après-guerre. Entre Hannibal vaincu mais révolté et Moïse assassiné, on trouve toujours l'histoire d'un chef sans commandement, d'un maître impossible.

III. *Les grands congrès*

En 1919, Bernfeld propose la création d'une association de non-médecins intéressés par la pratique de la psychanalyse, qui pourrait s'affilier à la société viennoise. Freud est favorable au projet qui n'aboutit pas. Six ans plus tard, Ferenczi le ressuscite et informe Freud de son intention d'annoncer au congrès de Hombourg (1925) la création d'un organisme intitulé *Les Amis de la psychanalyse*. Freud donne son accord et la discussion a lieu à l'intérieur du comité. Le projet est de nouveau rejeté et Jones affirme que le congrès ne l'aurait pas accepté. Freud, Ferenczi et Rank apparaissent dès lors comme les extrémistes de la non-médicalisation. Au moment où l'idée d'une séparation officielle de la psychanalyse et de la médecine est écartée, celle de la formation didactique est remise à l'ordre du jour; comme si le durcissement de la tendance des non-séparatistes allait de pair avec ce qui, en apparence, est son contraire : l'autonomisation du métier analytique. Or justement, le paradoxe est à son comble : plus on rejette l'analyse profane, plus on affirme la nécessité de l'analyse didactique. Ce double mécanisme, d'apparence contradictoire, reflète pourtant le sens profond du mouvement : il faut d'abord légaliser le métier d'analyste sur le modèle de la profession médicale, pour ensuite régler la question de la Laienanalyse puis de toutes les « spécialisations » (analyse d'enfant par exemple).

Max Eitingon, qui succède à Abraham à la direction de l'IPA, est un étrange personnage. Juif né en Russie, puis élevé en Galicie et à Leipzig, il fait ses études de médecine à Zurich où il prend connaissance de la doctrine freudienne par la lucarne de la Suisse alémanique. Jones est le premier des disciples de Freud à entreprendre une analyse « personnelle » pour des raisons de formation et non de « névrose ». Il choisit Budapest en 1913 et le divan de Ferenczi. Eitingon, lui, est le pionnier de l'analyse didactique, qui, à l'époque, est confondue avec l'*analyse de contrôle,* ou *supervision.* De Zurich, il rend visite à Freud en 1907. Il vient le consulter pour un cas grave qu'il a pris en traitement. Il accompagne son malade à Vienne et fait avec Freud de longues promenades à pied où il discute de son travail. Il revient ensuite en 1909 et termine, toujours avec Freud, sa longue marche didactique. Il quitte Zurich pour Berlin où il devient le collaborateur d'Abraham. Après la guerre, alors qu'il possède la nationalité autrichienne, il opte pour la polonaise : ce choix est offert en 1919 à tous les rescapés de l'Empire austro-hongrois.

Ce péripatéticien aux multiples nationalités est aussi le commis voyageur de la psychanalyse, le Juif errant du mouvement. Homme d'organisation, il devient en 1925 l'initiateur d'une modernisation sans précédent de l'institution analytique. Fasciné par son maître, il ne produit pas d'œuvre écrite, mais sert d'agent de liaison entre les principaux courants de la psychanalyse. A Zurich, il est viennois, à Vienne, il est déjà berlinois, à Berlin, il rêve de Jérusalem. Partout, il est russe et polonais et par-dessus tout il est juif, d'une sensibilité extrême à tous les préjugés antisémites. Il campe dans chaque ville, brasse des affaires, retient l'essentiel d'un enseignement, change d'opinion et de nationalité selon l'air du temps, invente, coordonne, réunit, organise. Il est riche et apporte un soutien matériel constant aux entreprises éditoriales de Freud. Eitingon est un héros de diaspora, une sorte de Peer Gynt du XXe siècle, à la recherche d'une patrie et d'une identité. Il navigue entre l'Orient et l'Occident, plein d'une judéité mystique, mais capable de tous les compromis avec la rationalité. L'esprit de clan s'allie chez lui au sens pragmatique. Eitingon est le symptôme même de la psychanalyse errante en quête de légalisation. Il incarne mieux que quiconque cette « chose venue d'ailleurs », née de nulle part, dans un royaume en décomposition, orpheline, opprimée, sans terre, sans racines. A Freud, la solitude théorique; à Eitingon, le désert de Moïse.

En 1910, il rêve d'une Terre promise. Mais cet homme sans écriture ne tourne pas les yeux vers le savoir. Il est à la recherche d'une mère patrie et fait un voyage en Palestine, où il plante sa bannière. En octobre 1933 le nazisme l'empêche de respirer. Il retourne alors en Palestine où il organise une société de psychanalyse, donnant ainsi à une « science juive » une patrie arabe. Il revient au pays, fait ses valises et dit adieu à ses amis. Le 31 décembre, dernier jour de l'année, il quitte l'Europe pour ne jamais y revenir. En 1913, Freud avait écrit à Eitingon : « Vous fûtes le premier à approcher le solitaire, vous serez le dernier à le quitter[32]. »

A Hombourg, au cours d'une séance préliminaire Eitingon aborde les « problèmes techniques[33] ». Pour lui la question de la formation relève d'un « business meeting ». En 1925, l'IPA fonctionne comme la Mafia. Des émigrés de tout poil forment de grandes familles rivales. Tous parlent la langue anglaise avec divers accents. Des querelles éclatent pour des partages de territoires. On se dispute des zones d'influence. On siège à des banquets. On se raconte des histoires drôles en évoquant avec nostalgie les patois anciens et la terre natale. Dans les coulisses le Parrain est assis sur son fauteuil doré. On vient lui faire des confidences en baisant l'anneau qui orne son index. Le vieux chef parle peu et souffre d'une maladie de la mâchoire. Souvent, il marmonne ou se met en colère. On le croit sénile. Il est à l'écart des affaires mais gère encore l'empire. Ses fils sont prêts pour la relève et dirigent déjà les assemblées et les commissions.

La motion d'Eitingon a pour objet d'homogénéiser la formation des analystes entre les divers pays représentés. Elle comporte trois propositions préliminaires. En premier lieu, la formation doit échapper aux initiatives individuelles. Ensuite chaque société doit répondre de l'acceptation ou du refus d'un candidat local devant l'IPA, qui entérine la procédure sous sa responsabilité. Le troisième point introduit la réglementation de la notion de supervision (ou analyse de contrôle). L'instruction est nécessaire mais non suffisante pour une formation qui doit être complétée par la possibilité, pour les élèves, de commencer à conduire des cures sous la direction d'analystes didacticiens (ou reconnus comme tels).

On pourra alors affilier à l'IPA tout candidat qui aura parcouru un « cursus » complet, réglementé par les sociétés locales, sous l'autorité de l'organisme international. Cette procédure met le futur analyste dans une position de force vis-à-vis des diplômes extérieurs et étrangers à la cure elle-même. Eitingon propose en fait l'extension du pouvoir de l'IPA à des territoires non conquis : que cent fleurs s'épanouissent librement, à condition qu'elles poussent dans le jardin de la grande famille et que soient progressivement annexés les potagers encore vierges : « Le magnifique progrès de notre cause, souligne-t-il, ne doit pas nous faire oublier que le mouvement psychanalytique se développe en dehors de l'IPA. C'est inévitable et il est encore trop tôt pour espérer une unification centralisée [34]. » Toujours selon la motion, le but de l'IPA est de protéger et de développer le corps de la doctrine freudienne, à la fois comme pure psychologie et comme méthode d'application pour la médecine et la science du psychisme. Ni fusion prématurée, ni synthèse avec les autres champs du savoir, ni rejet. Cette position montre que le débat sur le séparatisme est au cœur de celui sur la formation. Eitingon prétend vouloir protéger la forteresse analytique alors même que le comité vient de refuser de programmer la discussion sur l'analyse profane. En ne mêlant pas les deux problèmes, il soutient explicitement le modèle médical à l'intérieur de la psychanalyse. Dans la suite de son exposé, il souligne que Freud est « hors jeu », à l'origine de tout le mouvement, mais décentré de son axe : « Personne ne peut se comparer à lui [35]. » Il note qu'à Berlin et à Vienne, il existe déjà des instituts de formation, tandis qu'à Budapest on a créé un comité spécial pour régler ce problème. Il propose la constitution de comités locaux qui se fixeraient les tâches suivantes : « Évaluation des chances du candidat – Désignation d'analystes *instructeurs* et d'analystes *superviseurs* (didacticiens et contrôleurs). Il faut différencier l'analyse didactique complète de l'analyse thérapeutique. Il y a d'un côté le savoir théorique appris dans les livres et les cours et de l'autre l'expérience pratique acquise dans la cure. De nombreux élèves courent le risque de reproduire la technique de leur propre analyste sans se rendre compte que pour une part, celle-ci était dictée par ce qu'ils étaient eux-mêmes comme patients [36]. »

Eitingon aborde encore la question de la supervision, faisant valoir les différences entre Berlin et Vienne. Dans la ville allemande, l'instructeur n'est pas la même personne que le superviseur, tandis que dans la cité autrichienne, on pense que l'instructeur du candidat est plus apte, le connaissant mieux, à devenir son contrôleur. Il prend parti pour les innovations techniques d'Abraham et du groupe berlinois, en soulignant que ce point de vue a l'avantage de fournir au futur praticien une double référence et une caution plus forte. La motion de Hombourg est acceptée à l'unanimité des participants (quarante personnes environ), après une discussion de trois heures et le projet est définitivement adopté l'année suivante au congrès de Bad Hombourg (1926).

Ainsi est tournée une page essentielle dans l'histoire du mouvement. L'avènement de la psychanalyse « moderne » se fait tranquillement par un acte légal, techniciste. Les disciples de Freud semblent, plus que leur maître encore, incapables d'en repérer les enjeux, au moment même où ils donnent à leur profession ses lettres de noblesse. Les mots superviseur, contrôle, candidat, instructeur, élève, comité, institut, formation ont remplacé les anciens vocables de l'époque héroïque. Il reste encore à fixer la durée des cures, puis le temps des séances. Freud a commencé son règne en gardant ses disciples sur son divan six semaines, sans précision du nombre de journées ou de séances. L'analyse avait lieu parfois au cours de promenades nocturnes. Les cas étaient « graves » et les ruptures sauvages. Il a continué, en 1921, en inaugurant la formule des trois six : six mois, six jours, six heures. Pour Kardiner, il est passé à cinq jours et cinq heures. Maintenant le temps des cures va s'allonger de six mois à six ans et plus, le temps des séances diminuer, et le nombre de jours raccourcir. La psychanalyse des notables est née, avec ses spécialisations, son technicisme, son moi fort et sa façon d'accommoder le transfert à tous les modes de transmission.

Pour comprendre le triomphe de la ligne berlinoise sur la viennoise, il faut retourner au congrès de Berlin de 1922. Dans son rapport sur la fameuse policlinique psychanalytique de cette ville, fondée en 1919-1920 sous l'impulsion d'Abraham, Eitingon avait repris en compte l'idée de Freud selon laquelle il fallait se tenir prêt pour le moment où la conscience sociale considérerait comme une obligation de prendre en charge l'aide psychologique au même titre que toutes les autres tâches de sauvetage et de santé. Freud avait énoncé cette vision prophétique en 1918 à Budapest. En 1922, en partie grâce à la bataille sur les névroses de guerre, le point de vue psychanalytique a gagné du terrain. C'est dans ce climat que se constitue la policlinique de Berlin. Des analyses se poursuivent avec succès et la rémunération se substitue à l'ancien bénévolat. Un noyau stable de collaborateurs est institué et renforcé par la présence de Mélanie Klein. On recrute également en 1921 F. Alexander, technicien remarquable, formé en un temps très court. Hongrois d'origine, il est analysé par Sachs et deviendra à Chicago le fondateur d'un courant orienté vers la psychosomatique. Les membres de l'équipe touchent de petits honoraires sans rapport avec le travail consenti. Le budget de la policlinique reste étroit. Dans ce cadre, se produisent les premières discussions passionnées sur la formation des analystes, la distinction de l'analyse didactique et thérapeutique, l'analyse de contrôle, la durée des séances et des cures et la gratuité de la thérapie.

« A la policlinique, écrit Eitingon, les cures sont payantes ou gratuites selon le cas. Pour des raisons pratiques et aussi pédagogiques nous souhaitons que les analysants paient, nous nous attendons à ce qu'ils paient autant ou aussi peu qu'ils peuvent. Quand ils prétendent ne rien pouvoir payer, nous les croyons et naturellement nous les analysons malgré tout. » Avec l'augmentation considérable du nombre des cures, il devient nécessaire de modifier la pratique et de former de nouveaux collaborateurs sur le tas. Des difficultés se présentent; au début on décide de réduire la durée de la séance de une heure à une demi-heure, mais on doit y renoncer : « Cela n'était possible que pour un nombre très limité de personnes, capables, même dans la névrose d'une discipline de " fonctionnaire prussien ". » Les patients viennent trois ou quatre fois par semaine et la policlinique compte jusqu'à cent trente analyses menées à leur terme entre 1920 et 1922. Des cours sont organisés, des leçons, des conférences et surtout des analyses didactiques et de contrôle. C'est Hans Sachs, venu de Vienne et passé par Zurich, qui est chargé de la direction des activités d'enseignement. En 1920, commence donc la première étape de la standardisation qui va triompher dans l'IPA [37].

Le débat sur la formation met en présence les partisans de l'école berlinoise et ceux de Vienne. Il débouche en 1926 sur l'adoption d'un projet concret qui recueille l'adhésion de la plupart des sociétés. Celles-ci en effet se trouvent dans une situation d'urgence : il faut mettre de l'ordre dans l'anarchie régnante par une législation appropriée. L'avènement du modernisme se fait sans heurts et dans un calme relatif : les conflits d'avant-guerre sont oubliés. En revanche, la bataille sur la Laienanalyse est d'emblée sanglante et ne débouche sur aucune solution. On dirait que le malaise qui frappe le mouvement après la guerre, et qui est recouvert par l'organisation d'un centralisme démocratique, fait retour, sous forme d'agitation frénétique, dans la querelle sur le séparatisme. Deux facteurs interviennent ici : l'entrée massive sur la scène de l'IPA des sociétés américaines favorables au modèle médical, et la furieuse passe d'armes de Freud qui affirme sans cesse son soutien aux partisans de l'analyse profane.

Avant la standardisation de 1926, de nombreux Américains non-médecins vont se faire analyser à Vienne dans des conditions parfois douteuses. Ils rentrent aux États-Unis au bout de six semaines pour pratiquer l'analyse, sans cursus, ni contrôle, ni formation sérieuse. Les Viennois appauvris par la guerre, comme Rank par exemple, vivent dans une situation précaire et acceptent n'importe quel client. L'obtention de devises étrangères, le dollar surtout, leur permet de se chauffer ou simplement de manger à leur faim, avant même d'acquérir une situation décente. Cet état de choses explique en partie pourquoi, en 1925, A.A. Brill, président de la société de New York, écrit un article désapprouvant l'analyse pratiquée par les non-médecins et annonce son intention de rompre avec Freud si celui-ci maintient sa position [38]. C'est ainsi que débute le conflit qui va opposer les Européens et les Américains pendant plus de vingt ans et qui divise encore aujourd'hui certaines sociétés analytiques. Le comité est écartelé : Eitingon se tient sur ses gardes, plutôt favorable à la médicalisation. Rank, Ferenczi et Freud lui sont farouchement opposés, tandis que Jones adopte une attitude d'arbitre.

Au printemps 1926, un événement met le feu aux poudres. A Vienne un patient intente un procès à son analyste, Theodor Reik, non-médecin, en invoquant le délit d'exercice illégal de la médecine. Reik gagne le procès en prouvant que son accusateur est déséquilibré. Il cherche ensuite à s'installer à Paris et René Laforgue le lui déconseille. La société de Paris ne se constitue qu'en novembre et en France la question de l'analyse profane est aussi rude qu'ailleurs. Freud se saisit de l'affaire et rédige un opuscule en forme de dialogue intitulé *Die Frage der Laienanalyse*. Abordant un problème majeur de l'histoire du mouvement psychanalytique, il prend soin de séparer le domaine juridique du champ théorique. En 1926, la législation n'est pas la même pour tous les pays : dans ceux où le pouvoir médical est puissamment installé, selon une tradition autoritaire et hiérarchisée, comme la France et l'Autriche, la loi est « préventive ». Elle interdit aux non-médecins de traiter des malades. Au contraire, en Allemagne, en

Amérique et en Suisse, pays dominés par l'éthique protestante, tout patient peut choisir de se faire soigner comme il l'entend et par n'importe quel guérisseur. Il n'y a pas de législation préventive, mais le malade peut faire appel en expiation d'un dommage causé.

Dans un même combat, Freud réclame une modification de la loi autrichienne, mais surtout il croise le fer avec ses adversaires à l'intérieur du mouvement psychanalytique. Son livre est écrit comme une plaidoirie d'avocat. En fait l'opposition à l'analyse profane apparaît bien comme une nouvelle résistance à la psychanalyse elle-même. A l'accusation de pansexualisme vient s'ajouter la défense de la médecine, par où s'engouffre toute la problématique de l'ego et du moi adapté.

A New York, Brill fait voter une loi déclarant l'analyse profane illégale. La Société psychanalytique adopte une résolution qui va dans ce sens. Freud radicalise ses positions et appuie un projet qui vise à dissuader les futurs analystes d'entreprendre des études médicales. A Hombourg, Jones suggère à Eitingon que soit inclus, dans le cadre de la commission internationale de l'enseignement, une réglementation sur les admissions, identique pour tous.

Eitingon prépare alors pour le congrès d'Innsbrück (1927) une solution de compromis afin de ménager le chou américain et la chèvre autrichienne. Celle-ci insiste sur la recommandation des études médicales et réclame que soit notifié le pays d'origine pour les candidats désireux de recevoir une formation à l'étranger. Ces fameux « étrangers » sont en effet la cause manifeste des conflits entre New York et Vienne. La proposition est ajournée et au congrès, le comité secret est dissous. Après la standardisation de Bad Hombourg, ce dernier n'a plus sa raison d'être et l'on conserve une sorte de conseil des Sages. Symbole en 1912 d'une psychanalyse « militante » qui répondait à la dissidence jungienne, le comité ressemble en 1927 à un dinosaure dans un parc d'automobiles. La période de la psychanalyse guerrière prend fin et la politique de la détente ouvre la voie à de nouveau conflits centrés sur le problème de l'adaptation du moi aux idéaux de la société. Le ghetto est devenu un empire rongé de l'intérieur.

Les « têtes dirigeantes » de l'IPA sont les membres de l'ancien comité : essentiellement Ferenczi, Jones, Eitingon et aussi Anna Freud qui s'est jointe à eux en juillet 1925. Cette tentative de restructuration unitaire est le symptôme, comme toujours, de l'émergence de nouveaux conflits. La bataille sur la Laienanalyse fait rage tandis qu'apparaissent les signes d'une rupture entre Freud et Ferenzci sur la question de la technique analytique. Anna, de son côté, commence à croiser le fer avec Mélanie Klein.

L'itinéraire de celle qui va devenir une figure essentielle de l'histoire du mouvement psychanalytique mérite d'être retracé. Née à Vienne en 1882, Mélanie Klein est le personnage féminin le plus important du freudisme. Ferenczi est son premier maître et son analyste [39]. En 1919, il l'encourage à présenter devant la *Société psychanalytique de Budapest* une observation sur le développement de l'enfant. En 1920, elle est invitée à Berlin par Abraham qui va devenir son deuxième analyste et lui permettre de fonder une nouvelle méthode de psychanalyse d'enfant, par le jeu, le dessin, le découpage, le modelage, etc.

La rencontre avec la capitale allemande est décisive pour cette Juive de trente-huit ans. Des analystes se sont déjà penchés sur les troubles de l'âge scolaire, mais ont évité de s'intéresser aux enfants en bas âge. L'investigation kleinienne rencontre celle d'Abraham sur le terrain des psychoses. Celui-ci, qui n'a jamais été analysé, est pourtant un novateur sur le plan technique. Confronté à l'analyse des psychotiques, il s'éloigne de la visée organiciste ou rééducatrice, et insiste sur le rôle de la sexualité et surtout de l'agressivité. Il localise l'origine des psychoses à des stades très précoces de l'enfance : d'où son intérêt pour les travaux de Mélanie Klein. A partir de 1920 l'école berlinoise réussit où Zurich a échoué. Elle conquiert, pour la psychanalyse, les deux terres promises de l'enfance et de la psychiatrie. Ce succès tient au fait qu'Abraham est mieux placé que Freud pour tirer des conséquences positives de la rupture avec Jung. Il connaît bien le Burghölzli, possède une formation classique en psychiatrie et, comme « Juif errant », il est capable de traverser des frontières. Il impose donc la découverte freudienne dans les milieux de la médecine allemande, sans céder, comme Jung, sur les principes fondamentaux : sexualité, organicisme, inconscient. La rencontre avec Mélanie Klein est l'aboutissement de cette trajectoire. En 1924, au congrès de Wurzburg, il déclare : « L'avenir de la psychanalyse est inséparable de l'analyse par le jeu [40]. » C'est la mort prématurée d'Abraham qui permet à Mélanie Klein de sortir du ghetto de l'Europe orientale et d'imposer ses thèses au monde anglo-saxon. En 1925 Ernest Jones l'invite à Londres pour une série de conférences et la *Société britannique* lui offre un vaste champ d'activité pour ses travaux. Très vite elle rassemble autour d'elle un groupe de disciples séduits par sa démarche et sa vigueur théorique : l'école kleinienne est née, et deviendra le bastion d'une extension sans précédent de la doctrine freudienne. Dans l'histoire du mouvement, le kleinisme représente, face à ce qu'on peut appeler déjà « l'orthodoxie » de l'IPA, la première tentative d'un retour théorique au sens de l'enseignement freudien. Mélanie Klein s'attaque à tous les préjugés en vigueur à son époque. Aux résistances, elle répond par l'élan révolutionnaire, en inventant de nouveaux concepts. Elle renoue avec la tradition combative, mais non mystique, de la cause, et progressivement elle fait figure de maître à penser.

Jung et Adler rencontrent l'aventure de la psychanalyse puis se séparent de ses principes pour rattacher leurs expériences aux courants déjà existants de la psychologie et de la psychiatrie dynamique. Mélanie Klein ne suit pas cette trajectoire. Elle n'est pas une disciple de Freud mais l'élève de deux de ses disciples. Au moment où le maître viennois inaugure son plus important tournant théorique et tandis que le mouvement tend à le figer dans la position d'un tyran momifié, Mélanie Klein redécouvre le geste initial de Freud, à partir de l'enfance puis de la psychose, c'est-à-dire à partir des domaines qu'il a laissés en friche. Elle est plus une novatrice qu'une disciple. Elle réactualise le sens d'une œuvre à distance de son auteur, en créant la sienne propre. Elle devient à ce titre la fondatrice d'une doctrine et d'une institution jusqu'à occuper la place symbolique de Freud lui-même.

Ouvrons une parenthèse sur le futur : après la Seconde Guerre mondiale, il se produit autour de la personne de Mélanie Klein, dans la société britannique, les mêmes phénomènes de culte, de secte, d'orthodoxie, de rupture, qu'autour de celle de Freud. L'épopée kleinienne commence en 1920 par une brillante redécouverte de l'aventure freudienne, elle se termine dans les années 45-60, par un fantastique dogmatisme [41]. Vu de France, l'itinéraire de cette impératrice est très instructif. Au moment où se fait la brèche kleinienne dans l'IPA, la psychanalyse « à la française » est dans un état de crise permanente. Cette ouverture signe le premier acte d'un mouvement qui va s'épanouir en France, après la guerre, sous le nom de lacanisme. Vingt ans d'écart séparent les destinées des deux héros de cette même aventure. Mélanie Klein est née avant le siècle et meurt en 1960. Les conflits entre kleiniens et anti-kleiniens éclatent en 1943 et se terminent en 1945 par le maintien des opposants au sein de la *Société britannique*. Jacques Lacan naît un an après la publication de la *Traumdeutung*, en 1901, et meurt en 1981. Les scissions françaises (1953-1963) prennent le relais des batailles anglaises. Malgré la profonde divergence théorique des deux démarches, l'aventure lacanienne est liée à l'événement kleinien. Il y a une continuité historique entre les deux mouvements, dont l'un est l'anticipation de l'autre, son prélude.

En 1927, la malheureuse Anna Freud ne fait pas le poids en face de l'ouragan kleinien. Elle vient de publier un ouvrage intitulé *Introduction à la technique d'analyse d'enfant*, et Mélanie, au cours d'un colloque organisé sur ce thème, lui adresse de vives critiques [42]. Anna cherche à maintenir la psychanalyse d'enfant sous la domination de la pédagogie : le complexe d'Œdipe ne doit pas être examiné de trop près, à cause d'un prétendu manque de maturité du surmoi infantile, et l'analyse des enfants doit se combiner à l'exercice d'une action éducative, sous l'autorité des parents. Anna se déclare hostile aux techniques de jeux mises au point par sa rivale et condamne la pratique de la cure pour les enfants en bas âge.

La bataille sur la psychanalyse d'enfant va de pair avec celle sur l'analyse profane. Dans un cas comme dans l'autre, il s'agit de défendre ou de récuser l'appartenance de la psychanalyse à un domaine extérieur. La position d'Anna Freud est identique à celle de Pfister qui veut maintenir la psychanalyse, à travers la cure d'âme, sous la domination d'une pédagogie à visée religieuse. Elle rejoint théoriquement celle des partisans de la médicalisation. Freud se trouve pris dans une contradiction : il ne peut ni désavouer les travaux de sa fille, ni condamner ceux de Mélanie Klein, qui sont soutenus habilement par Jones. On arrive donc à ce paradoxe étrange : le triomphe de la ligne anglo-américaine et l'évincement des positions viennoises se font sur deux terrains contradictoires; les thèses kleiniennes, qui sont novatrices, s'imposent en même temps que celles des partisans de l'analyse médicale, qui sont conservatrices.

La pauvre Anna reste fixée à la situation de la cure du petit Hans, c'est-à-dire à une étape de l'aventure freudienne où le dévoilement de la sexualité infantile avait l'allure d'une profanation. Sa défense du modèle pédagogique apparaît comme le symptôme de sa situation d'éternelle jeune fille sous la domination d'un père omniprésent, qui a été son analyste. Maintenir le poids de la pédagogie dans l'analyse d'enfant, c'est obéir à l'idée selon laquelle la parole infantile ne peut être entendue pour elle-même que sous la garantie de l'autorité parentale. A ce titre, Anna occupe la place impossible d'héritière légitime d'une doctrine. Dans ce processus, deux modes de filiation, pourtant inconciliables, sont confondus : celui de la théorie et celui des liens de parenté. Il fallait un personnage extérieur à cet imbroglio familial pour donner à la psychanalyse d'enfant un statut symbolique : ce fut Mélanie Klein.

Après Innsbruck, la question de la Laienanalyse n'est toujours pas réglée. Un comité est désigné pour chercher des solutions. En 1929, au congrès d'Oxford, celui-ci déclare son échec. Un nouveau comité est alors formé sous la direction de Jones. De son côté, Brill met de l'eau dans son vin et pousse ses collègues à une attitude conciliatrice. La *Société de New York* décide d'admettre en son sein des analystes non-médecins. Cette apparente victoire de la position profane est la conséquence directe de la standardisation de 1926 qui commence à porter ses fruits, mais en réalité, les idéaux médicaux dominent le mouvement, et servent à assurer le triomphe d'une psychanalyse adaptée aux codes de la morale sociale. La légalisation de la formation est le moyen par lequel le mouvement lui-même liquide les « restes hannibaliens » de la pratique et de la théorie freudiennes.

Trois ans plus tard, au congrès de Wiesbaden (1932), un nouveau tournant se produit. Le deuxième comité produit un rapport d'ensemble qui contredit et réaffirme en même temps les acquis de 1926. Il stipule les critères de sélection des candidats médecins et non-médecins. Il reconduit l'obligation de la cure personnelle à visée didactique, mais souligne que les critères devront désormais échapper au contrôle de l'IPA, et relever des sociétés locales. C'est la fin du centralisme démocratique et de la standardisation votée à Hombourg. Il est prévu que Ferenczi remplace Eitingon à la direction de l'IPA, mais les conflits qui l'opposent à Freud l'empêchent de prendre ce poste. Jones apparaît dès lors comme le candidat le mieux placé pour assumer la fonction prétendument « neutre » d'arbitre entre les Européens et les Américains. Le départ d'Eitingon pour la Palestine en 1933 signifie bel et bien la deuxième mort de la psychanalyse « juive et errante ». L'accession de Jones au commandement marque le début du règne absolu de la ligne américaine sur l'européenne. Si le Polonais aux diverses nationalités a doté le mouvement d'une identité légale, qu'il recherchait pour lui-même, le Gallois tente de sauver l'intégrité de l'IPA au prix d'un renoncement au centralisme, qui donne le pouvoir aux sociétés américaines de gérer les affaires intérieures des autres sociétés. Ce nouveau tournant est également la conséquence des persécutions nazies qui font fuir les analystes juifs de leurs pays respectifs.

Au congrès de Lucerne, en 1934, Jones est élu président et Eitingon fait admettre la société palestinienne dans le giron de l'IPA. Il fait aussi voter une motion qui doit protéger les analystes chassés de leur patrie pour des motifs politiques et qui permet à l'exécutif central de leur accorder une affiliation directe et individuelle. A cette date, la psychanalyse est officiellement liquidée à Berlin. Toutes les sociétés américaines se sont regroupées sous l'égide d'une puissante *Association psychanalytique américaine* à direction collégiale. C'est le commencement du travail d'unification opéré par Jones et la source de nouveaux conflits.

N'oublions pas que cette *American psychoanalytic association* (APA) créée par Jones en 1911 compte parmi ses membres les plus réputés Adolf Meyer qui a été l'élève de Forel au Burghölzli en même temps que Bleuler. Adepte de la psychiatrie dynamique, il suit une orientation qui le conduit, via la psychanalyse, de la médecine à l'hygiène mentale, c'est-à-dire à une conception de la notion de vie et de prophylaxie qui s'éloigne radicalement de la refonte freudienne de 1920. La voie de l'egopsychology, qui sera développée en 1950 par Hartmann, Kris et Loewenstein, est ouverte à travers le débat sur la Laienanalyse, tandis que celle de l'hygiène mentale, qui est son autre face, est instaurée au détour d'une idéologie de l'évitement de la mort, dans laquelle le projet d'une véritable « Armée du Salut » médicalise la question de la névrose. La psychanalyse « à l'américaine » rêve de la disparition possible de toutes les maladies, mentales ou corporelles. La théorie du moi fort ou autonome sera l'instrument de cette politique. Vouloir libérer l'homme de la mort par le volontarisme de la conscience amène également à vouloir le débarrasser de ses fantasmes ou de ses pulsions meurtrières, en maintenant la psychanalyse sous les idéaux de la médecine. Dans l'APA qui domine l'IPA, la chasse aux marginaux et aux étrangers, ainsi que l'affirmation d'un code standard de la pratique, témoignent de l'adhésion du mouvement américain aux principes d'une conformité qui reproduit les valeurs sanitaires de l'hygiénisme. On comprend alors pourquoi la technique analytique se transforme en « analyse des résistances ».

Au congrès de Marienbad, en 1936, Jones se rend compte, sans doute à son insu, du rôle qu'il est en train de jouer à la direction de l'IPA. On a choisi cette jolie localité de Bohême parce qu'elle n'est pas trop loin de Vienne et qu'en quelques heures Anna peut se trouver au chevet de son père, dont le cancer progresse à mesure que sa théorie est dépecée. Dans son discours d'ouverture Jones décrit la Tchécoslovaquie comme « un îlot de liberté entouré de pays totalitaires[43] ». Il ne voit pas que la psychanalyse ressemble à ce pays. Freud est à l'agonie et Jones est déjà l'artisan d'un Munich intérieur au mouvement. A ce congrès, un jeune psychiatre, membre de la SPP, présente un texte qui va marquer sa carrière. Il s'appelle Jacques Lacan et prononce une conférence intitulé *Le Stade du miroir*[44].

C'est sa première participation historique au mouvement international et la confusion qui règne à Marienbad n'est sûrement pas étrangère à son futur itinéraire.

En 1936, Jones rencontre le docteur M.H. Göring, cousin du bras droit de Hitler qui a été nommé président de la *Société médicale allemande de psychothérapie.* Sa fonction est d'assigner à toutes les formes de psychothérapie les idéaux du national-socialisme. La psychanalyse étant une « science juive », son vocabulaire doit disparaître. Les analyses didactiques sont interdites mais certaines conférences sont autorisées. Göring se fait un devoir d'y assister pour vérifier qu'aucun terme freudien n'est utilisé. On a remplacé tous les concepts de la psychanalyse par d'étonnants synonymes et l'on prône une psychologie « aryenne ». Jones trouve d'abord Göring « raisonnable », mais s'aperçoit vite que la « liberté » accordée aux analystes relève de la farce. En 1937, le dénommé Boehm, qui croit « sincèrement » aux bonnes intentions de Göring et participe, dans la *Société allemande,* à la liquidation du vocabulaire de la psychanalyse, pour le bien de celle-ci, rend visite à Freud. Ce dernier lui propose d'exposer la situation devant un large auditoire. L'homme parle durant trois heures et finalement Freud interrompt l'exposé par ces mots coléreux : « C'est assez, les Juifs ont souffert pendant des siècles pour leurs convictions. Le temps est venu à présent pour nos collègues chrétiens de souffrir à leur tour pour les leurs. Je n'attache aucune importance au fait que mon nom ne soit pas mentionné en Allemagne aussi longtemps que mon œuvre y est présentée correctement [45]. » Là-dessus, il quitte la salle.

Pendant ce temps l'*Association américaine* profite de la situation qui règne en Europe pour s'attaquer à la motion d'Eitingon sur l'affiliation libre des apatrides. Elle considère celle-ci comme une « ingérence étrangère » dans ses institutions. Et pour cause! Elle cherche à liquider, par des procédés « démocratiques », les attaches de la psychanalyse avec le vieux continent. La bataille sur la Laienanalyse sert de prétexte à ce nouveau tournant. Sous couvert de décentralisation et au nom d'un chacun chez soi, elle prend les rênes de l'IPA. Le congrès de Paris de 1938 est le Munich de Jones et le Waterloo de Freud. Le Gallois doit faire face à un redoutable document américain. Celui-ci spécifie que l'APA consent à envisager son affiliation à l'IPA sous trois conditions : que la commission internationale d'enseignement patronnée par celle-ci et qui se mêle des affaires internes américaines soit dissoute comme une institution superflue; que le titre de « membre sans attaches » soit retiré aux analystes s'installant en Amérique; que l'IPA ne se réunisse que dans des buts scientifiques et soit privée de toute fonction administrative. « Les Américains, écrit Jones, ayant nommé un comité spécial chargé de discuter de ces questions avec nous, et atténué ainsi l'impression d'un ultimatum, nous décidâmes d'en nommer un aussi. Il m'est agréable de pouvoir dire que ces comités n'entrèrent jamais en fonction, la déclaration de la Seconde Guerre mondiale ayant modifié toute la situation. Lorsqu'elle prit fin, il restait peu de chose du mouvement psychanalytique en Europe [46]. »

Des années plus tard, Jones est devenu un otage. Il croit « sincèrement » que l'unité de l'IPA a été sauvée par les Américains qui constituent dorénavant la majorité des analystes dans le monde. Et pourtant, il raconte qu'à la fin des années 30, des analystes européens installés aux États-Unis divulguaient la rumeur selon laquelle Freud aurait radicalement changé d'opinion sur l'analyse profane et qu'il estimerait à présent que l'exercice de la psychanalyse devait être strictement limité aux membres de la profession médicale. Quand on demanda à Freud ce qu'il y avait de vrai dans cette étrange rumeur, il répondit : « Je ne puis imaginer d'où provient cette stupide rumeur concernant mon changement d'avis sur la question de l'analyse pratiquée par les non-médecins. Le fait est que je n'ai jamais répudié mes vues et que je les soutiens avec encore plus de force qu'auparavant, face à l'évidente tendance qu'ont les Américains à transformer la psychanalyse en bonne à tout faire de la psychiatrie [47]. »

Durant cette période de démantèlement du freudisme à l'intérieur de l'IPA et d'émigration des analystes pourchassés par les nazis, se déroule, en Union soviétique, une lutte menée par la direction du PCUS contre le freudisme, qualifié non plus de science « juive » ou « boche », mais de science « bourgeoise ». La destinée tragique de Wilhelm Reich est à l'image de ce grand champ de bataille. Après avoir méconnu le tournant freudien de 1920 et refusé la notion de pulsion de mort, il est exclu pour cause de freudisme du Parti communiste allemand et la même année, il est rejeté de l'IPA par Jones qui le juge dangereusement bolchevik. Il émigre aux États-Unis et entre progressivement dans le délire. Au moment de la guerre froide, quand triomphe le maccarthysme, qui prend en chasse les sorcières rouges, Reich se croit poursuivi par des espions communistes et termine sa carrière dans une prison d'État, condamné pour charlatanisme [48].

IV. *Le symptôme hypnotique*

Tandis que ces batailles se déroulent à l'échelle des continents, le comité directeur de l'IPA est ravagé par des conflits internes. On a vu qu'Anna disputait à Mélanie le terrain de l'analyse d'enfant. De leur côté, Ferenczi et Rank proposent des « innovations techniques » destinées à transformer les conditions de la cure. Les analystes juifs de la vieille Europe se déchirent d'autant plus que la victoire de l'Ouest sur l'Est consacre leur déclin historique. La correspondance entre Freud et Ferenczi étant encore inédite on connaît mal les détails des raisons personnelles qui motivent cette opposition, mais on peut toutefois en dessiner les grandes lignes théoriques.

Après avoir modifié la théorie psychanalytique en montrant que la source des névroses réside dans le traumatisme lié à la naissance, Otto Rank met au point sa propre technique thérapeutique. Il soutient qu'il faut fixer par avance la durée de la cure qui doit être courte. Il considère la résistance comme une manifestation d'indépendance du patient et la juge comme un facteur positif de l'analyse. Il met l'accent sur la situation immédiate plutôt que sur le passé, prône l'affect contre le savoir et la prise de conscience contre l'analyse d'expériences isolées. Selon lui la cure doit être une épreuve fondée sur l'émotion plus que sur une connaissance théorique. Rank accorde une grande importance à la volonté de l'affirmation du moi du sujet, aux aspects créateurs de son comportement, et enfin, il fait intervenir des facteurs sociaux dans la relation thérapeutique. « On pourrait considérer, souligne Ellenberger, sa théorie comme une combinaison de facteurs jungiens, adlériens et freudiens [49]. »

Quant à Ferenczi, il met en place sa doctrine de la *technique active*. Il a été analysé par Freud durant trois semaines à raison de deux séances par jour. Il a aussi été l'initiateur d'une IPA qu'il ne dirigera jamais : en 1918, élu président, il a été obligé de donner sa démission en raison des événements de Hongrie. En 1919 la Commune de Budapest lui a donné un poste de professeur dont il a été démis par la contre-révolution. Enfin en 1933, il doit encore présider l'IPA, mais étant en désaccord avec Freud sur la technique, et avec les Américains sur l'analyse profane, il a refusé la direction des affaires pour la laisser à Jones dont il a été l'analyste et qui ne cesse de rivaliser avec lui pour occuper auprès de Freud la place de favori.

Par-delà les divergences de Rank et de Ferenczi avec la théorie et la pratique freudiennes, il faut comprendre leurs innovations comme une tentative de « déranger » le processus de standardisation en cours. Il y a une relation entre le fait que Ferenczi n'occupe jamais le poste de commandement à l'IPA et sa mise en cause des rituels de la cure : « Pourquoi cette flexibilité? s'interroge W. Granoff. Il [Ferenczi] a tenté de répondre à cette question. Ayant constaté que pas une seule fois il n'avait pu mener une analyse sans être amené (comment et pourquoi, la question est là) à violer une des règles techniques dictées par Freud, il a été soudain frappé par une révélation. Freud avait donné ces règles pour éviter les pires erreurs aux débutants. Quels débutants? Ceux d'avant l'époque où l'analyse didactique est devenue une condition absolue, avant qu'elle ne soit devenue un instrument de formation d'une sûreté absolue. Tout l'édifice technique ferenczien se noue dans *l'ultima ratio de l'analyse des analystes* [50]. »

Les deux dernières dissidences juives de Freud prennent la suite des conflits anciens, mais elles n'ont pas le même statut. Ni Rank, ni surtout Ferenczi n'adhèrent « théoriquement » aux principes de l'héréditarisme, au refus de la libido élargie et à la suprématie du moi sur le ça, qui constituent les éléments dominants de la résistance à la découverte freudienne. Dans ces dissidences-là, il s'agit de tout autre chose. Elles interviennent à une époque où le mouvement psychanalytique est en train de basculer, de l'intérieur, dans des idéaux contraires à ceux de la doctrine freudienne. Même si Ferenczi et Rank ne sont pas strictement « freudiens », ils dénoncent par leurs innovations une situation qui tend à transformer la doctrine freudienne en une machine uniquement destinée à la reproduction des analystes.

Ferenczi est plus audacieux que Rank. Dès l'après-guerre il soutient que la vie intra-utérine reproduit l'existence des organismes primitifs vivant dans l'océan. Selon lui l'homme a la nostalgie du sein de la mère, comme l'affirme Rank, mais il cherche aussi à régresser à l'état fœtal dans les profondeurs maritimes. A partir de cette extension de la psychanalyse vers la métaphore biologique de la « crypte » ou des profondeurs, Ferenczi apporte des modifications à la pratique de la cure. Si la séance analytique répète une séquence de l'histoire individuelle et que, par ailleurs, l'ontogenèse récapitule la phylogenèse, une réflexion sur la séance elle-même peut conduire à l'interrogation suivante : Quel est l'état traumatique ancestral que l'ontogenèse répète symboliquement? Quel est le refoulement qui transparaît à travers cette répétition symbolique?

Ferenczi développe des innovations techniques qui vont dans le même sens que celles de Rank, mais qui sont plus élaborées et témoignent d'une expérience pratique extrêmement solide. N'oublions pas qu'il vaut à lui tout seul « une société d'analystes » et qu'il est qualifié par Freud de « thérapeute génial ». En 1919, il publie un article où il met en cause l'abus de la libre association [31]. Selon lui, il faut prêter la même attention au contenu des associations qu'au comportement des patients. Il insiste sur l'interaction entre le transfert du patient et la technique de l'analyste qui doit « maîtriser » son contre-transfert. Tout transfert se rapporte, soit à « la mère indulgente », soit au « père sévère ». Il faut donc considérer l'analysant comme un enfant et user, selon le cas, de tolérance, de sympathie ou de sévérité. En maîtrisant son contre-transfert, l'analyste évite à son patient de se reconnaître dans les sentiments inconscients du thérapeute et l'oblige à analyser les siens propres. Cette première innovation de 1919 débouche, dans les années suivantes, sur une nouvelle refonte. Ferenczi développe alors sa théorie de la technique active : une fois l'analyste parvenu à une maîtrise suffisante de son contre-transfert et au contrôle de ses sentiments, il lui est possible de mettre en place une pratique plus rigide de l'analyse, plus thérapeutique et plus efficace. Il peut aller au-delà du contrôle de son contre-transfert et intervenir volontairement dans la relation pour essayer « d'influencer » l'interaction entre le transfert du patient et son propre contre-transfert ainsi modifié. La technique active est le résultat de ce double mouvement qui part de la maîtrise pour arriver à l'influence, qui commence par un contrôle des affects et débouche sur l'aide, l'amour, la sympathie et le soutien.

Afin de s'identifier le plus possible au parent aimant que beaucoup de patients n'ont pas connu, Ferenczi pousse l'activisme jusqu'à leur permettre de l'embrasser ou de le caresser. Il rend les marques d'affection s'il le juge nécessaire. Cette attitude provoque un scandale chez les tenants de l'orthodoxie, qui parlent de traitements « monstrueux » et « pervers » et en profitent pour réaffirmer leur opposition à l'analyse profane, source de toutes les débauches.

En mettant l'accent sur l'affect, le traumatisme archaïque, l'indépendance, le raccourcissement de la cure, l'influence, la maîtrise, la suggestion, la créativité, l'intervention, etc. Rank et Ferenczi s'éloignent des principes légiférants de l'IPA. Leurs innovations vont dans le sens d'une *humanisation extrémiste* de la cure, au détriment de sa médicalisation, et elles réaffirment la *valeur de l'acte thérapeutique contre la formation didactique à visée reproductive*. Ces propositions s'accordent mal avec le rationalisme jonesien. Et l'on comprend pourquoi! Les deux compères ont rencontré la théorie freudienne à partir de leur propre névrose. De même que Freud avait soigné sa neurasthénie au contact des hystériques de Charcot et dans son auto-analyse, de même Rank et Ferenczi ont été d'authentiques « malades nerveux ». Ils ont été des patients avant de devenir des analystes. Rank n'a pas été analysé et ses innovations techniques sont liées, plus que celles de Ferenczi, à une tentative d'auto-analyse. Jones, lui, a suivi un itinéraire différent : il a fait sa cure pour des raisons dites de « formation », de sorte qu'il se prend pour un « homme normal » et n'hésite pas à qualifier ses collègues de « malades ». Il traite Rank de « psychotique » et Ferenczi de fou « turbulent et infantile ». Lorsque, en 1933, Ferenczi supplie Freud de quitter l'Autriche pour échapper au nazisme, le pauvre Jones s'aperçoit que le Hongrois n'est peut-être pas aussi dément qu'il le croit et en tire la conclusion suivante : « Il doit y avoir une certaine méthode dans sa folie [52]. »

Face à l'attitude de plus en plus légiférante de l'IPA, les « outrances » de Ferenczi montrent que la direction du mouvement est scindée en deux tendances irréconciliables. La première consiste en une liquidation légale, rationaliste, orthodoxe et bien-pensante de la doctrine freudienne. La deuxième lui répond par un extrémisme inverse, dans une tentative de renouer avec les origines de la cure, avec son héroïsme des grands soirs. D'où la thématique de l'enfance et de l'activisme. Contre le didacticien fonctionnaire, silencieux et ritualisé, la méthode ferenczienne restitue à l'analyste l'authenticité d'un souffle irrationnel. Contre la dépersonnalisation légale, l'humanisation active.

Au milieu de cette débâcle, Freud soutient jusqu'au bout le malheureux Hongrois. Au lieu de parler de monstruosité ou de perversion, il adopte le style, non dénué d'humour, de l'argumentation scientifique : « Je vois que toutes nos différences, écrit-il, se condensent en un point technique qui vaut la peine d'être discuté. Vous ne cachez pas que vous embrassez vos patients et que vous les laissez vous embrasser [53]. » Ferenczi en effet ne se cache pas. Mais Freud redoute le danger que représenteraient les échanges érotiques s'ils étaient légalisés : « Il ne fait aucun doute que cela aurait pour résultat de susciter un regain d'intérêt pour la psychanalyse, mais en même temps les jeunes recrues auraient peut-être de la difficulté à résister à la tentation et Dieu le père, Ferenczi, les yeux fixés sur la situation qu'il aurait lui-même créée, se dirait peut-être : sans doute aurait-il mieux valu que j'interrompe ma nouvelle technique... avant le baiser [54]. » Ferenczi reste sur ses positions et affirme qu'il n'a pas l'intention de fonder une nouvelle école. Au congrès de Wiesbaden, il lit une communication qui ne provoque aucun scandale. Jones pense du reste que son contenu est trop imprécis pour avoir une « influence pernicieuse ».

C'est seulement après la mort de son disciple que Freud publie en 1937 un texte sur la technique intitulé *L'Analyse finie et l'Analyse infinie*[55]. Il critique à la fois les positions de Rank et celles de Ferenczi. Selon lui, le premier cherche à éliminer la névrose par la résolution du trauma de la naissance et la tentative de raccourcir la durée de la cure : « Celle-ci était à son époque, écrit-il, conçue sous la pression que représentait le contraste de la misère de l'Europe d'après-guerre avec la " prosperity " de l'Amérique, son projet était d'adapter le tempo de la thérapeutique analytique à la hâte de la vie américaine[56]. » Quant à Ferenczi, Freud critique chez « un maître de l'analyse tel que lui » le danger que représente la recherche d'un substitut à l'hypnose. Il souligne que la pratique de la psychanalyse est l'exercice d'une « tâche impossible » et que l'on peut être sûr, à l'avance, de son résultat insatisfaisant. Pour Freud, l'effort thérapeutique oscille entre un bout d'analyse du ça et un bout d'analyse du moi : dans un cas on veut amener à la conscience quelque chose du ça, et, dans l'autre, corriger le moi. Sans cette optique il n'y a pas de « réussite thérapeutique » et les résistances, inconscientes, peuvent se transformer, sous le coup du transfert, en résistances contre la guérison ou contre l'analyse elle-même. L'analyste n'est pas plus « normal » que son patient et comme partenaire « actif », il est soumis plus que lui aux dangers de l'analyse. C'est pourquoi périodiquement, à peu près tous les cinq ans, il devrait se faire « à nouveau l'objet de l'analyse sans avoir à rougir de cette démarche. Cela signifierait donc que sa propre analyse, de tâche finie, deviendrait tâche infinie, et que ce ne serait pas seulement le cas de l'analyse thérapeutique destinée aux malades[57] ».

Cet article montre qu'en 1937, Freud s'oppose à la fois à la visée adaptatrice de la psychanalyse, à la notion de professionnalisation et à la méthode ferenczienne, concernant la maîtrise du contre-transfert et l'idée de soutien actif. Si la formation du thérapeute relève d'une tâche infinie, c'est que l'analyse des analystes n'est jamais terminée, de même que la guérison n'est jamais acquise. La notion d'analyse infinie obéit au proverbe : « Sitôt gagné, sitôt perdu... » Elle renouvelle l'idée hannibalienne d'une irréductibilité de la doctrine à l'institutionnalisation. Elle met le futur didacticien dans une position identique à celle du patient et défait toute référence possible à une valeur de garantie. Au moment donc où les notables ont pris les rênes du pouvoir, dans le sens d'une plus grande bureaucratisation, Freud sape le moral des armées en introduisant le doute et l'incertitude dans les rangs des conscrits.

Il y a autre chose cependant : Freud soulève, à propos de Ferenczi, le lièvre de l'hypnose sans développer davantage son argumentation. Or cet élément est fondamental.

Comme nous l'avons vu, l'abandon de l'hypnose fut un événement théorique d'une très grande importance. Il se fit en plusieurs étapes. La méthode analytique commença à voir le jour quand, au lieu de provoquer directement la suppression du symptôme, en persuadant le malade que celui-ci n'existait pas, elle substitua à cette technique « barbare » la suggestion simple. Le patient n'était plus plongé dans un état somnambulique sous la dépendance complète du médecin, il était « guidé » par l'artifice d'une main appliquée sur son front. A cette époque, la méthode dite « cathartique » ou de purgation visait la décharge des affects pathogènes et permettait au sujet de revivre et d'abréagir aux événements traumatiques auxquels ces affects étaient liés. Finalement, la suggestion et la catharsis furent laissées de côté, au profit de la simple association libre [58]. Cet abandon allait de pair avec une transformation radicale de la perspective théorique de la cure. Dorénavant, celle-ci s'appuyait sur la prise en considération de l'interprétation, de la résistance, du transfert et enfin de la perlaboration, qui consiste à surmonter, par l'interprétation, la résistance que suscite l'analyse elle-même.

Au fond, Freud est parti de l'idée que le transfert n'est qu'un cas particulier du déplacement de l'affect, d'une représentation à une autre, et qu'il ne recouvre pas l'essentiel de la situation thérapeutique. Progressivement, avec l'élaboration de la notion de contre-transfert, qui conduit à l'obligation de la cure pour les analystes, le concept de transfert devient central. L'analyste est lui-même un analysant « en sursis », soumis comme son patient au déplacement des représentations. Le transfert est lié aux imagos. L'analysant fait jouer inconsciemment au thérapeute le rôle des figures parentales aimées ou craintes. Celui-ci répond par l'interprétation qui doit permettre au patient de dissoudre cette relation artificiellement créée par la cure et d'accéder à la compréhension de la répétition, qui est la mise en acte du processus de la pulsion de mort.

C'est cette découverte et cette théorisation du transfert qui font de la psychanalyse la seule et la première méthode thérapeutique qui échappe aux fondements de la psychologie. La mise en évidence du concept de transfert est un acte épistémologique et théorique aussi important que celui de la découverte de l'inconscient. En effet, au fondement même du savoir psychologique (toutes tendances confondues) et des techniques de guérison qui en découlent, réside l'idée d'un primat de la conscience sur l'inconscient. L'acceptation de celle-ci a pour conséquence l'impossibilité de situer le transfert dans sa dimension symbolique. En d'autres termes, tant que la relation transférentielle est pensée sous la catégorie de l'hypnose, de la télépathie, de la suggestion et de la transmission de pensée, elle reste liée au principe d'une thérapeutique du conditionnement, de l'influence ou de la persuasion, dans lequel le médecin est en position de maîtrise par rapport au patient. Dans ce cas, la conscience prime, la manipulation domine, et la relation duelle est première et interdit que la dimension du transfert soit interprétée autrement qu'en termes de fusion, de symétrie, de miroir, d'adéquation, de ressemblance, etc. Sans l'élucidation d'un statut théorique de la relation transférentielle, la psychanalyse ne sort pas du domaine de la psychologie. Elle reste liée à l'idée d'un moi débarrassé du ça et à une visée orthopédique de la cure, en termes de captation de l'autre par son semblable.

Théoriser ou découvrir est une chose. Faire passer une innovation dans des situations concrètes en est une autre. Toute l'histoire interne du mouvement psychanalytique peut se comprendre comme une suite de rejets ou de mises à l'écart des notions élaborées par ce mouvement lui-même. Si Freud, dans une cure particulière avec Kardiner, est incapable de reconnaître le transfert alors qu'il l'a théorisé, on dira que l'ensemble de la communauté analytique se définit par la résistance qu'elle met en œuvre à reconnaître les principes théoriques d'un savoir qui devrait souder son unité. Nous avons vu comment la légalisation de la formation neutralisait l'effet subversif de la découverte freudienne, en réaffirmant la position psychologique d'un moi contraire à celui de la deuxième topique. Il en va de même pour le transfert : plus il est théorisé dans la doctrine, plus il est méconnu dans la situation analytique. De sorte que l'abandon initial de l'hypnose, qui est à l'origine de l'existence de la psychanalyse, est sans cesse contesté par l'histoire du mouvement, au fur et à mesure que ses crises prennent un caractère endémique. On ne peut comprendre les conflits suscités par la technique active, d'une part, et par la légalisation, de l'autre, si on ne les réfère pas à une situation historique dans laquelle se trouve réactualisé, sous des formes nouvelles et changeantes, le débat originel sur la naissance de la psychanalyse et les conditions de son existence. La volonté de rationaliser la formation, comme celle d'humaniser la cure, définissent la manière dont le mouvement analytique se pose en permanence la question non résolue de la relation transférentielle. D'un côté on tente de « purifier » le fonctionnement de la psychanalyse, dans le sens d'une science rationnelle, en éliminant le transfert, de l'autre, on le remet sur le tapis, dans l'optique de l'hypnose, de la télépathie ou de la transmission de pensée. Dans les deux cas, sa problématique est contournée au nom d'une maîtrise imaginaire : maîtrise légale instituée à Hombourg; maîtrise des affects contre-transférentiels, prônée par Ferenczi. Si la rationalisation de la formation tend à méconnaître le transfert, qui fait alors retour dans les querelles d'école et favorise la constitution de chapelles et de clans autour de petits maîtres, l'humanisation de la cure risque d'éliminer toute réflexion théorique au profit d'une valorisation pragmatique de la situation analytique : « C'est à cause du silence sur les questions transférentielles, souligne O. Mannoni, que jamais une société de psychanalyse n'a " psychanalysé " les crises qui l'ont divisée ». »

Chaque fois que le mouvement psychanalytique est agité d'une crise grave, la question de l'hypnose revient à la surface, non comme problème théorique, mais comme symptôme d'une maladie politique toujours active. Dès que l'orthodoxie recouvre la vérité d'une doctrine, dès que le culte de la personnalité empêche le travail créateur, alors la croyance à la toute-puissance d'un dogme ou d'un chef ravive la problématique ancienne des mages, des foules séduites et des guérisseurs. Le *symptôme hypnotique* qui frappe régulièrement le mouvement psychanalytique montre que la théorisation de la situation transférentielle ne permet pas d'évacuer ses effets, bien au contraire. Il ravive l'idée originelle de Freud, selon laquelle le transfert agit « malgré tout » comme une suggestion, et confère à l'analyste une autorité privilégiée lui permettant de manier à sa guise les interprétations.

Ce surgissement, sous forme de symptôme hypnotique, des restes suggestifs de la relation transférentielle prend l'allure, dans le mouvement, d'une discussion ouverte sur l'occultisme qui oppose Ferenczi et Jones à travers la personne de Freud. Ce conflit « marginal » est l'une des modalités d'un débat philosophique et théorique où s'opère la passe d'armes entre la tendance rationaliste de style anglo-saxon et la version spiritualiste qui cultive les valeurs anciennes du magnétisme. Par-delà les individus deux conceptions radicalement antagonistes de la cure s'affrontent, symétriquement.

L'histoire du « symptôme hypnotique » débute par une aventure digne d'un conte de Maupassant. Un jour, à Vienne, en 1909, Jung déploie, sous le regard effaré de Freud, ses talents d'illusionniste : il fait cliqueter les objets posés sur les meubles dans l'appartement de la rue Bergasse. Après le départ du jeune homme, Freud cherche à l'imiter, mais comme il n'est pas doué pour les tours de passe-passe, il échoue et sa crédulité s'évanouit. Ferenczi est lui aussi un adepte du spiritisme, de la lévitation, de la chiromancie, des tables tournantes et des boules de cristal. Mais à la différence de Jung qui a toujours quelques lapins sous son chapeau, le Hongrois est un personnage crédule et un mauvais prestidigitateur. En 1910 déjà, il se prend pour un excellent devin et annonce son intention de se présenter à Vienne comme « un astrologue de cour des psychanalystes ». Il cherche à collaborer avec Jung qui est convaincu que l'occultisme est une terre promise à conquérir. Freud autorise les deux compères à mener leur croisade mais refuse de collaborer à cette expédition périlleuse.

Après la rupture avec Jung, Ferenczi devient le spirite favori du maître. On sait que, sous la plume de Flaubert, Bouvard et Pécuchet avaient tenté, en 1881, de guérir une vache malade en l'attachant à un arbre magnétisé selon la technique de Puységur. L'expérience s'était soldée par un échec et les deux copieurs avaient changé de méthode. Des années plus tard, Ferenczi se lance dans un tournoi identique. Fasciné par un cheval du nom de « Hans l'intelligent », qui se montre capable de dessiner des cercles, et de faire des soustractions ou des additions, il affirme que la télépathie est un don primitif chez les animaux, dont on retrouve des traces chez l'homme.

Après la guerre, Freud prend à son tour la défense de la télépathie. Avec Anna et Ferenczi, il « fait tourner les tables ». Il se livre à des expériences de transmission de pensée dans lesquelles il joue le rôle de médium, en analysant ses associations. Jones et Eitingon tentent de freiner son ardeur, arguant du fait que la conversion de la psychanalyse à la télépathie accroîtrait la résistance du monde anglo-saxon à sa doctrine et présenterait celle-ci sous l'aspect d'un charlatanisme. Jones suggère que toutes les recherches sur l'occultisme soient faites en dehors du mouvement afin de ne pas retarder l'assimilation de la psychanalyse comme réalité scientifique. Au congrès de Hombourg, Freud cède et empêche Ferenczi de présenter une communication sur ses expériences télépathiques : « Le seul élément nouveau de votre conférence, lui écrit-il, serait l'élément et l'influence personnels qui s'en dégageraient. En faisant cela vous lanceriez une bombe dans la demeure psychanalytique qui exploserait à coup sûr. Nous sommes tous d'accord pour ne pas souhaiter activer cette perturbation, même si elle est peut-être inévitable [60]. »

L'année suivante, il fait volte-face et procède à une révision de *L'Interprétation des rêves* en ajoutant un chapitre sur la signification occulte des rêves, dans lequel il indique son acceptation de la télépathie. Jones, furieux, lui rappelle qu'il prend le risque d'alimenter les chroniques des adversaires de la psychanalyse. En faisant de celle-ci une branche de l'occultisme il conforte en effet l'assimilation de la notion de pulsion de vie à celle de « l'élan vital » bergsonien. Pour le Gallois, les caprices de Freud mettent en danger la politique menée par l'IPA : « Vous pourriez être bolchevik, lui écrit-il, mais vous ne favoriseriez pas l'acceptation de la psychanalyse en l'annonçant [61]. » En réponse à cet éclat, Freud rétorque bruyamment : « Il est vraiment difficile de ne pas froisser les susceptibilités anglaises. Aucune perspective de pacifier l'opinion publique en Angleterre ne s'ouvre à moi, mais j'aimerais au moins vous expliquer, à vous, mon apparente inconséquence pour ce qui est de la télépathie. [...] Quand on alléguera devant vous que j'ai sombré dans le péché, répondez calmement que ma conversion à la télépathie est mon affaire personnelle, comme le fait que je sois juif, que je fume avec passion et bien d'autres choses, et que le thème de la télépathie est par essence étranger à la psychanalyse [62]. »

Ces conflits montrent que les inconséquences de Freud sont moins le symptôme d'un rejet ou d'une acceptation de la télépathie pour elle-même, que le signe de sa résistance impuissante à la ligne jonesienne, qui tend à dominer la direction de l'IPA. Freud brandit contre les partisans de l'analyse médicale l'épouvantail de l'occultisme qu'il compare à son judaïsme, en même temps qu'il défend avec la plus grande rigueur scientifique le point de vue de l'analyse profane. D'un côté, il s'amuse à cache-tampon et comme Victor Hugo, exilé à Guernesey, il joue au spirite, de l'autre, il élabore une doctrine qui va en sens inverse du phénomène télépathique.

La crise occultiste qui traverse le mouvement psychanalytique est la répétition sous forme de caricature des combats livrés autrefois par les magnétiseurs contre le savoir médical, mais elle est aussi la version actualisée d'une lutte désespérée pour la défense de l'analyse profane. L'incohérence des positions de Freud s'incarne dans sa valse-hésitation concernant la publication de ses propres textes sur le sujet. En 1921, il rédige un article intitulé *Psychanalyse et Télépathie*. Il le lit au comité et suggère de le présenter au congrès de Berlin de 1922. Eitingon et Jones l'en dissuadent. Il publie alors, la même année, *Rêve et Télépathie*, version corrigée de son article, où il fait preuve de plus de prudence. Enfin, en 1932, il donne une conférence sur *Rêve et Occultisme* dans laquelle il reprend le matériel du texte initial de 1921. Ce dernier ne sera publié qu'après sa mort en 1941 [63].

Les discussions sur la télépathie, la transmission de pensée et l'occultisme vont donc dans le sens d'une actualisation du symptôme hypnotique par lequel le mouvement revit, de façon traumatique, l'épopée originelle de sa naissance. Entre Jones et Ferenczi, entre l'analysant et son ancien analyste, la « communication » est rompue. Un événement fâcheux a rendu impossible la « transmission » de la psychanalyse. Le télégraphe est coupé et le téléphone mis aux absents. A Vienne, Freud cherche obscurément à réparer les fils détruits par la tempête. Il ne parvient pas à relier Londres et Budapest, hésitant entre la splendeur ancienne d'un rêve hongrois et la modernité alléchante d'un réalisme gallois.

V. *Moïse exilé*

Alors que le nazisme déferle sur l'Europe, Freud, exilé à Londres, publie son dernier ouvrage, *Moïse et le Monothéisme* [64]. Depuis 1934, il est obsédé par la figure ambiguë du plus grand prophète de la religion juive. En face des nouvelles persécutions, il se demande comment le Juif est devenu ce qu'il est et pourquoi il s'est attiré une haine éternelle. Il trouve bientôt une formule et rédige un projet qu'il garde secret. Cherchant à démontrer que Moïse est égyptien, il manque de sources historiques valables et, de plus, il ne veut pas heurter le catholicisme autrichien qui protège les Juifs du nazisme. Le prophète occupe pourtant toutes ses pensées : Moïse a créé le Juif et Freud veut écrire, à son propos, un « roman historique ».

Le livre édité à Londres en 1939 se présente en réalité comme une contribution mythique ou métaphorique à l'histoire du mouvement psychanalytique. Il s'agit de désigner la place impossible du chef : Moïse décentré, c'est un grand homme déplacé de son histoire, exilé, venu d'ailleurs. Celui qu'on prend pour un père fondateur n'est pas celui qu'on croit. Le Juif suprême et célébré de tout un peuple est un « faux » Juif puisqu'il est égyptien. Il est un autre, comme le je est un autre. Il est un exilé de l'intérieur, un étranger, venu du camp ennemi, dévié dans son identité. Moïse en quête d'une Terre promise, c'est la dernière étape de l'histoire du héros qui surpasse la religion de son père. Mais c'est aussi le premier texte, dans l'histoire de la pensée occidentale, qui théorise la genèse inconsciente du phénomène antisémite.

S'appuyant sur les travaux de Rank, Freud résume la légende type qui préside à la construction du mythe du héros dans les empires, les peuples, les nations, les religions, la littérature et les arts. Celui-ci est toujours fils de roi et sa naissance est précédée de graves difficultés. Durant la grossesse de sa mère, une prédiction faite par une fée, une sorcière ou une mendiante annonce que la venue de l'enfant causera le malheur du royaume et menacera le souverain son père. En conséquence, celui-ci donne l'ordre de tuer le nouveau-né ou de l'exposer à un grave danger. On le dépose alors dans une corbeille, abandonnée au fil de l'eau, mais il est sauvé par des bêtes ou par des bergers, et allaité par la femelle d'un animal ou par une humble femme. Devenu grand l'enfant retrouve ses nobles parents, se fait reconnaître, se venge de son père et parvient à la gloire en occupant son trône. Selon Freud, un héros, un grand homme, un chef, est toujours un personnage construit sur ce modèle : il est celui qui s'oppose courageusement à son père et finit par le vaincre ou le tuer. Dans la légende type, la famille originelle de l'enfant est noble et riche et celle qui le recueille est, au contraire, modeste ou déchue. Pourtant ce modèle connaît des variantes : dans le cas d'Œdipe, l'enfant est abandonné par une famille royale et adopté par un couple de même lignée; dans celui de Moïse, la famille de sang est humble (ce sont des Hébreux) et la famille d'adoption, égyptienne, est noble. Le point de vue psychanalytique fournit une explication du mythe, en renversant sa signification, à partir de l'écoute du roman familial des névrosés et en faisant intervenir le niveau de la réalité matérielle : la « vraie » famille du héros n'est pas celle contée par la légende, mais au contraire celle où l'enfant grandit et reçoit nourriture et éducation. L'autre est inventée après coup pour faire de lui un grand homme : elle est donc fictive et imaginaire.

Autrement dit, les légendes racontent toujours des histoires vraies, en utilisant les artifices du déplacement, en renversant les significations, en faisant glisser le sens d'un lieu à un autre. Le coup de force de Freud depuis *L'Interprétation des rêves* jusqu'à *Moïse et le Monothéisme,* c'est de démontrer que la vérité d'une histoire s'énonce à travers une fiction ou un roman. Or le roman du peuple juif, c'est la manière dont ce peuple se prend pour l'élu de Dieu. Analyser la genèse de la légende de Moïse, c'est pour Freud déposséder un peuple de sa prétention à se prendre pour un peuple élu. Cela revient à introduire le principe de la castration dans l'histoire singulière de ce qu'on nomme communément l'esprit juif. Freud se situe dès lors sur un terrain qui exclut toute visée de psychologie « différentielle » entre les peuples et les races. Il montre en effet que l'antisémitisme est alimenté par une croyance généralisée en la prétendue supériorité du peuple juif et que c'est Moïse, c'est-à-dire un Égyptien, qui a enseigné aux Juifs cette croyance, grâce à la pratique de la circoncision. Celle-ci a pour but d'anoblir les Juifs et de leur faire mépriser les autres, les incirconcis. Ce qui est nouveau ici, c'est que Freud pense l'antisémitisme à partir de la judéité elle-même et non plus seulement comme un phénomène extérieur à elle. Ce sont les racines inconscientes de la judéité qu'il tente de mettre à jour.

Pour souder l'unité de son peuple, Moïse a dématérialisé la notion de Dieu en « inventant » une religion fondée sur l'étude des textes sacrés. Dans un mouvement contraire, Freud renouvelle ce geste « à l'envers » et « matérialise » la religion juive en la ramenant à des faits historiques, réels ou légendaires. Pour cela, il s'appuie, contre la religion, sur la « science » de l'histoire, sur Hérodote d'abord, historien « matérialiste » par excellence, puis sur des historiens plus proches. La religion juive, dans cette optique, obéit au principe de la légende du héros : le meurtre originel de Moïse par son peuple se répète dans la mise à mort de Dieu par le Christ. Si le judaïsme est la religion du père, le christianisme devient celle du fils : « L'ancien Dieu, le Dieu-père passa au second plan, écrit Freud, le Christ son fils prit sa place, comme aurait voulu le faire à une époque révolue chacun des fils révoltés. Paul, le continuateur du judaïsme, fut aussi son destructeur. S'il réussit, ce fut certainement d'abord parce que grâce à l'idée de rédemption, il parvint à conjurer le spectre de la culpabilité humaine et ensuite parce qu'il abandonna l'idée que le peuple juif était " le peuple élu " et qu'il renonça au signe visible extérieur de cette élection : la circoncision. La nouvelle religion put ainsi devenir universelle et s'adresser à tous les hommes [65]. » Le peuple juif s'obstine à nier le meurtre du père et les chrétiens ne cessent de les accuser d'être déicides : « A tout prendre, écrit Freud, cette accusation est bien fondée lorsqu'on l'interprète en la rapportant à l'histoire des religions; en voici le sens exact : " Vous refusez d'avouer que vous avez assassiné Dieu (le prototype de Dieu, le père primitif et ses réincarnations ultérieures). " Il conviendrait cependant d'ajouter ceci : " Nous avons, c'est vrai, fait la même chose, mais nous l'avons *avoué* et depuis, nous nous sommes rachetés. " Les accusations que l'antisémitisme ne cesse de porter contre les descendants des Juifs ne sont pas toutes aussi bien fondées [66]. »

Freud lève ainsi le voile sur le caractère mystique de la judéité elle-même, de cette judéité fanatique qui a présidé à la création du comité et qui a donné aux luttes du mouvement le caractère d'une guerre de Religion. Le *Moïse* est l'aboutissement logique de la position de Freud vis-à-vis de sa propre judéité. En effet, s'il n'y a pas de peuple élu, la psychanalyse peut devenir universelle, puisque son objet, l'inconscient, est universel. Renoncer à la circoncision, c'est-à-dire à la trace matérielle d'une différence, c'est accéder à une symbolique de la castration selon laquelle il n'existe plus de supériorité d'une race sur une autre, tous les hommes étant soumis à la même loi. Autrement dit, pour arracher la psychanalyse à l'ancrage d'une psychologie fondée sur l'héréditarisme et l'inégalitarisme, il faut la dégager de toute appartenance à la mystique du peuple élu. Il est possible d'accomplir cette tâche d'universalisation en inscrivant la psychanalyse dans le champ des sciences.

Même quand Freud a été débordé par son propre fanatisme, dans le conflit avec Jung, il n'a pas renoncé à affirmer le caractère universel et « apatride » de sa découverte. Avant cela, quand il a voulu déjudaïser la psychanalyse, c'était pour éviter qu'elle fût assimilée à une branche de la religion et non pour nier les conditions historiques de sa naissance. En d'autres terme, il « déjudaïse » de la même manière qu'il refuse la médicalisation ou la couverture pédagogique. En déjudaïsant Moïse, Freud prolonge donc le combat qu'il a toujours mené à l'intérieur et à l'extérieur de sa doctrine : il s'agit d'inscrire la psychanalyse dans un idéal universaliste et scientifique qui échappe aux présupposés du « genius loci ». Or la découverte freudienne a lieu à une époque où toutes les sciences, et notamment la psychologie et la médecine mentale, sont rivées à l'idée qu'il existe une adéquation entre le génie scientifique, le talent artistique, la dégénérescence et le terroir national. Si les sciences du comportement mental peuvent ainsi changer de concepts en changeant de pays, c'est qu'elles n'ont pas d'autonomie réelle. Elles tendent à proposer une nosologie qui reproduit sous la forme d'une technologie une classification politique et idéologique inspirée par la morale sociale. Elles possèdent ainsi un statut précis : celui de définir les codes de la normalité et de la pathologie par lesquels une société se représente à elle-même ses propres limites en exorcisant de prétendus dangers venus de l'extérieur. L'extériorité peut revêtir un caractère géographique : on stigmatise alors l'étranger, le barbare, l'autre, hors des frontières; mais elle peut aussi prendre la couleur du vampire intérieur; on pourfend dans ce cas le fou, l'alcoolique, le Juif, le dégénéré sexuel, l'autre interne à soi-même et au corps social.

On comprend pourquoi le refus de la norme, la déjudaïsation, et l'affirmation d'un « apolitisme » ont un caractère si prégnant dans la démarche freudienne. Il s'agit, par la science et au risque du scientisme, d'affirmer l'autonomie de la psychanalyse face aux démons qui l'entourent : démon religieux, démon psychiatrique, démon psychologique, démon de l'hypnose ou encore démon suscité par la psychanalyse elle-même.

Au contraire de Freud, Jung reste rivé à la croyance selon laquelle une psychologie est l'expression d'une « race » ou d'une « mentalité » particulières. Le refus de l'étiologie sexuelle le conduit, par la voie de l'archétype, à une mystique d'autant plus vaste et caractérologique qu'elle est, en son fond, anti-universaliste. C'est au moment où triomphe le nazisme qu'il va payer le prix de cette croyance, dans une aventure dramatique où il se trouve en proie aux racines inconscientes de sa propre doctrine.

En janvier 1933, la Société allemande de psychothérapie est réorganisée selon une normalisation imposée par le national-socialisme. Son président Ernst Kretschmer est obligé de démissionner. Une société internationale est constituée dont Jung est nommé président. Celle-ci est une Dach-Organisation (une organisation de couverture), intégrant les sociétés nationales (dont l'allemande) et des membres individuels. Au premier abord, il s'agit d'un subterfuge devant permettre aux thérapeutes juifs exclus de la société allemande d'être protégés par une association. Le premier numéro « nazifié » de la *Zentralblatt für Psychotherapie* paraît en décembre 1933 avec un article de Jung qui souligne : « Les différences de fait entre la pathologie juive et allemande, depuis longtemps connues des gens intelligents, ne seront plus ignorées, ce qui est un bienfait pour la science [67]. » Dans le même numéro, le professeur Göring recommande aux membres de la nouvelle association la lecture de *Mein Kampf*.

En janvier 1934, Jung publie un nouveau texte où il écrit notamment :

« L'inconscient aryen a un potentiel plus élevé que celui du Juif; tels sont les avantages et les désavantages d'un état de jeunesse encore près de la barbarie. Selon moi, ce fut une grave erreur de la part des psychologies médicales antérieures d'appliquer des catégories juives, qui ne conviennent d'ailleurs pas indistinctement à tous les Juifs, aux chrétiens, aux Allemands, ou aux Slaves. Ce faisant la psychologie médicale a qualifié le secret le plus précieux des peuples germaniques – la profondeur prophétique de leur âme créatrice – de banal bourbier de l'enfance, et mes avertissements ont toujours été taxés d'antisémitisme. Freud est à l'origine de ces soupçons. Il ne connaissait pas l'âme allemande, pas plus que ses disciples allemands... Est-ce que la venue du national-socialisme que le monde entier regarde avec fascination leur a appris quelque chose [68]? »

En février 1934 paraît dans la *Neue Zürcher Zeitung* un article du psychiatre suisse Gustav Bally qui s'étonne du fait que Jung puisse présider une association qui a pour fonction d'éliminer les Juifs et tous ceux qui n'adhèrent pas aux idéaux du national-socialisme. Jung réplique par deux articles. En mars 1934, il écrit : « Je me suis trouvé placé devant un conflit moral... Devais-je, prudent et neutre, me retirer en sécurité de ce côté-ci de la frontière, vivre en toute innocence sans m'impliquer, ou devais-je – comme j'en étais bien conscient – risquer d'être attaqué, risquer l'inévitable incompréhension à laquelle n'échappe celui qui, pour des raisons d'ordre supérieur, est entré en relation avec le pouvoir politique en Allemagne aujourd'hui? Devais-je sacrifier la science, ma loyauté envers mes collègues, l'amitié qui me lie à beaucoup de médecins allemands, cette communauté vivante que constituent la langue et la culture intellectuelle allemandes, devais-je sacrifier tout cela à mon confort égoïste, à une vision politique différente? Aussi je n'avais d'autres possibilités que de me prêter moi-même, de prêter mon nom et ma position indépendante, pour le bénéfice de mes amis [69]. » A la fin du second article, il souligne : « J'admets volontiers que c'est une coïncidence malheureuse et une source de confusion que mon programme scientifique ait été accolé, sans que j'y sois pour rien, contre ma volonté expresse, à un manifeste politique [70]. »

Ellenberger note que Bally ne répond pas et qu'en 1942, il publie un article élogieux sur la psychologie analytique de Jung. Il reste cependant que le nom de C.G. Jung apparaît comme seul directeur de la *Zentralblatt* jusqu'à la fin de l'année 1935. Dans l'édition de janvier 1936, Göring est à ses côtés comme codirecteur.

A partir de ce dossier, en apparence accablant, les accusations d'antisémitisme déferlent sur Jung et au terme de la Seconde Guerre mondiale, il affronte la campagne de ceux qui le dénoncent comme « collaborationniste » et « pro-nazi ». Les attaques les plus redoutables viennent des Américains et notamment d'un certain Parelhoff. A plusieurs reprises Jung rejette les calomnies dont il est la victime et cherche à expliquer que l'association dont il était le président avait pour but de protéger les médecins juifs du nazisme. Selon lui, si les Allemands avaient envahi la Suisse, il aurait été fusillé.

A y regarder de près, l'aventure qui arrive à Jung est la conséquence logique et inéluctable de sa doctrine psychologique. Jung n'est pas un « pro-nazi », un « massacreur » de Juifs ou un collaborationniste comme le furent, en France, Rebatet, Céline ou Brasillach. Il est « sincère » quand il affirme qu'il a été « roulé » par les nazis et qu'il cherchait véritablement à protéger les thérapeutes juifs. Mais pourquoi donc un psychiatre aussi éminent que Carl Gustav Jung a-t-il été roulé par les nazis? Là est la vraie question et elle comporte une réponse qui exclut tout règlement de compte. Il est évident que la doctrine jungienne a partie liée théoriquement avec celle prônée par le nazisme en matière de psychologie des peuples, des races et des foules, laquelle, du reste, s'inspire également des thèses de Gustave Le Bon. Il y a une différence cependant : le dogme nazi est la version exacerbée, meurtrière et sauvage des hypothèses jungiennes, qui elles-mêmes expriment un idéal largement répandu dans les sciences de cette époque et qu'on retrouve notamment chez Groddeck.

Comme ses maîtres, Bleuler et Flournoy, Jung est persuadé de l'existence d'une psychologie différentielle selon les peuples et les races. Cette croyance le conduit à refuser l'idée d'une possible universalité de la science et à confondre la démarche théorique avec un savoir dogmatique. Du coup il perçoit la psychanalyse comme une « science juive » faite pour décrire des « mentalités juives », ou un prétendu « inconscient juif ». L'attitude antithéorique de Jung l'amène à confondre différence et inégalité et à faire passer la science sous la catégorie de la mystique : tel homme, tel âme, telle méthode, etc.

Ce n'est pas parce qu'il est volontairement antisémite que Jung différencie le Juif, l'Aryen, l'Allemand ou l'Anglais, mais c'est parce qu'il fonde ses hypothèses doctrinales sur la prétendue existence d'une typologie psychologique que son discours est porteur de racisme et de judéophobie. L'antisémitisme refoulé de Jung se manifeste dans son adhésion à des positions inégalitaristes qui le conduisent, comme non-Juif, et dans une conjoncture historique précise, à devenir, à son insu, l'instrument de la politique nazie.

Jung affirme qu'il n'existe pas de méthode psychothérapique universelle et que le zen ou le yoga, qui sont efficaces en Inde ou au Japon, ne le sont pas en Europe. De la même manière, il soutient que chaque peuple possède une mentalité différente de celle de ses voisins et que, dans ces conditions, il faut, pour le bien de la science, construire une psychologie adaptée à l'âme collective de chaque peuple. Dans cette perspective, l'anti-universalisme jungien n'est pas un anti-ethnocentrisme (comme celui de Malinowski par exemple). Il ne privilégie pas les notions modernes de « terrain » ou de « différence culturelle »; il maintient au contraire l'impossible autonomie d'une science face à son objet. L'anti-universalisme jungien fonctionne comme si une démarche théorique n'était qu'une fiction, une construction imaginaire, une vue de l'esprit, une mystique, une religion, ou encore l'expression d'une mentalité individuelle ou collective.

Même si Jung, disciple de Flournoy et de Bleuler, a su comprendre, au

Burghölzli, que la langue fondamentale de la psychose avait l'allure d'un dialecte secret, méconnu par la langue du savoir dominant, même si son attitude antifreudienne fut parfois commandée par un certain refus d'universaliser une doctrine jugée dogmatique et peu adaptée aux avatars du terrain concret, il reste que sa rupture avec la psychanalyse l'a entraîné vers une psychologie des profondeurs, porteuse d'inégalitarisme, qui réinterprète l'anti-universalisme dans le sens d'un retour à l'hypnose. L'inconscient de Jung est de même nature que *l'inconscient à la française* [71] : c'est celui de Le Bon et de Léon Daudet, mais aussi de Janet. C'est l'inconscient obscur des foules muettes. C'est l'automatisme psychologique. C'est l'âme des peuples. C'est cette « chose » collective, occulte et démoniaque par laquelle l'homme demeure toujours un somnambule. Ceci explique pourquoi Jung se laisse prendre au piège de la doctrine nazie. Celle-ci confirme ses propres hypothèses sur l'inconscient, l'hypnose et la toute-puissance des chefs. Elle actualise ce qui est l'essence même de son antifreudisme : acceptation de l'hérédité, inégalitarisme, haine du sexe et enfin hantise de la judéité comme représentation d'une imaginaire dictature de la pensée sur l'âme, de la théorie sur l'individu.

En publiant le *Moïse* Freud poursuit une trajectoire inverse de celle de son ancien disciple. Il finit d'en découdre avec l'aventure jungienne, mais aussi avec *les restes mystiques* de sa propre judéité, avec ces restes qui l'avaient entraîné à désigner Jung comme un « ennemi héréditaire » ou un « abominable Aryen ». En abandonnant la notion de peuple élu, il dénoue toute appartenance possible de la psychanalyse à une psychologie des peuples, des races ou des foules, et désigne du même coup la place toujours légendaire et impossible du héros ou du grand homme. Cette œuvre solitaire est en avance sur son temps, écrite à une époque où le discours antisémite s'énonce clairement et rédigée en un moment où la psychanalyse bascule dans l'idéal de la psychologie. Après Auschwitz, les choses vont bouger. L'antisémitisme trouvera un vocabulaire plus soigné, plus favorable à la méprise ou au jeu de mots; il deviendra « inavouable », tandis que la psychanalyse tentera de retrouver ses concepts perdus. Le *Moïse* est le livre annonciateur de cette nouvelle époque et c'est pourquoi en son temps, et bien après encore, il est resté fortement méconnu.

Quant à l'antisémitisme moderne dont Freud défait si magistralement les racines inconscientes, nous allons voir, en revenant cinquante ans en arrière, qu'il a pour corollaire la haine du sexe et que celle-ci se concrétise, dans l'avènement de la psychologie, par un refus de l'étiologie sexuelle rebaptisée pansexualisme, sous la bannière des idéaux de l'hérédité-dégénérescence. De sorte que ce n'est pas un hasard si la théorie généralisée des stigmates, qui envahit les sciences humaines de la fin du XIXᵉ siècle, a partie liée, sur le territoire français, avec l'explosion de l'affaire Dreyfus.

Troisième partie

Territoires français

« Matière éminemment française, et qui voudrait la laisser perdre? Tout ce qui est national est nôtre. Aussi ce peuple de vidangeurs se targue-t-il d'avoir la première peinture du monde, le premier cambouis, la première cuisine, les premières putains, la première politesse. [...] *Ayant marché du pied gauche dans un peu de sel gaulois il possède une histoire sans ombre, des plus gaillardes, et c'est en vain qu'on chercherait la trace d'une erreur, le souvenir d'une lâcheté. Élégance et galanterie n'excluent en rien le mot pour rire. On rit donc et dès l'enfance le petit citoyen se tord lorsque le mot caca retentit patriotiquement à son oreille. »*

LOUIS ARAGON.

I

L'inconscient « à la française »
(de Le Bon à l'affaire Dreyfus)

I. *L'univers des traces*

Dans un essai intitulé *Crisi della ragione* [1], l'historien italien Carlo Ginzburg remarque en 1979 que, vers la fin du XIXᵉ siècle, le champ des sciences humaines a vu l'émergence d'un modèle épistémologique auquel jusqu'à présent on n'a pas accordé une attention suffisante. L'analyse de celui-ci, qu'il appelle *paradigme,* peut aider à sortir des impasses que rencontrent les épistémologues et les philosophes dès qu'ils opposent le rationalisme à l'irrationalisme.

C'est autour de la problématique de la trace, de l'indice, du signe ou de la piste que s'articulent vers 1890 les découvertes fondamentales de la pensée moderne en matière de sciences dites humaines. A cet égard l'opposition entre la raison et la déraison, la norme et la pathologie, le vrai et le faux se marque dans l'alternance philosophique qui prétend discerner le rationnel et l'irrationnel.

La psychanalyse, inventée par Freud en 1896, émerge d'un sol de savoir et s'inscrit dans le cadre d'une conception de l'inconscient déjà présents dans le champ d'investigation de son époque. Bien que le savant viennois se réclame d'une « métaphore » épistémologique tirée de la double révolution copernicienne et galiléenne, il ne fonde pas une science exacte mais conjecturale. Son objet n'est ni la psyché individuelle ni la foule collective; sa méthode ne relève pas d'une classification hiérarchisée des indices ou d'une typologie des distinctions raciales et sa doctrine ne s'apparente pas à une vision galiléenne de la science. Bien qu'elle cherche à élaborer un paradigme spécifique, la psychanalyse ne sacrifie pas l'élément individuel (le symptôme par exemple) à la généralisation abstraite. Elle pose une universalité sans pour autant céder au principe d'une formalisation d'inspiration physico-mathématique. C'est bien à Copernic et non à Galilée que Freud fait référence pour élaborer une théorie de l'inconscient en rupture avec toutes celles proposées à son époque. On a déjà vu que l'avancée de la « révolution freudienne » allait de pair avec un abandon progressif de notions telles que l'hérédité, la dégénérescence, l'organicisme, la race ou l'instinct pour marquer l'émergence d'un champ nouveau où s'énoncent les concepts de pulsion, refoulement, transfert et topique. Ils surgissent à côté des indices anciens de l'archaïcité biologique, sans les effacer, mais en les faisant fonctionner comme des détritus métaphorisés. L'universalité professée par Freud n'a pas le sens d'une rationalité universalisante. Sa théorie de l'inconscient ne repose pas sur le présupposé selon lequel l'individualité humaine serait connaissable jusqu'aux frontières d'une imaginaire animalité. Elle se différencie des autres doctrines de son époque par l'intégration de l'anomalie elle-même au cœur d'une compréhension non normative de l'individualité. Celle-ci s'universalise en échappant aux critères de la psychologie.

Historiquement, le freudisme est la seule doctrine cohérente qui ait pris le risque d'un tel saut dans l'inconnu. Du côté des artistes, des poètes, et de ce qu'il est convenu d'appeler le délire, la fantaisie ou l'imaginaire, une percée identique est à l'œuvre dès la fin du XIXe siècle. Au moment où Freud interpelle le symptôme hystérique, l'art et la littérature s'interrogent sur leurs formes ou leurs frontières, bref sur les conditions propres d'une écriture.

Dans de nombreuses affaires criminelles de ce temps la question de l'hypnose reste intimement liée à l'héritage de l'anatomo-pathologie. En outre la Commune fait peur, comme l'hystérie. On assimile la société à un corps organique secoué de stigmates. On ouvre les cadavres pour identifier les criminels, on pèse les cerveaux et l'on tente de dépister les faussaires.

En France, l'affaire de la « malle à Gouffé » qui se déroule en 1889 et 1890 témoigne de l'importance de cette configuration. A la gare de Lyon, on retrouve enfermé dans une malle le corps dépecé d'un homme sans visage. A la demande du directeur de la police, Goron, une autopsie est pratiquée par le docteur Lacassagne, véritable Lombroso français. Ce dernier parvient à identifier le corps d'un dénommé Gouffé. Grâce à l'examen des cheveux et des dents, il s'aperçoit qu'il s'agit d'un homme d'environ cinquante ans. En pesant les os des deux jambes de la victime, il note une différence sensible due à un épanchement de synovie d'origine tuberculeuse. Il en déduit que Gouffé devait boiter. Il envoie ses résultats au policier qui fait alors son enquête et retrouve le chausseur du cadavre. L'artisan est très gêné car il avait juré à son client de ne jamais révéler le secret de sa claudication. Il était parvenu à lui confectionner une semelle épaisse qui cachait complètement son infirmité. Après l'identification de la victime, celle du meurtrier : Goron à l'idée de faire reconstituer dans les moindres détails une copie exacte de la malle trouvée à la gare de Lyon. Il l'expose au Palais de Justice et un visiteur reconnaît immédiatement que l'objet est de fabrication anglaise. Notre détective prend alors le bateau pour Londres et retrouve le vendeur de malles. L'assassin est suivi à la trace. Il s'agit d'un certain Eyraud, proxénète crapuleux, dont la complice est une prostituée célèbre pour sa beauté : la belle Gabrielle. Goron fait passer dans les journaux des annonces et des photographies du criminel. Celui-ci est arrêté à La Havane, ramené au Havre, jugé en cour d'assises et guillotiné.

Henri Robert sauve la tête de Gabrielle Bompart en plaidant l'innocence. Il affirme en effet que le proxénète a hypnotisé sa complice pour s'attacher ses services. L'affaire rebondit. Après l'horreur suscitée par le spectacle du corps morcelé dans la malle, c'est l'histoire du crime sous hypnose qui provoque l'exaltation du public parisien. L'école de Nancy croise le fer contre celle de la Salpêtrière. Liégeois, disciple de Bernheim, soutient la possibilité des meurtres par suggestion. Il est contredit par trois experts qui invoquent l'autorité de Charcot pour nier l'existence de tels actes. Plusieurs années après l'événement, Bernheim continuait d'affirmer que Gabrielle Bompart avait agi sous l'effet de l'hypnose. Mais il ajoutait, sans rire, qu'elle souffrait d'une absence innée de sens moral. La thèse du crime sous hypnose avait discrédité l'école de Nancy, laquelle avait déjà porté préjudice à l'école de la Salpêtrière. C'était la fin d'une époque et du « théâtre » de l'hystérie [2].

La légende raconte que Freud, de passage à Nancy, commenta l'affaire du corps morcelé et que durant le grand congrès sur l'hypnotisme qui eut lieu en septembre 1889, les savants venus de tous les coins d'Europe furent aussi impressionnés par la tour Eiffel que par l'histoire de la « malle à Gouffé [3] ».

***

A la fin du mois de septembre 1894, les services de renseignements français, appelés alors Section de statistique, interceptent un document qui va devenir célèbre sous le nom de « bordereau ». Il s'agit d'une lettre non signée annonçant à l'attaché militaire allemand Schwarzkoppen l'envoi de documents français confidentiels. Le 15 octobre, un certain capitaine Alfred Dreyfus, stagiaire à l'état-major de l'armée, est arrêté et accusé d'avoir rédigé ce bordereau. A la fin du mois de décembre, le premier conseil de guerre de Paris juge à huis clos le capitaine. La paternité du document lui est attribuée par trois experts en écriture sur cinq.

L'un d'eux, Alphonse Bertillon, appartient à une famille prestigieuse, dont le destin est lié à l'essor des sciences humaines et sociales en France, notamment dans le domaine de la démographie. Le père d'Alphonse était médecin, ami de Michelet et proche des socialistes. Il devait sa notoriété à ses travaux sur les mouvements de population dans les États d'Europe. Son fils aîné, le frère d'Alphonse, succède à son père en 1883 à la direction des bureaux de statistiques de Paris et contribue à la fondation d'un collège libre de sciences sociales. Quant à Alphonse, il devient employé de la préfecture de police de Paris, où il élabore une méthode empirique destinée à la classification rationnelle des prisonniers, fondée sur l'analyse de la constitution osseuse des individus. Cette innovation est mal accueillie et Bertillon est traité de fou. Mais un préfet de police bien intentionné lui permet de la tester : c'est ainsi que naît le « bertillonnage », procédé de mesure anthropométrique qui se répand dans le monde entier.

Carlo Ginzburg souligne que le procédé de Bertillon s'apparente, du côté du paradigme de l'indice, à la méthode conçue par l'historien de l'art Giovanni Morelli pour faire la distinction, dans la peinture, entre les œuvres originales et les imitations. *Dépister les faussaires :* tel est le but de la méthode morellienne. Sa nouveauté consiste dans le fait qu'elle ne prend pas en compte les caractères manifestes ou stylistiques des tableaux, mais se livre au contraire à l'examen minutieux des détails négligeables, où l'influence des caractéristiques de l'école à laquelle le peintre appartient est la moins marquée. Morelli part à la chasse des orteils, des formes de doigts, des courbures d'oreilles et des inclinaisons des ongles puis constate que certains détails essentiels de ces organes sont présents dans les originaux et absents dans les copies. Il propose ainsi des attributions nouvelles d'œuvres célèbres démontrant que les musées d'Europe sont remplis de tableaux attribués à tort à des auteurs de renommée.

La méthode morellienne est immédiatement combattue et tombe bientôt dans l'oubli. Plus exactement, elle devient clandestine. On annonce officiellement qu'elle relève d'un positivisme grossier et qu'elle rabaisse l'art au niveau de son fonctionnement mécanique; mais les experts continuent officieusement de l'utiliser à cause de ses résultats incontestables.

Vers la même époque, Arthur Conan Doyle attribue à Sherlock Holmes la paternité d'une méthode de dépistage des criminels qui semble proche de celle de Morelli. Le détective, adepte, comme Freud, de la cocaïne, s'appuie sur une recherche des indices qui échappe au regard « aveugle » de la police officielle. Il déchiffre les traces des pas dans la terre humide, observe à la loupe les mégots et les cendres de cigarettes, mesure les distances, renifle les odeurs et interprète toutes les anomalies qui se présentent dans une topographie délimitée. Il parle le réel des lieux et des signes à son compère, le docteur Watson, au gré d'une voyance hallucinatoire dont il est le héros fétichiste et maniaque. Carlo Ginzburg cite un exemple célèbre de « morellisation » inventée par le détective anglais : l'histoire intitulée *La Boîte en carton* (1892) débute lorsqu'une vieille dame reçoit par la poste deux oreilles coupées. Holmes s'arrête et considère avec une intensité singulière le profil de la demoiselle. Un éclair d'étonnement et de satisfaction passe sur son visage; mais lorsqu'elle lève les yeux pour découvrir la cause de son silence, il est redevenu impassible. Plus tard, il explique à Watson le cheminement de ses associations : « En qualité de médecin, vous savez qu'il n'y a pas d'organe du corps humain qui présente plus de personnalité qu'une oreille. Toutes les oreilles diffèrent les unes des autres; il n'y en a pas deux semblables [...]. J'avais donc examiné les oreilles dans la boîte avec des yeux d'expert et j'avais soigneusement noté leurs particularités anatomiques. Imaginez ma surprise, quand, regardant

Mlle Cushing, je m'aperçus que son oreille correspondait exactement à l'oreille féminine que je venais d'examiner. Il ne pouvait s'agir d'une simple coïncidence : la même minceur de l'hélix, la même incurvation du lobe supérieur, la même circonvolution du cartilage interne... Pour l'essentiel c'était la même oreille. Bien entendu je discernai immédiatement l'importance de cette observation. Il m'apparut évident que la victime était une parente du même sang, et probablement une très proche parente [4]. »

On a déjà vu que Freud publie anonymement en 1914 un essai sur *Le Moïse de Michel-Ange* [5], dans la période où le comité est engagé sur la voie du dogmatisme. Dans ce texte, Freud souligne que la méthode analytique n'est pas sans rapport avec celle de Morelli, à propos de l'interprétation des traits inobservés, des détails négligés ou des restes. L'historien italien était médecin comme le savant viennois. Il dissimula d'abord son nom sous le pseudonyme d'Ivan Lermolieff et publia ses premiers travaux en langue allemande sous la signature d'un traducteur « imaginaire » nommé Johannes Schwarze. Sous ce double masque signifiant, le dépisteur des imitations dissimulait une identité qu'en réalité il énonçait à qui voulait entendre ou regarder. Schwarze signifie « noir » et s'apparente pour le sens au mot italien « moro », tandis que Lermolieff est l'anagramme presque parfait de Morelli.

C'est donc sous couvert d'anonymat et à une époque dominée par le fanatisme anti-jungien que Freud reconnaît l'importance que les travaux de Morelli ont eue pour la naissance de la méthode analytique comme technique d'interprétation s'appuyant sur les résidus signifiants ou « faux » symptômes que la médecine officielle avait refusé de prendre en compte.

A la fin du siècle surgit, dans les sciences sociales soumises aux idéaux de la médecine, l'étrange configuration d'un paradigme de la trace où vient s'inscrire la double identité du faussaire et de son interprète. L'histoire de la naissance de la psychanalyse est dominée par l'aventure de cette impossible démarcation entre science et magie, rigueur et illusion, médecin et charlatan. Face à l'ancien magnétiseur, le psychanalyste se fait l'interprète scrupuleux d'une nouvelle conceptualité de la névrose, mais devant l'orthodoxie du savoir médical, il réinvente l'espace du rêve, la géographie des mages et des prophètes, au risque d'être catalogué comme un faussaire, un imposteur ou un sorcier. Le signifiant de l'imposture colle à la peau de la psychanalyse du fait qu'elle accorde au symptôme hystérique un statut de vérité que la médecine lui a refusé en qualifiant les malades nerveux de simulateurs. Or ce signifiant fonctionne lui-même comme un symptôme majeur de l'histoire du mouvement psychanalytique et réapparaît périodiquement (avec le symptôme hypnotique) dès que la théorie est en crise et qu'elle doit réaffirmer son identité sous les traits de la science afin de se démarquer de la magie et de la religion.

Si la méthode morellienne s'apparente à la technique freudienne, c'est probablement moins dans la visée notionnelle d'un dépistage des faussaires que dans celle de l'interprétation. Dans la chasse aux imitations, Morelli énonce la vérité des œuvres picturales, copiées ou originales, de même que Freud, par la psychanalyse, raconte le vrai de la névrose en partant des « faux » symptômes de l'hystérique et en faisant basculer dans le domaine scientifique l'ensemble de la problématique de la simulation.

En France, au lendemain de la mort de Charcot, le signifiant de l'imposture et de la simulation revient en force et ne laisse pas de place pour le cheminement d'une autre démarche. Dans le sillage du révisionnisme de Babinski, on fait du maître de la Salpêtrière un savant à la fois mystifié et mystificateur : charlatan à cause de sa croyance à la validité de la suggestion; imposteur parce que « naïvement » roulé dans la farine par les « faux » symptômes de simulatrices.

Par plaisanterie on pourrait dire qu'en 1894, dans l'émergence symbolique du paradigme de la trace, Alphonse Bertillon est à la France ce que Conan Doyle est à l'Angleterre, Morelli à l'Italie et Freud à la pensée allemande. Cependant le bertillonnage s'apparente moins à la morellisation ou à la psychanalyse qu'à une sorte de « mystification » qui actualise la résurgence de la simulation. En effet, ici comme dans la psychologie, l'identification des personnes prend le pas sur le déchiffrement des traces et la police officielle n'a pas l'humour du détective privé. Selon cette configuration, la criminalistique s'abat sur Dreyfus et sur les anarchistes, la criminologie se déverse sur les tarés et les génies et la méthode de Babinski foudroie les hystériques. Le « faussaire » est par définition une « personne ». Il n'est pas l'auteur « manquant » d'une œuvre d'art ou d'une névrose dont il convient d'interpréter les signes, il est un sujet à part entière, le citoyen de chair et de sang d'un État de droit. En bref, de Bertillon à Babinski, tout homme est un menteur « potentiel », un Juif, un anarchiste ou un simulateur. Dès lors l'identification des traits distinctifs s'articule à la sélection. Dans l'ordre biologique, c'est la lutte pour la vie. Dans l'ordre médical c'est la bataille entre la norme et la pathologie. Dans l'ordre social, c'est la sélection par les races, les classes, les élites, les foules.

L'idée se concrétise d'un reflet possible entre la personnalité, le caractère, les signes anatomiques et les marques raciales. C'est dans cet élan que l'antijudaïsme traditionnel trouve sa définition moderne et « scientifique » sous la dénomination de l'antisémitisme. Le mot apparaît pour la première fois en 1873 sous la plume d'un journaliste de Hambourg, Wilhelm Marr, dans un libelle intitulé : *La Victoire du judaïsme sur le germanisme*. Il stigmatise à la lettre la transformation d'une situation où la guerre des religions devient une lutte ouverte entre les races. Le Juif n'est plus seulement l'adepte d'un rite mosaïque mais le porteur d'un trait distinctif dont les nouvelles « sciences » issues confusément des déplacements du darwinisme peuvent authentifier la spécificité. On savait déjà en France depuis Gobineau et *L'Essai sur l'inégalité des races* [6] que l'Aryen est un héros élu des dieux, on saura maintenant que le Sémite, c'est-à-dire l'Hébreu ou l'Arabe, est le représentant de toutes les souillures qui pervertissent la civilisation. Pour devenir un antisémite conséquent, l'homme moderne devra s'identifier à la noblesse antique des conquérants indo-iraniens de race blanche qui eurent l'intelligence, des siècles avant notre ère, de soumettre à leur loi d'airain les populations aborigènes inférieures au teint sombre et aux crânes rondouillards. Avec l'antisémitisme, la bourgeoisie française de la fin du XIXe siècle a enfin trouvé du côté de la race le mot qui lui manquait pour conquérir la noblesse dont l'ancienne aristocratie l'avait privée. Revanche inouïe sur la révolution de 1789 : contre la noblesse de sang, la bourgeoisie avait proclamé l'égalité des peuples, des hommes et des nations. Au nom de la science, elle reprend maintenant son dû en proclamant son culte d'une race élue et supérieure [7].

Devant le fameux bordereau, Bertillon hésite longuement. Ses premières conclusions restent incertaines. Au cours d'une deuxième étude, il s'associe à du Paty de Clam, officier de police prétentieux et adepte des sciences occultes et il énonce son invraisemblable verdict : Dreyfus est non seulement un espion à la solde de l'Allemagne mais un imposteur. Il cherche à tromper son monde mais heureusement il ne peut tromper Bertillon. L'horrible traître a falsifié sa propre écriture, ce qui explique les différences notoires qui existent entre le texte du bordereau et le graphisme des lettres du capitaine. Bertillon est un antisémite avoué mais sa magistrale erreur sur la paternité du bordereau ne s'explique pas seulement par sa haine du Juif. Elle est la conséquence d'une croyance à la toute-puissance de « sa » graphologie dont la méthode dérive de celle de l'anthropométrie. Le principal défaut de cette dernière réside dans le fait qu'elle est purement négative. Une bévue de quelques millimètres à propos des mensurations corporelles peut créer les conditions d'une erreur judiciaire. Au moment de l'identification, on peut écarter deux individus dissemblables mais on ne sait affirmer avec certitude que deux séries identiques de données renvoient à un individu unique : « Le caractère élusif irréductible de l'individu rentrait par la fenêtre, souligne Ginzburg, après avoir été chassé par la porte [8]. » Devant l'insuffisance de sa méthode, Bertillon a inventé la technique du « portrait parlé ». Il s'agit d'une description du visage qui comporte à la fois les particularités morphologiques et des caractères chromatiques : forme, dimension, inclinaison du front, du nez et des oreilles; couleurs et nuances de l'iris gauche, des cheveux et de la barbe. Le « portrait parlé » ne fait qu'aggraver la complexité d'une méthode déjà incertaine. Quant à l'expertise graphologique, Bertillon considère, toujours dans la perspective anthropométrique, que les détails ou les idiotismes de l'original sont les indices révélateurs d'une falsification; le prétendu faussaire ne parvient pas à les reproduire mais il lui en substitue d'autres. C'est ainsi que le grand tacticien attribue à Dreyfus des calculs maniaques qui sont les siens. Il suppose que le « criminel » a contrefait son écriture en prévision d'un danger : au cas où il serait arrêté, portant sur lui le bordereau, il pourrait clamer son innocence et affirmer que c'est un ennemi qui le lui a glissé dans la poche pour le confondre. Le raisonnement manipulatoire de Bertillon est évidemment absurde puisqu'il prétend « par avance » qu'un innocent est un coupable qui efface intentionnellement les traces d'un crime qu'il n'a pas commis. Dans un superbe pamphlet rédigé en 1898 et intitulé *Les Preuves*, Jean Jaurès démolit le « système Bertillon » en affirmant que celui-ci a substitué sa pensée déréglée à celle du « traître » : « J'ai assisté à la déposition de M. Bertillon devant la cour d'assises : comme ces spirites qui vous parlent avec assurance de leurs révélations, mais qui ne sont pas pressés de vous faire assister aux expériences décisives, M. Bertillon affirmait devant la cour et devant la postérité l'excellence de son système, mais il hésitait à l'analyser devant nous; il ne laissait échapper que des bribes. Et pendant qu'il parlait, pendant que la défense lui arrachait lambeau par lambeau l'aveu de son rêve extravagant, la défense triomphait[9]. »

Tel est bien Bertillon, le *spirite adepte d'un rêve extravagant :* il avait réussi à identifier Ravachol, de son vrai nom Kœnigstein, qui se cachait sous le pseudonyme de Léon Léger. Il l'avait envoyé à la guillotine en 1892. Celui-ci était mort en criant « Vive la révolution » et l'on voyait en lui maintenant le « Christ de l'anarchie ». Mais cette fois-ci, Bertillon regardait l'écriture d'un homme et se trompait, justement là où il voulait dénoncer l'imaginaire tromperie d'un autre. Il sera démasqué mais jamais il ne se rétractera, préférant sauvegarder la logique de son système contre la vérité des faits.

Après la première condamnation à huis clos et « l'expertise » de Bertillon, le ministre de la Guerre communique au tribunal militaire, à l'insu de la défense, un « dossier secret » fabriqué de toutes pièces par un Alsacien syphilitique, atteint de paralysie générale, le colonel Sandherr, qui dirige la Section de statistique. Ce dossier conduit les juges à déclarer Dreyfus coupable à l'unanimité et à le condamner à la déportation à vie dans une enceinte fortifiée. En janvier 1895, il est dégradé en public dans la cour de l'École militaire, avant d'être envoyé à l'île du Diable. Au mois de juillet de la même année, un nouveau responsable, le lieutenant-colonel Picquart, est nommé à la tête de la Section de statistique. L'homme est un antisémite notoire. Comme le capitaine Dreyfus, il est patriote, germanophobe et convaincu des valeurs civilisatrices de la grande armée française, défaite à Sedan, mais capable de revanche. Picquart est épris de justice et de dignité. Au début de mars 1896, la Section de statistique intercepte un pneumatique dit « le petit bleu », adressé par l'ambassade d'Allemagne à un certain colonel Esterhazy, officier d'origine hongroise, joueur, escroc et noceur, ami des Juifs mais dépourvu de tout scrupule. Picquart, qui a consulté le fameux « dossier secret » concocté par l'Alsacien fou, acquiert la certitude, durant l'été, que c'est Esterhazy qui a rédigé le bordereau attribué à Dreyfus. Il ne parvient pas cependant à convaincre les dirigeants de l'état-major de procéder à la révision du procès de 1894. On l'éloigne de Paris.

Le commandant Henry est un antisémite avoué comme Picquart. Aux colonies, il a contracté le paludisme. Il est sujet à d'horribles fièvres qui le font délirer. Depuis 1887, il est l'adjoint de Sandherr à la Section de statistique. En novembre 1896, il remet au sous-chef d'état-major un document où Dreyfus est nommé en toutes lettres. Il vient de le fabriquer mais il prétend qu'il l'a intercepté autrefois à l'ambassade d'Allemagne. Ce texte, le « faux Henry », sera authentifié par l'état-major et par les ministres de la Guerre successifs jusqu'aux « aveux » du commandant qui finira par se suicider en prison. Celui-ci avait cru bien faire en voulant débarrasser l'armée française de sa « vermine » juive. Mais en août 1898, il est désavoué par ses chefs qui l'accusent d'être un faussaire. Il est rejeté par ceux-là mêmes qui avaient envoyé Dreyfus à l'île du Diable sur les conseils « scientifiques » de Bertillon.

Entre-temps, en novembre 1896, un certain Bernard Lazare publie à Bruxelles une brochure intitulée *Une erreur judiciaire, la vérité sur l'affaire Dreyfus*. Il l'envoie aux journaux et aux parlementaires français. L'Affaire devient le phénomène le plus spectaculaire de la grande civilisation française. Toutes les classes de la société sont frappées par le « mal ». La nation est scindée en camps antagonistes; les dreyfusards et les anti-dreyfusards ne se réconcilieront jamais, comme en témoigne la furie dénonciatrice qui devait ravager la France cinquante ans plus tard.

Bernard Lazare est né à Nîmes sous le nom de Lazare Bernard. L'homme est un Juif assimilé. Son père, un modeste homme d'affaires, l'a élevé dans le respect des traditions judaïques mais lui a donné une éducation laïque. En 1886, au moment où Charcot prononce à l'oreille de Freud ses fameuses paroles sur la libido, le jeune Lazare vient à Paris pour suivre des cours à l'École pratique des hautes études. Il est devenu incroyant. Comme Léon Daudet, il se jette à corps perdu dans la vie mondaine. Il se passionne pour Mallarmé et la poésie symboliste. Il « inverse » son patronyme et en compagnie de Villiers de L'Isle-Adam, Maeterlinck et Henri de Régnier, il livre bataille contre la littérature en vogue, la poésie des parnassiens et le réalisme naturaliste d'Émile Zola. Ses critiques sont agressives et destructrices : « La haine est en littérature, comme en politique, comme en art, écrit-il, une passion primordiale et indispensable; celui qui ne sait pas haïr, ne saura pas aimer ce qui, pour lui, est beau [10]. »

A l'inverse de Zola, Bernard Lazare pense que l'artiste doit rendre à la vie sa beauté et contribuer ainsi à transformer la société. Il a de grandes sympathies pour le mouvement anarchiste, admire Vaillant et Ravachol et s'il ne participe pas à leurs actions directes, c'est pour préserver sa qualité d'homme de lettres. Selon lui, la cause de l'antisémitisme réside dans la confusion qui est faite entre le terme de *Juif* et celui d'*Israélite*. Il soutient que le Juif est conforme à la description traditionnelle qu'en font les caricaturistes : c'est un homme dominé « par l'unique préoccupation de faire une fortune rapide [...] L'Israélite est au contraire un homme assimilé aux traditions françaises. Il est distingué, borné dans ses désirs, souvent pauvre ou médiocrement riche. Il habite une ville où sa famille est établie de longue date [11] ».

Pour comprendre le sens de la distinction établie par Bernard Lazare, il faut faire intervenir plusieurs éléments constitutifs de ce que nous avons appelé d'un terme encore vague « l'inconscient à la française ». A côté du signifiant « faussaire », qui est plus prégnant en France qu'ailleurs, et qui traverse de part en part l'aventure du dreyfusisme et de l'antidreyfusisme, la différenciation qui s'établit entre le Juif et l'Israélite est également caractéristique et n'a pas d'équivalent linguistique dans d'autres pays. Il existe dans toutes les langues plusieurs mots pour dénommer le Juif, mais nulle part une « affaire » de vocabulaire n'a stigmatisé à ce point l'histoire de la double destinée du judaïsme et de l'antisémitisme. Au pays de la grammaire de Port-Royal et du Code Napoléon, tout se passe comme si les mots étaient porteurs d'une fixation des choses et des événements plus systématique qu'ailleurs, plus hiérarchisée, plus autoritaire, plus centralisatrice, plus dogmatique. L'itinéraire de ces deux mots obéit à une logique où s'enchevêtrent trois héritages principaux : la révolution de 1789, l'Empire et le culte de la « Raison cartésienne ». Les Juifs d'Alsace et de Lorraine furent émancipés par la Révolution. Reconnus comme citoyens français, ils reçurent les mêmes droits civiques que les non-Juifs, à la seule condition qu'ils cessent de constituer un corps politique autonome. L'assimilation allait de pair avec une certaine perte de l'identité juive. La politique de Napoléon fut animée par des positions contradictoires; homme des Lumières, il était partisan d'une « régénération » autoritaire. Il promulgua en 1808 des décrets « infâmes » contenant des mesures discriminatoires qui ne seront abolies qu'en 1818 [12]. Le terme *Israélite* fut employé par les Juifs émancipés eux-mêmes, à la place du mot Juif, considéré comme péjoratif et se rapportant à une situation révolue d'oppression. Juif et judaïsme continuèrent à désigner l'adepte d'une religion et celle-ci. Israélite indiquait de façon élogieuse les émancipés par opposition à ceux, jugés « inférieurs », qui demeuraient, dans d'autres pays, sous le joug de la discrimination.

Dans son dictionnaire, Émile Littré donne une définition étonnante des deux termes : entre *Juif* et *Israélite,* il y a la même différence qu'entre avoué et procureur. C'est la même signification; mais Juif et procureur pouvant se prendre de mauvaise part, on s'est nommé Juif et avoué. Or l'avoué, selon le même Littré, est un officier ministériel chargé de représenter les parties devant les tribunaux et de faire des actes de procédure. Le mot vient du latin « advocatus », mais à la différence de l'avoué, l'avocat est celui qui plaide en justice. Quant au procureur, à l'origine, c'est celui qui a le pouvoir d'agir à la place d'un autre. Aujourd'hui, c'est le magistrat qui exerce en chef les fonctions du ministère public auprès d'un tribunal de première instance. Dans ce raisonnement, si le Juif et le procureur sont des mots à résonance péjorative, c'est parce que les individus qu'ils désignent ont le pouvoir de se substituer à un autre et de le représenter au nom de la loi et de l'ordre (étatique ou religieux). Au contraire si les vocables *Israélite* et *avoué* ont une consonance plus favorable, c'est que les personnes ainsi dénommées ont la possibilité de représenter « l'autre » sous la catégorie de la protection et non de l'oppression. L'Israélite protège le Juif comme l'avoué protège son client et du même coup il risque de le déposséder de son identité. L'Israélite est un Juif « avoué » sous l'étiquette protectrice ou « assimilée » d'un autre qui tend à « falsifier » son identité, sans plaider pour sa cause. Chez Littré les « affaires juives » tendent à se confondre avec des histoires de procès et de faussaires.

La perte d'identité, avancée par les Juifs eux-mêmes, va de pair avec une identification progressive aux idéaux élitistes de la nation française qui se considère, grâce au cartésianisme, à la Grande Révolution et à l'Empereur, comme le peuple le plus évolué d'Europe. A la fin du XIXe siècle, le mot Israélite permet donc aux Juifs français de s'affirmer comme l'élite du peuple juif face à leurs congénères « étrangers » jugés inférieurs. L'assimilation a produit ses effets : là où la bourgeoisie française récupère, à travers l'antisémitisme, une noblesse de race contre l'ancienne aristocratie, le Juif du terroir s'imprègne d'un idéal raciste qui se traduit par une sorte de judéophobie à l'égard des « autres Juifs », barbares et inférieurs. L'affaire Dreyfus va fonctionner comme un traumatisme, à partir duquel la reconquête du mot Juif, via le sionisme, amène la défaite du terme Israélite et la nouvelle définition d'un nationalisme juif exacerbé.

Tandis qu'après l'Affaire, se produit dans la communauté juive française ce mouvement de refonte, le mot Israélite perdure dans la bouche des non-Juifs hostiles à l'antisémitisme. Le terme ancien est conservé pour désigner le Juif sous l'étiquette du citoyen français à part entière. Plus la honte de l'antidreyfusisme pèse sur l'histoire de France, plus l'israélisme tend à devenir le terme par où s'énonce un antisémitisme non plus « avoué », mais refoulé.

Au moment où le freudisme commence à s'introduire en France, l'Israélite est devenu la version polie et élégante du Juif. C'est un citoyen assimilé et surtout « borné dans ses désirs ». Il est capable de dominer ses instincts et de réprimer sa pernicieuse libido, celle-là même qui agite les pensées de ses congénères étrangers, allemands, viennois, hongrois, etc. C'est ainsi que le prétendu « pansexualisme » freudien peut être dénoncé, de manière encore plus rude, sous la triple étiquette d'un germanophobisme, d'une judéophobie inconsciente et d'un cartésianisme. En d'autres termes, l'anti-pansexualisme qui prétend combattre la doctrine freudienne de la sexualité est toujours l'expression vive ou atténuée d'une psychologie de la race qui ne dit pas son nom.

Dans l'optique du rationalisme à la française, Bernard Lazare affirme que les Juifs français sont des Israélites, tandis que les Juifs allemands ou orientaux ne sont que des Juifs. Selon lui, les accusations portées par les antisémites sont exactes en ce qui concerne ces Juifs-là, ceux de l'étranger. Les véritables Israélites, dit-il, doivent « repousser toute solidarité avec les changeurs francfortois, les usuriers russes, les cabaretiers polonais, les Galiciens prêteurs sur gages [13] ». Lazare conjure ses semblables de chasser les « lépreux » qui les corrompent et d'expulser cette « pourriture » prête à s'infiltrer. L'Israélite français doit se « franciser » davantage et dénoncer les « Tatars prédateurs, grossiers, sales, qui viennent indûment paître un pays qui n'est pas le leur [14] ». Bernard Lazare souligne que l'Alliance israélite universelle aide les réfugiés d'Europe de l'Est et d'Europe centrale mais il s'interroge sur le sens de cette politique : « Elle a à accueillir chez nous des gens méprisables, à les aider, à les favoriser, à les implanter sur un sol qui n'est pas le leur et qui ne les doit pas nourrir, à leur faciliter la conquête. A qui est-elle utile? Au Juif cosmopolite qui n'a d'attache avec aucune nation, d'affection pour aucune, qui est le bédouin transportant sa tente avec une indifférence complète [...]. Grâce à ces hordes avec lesquelles on nous confond, on oublie que depuis bientôt deux mille ans, nous habitons la France... En tout cas, ce que je veux proclamer, c'est que nous n'avons rien de commun avec ceux qu'on nous jette constamment à la face et que nous les devons abandonner [15]. »

Le jeune poète rejette les traditions de l'éducation juive. Fasciné par le personnage de Judas, considéré comme le type même du Juif, délateur, traître et déicide, il reprend à son compte l'idée chrétienne de la responsabilité juive dans le meurtre du Christ.

Comme on le voit, la « haine de soi » des Juifs français a des traits communs avec celle des Viennois et fait songer à Weininger ou à Nordau. Mais elle possède une caractéristique en plus; l'assimilationnisme n'y fonctionne pas de la même manière; l'élitisme juif français est moins suicidaire du fait que l'intégration est devenue une valeur étatique. A Vienne l'identité juive marche au dilemme : il faut se tuer ou se convertir, pour devenir un autre puisque les différentes communautés coexistent avec leurs haines et leurs conflits mutuels. En France, la conversion s'est laïcisée sous le joug des idéaux républicains et du coup l'identité juive s'est effacée « symboliquement » dans la promesse tenue d'une citoyenneté fusionnelle.

A l'époque de l'Affaire, Bernard Lazare rencontre Theodor Herzl. Au cours de l'été 1896, il se bat en duel contre Drumont, auteur de *La France juive* et directeur de *La Libre Parole*. Il renonce dès lors aux principes de l'assimilationnisme et se « convertit » à ceux de la résistance active. Il devient une sorte de Ravachol du renouveau juif, refuse l'israélisme et se fait l'adepte d'un nationalisme revanchard.

Une partie de la communauté juive dont la famille Dreyfus elle-même n'apprécie guère ce nouveau champion de la cause juive et défend la « françaiseté » des Juifs du terroir. Pourtant Bernard Lazare est l'un des premiers à dénoncer le caractère ouvertement antisémite du procès fait à Dreyfus. Alors même qu'une grande partie des Juifs de France ne désire que le silence, il s'engage dans un combat où la recherche de son identité se confond avec la défense de la vérité. Bernard Lazare meurt d'un cancer à l'âge de trente-huit ans. Il ne laisse aucune fortune. Ses amis lui érigent un monument dans sa ville natale de Nîmes, qui est endommagé par les membres de l'*Action française* en 1909 après la cassation, puis détruit par les nazis durant l'Occupation.

Fin juin 1897, Picquart, en permission à Paris, confie sous le sceau du secret à son ami Leblois sa conviction de l'innocence de Dreyfus. Encore un détail dans cet univers des traces : la clandestinité des fuites débouche sur une avalanche de confidences. L'affaire « secrète » fait boule de neige. Leblois s'empresse d'avertir le sénateur protestant et alsacien Scheurer-Krestner. Dès lors la collusion entre l'état-major et le commandant Esterhazy apparaît clairement. Une lettre rédigée à l'état-major et signée « Espérance » avertit le Hongrois qu'il va être accusé d'être l'auteur du bordereau. Henry et du Paty de Clam prennent contact avec lui, secrètement. Ils fabriquent la fable d'un document libérateur d'origine allemande remis à Esterhazy par une dame voilée et qui prouve son innocence. Deux autres « faux », deux télégrammes sont envoyés à Picquart par les compères pour le compromettre. Pendant ces activités, Scheurer-Krestner annonce dans *Le Temps* son intention d'entamer une procédure en révision. Mathieu Dreyfus, le frère du condamné, écrit dans *Le Figaro* un article où il dénonce le véritable auteur du bordereau. Bernard Lazare rencontre Émile Zola, son adversaire littéraire, et lui révèle les véritables enjeux de l'Affaire. L'écrivain est assimilationniste à sa manière. Dans un article de 1896, il a écrit : « S'il y a encore des Juifs c'est la faute des antisémites. Ils auraient disparu, se seraient fondus, si on ne les avait pas forcés de se défendre, de se grouper, de s'entêter dans leur race... A force de montrer au peuple un épouvantail, on crée le monstre réel. Ne parlez donc plus. Le jour où le Juif ne sera qu'un homme comme nous, il sera notre frère... Embrasser les Juifs pour les absorber et les confondre en nous [16]. »

Au moment où il commence sa campagne pour Dreyfus, Zola est au sommet de sa gloire. Il n'est pas juif mais italien d'origine. Encore le « détail » ou la « trace » : l'écrivain a un défaut de prononciation, un « zozotement », il dit « f » à la place de « s » et l'on se moque de lui. Il est étranger, espion à la solde des débauchés, « taré » comme les personnages de ses romans, fasciné par le règne de l'hérédité. Pour le public cultivé, c'est un homme trouble. Zola l'Italien, dit-on, Zola le chien, Zola le porc. L'auteur de *La Débâcle* est un « Juif » de toutes parts. Comme le singe, ancêtre de l'homme, il porte en lui les stigmates de la fable darwinienne. Voici ce que Léon Daudet écrit de lui : « Ce qu'on a appelé la " gloire " de cet écrivain, à la fois abondant et vide, correspond assez à un tam-tam nègre, organisé pendant vingt ans autour de la rupture d'une conduite d'égout. » Et encore : « Ce fut un chien phénomène, doué du langage et du sensorium, si caractéristique, du chien. Il ne faut pas s'étonner que la chiennerie démocratique se soit reconnue et saluée en lui. Sa vision de l'être, du milieu, de l'habitat, des circonstances, est celle du chien. La place prépondérante qu'il accorde à l'instinct tout cru et débridé est celle que lui attribue le chien. Il avait du chien le nez bifide au bout, dans une physionomie chagrine et infatuée et la nervosité des extrémités, mains ou pieds à l'aide desquelles il rajustait son lorgnon, ou trifouillait ses oreilles, ou grattait le sol aussitôt qu'on le contredisait. En revanche, il n'avait du chien ni la fidélité, ni le regard affectueux, ni la gratitude sympathique [17]. »

II. *L'arbre aux ancêtres*

Un an avant l'affaire du bordereau et l'année même de la mort de Charcot, Émile Zola publie un roman intitulé *Le Docteur Pascal* [18], dernier de la série des Rougon-Macquart. Le livre se présente comme le résumé et la conclusion de tout l'édifice zolien. A l'égal du mystérieux docteur de Dumas et du vieux Liébault, Pascal est un médecin des pauvres. Il vit retiré dans une maison de campagne et rédige un mémoire sur les maladies et les tares qui ont frappé ses ancêtres et condamné leur descendance à l'errance ou à la débilité. Il enferme ses notes, dossiers et manuscrits dans une immense armoire rustique dont le bois de chêne sculpté est à l'image d'un arbre généalogique aux fantasmes proliférants. Le personnage du docteur est l'ultime héritier d'une fantastique famille qui compte mille deux cents âmes et dont Zola retrace l'histoire naturelle dans le cadre social du Second Empire.

Si l'auteur emprunte à Claude Bernard la méthode de sa description naturaliste, c'est à la « science » de l'hérédité qu'il dérobe l'imaginaire qui peuple son univers romanesque et l'épopée des Rougon-Macquart témoigne de quelle manière le darwinisme s'est introduit en France sur le sol d'un lamarckisme encore prépondérant [19].

Comme la doctrine microbienne de Pasteur, le transformisme avait mis en cause les Saintes Écritures puisque l'interprétation littérale de la Bible n'admettait pas l'origine « matérielle » de la vie et des espèces et opposait aux travaux scientifiques le dogme du créationnisme [20].

Au moment où Freud publie la *Traumdeutung,* s'ouvre la « crise » du transformisme qui va se prolonger jusqu'à la Seconde Guerre mondiale. L'apparition des théories de Weismann, la redécouverte des lois de Mendel et l'émergence de la doctrine des mutations de Hugo de Vries troublent profondément l'équilibre de la pensée biologique en instaurant le règne de la génétique moderne « néo-darwinienne », mais avant cette date les thèses de Darwin s'introduisent dans le savoir scientifique de manière différente selon les pays. En France le lamarckisme s'est implanté comme aboutissement des divers courants existant au XVIIIe siècle. Il admet que les êtres vivants sont répartis le long d'une série unique, accorde au climat et à l'environnement une importance très grande et met en évidence l'hérédité des caractères acquis. Il montre en outre que l'animal qui ressent un « besoin » peut développer un organe qui permettra de le satisfaire. Le moteur essentiel du transformisme de Lamarck n'est autre que le principe de l'évolution des espèces, c'est-à-dire la tendance spontanée de la vie à développer des formes complexes d'organisation. Agissant seule, cette tendance produirait successivement tous les êtres de la série, du plus simple au plus élaboré. Mais les circonstances extérieures troublent ce développement linéaire et sont ainsi responsables du désordre organisé des formes vivantes.

Lamarck fut barré par Cuvier, qui était partisan de l'invariabilité des espèces et de leur fixité, mais les découvertes de ce dernier dans le domaine de la paléontologie imposaient l'idée d'une historicité des formes vivantes et d'une succession d'espèces diverses à travers le passé. En fait, la fixité n'exclut pas la notion d'évolution. Et surtout, comme le souligne Michel Foucault, les intuitions transformistes de Lamarck, qui préfigurent la biologie darwinienne, ne s'opposent pas au fixisme comme une « science révolutionnaire » face à une « doctrine conservatrice [21] ». Les travaux de Cuvier sur l'anatomie comparée des espèces mettaient en cause l'idée de « bonne nature » et introduisaient la mort et l'animalité dans le règne de la vie, à l'intérieur d'une configuration identique à celle des anatomo-pathologistes : « Elle [la vie], écrit M. Foucault, se révèle meurtrière dans ce même mouvement qui la voue à la mort. Elle tue parce qu'elle vit. La nature ne sait plus être bonne. Que la vie ne puisse plus être séparée du meurtre, la nature du mal, ni les désirs de la contre-nature, Sade l'annonçait au XVIIIe siècle dont il tarissait le langage et à l'âge moderne qui a voulu longtemps le condamner au mutisme. Qu'on excuse l'insolence (pour qui?), *Les 120 Journées* sont l'envers velouté, merveilleux des *Leçons d'anatomie comparée*. En tout cas, au calendrier de notre archéologie, elles ont le même âge [22]. »

Darwin s'oppose à Lamarck en récusant les deux notions de vitalisme et de finalité présentes dans les travaux du Français. Mais il conserve les facteurs de l'influence du climat et de l'environnement et surtout le principe de l'hérédité des caractères acquis qui sera écarté par Weismann. Les deux concepts de la lutte pour la vie et de la sélection naturelle sont à la base de *L'Origine des espèces,* dont la première publication date de 1859. L'exposé canonique de la doctrine réside dans la définition qui deviendra célèbre : « Les organismes vivants forment des populations nommées espèces et présentent des " variations ". Grâce à ces variations certains individus sont mieux " adaptés " à leur environnement et engendrent une descendance plus nombreuse. La " sélection naturelle " désigne l'ensemble des mécanismes qui trient les meilleurs individus. Ainsi s'explique que grâce à la " lutte pour la vie ", les populations évoluent lentement (c'est-à-dire se transforment et se diversifient) en produisant des formes de plus en plus complexes [23]. »

Ce n'est pas sous sa forme scientifique rigoureuse que le darwinisme s'introduit dans l'imaginaire de la deuxième moitié du XIXe siècle. Les concepts darwiniens servent à alimenter l'herbier proliférant de tous les ouvrages consacrés à l'hérédité. On retient de la sélection naturelle l'idée d'une inégalité entre les races et les espèces et dans celle de lutte pour la vie tantôt un idéal proche du libéralisme économique, tantôt une représentation mythique de la notion de lutte à mort.

Du côté de la science officielle, le darwinisme s'introduit en France au gré d'une résistance aussi importante que celle que va rencontrer le freudisme quarante années plus tard. De même que la psychologie qui se constitue, après la mort de Charcot, autour de Janet, fait obstacle à la pénétration de la psychanalyse déjà « barrée » sur le terrain d'un inconscient héréditaire, de même le darwinisme rencontre la figure rigide d'un néo-lamarckisme qu'on relève à peine des condamnations de Cuvier pour l'opposer aux thèses anglaises. Yvette Conry montre que l'introduction du darwinisme en France se fait en plusieurs étapes principales. De 1859 à 1862 c'est le temps du mépris. De 1862 à 1878, le mouvement de résistance ne peut empêcher une certaine officialisation de la doctrine. Au cours de cette relative consécration une résurgence de la pensée lamarckienne permet de jauger le darwinisme et d'affirmer que tout son système est déjà dans Lamarck. Ce dernier perd alors sa position de précurseur pour devenir un rival. A partir de 1890, la vulgarisation se meut en intégration : « Les concepts darwiniens sont devenus des modèles en sociologie où le " darwinisme social " suscite enthousiasme ou autodéfense dans la mesure où la thématique de " l'association " ou de la " solidarité " qu'on lui oppose est un habile palliatif au socialisme ou au communisme redouté [24]. »

C'est dans ce cadre, qui oscille du lamarckisme au darwinisme, que la question de l'inégalité se trouve au cœur de celle de l'hérédité. Les visées scientifiques produites par cette double configuration ne se ressemblent pas dans les projets qu'elles mettent en œuvre. De fait, ce n'est ni de Darwin ni de Lamarck que Zola s'inspire pour raconter les mésaventures de Pascal Rougon, mais d'un ouvrage antérieur à *L'Origine des espèces,* publié en 1847 par le docteur Prosper Lucas. Son titre complet est un roman à lui tout seul [25] : *Traité philosophique et physiologique de l'hérédité naturelle dans les états de santé et de maladie du système nerveux, avec l'application méthodique des lois de la procréation au traitement général des affections dont elle est le principe.*

A l'opposé de Gobineau qui tire argument de l'inégalité pour prôner la non-mixité des races et la sauvegarde de la pureté du sang, Prosper Lucas est un hygiéniste et sa visée est progressiste. Il envisage de remédier aux effets fâcheux de l'hérédité par le croisement des familles et Zola retient cet aspect de la doctrine. En ce sens, la position du médecin s'apparente à celle, « libérale », du darwinisme, qui affirme que la sélection se fait par croisement des espèces les plus robustes. Mais ce qui caractérise sa mythologie de la sauvegarde et du salut c'est le paradoxe de la pathologie. Il passe de l'évolution à la dégénérescence et de l'hérédité des caractères acquis à la transmission des tares et à l'extinction des races. Il ne retient de l'hérédité que l'héritage morbide, monstrueux, marginal. Comme si toute descendance avait une origine « fautive [26] » et comme si l'hérédité elle-même relevait d'une tératologie à laquelle seule la science pouvait remédier avec les procédés d'une guérison confinant au miracle. Cette dérive vers l'anormal fait fonctionner l'hérédité comme « une sorte d'ange exterminateur naturalisé apportant au plus intime des familles l'implacable et nécessaire punition des abominables perversions et des insupportables déviances [27] ».

L'existence de ces théories montre qu'à partir d'un tronc commun, où s'articulent tous les fantasmes d'un modèle généralisé de sélection, deux tendances se font jour, dont les implications politiques, idéologiques et psychiatriques sont antagonistes. Du côté de l'hygiénisme, ou dans la vision socialiste des luttes de classes, on admet l'idéal progressiste d'une science ou d'une politique capables de redresser les erreurs d'une mauvaise nature ou d'une société corrompue. Au contraire, du côté d'un eugénisme conservateur, on réactive l'idée d'une fatalité dramatique des destinées humaines; on accepte alors le caractère morbide des organismes et pour se défendre des dangers engendrés par les mauvais instincts, on propose la seule solution infaillible en matière d'éradication : le génocide. Face au mal absolu, le scalpel absolu est la meilleure des guérisons. Si l'homme est un dégénéré, il faut, pour abolir la dégénérescence, tuer l'homme lui-même et recréer de toutes pièces une humanité lavée de ses souillures et de son animalité. Toute une fantasmatique de la chute et de l'apocalypse se nourrit de cette vision désespérée dont le nazisme sera la forme la plus radicale. Contre cette tendance, l'hygiénisme « progressiste » (Morel, Toulouse, etc.) va servir de cadre à la psychiatrie dynamique moderne de l'entre-deux-guerres *(L'Évolution psychiatrique)* où l'on retrouve l'hérédité et l'organicisme lavés de tous les idéaux de l'inégalitarisme et de la dégénérescence.

Zola mène de front le combat politique littéraire et scientifique : son hygiénisme commande son dreyfusisme puisqu'il faut *réparer* les torts faits à un homme par la justice. Chez Drumont au contraire, l'antisémitisme se nourrit des idéaux de l'eugénisme : peu importe qu'un coupable soit innocent puisqu'il faut *nettoyer* la nation des monstres qui entravent son évolution naturelle.

Dans le roman zolien tout commence par l'histoire d'une aïeule hystérique et maniaque, Adélaïde Fouque, surnommée tante Dide, dont le père est mort fou, et qui après s'être mariée avec son domestique, Rougon, un paysan jardinier des Alpes, a pris pour amant un ivrogne contrebandier du nom de Macquart. Parmi les enfants qui naissent de ces deux unions se trouvent, dès la deuxième génération un alcoolique et un phtisique, et à la troisième, sur onze individus divisés en trois familles, quatre sont des malades ou des tarés et deux sont d'une constitution débile. La haine entre les Rougon légitimes et les Macquart avilis par la bâtardise s'accentue au moment de la révolution de 1848 et au fur et à mesure des événements qui conduisent au Second Empire. Pierre Rougon, fils légitime d'Adélaïde, tire profit de son mariage avec la fille d'un riche marchand d'huile, Félicité Pech. Eugène, le fils aîné de celui-ci, va à Paris pour faire fortune. Aristide, le second, le suit pour devenir journaliste et le troisième, Pascal, reste au pays sans se soucier de faire carrière.

Les Macquart sont républicains par ambition, contre les Rougon qui cherchent à s'élever avec l'aide des nobles et des prêtres et sont partisans de la restauration de l'ordre par le Prince-Président. On retrouve Jean Macquart, fils d'Antoine et petit-fils illégitime d'Adélaïde, dans la débâcle de Sedan et sur les barricades de la Commune. Partisan de l'ordre versaillais, il tue son compagnon de guerre, Maurice Levasseur, fils détraqué de la bourgeoisie, un lettré « supérieur, nerveux, taré, donc déséquilibré [28] ». Ce sacrifice expiatoire d'un « membre gâté » doit signifier à la nation l'avènement d'une nouvelle société, fondée sur le bonheur et la réconciliation.

Pascal Rougon est resté dans sa petite ville provençale de Plassans à l'écart des conflits qui opposent les Rougon aux Macquart. Il passe son temps à prendre sa propre famille comme objet de son observation scientifique. Il étudie les lois de l'hérédité qui sont la cause de la dégénérescence des siens et de lui-même. A l'horizon, se dessine l'immense impérialisme de sa tâche : il doit maîtriser l'hérédité pour pouvoir disposer d'elle et devenir ainsi le sauveur de l'humanité. Pour cela, il prône l'idéal d'une science salvatrice, hygiéniste, éducative, capable de corriger les effets pathologiques de la nature. Comme il se sent atteint de la folie des grandeurs, il devient malade d'orgueil et de peur : « Et dans sa crainte d'un guet-apens, dans son besoin de guetter les ennemis qu'il sentait acharnés à sa perte, il reconnaissait aisément les symptômes du délire de la persécution. Tous les accidents de la race aboutissaient à ce cas terrible : la folie à brève échéance, puis la paralysie générale, et la mort [29]. »

Paradoxalement c'est en commettant un magistral inceste que Pascal va renoncer à ses ambitions salvatrices et accepter la loi naturelle de la vie. Il vit en compagnie de sa nièce Clotilde, fille de son frère Aristide, et de sa fidèle servante Martine. Les deux femmes l'admirent mais le considèrent comme un mécréant à cause de ses expériences. Peu à peu, Pascal séduit Clotilde qui refuse d'épouser le docteur Ramond, disciple favori de son oncle. Elle devient sa maîtresse, l'idylle tourne au scandale et le docteur explique à la jeune femme toute la complexité de ses recherches. Ils assistent alors ensemble à la réalisation des prévisions puis, dans l'ivresse de l'amour incestueux, où se concrétise l'acte final de cette épopée, les deux amants ne s'aperçoivent pas de l'approche de la misère : un notaire véreux qui administre leurs rentes a commis des malversations, ruineuses pour eux. Appelée à Paris au chevet de son père qui agonise, Clotilde, qui se sait enceinte, revient au pays pour voir mourir Pascal. Celui-ci exalte la science, dont il se sent le précurseur, et la jeune femme décide d'élever son fils dans la sérénité de la maison familiale.

Pour Pascal Rougon l'amour est rédempteur. Au moment où il fait, pour sa nièce, le commentaire de l'arbre, il se désigne lui-même comme un marginal : « Tu vois bien ce qui est écrit là : " Pascal, né en 1813. Innéité. Combinaison où se confondent les caractères physiques et moraux des parents sans que rien d'eux semble se retrouver dans le nouvel être. " Ma mère me l'a répété assez souvent que je n'en étais pas, qu'elle ne savait pas d'où je pouvais bien venir [30] ! »

L'innéité, dont Zola reprend le thème à Prosper Lucas, est le moyen qu'utilise Pascal pour se détourner des filiations héréditaires et ajouter une anomalie à la pathologie régnante. Désavoué par sa mère, il n'a pas de nom et ne vient de nulle part. Il se pense sous le signe d'un démiurge sans histoire, monstre parmi les monstres, doté d'une « tare en plus » dans le tableau des dégénérescences : « M'as-tu jamais entendu appeler Pascal Rougon dans la ville? Non le monde a toujours dit le docteur Pascal tout court. C'est que je suis à part... Et ce n'est guère tendre peut-être, mais j'en suis ravi, car il y a vraiment des hérédités trop lourdes à porter. [...] N'en être pas, n'en être pas, mon Dieu! C'est une bouffée d'air pur [31]... ».

En acceptant d'aimer Clotilde, Pascal revient dans le lignage imitatif du réseau familial et renonce à occuper la place du démiurge. Il cède sur l'hygiénisme « artificiel » pour retourner au bercail de la Grande Nature. Par son inceste, il guérit de la maladie du savoir absolu. Au lieu de devenir le rédempteur d'une humanité dégénérée, il se régénère lui-même en acceptant d'être l'héritier mortel d'une famille tarée : « Ne comprends-tu pas que vouloir tout guérir, tout régénérer, c'est une ambition fausse de notre égoïsme, une révolte contre la vie que nous déclarons mauvaise [...] [32]. »

Le cycle des Rougon-Macquart se termine ainsi par la mort d'un héros renonçant à sa mission salvatrice; du coup le mythe de l'hérédité pathogène se renverse : la femme, sous les traits de la mère nourricière, rachète les fautes de l'homme par sa fécondité. Elle assure la fonction rédemptrice à la place d'une science infirme, tandis que la nature retrouve les siens et que l'hygiénisme reprend du poil de la bête dans l'ampleur d'un ventre démesuré. Avec *Fécondité,* premier roman d'un nouveau cycle de quatre « évangiles », Zola, après Michelet, se fait le poète d'une « terra mater alimentant de ses ruisseaux de lait les nourrissons innombrables d'une race patriotique et guerrière [33] ». Ce plaidoyer nataliste s'accompagne d'un lyrisme « colonial » qui invite l'homme à la conquête des déserts fertiles du Niger.

L'arbre proliférant du docteur Pascal évoque les tableaux cliniques des aliénistes et de Charcot. On songe à ces personnages de misère et de crasse qui hantent la thématique de l'étiologie héréditaire et de la pathologie nerveuse. Les grand-mères alcooliques, les maris syphilitiques, les enfants débiles, les bourgeois pervers, les adeptes de la prostitution, les désastres de la tuberculose, le fléau du sexe : rien ne manque à cette description baroque des représentations de la famille et de ses poisons. Et pourtant, au contraire de Maupassant, Zola reste tributaire de la conception d'un inconscient ancré dans les profondeurs héréditaristes. Certes, il déborde, par son scientisme même, les idéaux scientifiques de son époque, mais ses personnages sont soumis au regard du savoir médical, sans dépassement possible vers un autre horizon. Au regard de notre historicité, Zola est contemporain de Charcot et de Morel; il est partie prenante de l'une des configurations majeures de l'inconscient à la française, tandis que Maupassant franchit déjà la barrière qui sépare la *Traumdeutung* de l'âge d'or de l'aliénisme classique [34].

Émile Zola entreprend sa campagne dreyfusiste dans *Le Figaro,* en novembre 1897. Au mois de décembre, Esterhazy est renvoyé devant le premier conseil de guerre de Paris pour être acquitté à l'unanimité. Au début de l'année 1898, l'auteur du *Docteur Pascal* publie son célèbre *J'accuse* dans *L'Aurore,* le journal de Georges Clemenceau [35]. Il s'agit d'une lettre ouverte au président Félix Faure, antidreyfusard avoué. Celui qui sera plus tard l'artisan du traité de Versailles, tant dénoncé par Freud, trouve le titre sonore de ce pamphlet d'une très haute qualité littéraire. Zola fait l'historique du procès et montre que si le conseil de guerre qui jugea Dreyfus fut inintelligent, le second, en acquittant Esterhazy, est forcément criminel. Il termine son plaidoyer par une série d'accusations qui commencent toutes par la formule inlassablement répétée qui désigne les coupables. Il demande qu'on ose le traduire en cour d'assises et conclut par ces mots : « J'attends. »

L'effet de cette lettre est considérable. Trois cent mille exemplaires du journal sont vendus en quelques heures. Le comte de Mun somme le gouvernement de poursuivre Zola, mais pour ne pas réveiller l'Affaire, on se borne à inculper l'auteur pour diffamation envers Esterhazy. A son procès, l'écrivain est défendu par Fernand Labori, l'avocat de Vaillant et des anarchistes, solide ennemi du bertillonnage, mais il est condamné. De violentes manifestations antisémites et nationalistes ravagent la France. Les foules déchaînées réclament le lynchage de l'Italien aux cris de « Vive l'armée et mort aux Juifs ». Devant la sordide déposition du général de Pellieux, Zola s'exclame : « Il y a plusieurs façons de servir la France. On peut la servir par l'épée et par la plume. M. le général de Pellieux a sans doute remporté de grandes victoires. J'ai gagné les miennes. Par mes œuvres, la langue française a été portée dans le monde entier. Je lègue à la postérité le nom du général de Pellieux et celui d'Émile Zola : elle choisira [36]. »

En juillet 1898, le ministre de la Guerre Cavaignac rend public à la Chambre les pièces, selon lui « décisives », que l'état-major détient contre Dreyfus. C'est alors que Jaurès publie *Les Preuves* [37] dans *La Petite République.* Rédigé en deux mois, ce livre d'histoire immédiate est un document admirable. Il met en scène les « oublis » de la grande Affaire : officiers de tous grades, experts en écriture, juges aux noms bizarres. Jaurès, alias Freud ou Sherlock Holmes, pourchasse les signes, commente les phrases, déchiffre les mots et interprète les rêves. Il dénonce les véritables « faussaires » en dévoilant le sens de la machine de guerre montée contre Dreyfus. Jean Jaurès est soutenu dans son combat par les allemanistes du Parti ouvrier socialiste révolutionnaire, dreyfusards de la première heure, avec lesquels il a noué des relations étroites après la grande grève des verriers d'Albi. Il commence à apparaître comme le leader d'un socialisme qui essaie de surmonter ses divisions pour se constituer en force politique. Il croit possible l'unité par la fusion des organisations existantes. Le combat dreyfusiste ne lui est guère favorable. Le Parti ouvrier français, le parti de Jules Guesde, refuse de lui apporter son soutien. Et Jaurès rédige seul son grand livre des preuves.

On sait que Marx avait peint le Juif sous la hideuse figure du dieu

Argent. Mais chez l'un des fondateurs du socialisme à la française, Proudhon, la haine du Juif était devenue véritablement sauvage. Elle se doublait d'une animosité particulière contre l'auteur juif et allemand de *Misère de la philosophie* que Proudhon accusait de l'avoir pillé pour mieux le dénigrer. Un jour le Français avait noté dans son carnet : « Marx est le ténia du socialisme [38]. »

A la métaphore animale et médicale s'ajoutait l'idée du génocide. Pour se débarrasser des Juifs, Proudhon préconisait les solutions suivantes : « Juifs. Faire un article contre cette race qui envenime tout, en se fourrant partout sans jamais se fondre avec aucun peuple. Demander son expulsion de France à l'exception des individus mariés avec des Françaises; abolir les synagogues, ne les admettre à aucun emploi, poursuivre enfin l'abolition de ce culte. Ce n'est pas pour rien que les chrétiens les ont appelés déicides. Le Juif est l'ennemi du genre humain, il faut renvoyer cette race en Asie, ou l'exterminer [...]. La haine du Juif comme de l'Anglais doit être un article de notre foi politique [39]. »

Zeev Sternhell souligne que c'est cette vision du Juif que Proudhon va transmettre à deux ou trois générations de socialistes français. Elle vient « affermir, dans leur esprit, la vision que les insinuations, pointes et accusations de Marx contre les Juifs avaient commencé – sinon presque fini – d'y installer [40] ».

Si Zola est un chien au nez bifide et Marx un ténia, Dreyfus est un rat pesteux qui infeste la terre fertile de la patrie française. La parole microbienne suit son cours et conforte les idéaux antisémites de droite comme de gauche. Du côté du nationalisme chauvin, la vérité judiciaire importe peu. Il n'y a pas de « vérité absolue » et Maurice Barrès soutient qu'il faut enseigner au Français une vérité française, celle la plus utile pour la nation : « Il n'y a de justice qu'à l'intérieur d'une même espèce. » Dreyfus est « le représentant d'une espèce différente ». Son cas est du ressort « d'une chaire d'ethnologie comparée ». Barrès se révolte si « la Loi n'est pas la Loi de ma race [41] ». Du côté des socialistes le principe de la lutte des classes est pensé sous l'espèce d'un fonctionnement similaire. La bourgeoisie et le prolétariat font partie d'une configuration figée dans laquelle chaque groupe humain est assimilé à une catégorie zoologique porteuse de ses valeurs et de ses tares.

En janvier 1898, huit mois avant la publication des *Preuves,* le groupe parlementaire socialiste, dont font partie Jaurès, Viviani, Guesde, Millerand et Rouanet, édite un manifeste par lequel il refuse de s'engager dans une lutte entre deux fractions rivales de la bourgeoisie, lutte qu'ils disent financée par des capitalistes juifs qui tentent, en réhabilitant Dreyfus, de se concilier le soutien du pays pour tenter d'effacer leur propre méfait et de « laver toutes les souillures d'Israël [42] ». A cette argumentation Jaurès oppose celle selon laquelle Dreyfus est innocent et qu'à ce titre « il n'est plus ni un officier ni un bourgeois : il est dépouillé par l'excès même du malheur de tout caractère de classe, il n'est plus que l'humanité elle-même, au plus haut degré de misère et de désespoir qui se puisse imaginer [43] ».

Au-delà du caractère humaniste de cette prise de position, Jaurès s'attaque en profondeur à la notion même de *trace héréditaire*. Contre l'inégalité des races, des espèces et des classes, il prône le principe d'une identité de l'homme avec l'homme, radicalement étrangère aux idéaux de la pathologie. Dans cette perspective, le concept de lutte des classes peut échapper à la notion de guerre des races et déboucher sur le principe dialectique d'une antériorité de la lutte sur celle des classes. A la doctrine fixiste et quasi raciste du « classe contre classe » s'opposait déjà, chez Jaurès, l'alternative non symétrisable d'un mouvement en perpétuel recommencement [44].

Jaurès sera suivi par les dirigeants socialistes pour des raisons pragmatiques, au moment où ceux-ci auront la conviction que la maîtrise des rues leur échappe, au profit des ligues de droite qui commencent à contrôler les foules urbaines. C'est avec l'appui de Kautsky, et contre Rosa Luxemburg et Karl Liebknecht, que Jaurès impose sa ligne au mouvement français.

Au moment de la publication des *Preuves,* la situation bascule en faveur du dreyfusisme. Un conseil d'enquête est réuni et émet un avis favorable à la mise à l'écart d'Esterhazy pour « conduite inhabituelle ». Ce dernier quitte la France tandis que le commandant Henry passe aux aveux avant de se suicider. Fin septembre 1898, la chambre criminelle de la Cour de cassation est enfin saisie, sur ordre du garde des Sceaux, de la demande en révision proposée par Lucie Dreyfus. Trois ministres de la Guerre démissionnent. En février 1899, aux funérailles de Félix Faure, une tentative de coup d'État nationaliste échoue. Paul Déroulède et sa ligue des patriotes s'agitent.

Au lendemain de l'arrêt en révision qui casse le jugement de 1894, le nouveau président Émile Loubet est frappé à coups de canne par un baron nationaliste. Un ministère de Défense républicaine se constitue sous la présidence conservatrice de Waldeck-Rousseau qui cherche à s'appuyer sur les dreyfusards modérés en ramenant à lui les socialistes. C'est dans ce climat de préservation des valeurs de la nation française qu'un nouveau conseil de guerre réuni à Rennes rend son verdict : Dreyfus est à nouveau déclaré coupable d'intelligence avec l'ennemi, avec circonstances atténuantes, et il est condamné à dix ans de détention. Entre temps Esterhazy s'était reconnu auteur du bordereau et avait dit l'avoir rédigé sur l'ordre de ses chefs pour leur fournir la preuve matérielle de la trahison de Dreyfus, dont ils avaient la « certitude morale ». Dix jours après le verdict de Rennes, Dreyfus est gracié par Loubet. Durant le procès, Labori, blessé dans un attentat, s'affronte avec son collègue Demange. Ce dernier a été appelé par Mathieu Dreyfus sur le conseil de Waldeck-Rousseau pour faire entériner le jugement de Rennes en échange d'une promesse de grâce. Naturellement, Labori est partisan, avec Zola et Jaurès, d'une non-acceptation résolue de la thèse de la culpabilité « atténuée » et il veut se battre pour la reconnaissance absolue et totale de l'innocence.

Jaurès relance le combat en 1903, un an après la mort de Zola, et c'est seulement le 12 juillet 1906 que la Cour de cassation casse sans renvoi le jugement de Rennes. Quelques jours plus tard, le capitaine Dreyfus est réintégré dans l'armée avec le grade de commandant et il reçoit les insignes de chevalier de la Légion d'honneur.

III. *Stigmates et maladie mentale*

A la veille de l'arrestation de Dreyfus, un étrange soldat est engagé dans l'armée de France. Son comportement semble bizarre à ses supérieurs hiérarchiques. Il casse des objets, parle avec des mots obscènes, marche à folles enjambées dans des chemins creux et tire sur les oiseaux. Il insulte les chiens, agresse ses compagnons, clame l'anarchie, ne quitte pas son vieil accordéon. Sa face est large, ses chairs grasses, son teint buriné par la rigueur des vents. Ses membres sont allongés, il a le front bas, le nez épaté. Un jour il est interné pour troubles mentaux dans un hôpital militaire, puis on le libère en 1893.

L'histoire se passe en Franche-Comté, au milieu de pâturages peuplés de bergères où des torrents emplissent l'atmosphère de murmures. L'homme s'appelle Joseph Vacher, « le plus grand criminel de tous les temps ». Il rêve des brumes de la Tamise et suit la carrière d'un autre meurtrier fameux, Jack l'Éventreur, assassin de prostituées. Ce dernier ouvre les viscères de ses victimes, se repaît de leur sang, contemple leurs organes encore en mouvement, observe, scrute, palpe, écoute...

Dans son enfance, Joseph Vacher a été mordu par un chien enragé qui a laissé dans son corps l'empreinte du diable. Recueilli par les frères maristes de Saint-Génis-Laval, il est violé par un jeune séminariste qu'il prend pour un dangereux animal. Plus tard il est chassé et l'Armée devient, après l'Église, son grand lieu de refuge.

A Besançon, il s'éprend d'une paysanne qui refuse de l'épouser. Alors il prie longuement la Vierge Marie au sommet des montagnes, puis songe à la pâleur d'une mère morte couchée dans son linceul. Déçu par la jeune fille, il lui loge une balle dans la tête et retourne son arme contre lui-même. Le cerveau éclate, l'homme est défiguré : son visage restera traversé d'un rictus diabolique. Vacher survit avec ses deux balles au fond du crâne tandis que la paysanne se remet de ses blessures. Interné, il hurle sa souffrance, clame la misère de ses organes dégénérés, parle sa maladie dans la langue du cri, du tressaillement, du hoquet. Il se prend pour l'anarchiste de Dieu, venu sauver l'humanité de la conjuration du mal. Vacher raconte aux aliénistes son innocence mais personne ne l'entend, on le libère « normal » et « guéri ». Vagabond du crime, il ensanglante alors la mère patrie. A Beaurepaire, dans l'Isère, il égorge sa première bergère. Puis les victimes se succèdent, tous sexes confondus. Le meurtrier viole, sodomise, éventre. Il surgit comme un monstre mangé par le stigmate de sa blessure ancienne. Son rituel est toujours le même : égorgement, profanation. Il se nettoie à l'eau vive des ruisseaux, puis s'apaise au son de son accordéon.

En 1897, il est arrêté, et fait des aveux délirants. Il ne parle pas de ses crimes mais se proclame chargé d'une mission divine, invoque Jeanne d'Arc et chante des berceuses d'autrefois. Un jour il se fracasse la tête contre les murs de sa prison et plaint la bête qui règne dans sa carcasse. Le juge d'instruction, Émile Fourquet, s'acharne à démontrer que l'homme est un simulateur. Souvent il pénètre dans sa cellule pour obtenir de « vrais aveux », raisonnables, « détaillés ». En réponse Vacher brandit un poignard caché sous sa paillasse et le menace aux cris de « Vive l'anarchie ». La justice reçoit alors l'appui de la médecine psychiatrique : trois experts examinent le criminel et le déclarent simulateur, lucide et responsable de ses actes. Bientôt, les chroniqueurs s'entassent dans la cour d'assises de Bourg-en-Bresse. Vacher raconte une dernière fois l'histoire de son calvaire, et demande qu'on le soigne. Condamné à mort, il est guillotiné en place de Grève le 31 décembre 1898. L'un des experts est le célèbre Lacassagne, qui a identifié le corps dépecé dans l'affaire de la « malle à Gouffé [45] ».

La mise à mort de Vacher relève d'une histoire du discours psychiatrique qui remonte au début du XIXe siècle et aux transformations de la pénalité dans le contrecoup de la révolution de 1789. Ces changements, contemporains du développement scientifique du savoir médical, mettent en place une orthopédie qui vise moins à réprimer le corps qu'à corriger les défauts de l'âme. Michel Foucault souligne que la pénalité, dont nous avons hérité, punit, mais prétend aussi réadapter les délinquants. En ce sens, elle voisine avec les sciences humaines et participe d'une technologie où la sanction n'a plus pour but d'effacer l'offense du crime mais de corriger un déséquilibre dont un individu s'est rendu coupable en choisissant son intérêt contre celui de la société [46].

La mise en tutelle de la folie par le savoir psychiatrique passe en France par deux dispositions fondamentales. L'article 64 du Code pénal napoléonien est l'aboutissement d'une lutte complexe sur la mendicité et la nécessité d'interdire les insensés. Il s'énonce ainsi : « Il n'y a ni crime ni délit lorsque le prévenu était en état de démence au moment de l'action ou qu'il a été contraint par une force à laquelle il n'a pu résister [47]. » Dans cette perspective, le débat sur le rôle de l'expertise psychiatrique généralise le problème de la simulation, dont on retrouve la trace à la fin du XIXe siècle dans les sciences humaines, la police et la neurologie. Si le fou est un irresponsable, le criminel « lucide » peut dès lors « simuler » la folie pour échapper à la pénalité; quant au crime, on lui suppose alors une rationalité calculatrice originelle. En protégeant le dément de la prison, on fait entrer l'histoire de la folie dans celle de la raison : « Pas de responsabilité sans rationalité de l'acte et donc pas de sanction ni même de délit sans responsabilité [48]. »

Le vote de la loi de 1838 sur le placement volontaire et l'internement d'office des aliénés est le deuxième volet de cette évolution. Il résulte d'une politique qui transforme en même temps le statut de la folie et le regard clinique sur le malade mental. A partir d'une atomisation de la famille bourgeoise, la machine sanctionne l'aliéné en administrant son être, son existence et ses biens. La mise en tutelle accentue dès lors l'orientation du savoir psychiatrique vers une coupure plus grande entre la norme et la pathologie : les fous sont complètement fous et les normaux complètement normaux. Dans le cadre de cette refonte où la prise en charge de la folie est séparée de celle de la criminalité, du vagabondage et de la mendicité, le fou est reconnu dans sa différence à partir des caractères de l'appareil qui le prend en traitement, et à travers une nosographie qui fait de lui un malade privé de langue et de parole. Nous avons vu qu'avec Freud s'ouvre une nouvelle phase du débat dynamique qui tente de restituer au « psychosé », comme à l'hystérique, le sens de leurs énoncés, en dehors de l'alternative de la norme et de la pathologie. A cet égard Freud est le contemporain de Nietzsche et de Maupassant. Sa découverte se produit à l'instant où la folie transgresse les interdits de la clinique pour basculer vers la région périlleuse des langages s'impliquant eux-mêmes : « Freud n'a pas découvert l'identité perdue d'un sens, écrit M. Foucault, il a cerné la figure éruptive d'un signifiant qui n'est *absolument pas* comme les autres. Ce qui aurait dû suffire à protéger son œuvre de toutes les interprétations psychologisantes dans notre demi-siècle l'a recouvert au nom (dérisoire) des sciences humaines et de leur unité asexuée [49]. »

Ce qui sépare Esquirol et la loi de 1838 du traité de Morel sur la dégénérescence, c'est cette configuration qui constitue un schème majeur de l'inconscient à la française, par où l'hérédité, avec ses stigmates, envahit le champ des sciences, de la psychologie, de la médecine mentale et de la littérature. D'où le paradoxe : le réformisme pinelien et esquirolien semble à la fin du siècle se transformer en son contraire. On est parti d'une libéralisation des cadres de la nosographie pour aboutir à une refonte basée sur le traitement social et moral de la folie, et l'on voit apparaître un retour en force de l'organicisme, qui semble conforter la thèse de l'incurabilité des malades mentaux. Or la coupure qui sépare le siècle en deux époques antagonistes n'est qu'apparente. Les changements survenus après 1860 sont en rapport de continuité logique avec la révolution antérieure. C'est la doctrine qui se transforme et non le regard de l'aliénisme sur la folie. Ceci explique la contradiction par laquelle un organicisme extrémiste peut avoir pour corollaire immédiat à la fois le fatalisme de l'incurabilité des « races maudites » et la visée éducative d'une humanité heureuse.

La notion de monomanie protège le fou de la pénalité criminelle, mais elle commence sa carrière auprès des tribunaux sous la forme ambiguë de la criminalité même. Robert Castel souligne qu'Esquirol enferme le terme dans la représentation intellectualiste traditionnelle de l'aliénation mentale. La manie est un délire généralisé tandis que la monomanie est une « micromanie » qui se manifeste lorsque le délire se porte sur un objet particulier en laissant par ailleurs intacte la faculté raisonnante. C'est bien cette monomanie sous sa forme instinctive qui va provoquer la grande controverse de 1830 dans le domaine médico-légal. Juristes et juges critiquent dans cette notion l'alibi qu'elle fournit aux criminels « simulateurs » : « Repoussons ces courtisans de l'humanité, écrit Élias Regnault, qui prétendent l'honorer en faisant du crime une maladie et d'un meurtrier un fou [30]. »

Cette même problématique s'abat sur Joseph Vacher et sur Dreyfus, soixante-dix ans plus tard, à une époque où la folie criminelle est largement reconnue comme maladie mentale. Que s'est-il passé? En « théorie » Vacher n'aurait pas dû être guillotiné : mais alors, Dreyfus n'aurait pas dû être reconnu coupable. Le vagabond se reconnaît malade et demande à être soigné. Si on peut l'accuser d'être un simulateur, c'est que l'héritage esquirolien et la doctrine morélienne ne préservent pas le fou de la sanction pénale. Dans sa démence, Vacher s'affirme l'anarchiste de Dieu, le sodomite de la civilisation. Comme Dreyfus, il incarne le mal absolu. Peu importe alors la « maladie mentale », si le discours de la folie fait basculer la rationalité de l'ordre étatique : on dira simulateur, Ravachol, Juif, psychopathe, pervers. L'hygiénisme se renverse dans l'impuissance thérapeutique et tend alors à l'extermination. Le savoir psychiatrique reste prisonnier de la machine administrative pour laquelle le fou est suspecté « par avance » au nom d'un cogito calculateur.

Édouard Toulouse fait campagne pour Vacher et réclame la grâce au nom de l'irresponsabilité. Il invoque l'article 64, mais plus encore l'hygiénisme de son maître Morel et le respect que l'on doit à la nouvelle psychiatrie qui cherche à corriger les tares [31]. É. Toulouse est l'aliéniste des criminels et des miséreux. Il est aussi le médecin de ces autres meurtriers que l'on nomme créateurs ou artistes, génies ou dégénérés supérieurs. Il soigne Zola, Mallarmé, Rodin, Berthollet.

En 1920, le poète Antonin Artaud rencontre cette médecine mentale, héritière de Morel. Édouard Toulouse le croit syphilitique, « une pièce de choix », comme il le dit lui-même. Il lui fait des piqûres et l'engage comme collaborateur à la revue *Demain*, dont il dirige la publication. Il le pousse à écrire des poèmes, des critiques de livres et de théâtre. Il lui demande même de polir des traductions d'articles médicaux allemands faites par sa femme. La dame l'emmène à Paris et lui montre les musées. Elle le familiarise avec les salons littéraires et lui permet de rencontrer des comédiens, des auteurs, des éditeurs. Elle le materne, tandis que son mari le soigne. D'abord installé à l'hôpital où il mène une campagne active pour l'amélioration du sort des malades mentaux, Toulouse est ensuite nommé à Sainte-Anne où ses efforts en matière de prophylaxie aboutissent à un début de sectorisation : une partie du centre psychiatrique est versée aux soins de malades mentaux non internés. Artaud suit le couple à la trace, continuant d'être soigné par l'aliéniste jusque vers les années 30. Tandis qu'il subit des traitements antisyphilitiques douloureux et inutiles, sa « médecine » personnelle, l'opium, lui est interdite : c'est une drogue dangereuse, criminelle [32].

Le paradoxe offert par l'homme Zola n'est pas moindre dans l'aventure naissante de la psychiatrie moderne : Dreyfus innocent c'est un peu Zola coupable. En effet si l'auteur du *Docteur Pascal* reste, dans son œuvre, le messager des idéaux de l'hérédité-dégénérescence, il devient dans l'aventure dreyfusienne un personnage de ses propres romans. Du statut de clinicien, il passe à celui de malade et son « cas » relève alors de la médecine et des tribunaux. Du reste l'Affaire fait de lui un « insensé » : ne dit-on pas qu'il a trouvé la mort très bizarrement en oubliant de ramoner sa cheminée? Avec Dreyfus, l'écrivain rencontre l'histoire de la folie, dans la folie devenue histoire.

Pour comprendre comment se constitue à travers Dreyfus, Vacher, Zola, Maupassant ou Artaud, la figure de l'aliéné moderne, il faut remonter à Bayle, à un moment de radicalité où le mal syphilitique devient le symptôme d'une sexualité honteuse, mais enfin reconnue, dans ses allures proliférantes.

« Alors son sang ne fit qu'un tour et il resta cloué par l'horreur sur place. Cette figure ambiguë, sans sexe, était verte et elle ouvrait dans des paupières violettes des yeux d'un bleu clair et froid, terribles; des boutons entouraient sa bouche; des bras extraordinairement maigres, des bras de squelette nus jusqu'aux coudes, sortaient de manches en haillons, tremblaient de fièvre, et les cuisses décharnées grelottaient dans des bottes à chaudron, trop larges. [...] Et aussitôt, il comprit le sens de l'épouvantable vision. Il avait devant les yeux l'image de la grande Vérole [33]. » Soixante-deux ans séparent ce cauchemar raconté par Huysmans dans *A rebours* en 1884 de la thèse de Bayle sur la paralysie générale qui date de 1822. Entre ces deux moments la syphilis est devenue la figure maléfique de la sexualité. Elle hante la littérature, imprègne l'ensemble des discours sur l'hérédité, vulgarise l'image de la folie d'origine vénérienne, s'empare des foyers. En art, elle renvoie au répertoire systématique de toutes ces formes mentales que l'on désigne du nom de décadence.

Le héros de *A rebours,* des Esseintes, est le dernier rejeton d'une illustre famille. Son sang est appauvri et ses nerfs sensibles. Il cherche à apaiser son inquiétude par le vice et le désordre. Dans sa maison il a installé une serre pleine de fleurs rares obtenues à l'aide d'étranges croisements. Avec son « organe des liqueurs », il compose des breuvages exotiques. Ses visions délirantes résistent aux traitements des médecins et sa seule issue est le chemin de la Foi : entre la guérison et le suicide, le héros choisit l'Église et Huysmans, après ce roman, se convertit. *A rebours,* c'est l'histoire d'une chute où le destin du « nerveux » s'accomplit dans la ferveur tourmentée d'une vision de sauvetage.

En 1822, les idées de Bayle sont unanimement rejetées. Déçu, il abandonne la psychiatrie et vingt ans plus tard sa découverte est reconnue [34]. Il faut dix ans encore pour qu'elle provoque un bouleversement complet dans la science des maladies mentales. C'est en cherchant le substrat anatomo-pathologique de la folie de Pinel que Bayle identifie la paralysie générale, dont il fait une maladie mentale particulière. Sur ce point, il diverge des aliénistes de son temps et notamment d'Esquirol : « Ces savants auteurs se sont contentés en général d'observer les phénomènes sans chercher à remonter à leur source, de décrire les faits sans vouloir les rattacher à aucune cause productrice [55]. » La doctrine de Bayle ruine une partie de l'édifice des aliénistes. Avec elle le mal syphilitique va se greffer sur la doctrine de la dégénérescence et la grande vérole va devenir le lieu privilégié d'une sexualité non détachée de son substrat génital. En fait Bayle, comme plus tard Morel, n'oppose pas une étiologie physique à une étiologie morale : « Par exemple, écrit Robert Castel, constatant que les anciens soldats des armées napoléoniennes en sont fréquemment atteints, il rattache ce fait aux conditions traumatisantes de la vie militaire, et, entre autres, à la déception causée par la chute de l'Empire. Le rôle de la syphilis est discuté comme une des causes possibles [56]. »

Toute l'œuvre de Bénédict Augustin Morel peut être comprise comme la conséquence de la découverte de Bayle. Si le mal sexuel est un fléau majeur de la société moderne, il faut, pour le vaincre, concevoir une prophylaxie qui ne soit pas seulement défensive. On ne se contentera pas d'isoler les fous ou les individus dangereux, on fera une prophylaxie préservatrice en essayant de modifier les conditions morales, intellectuelles et physiques des contaminateurs potentiels. Morel construit sa conception de la dégénérescence à partir de l'observation du prolétariat de la région rouennaise et des populations agricoles misérables des environs. Dans son *Traité des dégénérescences* publié en 1857, il place sa théorie sous l'autorité de la Genèse puisque c'est la chute originelle de l'homme qui entraîne sa dérive. La dégénérescence est ainsi liée au péché; elle se présente comme la déviation maladive d'un type primitif normal de l'humanité. Toute déviation est une dégradation causée sur l'homme par des circonstances extérieures. L'essence du type primitif réside dans la domination du moral sur le physique, c'est-à-dire dans l'acceptation par le sujet de la loi morale ou de la conviction du devoir. Ce dernier se soumet pour réaliser sa destination sociale, de manière libre et raisonnée, le corps n'étant que l'instrument de l'intelligence. Dans la maladie mentale, il se produit une inversion de cette hiérarchie qui a pour conséquence de ravaler l'homme au rang de la bête et d'aliéner son esprit à l'organisme malade. Sur la voie de Lamarck, Morel observe que la dégénérescence est transmissible par l'hérédité et menace la descendance. Le « germe » est progressif et proliférant à l'image de la folie syphilitique. Quand une pathologie se transmet, ses effets s'aggravent et les héritiers sont atteints par une déchéance physique de plus en plus accentuée : stérilité, imbécillité, idiotie, crétinisme. Pour préserver la race, Morel préconise d'empêcher les mariages entre dégénérés.

C'est à partir de cette terminologie que vont s'édifier les thèmes repris par la psychiatrie et la psychologie dynamiques, pour déstabiliser la conception classique de l'aliénation, quitte à lui emprunter une partie de ses traitements et de ses idéaux.

Toujours dans la perspective hygiéniste, Morel publie de grandes enquêtes sur la condition ouvrière. Il cherche à montrer comment l'alcoolisme a entraîné la dégénérescence du peuple suédois. Il constate les ravages entraînés par l'abus de l'opium et de l'alcool sur les populations chinoises, étudie une colonie de Portugais et s'occupe des Esquimaux. L'histoire raconte qu'après sa mort, les employés de l'asile de Saint-Yon s'amusèrent à tirer au pistolet sur les moulages qu'il avait fabriqués pour étudier la physionomie de ses pensionnaires. Ce jeu de massacre permit de détruire les images d'une asymétrie pathologique qui garantissait la normalité des corps sains. Les stigmates qui volèrent en éclats ce jour-là étaient peu ordinaires : dystrophies faciales, becs-de-lièvre, gueules-de-loup, anomalies dentaires, malformations crâniennes, strabisme congénital, bégaiement, doigts et orteils palmés, pieds bots, hermaphrodisme, etc.

Dans les années 1880, c'est le psychiatre Valentin Magnan, ami et collaborateur de Charcot, qui fait la synthèse des courants d'idées centrés autour de la figure de l'hérédité-dégénérescence. Venu du Roussillon (comme Pinel, Esquirol et Falret), il travaille pendant quarante-cinq ans à l'asile Sainte-Anne et s'attache tellement à ses malades qu'il renonce à toute vie sociale.

Un pas définitif est franchi durant ces années et jusqu'à la fin du siècle par l'intégration des travaux de Morel à ceux de Darwin et de Weismann. Ainsi dans *La Famille névropathique*, publié en 1894, le docteur Féré reformule la question de la dégénérescence en soulignant qu'elle est une dissolution de l'hérédité. On tient alors moins compte des transformations dramatiques de la descendance que de la forme hybride de son évolution, et l'on peut opposer une nouvelle fois la norme et la pathologie, dans l'optique de l'intrusion ou de l'inquiétante étrangeté, sorte de signe avant-coureur de la doctrine des mutations. La visée rééducative se perpétue avec l'idée d'une correspondance « raciale » entre l'hérédité saine et la beauté physique ou intellectuelle, opposée à la morbidité qui évoque la laideur. Cette évolution des esprits n'est pas étrangère à la remise à l'honneur de la notion de simulation. Il faut en effet mettre en garde les familles contre les aliénés, d'autant plus dangereux qu'ils semblent inoffensifs. Déjà en 1861, Ulysse Trélat, disciple d'Esquirol, avait avancé la conception du « fou lucide » pour sauvegarder la pureté de la race contre le sang dégénéré de ceux qui « ont l'air » normaux. On trouve un écho de cette problématique dans le dernier Zola. L'auteur rédige *Fécondité*, au moment même où il devient le personnage principal de la scène dreyfusiste : « A l'intérieur de l'œuvre, écrit Jean Borie, une transformation a eu lieu des *Rougon-Macquart* aux *Évangiles*, homologue à celle qui sépare le discours sur la dégénérescence des années 50 et celui qui, à partir de 1880, sur des thèmes apparemment identiques, assortis d'un hommage rituel à Morel le fondateur, marque cependant l'avènement d'une nouvelle époque[37]. »

Au centre de la question de l'hérédité-dégénérescence se maintient la figure d'une sexualité tissée de syphilis, d'occultisme et d'hystérie : par elle, les monstres engendrent des bâtards. Malgré la percée du concept de névrose, la présomption utérine est conservée dans le fantôme vert de la vérole. Ce substrat va faire obstacle en France à la pénétration de la conception freudienne de la libido. Au gré d'un paradoxe inouï, l'opposition au « pansexualisme » a pour envers le splendide étalage de toutes les formes pathologiques de la sexualité humaine. Que reproche-t-on exactement à la doctrine « allemande »? On lui reproche *ce qu'elle n'est pas.* On crie haro sur Freud parce que sa théorie n'est pas assez perverse, morbide ou fétichiste. On le condamne parce que chez lui le sexe n'est pas la race, l'hérédité ou la pathologie, mais un véritable « lieu commun » définissant l'essence même de l'humanité. On rejette la psychanalyse moins pour refouler le paradigme du sexe que pour le penser sous le signe de l'exubérance syphilitique. Comment expliquer autrement la levée de boucliers de la conscience française, face au fléau de la pensée viennoise?

La thématique de cet inconscient à la française se retrouve dans le *Traité de sexologie* publié en 1933 par Angelo Hesnard et préfacé par Edouard Toulouse [58]. Ce manuel éducatif propose de faire connaître au public le sexe, ses figures et ses stigmates, afin qu'il puisse repérer ses pratiques dangereuses autant que ses habitudes saines : « Comme le remarque le docteur Hesnard, écrit Toulouse, l'étude rationnelle de la biologie sexuelle a souffert surtout de la scission arbitraire que l'on pratiquait entre le comportement sexuel extériorisé et les états psychiques qui le dirigent ou qu'il suscite. Il faut donc étudier la sexualité dans son ensemble biologique, *ne point dissocier la sexualité humaine de la sexualité animale qui l'explique.* Ce livre émane d'un médecin psychiatre qui a été l'un des premiers introducteurs de la psychanalyse en France; *et pour cela, il sera lu avec plus de curiosité encore.* Le docteur Hesnard, *disciple indépendant de Freud, fait à la psychanalyse une large part qu'il s'efforce de juger d'un point de vue objectif* [59]. »

On voit donc qu'en 1933, alors même que la théorie de l'hérédité-dégénérescence est devenue le fantôme d'une époque révolue en se résorbant dans le courant dynamique, la doctrine freudienne est pensée, par un psychanalyste, sous l'angle d'un biologisme éducatif qui associe la libido à l'animalité [60].

Qu'en est-il de la position freudienne à l'égard de l'hérédité? Dans un article de 1896 publié en français dans *La Revue neurologique* sous le titre *L'Hérédité et l'Étiologie des névroses* [61], Freud s'adresse explicitement aux disciples parisiens de Charcot en faisant valoir quelques objections contre la théorie étiologique du maître. A la thèse de l'hérédité nerveuse, il oppose celle du traumatisme et du désordre sexuel en affirmant qu'on a restreint son influence dans l'origine des névroses. Il distingue donc du substrat organique le souvenir traumatique précoce d'une expérience sexuelle et propose que celle-ci soit mise à la place attribuée par Charcot à l'hérédité nerveuse. Cela permet de donner un sens différent à la notion de « famille pathogène » : « Je concède que sa présence [l'hérédité nerveuse] est indispensable dans les cas graves, je doute qu'elle soit nécessaire pour les cas légers, mais je suis convaincu qu'à elle seule, elle ne peut pas produire les psychonévroses, si leur étiologie spécifique, l'irritation sexuelle précoce, fait défaut [62]. »

Freud laisse le champ libre à l'évaluation du rôle de l'hérédité dans l'étiologie des névroses, mais il se démarque de la notion d'origine syphilitique en rapportant la névrose à l'expérience du sexe comme telle. La mise à distance du poids de l'hérédité se fera dans son œuvre par étapes successives et notamment au cours du débat engagé avec Jung et Bleuler. Ici comme ailleurs, il n'y aura pas de « coupure radicale » entre un sol antérieur et un continent nouveau. Dans l'analyse de *Dora,* publiée en 1905, il fait référence dans une note à son article de 1896 et remarque que l'infection syphilitique peut être une prédisposition héréditaire importante dans l'étiologie de l'hystérie : « J'ai mentionné que le père avait contracté une syphilis avant le mariage. Or sur mes malades soignés psychanalytiquement, un pourcentage très grand était issu de pères atteints de tabès ou de PG [63]. »

Chez Freud, la notion d'étiologie syphilitique est donc radicalement séparée dès 1896 de la vision démoniaque et raciale que lui attribue le discours médical dominant. Le substrat existe comme facteur parmi d'autres mais surtout la dégénérescence est absente. L'organicisme est « déplacé » de sa fonction légiférante : au lieu de commander l'organisation du psychique, il devient le rebut instinctuel d'une animalité fantasmatique. Il est lié au refoulement, c'est-à-dire à une conception de l'inconscient détachée de l'atavisme des profondeurs.

IV. *La peur des foules*

Le 4 mai 1897, des flammes s'échappent du terrain vague de la rue Jean-Goujon où s'est installée la très catholique institution du Bazar de la Charité, fondée en 1885 par des membres de la haute bourgeoisie et de l'aristocratie bien-pensantes. La catastrophe s'abat sur un Moyen Age de carton-pâte, dans la chaleur étouffante d'un printemps trop ensoleillé. On attend le succès d'un nouvel appareil de projection nommé cinématographe, mais l'incendie débute dans cette chambre obscure. Les pellicules fondent; les ruchés, les festonnés, la paille des chapeaux, la mousseline, le taffetas, les ombrelles, les voilettes, les plumes, tout flambe d'un coup, tandis que les chairs blanches se transforment en cadavres rôtis.

La mort a choisi les têtes nobles et la catastrophe est ressentie, en pleine affaire Dreyfus, comme une sanction suprême. On accuse pêle-mêle la décadence des mœurs, l'entropie de l'intelligence, la fatalité. On songe aux supplices ancestraux, on invoque le radeau de la Méduse, le viol, le meurtre, l'inceste, le parricide, le cannibalisme. La curiosité malsaine du journalisme rencontre la froideur du regard médico-légal. On dénombre voluptueusement les crânes scalpés, les fragments de côtes, les morceaux de cheveux, les jambes carbonisées. Des familles se disputent les dépouilles, cherchant dans les mâchoires quelque plombage et sur les corps des fragments d'or ou de diamants identifiables.

La rumeur devient divagation. On parle d'un Azincourt des femmes, on accuse la lâcheté des hommes de la haute société, qui se sont enfuis. Du côté des républicains, on fait valoir que le sauvetage des riches est l'œuvre du peuple. On trace le portrait fameux de ce plombier anonyme, reparti à son atelier après avoir arraché aux flammes vingt personnes, sans voir que son visage était labouré de brûlures.

Les antagonismes réapparaissent sous la cendre des cadavres. L'intervention d'Albert de Mun à la Chambre provoque l'hostilité de l'extrême gauche : on lui rappelle que les enfants des communards qu'il a fait massacrer sont aujourd'hui capables de sauver de l'incendie l'élite de la nation. Les classes dirigeantes fustigent la presse et ses campagnes de calomnies, invoquant la réconciliation hugolienne entre les hommes [64].

Surgit alors la terreur des masses et des grands soirs. On se souvient de la Commune, du magnétisme, des femmes de la Salpêtrière. On se rappelle que la doctrine de l'hystérie a commencé à voir le jour dans l'orage de la guerre civile et que la peur des foules a engendré une psychologie servant à s'en défendre.

***

Au lendemain de la répression versaillaise, l'opinion bourgeoise veut effacer la trace de ses hantises et les hommes de lettres lui emboîtent le pas. A l'exception de Vallès, Rimbaud, Verlaine, Villiers de L'Isle-Adam et Victor Hugo, tous les notables de la littérature attaquent ouvertement la Commune, les uns de façon modérée, les autres avec virulence. La « chose » est décrite comme une bête immonde, hystérique et pathologique. On démontre qu'elle ne découle pas de causes objectives mais qu'elle est un accident dans l'harmonie universelle de l'Histoire. L'événement est hybride, une déviation, une dégénérescence. Les « meneurs » sont qualifiés de fous ambitieux, de fruits secs, bêtes de pions, collets crasseux, cheveux luisants, toqués, éleveurs d'escargots incapables. Une place de choix est réservée à la figure obscène de la pétroleuse, femelle ignoble, prostituée fanatisée. Elle est échevelée sous son képi galonné, ample de poitrine, courbée des reins, dressée, vociférante.

Quant aux étrangers, ils sont des agents provocateurs, des comploteurs de l'Internationale. On associe les « faussaires polonais » aux « flibustiers yankee » et les « bravi garibaldiens », aux « pandours slaves », tous responsables de la déchéance des civilisations. Les frères Goncourt, Alphonse Daudet, Flaubert, Taine et Anatole France sont acharnés à dénoncer le gouvernement du crime, à réclamer des peines sanglantes contre les « chiens enragés ».

La Grande Peur hante les nuits des lettrés et des notables. On réclame le génocide de la canaille, sa déportation massive; on en appelle à l'épuration, on dénonce les flambeaux de Belleville, on réclame la soumission des faubourgs invaincus. On dresse un tableau « racial » de la typologie prolétarienne : à côté du mauvais ouvrier, grand gaillard fainéant qui accepte encore de travailler, se dresse l'horrible voyou, être vil, petit et mince, semblable à une vipère. Il complète le mauvais ouvrier dont il possède les vices sans en avoir les qualités [65].

Un quart de siècle sépare le déluge verbal suscité par la Commune de la catastrophe du Bazar de la Charité. Entre-temps, entre ces deux moments, une science des foules a vu le jour, qui fait la synthèse des différents échantillons de l'inconscient à la française, de l'hypnose à l'organicisme. Cette science, c'est *La Psychologie des foules* de Gustave Le Bon. Ce n'est pas une science, mais un guide politique ou un manuel hygiéniste à l'usage des tyrans qui cherchent à se débarrasser du peuple et de la peur suscitée par l'existence du peuple.

Gustave Le Bon est né en 1841 et a fait ses études de médecine dans la période du Second Empire. Il publie d'abord des travaux sur le choléra, l'hygiène du soldat et l'asphyxie. Après une mission archéologique aux Indes en 1884, il fonde chez Flammarion la Bibliothèque de philosophie scientifique dans laquelle il va publier ses œuvres. Celles-ci sont mal accueillies dans les milieux universitaires, mais elles connaissent un grand succès populaire dû au fait qu'elles s'accrochent aux idéaux de la psychologie des races et des peuples issue de Taine et de Gobineau et reprise, à la faveur de l'affaire Dreyfus, par les antisémites Drumont, Barrès et Daudet. Alors qu'il est exclu de la science officielle, Le Bon obtient un succès de prestige dans les cercles littéraires et philosophiques qui représentent pourtant le courant dont il est rejeté. Ribot, Bergson, Henri Poincaré et Paul Valéry reconnaissent son talent. Marie Bonaparte est fascinée par ce maître dont elle fait l'égal de Freud.

Plus Le Bon est officiellement décrié, plus son œuvre est agissante et vient témoigner de la connivence qui existe, en France, entre les théories de l'hérédité-dégénérescence, la haine de la Révolution, l'hypnose et l'antisémitisme. *La Psychologie des foules* est la synthèse politique la plus doctrinale de cet inconscient à la française.

En 1901, Le Bon est attaqué par Gabriel Tarde, criminologue de renom, professeur au Collège de France, qui poursuit des recherches identiques aux siennes. Ce dernier participe d'un courant opposé au biologisme, qui met l'accent (comme Binet et Janet) sur les données purement psychologiques de l'individualité humaine. Il élabore un schéma social fondé sur les notions d'imitation et d'invention. La première désigne, selon lui, l'essence de la vie en société, qui réside dans la production d'une similitude communicative. La deuxième, cause des changements, possède la caractéristique d'être individuelle et de reprendre des éléments antérieurs. Ainsi « l'inventeur » est l'homme qui innove à partir du passé. Tarde s'oppose à Le Bon sur le terrain de la race et de l'hérédité mais son simplisme psychologique, qui sera durement critiqué par Durkheim, participe d'un idéal de la science des masses et de l'individu qui ne met pas en cause la doctrine de la foule.

L'intérêt de l'œuvre de Le Bon réside dans les « symptômes » qu'elle met en scène et le succès dont elle bénéficie témoigne de la manière troublante dont l'œuvre de Freud va s'implanter dans le double sillon de l'hypnose et de l'hérédité.

La Psychologie des foules est publiée pour la première fois en 1895. En 1925, elle en est à sa trente et unième édition. En 1963, à sa quarante-cinquième. L'œuvre de Gustave Le Bon, dans son ensemble, a été l'un des plus gros succès scientifiques de tous les temps[66]. Pourtant, immédiatement après la mort de l'auteur, un silence volontaire s'ajoute à l'ostracisme universitaire : les sympathies de Le Bon pour le fascisme se sont affirmées. Il a fait l'éloge de Mussolini et celui-ci a gratifié son œuvre en appliquant ses thèses à sa politique. Hitler également a écrit *Mein Kampf* en s'inspirant de sa doctrine.

Les vocables qui structurent *La Psychologie des foules* ont l'odeur du discours médical. On dirait que le vieux concept de l'hérédité a accouché de celui plus « moderne » d'inconscient. Dans ce changement de désignation, la foule devient un ensemble barbare, sorte de substrat organique où l'individu disparaît pour se fondre dans la masse d'un corps dangereux et unificateur. Ici s'exprime le vieux thème de la subordination de la personne à la collectivité et de l'intégrité de l'âme nationale. La foule est dangereuse parce qu'elle est aveugle; elle bouge comme une méduse, traversée d'instincts déraisonnables; elle est sujette à toutes les « contagions »; elle est « imitative », « suggestible » et capable d'obéir aux tyrans les plus sanguinaires. L'individu dans la foule, c'est le naufrage de la raison dans la folie, de la conscience dans l'inconscience, de la vie dans la mort, de la santé dans la maladie. La foule muette et carnassière n'est pas seulement paralysée par le pouvoir des meneurs, elle est « hypnotisée » par la toute-puissance des dictateurs dont elle réclame l'autorité. La foule c'est l'entropie, la décadence, la morbidité. Elle réagit par des « automatismes ». Pour la connaître et savoir la dominer, l'homme politique doit devenir un savant, c'est-à-dire un psychologue. Pour cela il doit moins construire une théorie que s'adapter à l'inconscient des foules et se faire leur interprète, leur prophète. Maîtriser, classer, comprendre les comportements, c'est ressembler à l'objet que l'on étudie, s'identifier à ses passions, puis les manipuler « rationnellement ».

Au moment où la psychologie dynamique, dans l'après-coup de la Salpêtrière et de l'école de Nancy, abandonne la technique de l'hypnose pour cause de barbarie, Le Bon la réinjecte dans la pensée politique et en fait le pivot de sa doctrine. Si Charcot a inventé le concept de névrose hystérique, si Bernheim a transformé celui de suggestion, le doctrinaire des foules se fait le « théoricien » de l'hystérie révolutionnaire en assimilant les masses à une femelle épileptique que le grand homme doit dompter pour en faire son esclave : seule manière d'extirper de l'âme collective tout « instinct » de révolte.

Toute psychologie sociale ou individuelle est grosse d'une politique et réciproquement. En ce sens la doctrine de la suggestion hypnotique issue de Le Bon est au fascisme ce que la thèse pavlovienne du conditionnement est au stalinisme. Elles ont pour rôle de théoriser l'imaginaire d'un pouvoir dans les termes d'une soumission des citoyens à la collectivité, des esclaves à leurs maîtres. On peut faire un rapprochement identique entre le behaviorisme et la démocratie à l'américaine et montrer que la notion watsonienne de comportement exprime l'idéal adaptatif et non introspectif de la société du Nouveau Monde face à l'ancienne conscience cartésienne ou hégélienne des philosophies européennes.

La doctrine nazie du Chef, de la Race et du Sang s'appuie sur la tradition de la psychologie de Le Bon, dont elle peut faire un symbole. L'hypnose évoque le mythe du Mage occulte puisqu'elle intime au sujet l'ordre de renoncer à la verbalisation « libre » de ses symptômes. Elle exprime en tout cas cette profonde aversion de la démocratie qui va être « éclairée » en France par le rationalisme maurrassien et au contraire « obscurcie » en Allemagne par le culte wagnérien des dieux du paganisme. Le personnage le plus représentatif de ce courant d'hypnotisme « politique » est le docteur Mabuse, inventé par Fritz Lang, un Viennois aussi célèbre que Freud.

Dans un film muet de 1922, qui a un succès retentissant, il décrit l'ambiance corrompue de la société de la République de Weimar. Mabuse le Joueur est un homme diabolique qui a mis ses dons d'hypnotiseur au service de la destruction et règne sur un prolétariat exploité qui lui sert d'arme secrète et qui, sur ses ordres, commet des crimes. Sous de multiples déguisements, le savant fou contrôle la politique et l'économie de l'État. Il domine la Bourse et la presse, il dirige des espions dans la police et gagne des sommes énormes dans les tripots en hypnotisant les joueurs qui se risquent à le défier. Par ailleurs, il est réputé dans la haute société pour ses talents de psychanalyste et de guérisseur. A la fin du film, il est capturé et interné dans un asile d'aliénés. Dans cette première œuvre, Fritz Lang montre l'anarchie d'une société en proie à la montée des forces du mal et la peinture d'un charlatan mégalomane lui permet d'établir un lien entre le principe de l'hypnose et les modalités d'un pouvoir fondé sur la prévalence d'un regard panoptique.

En 1932, Mabuse est devenu un mythe et Lang récidive avec un film parlant : *Le Testament du docteur Mabuse*. Cette fois-ci les intentions de l'auteur sont explicites. Il dénonce les méthodes terroristes des nazis. Les doctrines du Troisième Reich sont placées dans la bouche de criminels patentés. Mabuse déclare vouloir précipiter l'humanité dans un abîme de terreur afin de pousser le peuple dans les bras de ses persécuteurs. La parabole politique est devenue un manifeste contre la dictature fasciste. Le héros du film est la proie de l'hypnotiseur qui se trouve à l'asile; il accomplit à distance les volontés de son maître. La référence à Hitler qui a rédigé *Mein Kampf* en prison est si évidente que le film est interdit par Goebbels. Mais le thème de l'hypnose fascine les nazis et l'univers langien leur offre le spectacle de leur propre conception du pouvoir. Ceci explique pourquoi Goebbels, après avoir censuré le film, propose à l'inventeur de Mabuse le poste de réalisateur officiel du cinéma hitlérien. La réponse de Lang est claire et nette : le soir même, il prend le train pour la France et quelque temps plus tard, il émigre à Hollywood.

Côté américain, le taylorisme fordien [67] est également une doctrine psychologique qui a pour fonction essentielle de donner au capitalisme les moyens de s'approprier les connaissances monopolisées par le savoir-faire ouvrier. Il y a là une manière de psychologiser le travail en dépersonnalisant le travailleur, comme dans le behaviorisme, tout en le rendant adéquat à l'outil qu'il ne domine plus. Sujet « libre » d'une entreprise, il est en outre l'agent manipulé d'une « science » expérimentale. Quant à la théorie psychophysiologique du conditionnement issue de Pavlov et de la réflexologie de Bekhterev [68], elle entretient avec le socialisme soviétique un rapport de contingence manifeste. La fascination exercée sur Lénine par le taylorisme puis les outrances du stakhanovisme sous Staline trouvent leur ancrage dans cette tradition, désignée très tôt par le pouvoir officiel comme la théorie matérialiste, par excellence, du sujet humain.

Pavlov servit en URSS d'antidote au freudisme, comme le behaviorisme et l'hypnose. On fit de lui un idéologue patenté, une sorte de Le Bon du prolétariat « libéré ». Il faut dire qu'à partir de la mise en évidence des réflexes conditionnés chez le chien, il avait présenté comme une tendance héréditaire la soumission des masses humaines au tsar. Le conditionnement n'est pas sans rapport avec la doctrine du culte de la personnalité et de l'adoration du Dieu travailleur. Stakhanov pourrait bien être le héros d'un taylorisme sous la dominance du réflexe physiologique.

L'ultime avatar de la thèse héréditariste où se lient le mythe d'un inconscient irrationnel et la hantise des accidents syphilitiques se retrouve en France dans le livre de Léon Daudet *L'Hérédo,* publié en 1917 [69]. Déjà en 1885 dans *La France juive,* Drumont avait utilisé certaines remarques des *Leçons du mardi* sur les Juifs russes pour justifier ses conclusions antisémites sur l'instabilité mentale des Juifs [70]. Daudet, disciple à sa manière de Charcot, construit une théorie psychologique de l'inconscient fondée sur le combat du *soi* contre le *moi.* Selon lui, l'essence de la personnalité réside dans la volonté d'échapper aux servitudes héréditaires. Le moi est une galerie d'ancêtres qui attendent d'être réveillés par l'instinct pour prendre possession frauduleusement du champ de conscience. Il est fait d'un « instinct génésique » et d'automatismes hérités. Le soi s'oppose au moi et constitue la partie saine, créative et rationnelle de la personnalité. Quand le moi prédomine, celle-ci perd son unité et se morcelle en « personimages », qui sont les vestiges des ancêtres oubliés et s'emparent du sujet par un processus d'autofécondation. Daudet nomme *hérédo* l'individu ou l'époque qui succombent aux tendances maléfiques du moi. Exemples : Jean-Jacques Rousseau et la Révolution française. L'hérédo est nerveux, tourmenté, irritable tandis que le soi est maître en sa demeure, capable de courage et de perspicacité. Le but essentiel de la vie humaine est de surmonter le moi et d'actualiser le soi. Daudet appelle sa nouvelle science la « métapsychologie ».

Il existe des liens entre les thèses de Le Bon et celles de Daudet à propos notamment de l'*irrationalité des forces inconscientes*. L'analogie avec la doctrine jungienne est encore plus évidente et concerne le domaine des représentations, des images mentales et des symboles. L'inconscient est vécu, non sous la forme d'une topique avec des dualismes mais comme un démon intérieur, pathologiquement sexualisé, dont la conscience morale doit surmonter les effets dévastateurs. Cependant, à la différence de Jung et de Le Bon, Daudet exclut l'existence comme tel d'un inconscient collectif. Celui-ci est remplacé par un domaine « romanesque » qui a trait à la transmission de l'héritage. Il faut voir dans ce déplacement l'intégration par Daudet du cartésianisme maurrassien qui fait entrer en ligne de compte un cogito, un soi « rationnel » et volontariste que l'on va retrouver chez les importateurs du freudisme en France.

En fait la « psychologie » de Daudet est une construction névrotique visant à exorciser les démons ancestraux dont l'écrivain se croit l'héritier. Sa doctrine est faite pour lui permettre d'échapper à la hantise de l'hérédité syphilitique et aux forces du mal dont il projette l'expansion sur une patrie contaminée par le Juif et l'Étranger. Sur ce point, il se rapproche de Le Bon qui a construit également sa psychologie sur la haine des foules et non sur une analyse rigoureuse des processus imaginaires à l'œuvre dans les luttes de classes.

Quant à sa métapsychologie elle n'a rien de commun avec l'homonyme freudien. Dans le cas de Daudet il s'agit d'une sorte de méthode Coué [71], alors que dans celui de Freud, on a affaire à une théorie des instances de l'appareil psychique dégagée d'une vision névrotique de la chose inconsciente. Il reste que les mots utilisés par Le Bon, Daudet et aussi Barrès sont les mêmes que ceux de Freud et qu'ils constituent une sorte de substrat sémantique dont le sens varie de manière ambiguë selon les usages et les traductions.

C'est dans le cadre de la grande refonte théorique de l'après-guerre que Freud prend appui sur le livre de Le Bon pour rédiger un texte intitulé *Psychologie des foules et Analyse du moi* [72]. Si Daudet a « corrigé » Le Bon avec Descartes, Freud « corrige » la psychologie des foules à l'aide de la deuxième topique et conformément à son nouveau dualisme pulsionnel. Il prend soin, dans une note, de distinguer sa conception de l'inconscient de celle de l'auteur français : « Une certaine différence entre la conception de Le Bon et la nôtre résulte de ce que son concept d'inconscient ne coïncide pas totalement avec celui adopté par la psychanalyse. L'inconscient inclut avant tout les caractères les plus profonds de l'âme de la race, laquelle à vrai dire n'entre pas en ligne de compte pour la psychanalyse individuelle. Nous ne nions certes pas que le noyau du moi (le ça comme je l'ai nommé plus tard) auquel appartient " l'héritage archaïque " de l'âme humaine soit inconscient, mais nous distinguons en dehors de lui le " refoulé inconscient " qui est issu d'une partie de cet héritage. Le concept de refoulé manque chez Le Bon [73]. »

Après s'être démarqué d'une vision raciale et héréditariste de l'inconscient, Freud s'empresse de démolir la démarche du Français. Il affirme que celle-ci ne mène à rien, que les thèses proposées ont déjà été exprimées par d'autres et qu'enfin la psychologie des foules n'existe pas en dehors de la psychologie individuelle, qui elle-même n'a pas de sens hors de l'éclairage psychanalytique. Pourquoi Freud éprouve-t-il alors le besoin de situer son propre travail dans le sillon de celui d'un auteur qu'il admire et dénigre en même temps? Il s'agit en fait pour lui de procéder à une interrogation, non sur l'hypnose proprement dite, abandonnée depuis longtemps, mais sur ce que nous avons appelé le *symptôme hypnotique.* Freud ne fonde pas une nouvelle orientation pour la psychologie sociale, il réactualise la problématique du conflit avec Jung et l'œuvre de Le Bon lui sert à la fois d'antidote, de prétexte et de terrain de bricolage pour opérer sa refonte doctrinale.

En se séparant de Le Bon, Freud se sépare encore de Jung. Il met en scène l'histoire du mouvement psychanalytique, avec ses groupes et ses comportements tels qu'ils apparaissent au sein des différentes sociétés réunies dans l'IPA. Il garde de la psychologie des foules certaines constatations, en particulier la notion d'héritage archaïque qui lui permet de repenser le concept d'inconscient sous la catégorie du ça empruntée à Nietzsche et à Groddeck. Par ailleurs l'analogie posée par Le Bon entre les foules et les comportements primitifs ou infantiles est reprise par Freud pour réaffirmer le principe de la libido élargie. Il s'inspire ainsi des doctrines en vigueur pour mieux « déconstruire » leurs fondements et opérer avec la psychologie collective la même rupture qu'il a commencé de mettre en œuvre avec la psychologie individuelle, c'est-à-dire avec l'essence même de la démarche psychologique.

On a beaucoup raconté que Freud s'inspirait des thèses de Tarde pour critiquer Le Bon et notamment que son concept d'identification était la version modernisée de celui d'imitation ou de suggestion [74]. Pourtant Freud est sur ce point d'une clarté exemplaire : *l'imitation entre dans la suggestion et elle en est la conséquence,* autrement dit, la psychologie sociale se trouve dans un cercle vicieux dont la psychanalyse est sortie en abandonnant la thérapeuthique de l'hypnose : « Ma résistance s'est alors orientée ultérieurement vers la révolte contre le fait que la suggestion qui expliquerait tout devrait elle-même être dispensée d'explication. Je répétais à son propos la vieille devinette : Christophe portait le Christ / Le Christ portait le monde entier / Dis-moi où Christophe / A ce moment-là a mis le pied [75]? »

Sortir du cercle vicieux de la psychologie c'est, pour Freud, rompre avec une démarche qui tente de construire une doctrine en donnant un contenu « rationnel » par « imitation » à la prétendue « irrationalité » de la chose décrite. C'est en ce sens que le concept d'identification diverge de celui d'imitation qui conserve l'idée de simulation, de reflet, et de suggestion. Si toute psychologie est grosse d'une politique et réciproquement, le texte de 1920 est bien alors la traduction de la thèse freudienne du décentrement. Il est à la politique ce que la nouvelle conceptualité de l'inconscient est à la psychologie : une manière neuve d'énoncer le primat de l'inconscient sur la conscience et d'exprimer cette position du « maître sans commandement » qui hante Freud jusqu'au *Moïse* et sert de contrepoint à la visée médicalisante par où s'implante la doctrine de l'egopsychology.

Cette thèse du décentrement est réaffirmée par l'introduction du concept d'identification, qui, avec celui de pulsion de mort, est l'élément moteur d'une nouvelle élaboration topique. Freud développe son argumentation à partir de l'analyse de deux foules conventionnelles, l'Armée et l'Église. Ces deux corps institutionnels ne sont pas choisis au hasard. Les désastres de la guerre ont remis à l'honneur les névroses spécifiques, la question de la discipline des troupes, de la stimulation, du chauvinisme et du fanatisme national. Quant au phénomène religieux, il est au centre du conflit avec Jung et du projet freudien de déjudaïsation de la psychanalyse.

Si l'inconscient de Le Bon ne connaît pas le refoulement, la notion d'identification est étrangère à celle d'imitation. Ce terme s'apparente au fameux paradigme de l'indice, qui se généralise à la fin du siècle. En effet, identifier, c'est reconnaître un criminel ou une trace. C'est faire entrer un individu, un objet ou un détail dans une classification. Par la nomenclature, un sujet est identique à lui-même ou à l'autre. Ces deux significations sont intégrées par Freud dans le *tout comme si* du travail du rêve, dans lequel une image se substitue à une autre. L'identification est alors le procédé actif qui remplace une identité partielle par une identité totale. Progressivement, le concept prend une nouvelle extension et désigne le mécanisme par lequel la personnalité humaine se constitue inconsciemment dans son identité subjective. Dans le cadre de la deuxième topique, Freud explique le fonctionnement des foules par le fait que l'objet s'est mis à la place de l'idéal du moi et qu'en conséquence les individus peuvent s'identifier les uns aux autres et assurer la cohérence d'une organisation. Cette conception de l'identification renverse la problématique de l'imitation. Freud introduit en effet au sein de la relation duelle entre des personnes la dissymétrie de l'objet dans sa réalité fantasmatique. Par ce tiers lieu, le moi n'imite pas son alter ego mais s'approprie les traits de l'objet désiré ou haï. La division topique en moi et idéal du moi permet cette dépsychologisation qui fait basculer l'identification du côté d'une construction psychique indépendante de la réalité imitative. Celle-ci n'est plus considérée comme la cause de la formation de la personnalité mais comme sa conséquence : on croit qu'on imite quelqu'un alors qu'on s'identifie à un idéal, qui vient du moi, et qui est transféré sur une personne. Dans la perspective freudienne, il s'agit bien d'une théorie qui met en scène les modalités d'un pouvoir imaginaire et qui fait dépendre la psychologie des foules de l'analyse du moi. La fascination, la similitude, l'intimidation, la séduction sont les effets manifestes d'un processus inconscient plus complexe dans lequel l'identification est l'élément déterminant.

Il a fallu attendre l'année 1982 pour que le texte de Freud reçoive en France une traduction correcte. Le mot allemand *Massenpsychologie,* qui renvoie sans ambiguïté à la *psychologie des foules* de Le Bon, a été transcrit en

1951 sous la plume de S. Jankélévitch par *psychologie collective.* Ce terme a été ensuite authentifié par A. Hesnard, en 1966, avant d'être définitivement abandonné par l'équipe des traducteurs d'aujourd'hui. Ces derniers donnent à *Massenpsychologie* le sens de *psychologie des foules* en excluant le terme de *psychologie de masse* qui renvoie à W. Reich et au freudo-marxisme.

On peut voir dans la traduction de 1951 un processus d'effacement des mots et de leur histoire. Séparer Freud de Le Bon dans la traduction d'un titre, dont le sens renvoie alors à la psychologie collective de Jung, ou à une sociologie des profondeurs, c'est supprimer toute référence à la notion de « foule » si caractéristique d'une aventure française dont le triomphe fut marqué d'une ambiguïté profonde. Faut-il voir dans le travestissement opéré par Jankélévitch une ignorance ou une tromperie? Ni l'une ni l'autre sans doute. Et cela n'a pas d'importance. On ne peut faire de commentaire sérieux à partir d'un présupposé d'intentionnalité. Reste le texte lui-même : en effaçant un mot on écartait peut-être la honte qui pèse sur une doctrine tombée en désuétude, qui servit le fascisme et qui lui témoigna sa sympathie.

On peut donc maintenant définir *l'inconscient à la française* comme le surgissement d'une géographie particulière de « l'irrationalité ». Son avènement culmine avec l'affaire Dreyfus et la pratique généralisée de l'expertise comme détermination des compétences et dépistage de la simulation. Au sein de cette configuration particulière, la « rationalité » des méthodes prétend exorciser les démons intérieurs d'une nation. Les raisons de cette émergence sont multiples : la fin de la croyance au privilège social favorise la montée d'un idéal « biologique » tandis que le culte de la race, l'antisémitisme, la dégénérescence, l'inégalitarisme et la haine des foules s'associent à une théorie générale des relations entre les organismes. Ainsi est *déjà* constitué un terreau sur lequel va achopper la conceptualité freudienne, assimilée à une culture barbare. La greffe du germanophobisme fonctionne comme un étau supplémentaire. En contrepoint de cette « grammaire mentale », effrayée par la Commune et la Salpêtrière, une autre filiation voit le jour à partir de l'hystérie. Elle se constitue en une *psychologie clinique* basée sur l'automatisme, la subconscience, l'associationnisme ou le déficit. En passant par Ribot, Janet et Binet, elle est progressiste et éloignée de tout déterminisme de la race. Ses représentants, comme Freud, sont les élèves de Charcot. Mais ils suivent une voie divergente de celle du Viennois. Leurs concepts vont se confondre avec les siens et servir de tamis dans l'implantation de la psychanalyse en France, de sorte qu'on ne sait plus s'ils agissent comme un obstacle ou favorisent au contraire un triomphe. De même que le darwinisme s'est introduit en France sur le sol d'un lamarckisme prépondérant, de même le freudisme fait son entrée sur le terrain d'un janétisme dominant, qui s'est lui-même greffé sur le sol d'une conceptualité issue de Daudet, Drumont, Barrès, Le Bon, Taine.

En d'autres termes l'inconscient des foules, des profondeurs, de l'hérédité et de l'hypnose constitue, à la fin du XIXe siècle et au début du XXe, le premier versant d'un territoire français où la psychiatrie prend un nouvel essor. Deux tendances contradictoires s'y développent à partir des principes de l'hérédité-dégénérescence. L'une, hygiéniste et « progressiste », conduit à une refonte dynamiste de l'ancien cadre nosologique; l'autre, nettement inégalitariste, disparaît provisoirement avant de se reconvertir dans les divers courants du nationalisme chauvin, antisémite, xénophobe. Sur le deuxième versant de ce territoire, l'avènement de la psychologie transforme les idéaux de l'hérédité, abandonne la dégénérescence et rencontre le dynamisme. Au centre de cette configuration, la bataille autour du « pansexualisme » renouvelle celle de l'hystérie en maintenant caché, au sein de la psychologie, l'idéal de la « race ».

II

Psychologie ou pansexualisme?

I. *Introduire Freud*

La première phase de l'introduction de la psychanalyse en France se déroule entre 1895 et 1914. A cette époque, les principales sociétés freudiennes sont déjà constituées dans la plupart des pays d'Europe et aux États-Unis. Le conflit entre Jung, Freud et Bleuler se précise au moment même où les psychologues, les psychiatres et les premiers psychanalystes français prennent également le thème du pansexualisme comme leitmotiv. A Zurich, on lit Freud dans le texte et l'on connaît la nouvelle théorie de l'inconscient; on refuse l'étiologie sexuelle au nom d'une morale calviniste. Bleuler invente la notion de pansexualisme pour caractériser péjorativement la doctrine freudienne et fabrique celle d'autisme pour l'exorciser. Après l'échec de la rencontre entre Vienne et le Burghölzli, les protagonistes s'engagent chacun dans des voies divergentes. En France la résistance à la psychanalyse s'organise autour des mêmes thèmes mais ne prend pas la même allure. Cela tient à un statut différent du savoir psychiatrique, autant qu'à un essor considérable de la psychologie qui reste liée, malgré son autonomisation, aux idéaux d'une philosophie fondée sur le primat de la conscience et peu perméable à la conception d'un inconscient « dynamique ». La percée faite par Bleuler avec la schizophrénie s'appuie sur une conception nouvelle de la psychose dans laquelle le « malade » est considéré comme un individu à part entière, possédant son discours propre. L'intérêt pour la « langue fondamentale », le délire ou les glossolalies est né dans un pays marqué par une tradition polyglotte. Les Genevois F. de Saussure ou Flournoy sont, au même titre que les Zurichois, les créateurs d'une nouvelle écoute du langage, du rêve et de la folie qui se développe parallèlement à l'aventure freudienne. En France au contraire, on reste attaché à une tradition psychiatrique hiérarchisée, autoritaire et dogmatique même si sa visée est progressiste. L'esprit médical domine l'ensemble des sciences humaines. On éclaire la norme à partir de la pathologie. On construit des systèmes avant d'entendre des discours et l'on est persuadé que la latinité est garante d'une compréhension « naturelle », rationnelle, claire et précise de la psychologie humaine. Contre l'obscurité d'une pensée germanique et face aux prétendus démons du romantisme, on invoque l'esprit cartésien comme une évidence. Les savants français, psychologues ou psychiatres font d'une pierre deux coups : tantôt ils utilisent la Suisse pour introduire la doctrine viennoise, tantôt ils mettent en valeur le « tamis latin » pour fabriquer une théorie freudienne conforme à leurs idéaux.

On assiste dès lors à une étrange épopée : Les Suisses, Maeder et Jung en tête, s'insurgent contre la résistance française à la psychanalyse, raillent son retard historique, condamnent l'esprit latin et le refus du sexuel alors que le clivage entre Vienne et le sol helvétique se produit à propos des mêmes thèmes : le pansexualisme, l'héréditarisme, la morale. L'exemple le plus étonnant de ce conflit à double détente est illustré par la position de Jung à l'égard de Janet et par celle d'Alfred Binet par rapport à la psychanalyse.

Dans une lettre de juin 1907, alors que le conflit gronde entre Vienne et le Burghölzli au sujet de la libido élargie, Jung écrit à Freud qu'il a l'intention de se rendre à Paris et d'interroger Janet sur la psychanalyse[1]. Freud lui répond ainsi : « Vos intentions de voyage à Paris et à Londres me montrent, à ma satisfaction, que le temps où vous fournissiez un travail excessif est passé. Je vous souhaite un complexe parisien intéressant mais aussi je n'aimerais pas savoir le complexe viennois refoulé par l'autre. L'obstacle chez les Français est sans doute essentiellement de nature nationale; l'importation vers la France a toujours comporté des difficultés. Janet est une fine intelligence, mais il est parti sans la sexualité et ne peut à présent plus avancer; nous savons qu'en science, il n'y a pas de retour en arrière. Mais vous entendrez certainement beaucoup de belles choses[2]. »

Que Vienne ne soit pas refoulée par Paris : c'est un souhait qu'exprime ici le maître envers un disciple, déjà enclin, comme Janet, à refuser l'étiologie sexuelle. Dans cette petite phrase, où se répète un malentendu présent depuis Charcot, Freud désigne une situation historique et théorique dans laquelle la position française peut servir à illustrer celle de Jung, tandis que le contexte helvétique est comparable au paysage parisien. Que Jung ne profite pas de sa rencontre avec Janet pour rejeter Freud, ou que Zurich ne soit pas à l'origine d'un axe avec Paris, dont Vienne serait écartée, et le sexuel refoulé : tel est l'imbroglio transférentiel et doctrinal par lequel se prépare en 1907 la première campagne de France de la psychanalyse. Retour de voyage, Jung est déçu par ses rencontres françaises : « Mes expériences sont pauvres, écrit-il. J'ai parlé à Janet et suis très déçu. Il n'a que des connaissances tout à fait primitives de la démence précoce. Aux choses plus récentes, vous inclus, il ne comprend rien du tout. Il est enfoncé dans ses schémas, et, soit dit en passant, il n'est qu'une intelligence et pas une personnalité, un plat causeur et le type du bourgeois médiocre. Une très mauvaise blague : la splendeur du traitement par isolement chez Déjerine à la Salpêtrière. Tout cela m'a fait une impression indiciblement puérile, et le moins puéril n'est pas la fumée des hauteurs qui embrume toutes les têtes dans une telle clinique. Ces gens ont cinquante ans de retard! Cela m'a porté sur les nerfs, de sorte que j'ai renoncé à Londres, où il y a encore bien moins à chercher. Je me suis en revanche consacré aux châteaux de la Loire. Il n'est donc pas question de complexe parisien [3]. »

Jung dresse un tableau assez véridique du « retard français ». Fulgence Raymond avait succédé à Charcot pour l'enseignement de la neurologie à la Salpêtrière. Il ne s'intéressait pas aux névroses mais avait maintenu le laboratoire de psychologie et donné son approbation aux travaux de Janet qui apparaissait comme l'unique héritier de la doctrine de l'hystérie. Le neurologue suisse Déjerine lui était hostile et, à la mort de Raymond en 1910, il dirigea le service de la Salpêtrière où enseignait Janet et l'éloigna de son laboratoire. Celui-ci émigra chez un autre neurologue de l'hôpital, Nageotte, qui lui permit d'héberger quelques malades. Entre Janet qui refusait la psychanalyse, Babinski qui avait démembré l'hystérie, la psychiatrie qui s'attachait encore à la tradition de l'hérédité-dégénérescence et la psychologie qui, avec Alfred Binet et Théodule Ribot, prenait un essor considérable, l'héritage de Charcot était, en France, réduit à la portion congrue. On comprend l'effarement de Jung, rendant visite à la Salpêtrière vingt-deux ans après Freud.

Réconforté par l'attitude de son disciple, le maître lui répond aussitôt : « Vous pouvez imaginer que j'aurais fort regretté que le complexe viennois dût s'accommoder d'un complexe parisien dans le partage de l'investissement disponible. Par bonheur, cela n'est donc pas arrivé et vous avez recueilli l'impression que les temps du grand Charcot sont révolus et que c'est chez nous, entre Zurich et Vienne, que bat à présent le pouls de la nouvelle vie de la psychiatrie. Ainsi nous aurions heureusement surmonté un premier danger [4]. » Pourtant, à la fin de l'année 1908, une nouvelle interférence du « complexe français » vient troubler la relation affectueuse mais déjà conflictuelle entre Zurich et Vienne. Alfred Binet vient de demander à Jung un article destiné à présenter au public français la doctrine freudienne de l'interprétation des rêves : « J'ai déjà fabriqué une petite chose pour Binet, quelques exemples de rêves avec de petites analyses. Ce n'est naturellement que de l'orientation superficielle, mais écrit de telle façon qu'un Français aussi puisse comprendre, pour autant qu'il le veuille. Malheureusement seuls les psychologues auront la chose entre les mains. Elle sera donc sous mauvaise garde. Les Français n'ont-ils pas déjà sauvagement ébouriffé notre Maeder? Binet tire son préjugé favorable à mon égard, jusqu'ici inébranlé, de la source Larguier de Bancels, Privat-Dozent à Lausanne et infecté via Claparède [5]. »

L'article paraît dans *L'Année psychologique* en 1909. Il s'achève par l'analyse d'un rêve selon la méthode freudienne mais il renvoie à la technique zurichoise du test associatif. Jung laisse planer le silence sur les rapports du rêve et de la sexualité. Il analyse le mécanisme du refoulement mais néglige le contenu sexuel du refoulé [6]. Freud reçoit l'article qu'il qualifie de « cadeau surprise » sans autre commentaire et remercie Jung [7]. Quant à Alfred Binet il préfère passer par la Suisse pour faire connaître en France les théories viennoises. Il n'écrira aucun texte spécifique sur Freud et la psychanalyse mais ouvrira les colonnes de sa revue aux partisans de la nouvelle psychologie. Déjà en 1908 [8], il avait fait paraître un texte de Jung qui présentait la technique du test associatif. Il était en contact avec Jean Larguier de Bancels, secrétaire de *L'Année psychologique* qui lui fit rencontrer le psychologue et pédagogue Édouard Claparède, coéditeur avec Flournoy des *Archives de psychologie* publiées à Genève. Celui-ci s'était initié auprès de Jung à la technique des associations. Quant à Alphonse Maeder, il avait publié en 1906 dans les *Archives* un texte introductif [9] à *L'Interprétation des rêves* sur lequel les Français s'appuyaient pour connaître l'œuvre freudienne qu'ils n'avaient pas lue. Il fut « ébouriffé » pour avoir présenté le rêve dans une perspective éloignée de celle de Bergson. En 1910, il publie, toujours dans la revue de Claparède, un article intitulé : *La Langue d'un aliéné, analyse d'un cas de glossolalie* [10]. Dans l'optique de Bleuler et de Flournoy, il démontre l'existence d'un sens caché derrière le « charabia » d'une langue délirante fabriquée par un schizophrène. Il reprend la notion d'autisme sans mentionner son origine « auto-érotique », et il la nomme *repliement sur soi-même*, la comparant à l'appellation française d'*autophilie*.

Après avoir demandé à Jung de présenter au public français les théories freudiennes, *L'Année psychologique* s'adresse à Maeder pour faire un nouvel éloge de la position viennoise. Un an après la mort prématurée de Binet, paraît l'article intitulé : *Sur le mouvement psychanalytique, un point de vue nouveau en psychologie* [11]. Maeder prend à revers la thèse classique du retard latin et affirme que la France est le « pays le mieux préparé » à comprendre la psychanalyse parce qu'elle est la « terre classique du point de vue psychologique en médecine ». Non sans une certaine hypocrisie, l'auteur souligne que Freud a élargi les « belles recherches de l'école française (Azam, Binet, Féré, Guinon, Janet) en étudiant les formes frustes de la dissociation ». Après avoir rappelé une conception de la dissociation plus proche de Jung que de Freud, il fait un bref historique de l'hystérie et du refoulement. Il compare ensuite l'inconscient dynamique freudien au subconscient statique de Janet sans prendre parti pour une doctrine et sans insister sur leurs antagonismes. Il marque l'apport de la psychanalyse au domaine des psychoses et réaffirme le caractère ludique du rêve. L'élément le plus symptomatique de cet article destiné à la France réside dans le fait qu'il ne contient *aucune allusion* à la sexualité et passe sous silence toute référence à la libido. Il parle de l'hystérie en termes de norme et de pathologie. Il situe le refoulement par rapport au concept janétien de rétrécissement de la conscience; il ne dit pas un mot du transfert et énonce que le rêve contient « la réalisation plus ou moins cachée d'un désir inconscient ». La seule allusion au caractère sexuel du refoulé se trouve dans cette phrase ambiguë : « Si, au début du sommeil, nos pensées et fantaisies, refoulées pour leur contenu " taboué ", réussissaient à rompre les digues, leur irruption dans le conscient, accompagnée de vives émotions, rendrait le sommeil impossible [12]. »

Un contenu taboué : tel est en 1912 le mode par lequel un disciple de Jung présente la doctrine freudienne à un public de psychologues français. Est-ce pour ne pas heurter de nouveau les préjugés cartésiens de ses lecteurs que Maeder présente Freud comme un disciple de l'école française et sa doctrine comme une théorie sans référence à la libido? Il n'est guère intéressant d'imputer à cet article une intention stratégique concertée. Même si Maeder tente, au prix de certaines concessions, d'introduire la psychanalyse sur un terrain hostile, il le fait à partir d'une position qui est elle-même peu favorable à la doctrine « strictement » viennoise de la libido élargie. A la différence des Français, il possède une parfaite connaissance des innovations freudiennes. Il n'est ni cartésien, ni germanophobe, ni imbu d'une certitude de la « supériorité latine », mais plutôt que d'aborder de front la question houleuse du « pansexualisme », il préfère la passer sous silence. A la veille du conflit public entre Freud et Jung et à une époque où la France s'intéresse à la psychanalyse de manière ambivalente, entre résistance et fascination, Maeder donne de la théorie viennoise une version parfaitement recevable par l'école française de psychologie : celle-ci fait de Freud un continuateur de Janet et de Binet. Elle donne de l'hystérie une image psychiatrique et enfin elle débarrasse le rêve de ses « scories libidinales ». Dans cette optique, la psychanalyse est nettoyée et devient une « nouvelle psychologie » de la dissociation, capable de porter secours à une psychiatrie en détresse [13]. Au moment de la rupture entre Vienne et Zurich, Maeder suit Jung. Des années plus tard, il développe une technique d'analyses courtes et se joint au mouvement d'Oxford. Il meurt en 1971, à l'âge de quatre-vingt-neuf ans.

Entre 1895 et 1914, la psychologie prend en France un essor considérable. Tandis que la psychiatrie évolue, après l'apothéose de l'hérédité-dégénérescence, vers un point de vue organo-dynamique, et alors que l'affaire Dreyfus a conforté le culte d'un inconscient « racial », on assiste pour la psychologie à un épanouissement des tendances issues de l'enseignement de Charcot. Alfred Binet et Pierre Janet, ses deux élèves, développent des théories qui vont servir de filtre dans la pénétration de la psychanalyse en France. Avant eux, Théodule Ribot joue un rôle prépondérant à côté d'Henri Bergson. La tradition universitaire et les deux institutions de l'École normale supérieure et du Collège de France ont une place importante dans ces transformations. En 1876, Ribot fonde avec Hippolyte Taine et Paul Janet (l'oncle de Pierre) *La Revue philosophique de France et de l'étranger*. En 1885, à l'initiative de Charcot, ses membres se retrouvent dans une *Société de psychologie physiologique* qui organise à Paris, en 1889, un premier congrès sur ce thème. Par cet intitulé, des philosophes donnent à la psychologie une autonomie en la détachant de la philosophie et en la rapprochant de la physiologie, c'est-à-dire d'une visée « scientifique [14]. » Charcot est ainsi l'initiateur d'une double descendance : celle qui avec Babinski et la neurologie va démembrer sa conception de l'hystérie et celle qui, dans un mouvement contraire, va instaurer une psychologie et réaffirmer que l'hystérie est « une maladie absolument psychique [15]. » Janet prend une place centrale dans cette configuration. Il est à la fois l'héritier français de Charcot et le disciple de Théodule Ribot dont il occupe pendant deux ans la chaire au Collège de France (entre 1895 et 1897) en même temps qu'il dirige à la Salpêtrière le laboratoire de psychologie.

Tandis qu'en Allemagne, avec Wundt, on s'oriente vers une psychologie expérimentale qui mesure les fonctions, en France on préfère l'approche psychopathologique. Le mot *physiologique* est biffé en 1896 lors du congrès de Munich qui prend l'intitulé de *Congrès de psychologie*. La même année Freud utilise pour la première fois le mot de *psycho-analyse*, emprunté à Breuer. Très vite le terme *expérimental* garantit l'existence d'un lien entre la physiologie et l'expérimentation. Pierre Janet qualifie son *Automatisme psychologique* publié en 1889 d'« étude de psychologie expérimentale ». Son rival, Alfred Binet, reprend la même dénomination pour aboutir à un système de mesure de l'intelligence. Le lien avec le pathologique passe chez lui par une fascination pour le « génie créateur ». En 1895 il fonde la première revue française de psychologie, *L'Année psychologique*, qui accueillera les articles de Jung et de Maeder.

Quant à Ribot, il continue dans la voie de l'étude physiologique des états affectifs en s'inspirant des thèses associationnistes de l'école anglaise et notamment de la neurologie de H. Jackson à laquelle Freud puise également [16]. Le lien avec le pathologique est présent dans l'étude du caractère déficitaire ou « maladif » des différentes fonctions psychiques : volonté, mémoire, sensations. Bien que le tamis de la psychologie fasse obstacle comme celui de la psychiatrie à l'introduction des idées freudiennes, c'est à travers lui que la psychanalyse est diffusée. Ici comme ailleurs, la résistance à la doctrine viennoise est d'autant plus forte que son implantation « déformée » progresse. Binet, Ribot et Janet contribuent à faire connaître une théorie alors même qu'ils la critiquent abondamment. Ce mouvement est constant dans toute l'histoire de la psychanalyse en France avant 1914.

Il serait peu conforme à la réalité des faits de soutenir que la psychanalyse n'a pas trouvé d'écho sur le sol national et a été simplement déformée, honnie, détournée, révoquée ou rejetée comme une « imposture » venue de l'étranger. Cette tendance existe mais elle cohabite avec une tendance inverse qui consiste à reconnaître l'objet dénigré. Une doctrine en cours d'introduction est toujours appréhendée, comme c'est le cas pour le darwinisme et l'hégélianisme, à partir de sa forme historicisée, éclatée, méconnue ou diversifiée, au gré d'une géographie temporelle et spatiale sujette à un mouvement incessant. Avec Freud, on peut affirmer que c'est dans et par la dénégation que l'on reconnaît cela même à quoi l'on résiste.

Si la psychologie de langue française s'attache avec autant de fidélité à la pathologie c'est pour conforter, contre la tradition philosophique, une appartenance médicale à l'esprit normatif. On a vu que l'élitisme patriotique traversait aussi bien les idéaux de la communauté juive que ceux des socialistes ou des tenants d'un inconscient héréditaire. Dans le domaine de la psychologie, cette position s'agence autour du culte de la notion d'intelligence. Les grands penseurs du siècle représentent les intérêts d'une république bourgeoise dont les fleurons sont l'école laïque, l'université et la faculté de médecine. Les psychologues français sont avant tout des lettrés, mandarins, académiciens, titulaires de chaires, médecins, juristes ou philosophes. Ils enseignent un savoir qui a d'emblée l'allure d'une parole d'évangile. Ils sont doctrinaires, efficaces, soucieux de leur carrière, imbus de leur notoriété et persuadés par-dessus tout que l'intelligence française désigne l'essence même de toute intelligence. Se voulant correctrice des déficits ou prophylactique, la psychologie sert les intérêts d'une nation qui se considère comme l'élite de toutes les autres nations. Elle a pour objet d'étudier ce qui fait l'objet d'un culte. Elle doit mesurer, comprendre, expliquer, répertorier, classer l'intelligence dont on affirme qu'elle est « française » avant d'être autre chose. De même que le discours psychiatrique s'est constitué à partir d'une maîtrise raisonnée de la folie, de même le savoir psychologique se donne pour objectif de définir l'intelligence comme le versant d'une normalité suprême dont la bêtise serait la forme pathologique extrême; qu'elle se nomme déficience, crétinisme, psychasthénie, insuffisance ou débilité.

L'imbécillité, l'hérédité, les foules et les dégénérés sont à Flaubert, Daudet, Le Bon ou Morel ce que les « maladies » de la conscience sont à Taine, Ribot, Janet et Binet. Le culte de l'intelligence est la partie brillante, théorique, émergée d'un continent enfoui dont les racines sont inavouables.

Théodule Ribot est sans doute moins le disciple de Charcot que l'élève de Taine auquel il voue une admiration sans bornes. La première vocation de Taine, qui exerça une influence considérable sur son époque, fut la philosophie : « Entré premier à l'École normale, écrit A. Thibaudet – cacique selon le langage de la maison –, il est resté le cacique de la formation universitaire française, à la manière dont Hugo serait le cacique de la poésie et Bossuet celui de l'épiscopat. » Pendant dix ans il travaille à son grand livre *De l'intelligence,* publié en 1870. Cette œuvre marque un tournant et donne à une génération entière le goût de la psychologie. S'inspirant de Spinoza, Taine cherche à développer, en opposition avec le spiritualisme, une théorie « scientifique » de l'intelligence à partir de la lecture des aliénistes français et des psychologues anglais. Selon son système, il faut donner à la pensée deux assises fondamentales, l'intelligence et la volonté. Taine c'est « Stuart Mill repensé par un cerveau cartésien [17] ». Passant à la critique littéraire, il élabore son fameux slogan : « La race, le milieu, le moment. » Le génie de l'écrivain se mesure à ces trois facteurs, auxquels s'ajoute la prédominance d'une « faculté maîtresse ». Ainsi La Fontaine est un Gaulois (c'est sa race), un Champenois (c'est son milieu), un courtisan (c'est le moment de son histoire). Sa faculté maîtresse c'est l'imagination poétique. Cette doctrine, aujourd'hui tombée en désuétude, va trouver un écho favorable dans le courant maurrassien et orienter Ribot vers un renoncement à la philosophie pour la psychologie. Le tournant de la Commune conforte chez Taine une solide peur des foules. Le philosophe-psychologue se tourne vers l'histoire en se mettant à l'école des Versaillais. En 1875, il publie le premier volume des *Origines de la France contemporaine,* consacré à l'Ancien Régime. Il projette sa haine des masses sur le passé en traitant le peuple de 1793 de « bête vautrée sur un tapis de pourpre ». Soucieux de défendre l'ordre social, il prend le parti de la noblesse contre celui de la bourgeoisie, jugée « cupide et avare ». Ensuite, il défend la bourgeoisie contre le prolétariat dont il compare les aspirations révolutionnaires à des « instincts sanguinaires ». Selon cette « analyse psychologique », Taine fait de Marat un « fou », de Danton un « barbare », de Robespierre un « cuistre » et de Bonaparte un « condottiere ». Dans cette nosographie, la Révolution est montrée comme « un accès de délire alcoolique ».

Hippolyte Taine meurt la même année que Charcot, alors que Théodule Ribot a déjà publié l'essentiel de ses travaux sur la mémoire, la personnalité, la volonté et l'attention. Sur les traces de son maître, il cherche à autonomiser le domaine de la psychologie. Élève de l'École normale supérieure, puis agrégé de philosophie en 1865, il conteste le spiritualisme et consacre sa thèse à l'hérédité psychologique. Soutenu par Renan, sorte de « frère jumeau » de Taine dans la pensée de langue française, Ribot est chargé à la Sorbonne d'un cours de psychologie expérimentale jusqu'à la création spéciale de sa chaire au Collège de France. N'étant ni médecin, ni praticien, ni véritablement expérimentaliste, il reste le théoricien d'une psychologie, distincte de la philosophie, mais complètement tributaire de la médecine et de la clinique psychiatrique. A travers Ribot, l'école française de psychologie est marquée par ce paradoxe que ce sont des philosophes qui autonomisent une discipline à partir d'une rupture avec le domaine philosophique et d'une rencontre avec le champ médical. D'où le fait que les catégories de la philosophie imprègnent une démarche qui prétend s'en démarquer. Comme Taine, mais dans une visée dépourvue des idéaux de la race, Ribot s'engage sur la voie d'une critique « matérialiste » des principes de la psychologie. Pour cela, il introduit en France les travaux des Allemands Fechner et Wundt et ceux des Anglais Hobbes, James et Jackson. Il s'appuie notamment sur les notions de dissolution et d'évolution avec la distinction des symptômes positifs et négatifs dans la maladie nerveuse. Il applique ce principe jacksonien à la psychologie de la mémoire puis élabore la loi qui porte son nom et selon laquelle, dans l'amnésie sénile, les souvenirs les plus récents disparaissent avant les plus anciens. De même, dans les maladies de la volonté, il constate que les activités volontaires s'évanouissent avant les activités automatiques. A partir de cet enseignement, Janet construit le concept de psychasthénie.

En 1896, dans *La Psychologie des sentiments,* Ribot définit l'inconscient comme une notion physiologique qui a trait à la partie cachée, profonde et subconsciente de la conscience. Il distingue celle-ci du concept freudien d'Unbewusste, et maintient l'idée d'une nature double de l'individu avec deux états de la personnalité. C'est donc sous la détermination de la conscience que Ribot appréhende l'inconscient. Celui-ci est la face cachée, qui fait défaut à la psychologie, et à laquelle il faut attribuer un statut : « La thèse que j'ai appelée physiologiste, écrit-il, rattache tous les états affectifs à des conditions biologiques et les considère comme l'expression directe et immédiate de la vie végétative. C'est elle qui a été adoptée dans ce travail sans restriction aucune. Pour elle les sentiments ne sont plus une manifestation superficielle, une simple efflorescence, ils plongent au plus profond de l'individu; ils ont leurs racines dans les besoins et les instincts, c'est-à-dire dans les mouvements. La conscience ne livre qu'une partie de leurs secrets, elle ne peut jamais les révéler complètement; il faut descendre au-dessous d'elle. Sans doute il est fâcheux d'avoir à évoquer une activité inconsciente, à faire intervenir un facteur obscur, mal déterminé. Nous voulons réduire les états affectifs à des idées claires, nettes, et s'imaginer que par ce procédé, on peut la fixer, c'est en méconnaître complètement la nature et se condamner par avance à échouer [18]. »

En 1913, dans la préface de son ouvrage *La Vie inconsciente et les Mouvements,* Ribot fait état des travaux de Freud et de la psycho-analyse, en soulignant que la nature de l'inconscient ne doit pas être déduite de l'activité consciente mais se trouve dans l'activité motrice actuelle ou conservée à l'état latent. Contrairement à l'optique freudienne, il garde l'idée d'un affaiblissement successif des degrés de la conscience et d'une descente dans les profondeurs cachées. Selon lui, l'inconscient est « un accumulateur d'énergie », il « amasse pour que la conscience puisse dépenser [19]. »

L'œuvre de Ribot est semblable à une « passoire ». Elle forme un creuset où se retrouvent tous les courants scientifiques, théoriques et idéologiques d'une époque. Elle ne possède pas la force de celle de Taine, qui reste un historien de la mentalité, et ne constitue pas une position doctrinale pouvant faire face à la psychanalyse comme celle de Janet. Elle est le reflet d'une conjoncture particulière où le savoir philosophique bascule vers la psychologie en ouvrant des fenêtres sur des hypothèses venues de l'étranger. Cela explique à la fois son rayonnement inouï et sa rapide tombée en désuétude. De ce point de vue, elle est comparable à celle de Le Bon mais dans une perspective différente. Ribot est l'initiateur d'une « science de l'âme à la française » qui commence avec Taine et aboutit à Janet. Elle sert de substrat à un double mouvement de pénétration et de rejet des théories freudiennes.

En 1914, dans un article intitulé *La Logique effective de la psycho-analyse,* notre auteur différencie la méthode freudienne de l'analyse psychologique de Janet : « Quoique le terme de psycho-analyse soit assez répandu depuis quelques années, écrit-il, il est bon de noter brièvement, pour éviter toute confusion, ce qui la distingue de l'analyse proprement dite : observation intérieure, introspection. Elle est un procédé qui a pour but de plonger dans l'inconscient et d'en ramener des morceaux dans le jour de la conscience. Le plus souvent, il s'agit d'un choc émotionnel formant un complexe affectif, inconscient, résidu d'un événement datant quelquefois de la première enfance, mais qui, bien qu'oublié n'en est pas moins agissant. Le choc émotionnel est l'équivalent d'une tendance naturelle innée, avec cette seule différence qu'il est acquis et qu'il a une histoire. Pour la découvrir, le psychanalyste institue une enquête minutieuse, patiente, durant quelquefois des années... On le voit, ce n'est pas une observation que l'individu fait lui-même; c'est une observation faite du dehors et par un autre [20]. »

Ribot reprend ainsi les arguments de Janet énoncés au congrès de Londres en 1913 pour stigmatiser le « dogmatisme freudien [21] ». En distinguant la psycho-analyse de l'analyse proprement dite, il souligne implicitement que la véritable démarche analytique n'est pas celle de Freud mais celle janétienne de l'introspection libre. La méthode viennoise est comparée à une enquête policière que le sujet subit de l'extérieur sans y participer. Cette thématique, qui méconnaît le renversement freudien, est constante dans le discours médico-psychologique français. La psychanalyse est taxée de dogmatisme par ceux qui, dans la cure, conservent le savoir médical en position de maîtrise, et prétendent que Freud cherche à dominer de l'extérieur la destinée du névrosé.

Dans ce sillage, on associe le dogmatisme freudien au caractère germanique de sa pensée et c'est le « pansexualisme » qui sert de bouc émissaire. Si Ribot n'est pas germanophobe et si sa résistance à la psychanalyse est modérée, son rejet de la libido élargie s'accompagne du refus du primat de l'inconscient sur la conscience et aboutit à une mise en cause du symbolisme du rêve considéré comme symbolisation abusive et universalisante : dans un article publié en 1915 et intitulé *La Pensée symbolique,* il écrit : « En ces dernières années, les psycho-analystes ont repris la question du symbole sous une forme nouvelle, et en s'appuyant surtout sur la pathologie. On sait qu'ils ont une tendance malheureuse à généraliser jusqu'à l'extravagance. Ils soutiennent une théorie du pansexualisme qui explique toute l'activité humaine par la libido. Une théorie du panpsychisme conscient ou inconscient, surtout affectif; enfin, mais sous une forme moins radicale, la théorie de la symbolisation universelle [22]. »

Il y a une différence entre le refus suisse de la sexualité et le rejet français. A Zürich et à Genève, on maintient les notions d'hérédité, d'organicisme et de « psychologie des mentalités », mais par le biais d'un savoir psychiatrique moins autoritaire et d'un discours psychologique plus souple, où l'idée d'une structure langagière de la psychose est devenue une réalité conceptuelle. Dans cette optique le symbolisme est accepté et même revendiqué, parfois dans un rituel mystique. Le refus du sexuel réside moins dans sa méconnaissance que dans une mise à distance phobique de ses effets subversifs. En France ce même refus prend l'allure doctrinale d'une fin de non-recevoir. Il a trait à une position qui cherche à libérer la psychologie de la philosophie en s'appuyant sur la médecine, tout en conservant la domination de la conscience cartésienne sur l'appréhension du psychique.

De sorte que la résistance à la psychanalyse est renforcée par l'existence de doctrines solidement implantées, à la fois perméables et réfractaires aux perspectives venues de l'étranger. Ceci explique comment les Français utilisent le « tamis helvétique ». Ils se servent de Jung, Maeder et Bleuler pour atténuer les effets subversifs de la doctrine freudienne et dans un mouvement rétroactif, ils critiquent les thèses des Suisses en les assimilant à celles des Viennois. Ainsi peuvent-ils résister doublement aux dangers du prétendu « pansexualisme ».

Du côté du discours médical, l'antifreudisme est plus farouche. Dans un article de *La Gazette des hôpitaux* daté de 1914, M. J. Laumonier va dans le même sens que Ribot. Il souligne une fois de plus que la théorie du refoulement vient d'une thèse française « plus ancienne et plus claire [que celle de Freud] et qui n'a pas eu besoin d'invoquer l'existence de forces hypothétiques telles que la censure et la résistance ». Le leitmotiv de l'antipansexualisme se répète : « Le pansexualisme de Freud dont je n'ai pu indiquer que des points essentiels, renferme une part de vérité mais aussi certaines erreurs, malgré la vogue dont il jouit dans les pays de langue allemande. De ce défaut de criticisme, la vanité ethnique est peut-être, en quelque mesure, responsable. Il semble en tout cas que l'apparente profondeur de la méthode psycho-analytique ait masqué l'artificialité des conceptions auxquelles elle a conduit [23]. »

En 1915, le docteur Farez accepte la méthode viennoise, mais réclame la constitution d'une « psychanalyse française, éclectique, d'une précision logique et méthodologique qui s'opposerait à la psychanalyse dogmatique et arbitraire de Freud [24]. » La même année le biologiste Yves Delage juge que la théorie freudienne est présentée sous une forme abstraite et développée, chère au génie allemand. Quant à la sexualité, elle est « l'obsession d'un cerveau atteint d'érotomanie [25]. »

Bien avant cette date deux médecins, Schmiergeld et Provotelle, ont fait un exposé sur *La Méthode psychoanalytique et les Abwehr-Neuropsychosen de Freud* [26]. » Celui-ci est publié en 1908, accompagné d'une bibliographie des œuvres de Freud. Les auteurs méconnaissent l'existence des articles de celui-ci rédigés en langue française et font un examen complet du cas Dora. Ils marquent un rejet de l'étiologie sexuelle, des névroses et du symbolisme du rêve.

En 1911 et 1912 paraissent les articles de Nicolas Kostyleff, maître de conférences à l'École pratique des hautes études. Ils font également état de l'analyse de Dora, évoquent la technique suisse des associations et préfèrent le terme de psychiatrie à celui de psycho-analyse. Plus tard, dans un ouvrage de 1914 intitulé *Le Mécanisme cérébral de la pensée* [27], l'auteur s'engage sur la voie d'une introduction en France de la doctrine pavlovienne des réflexes cérébraux et abandonne le terrain de la psychanalyse.

Le jeune psychologue d'origine roumaine Nicolas Vaschide publie très tôt sur le rêve des articles qui tranchent singulièrement avec le discours dominant [28]. Il est directeur adjoint de l'École pratique des hautes études et s'attache à démontrer le rôle que joue le rêve dans la réalisation d'un désir

« réprimé ». Ces mots-là sont rarement employés dans les publications françaises de cette époque.

C'est avec quatre articles publiés par Pierre Ernest René Morichau-Beauchant (1873-1951) que la psychanalyse fait son entrée « officielle » sur le sol national. En effet ce médecin de Poitiers est reconnu par Freud comme le premier Français ayant ouvertement adhéré à la « cause ». Personnage solitaire, il va collaborer en « amateur » au Zentralblatt et participer aux travaux du groupe de Zürich. En décembre 1910, Freud annonce l'événement à Jung : « Notre mouvement semble en effet s'étendre énergiquement, écrit-il. J'ai reçu la première lettre de France (!), d'un docteur Morichau-Beauchant, professeur de médecine à Poitiers, qui lit, travaille et est convaincu. Cette lettre vous montrera que vous avez aussi des disciples en France qui suivent passionnément vos travaux. *L'Interprétation des rêves* a trouvé des lecteurs à Paris et à Madrid, comme le prouvent des lettres venant, il est vrai, de personnes au nom allemand [29]. »

Le point d'exclamation en dit long sur la manière dont Freud reçoit la résistance française à la psychanalyse. En 1910, il n'est prêt à aucune concession. La rupture avec Jung n'a pas encore eu lieu et la « cause » est en pleine expansion. Freud s'étonne de l'accueil favorable d'un Poitevin isolé. Dix ans plus tard, dans ses rapports avec Laforgue, il mettra de « l'eau dans son vin » sans rien céder sur l'essentiel. Onze mois après cette première lettre, il s'adresse à Jones pour constater le haut niveau du travail de Morichau-Beauchant : « Notre Français à Poitiers qui n'avait pas écrit depuis janvier, m'a envoyé aujourd'hui une lettre et une contribution pour le Zentralblatt (sur homosexualité et paranoïa)... Et un tiré à part d'un admirable article paru dans *La Gazette des hôpitaux*. Cela s'intitule " Le Rapport affectif dans la cure des psychonévroses ". C'est d'un haut niveau [30]. »

La position du professeur poitevin fait effraction dans le contexte de l'antifreudisme français. Il est le premier à renverser la problématique qui domine cette époque et à critiquer les thèses de Janet à la lumière de celles de Freud. Il reconnaît explicitement le rôle de la sexualité dans les liens qui unissent le patient à son médecin : « Janet n'a donné aucune explication de ce phénomène si particulier qui lui a paru témoigner contre l'origine sexuelle de ces sentiments. C'est à la lumière des travaux de Freud qu'il convient de les interpréter [31]. »

Morichau-Beauchant lit les textes de Freud en allemand et fait apparaître pour la première fois le concept de transfert qu'il traduit par « rapport affectif » en soulignant toutefois que le terme Übertragung est plus proche du mot français « report » que de « rapport » : « Cette question de traduction n'est pas sans importance, écrit J.P. Mordier, puisque tout au long des années qui vont suivre le concept d'Übertragung va être évoqué, travaillé sous sa forme " morichauienne ", très curieusement déformée d'ailleurs puisque les auteurs parleront tantôt du " rapport affectif " tantôt du " report affectif "; " report " évoque davantage la notion de transport qui se trouve dans le concept freudien [32]. »

Dans « L'Instinct sexuel avant la puberté », Morichau-Beauchant s'inspire des *Trois Essais* pour mettre en cause la prétendue innocence des paradis enfantins. Il passe ainsi de la reconnaissance de la sexualité à celle de la libido élargie. Il fait ensuite l'éloge de la conception non normative de Freud : « Freud a eu le mérite de montrer qu'en matière de sexualité, comme d'ailleurs en d'autres domaines, le normal et le pathologique ne différaient l'un de l'autre que par des transitions insensibles [33]. »

Dans un troisième texte qui date aussi de 1912, *Les Troubles de l'instinct sexuel chez les épileptiques*, on perçoit un virage dans les positions de Morichau-Beauchant. Il s'inspire à la fois des thèses de Maeder et du groupe de Zürich et de celles de Lombroso pour faire de l'épileptique un délinquant [34]. C'est en 1922 qu'il publie un dernier article, sur l'auto-érotisme, dont les accents pédagogiques sont évidents [35].

En 1966, le fils du Poitevin adresse au professeur André Bourguignon la lettre suivante : « Mon père philosophe peut-être plus que médecin n'attachait pas assez d'importance à ses travaux personnels pour tenir des archives. C'est pourquoi je n'ai hélas pas de document à vous adresser. Il ne m'a jamais parlé de cette correspondance que mentionne Jones, mais il est exact qu'il fut le premier à traduire Freud et à le faire connaître en France. Il m'a souvent répété qu'il voyait dans la psychanalyse la première tentative d'une approche de la personnalité, et cette sémiologie le passionnait. Sur la pratique thérapeutique, il était plus réservé, et son orientation de clinicien généraliste ne lui permettait pas de s'y consacrer totalement. Je ne pense pas qu'il se soit fait lui-même psychanalyser [36]. »

Curieuse aventure que celle de ce jeune médecin de trente-sept ans, qui, à l'aube de l'introduction de la psychanalyse en France, fut le seul à saisir, dans une intuition fulgurante, les enjeux essentiels de l'avancée freudienne. Il disparut de la scène historique sans connaître le destin habituel de ces pionniers qui deviennent des notables ou au contraire sont appelés toute leur vie à soutenir, contre vents et marées, le grand scandale d'une découverte. Freud lui rendit hommage et la *Société psychanalytique de Paris* lui attribua le titre de membre d'honneur au cours de sa première année d'existence. Tout se passe comme si Morichau-Beauchant était mort au combat vers 1923, alors que par la durée de sa vie réelle, il aurait eu largement le temps de voir se dérouler les péripéties d'une histoire qui ne le concernait plus.

Comme Théodule Ribot, Alfred Binet est l'héritier d'une tradition inaugurée par Taine, où se retrouvent les idéaux de l'hérédité-dégénérescence. Ce psychologue va consacrer l'essentiel de sa vie à étudier le mécanisme de l'intelligence. Fasciné par « l'inégalité » à travers les génies, les artistes, les individus supérieurs ou les grands joueurs, il s'engage dans une polémique avec Krafft-Ebing, sur la nature des perversions sexuelles. Ce dernier fait paraître *Psychopathia Sexualis* en 1886 et s'intéresse aux aspects médico-juridiques des grandes anomalies sexuelles. Binet lui rétorque en privilégiant l'aspect purement psychologique du problème et en introduisant le terme de fétichisme comme objet principal de son argumentation [37]. Il soutient que la référence à l'hérédité n'est pas suffisante dans la compréhension des processus de l'acquisition des aberrations par les ancêtres du « malade ». Selon lui, la tare héréditaire, invoquée par les aliénistes, ne peut expliquer la forme spécifique de chaque cas de fétichisme. Il se demande pourquoi tel individu investit un objet particulier au détriment d'un autre : une couleur d'yeux précise, telle odeur corporelle ou tel morceau d'étoffe. Binet voit l'origine du mécanisme dans l'enfance et dans un souvenir oublié d'une expérience sexuelle traumatisante. En fait, comme la plupart des psychiatres de son temps, comme Magnan, Morel ou Charcot, il reste attaché à la notion de substrat héréditaire mais cherche à comprendre les différences entre la norme et la pathologie. Ainsi déplace-t-il la problématique de Krafft-Ebing. Selon lui, la plupart des individus ont eu des expériences infantiles marquantes mais tous ne sont pas devenus fétichistes. Binet admet donc qu'une morbidité congénitale intervient dans ces cas pathologiques. Il souligne en même temps que les frontières sont floues entre les anomalies et les autres comportements. La nouveauté de sa théorie vient du fait qu'elle montre que l'amour normal n'est que l'accomplissement d'un fétichisme complexe et que chaque sujet porte en lui le principe d'un investissement pervers. Le refus de la simple explication congénitale l'amène à une position correctrice et éducative. A l'opposé de Krafft-Ebing il est l'adepte d'une thérapeutique active et en 1892, il écrit : « Plus le nombre de cas où une guérison durable a été obtenue s'accroît, plus diminue selon nous la proportion de ceux chez qui une disposition héréditaire peut être invoquée pour expliquer ces anomalies [38]. »

Cette thèse « associative » est critiquée par Krafft-Ebing qui soutient que l'influence du milieu peut jouer un rôle dans l'acquisition de certaines perversions et qui maintient l'essentiel de l'argument en faveur du congénital. Comme le souligne fort bien Frank J. Sulloway, « les deux camps faisaient reposer leurs théories antagonistes sur le même postulat fondamental : la manifestation d'impulsions sexuelles spontanées dans la petite enfance est un signe typique de dégénérescence névropathique. Pour les tenants du congénital, comme Krafft-Ebing, la sexualité précoce signifiait que l'individu était taré et donc sa perversion innée. Pour ceux qui accusaient le milieu, comme Binet et Schrenck-Notzing, l'activité sexuelle précoce avait permis le mécanisme morbide par lequel une grande variété de perversions passaient pour s'acquérir à un âge tendre [39]. »

L'intérêt de Binet pour les perversions va se transformer et aboutir à sa fameuse doctrine de la mesure de l'intelligence. Celle-ci part du principe selon lequel les processus supérieurs de l'intellect et du raisonnement sont plus révélateurs de différences que les processus inférieurs. Il faut donc comprendre et corriger les infériorités à partir d'un modèle qui se déduit des processus supérieurs.

Avant de s'intéresser à la psychologie expérimentale, Binet avait reçu une formation de juriste. Il était entré en relations avec Ribot et Charcot pour examiner des malades à la Salpêtrière. Il avait mené des recherches similaires à celle de Janet et apparaissait d'emblée comme son rival. Par l'hynoptisme, il mit en évidence l'existence d'un processus de raisonnement permanent et « automatique » sous-jacent à toute activité consciente. Il étudia l'hystérie ainsi que le magnétisme animal.

Pourtant le destin des deux savants ne se ressemble pas : Janet parle peu de Binet et ne publie aucun article dans *L'Année psychologique.* Il fait une brillante carrière et mène une longue vie alors que son alter ego subit une série d'échecs et meurt prématurément en 1911 à l'âge de cinquante-trois ans.

En 1902, lorsque Ribot quitte sa chaire au Collège de France, Binet est candidat en même temps que Janet. A l'assemblée des professeurs, Bergson soutient la candidature de son ami Janet, tandis que celle de Binet est soutenue par le physiologiste Marey. Ce dernier fait l'apologie de son poulain, vante sa compétence et l'extrême originalité de ses travaux. Le philosophe attire l'attention sur l'importance considérable des nouveautés apportées par son favori. Le ministre de l'Éducation nationale choisit alors Janet contre Binet. Celui-ci n'a pas plus de chance à la Sorbonne où on lui préfère un janétien convaincu, le docteur Georges Dumas. Dès lors, il se met à éviter la fréquentation des professeurs et se réfugie dans une mansarde de la Sorbonne qui lui sert de laboratoire.

Selon la légende Binet était un grand timide, ce qui expliquerait son refus de participer à des congrès. Dans son *Étude expérimentale de l'intelligence,* publiée en 1903, il se livre à une exploration minutieuse des fonctions intellectuelles de ses deux filles, à l'aide de tests psychologiques. Il met en évidence deux types caractériels distincts, l'un centré sur l'objectivité et l'autre sur la subjectivité. Ces termes seront repris par Jung dans la définition de l'introversion et de l'extraversion et largement critiqués par Freud en 1914, dans son article sur le narcissisme.

Sur cette lancée et après la rencontre avec le docteur Simon, il crée la Société libre pour l'étude de la psychologie et de la pédagogie de l'enfant ainsi que le laboratoire de la Grange-aux-Belles, où il invente le fameux test de mesure de l'intelligence qui fera fortune à partir de 1905 pour définir la nature du quotient intellectuel.

En 1910, il publie dans sa revue un très long article sur l'hystérie, cosigné de son compère Simon [40]. Après un historique conséquent des avatars du concept, il fait allusion aux idées de Freud. Il souligne qu'elles sont encore inconnues du public français et définit la « psycho-analyse », à la manière de Ribot, comme une véritable technique d'enquête judiciaire : « Ces interrogations patientes, ces fouilles dans le passé, qui est devenu le plus souvent du " subconscient ", se font d'abord sans résistance de la part de la malade; tant qu'on reste à la surface ou près de la surface, cela ressemble encore à une conversation banale; mais à mesure qu'on pénètre, les dispositions changent. La malade se défend; elle rit, pas toujours de bon cœur, elle éprouve bientôt un sentiment de malaise, une peine à répondre. On insiste, on insiste toujours. Il n'est pas rare que la malade se mette à pleurer; elle voit en elle mieux qu'avant, elle comprend ce qui lui avait échappé, et surtout elle fait aux médecins de précieux aveux. Voilà en quoi consiste la méthode de psycho-analyse [41]. »

Sans utiliser directement l'argument du pansexualisme, Binet et Simon refusent l'étiologie sexuelle en se trompant sur le sens que lui donne Freud. Pour nos auteurs, le Viennois ne fait que régresser à un stade de la science antérieure aux innovations de Charcot et rattache l'hystérie à l'utérus. En somme, ils critiquent le fait que Freud n'ait pas débaptisé le nom d'un concept pour le désexualiser : « Armés de cette méthode, Freud et Breuer n'ont pas manqué de reconnaître qu'il y a chez les hystériques beaucoup de souvenirs pénibles refoulés; et c'est ce refoulement de souvenirs pénibles qui est devenu la pierre d'angle de leur théorie. Ils ont été amenés à reprendre la vieille idée que l'hystérie mérite son nom quand on lui donne pour point de départ l'utérus; c'est l'un des plus singuliers retours en arrière qu'on connaisse [42]. »

En 1910, Binet et Simon restent donc largement tributaires d'une conception biologiste et organiciste de la sexualité puisqu'ils méconnaissent la séparation opérée par Freud, dès ses articles en langue française, entre le plan anatomique et le plan psychique. Alors qu'eux-mêmes ils désexualisent l'hystérie, sans s'apercevoir que le train a changé de gare avec Charcot, ils peuvent accuser Freud de resexualiser la névrose à partir de l'organe utérin. Ils commettent ainsi une erreur épistémologique, en parfait accord avec le climat dominant des années d'avant-guerre. Après le double argument de « l'interrogatoire » et de la présomption utérine, intervient immanquablement l'éloge du « grand » Janet. On nous apprend que Freud a subi son influence et que les travaux du Français sont plus connus que ceux du Viennois. En somme l'histoire de l'hystérie se résume à l'aventure unique d'une filiation où sont réunis Charcot et Bernheim, puis Janet et Babinski. A l'intérieur de celle-ci, quelques étrangers ont apporté des remarques pertinentes mais néanmoins contestables. On comprend désormais pourquoi Binet a préféré présenter la psychanalyse au public français à travers Zurich plutôt qu'à partir de Vienne.

De l'étude de la perversion à celle de l'enfance, Alfred Binet avait suivi une trajectoire qui n'était pas étrangère à celle de Freud. Mais les analogies s'arrêtent aux mots. On imagine mal en effet que la notion de mesure du quotient intellectuel soit autre chose qu'une invention française. Cette méthode destinée à corriger les tares intellectuelles des classes défavorisées en amenant sur les bancs de l'école républicaine les enfants débiles ou démunis, fut mise au point par un savant « timide », rejeté des hautes institutions de l'élite française. Pauvre Alfred Binet! Son test allait conquérir l'Amérique, comme la psychanalyse, puis torturer des générations entières d'écoliers avant de se retourner en son contraire puis devenir l'instrument d'une normalisation des inégalités, au nom des privilèges de classe et des impératifs de la science [43].

La France intelligente de Binet et Ribot est aussi celle de Bergson. Élève de l'École normale supérieure, il deviendra professeur au Collège de France après avoir été reçu, en 1880, second à l'agrégation de philosophie derrière le cacique Jean Jaurès. L'année d'après, Pierre Janet, qui a le même âge que lui, suit une voie identique. Il est reçu également second au même concours. Les deux hommes vont entretenir des relations intellectuelles et amicales étroites et l'on peut retrouver dans l'œuvre de l'un certains principes de celle de l'autre. Le janétisme et le bergsonisme sont ainsi deux mamelles de la France pensante de la première moitié du siècle. Elles connaissent un succès éclatant qui est à la mesure de l'oubli dans lequel elles ont sombré.

La psychologie de Janet comme la philosophie de Bergson représentent dans le domaine de la compréhension du psychisme un moment essentiellement « français » du nouvel esprit scientifique. Face à l'héréditarisme « pur » qui s'évanouit au début du siècle, les deux doctrines sont modernistes, à l'image du courant dynamique qui transforme l'ancien aliénisme en savoir psychiatrique [44]. Elles s'affirment comme science du sens intime, débarrassées des impératifs de la conscience subjective. Elles se disent non dogmatiques, humanistes et fondatrices d'un moi « libre » et « dissocié ». On ne devra donc pas « psychologiser » l'œuvre de Bergson, ni réintroduire « tel quel » le substrat congénital dans celle de Janet, sous peine de négliger le fil contradictoire de l'histoire. Pour comprendre leur avancée par rapport à des courants antérieurs et leurs limites face à la révolution psychanalytique, il convient de les interpréter au fil d'un mouvement qui mène aux découvertes freudiennes et qui les constitue.

Dans leur maturité, les deux hommes rencontrent l'image bienfaisante de la fée électricité. En 1881, une exposition internationale se tient à Paris et déplace les foules. Elle révèle l'avènement d'un monde nouveau où la vie sera dominée par la lumière scintillante de la science et de la technique. Un instant, on oublie l'odeur poisseuse des lampes à huile, on rêve de vitesse, d'espaces, d'étoiles conquises, de planètes inconnues. La découverte qui va frapper l'œuvre entière de Bergson est celle d'un savant juif dans lequel Freud reconnaîtra encore son double sans partager ses convictions judaïsantes : Albert Einstein. Deux étapes ou deux « topiques », comme on voudra. En 1905, la relativité restreinte est une cinématique révolutionnaire proposée par un non-professionnel de la physique, obscur employé au Bureau des brevets de Berne, un « marginal » adepte de toutes les formes de Witz. Cette même année, celui-ci subvertit la mécanique statistique de Boltzmann et la théorie des quanta de Max Planck. En 1916, la relativité générale est une géométrisation de la gravitation dont la splendeur et la sobriété éveillent l'admiration. On convoque le sexe et sa puissance obscure : « Einstein avait autant de mal à comprendre sa popularité, écrit son biographe Banesh Hoffmann, que le profane en avait à comprendre sa théorie. Les ventes de son petit livre montèrent en flèche, des traductions parurent bientôt. L'éditeur anglais pria le traducteur de rédiger une petite note explicative à l'usage des libraires; ceux-ci en effet avaient pu constater la grande ignorance du public quant au sens à donner au mot relativité : apparemment beaucoup de gens pensaient que cela avait quelque chose à voir avec les relations sexuelles [45]. »

Henri Bergson ne s'en remet pas. Juif d'origine polonaise par son père, anglais par sa mère, grand symbole pensant de la nation française, il est antikantien, étranger à Hegel, ignorant du marxisme et perpétue le goût du sens intime issu de Maine de Biran. Philosophe spiritualiste de l'évolutionnisme, il est l'initiateur d'une restauration de la métaphysique et d'une synthèse de la totalité de l'être face aux exigences rationnelles de la science.

Le bergsonisme se fonde sur l'intuition qui n'est ni un sentiment, ni une sympathie, ni une inspiration, mais une méthode élaborée de l'appréhension du réel. Par la voie de Boutroux et de Renouvier, ses maîtres, le philosophe critique le néo-kantisme en vigueur à son époque, se rallie à Spencer, puis s'en démarque, avant de s'opposer à toutes les formes du matérialisme mécaniste, en psychologie, en pathologie mentale, en biologie. Le moi bergsonien est une entité divisée : le « vrai moi » s'énonce à partir d'une différence entre la profondeur et la superficialité et suggère une durée fabriquée, un « faux moi ». Le drame humain réside dans le fait que le faux ressemble au vrai. Le moi superficiel est un moi social, rationnel, lieu des automatismes et des communications, tandis que le moi profond, identique à la durée, est « anonyme » et ne peut être communiqué. C'est dans l'acte libre, la mémoire pure et l'élan vital que la nature divisée du moi éclate. Le superficiel rejoint le profond, dans une unité retrouvée qui conduit la marche en avant de l'humanité, à travers les élites, les héros, les mystiques ou les grands hommes. Cette théorie du psychisme, qui introduit l'énergie, la durée et l'élan vital à la place de la vieille doctrine de l'hérédité, à laquelle Léon Daudet continue d'adhérer, et que Gustave Le Bon reprend dans la psychologie sociale, cette théorie, donc, admet le point de vue d'un inconscient non psychologique. Il s'agit d'un souvenir pur, virtuel, inactif, non pas situé hors de la conscience, mais désignant une réalité ontologique. Seul le présent est psychologique, actuel, tandis que le passé se situe dans l'ontologie pure, comme une mémoire immémoriale : « Ainsi, écrit Gilles Deleuze, se définit un inconscient psychologique distinct de l'inconscient ontologique. Celui-ci correspond au souvenir pur, virtuel, impassible, inactif, en soi. Celui-là représente le moment du souvenir en train de s'actualiser [46] ».

La confrontation de Bergson avec la théorie de la relativité est préparée par la notion de multiplicité qu'Einstein reprend de Riemann et que le philosophe a déjà utilisée. Le temps est essentiellement une multiplicité mais Bergson reproche à Einstein de confondre deux types de multiplicité : l'actuel et le virtuel. Dans *Durée et Multiplicité,* publié en 1922, il se demande quelle est la multiplicité spécifique à ce temps qu'il considère comme universel et impersonnel, bien qu'il existe une infinité de flux actuels qui participent au même tout virtuel. La question posée est la suivante : la conception commune de la durée et du temps peut-elle cadrer avec la nouvelle orientation relativiste? Bergson va maintenir à la fois l'unité et la multiplicité et montrer que sa théorie de la durée n'est pas en contradiction avec celle d'Einstein. Il introduit une « nouvelle psychologie » de la représentation qui s'appuie sur la relativité, à partir d'une différenciation de l'actuel et du virtuel, complètement étrangère au relativisme, mais qui prend en compte ses hypothèses.

C'est donc dans un rapport aux thèses d'Einstein et non à celles de Freud que Bergson continue d'élaborer la psycho-philosophie de la mémoire, du temps et de la représentation qu'il a commencé de mettre sur pied avant sa rencontre avec le relativisme. Elle va servir, en France, à interpréter le freudisme à l'intérieur du bergsonisme. Avant cette date, Bergson est déjà l'initiateur d'un mode d'introspection qui suit une voie parallèle à la psychanalyse et dont on retrouve la trace chez Janet. Dans une conférence prononcée en 1901 à l'institut général de psychologie, il est le premier en France, avec Nicolas Vaschide, à faire allusion à la *Traumdeutung*. Après avoir souligné l'entrée de l'humanité dans le siècle de la psychologie, il remarque que c'est le *détail insignifiant* qui commande l'interprétation des rêves : « Ce sont les faits les plus insignifiants et non pas les plus importants, qui auront le plus de chances de reparaître. Je me rallie entièrement sur ce point aux observations de W. Robert, Yves Delage et Freud [47] ».

C'est avec la notion d'*élan vital* que va s'opérer le plus largement l'amalgame entre freudisme, jungisme et bergsonisme. La reprise du thème vitaliste issu de l'école de Montpellier permet au philosophe de définir une virtualité en train de s'actualiser, une totalité en passe de se dissocier. L'élan vital c'est l'essence de la vie dans la mesure où elle procède par multiplicité et dédoublement : « L'essence d'une tendance vitale est de se développer en forme de gerbe, créant par le seul fait de sa croissance des directions divergentes, entre lesquelles se partagera l'élan [48] ». Tout se passe comme si la vie se confondait avec le mouvement même de ses ramifications : la vie se divise en plante et animal; l'animal se disjoint en instinct et intelligence; l'intelligence connaît des modes particuliers de réalisation. La durée est donc synonyme de vie et l'actualisation suppose l'unité retrouvée dans l'éclatement même de ses divisions.

La philosophie évolutionniste et biologique de Bergson s'oppose aux anciennes doctrines de l'héréditarisme qui débouchent, par la notion d'entropie, sur une sorte de thermodynamique imaginaire dans laquelle peut se penser l'enfer de l'homme, sa chute, sa décadence et le degré zéro de son identité. Dans une étude consacrée à *L'Éternel Adam* de Jules Verne, Françoise Gaillard fait remarquer qu'un schéma structural en forme de cercle s'impose à la fin du siècle : « En lui se pense et se résout une contradiction idéologique surgie en même temps sur le terrain de la philosophie de l'histoire et sur celui des théories scientifiques, contradiction entre le progrès et la décadence, contradiction entre les lois de l'évolution et celles de la thermodynamique; en un mot entre l'évolution et l'entropie [49] ».

C'est de ce schéma que part Freud pour élaborer son nouveau dualisme pulsionnel. Mais il laisse tomber les notions de décadence, de progrès, d'évolution, de chute, de dégénérescence, pour conserver, à travers l'entropie, l'idée d'une pulsion spécifique séparée de l'instinct et qui serait servie par le principe de plaisir. D'où l'idée d'un « au-delà » de ce principe ou de son « échec ». L'élan vital s'inscrit dans cette proximité, mais par une filiation différente. En lui, la « gerbe » subvertit le vieil « arbre aux ancêtres » zolien, puisqu'elle définit une philosophie dans laquelle le « morbide » est dominé par le « vital ». Elle permet de repenser l'instinct, la chute, l'entropie sous la catégorie du progrès et d'une sorte de religion naturelle. L'élan vital peut alors être utilisé d'une double manière : pour combattre les doctrines de la chute où se retrouvent à la fois Nietzsche, Clausius et les maîtres de la décadence; et en même temps pour s'opposer aux formes de la négativité où se rencontrent Freud, la pulsion de mort, mais aussi l'hégélianisme et la dialectique. L'élan vital, comme antidote des conceptions freudiennes, permet de penser à la fois l'inconscient et la conscience sous la forme d'une actualisation de l'éclatement, l'instinct et la pulsion sous la catégorie d'une poussée biologique, et la mort sous la dominante de la vie. Dans sa validité complète, le bergsonisme est amené à servir de substrat philosophique naturel à la doctrine freudienne. A la veille de sa mort en 1941, Bergson se convertit au catholicisme. Il prend soin de réaffirmer ses origines juives et sa sympathie avec ses frères persécutés par les Nazis. Cette opération semble se rapprocher de celle de Freud avec le *Moïse*. Et pourtant, elle va en sens contraire. Elle s'inscrit dans la trajectoire des « conversions » du début du siècle, puisqu'elle suppose la continuité d'une mystique et le principe inconscient d'un reniement qui ne dit pas son nom. Ici l'élan religieux est commandé par l'élan vital. Il prend la forme d'une réconciliation entre l'instinct et la pensée, l'animal et l'humain, par le biais d'un primat des élites sur les masses.

La rencontre entre Freud et Bergson n'a pas eu lieu, mais le bergsonisme va devenir la philosophie dominante par laquelle sera appréhendée en France la conceptualité freudienne durant toute la première moitié du siècle. Ce bergsonisme fonctionne comme un nouveau cartésianisme. Il faut lui associer le janétisme, son corrélat psychologique indispensable.

II. *Une nouvelle rencontre de Bouvines : Londres 1913*

Durant l'année 1913, la France revancharde s'apprête à célébrer le sept centième anniversaire de la bataille de Bouvines. En 1870, déjà, le ton avait monté. L'empereur allemand était redevenu l'ennemi héréditaire du trône de France, qu'il fût républicain, bonapartiste ou monarchiste. On commença d'évoquer sur un air agressif la première victoire de la nation des Francs sur le Teuton. La vogue de Bouvines n'atteignait pas celle de Jeanne d'Arc, puisque la célèbre pucelle n'avait jeté hors du terroir que des Anglais. Cette fois-ci, il fallait châtier les Germains.

L'Angleterre a célébré Waterloo, l'Allemagne vient d'élever un monument à la gloire des combattants de Leipzig; pourquoi la France n'aurait-elle pas son mémorial en plaine du Nord? Pour *L'Action française,* célébrer le triomphe des Capet c'est communier avec l'idée d'une restauration de la monarchie. Pour le peuple, c'est libérer l'Alsace et la Lorraine. Seuls les pacifistes ne souhaitent pas l'événement mais on dénigre leur désertion. Ils sont nombreux malgré tout ceux qui attendent le grand jour en se souvenant de l'année 1214.

Ce matin-là, près du pont de Bouvines, le dimanche 27 juillet, des milliers de guerriers, conduits par toute la chevalerie, transgressaient un interdit. Ils étaient rassemblés pour se pourfendre le jour du Seigneur et sentaient planer sur eux la colère divine. Les trois grands de la féodalité étaient présents à la joute. Ils montaient les destriers les plus harnachés des trois royaumes et les mieux nourris. A côté d'eux, les cavaliers sergents et auxiliaires retenaient leurs bêtes puissantes. Plus loin, la piétaille des vilains et des pauvres attendait le déclenchement du duel dans la chaleur pesante de ses vêtements de guerre.

Dans le camp des vainqueurs, bardé de fleurs de lys, Philippe Auguste s'apprêtait au massacre. Ce capétien, roi de la « troisième race », était soutenu par le pape et la Très Sainte Église catholique. C'était un homme vieillissant et son nom évoquait l'ancienne splendeur de l'Empire romain. Il se sentait assuré de la grandeur de sa destinée puisqu'elle le conduisait à terrasser l'hérésie. En face de lui, dans l'armée adverse, se trouvait Jean sans Terre, le Plantagenêt de triste augure. Débauché et capricieux, on le disait pourri de l'intérieur par un sang « dégénéré ». Aujourd'hui, il menait le jeu de l'ordalie mais sa vie durant il n'avait cessé de comploter, contre son père d'abord, et contre son frère ensuite, Richard Cœur de Lion, qui s'était croisé en terre sarrasine. Dans le même camp, un autre roi tenait son rôle : Otton de Brunswick, neveu de Jean, souverain de Germanie. Il était nettement plus jeune que les deux autres combattants et avait été deux fois excommunié par le Saint-Siège. Il venait à Bouvines parce que l'argent du roi d'Angleterre l'avait appâté, et aussi parce qu'il savait rencontrer là, en Flandre, son principal ennemi, Philippe de France, dont il n'ignorait pas le dessein de se poser en héritier de Charlemagne [50].

Sept siècles après le dimanche de Bouvines et un an avant la commémoration en France de cette victoire du Latin sur le Germain, s'ouvre à Londres, le 7 août 1913, un très fameux *Congrès international de médecine.* On a convoqué sur le champ de bataille les plus illustres représentants des différentes écoles de la moderne psychiatrie dynamique. L'atmosphère est chaude et humide. Le ciel orageux contraste, par sa grisaille, avec l'excitation d'une foule de spécialistes venus des quatre coins d'Europe. Il faut dire que l'enjeu est de taille : la douzième section du congrès, représentant la psychiatrie, a décidé de mettre à son ordre du jour le débat tant attendu sur la psychanalyse. Depuis longtemps, le petit monde de la psychopathologie se réjouit d'assister à l'assaut féroce qui doit opposer Freud à Janet. Chacun de ces deux princes entend se poser comme unique héritier de l'enseignement du grand Charcot. L'un traite l'autre d'imposteur, et l'autre dit que son rival est menteur et imbécile. Tous deux visent le titre de fondateur de la psychanalyse. A Londres, la médecine doit départager les candidats et les discussions vont bon train. Pourtant, à Amsterdam, en 1907, le public en avait été pour ses frais. Les trois grands de la chevalerie moderne, les « trois J » comme on avait coutume de les nommer, le Français Janet, le Zurichois Jung et le Gallois Jones, ces deux derniers vassaux de Freud, s'étaient montrés d'une parfaite courtoisie. Le premier avait fait l'éloge du souverain absent et les autres avaient vanté les mérites de l'honnête précurseur. Ce fut partie remise mais aujourd'hui le tournoi promet d'être spectaculaire.

Fidèle à son principe de « maître sans commandement », le chef reconnu de la psychanalyse s'est récusé. Il attend dans son appartement viennois le résultat de l'éclatante bataille. Il craint la défaite et les menaces qui en résulteront pour son empire. Tout naturellement il a mandaté Jung pour parler à sa place, mais comme la tension entre ce suzerain autoritaire et son vassal rebelle est extrême, il a envoyé un deuxième chevalier de haut rang, le fidèle Gallois, pour surveiller le premier. Il soupçonne en effet Jung de jouer un double jeu et redoute qu'une défection publique n'entraîne le royaume à sa ruine. Ainsi les trois Gentils vont-ils s'affronter dans une enceinte houleuse, tandis qu'un pape absent tient, dans son ghetto, les rênes d'une guerre contre un hérétique et un usurpateur.

Le jeudi 7 août, Adolf Meyer présente une communication sur la *Phipps psychiatric clinic* qui vient de s'ouvrir à Baltimore sous sa direction. Au cours de la discussion, ses collègues anglais manifestent leur stupéfaction d'apprendre qu'il emploie dix médecins pour quatre-vingt-dix malades. Sir Thomas Clouston s'exclame : « Nous avons l'impression que nos trésoriers et nos comités auront besoin d'une longue éducation avant qu'ils nous allouent les fonds nécessaires pour réaliser des projets d'une telle munificence [31]. »

C'est le lendemain 8 août que la parole est donnée à Pierre Janet. On attendait d'abord un rapport de Jung qui serait suivi d'un contre-rapport du philosophe. Mais les organisateurs ont voulu corser le tournoi en invitant Janet à parler le premier.

Ce jour-là le professeur est au sommet de sa gloire et s'attend à un triomphe. Issu d'une bonne famille de la moyenne bourgeoisie, il a été élevé dans le culte de la tradition universitaire et admire l'illustre figure de son oncle Paul, philosophe, normalien, agrégé, qui l'a maintes fois aidé dans sa carrière en remplaçant un père passif et quelque peu absent. Jules Janet est mort en 1894, un an après que son fils a brillamment soutenu sa thèse de médecine sur *L'État mental des hystériques* [32]. Cette œuvre magistrale, controversée et tombée en désuétude, va permettre au Français d'affirmer durant toute une vie l'antériorité des découvertes de l'analyse psychologique sur celles de la psycho-analyse.

Contrairement à son frère, le père du philosophe s'était engagé dans une profession commerciale malgré des encouragements à poursuivre des études juridiques. Il était devenu une sorte d'avocat sans cause et sans plaidoirie mais avec un titre. On le disait timide et réservé, sans ambition intellectuelle. La notoriété de Paul était écrasante et faisait l'orgueil de la famille. Comme le père de Freud, Jules Janet s'était marié deux fois et son fils Pierre était l'aîné de la seconde épouse. Alsacienne patriote et catholique, celle-ci n'appréciait guère le peuple allemand. Dans sa famille on attendait une revanche contre l'ennemi héréditaire qui avait annexé le territoire des grands ancêtres. A Verdun et à Douaumont, les membres de la famille Janet allaient servir la France dans l'armée tricolore, tandis que ceux de la lignée Hummel seraient incorporés sous le drapeau allemand.

A Londres en 1913, le drame alsacien est présent à la tribune, en la personne de Pierre Janet, philosophe d'un royaume déchiré, agressif, arrogant. L'homme a choisi l'athéisme contre la religion, l'esprit libéral contre le chauvinisme, mais il est atteint d'une terrible inhibition. Ayant appris la langue allemande dans son enfance, il a développé contre elle une sorte de phobie qui le rend inapte à lire les textes originaux de Freud. Quant à l'anglais, conquête tardive, il le parle avec un fort accent qui donne à son élocution une allure embarrassée et parfois ridicule. Janet ne s'intéresse guère à l'art, à l'architecture, à la littérature ou à la musique et préfère, avant toute chose, l'amour de la nature. Tel un vieil érudit de bibliothèque, il passe le plus clair de son temps à constituer l'immense herbier qu'il considère lui-même comme son œuvre majeure. Chaque fleur a reçu son individualité, chaque feuille sa personnalité, chaque arbre son caractère, chaque racine sa « conduite » psychologique.

L'homme au complet gris et au crâne chauve regarde l'assemblée houleuse derrière ses lunettes rondes. Il s'apprête à lire un texte volumineux et a soigneusement préparé l'exercice. Il a l'habitude des bons mots, des tournures élégantes ou des formules à l'emporte-pièce. Son aptitude à enseigner lui donne l'assurance d'un beau parler. Il a rédigé soixante-neuf pages et reste persuadé d'avoir rassemblé une documentation sérieuse. Il a parsemé son texte de plaisanteries gauloises et s'attend à un franc succès. Depuis 1893, il s'est tenu au courant des travaux émanant de l'école viennoise. Certes, il a négligé les arguments freudiens contre le substrat héréditaire et s'est préoccupé uniquement de l'héritage français de l'hystérie. Mais enfin, il a fait l'effort de lire plusieurs articles et quelques ouvrages importants. Il connaît le fameux texte de Régis et Hesnard publié dans *L'Encéphale,* première mouture d'un ouvrage synthétique qui va paraître en 1914 sous le titre *La Psychoanalyse des névroses et des psychoses*[33]. Il a parcouru les articles de Maeder et certains textes allemands de Freud. Il a pris connaissance de *L'Interprétation des rêves* dans la traduction de Brill et il emprunte des notions aux résumés anglo-saxons et américains de Putnam, Coriat, Donlay. Il cite souvent Ladame et Morton Prince.

Pierre Janet a donc l'esprit tranquille. Il possède au plus haut point l'art de la dissertation et de la lecture rapide. Soucieux de plaire et d'aller à l'essentiel, cet homme efficace sait retenir d'un ouvrage sa conclusion et son introduction afin de mieux négliger son contenu. Le procédé est admirable et lui a réussi en France. Janet ne compte pas changer de méthode en traversant la Manche et il a oublié un détail qui sera lourd de conséquence : les savants réunis à Londres sont pinailleurs, pragmatiques et scrupuleux dans l'approche des œuvres de leurs collègues. Ils sont méfiants de la brillante rhétorique continentale et malgré leur respect pour les titres universitaires ou médicaux, ils se montrent peu enclins à la valorisation du beau style. Il s'agit d'un congrès de médecine où la section de psychiatrie est un département parmi d'autres et Janet connaît mal l'esprit de la corporation. A Paris il a affronté de récents déboires : il a soutenu sa thèse de médecine sans pratiquer véritablement la profession, mais pour avoir accès à des malades. Ici comme ailleurs son but a été militant et son action volontariste : il a cherché à faire avancer le navire de la psychologie mais s'est heurté à un milieu hospitalier hostile. En réalité, Janet n'est ni psychiatre, ni généraliste mais pratique la psychiatrie. Il est philosophe tout en voulant séparer la philosophie de la psychologie. Il s'oppose au dogmatisme mais il construit un système pour représenter le psychisme. Il est théoricien et pourtant il récuse le théorique au nom d'un pragmatisme des conduites, souvent méticuleux. Le pauvre homme ne sait jamais sur quel fauteuil il est assis : autrefois il voulait réussir où Ribot avait échoué et inventer une psychologie capable de prendre en compte l'héritage de Charcot, à l'endroit même où Babinski l'avait démembré; puis, Freud lui a barré la route. Maintenant, à Londres, il risque la débâcle.

C'est avec son frère Jules Janet, spécialiste en urologie et passionné de psychologie que Pierre commence à s'intéresser à l'hypnose. En 1883, il est nommé professeur au lycée du Havre. A cette époque la ville maritime est administrée par un maire progressiste issu d'une famille alsacienne protestante qui cherche à combattre la prostitution, fléau d'une cité également ravagée par des passions politiques nationalistes et germanophobes. De nombreux spectacles sont consacrés à des séances tapageuses d'hypnotisme et le fameux Donato, raillé par Maupassant, est un jour démasqué sur scène pour ses supercheries. L'hystérie est une maladie à la mode et l'on conseille aux femmes nerveuses d'aller consulter Charcot à Paris. Janet fait la connaissance d'un certain docteur Gilbert qui lui présente la fameuse Léonie, sorte de sœur jumelle d'une autre normande, Emma Bovary. Janet hypnotise la dame à distance puis écrit un article sur ses expériences que son oncle Paul présente en octobre 1885 à la *Société de psychologie physiologique* devant Charcot. L'aventure du janétisme vient ainsi de commencer à l'embouchure du fleuve gris et va continuer avec succès. D'éminents visiteurs se rendent au Havre pour observer la femme illuminée et le jeune professeur devient célèbre auprès du maître de la Salpêtrière, de Charles Richet et du psychologue anglais Myers.

Il participe aux activités de l'hôpital local où on lui présente des hystériques de fraîche date non « perverties » par de multiples manipulations, comme c'est le cas à Paris. Il découvre un jour que sa belle Léonie a été magnétisée dans le passé et que ses exploits actuels sont la répétition d'exercices antérieurs décrits par d'obscurs hypnotiseurs dont les œuvres sont tombées dans l'oubli. A partir de l'examen de Léonie, Janet construit alors sa méthode d'analyse psychologique, dans une perspective complètement opposée à celle de Freud. Au lieu de se diriger progressivement vers la découverte de l'inconscient, l'association libre ou l'analyse du transfert, il s'impose d'emblée des règles méthodologiques rigides qui ne varieront plus. Curieusement, celui qui va reprocher à Freud son dogmatisme, sa technique d'enquête policière et son théoricisme, applique lui-même des principes qu'il croit reconnaître chez son voisin. Ainsi, pour comprendre le « dossier » du conflit avec Vienne, il faut l'aborder à partir de ce phénomène de dénégation par lequel Janet revendique la paternité d'une doctrine qu'il ne cesse de condamner en y projetant tous ses fantasmes.

A la même époque que son rival, il est l'initiateur isolé d'une nouvelle exploration du psychisme. Il ne rencontre jamais Freud à la Salpêtrière et celui-ci est encore un inconnu quand le Français est déjà célèbre. Le débat sur la primauté d'une découverte n'a évidemment aucun sens épistémologique mais, en France, il prend la tournure d'un conflit à la fois comique et délirant [54]. Si l'on s'en tient aux dates, on s'aperçoit, comme pour la sexualité, que tous les savants parlent de la même chose à la même époque et s'intéressent aux mêmes phénomènes. Mais un seul d'entre eux « franchit la barre » d'une nouvelle théorisation en forgeant des concepts « réellement » originaux. Celui-là s'appelle Freud et Janet ne l'admettra pas. Il va donc s'enfoncer dans un piège qui consiste à la fois à récuser une doctrine et à se présenter comme son inventeur. A partir de l'émergence du freudisme, tout le janétisme va s'embarquer dans une guerre des privilèges, des antériorités, des comparaisons, des statistiques dans laquelle il se perdra. Tandis que son adversaire avance, Janet recule : il attend l'ennemi sur la ligne Maginot sans voir que celui-ci emprunte la route avec ses chars. Le savant français n'a pas « inventé » la psycho-analyse mais il a mis au point une méthode très originale d'analyse psychologique qui contraste singulièrement avec celle de Freud. Elle se base sur trois règles fondamentales : l'examen du malade en tête à tête et sans témoin. La notation rigoureuse des paroles prononcées appelée *méthode du stylographe.* Et enfin l'exploration de tous les antécédents du patient et des traitements auxquels il a été soumis. Il s'agit bien d'une *enquête,* au sens de la clinique classique et de la symptomatologie « visuelle », et non d'une *écoute* du discours inconscient, avec interprétation des rêves et analyse du transfert, telle que Freud va l'inaugurer un peu plus tard. D'emblée le report affectif est reconnu par Janet mais il n'est pas nommé comme tel, ne reçoit aucune coloration sexuelle particulière et ne fait l'objet d'aucune élaboration théorique. L'inconscient est pensé sous la catégorie d'une *sous-conscience,* d'où le maintien du terme de *subconscient,* qui vient de la philosophie. Enfin le refoulement est un mécanisme de défense plus ou moins conscient. Par ailleurs, Janet rattache l'hystérie, « maladie purement psychologique », à la notion organique d'intoxication. Il en fait une affection fonctionnelle liée à une constitution héréditaire et la décrit comme la métaphore d'un phénomène morbide infectieux : une sorte de tuberculose psychique ou de syphilis mentale dont on aurait « miraculeusement » découvert le bacille. En arrivant à la Salpêtrière, Freud, comme Charcot, avait des idées semblables; plus tard, tandis que Janet croit réhabiliter Charcot, Freud transforme son opinion au fil d'expériences nouvelles.

Les exploits du Havre forment le point de départ de l'ouvrage de Janet qui sera sa thèse de doctorat en philosophie, publiée sous le titre de *L'Automatisme psychologique* [55]. La soutenance a lieu le 21 juin 1889, par un matin d'été, le premier de l'année. Le jury, où se trouve l'oncle Paul, est présidé par Emile Boutroux, maître incontesté de la pensée philosophique française, professeur de Bergson, héritier et dissident de la tradition du positivisme comtien, antihégélien de choc. Pierre Janet reçoit des félicitations d'autant plus chaleureuses qu'il a su éviter d'empiéter sur le terrain de la médecine [56]. Il est ainsi consacré « strictement » philosophe au moment même où ses travaux psychopathologiques l'entraînent sur la voie de la psychiatrie. En août 1889, il fait partie avec Bernheim, Liébault, Forel et Déjerine du comité d'organisation du *Congrès international d'hypnotisme* auquel participe un obscur neurologue viennois. C'est alors qu'il commence ses études médicales. Il passe une bonne partie de son temps à la Salpêtrière et soutient sa thèse de médecine sur *L'État mental des hystériques* [57], en mai 1893, devant un jury composé de Charcot et Richet. Sa réputation est reconnue au-delà de la Manche et sa théorie de l'hystérie s'impose. Il s'intéresse à de nombreux malades sur lesquels il continue à expérimenter sa méthode d'analyse psychologique. Parmi eux se trouve la célèbre Madeleine de la Salpêtrière, réplique de Blanche et de Léonie, dont il s'occupe en 1896, l'année où le mot psycho-analyse fait son entrée officielle dans la clinique freudienne. A cette époque, Janet est donc à la fois un professeur de philosophie réputé, un « psychiatre » d'hôpital et un praticien de renom qui reçoit une importante clientèle privée. Sa notoriété de spécialiste des névroses est établie en France comme à l'étranger.

L'homme qui vient rencontrer à Londres son adversaire fantôme possède un bagage conceptuel important. A la différence de Freud cependant, il n'a pas fait école. On peut dire qu'à « Bouvines », en 1913, la fleur de lys est représentée par un suzerain sans vassaux, aux décorations multiples, dont l'armée n'existe pas. Celui-ci est allé plus vite en besogne que le neurologue juif mais, cette fois-ci, il doit se confronter aux stars de la nouvelle méthode qui est en passe de conquérir le monde. Au milieu des drapeaux et des trompettes, deux conceptualités vont se pourfendre, et la partie n'est pas gagnée pour le Français. En face de lui, la première théorie freudienne est à son apogée avec l'ensemble de l'Unbewusste, de la sexualité infantile, du rêve, de l'Œdipe, du refoulement et du transfert. La théorie de l'hystérie s'est dégagée de l'héréditarisme, la cure, avec ses associations libres, a fait ses preuves et le continent de la psychose est en voie de colonisation. De son côté, Janet apporte plusieurs notions.

L'automatisme psychologique, qui veut damer le pion au processus primaire, est défini comme une « forme inférieure de l'activité humaine », une manière spontanée de vie psychique applicable à toutes les manifestations de l'existence mentale. Il est le lieu d'associations préorganisées, il ne crée pas de synthèses nouvelles et n'est que la manifestation de synthèses déjà formées. La notion se rapproche de celle de William James qui désigne sous le nom d'*écriture automatique* une activité semblable. Ce mot sera repris par les surréalistes dans un sens différent, mais l'automatisme fait partie également du vocabulaire bergsonien, comme manifestation « inférieure » de l'esprit. Ce concept, largement répandu dans la terminologie psychiatrique et psychopathologique de l'époque, va de pair avec la définition janétienne de *rétrécissement du champ de la conscience* ou d'*abaissement de la tension psychologique*. Il s'agit là d'un état mental dangereux et morbide qui se joint au souvenir d'un événement pour le rendre traumatique. Dans la lignée de Moreau de Tours et des thèses de l'hérédité-dégénérescence, Janet fait donc de l'hystérie une dépression ou une altération de l'esprit dans laquelle les phénomènes ne sont plus synthétisés. Pour rompre avec la neurologie et pratiquer la psychiatrie, il a reversé l'hystérie dans la maladie mentale et cherché à traiter les nerveux comme des aliénés ou des intoxiqués. Il a opposé cette affection à la *psychasthénie,* notion vague et pourtant très prolifique qu'il a définie comme une sorte d'épuisement nerveux avec stigmates organiques, perte de la fonction du réel, et troubles de l'émotivité.

En réalité, entre 1905 et 1920, cette notion, qui englobe la névrose d'angoisse, la phobie et la névrose obsessionnelle, ne s'oppose qu'en apparence à l'hystérie. Sur ce point la pensée de Janet oscille sans cesse : tantôt il inscrit l'hystérie dans la psychasthénie, tantôt il l'en sépare. Mais surtout le terme lui sert à faire face aux détracteurs de Charcot et à inventer un mot nouveau capable de débarrasser l'hystérie de ses connotations sexuelles. Après 1920, où la psychanalyse est officiellement reconnue en France, il tend à reprendre le mot et faire de l'hystérie une affection distincte de la psychasthénie.

Par ailleurs, Janet ne prend pas en compte la notion freudienne de préconscient, ce qui l'amène à penser le refoulement comme un mécanisme conscient c'est-à-dire essentiellement défensif. Dans *Les Médications psychologiques,* publié en 1919, il va donner la meilleure définition de ce qu'il croit être le refoulement freudien : « Le refoulement est pour M. Freud l'action consciente par laquelle un individu arrête en lui le développement d'une tendance, en général personnelle, en lui opposant d'autres tendances sociales et morales. A tous les degrés de l'activité psychologique les tendances luttent les unes contre les autres, mais cette lutte ne prend la forme précédente que dans l'assentiment réfléchi [58]. »

C'est dans *L'Automatisme psychologique,* ouvrage philosophique, que Janet va le plus loin dans la compréhension d'un « lieu détaché de la conscience ». Durant tout l'exposé, le mot inconscient reste dominant et le vocable subconscient peu utilisé. L'auteur définit l'acte inconscient comme une action psychologique « ignorée par la personne même qui l'exécute au moment où elle l'exécute ». Il différencie cet acte de celui qui est oublié et qui « manque de mémoire et non de conscience [59] ». En pensant l'oubli sous la catégorie d'une conscience, Janet est entraîné progressivement, au contraire de Freud, à retransformer l'inconscient en subconscient, c'est-à-dire à éliminer non pas le principe d'un « non-connu » mais sa position déterminante dans l'ensemble du psychisme. D'où le fait que chez lui, la dissociation ne passera jamais à l'intérieur d'un « moi clivé », mais entre deux personnalités ou états dédoublés qui s'ignorent mutuellement et coexistent. Là où, dans le cadre de la première topique freudienne, l'inconscient est défini par le refoulement, il est, chez Janet, un lieu inconnu qui n'englobe pas les phénomènes de l'oubli. Ce qui mène Freud, dans la deuxième topique, à l'élaboration du clivage du moi, reste chez Janet un simple mécanisme de dédoublement.

Ceci permet d'expliquer pourquoi, dans sa thèse de médecine, le Français réintroduit le terme de subconscient à la place de celui d'inconscient. *L'État mental des hystériques* est rédigé en 1892 avant que Janet ne connaisse les travaux de Freud. Le renversement opéré par rapport à 1889 tient au fait qu'il cherche à convaincre les médecins d'accepter l'hystérie comme maladie de l'esprit et non du corps. Il faut dire pourtant que cette « stratégie » a pour origine une position théorique. En pratiquant la psychiatrie, Janet admet un inconscient psychologique au prix de rompre avec un cartésianisme classique, celui par lequel le cogito ne saurait être fou. Mais immédiatement, il réintroduit le vocabulaire d'un néo-cartésianisme selon lequel les éléments constitutifs de l'inconscient séparés de la conscience ne sont pas d'une autre nature qu'elle. La retraduction de l'inconscient en subconscient permet donc de maintenir l'idée que celui-ci est un lambeau de la conscience. Ses manifestations ne sont pas prises en charge par une conscience de soi qui dit « je », par un cogito, mais par une conscience-inconscience (une subconscience) qui se constitue en une seconde personnalité, en un autre moi. Janet devient médecin, contre le cartésianisme qui domine l'aliénisme de son époque, en maintenant le primat de la conscience sur l'inconscient. Comme Bergson il pense la folie à partir de la raison, à une époque où Freud, avec Nietzsche, s'écarte de la problématique rationaliste. Le « cartésianisme » janétien est un système philosophique dans lequel le cogito est envahi par le délire sans perdre sa position de maîtrise : un sujet « colonisé » sans être décentré [60] proche de la conception leibnizienne des « degrés de la conscience ». A partir de 1920, Janet va tourner en ridicule l'extension que prend la notion d'inconscient chez son rival viennois et tendre à comparer la psychanalyse à l'occultisme ou au spiritisme : « Le subconscient, écrit-il, est devenu une espèce de tiroir commode où l'on met toutes les choses inexplicables en psychologie... Le subconscient prête à la facilité, car il permet d'expliquer tout par des hypothèses qu'on ne vérifie pas parce qu'elles sont subconscientes [61]. »

Cette psychophilosophie amène Janet à négliger l'importance du rêve et de son interprétation dans le déroulement de la cure. Il oppose à cela une *psychologie des conduites* ayant pour base la description *fonctionnelle et non structurale* des névroses. A la lettre, il n'y a pas de « théorie » dans l'œuvre de Janet : d'où le caractère informe et flou de sa doctrine, qui est capable de méconnaître et de s'adapter tout à la fois aux autres conceptualités. La psychologie de Janet semble insaisissable, incompréhensible parce qu'elle méconnaît l'explication des causes et la mise en évidence des structures, au profit d'une description démesurée des exemples, des comportements et des faits statistiques.

Ainsi la notion de cellule familiale est-elle absente de ses hypothèses, pour être remplacée par des enquêtes minutieuses sur la banalité des relations sociales, sur le rôle de l'hérédité ou de l'éducation, sur celui des professeurs et des modes de vie. La question œdipienne est ridiculisée par Janet qui ne s'intéresse pas aux rapports des enfants avec les parents et préfère multiplier les notations caractérologiques sur les conflits de générations, les mauvaises habitudes ou les positions sociales, toutes choses qui évitent la mise en évidence d'une signification ou d'une histoire. Cette redondance s'accompagne chez lui d'une incapacité absolue à découvrir le détail signifiant, ce qui fige sa doctrine dans l'univers éclectique du vraisemblable. La certitude rationnelle, le culte de l'apparence et la croyance en la toute-puissance d'une nouvelle médecine psychologique, sans « obscurantisme », vont le conduire à affirmer que sa méthode thérapeutique est infaillible quand elle est bien conduite. Il apportera la « preuve » de ses propres guérisons réussies en rassemblant plusieurs milliers d'observations détaillées de malades mentaux. On comprend dès lors que l'analyse psychologique soit tombée dans l'oubli et que les grands échecs thérapeutiques de la psychanalyse soient devenus des cas célèbres. Les innombrables récits récoltés par Janet s'apparentent à des histoires sans histoire, racontées par un narrateur sans écriture, dont la clinique a oublié l'odeur du détail romanesque ou la beauté des langues fondamentales.

Sans céder à la vision manichéiste d'un bon Freud, perché sur le nuage d'une vérité géniale, et d'un affreux Janet poussé au purgatoire, il faut dire que la lecture des œuvres du Français est triste, et ennuyeuse. Si l'on songe à la splendeur naïve des textes de Flournoy, ou à l'allure mystique de la syntaxe jungienne, on se prend à rêver d'un Janet qui eût été capable d'avoir parfois la plume d'un Proust, ou à défaut, celle d'un Zola. Quant à la doctrine, sa certitude a quelque chose d'intolérable que même le fanatisme freudien ne parvient pas à égaler.

Quand il arrive à Londres, Janet a déjà une opinion qui ne changera jamais : il est attaché à l'image du psychanalyste comme d'un détective terrorisant ses victimes et pourchassant leurs traumatismes infantiles. Il n'a pas compris et ne comprendra pas le principe essentiel selon lequel l'écoute du fantasme est indifférente au problème de l'erreur et de la vérité du récit. Il ira jusqu'à croire et à écrire que la psycho-analyse est « une enquête criminelle qui doit découvrir un coupable, un événement passé responsable des troubles actuels qui le reconnaît et le poursuit sous tous ses déguisements [62] ». Dans cette perspective, la psychologie janétienne n'a pas d'autre choix que de réintroduire la simulation dans la pratique de la cure. Si le psychanalyste est un détective, si le fantasme est un mensonge et si le rêve n'est pas interprétable, sous peine d'un symbolisme dogmatique, alors le patient devient en effet un coupable, un menteur ou une victime « surveillée » par son médecin. Convaincu que « les associations ne sont pas libres », et que la conscience domine la cure, Janet en vient à affirmer que de nombreux psychotiques même gravement atteints sont des comédiens et que leurs troubles sexuels sont l'expression d'une théâtralité factice : « Le plus souvent, écrit-il, les aliénés jouent la comédie. Ne croyez pas le quart de ce qu'ils racontent; ils essaient de vous donner une impression sur leur grandeur, leur culpabilité. Ils n'y croient qu'à moitié et souvent pas du tout [63]. »

Le fameux rapport de Londres intitulé simplement *La Psycho-analyse* [64] se présente comme le manifeste historique le plus complet de l'anti-freudisme scientifique « à la française ». Le texte de Janet est divisé en deux parties à peu près égales. La première est un exposé de la doctrine de l'auteur, comparée à celle de Freud et la seconde est tout entière consacrée à l'élucidation du prétendu pansexualisme viennois. Après avoir fait un bilan élogieux de ses propres travaux, Janet explique comment Freud a débaptisé les concepts français pour leur donner une appellation nouvelle : « Nous sommes heureux, disais-je à ce moment, que MM. Breuer et Freud aient vérifié récemment notre interprétation déjà ancienne des idées fixes chez les hystériques. En effet, ces auteurs montraient par des exemples très heureusement choisis que certains troubles étaient la conséquence de réminiscences traumatiques, et leurs observations, je le constatais avec plaisir, étaient tout à fait analogues aux miennes. Tout au plus ces auteurs changeaient-ils quelques mots dans leur description psychologique : ils appelaient psycho-analyse ce que j'appelais analyse psychologique, ils nommaient complexus ce que j'avais nommé système psychologique pour désigner cet ensemble de phénomènes psychologiques et de mouvements, soit des membres, soit des viscères, qui restaient associés pour constituer le souvenir traumatique. Ils baptisaient du nom de catharsis ce que je désignais comme une dissociation ou une désinfection morale. Les noms étaient différents mais toutes les conceptions essentielles, même celles qui étaient sujettes à discussion, comme celles du système psychologique, étaient acceptées sans modification [65]. »

Suit alors une attaque en règle contre Jung, accusé de confondre Freud avec Galilée, et ses détracteurs avec des gens d'Église incapables de mettre un œil dans une lorgnette. La technique psychanalytique est qualifiée de bavardage, de « procédé naïf et médiocre », tandis que la méthode jungienne du test associatif est jugée plus intéressante mais discutable et moins perfectionnée que celle du héros du jour. L'homme au complet gris porte ensuite un coup de poignard dans le cœur de son invisible ennemi en guillotinant la doctrine du rêve et du refoulement, jugée hasardeuse, dangereuse et dogmatique. Néanmoins, Janet soutient que le refoulement, s'il se maintient dans de sages barrières, peut, dans certains cas, apporter un complément utile à l'analyse psychologique. Après cette affirmation le transfert reçoit un coup de bouclier et le lapsus une volée de bois vert, tandis que tous les concepts freudiens sont accusés de transfigurer des faits véridiques en théories plus adaptées aux caprices d'un savant qu'à l'évaluation d'une réalité.

La deuxième partie de l'exposé se présente comme une discussion approfondie de la notion de sexualité. Après avoir remarqué que Charcot s'était élevé contre la doctrine du substrat utérin, Janet commet la même erreur que Binet et confond le génital avec le sexuel. D'un coup de botte, il accuse Freud de régresser à la présomption utérine, tout en affirmant lui-même que la sexualité est liée à une réalité génitale. Aussitôt, grâce à sa rhétorique de normalien, il renverse cette même proposition et démontre que l'école viennoise ne s'intéresse pas aux modifications psychologiques de la génitalité, mais « aux phénomènes sexuels qui ont un retentissement moral et qui agissent sur les névroses par l'intermédiaire de phénomènes psychologiques [66] ». Au terme de ce marathon, Janet en vient alors à sa critique centrale : « Au lieu de constater avec tous les observateurs précédents, dit-il, que l'on trouve des souvenirs traumatiques relatifs à des aventures sexuelles chez *quelques* névropathes, elle [la psycho-analyse] affirme, et c'est là son originalité, que l'on trouve de tels souvenirs chez *tous* les névropathes, sans exception. Sans de telles aventures transformées en souvenirs traumatiques, il n'y a pas de névrose. Si on ne les constate pas facilement chez tous les malades, c'est que l'on n'a pas su les faire avouer au malade et que l'on n'a pas su les découvrir au travers de ses réticences [67]. » Le philosophe met alors en pièces un texte de Maeder à propos du contenu sexuel d'un rêve et nous apprend que les Suisses ne savent pas regarder le ciel comme les Français. Au passage Janet perd une partie de sa monture en commettant une grossière erreur : il montre que le « fanatisme pansexualiste » conduit à penser la névrose sur le modèle d'une maladie infectieuse : « De même que la syphilis, dit-il, est aujourd'hui considérée comme la cause spécifique du tabès et de la paralysie générale, de même ces troubles sexuels et ces souvenirs sont [pour la psychanalyse] la cause spécifique des névroses [68]. » L'argument est étonnant quand on connaît le statut janétien de l'hystérie comme intoxication avec substrat héréditaire.

Bientôt le ton monte et la parole de Janet devient franchement hostile. Il s'étonne que Freud puisse souhaiter l'avènement d'une méthode contraceptive qui différencierait l'acte sexuel de la procréation et laisse entendre que les Viennois recherchent ainsi la guérison des troubles sexuels par le contrôle des naissances, qui seul permettrait un coït normal et régulier. Après ce tour de force, Janet ne peut s'empêcher de reprendre à son compte le cliché de « la corruption viennoise ». C'est la catastrophe : « Si M. Freud nous disait simplement que ses propres statistiques donnent des chiffres plus élevés et que dans les pays où il observe, les préoccupations génitales et les troubles sexuels sont plus fréquents que dans les autres contrées, je me garderais bien de le contredire : j'ai toujours pensé que Paris avait sur ce point une réputation usurpée. » Et plus loin : « M. Friedländer et M. Ladame proposent une explication plus curieuse, c'est qu'il y a à Vienne une atmosphère sexuelle spéciale, une sorte de génie, de démon local, qui règne épidémiquement sur la population et que, dans ce milieu, un observateur est amené fatalement à accorder une importance exceptionnelle aux questions relatives à la sexualité [69]. »

Cette remarque va être fatale au philosophe et entériner une légende dont il ne pourra plus se débarrasser. A Londres, sans prendre garde, il est devenu l'homme qui a insulté Freud en proclamant que la psychanalyse était le produit d'un démon spécifiquement viennois. Malheureux Janet, qui ne s'aperçoit pas qu'une opinion banale n'a pas la même signification quand elle est énoncée par de vulgaires détracteurs de la psychanalyse et lorsqu'elle émane de la bouche du plus grand spécialiste français des maladies nerveuses!

En réalité, il n'y a pas de fumée sans feu. Si en 1913, le Français se montre incapable de se démarquer clairement de la thèse du « genius loci », c'est que son argumentation antifreudienne n'a aucune consistance théorique. Sans doute Janet n'apporte-t-il pas son adhésion au chauvinisme pur et dur, mais, en restant tributaire, de façon ambiguë, de l'argumentation chauvine, il se condamne à devenir le porte-parole involontaire d'un courant xénophobe. Et ce d'autant plus qu'en France le phénomène est plus puissant qu'ailleurs. Autrement dit, on sait maintenant que l'anti-pansexualisme prétendument scientifique est de même nature que son homologue vulgaire.

Dix ans plus tard, dans *La Médecine psychologique,* Janet réaffirme les positions du rapport de Londres. Comme la psychanalyse a triomphé, il a mis de l'eau dans son vin, mais au plan de la théorie, il n'a pas varié. Il parle d'une doctrine étrange et paradoxale qui n'est pas « sans grandeur ». Il qualifie Freud de « médecin étranger ». Il abandonne toute référence au « genius loci » mais maintient l'argument d'un pansexualisme « envahissant ». Il ajoute à cela l'opinion déjà exprimée en 1913 selon laquelle la psychanalyse est une nouvelle religion, que sa vogue est identique à celle de l'hypnose et que son argumentation repose sur la mystique. Il annonce le déclin historique de la méthode viennoise : « Il est intéressant de remarquer, écrit-il, qu'il s'agit encore d'une méthode psychothérapique dont les racines plongent dans le magnétisme français. La psycho-analyse est aujourd'hui la dernière incarnation de ces pratiques à la fois magiques et psychologiques qui caractérisent le magnétisme : elle en conserve les caractères, l'imagination et l'absence de critique, l'ambition envahissante, l'allure épidémique, la lutte contre la science officielle. Il est probable qu'elle connaîtra aussi les appréciations injustes et le déclin, mais comme le magnétisme et l'hypnotisme, elle aura joué un grand rôle et donné une impulsion utile aux études psychologiques [70]. »

Revenons à la dernière partie de l'exposé londonien. Janet semble s'apercevoir que sa démonstration antérieure ne tient pas debout. En effet, on ne peut pas sérieusement prétendre que la doctrine viennoise est un retour à la présomption utérine, si l'on affirme en même temps qu'elle est un pansexualisme dégagé de la génitalité. Janet sait parfaitement que Freud a élaboré sa notion de libido élargie en rupture avec l'attachement du sexuel au terrain anatomique, et que, donc, l'argument de la présomption utérine est inadéquat à l'objet critiqué. Dès lors, si Janet n'est pas en contradiction avec son propre énoncé c'est que Freud n'est pas freudien. Pour sortir du dilemme dans lequel il s'est mis, notre philosophe fait une de ces pirouettes rhétoriques dont il est friand. Il dit qu'il n'est pas « dupe » de la psychanalyse, qu'il sait bien que le mot sexualité ne doit pas être pris dans un sens trop littéral et qu'il faut le sublimer.

On arrive alors à un étonnant paradoxe : après avoir attribué à la psychanalyse une conception de la sexualité qu'elle récuse, Janet, pour la combattre, invoque un argument qui lui permet d'éviter toute discussion sur la nature réelle de la nouvelle conceptualité freudienne. Il l'accuse d'être une philosophie et non une médecine, une mystique et non une thérapeutique. Selon lui, elle se révèle capable de suggestionner des démunis mais ne sait pas guérir, parce que son seul traitement « consiste à conseiller au patient un coït normal et régulier avec l'usage d'un préservatif idéal [71] ». Quand, par hasard, intervient un succès thérapeutique, il faut l'attribuer au miracle. La psychanalyse est donc comparable, pour Janet, à la Christian Science. Elle pratique l'excommunication des hérétiques et quand elle rend des services au nouvel esprit scientifique, c'est parce qu'elle s'inspire des travaux français de Pierre Janet, de Charcot et de Bernheim.

Pourquoi le philosophe français évite-t-il le terrain d'une discussion vraie sur le concept freudien de sexualité?

Pour répondre à cette question, il faut établir les différences majeures qui existent entre les positions françaises et helvétiques. A Genève et à Zürich, avec Flournoy, Bleuler, Jung et Maeder, on *reconnaît* le contenu sexuel du rêve, le caractère psychosexuel du transfert et la nature générale de la libido. Mais on refuse d'élargir la notion à l'enfance et à la psychose et de prendre en compte son primat dans la théorie du psychisme. Avec Janet, les choses sont différentes. La résistance est moins puritaine et beaucoup plus théorique. Il s'agit d'un évitement systématique du sexe, étayé par un rationalisme scientifique. La résistance au freudisme est pensée dans un « dehors » de la psychanalyse, à travers une conceptualité qui refuse globalement la découverte freudienne. Il n'y a pas dialogue, conflit, scission, enjeux transférentiels, acceptation sous condition, mais refus catégorique. La psychanalyse n'est admise qu'avec le label d'une paternité « française ». Sans cela, elle est refoulée aux frontières du terroir. L'attitude du philosophe est la conséquence de sa doctrine : en restreignant l'étiologie sexuelle à quelques cas, il ne refuse pas simplement la libido élargie, il dissout la notion elle-même. Il s'agit d'une exclusion à priori de la dimension du sexe. Réduit à l'anecdote, celui-ci n'a plus d'existence et la référence à son expression, chez certains malades, a le sens d'un simulacre, d'une parodie. De même que pour Janet l'inconscient est une « façon de parler », de même le sexuel est une manière de simuler. Et le jeu lui-même est une conduite, un artifice, une apparence, sans cohérence, dénuée de fantasmatique profonde. Là où Bleuler et Jung débaptisent le sexe, Janet lui dénie toute existence significative.

Ceci explique la définition janétienne des perversions et de l'homosexualité. Le Français choisit Krafft-Ebing contre Freud c'est-à-dire la *multiplicité* contre la *structure*. Il n'y a pas *la* perversion mais *des* perversions qui sont des maladies mentales. Quant à l'homosexualité, elle n'existe pas comme telle, pas plus que la famille ou l'Œdipe, ni comme théorie, ni comme constitution individuelle. Seul, l'acte homosexuel répondant à une conduite est recevable. D'où cette définition caractérologique : les homosexuels sont des timides, des sujets perturbés par une mauvaise éducation de l'automatisme sexuel. Ils considèrent l'acte normal comme immoral et dangereux. L'homosexualité est une affaire d'angoisse compensée par l'imagination [72]. Toutes ces thèses seront élaborées après 1913 mais elles sont la conséquence de l'exclusion théorique du sexuel qui se dévoile dans le rapport de Londres.

Le « Bouvines » de 1913 marque la défaite de la fleur de lys. Le pari du philosophe est perdu. La contre-attaque zurichoise est cinglante et la galloise impitoyable. Jung monte à la tribune, et, fier de sa syntaxe anglaise, il rappelle à Janet son ignorance de la langue allemande. Il lui conteste le droit de parler de la psychanalyse et le pourfend d'une douloureuse blessure narcissique. Au passage, il en profite pour faire valoir ses propres couleurs, contre celles de Freud, et s'affirme le partisan d'une théorie psychique débarrassée de la sexualité, en comparant la libido à l'élan vital de Bergson. Dans la discussion personne ne répond mais cinq participants sur huit se disent favorables à Freud contre Janet. Deux lui sont franchement hostiles et un seul reste neutre. Eder se moque du Français en lui demandant comment il fait pour déclarer la psychanalyse absurde et revendiquer sa paternité. Coriat tourne casaque, revient sur son préjugé antifreudien et s'avoue intéressé par la thérapeutique analytique. Forsythe vante ses qualités dans le domaine de l'affectivité infantile. Savage objecte que l'éloquence de Janet n'est rien comparée à l'importance du subconscient de l'enfance. Frankl Hochwart, de Vienne, parle des nombreux échecs du freudisme dans les cures et se méfie du remue-ménage créé chez les patients par le dévoilement de leurs problèmes sexuels. Il veut réserver la psychanalyse aux médecins et imposer le calcul statistique. Walsh souligne les dangers de la libido et se moque de l'épidémie psychique provoquée par la psychanalyse. Bérillon énumère six critères d'acceptabilité de la psychothérapie et conclut que la psychanalyse ne satisfait à aucun d'eux. T. A. Williams exprime une opinion mesurée sur les services rendus par la recherche freudienne. Enfin Jones avance en première ligne et, au milieu de la confusion générale, il dresse gourdin et oriflamme pour terrasser un adversaire déjà meurtri. Janet se voit accusé d'avoir osé utiliser ses dons de comédien pour railler l'œuvre freudienne. Il est qualifié d'envieux et de jaloux; il est dénoncé pour son ignorance de la psychanalyse, ses prétentions absurdes et son absence de loyauté. Le duel est bref, brutal et incendiaire.

Jean Martin Charcot

Pierre
Janet

René
Laforgue

Edouard
Pichon

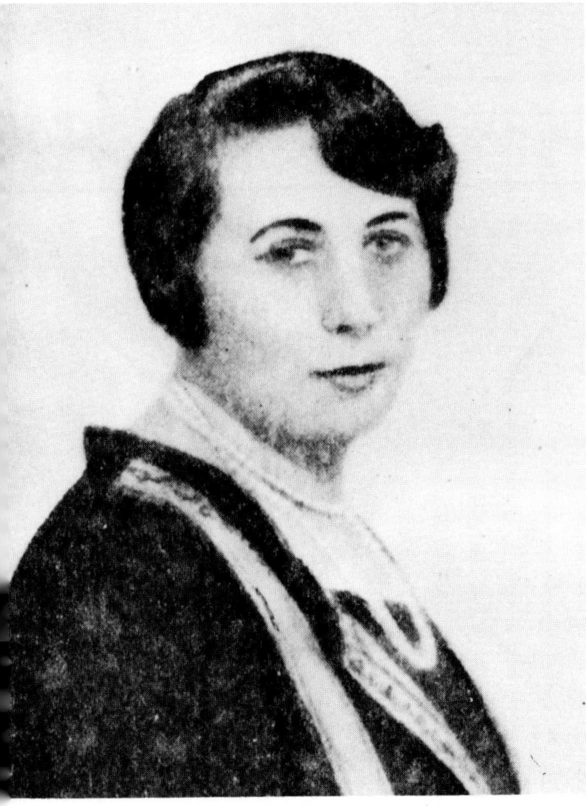

Eugénie
Sokolnicka

Marie
Bonaparte

Raymond
de Saussure

Georges
Parcheminey

Angelo L.M.
Hesnard

René
Allendy

A droite, Adrien Borel dans le rôle du curé de Torcy

Paul
Schiff

Rudoph
Loewenstein

Françoise
Minkowska

Eugène
Minkowski

Le lendemain de la bataille, dans son compte rendu des événements, le très sérieux *Times* oublie de mentionner l'intervention du Gallois, mais dans ses Mémoires, il chantera lui-même ses louanges. Quant à Janet il est au comble de la fureur, s'emporte, perd sa timidité légendaire, insulte ses partenaires et se voit dans l'obligation de leur faire des excuses. Il a raté son offensive, et pire, il est humilié, dépité, ridicule. Au banquet de clôture, la germanophobie anglaise éclate et l'on oublie les affrontements dramatiques qui ont eu lieu à la section de psychiatrie. Aucun Allemand n'est invité à lever son verre pour le toast traditionnel.

Ravi d'avoir mis en déroute l'arrogant professeur, Jones jubile. N'y tenant plus, il se précipite sur sa plume et fait à Freud le récit de sa victoire. Il en profite pour alimenter la querelle entre Jung et le maître, en s'attribuant le rôle principal dans la défaite du Français : « Il y eut entre Janet et moi, écrit-il, un duel oratoire qui mit fin à ses prétentions d'avoir fondé la psychanalyse et de l'avoir ensuite vue gâchée par Freud. » Celui-ci lui répond aussitôt par des félicitations dithyrambiques. D'un coup, le Gallois est devenu le disciple favori : « Je ne puis vous dire combien j'ai été satisfait de votre récit du congrès, écrit Freud, et de la défaite que vous avez infligée à Janet sous les yeux de vos compatriotes. Les intérêts de la psychanalyse se confondent avec ceux de votre personne et maintenant, je me fie à vous pour " schmieden das Eisen solange es warm ist " (battre le fer pendant qu'il est chaud). Ce que nous voulons c'est jouer franc-jeu et sans doute est-ce plus facile en Angleterre que partout ailleurs [73]. »

Trois semaines plus tard c'est la débâcle interne de la psychanalyse. Au congrès de l'IPA à Munich, le clan des jungiens s'en prend à celui des freudiens tandis que les hordes du maître demandent la tête des hérétiques. L'émotion est à son comble et de nombreux participants sortent leurs mouchoirs. Rien n'y fait : le divorce est consommé entre Zürich et Vienne. Jones se retrouve au poste de commandement, avec Ferenczi et les autres, mais il perd les pédales. Un instant, il se montre incapable de sourire aux plaisanteries qu'il prend pour des insultes. Son humour britannique vacille dans le chauvinisme et, comme « exemple d'infamie », il cite le Witz qui traverse ce jour-là l'assemblée munichoise : « Pourquoi certaines femmes, entend-on murmurer, vont-elles trouver Freud et d'autres Jung? Réponse : les premières sont des *Freudenmädchen* [filles de joie] et les autres des *Jungfrauen* [vierges] [74]. »

Ainsi, moins d'un mois après la nouvelle rencontre de Bouvines, le vainqueur « légendaire » de Janet, fidèle historiographe du roi, n'entend pas un calembour qui en dit plus long sur le primat de la sexualité que les longues diatribes du congrès londonien.

III. *Le temps des soupirs*

Mis en déroute à Londres, Janet va faire triompher à Paris un freudisme « cousu maison ». L'introduction de la psychanalyse progresse : Régis et

Hesnard, ses premiers porte-parole officiels, la présentent comme une méthode nouvelle et originale [75]. Les attaques des moralisateurs sont cinglantes et les véritables chauvins mettent dans le même sac les deux élèves de Charcot. Janet rejette toujours le pansexualisme et considère encore la cure comme une opération de police, mais ses critiques deviennent plus discrètes. Pour conquérir la première place, il faut en rabattre et négocier avec l'adversaire, avec ceux, surtout, qui le représentent en France. Janet va progressivement répudier son constitutionnalisme rigide en insistant sur le psychologique et le sociologique. Il médite sur la vie et la mort et tend à considérer le déficit comme une apparence. La maladie est moins une intoxication qu'une défense ou un refuge. Le refoulement est mieux apprécié mais du côté de la subconscience rien ne bouge. Par la voie d'Hesnard et de Pichon, le janétisme va s'amalgamer au freudisme pour donner naissance à une étrange conceptualité. Il s'agit de corriger les principes essentiels du freudisme avec ceux d'un « janétisme de circonstance ». De sorte que l'oubli de Janet a pour corollaire l'infiltration de ses hypothèses dans la texture de la pensée viennoise. La caractéristique majeure de cette nouvelle formation est le maintien de l'inconscient freudien sous la catégorie d'une conscience « néo-cartésienne » et le rejet du pansexualisme au profit d'une latinité. Ce mot n'appartient pas strictement au vocabulaire janétien et fait son apparition dans les premiers textes d'Hesnard.

Quant à Janet, ainsi ballotté entre sa propre doctrine et la méthode « étrangère », il oscille entre chèvre et chou. Le 16 juin 1914, à la *Société de psychothérapie de Paris,* il prend la défense du freudisme. L'exposé s'intitule *Valeur de la psycho-analyse de Freud* [76]. On croit rêver, et pourtant cette volte-face n'est pas contradictoire avec la position défendue à Londres. Elle témoigne de cette situation impossible dans laquelle s'est mis Janet depuis qu'il a accompli l'exploit de revendiquer la paternité d'une doctrine qu'il condamne. Sa position se révèle d'autant plus épouvantable qu'il dénie au fantasme toute valeur de vérité en qualifiant de simulation les artifices de l'imaginaire. Il n'est donc ni dans la vérité scientifique quand il cherche à s'y installer, ni dans le romanesque où il voit l'illusion. Dans cette perspective, seuls comptent les actes et les conduites, jamais les significations. La politique de Janet est ainsi commandée par sa psychologie; sa théorie des conduites donne lieu à une vision purement tactique des rapports de forces, dans laquelle le discours relève d'un calcul des intentions où l'autre est pensé sur le modèle de soi.

Le 16 juin 1914, on entend donc Janet lancer des quolibets contre les adversaires de Freud. Il leur reproche un manque de courtoisie à l'égard d'une doctrine dont les hypothèses sont reconnues dans de nombreux pays. Malgré ses erreurs, ses généralisations et ses exagérations, celle-ci a apporté des contributions honorables à la science : sachons reconnaître ses mérites, dit-il, et que nos critiques inévitables ne nous empêchent pas d'exprimer l'estime que avons pour les beaux travaux de nos confrères de Vienne et pour leurs importantes observations.

De son côté, Freud ne pardonnera pas à son rival le coup de Jarnac de l'été londonien; à plusieurs reprises il a reconnu l'antériorité historique des travaux de Janet sur les siens mais il ne peut supporter d'être traité de plagiaire et de criminel. La France et les savants français lui sont antipathiques. A plusieurs reprises il a reconnu sa dette envers Charcot et n'a jamais été payé en retour. Dans ce pays on traite la psychanalyse comme une « sale juive » avec l'assurance d'un élitisme creux. Ce professeur de Sorbonne n'est-il pas un chrétien qui cherche à faire tomber le bonnet viennois dans le ruisseau? L'hostilité de Freud à Janet va être à la mesure de son mépris à l'égard d'une France qui fait valoir la prérogative de son génie latin. Et naturellement il va méconnaître tous les efforts du Français, toutes ses tentatives de conciliation, tous les soupirs et les regrets.

En 1915, dans sa *Contribution à l'histoire du mouvement psychanalytique,* il rappelle l'épisode londonien tout en reconnaissant à Janet son rôle de pionnier : « A Paris même, écrit-il, on semble partager la conviction qui avait été exprimée d'une façon si éloquente par M. Janet au congrès de Londres, d'après laquelle tout ce qu'il y a de bon dans la psychanalyse ne serait que la reproduction modifiée des idées de Janet, tout ce qui ne s'accorde pas avec ces idées étant mauvais. Déjà, au cours du même congrès, Janet dut s'incliner devant les rectifications de Jones, qui lui montra qu'il était peu familiarisé avec la question. Tout en repoussant cependant ses prétentions, nous sommes obligés de reconnaître qu'il a apporté des contributions sérieuses à la psychologie des névroses [77]. »

Un an plus tard dans l'*Introduction à la pychanalyse,* il énonce un point de vue épistémologique dont la validité est incontournable : « Il est vrai, écrit-il, que P. Janet a fait la même découverte et indépendamment de Breuer; au savant français appartient même la priorité de la publication, Breuer n'ayant publié son observation que dix ans plus tard (1893-1895), à l'époque de sa collaboration avec moi. Il importe d'ailleurs peu de savoir à qui appartient la découverte, car une découverte est toujours faite plusieurs fois; aucune n'est faite en une fois et le succès n'est pas toujours attaché au mérite. L'Amérique n'a pas reçu son nom de Colomb. [...] J'avoue que j'ai été longtemps disposé à attribuer à P. Janet un mérite tout particulier pour son explication des symptômes névrotiques qu'il concevait comme des expressions des " idées inconscientes " qui dominent les malades. Mais plus tard, faisant preuve d'une réserve exagérée, Janet s'est exprimé comme s'il avait voulu faire comprendre que l'inconscient n'était pour lui qu'une " façon de parler " et que dans son idée ce terme ne correspondait à rien de réel. Depuis lors je ne comprends plus les déductions de Janet, mais je pense qu'il s'est fait beaucoup de tort, alors qu'il aurait pu avoir beaucoup de mérite [78]. »

Dans *Ma Vie et la Psychanalyse,* le ton change. C'est la guerre ouverte et Freud est l'agresseur : « D'après Janet, l'hystérique était une pauvre personne, qui en vertu d'une faiblesse constitutionnelle, ne pouvait pas rassembler ses diverses activités psychiques. C'est pourquoi elle aurait été la proie de la dissociation et du rétrécissement du champ de la conscience. D'après les résultats de l'investigation analytique, ces phénomènes étaient dus à des facteurs dynamiques, au conflit psychique et au refoulement consommé. Je crois cette différence d'une assez grande portée et susceptible de mettre fin au caquetage toujours renouvelé d'après lequel ce que la psychanalyse peut contenir ayant quelque valeur se réduit à un emprunt aux idées de Janet [79]. »

Un événement peu connu rend compte de la position des deux maîtres dans la France de l'après-guerre, où la psychanalyse triomphe en même temps que le janétisme. En 1925, deux ans après le suicide de Philippe Daudet et alors que son père Léon mène campagne pour faire admettre la thèse du crime, un journaliste anarchiste, connu pour ses attaques virulentes contre *L'Action française,* révèle que peu de temps avant la mort du jeune homme il a reçu la visite d'un adolescent venu lui demander s'il était vrai que l'écrivain était un auteur pornographique. André Gaucher laisse entendre que l'inconnu était Philippe Daudet et que la révélation des « vices cachés » de son père avait pu provoquer son suicide. Il en profite alors pour lancer sur le marché un livre contre Léon Daudet intitulé *L'Obsédé, drame de la libido* [80]. Cherchant une caution du côté de la science afin de mieux pourfendre son adversaire, il essaie d'enrôler dans sa campagne Pierre Janet et Sigmund Freud. Il envoie au premier, par personne interposée, un récit incomplet de l'histoire sans donner aucun nom et il reçoit une réponse brève et évasive. Au second, il adresse une partie du manuscrit et Freud lui retourne deux lettres. Chose étonnante, le fanatisme du journaliste est à l'image de celui de l'auteur qu'il prétend démasquer. Selon lui, la « turbulente doctrine du maître de Vienne » permet de révéler au public la véritable personnalité d'un écrivain hypocrite, dont le discours moralisateur sur la famille et la religion ne serait qu'une tentative d'exorciser une hérédité syphilitique qui fait de lui un pornographe honteux. Gaucher réalise un habile amalgame entre l'hérédité de Magnan, la psychasthénie de Janet et l'école « allemande de la sexualité [*sic*] ». Il construit un modèle de filiation : grand-père syphilitique, père obsédé par l'hérédo et fils suicidaire. Il en conclut que Daudet est une sorte de Freud français et qu'il a redécouvert que « l'émotion sexuelle est le phosphore de l'intelligence ». Pour Gaucher l'inconscient freudien est le tourbillon luxurieux de la hideuse libido. Il cite Flaubert à son appui : « La luxure passe au bout des idées comme la courtisane au bout des rues. »

S'il est vrai que le moralisme de Daudet est la contrepartie de sa hantise de l'intoxication syphilitique, il est évident que la conception que se fait Gaucher de l'inconscient est plus proche de celle de Gustave Le Bon et de la dégénérescence à la française que de celle de Freud ou de Janet. Un racisme en vaut un autre et le vocabulaire du journaliste est identique à celui du polémiste de *L'Action française :* il s'agit pour lui de démasquer un hypocrite et d'enquêter sur un criminel. Pour cela il utilise la psychanalyse comme une méthode policière. Paradoxalement Gaucher est en partie janétien : il considère la technique freudienne sous l'angle d'un terrorisme. Ainsi l'anarchiste se met-il sous la dent un antidreyfusard de choc auquel il fait occuper la place d'un « Juif », c'est-à-dire d'un être inférieur, bestial et luxurieux ayant sublimé ses instincts dans la passion de l'intellect.

Sans doute Freud ne se rend pas compte qu'en répondant à un journaliste suspect de basses œuvres, il cautionne sa démarche. Celui-ci s'empresse du reste de publier son livre agrémenté de ses lettres et de celles du Viennois et de Janet. La réponse de Freud est très éclairante. Après avoir rappelé qu'il a fréquenté le « petit Tartarin » dans le salon de Charcot, il fait le point quant à sa position sur l'hérédité : « Vous avez remarqué avec raison que Pierre Janet était en bonne voie de découvrir lui-même la signification de la sexualité pour l'étiologie des névroses. Pourquoi donc ne l'a-t-il pas découverte? C'est je crois parce que son jugement s'est hypnotisé sur le moment de l'hérédité. Je n'ai nullement l'intention de sous-estimer l'importance de l'hérédité qui est énorme. Mais au lieu de résoudre la question de l'étiologie, l'hérédité ne fait que la reculer d'une génération à une autre. A côté d'elle, il y a place pour les autres étiologies spécifiques. C'est pourquoi je distingue entre " étiologie spécifique " et " conditions " et je range l'hérédité parmi les conditions [81]. »

Hypnotisé sur le moment de l'hérédité : la phrase assurément est splendide. En 1925, Freud méconnaît donc l'évolution de Janet et son rejet du constitutionnalisme, mais du même coup, il indique l'ambivalence de la position janétienne. Le jeu de mot est saisissant; en effet, Janet n'a rompu ni avec le « symptôme hypnotique » puisqu'il maintient une subconscience c'est-à-dire deux personnalités dont l'une est le double somnambulique de l'autre, ni avec l'héréditarisme puisqu'il ne différencie pas le domaine du fantasme de la réalité d'un substrat. Chez lui, l'hérédité n'est pas une condition parmi d'autres mais une étiologie, même quand le constitutionnalisme est rejeté. Sa position s'apparente à celle de Binet.

S'adressant ensuite directement à Gaucher, Freud se démarque de sa thèse du reflet. Il montre qu'en aucun cas la vie privée d'un auteur n'explique son œuvre. L'enquête ne livre pas la clé d'une écriture, et bien au contraire, celle-ci permet de déverser des fantasmes inconscients sans renvoyer à une nosographie individuelle. En conséquence, les hypothèses freudiennes ne sont pas « confirmées » par l'étude particulière d'une anomalie mais elle définissent le psychisme dans sa dimension générale : « Votre Daudet est bien plutôt un pervers qu'un névrosé, écrit Freud, du moins dans ses ouvrages, car je ne m'occupe pas de sa vie privée. Il serait peut-être étouffé par sa névrose s'il ne possédait pas un talent assez grand pour déverser ses perversions dans sa production littéraire [...] En vous entendant dire que le cas Daudet apporte une confirmation éclatante à mes doctrines, je ne puis m'empêcher d'ajouter, au risque de paraître peu modeste, que s'il vous paraît tel, c'est parce que vous l'avez étudié. Étudiez avec le même soin n'importe quel autre cas et vous verrez qu'il s'accorde aussi bien avec mes doctrines. »

A cette époque, de l'intérieur du mouvement psychanalytique français, on tente un rapprochement entre freudisme et janétisme. Après la création de la SPP, le philosophe est régulièrement invité aux réunions du groupe, par l'entremise d'Édouard Pichon, qui a épousé sa fille Hélène en 1927.

Entre cette date et 1929, Hesnard publie dans la *Revue française de psychanalyse* deux articles sur la psychologie de Pierre Janet [82]. L'auteur met sur le même plan les deux « grands esprits qui sont partis des mêmes faits pour aboutir à des conclusions apparemment différentes ». *Apparemment :* l'adverbe donne le ton de l'article. Hesnard va démontrer qu'en 1927, la seule divergence irréductible entre les deux hommes est leur conception respective de la sexualité. En quelques lignes, il efface donc trente ans d'histoire. La volonté pacificatrice prend le dessus et l'auteur fait une seule remarque sur le dossier de la grande querelle : « Une telle anticipation (les découvertes de Janet) – qui est un fait écrit – a pu légitimement faire penser que la psychanalyse n'était qu'un chapitre de l'analyse psychologique. Cela est vrai, à condition toutefois de préciser qu'elle en est le plus important pratiquement et aussi celui que le psychologue français a précisément le plus dédaigné [83]. »

Ainsi notre pionnier énonce-t-il sans rire un paradoxe digne du rapport de Londres : 1) *La psychanalyse est un chapitre de l'analyse psychologique :* entendons, Freud est le continuateur de Janet; 2) *Ce chapitre est le plus important :* ou encore, sans la psychanalyse, l'analyse psychologique ne serait qu'une simple anticipation; 3) *Janet a dédaigné ce chapitre essentiel :* autrement dit, en ignorant la psychanalyse, il est resté l'artisan d'une méthode sans grande consistance. Comment, dès lors, la psychanalyse peut-elle être un chapitre de l'analyse psychologique et comment Freud en est-il arrivé à être le continuateur d'une doctrine qui ignore l'essentiel de ses travaux? Si la sexualité est première dans la conception freudienne, on ne voit pas comment il est possible de maintenir l'analogie avec une hypothèse qui exclut radicalement un primat si essentiel dans la doctrine adverse. A vrai dire le raisonnement d'Hesnard ne tient pas debout. Notre homme a parfaitement lu les travaux de Janet et il sait bien que ses hypothèses ne concordent sur aucun point avec celles de Freud, quel que soit le parti que l'on adopte. Au reste il énumère avec une extrême minutie les positions antagonistes des deux penseurs. Parvenu au milieu de son labeur, il aborde la question de la sexualité : « Nous ne voulons pas, écrit-il, reprendre ici les discussions jadis inaugurées par Janet et Jones à propos de la méthode psychanalytique au congrès de Londres. » Il cite alors la réplique du Français au Gallois, qui lui avait reproché de ne pas s'être soumis à l'investigation de la cure : « Hélas, répondait alors Pierre Janet, M. Jones a raison. Je n'ai pas fait de psychanalyse, c'est-à-dire je n'ai pas interprété le dire des malades dans le sens d'un dogme arrêté d'avance, et je ne pouvais pas le faire justement parce que je ne croyais pas au dogme et que je cherchais à constater la vérité. » Mais, ajoute Hesnard : « Janet a-t-il vraiment cherché à constater la vérité dans le domaine de la sexualité morbide? Disons plutôt qu'il n'a pas voulu la voir (la peur du sexuel étant encore plus imprudente que le souci de le rencontrer). Nous pensons personnellement qu'il n'est pas besoin de recourir à la psychanalyse pour admettre la découverte de Freud c'est-à-dire l'origine sexuelle spécifique des névroses : l'analyse psychologique peut suffire à un observateur doué d'intuition psychologique et dépourvu de préjugés philosophiques[84]. »

L'argumentation d'Hesnard ne manque pas de sel. En 1914, il a lui-même rejeté le prétendu pansexualisme de Freud et maintenant il reproche à Janet de ne pas accepter l'étiologie sexuelle. Par ailleurs, il s'identifie à sa position. Comme nous le verrons ultérieurement, il refusera toujours de se faire analyser. Notons que ce refus n'a pas le même sens pour les deux hommes. Le philosophe n'est pas freudien et sa doctrine exclut le principe de la cure didactique ou thérapeutique. Hesnard est au contraire disciple de Freud mais il stigmatise son indépendance à l'égard de Vienne, à la fois contre Janet et contre la cure « obligatoire ». Du coup son raisonnement est de nouveau absurde et revient à vouloir concilier l'inconciliable.

Suit alors une remarquable démonstration sur le fameux cas Madeleine. Hesnard note les incohérences de Janet et souligne qu'il a expurgé l'histoire de sa malade en refusant de prendre en compte l'étiologie sexuelle qui est évidente dans sa névrose : « Ce livre hautement remarquable comporte ainsi une regrettable lacune. » Mais aussitôt l'auteur fait marche arrière et ajoute : « Ne nous hâtons pas de critiquer le Maître de la psychologie pathologique française. Nous nous refusons absolument à croire qu'il persistera à ignorer l'aspect le plus vivant et le plus riche de la vie mentale[85]. »

Après cette volte-face extraordinaire, le commentaire d'Hesnard va tendre à démontrer que la notion de conduite sexuelle n'est pas contradictoire avec la conception freudienne. Il conclut son deuxième article par une réflexion inouïe : « Au fond le dynamisme psychologique de Freud et celui de Pierre Janet ne diffèrent par *aucune notion générale essentielle.* Et il semble même que l'auteur de la psychologie de la conduite admette implicitement le rôle des tendances primaires sexuelles dans la névrose et surtout de leur conflit avec la personnalité éthique et morale de l'individu. Et la preuve nous la trouverons dans la conclusion que voici de sa belle observation de sa malade Madeleine : « Les sentiments religieux, écrit-il, ont un rapport étroit avec les tendances sociales, avec les diverses formes de l'amour et peut-être même avec les tendances sexuelles [...]. Enregistrons ce précieux aveu : Freud n'aurait pas dit mieux[86]. »

Le raisonnement du pionnier ne peut s'expliquer par une volonté mystificatrice ou une ignorance des textes. Il est la conséquence d'une politique : on dirait qu'Hesnard ne peut admettre la doctrine viennoise qu'au prix de la rendre conforme aux idéaux du janétisme. Nous verrons pourquoi ultérieurement. On trouve la trace de cette manière de penser dans un compte rendu officiel publié par la RFP[87]. Le second article d'Hesnard a fait l'objet d'une communication intitulée *Critique psychanalytique de la psychologie des sentiments de Pierre Janet.* Celle-ci a donné lieu à une ample discussion, à laquelle ont participé plusieurs intervenants. Sous l'effet d'une étrange censure, dont on ne saura jamais si elle fut concertée ou inconsciente – peu importe du reste – l'exposé paraîtra sous un titre complètement différent qui supprime le syntagme : « critique psychanalytique ». Cela donne *Nouvelles Réflexions sur la psychologie de Pierre Janet.*

A cette date, le succès du janétisme s'accompagne de déboires puisque son essor est contemporain de celui de la nouvelle psychiatrie dynamique. On assiste à un effondrement des thèses de l'hérédité-dégénérescence d'autant plus spectaculaire que le tribut payé à l'organicisme et à l'héréditarisme reste important et c'est la synthèse des points de vue de Magnan et de Séglas qui va produire la nosologie française classique en matière de délires systématisés. Celle-ci s'est constituée autour de 1910 en intégrant l'enseignement de Kraepelin. La célèbre monographie sur *Les Folies raisonnantes* de Sérieux et Capgras, tous deux élèves de Magnan, a été publiée en même temps que leur ouvrage sur *Le Délire d'interprétation* [88] et les deux livres ont connu un succès retentissant, avec la fameuse formule : « Le paranoïaque ne guérit pas, il désarme. » Les deux psychiatres ont décrit le délire de revendication et la persécution, provoquant ainsi un regain d'intérêt pour les différentes formes de la paranoïa. Leur argumentation a fait figure d'évangile. Selon C. Prévost, toutes les thèses de médecine soutenues à Paris entre 1914 et 1930, consacrées à la persécution, s'inspirent de cette doctrine, désormais classique [89]. Janet garde le silence : les deux compères lui ont damé le pion sur un terrain qu'il considère comme sa propriété. Sérieux et Capgras ne définissent ni le délire, ni l'interprétation, ils les décrivent, estimant que la persécution est le signe d'une anomalie de la personnalité avec hypertrophie du moi. Le philosophe n'aura de cesse de dénigrer cette notion, mais il n'est pas médecin des hôpitaux, comme ses adversaires, et la parole d'un disciple de Charcot n'a plus guère de poids. Dans sa thèse de 1932, Jacques Lacan lui rend hommage en soulignant : « Avec Sérieux et Capgras prévaut en effet non seulement la pathogénie constitutionnelle du délire paranoïaque mais l'unicité de cette constitution. Cette doctrine devait faire oublier en France certains faits qui avaient été mis en évidence au moment trouble de la formation du groupe nosologique. Ces faits dont l'école allemande seule devait montrer la fécondité théorique avaient été vus par Pierre Janet; ce ne sont pas les seuls qui, relatés dans ses travaux si riches, le fassent apparaître comme un prospecteur de la psychopathologie [90]. »

En 1925, Janet peut avoir le sentiment que cette nouvelle nosologie peut tomber dans l'oubli et qu'enfin ses propres thèses sur la persécution vont être reconnues. Il faut dire qu'il les avait énoncées dès 1898 dans *Névroses et Idées fixes* [91]. Dans son livre *De l'angoisse à l'extase,* il consacre à la persécution deux pages peureuses et allusives où il est question de la haine et de l'amour, thème qui a fait l'objet de son cours au Collège de France en 1924-1925 [92]. Pourtant le philosophe n'a pas fini d'en découdre avec la persécution : à cette même époque les théories de Gilbert Ballet sur la psychose hallucinatoire chronique permettent à Gaétan Gatian de Clérambault [93] d'élaborer sa célèbre doctrine de l'automatisme mental et de donner avec elle une définition qui achève l'édifice de la persécution. Par ce titre il semble rendre hommage à Janet mais les apparences sont trompeuses. L'automatisme de Clérambault n'a rien à voir avec celui du professeur. Chez Janet, il s'agit d'une forme inférieure de l'activité qui peut être consciente tandis que pour le psychiatre l'automatisme est un ensemble de symptômes psychiques pathologiques précis et cohérents dont l'apparition se fait du *dehors* de la conscience et s'imposent à l'esprit du sujet comme *irruption* de la nature délirante de la maladie. A l'origine le syndrome d'automatisme est purement organique et il est le noyau base de toutes les psychoses hallucinatoires chroniques. Clérambault achève et simplifie la notion pour la psychiatrie tandis que Janet reste le dindon de la farce.

On comprend dès lors qu'il ne puisse trouver ses appuis qu'à l'intérieur du groupe des psychanalystes où il est respecté et où on lui propose, comme autrefois à la Salpêtrière, d'étudier des cas. C'est avec les psychiatres du courant dynamique qu'il va être reconnu, c'est-à-dire dans le groupe qui se constitue après la grande guerre autour de la revue *L'Évolution psychiatrique*. Mais là encore Vienne est au rendez-vous : la jeune génération, la deuxième, n'a de cesse d'intégrer les découvertes de la psychanalyse. Parmi eux se trouvent Henri Ey, et Jacques Lacan. Bientôt, aux réunions de la SPP, Piaget fait son apparition. Psychologue genevois, analysé par Sabina Spielrein, celui-ci a renié la psychanalyse et sa doctrine deviendra célèbre. Janet en sera pour ses frais. L'histoire recommence toujours et ne se termine jamais : le Français est invité partout à parler ou à soigner. Son œuvre sert de fourre-tout et sa place n'est nulle part. En 1942, un de ses anciens élèves, le professeur Jean Delay, l'invite à Sainte-Anne pour visiter quelques malades et en 1946, un an avant sa mort, la boucle est bouclée : il est reçu au Burghölzli par le fils d'Eugen Bleuler, Manfred, pour donner des « causeries ».

L'épisode le plus dramatique de l'itinéraire de ce héros persécuté se déroule en 1937. Édouard Pichon croit le moment venu de faire passer la réconciliation dans les actes. Il écrit donc à Freud pour lui demander de recevoir son beau-père. Le vieux maître hésite et fait connaître sa réponse à Marie Bonaparte dans une lettre que Jones sera ravi de reproduire. Elle est terrible : « Non je ne verrai pas Janet. Je ne puis m'empêcher de lui reprocher de s'être conduit injustement à l'égard de la psychanalyse et aussi envers moi personnellement et de n'avoir jamais rien fait pour réparer cela. Il fut assez bête pour dire que l'étiologie sexuelle des névroses ne pouvait germer que dans l'atmosphère d'une ville comme Vienne. Puis lorsque les écrivains français répandirent la rumeur selon laquelle j'aurais suivi ses conférences et lui aurais volé ses idées, il aurait pu d'un mot mettre fin à de tels racontars puisque, en fait, je ne lui ai jamais parlé, ni n'ai entendu prononcer son nom pendant la période Charcot; il ne l'a jamais fait. Vous pouvez vous faire une idée de son niveau scientifique d'après sa déclaration selon laquelle l'inconscient est " une façon de parler ". Non je ne le verrai pas. J'ai d'abord pensé lui épargner cette impolitesse sous le prétexte que je n'étais pas bien ou que je ne pouvais plus m'exprimer en français, lui ne sachant sûrement pas un mot d'allemand. Mais j'ai décidé de ne pas le faire.

Je n'ai aucune raison de faire un sacrifice pour lui. Honnêteté, seule chose possible. Impolitesse tout à fait acceptable [94]. »

Pourtant Janet passe outre. Une première fois, il a été humilié puisque Freud a délibérément omis de répondre à son gendre. Mais cela ne suffit pas. Il sonne à la porte du 19 Berggasse pour entendre une servante lui annoncer que M. Freud ne le recevra pas. Rentré à Paris, il donne à son entourage la consigne de garder le silence.

Imaginons un instant le spectacle de ces deux vieillards nantis, cantonnés chacun dans leur retranchement au milieu d'un poussiéreux printemps d'Europe centrale. L'un est près de la mort et ressemble à Moïse, furieux et tuméfié dans sa barbe blanchie, tandis que l'autre, en pleine santé, a l'air d'un pharaon contemplant le désastre de sa toute-puissance.

Quatrième partie

Histoire des douze

(le mouvement psychanalytique français)

« Cela me déroute parfois que les analystes eux-mêmes ne soient pas radicalement changés par leur commerce avec l'analyse. »

Sigmund Freud

I

La croisée des destins

I. *La psychoanalyse selon Angelo Louis Marie Hesnard*

Nous abordons ici un domaine nouveau : celui de la rencontre « effective » entre le freudisme et la « pensée française ». Nous quittons le moment des préliminaires, comme nous avons, avec l'aventure de Charcot et du magnétisme, abandonné celui de la « préhistoire ». Il ne s'agit plus désormais d'étudier le terrain sur lequel s'implante la doctrine freudienne, mais de saisir sous quelles formes elle est introduite, par ceux-là mêmes qui réalisent cette implantation. Nous avons déjà vu que les différentes « théories » qui caractérisent *l'inconscient à la française,* dont le triomphe culmine avec la greffe de l'affaire Dreyfus, constituent l'une des particules de ce sol primaire. On a ajouté à cela « l'oubli » de Charcot et le poids d'une tradition philosophique qui prend un nouveau tournant avec le bergsonisme. On a situé l'émergence d'une position psychologique qui s'établit avec le janétisme et l'on a montré en contrepoint le rôle joué par la littérature. Il faut maintenant comprendre de quelle manière se forme la notion de *psychanalyse française,* à partir d'un idéal de latinité et à travers un rejet de l'étiologie sexuelle rebaptisée « pansexualisme ». Vers 1915, la psychanalyse est reconnue comme telle; elle est critiquée, déformée, admirée ou rejetée mais elle existe et c'est à partir d'elle qu'un renversement se produit dans les modes de pensée. Désormais, la psychiatrie, la psychologie, la philosophie et la littérature auront à se définir par rapport au freudisme, dès qu'elles aborderont le domaine de la chose inconsciente, du sexe, de la folie. Après cette date, en France, la découverte freudienne devient un événement théorique : elle ne quitte plus la scène de l'Histoire, même quand elle semble absente de ses énoncés constitutifs.

Pour faire la chronique de cette longue histoire des douze fondateurs du mouvement psychanalytique français, l'historien a adopté un nouveau mode de narration. Les personnages dont il raconte les faits et gestes sont nés entre 1880 et 1895; ils forment la première génération des psychanalystes français. Pour la plupart ces hommes et ces femmes se sont analysés entre eux. Certains ont formé des disciples et d'autres n'ont eu que des « cas ». En 1982, il ne reste aucun survivant et les archives ou textes qui existent sont insuffisants. Pour saisir le sens d'un enseignement oral et d'une transmission qui se fait par les cures, des témoignages sont nécessaires [1].

Nous verrons, contrairement à une opinion courante, que les positions de ces fondateurs sont loin d'être convergentes. Certes, il existe une dominante, mais à l'intérieur de celle-ci se produit une *atomisation* qui marque l'avènement d'une reconnaissance du freudisme, sous forme éclatée et contradictoire.

Les *Douze* de cette première génération sont plus les héros d'une aventure que les théoriciens d'une doctrine. Ils sont attachants, voire fascinants ou originaux mais leurs œuvres sont décevantes et l'on comprend qu'elles soient tombées dans l'oubli. Les premiers disciples français de Freud ne ressemblent pas à leurs homologues viennois, allemands, suisses, hongrois, anglais ou américains. Aucun d'entre eux ne possède véritablement d'étoffe littéraire ou théorique. Il faudrait plutôt chercher du côté d'Eitingon ou de Reik pour le fidéisme de Marie Bonaparte, de Ferenczi pour le côté « gourou » de Laforgue et bien sûr de Janet pour les bévues d'Hesnard. Les œuvres de ces pionniers et leurs contributions à l'histoire de la littérature freudienne sont malheureusement peu importantes, par leur qualité. Édouard Pichon a l'envergure et la plume d'un doctrinaire. Paradoxalement ce stratège du langage n'est pas un grand théoricien de la psychanalyse mais il possède un talent que les autres n'ont pas et qui lui vient de son histoire d'amour avec la langue : il a le sentiment « inné » de la chose conceptuelle. Au milieu de la troupe, le drame alsacien est incarné par René Laforgue; courageux et passionné, il oscille entre le menuet vieille France de Pichon, la marche des amiraux d'Hesnard et le tango viennois de la Princesse.

Nul ne peut contester à Angelo Louis Marie Hesnard [2] le titre de premier pionnier de la psychanalyse en France. A condition toutefois d'ajouter qu'il est l'amiral d'une doctrine qui enlève au freudisme l'essentiel de ses hypothèses, faisant de la sexualité un loup-garou trompeur. L'homme est surprenant : navigateur infatigable, caméléon sans foi ni loi, opportuniste en diable, il est prompt à toutes les volte-face. Ses textes sont d'une incroyable légèreté. Une naïveté déconcertante s'ajoute à une extrême simplification des faits. On dirait qu'Hesnard, à chaque étape de sa croisière, s'adresse à des élèves de classe élémentaire. Il commet toutes sortes de bévues, d'erreurs, de balourdises, qui font rire ou pleurer. Son érudition est indiscutable, mais elle sert plus l'éclectisme que le savant travail.

Hesnard sera de tous les rendez-vous, respecté, sacralisé, admiré par tous, pour sa personnalité de « grand homme » et d'ancien combattant. Il aura droit à toutes sortes de « préfaces » signées par des célébrités : Édouard Toulouse, Henri Wallon, Georges Dumas, Merleau-Ponty, Daniel Lagache. Ce dernier écrit de lui en 1961 : « Pour le public, Hesnard est depuis longtemps un grand nom : un psychanalyste et un penseur, l'auteur d'une œuvre exceptionnelle par son abondance et sa qualité personnelle, et qui n'as pas besoin d'être présenté. On voudrait faire imaginer ce géant magnifiquement vert et éloquent à qui plus de soixante-dix années n'ont pas permis de devenir un vieil homme. [...] Un pionnier aussi : l'auteur avec son maître Régis du premier livre français sur la psychanalyse, paru en 1914, livre que seuls de rares et brefs articles avaient précédé. Il n'était pas dans le destin d'un tel homme de s'enfermer dans une " psychanalyse bien pensante ". L'ouverture d'esprit qui a fait de lui, en France, l'inventeur de la psychanalyse l'a conduit vers d'autres aventures [3]... » Panégyrique glorieux pour un grand timonier.

Hesnard ne se contente pas d'occuper l'avant-scène, il monte à l'abordage dès qu'un orage survient à l'horizon. Après avoir démantelé la doctrine freudienne pour devenir le premier freudien de France, il assimile Janet à la psychanalyse tout en montrant l'irréductibilité des deux points de vue. Plus tard, attaqué par Politzer, il dévore les concepts du philosophe marxiste [4] puis passe à la phénoménologie. Il parle sans cesse du sexe pour refuser l'étiologie sexuelle et au bout du compte il écrira une histoire de la psychanalyse remplie d'erreurs [5]. A la fin de sa vie, cet ancien représentant du chauvinisme prendra la défense du lacanisme en critiquant l'essentiel de son contenu, notamment la structure langagière de l'inconscient, comme il avait tenté autrefois d'introduire Freud sans la sexualité [6].

Le truculent marin n'ignore ni les embruns, ni les tornades, ni les canons. D'un port à l'autre ou dans la moiteur blanche d'un hôpital militaire, la discipline est de rigueur. Peu importe les torsions imposées à une pensée rebelle ou les incohérences répétées, il faut savoir porter un uniforme; pour un amiral de vaisseau cinglant sur l'océan des âmes, un seul objectif est à l'ordre du jour : *ne jamais faire naufrage.*

L'aventure du pionnier commence, avant son entrée sur la scène de l'histoire, par une querelle de mots qui oppose Freud et Jung et dont il reprendra les termes. En 1908, une joute a lieu entre Zurich et Vienne à propos du mot *psycho-analyse.* Il s'agit de trouver une dénomination pour le *Jahrbuch* après le congrès de Salzbourg. Freud propose d'inclure le sexuel dans le titre et suggère : *Jahrbuch für psychosexuelle und psychoanalytische Forschungen* (« Annuaire de recherches psychosexuelles et psychanalytiques »). Jung répond en invitant Freud à supprimer le sexuel et propose (avec Bleuler) : *Jahrbücher für Psychoanalyse und Psychopathologie* (« Annales de psychanalyse et de psychopathologie »). Il ajoute que Psychoanalyse se rapporte à Vienne et l'autre mot à Zurich. Et puis il écrit : « Que pensez-vous du hiatus *Psycho-analysis* [7]? » Ce mot choque son oreille et il préfère écrire le terme sans trait d'union en élidant le *o* comme le veut la tradition philologique allemande. Curieusement, Freud cède sur le sexuel mais tient à conserver le mot *psychoanalyse* sans trait d'union et sans élision : « J'écrirais *psychoanalyse* sans séparation. Moyennant une petite modification, le titre m'apparaîtrait plus euphonique : *Jahrbuch für psychoanalytische und psychopathologische Forschungen.* Mais ce sont des *minima* [8]. »

Ainsi, à cette époque, le mot *psychanalyse* est pour Vienne un indice de jungisme, ou, à défaut, la marque d'une orientation zurichoise [9]. Or cette petite querelle se retrouve à Paris. On a vu Janet présenter son rapport de Londres en écrivant *psycho-analyse* avec un trait d'union. Hesnard fait de même dans ses premiers textes ou plutôt Janet « imite » Hesnard : on retrouve partout le hiatus. Dix ans plus tard, la graphie freudienne a triomphé en France. Hesnard intitule *La Psychoanalyse* (sans trait d'union) son rapport de psychiatrie au congrès des aliénistes de Besançon. Dans une note, il souligne : « Nous conservons le mot français *psycho-analyse* (ou en abrégé *psychoanalyse*) primitivement employé par l'école de Freud. Il a été ces dernières années traduit en allemand par le mot composé *psychanalyse,* très employé en Suisse, même à Genève où l'on n'hésite pas à utiliser couramment les germanismes autanalyse, autérotisme etc [10]. »

L'élision, dans ce cas, est bien un germanisme que Freud refuse contre Zurich. Il maintient *psycho* dans *psychoanalyse* et ne cède pas sur la transformation de auto-érotisme en autisme qui n'a plus rien d'un germanisme mais utilise la philologie pour évacuer le sexuel. On peut comprendre le geste de Freud à la fois comme l'attitude antigermanique d'un Juif autrichien face à des Zurichois marqués par la tradition allemande de la psychiatrie, mais aussi comme un déplacement. Dans la même lettre, il a été obligé de céder sur *psychosexuelle* qui disparaît du Jahrbuch et du coup, il tient à marquer son autorité, pour des raisons euphoniques et garde *psychoanalyse* et *Forschungen.* A noter que *psychoanalyse,* sans trait d'union, se différencie mieux de la psychologie.

Quant à Hesnard, préférant Vienne à la Suisse, il choisit la France contre l'Allemagne et en oublie l'Autriche. Mais c'est un coup pour rien : dans le mouvement international, la terminologie anglaise va faire triompher le point de vue freudien, avec le trait d'union *(psycho-analysis),* tandis que la terminologie sans hiatus persistera *(psychoanalyse)* en langue allemande. En France, deux ans plus tard, vers 1925, le « germanisme helvétique » a gagné et Hesnard a perdu : le mot *psychanalyse* s'impose définitivement.

On connaît l'itinéraire d'Angelo Louis Marie Hesnard à travers les nombreux textes qu'il a consacrés à la psychanalyse dès 1913 et grâce à quelques informations publiées tardivement par sa fille, Édith Félix-Hesnard, dans la revue *Europe* en 1974 [11].

C'est à l'âge de dix-neuf ans en 1905, que le jeune homme entre à *l'École principale du Service de santé de la Marine* de la ville de Bordeaux. L'école bordelaise de psychiatrie jouit alors d'une grande renommée grâce à la personnalité de Pitres, neurologue, élève de Charcot et connu pour ses travaux sur la grande hystérie. Dans le cadre de la marine militaire, le psychiatre Emmanuel Régis, élève de Ball et marqué par la nosologie héréditariste de Magnan, tente de compléter, à la suite de Séglas et du groupe de la Salpêtrière, l'étude sur la confusion mentale en y faisant entrer un grand nombre d'états hallucinatoires chroniques : il cherche « à faire de la démence précoce une forme de confusion chronique, écrit P. Bercherie, sur la base de quelques analogies (syndrome catatonique en particulier) et d'une analyse psychologique erronée de l'état mental du dément précoce, pourtant bien étudié par Kraepelin et que Bleuler et Chaslin allaient préciser [12] ». Régis est le maître d'Hesnard et il l'initie à la psychiatrie. Il a grande estime pour lui et l'appelle un de « ses meilleurs fils [13] ». Les deux hommes deviendront des amis et des collaborateurs. Le jeune psychiatre soutient sa thèse sur la notion de dépersonnalisation où il cite Freud une fois. Nous sommes en 1909. Dans le passage concernant la sexualité, il se réfère surtout à Kraepelin et à Krafft-Ebing [14]. Pour le reste il s'inscrit dans la tradition française et cite Taine, Ribot et Janet.

Régis charge Hesnard d'entreprendre une connaissance approfondie des travaux de Freud. Il est bientôt nommé expert près les tribunaux maritimes et fonde le service de neuropsychiatrie de Rochefort. Il entreprend avec son frère Oswald Hesnard, germaniste distingué et agrégé d'allemand, la lecture des œuvres du maître de Vienne. En 1912, il adresse à Freud une lettre où il s'excuse du mépris de la France à l'égard de la psychanalyse. Celui-ci rapporte à Abraham la bonne nouvelle avec une pointe d'ironie : « Les derniers bons augures viennent, cela est étonnant, de France. Avec Morichau-Beauchant de Poitiers, nous avons gagné un appui solide [...] et aujourd'hui, j'ai reçu une lettre d'un élève de Régis à Bordeaux, qui de la part de ce dernier, et au nom de la psychiatrie française, présente des excuses pour le dédain dans lequel la psychanalyse a été tenue jusqu'à présent et se déclare prêt à publier dans *L'Encéphale* un long article sur elle [15]. »

De cette entreprise sortiront deux conférences prononcées à l'hôpital Saint-André les 13 mars et 17 avril 1913 et publiées ensuite sous le titre : *La Théorie sexuelle des psycho-névroses, psycho-analyse de Freud* [16]. Après avoir fait la genèse de l'itinéraire de Freud, de sa rencontre avec Charcot et Bernheim, Hesnard nomme « psycho-dynamisme » la nouvelle psychologie. Il donne des définitions simplistes des principaux concepts freudiens et consacre la fin de son article à des « critiques médicales ». Il énonce là les formes canoniques de cet « antifreudisme modéré » qui sera l'une des composantes de la psychanalyse « à la française ». Hesnard n'en décollera jamais. On peut les résumer ainsi : Freud est un savant parmi d'autres. Il énonce des idées déjà admises par la psychiatrie avant lui, française de préférence. Le symbolisme est une notion dogmatique. Le refoulement est plutôt un processus conscient dans la mesure où l'inconscient est une subconscience. Le pansexualisme est une doctrine outrancière et généralisatrice. La psychothérapie est une technique d'aveu et le transfert une notion « téméraire ». Enfin la nouvelle psychologie est plus une religion, une philosophie et une mystique « germanique » qu'une véritable doctrine scientifique. Malgré cela, le freudisme et une « bonne chose » pour la pensée et pour les hommes.

Ce travail sert de point d'appui à un rapport de psychiatrie présenté par Hesnard au Congrès des aliénistes du Puy, en août 1913, au moment même où se déroule, à Londres, la très fameuse rencontre. Dans la ville dentelée par une chaleur estivale, le psychiatre explique à un public averti, non la doctrine de Freud, mais celle de Bleuler. Le processus de la « double détente » est de nouveau en marche. Il s'agit de présenter Vienne à travers

Zurich tout en critiquant les hypothèses helvétiques. L'aventure hesnardienne devient d'autant plus cocasse que notre bordelais cherche à minimiser les théories de Jung, trop freudiennes à son goût, au profit des thèses bleuleriennes : « Cette théorie qui semble s'écarter le moins franchement des idées traditionnelles, celle qui reste par la suite la plus modérée et la plus scientifique, est celle du professeur Bleuler. Elle tranche par la modération de ses conceptions, sa crainte des hypothèses philosophiques [17]. » Hesnard s'en prend alors à la fois au pansexualisme d'Abraham et à la méthode du test associatif utilisée au Burghölzli. Il fait ainsi coup double : il divise pour mieux régner, puis synthétise, afin de garder pour son royaume la part du lion. Cette stratégie est commandée par une politique qui sera reprise à la SPP et qui ressemble au modèle janétien des conduites. Il s'agit de combattre la psychiatrie chauvine autoritaire, héréditariste et traditionaliste, en lui inoculant le virus de la nouvelle psychologie dynamiste. Freud et Bleuler sont plus « progressistes » que l'école française. Ils apportent un souffle révolutionnaire à un domaine ravagé par le conservatisme. Mais comme il est impossible, à l'époque, de penser la psychanalyse en dehors de l'autorité médicale, sans courir le risque d'être un littérateur égaré, il faut démontrer son caractère novateur en termes rigoureusement psychiatriques : c'est ainsi qu'Hesnard, comme Janet, et dans une perspective radicalement antagoniste de celle de Freud, est amené à céder sur l'essentiel pour faire admettre l'anecdotique. Y avait-il une autre solution et cette « stratégie » est-elle consciente? Cette question restera, comme d'autres du même genre, sans réponse car c'est une fausse question. L'historien n'a pas à porter de jugement rétroactif sur les actions et les œuvres des hommes du passé, mais à comprendre un cheminement qui est et reste ce qu'il est.

En 1913, Régis et Hesnard font paraître dans *L'Encéphale* l'article annoncé sous le titre : *La Doctrine de Freud et de son école* [18]. Son plus grand mérite est le formidable index bibliographique qui l'accompagne où sont mentionnés tous les articles de Freud écrits en allemand et en français ainsi que ses traductions de Bernheim et de Charcot. Les auteurs font également état de la presque totalité des travaux parus sur la psychanalyse en France et à l'étranger.

On en arrive à ce fameux premier ouvrage paru en France sur la psychanalyse signé par Régis et Hesnard et publié sous le titre désormais célèbre : *La Psychoanalyse des névroses et des psychoses* [19]; il s'agit d'une large extension de l'article de *L'Encéphale*. Ce texte a le même parfum que les autres productions des deux compères et d'Hesnard lui-même. Il reprend l'exposé canonique des critiques adressées à Vienne mais le vocabulaire se fait plus précis; les concepts sont à la fois mieux définis et plus simplifiés et surtout le procédé dénégatif sert avec ardeur le rythme de la valse-hésitation : « Peut-être s'étonnera-t-on, écrivent les auteurs dans la préface, de voir cette vulgarisation d'une théorie allemande à la fois si prônée et si contestée et par certains côtés si étrange, entreprise par des psychiatres français qui ne passent pas pour sacrifier outre mesure à la mode actuelle du germanisme scientifique. Il n'y a rien là cependant qui doive surprendre. Autre chose est de ne pas accepter les yeux fermés ce qui nous vient du dehors. Autre chose est l'ignorer ou le méconnaître. L'impartiale indépendance vis-à-vis de l'étranger ne saurait être confondue avec la xénophobie [20]. » Selon la rhétorique consacrée, le livre comporte deux chapitres « critiques ». Freud est molesté pour son vocabulaire « hétérogène », emprunté à la « langue philosophique germanique ». On nous dit que sa syntaxe obscure constitue un obstacle à la diffusion de la psychanalyse dans les pays latins et l'on charge la France cartésienne d'apporter la clarté et l'harmonie méditerranéennes à cet assemblage hétéroclite, afin de rendre des services à la neuro-psychiatrie française. On apprend également que le refoulement est un concept « bien de chez nous » qui n'a pas été inventé par Freud mais existe chez Pitres, Séglas, Sérieux, Ballet et Dupré. Après cette brillante démonstration épistémologique, le pansexualisme et la libido reçoivent leur fessée habituelle tandis que Freud est comparé à Janet pour les dangers de la métaphysique et à Bergson pour l'élan vital.

Freud accueille le livre plutôt froidement mais avec un humour certain; il envoie au docteur Hesnard une carte ainsi libellée : « Cher et honoré collègue, Mes meilleurs remerciements pour votre travail (et celui de Régis) estimable et je l'espère riche en succès, pour lequel j'ai pu livrer la matière. Peut-être vous familiariserez-vous aussi avec le symbolisme dont on ne peut, hélas, pas douter. Votre dévoué, Freud [21]. » Dans le camp suisse, on avance en sourdine et l'on marque des désaccords. Dans ses *Archives de psychologie,* Claparède critique le livre et conclut un article par ces mots : « ... L'ouvrage se termine par une critique assez vive des doctrines de Freud auxquelles R. et H. reprochent surtout d'être entachées de mysticisme et de finalisme. Ce reproche ne me paraît pas justifié. Freud a cherché à montrer que toutes les manifestations, mêmes morbides, de l'activité humaine ont un sens caché et répondent à quelque tendance profonde. Cette manière de voir peut être fondée ou non; elle n'a rien d'antiscientifique [22]. » De son côté, dans une correspondance privée, Maeder se fâche et profite de la situation pour faire valoir la suprématie de sa stratégie dans les milieux latins : pour aller de Vienne à Paris dans les meilleures conditions, la psychanalyse doit prendre, selon lui, la route de Genève sans faire escale à Bordeaux; l'homme connaît son terrain : il l'a déjà pratiqué dans la revue de Binet : « J'ai acquis la conviction, écrit-il, que c'est de la Suisse romande seule que doit se faire un jour, la vulgarisation de la psychanalyse en pays latins. Il faut pour cela qu'elle trouve là un milieu qui apprenne à la comprendre. Nulle part le terrain n'est mieux préparé; la France n'est pas mûre du tout pour la psychanalyse. La psychanalyse sort toujours davantage du cadre d'une méthode scientifique d'exploration pour devenir un guide indispensable au médecin, pédagogue et dans le domaine de " l'human behaviour ". Elle devient un art qui se trouve toujours avoir plus de caractère national. Elle est décidément tout à fait dans la tradition de Paracelse, Rousseau, Pestallozi. C'est tout d'abord à nous Suisses de lui fournir la matrice nutricière favorable. Personne d'autre pour le moment n'est si bien préparé que la Suisse pour cette tâche. Hélas, les Régis-Hesnard, malgré beaucoup d'intelligence et de perspicacité, qu'ont-ils réussi à faire de la psychanalyse? C'est de Genève que prendra peut-être un jour l'élan qui intéresse les Latins [23]. »

Ferenczi ne s'embarrasse pas de la stratégie des tamis et des zones frontalières. Peu lui importe que Vienne occupe Paris avec l'infanterie ou les blindés, il franchit les Alpes avec ses éléphants, comptant sur l'énergie théorique, moteur de toutes les victoires. Il publie dans l'*International Zeitschrift für Psychoanalyse* un long article intitulé : *La Psychoanalyse vue par l'école psychiatrique de Bordeaux* [24], où il énonce le point de vue de la ligne viennoise, au moment même où celle-ci se durcit dans l'après-coup de la rupture avec Jung.

Cette année-là, en 1915, la plupart des psychanalystes sont mobilisés dans leurs tranchées respectives. Laforgue se trouve dans l'armée allemande, aux côtés des disciples autrichiens de Freud, Jones dans le camp des Alliés, tandis qu'Hesnard dérive sur l'océan à bord d'un navire-hôpital. Zurich est le repère de deux sortes de révolutionnaires : les dadaïstes que l'on prend pour des fous et les émigrés bolcheviks que l'on croit dangereux. Au bord d'un lac, dit-on, Lénine déjeune avec quelques amis, couvert d'une perruque et nanti de lunettes sombres. Il vient de rédiger le manifeste de Zimmerwald où il prône le défaitisme, dénonçant à la fois le pacifisme et le patriotisme, au nom de l'internationalisme prolétarien.

Traitant les deux compères de « patrons », le bouillant Hongrois avance en première ligne : « Les voies de la communication scientifique internationale n'étaient pas encore coupées, écrit-il, lorsque le 1er mai 1914, les illustres patrons de la clinique psychiatrique de Bordeaux publiaient un livre qui permettait à la psychanalyse de faire pour ainsi dire son entrée officielle dans la littérature française, où jusqu'à présent – à part quelques publications mineures, – elle n'était représentée que par la critique superficielle de Janet. Il semble qu'à ce moment déjà les auteurs avaient conscience de l'audace qu'il fallait pour prendre la défense d'une théorie scientifique rédigée en langue allemande, car dès la préface ils donnent des arguments pour se prémunir contre le reproche de « germanisme scientifique ». C'est un signe précurseur des tristes temps qui allaient suivre que les auteurs d'un ouvrage scientifique se soient sentis obligés de souligner que « l'effort d'indépendance » ne doit pas dégénérer en xénophobie. La « pensée freudique » lit-on plus loin (ses excès mis à part) est « loin d'être sans grandeur ». Elle contient « quelques idées fondamentales fécondes, rappelant les tendances les plus classiques de la psychologie et de la psychiatrie contemporaines ». Aussi espèrent-ils que la psychanalyse trouvera un « accueil équitable en France » et l'examen consciencieux auquel elle a droit [25] ».

Après cet « hommage », Ferenczi, qui n'a pas lu l'article de *L'Encéphale* et n'a pas connaissance de son index, flanque une formidable raclée théorique à nos deux psychiatres. A la prétendue « clarté latine » qu'il juge réductrice et « faussement précise », il oppose la complexité des faits. Il invoque l'indispensable nécessité d'élaborer des concepts et non de les inventer par avance au nom d'une illusoire précision. Ensuite il met en pièces le raisonnement de Régis et Hesnard, montrant qu'on ne peut exposer clairement la psychanalyse sans avoir compris le sens de son concept fondamental, l'inconscient. Il note alors la confusion faite par les auteurs entre subconscient, préconscient, inconscient et conscient; il en vient ensuite au débat sur le pansexualisme et l'attaque tourne au pugilat : l'argumentation des psychiatres est « retournée » comme une crêpe dans une poêle à frire : « Mais lorsque les auteurs, écrit-il, surmontant une fois de plus leur aversion pour les termes psychologiques composés, appellent la psychologie sexuelle des analystes " pansexualisme " et qualifient ce terme " d'expression ingénieuse " ils donnent une nouvelle preuve de leur totale incompréhension sur ce point. " La notion de sexualité, écrivent R. et H., comprend en effet une énorme quantité de concepts divers et atteint presque jusqu'au sens d'Instinct en général ou d'Énergie affective cinétique. " Or Freud n'a jamais rien prétendu de tel; au contraire, il a souvent répété que la sexualité doit être fondamentalement distinguée des autres activités pulsionnelles, en particulier des activités " égoïstes " (Ego). Ce n'est pas à Freud mais à eux-mêmes que les auteurs doivent s'en prendre pour cette généralisation abusive, ou éventuellement à quelques anciens disciples de Freud (par exemple Jung) qui l'ont abandonné justement parce qu'il refusait cette généralisation énergétique de la notion de libido. [...] R. et H. combattent ici ce que leur adversaire n'a jamais soutenu [26]. »

Après cette empoignade où il en profite pour embrocher l'élan vital, le Hongrois fait une étonnante volte-face : il félicite les Bordelais pour la qualité pédagogique de leur définition de la psychanalyse. Mais il ajoute aussitôt que celle-ci est simplificatrice et repart de plus belle au combat : « Cependant à mesure que l'on avance dans la lecture du livre, écrit-il, on est frappé par la neutralité un peu forcée des auteurs, voire leur absence totale de prise de position (bien qu'ici et là – nous l'avons vu – une certaine tendance traverse comme un éclair la froide sérénité de l'exposé). Ce calme fait penser à l'accalmie précédant la tempête et ne présage rien de bon [27]. » Ferenczi en vient alors à la fameuse « filiation française » et dénonce la curieuse attitude qui consiste à vouloir s'approprier une doctrine que l'on réprouve. « Compte tenu des nombreux blâmes, écrit-il, et des maigres louanges que les auteurs accordent à la psychanalyse, on peut douter que cette filiation apparaisse tellement flatteuse aux savants français. La psychanalyse ne peut en aucun cas admettre l'exactitude de cette classification. [...] La graine qui est à l'origine de la psychanalyse n'a aucun rapport avec la littérature française. Ce n'est pas Charcot et encore moins Janet, mais Breuer qui a donné le premier élan pour l'identification de la nouvelle doctrine qui d'ailleurs n'éveilla guère l'intérêt de Charcot et que Janet ne comprit même pas [28]. » Notons au passage que dans son emportement, le Hongrois perd sa lucidité historique au point de raturer l'importance *conceptuelle* de la rencontre de 1885, et d'attribuer à Breuer une part qui revient à Charcot.

Dans sa conclusion, Ferenczi fait la démonstration de ses talents de « télépathe » en soulevant le lièvre de la double signature : « Les inconséquences dont les auteurs se sont rendus coupables et en particulier les différences qui existent entre la partie descriptive de l'œuvre et la partie critique sont si énormes que ces deux parties paraissent ne pas être l'œuvre d'une même personne; aussi devons-nous exprimer notre soupçon que l'auteur de la partie critique pourrait être Régis, Hesnard étant à l'origine de l'exposé, et que l'unification des points de vue a échoué précisément du fait de la double rédaction [29]. »

Le Hongrois avait vu juste : Régis meurt en 1928 et en 1929, pour la troisième édition du livre, Hesnard remanie l'œuvre commune et annonce que les fameux chapitres critiques ont été entièrement rédigés par son maître, qui n'est plus là pour se venger du désaveu de son élève. Il explique qu'après avoir mis dix ans à comprendre théoriquement la psychanalyse et cinq ans pour en acquérir une connaissance pratique suffisante, il ajoute aux critiques de Régis des « contre-critiques » destinées à cerner de plus près la complexité des problèmes.

L'histoire doit remercier Régis et Hesnard d'avoir publié l'ouvrage de 1914 : cet acte a permis à Ferenczi d'aiguiser ses dons de voyance en produisant un texte plus important que le livre lui-même. Son existence prouve en effet qu'en 1915, la méprise française concernant la psychanalyse est parfaitement reconnue à l'intérieur même de l'IPA. Ainsi, les commentaires produits par l'historien en 1982 ne sont pas simplement l'expression d'une opinion née après coup : celle-ci existe dès l'origine du mouvement et contribue à former la texture d'une histoire d'emblée conflictuelle.

Nous ne partageons pas, à cet égard, le point de vue d'Édith Félix Hesnard : en 1929, Angelo Louis Marie n'a pas « changé » de position; ses « critiques de critiques » ne constituent pas la refonte théorique d'une démarche antérieure, mais une simple adaptation à une situation nouvelle; les temps ont changé et Hesnard vire de bord : il fait endosser à son maître, mort et vénéré, la responsabilité des attaques de 1914 qu'il a cosigné une deuxième fois dans l'édition de 1922. Peu importe dès lors de savoir qui a rédigé quoi; Hesnard n'est pas un menteur et Régis est sûrement l'auteur des fameux chapitres; mais Hesnard les a cautionnés parce que, au plan théorique, il a la même vision que son maître de la doctrine freudienne. Si ce n'avait pas été le cas, les deux auteurs auraient fort bien pu, sans déchoir, se partager la tâche et signer chacun sa partie, en 1914 et en 1922. En 1923, dans un livre intitulé *L'Inconscient,* et publié sous son seul nom, Hesnard reprend des thèmes identiques à ceux de 1914. En témoigne si nécessaire la préface rédigée par Édouard Toulouse qui rappelle que l'auteur « fait sa part à la doctrine de Freud dont il indique ce qui peut être utilisé rationnellement en laissant de côté les abus du pansexualisme [30]. » Dans *La Psychanalyse, théorie sexuelle de Freud,* publié en 1924 et réédité en 1928, Hesnard écrit dans sa préface : « La légitime suspicion que la guerre a imposée dans notre pays à l'égard des travaux scientifiques d'origine germanique en fut peut-être une des nombreuses raisons [de l'insuccès de la psychanalyse]. Mais il faut aussi convenir que cette doctrine tant prônée, géniale par certains côtés, imparfaite par d'autres, ne s'est peut-être pas jusqu'ici suffisamment conformée aux aspirations de l'esprit latin pour obtenir actuellement parmi nous le très légitime succès auquel elle a incontestablement droit [31]. » Il faudrait ajouter à cela ce que l'auteur oublie toujours de dire : sa présentation de l'œuvre freudienne contribue à entretenir des résistances à la psychanalyse, car elle reprend sans cesse l'argumentation d'un chauvinisme qu'elle prétend dénoncer : d'où le cercle vicieux. Les mêmes thèmes se retrouvent partout, la même inspiration, les mêmes mots, la même stratégie : les positions d'Angelo Louis Marie Hesnard ne se modifient pas, malgré les apparences; elles suivent le vent, comme les voiles d'un galion en partance.

Pendant la première guerre mondiale, notre pionnier apparaît comme l'ardent défenseur de toutes les nouveautés : il s'intéresse au pithiatisme et à la simulation. Abandonnant toute référence à Freud, il tente d'assimiler l'enseignement de Babinski; puisque celui-ci vient d'édifier une conception nouvelle de l'hystérie, il faut combler, grâce à elle, une des lacunes majeures de la nosologie psychiatrique : Hesnard s'y emploie et démontre que l'hystérie est une maladie mentale spécifique qui simule la psychose, comme elle simule les autres maladies physiques. Muni de sa « pseudo-psychose » et de ses divers symptômes pithiatiques, l'hystérique hesnardien est un homme normal qui joue au fou; il emprunte un masque à son voisin et est atteint de « fausse simulation », c'est-à-dire d'un vrai trouble de l'expression non identique à une véritable lésion de la fonction psychique; sa névrose est préparée par la plasticité de son système nerveux et tend à exprimer inconsciemment une autosuggestion [32].

Les aventures d'Hesnard ne font que commencer. D'autres péripéties vont survenir dans la vie mouvementée de l'amiral. Au sein de la société des Douze, il va faire partie, avec René Laforgue, Édouard Pichon et Marie Bonaparte, du grand état-major ayant la charge de diriger les affaires de la psychanalyse à la française.

II. *Tragique varsovienne : Eugénie Sokolnicka*

Le 24 mars 1919, des policiers en armes interdisent l'accès du Palais de Justice. La foule se presse, des cris retentissent. Des gardes à cheval casqués, le sabre au côté, sont prêts à intervenir. Des ouvriers socialistes, des militants, des intellectuels se retrouvent au rendez-vous de l'île de la Cité. Ils viennent rendre hommage à Jean Jaurès et assister à la condamnation de son assassin, Raoul Villain. La guerre est finie et l'Alsace reconquise. Georges Clemenceau, adversaire du chef socialiste, dirige les affaires du pays. Il s'est lui-même surnommé le premier flic de France.

Debout dans son box, le meurtrier au visage pâle cherche à apitoyer l'assistance. Sa mère et sa grand-mère sont des femmes folles, son père un coureur de jupons égoïste. Villain a des sentiments très religieux et quelques liens avec *L'Action française*. En juillet 1914, il s'est pris pour Jeanne d'Arc et a voulu débarrasser la France d'un traître : son crime est passionnel. L'avocat de la défense, un ancien député socialiste, chauvin et autoritaire, plaide l'irresponsabilité. On invoque bruyamment les hypothèses de Théodule Ribot; une distinction subtile est avancée entre la véritable folie et la simple maladie de la volonté. Les témoins de la partie civile prononcent tous l'oraison funèbre du héros assassiné. Le public somnole, les jurés sont agacés. Raoul Villain est un martyr qui a fait son devoir et comme Jaurès était hostile à la peine de mort, il se révèle impossible de réclamer la tête de son meurtrier. L'homme est reconnu non coupable et acquitté.

En ce même mois de mars, un jeune anarchiste, Émile Cottin, est condamné à mort. Il a tiré sur la voiture de Georges Clemenceau et celui-ci a été légèrement blessé [33].

Le Paris d'après-guerre a changé de visage; les femmes ont raccourci leurs robes et coupé leurs cheveux; la mode est à l'extravagance : on découvre l'art nègre, on rejette les habitudes du siècle précédent, les rues sont pleines de bruit, les cafés regorgent de lumières. Partout éclate le nouveau style de la modernité. C'est le début des années folles, de la vitesse, de l'automobile. Le corps de Joséphine Baker et la voix de Mistinguett ont triomphé de la vieille Madelon. On roule en Hispano, on brûle la vie, on aime la mort, le risque, le tango. Le dandysme est à l'ordre du jour, avec son désespoir et l'humeur de ses regards gominés. La France est toujours chauvine mais les nouvelles doctrines font basculer la monotonie des mots et des choses. Le surréalisme, la psychanalyse, le bolchevisme et la théorie de la relativité ont l'allure d'une révolution. Au-dehors, le fascisme guette, la nostalgie du temps de guerre est ravivée par une nouvelle folie de massacrer, de conquérir. En 1922, c'est la marche des chemises brunes sur Rome; les Italiens célèbrent D'Annunzio. En 1923, c'est le putsch de Munich. En 1924, Lénine est enterré dans la discorde [34].

En 1922, Paul Langevin, relativiste convaincu, obtient l'accord du Collège de France pour inviter Einstein à prononcer une série de conférences. Le savant est devenu célèbre dans le monde entier et la presse parisienne consacre à cet événement printanier une grande place. Bien qu'elle ait suscité très vite l'attention de l'élite intellectuelle, la théorie de la relativité reste ignorée d'une majorité de savants qui la méprisent ou ne se sentent pas concernés. Quand les hypothèses d'Einstein ont été reconnues dans tous les pays en 1919, les journaux français ont fait la sourde oreille. Mais en 1922, une violente polémique oppose les adversaires et les partisans de la nouvelle science. Les professeurs de mécanique refusent de mettre en cause les fondements de leur discipline et craignent d'être détrônés par la physique. D'autres se cramponnent à la notion newtonienne de « temps absolu ». Certains comme Paul Painlevé refusent l'idée de dissymétrie et la question de la validation expérimentale de la relativité est au centre des discussions. Les relativistes admirent la beauté de la théorie, sa simplicité, son esprit de synthèse, tandis que les antirelativistes réclament des preuves tangibles. Dans le dialogue le critère traditionnel de la vérifiabilité par l'expérience est mis en cause.

Cette année-là, à Paris, c'est surtout la nationalité d'Einstein qui intéresse la presse. Certains journaux le présentent comme un mathématicien suisse et d'autres comme un physicien allemand. On se demande, comme pour le freudisme, si sa théorie est compatible avec l'esprit français. Il apparaît que le génie latin et la philosophie nationale ne peuvent admettre la relativité. Paul Langevin et les relativistes, débordés par les événements, utilisent la même argumentation pour démontrer une thèse exactement inverse. Dans *Le Matin* du 23 mars, le savant se porte garant que le plus pur esprit français peut se satisfaire de la nouvelle théorie; selon lui, en effet, celle-ci s'appuie sur des travaux d'auteurs français comme Henri Poincaré. Charles Nordmann va jusqu'à affirmer qu'un Louis XIV aurait réservé un accueil triomphal à Einstein. Dans *La France* du 24 mars on lit cette phrase étonnante : « Ronsard faisait déjà de l'Einstein. » L'auteur de l'article tente de minimiser la portée de la nouvelle théorie et il écrit : « Aucune nation ne saurait grandir en dehors du temps et de l'espace : l'idée de patrie se compose d'une foi absolue en la réalité de cette double mesure. »

Après la nationalité, la « race », le type, l'origine : on décrit abondamment la belle tête bouclée du savant. Certains disent qu'il ressemble à un Anglais et d'autres à un Méridional. Pour les relativistes, Einstein, avec son teint olivâtre et ses cheveux crépus, ne peut en aucun cas se confondre avec un Teuton. Pour les antirelativistes, il a un visage bouffi, un type sémite, une couleur huileuse ou terne. Dans *L'Action française,* Léon Daudet consacre deux articles à l'événement. Le premier se résume à une attaque violemment antisémite contre le personnage et le second se présente comme une analyse de l'œuvre. L'auteur reprend presque mot pour mot l'argumentation qu'il développe à propos de Charcot. Il voit dans l'einsteinisme un phénomène d'éboulement scientifique qui ne traduit pas la banqueroute de la science mais celle du dogme sacro-saint du progrès scientifique indéfini, caractéristique du XIXe siècle. Il se demande si la personnalité du novateur, dont la doctrine est l'émanation, ne joue pas un rôle obscur mais important dans la diffusion du système. Le processus de fascination et de persuasion montre que certaines théories séduisantes durent avec leur théoricien et s'écroulent quand celui-ci disparaît.

Dans *L'Humanité* du 1er avril, Charles Rappoport, philosophe communiste, n'hésite pas à écrire que le mérite du savant est d'avoir trouvé une base mathématique à la philosophie et que le marxisme fait partie du relativisme. Einstein est ainsi l'allié objectif de la révolution soviétique. Dans des journaux satiriques on trouve des plaisanteries de ce genre : « C'est la faute d'Einstein si les Allemands ne paient pas les dommages de guerre. Il a dit que le temps n'existe pas. Or comme le temps c'est de l'argent, l'argent n'existe pas. »

Au Collège de France on a peur des manifestations de rues. Einstein a été désigné comme un ennemi à abattre et comme le héros d'une doctrine à la mode faite pour les féministes, les élites et les salons. Le savant n'aime guère la publicité et désire passer inaperçu. Ses conférences vont se dérouler devant un auditoire rigoureusement sélectionné à l'abri des badauds et des curieux. Sa visite à Paris aura deux conséquences contradictoires. Elle aura dévoilé l'inaccessibilité de la science à la vulgarisation et introduit en même temps une dimension politique, idéologique et raciale dans la perception de la science par le public et la presse. Elle n'a pas convaincu la majorité conservatrice des savants français même si une brèche s'est produite : « Cette théorie, écrit M. Biezunski, fut introduite dans les programmes d'enseignement de façon tardive et lente, puisqu'il faut attendre qu'elle devienne incontournable pour les physiciens nucléaires dans les années 1930 pour qu'on recommence à s'y intéresser, mais cette fois parce que ses formules sont devenues opérationnelles [35]. »

Le voyage de 1922 ressemble à cette fable publiée par le journal *L'Excelsior* du 22 mars, à la veille de l'arrivée du savant à Paris : « Elle est un peu gasconne, cette histoire des habitants de l'Arcadie et de l'éclipse. Ils étaient, dit-on, tellement ignorants, qu'au moment d'une éclipse ils firent ouvrir un âne. Ils accusèrent la pauvre bête d'avoir mangé la lune parce que l'image de la lune disparut dans l'eau où l'âne buvait à l'instant que l'éclipse eut lieu. Si cette histoire est véridique, c'est bien le cas de répéter le vers de Boileau : Le vrai peut quelquefois n'être pas vraisemblable [36]. »

L'histoire de l'âne est prémonitoire : à la mort d'Einstein, en 1955, la science officielle lui rendra un dernier hommage en procédant à l'autopsie de son cerveau pour y déceler les traces de son génie.

En ce temps-là, à Paris, se promènent également des héros de roman. Aurélien Leurtillois vient de rencontrer Bérénice et la trouve franchement laide. Le jeune dandy regrette la guerre et fait semblant de vivre : « Il n'était pas mort, c'était déjà quelque chose, et parfois il regardait ses longs bras maigres, ses jambes d'épervier, son corps jeune, son corps intact, et il frissonnait, rétrospectivement, à l'idée des mutilés, ses camarades, ceux qu'on voyait dans les rues, ceux qui n'y viendraient plus [37]. »

Durant ces années, dans l'IPA, la psychanalyse des notables triomphe. En 1926, elle est légalisée par la voie berlinoise puis définitivement standardisée sous l'impulsion de la ligne anglo-américaine. En France, l'introduction du freudisme, commencée par Hesnard sous les auspices du génie latin, se poursuit par des voies multiples. Les salons littéraires s'adonnent à la psychanalyse comme autrefois au magnétisme. Plus celle-ci est à la mode, plus elle est critiquée. L'enthousiasme des écrivains inquiète les représentants officiels du freudisme qui adoptent à l'égard des « salons » une attitude de méfiance. Ils se replient sur les prérogatives de la science et dénoncent les extravagances des littéraires qui à leur tour s'en prennent à la suffisance du pouvoir médical. La lutte s'engage de toutes parts et la confusion règne [38].

A l'hôpital Sainte-Anne, le professeur Georges Dumas, ami de Janet, se livre au cours de ses présentations de malades à une critique ironique de la psychanalyse. Il cherche à ridiculiser la doctrine freudienne sur le dos de ses défenseurs. Un jour de 1924, il invite René Laforgue à son séminaire pour un exposé de cas. Le psychanalyste raconte l'histoire d'un fameux « piqueur de fesses » des transports en commun. Il appelle un chat un chat et parle ouvertement de la sexualité. Après son départ, Dumas déclare à son auditoire qu'à la prochaine séance, un « vocabulaire normal » aura de nouveau cours. Parmi les élèves se trouve Juliette Boutonier et, parfois, le jeune philosophe marxiste Georges Politzer, qui contre-attaquent vivement pour défendre Freud et la psychanalyse [39].

L'argumentation de Dumas est bien dans le style de l'époque. Au congrès de Besançon, après l'exposé pourtant très modéré d'Hesnard sur la question sexuelle, le professeur P. Hartenberg se déchaîne. Il explique que la psychanalyse est une obscénité, pleine d'erreurs et de sottises, et que sa propagation est dangereuse pour la société. De son côté Charles Blondel, professeur à la faculté des lettres de Strasbourg, traite la psychanalyse « d'obscénité scientifique » dans un ouvrage qui fait fortune. Il compare Freud à Sacher-Masoch et prône à son égard une passion inquisitoriale; au passage il rappelle les « erreurs » de Broussais et pour prouver que les interprétations freudiennes sont délirantes, il se livre lui-même à des essais d'interprétation qu'il déclare ensuite absurdes. Son argumentation est franchement débile mais elle obtient un grand succès : « Quand je lis, écrit-il, que le sein maternel forme le premier objet de l'instinct sexuel, je ne songe pas un instant à me scandaliser [...] Je me demande simplement avec curiosité quel sera, dans ces conditions, pour les enfants élevés au biberon, le premier objet sexuel [...] Ce n'est pas ma faute si les objections que l'on est amené à opposer à Freud ont souvent l'air de plaisanteries [40]. »

Les journaux sont déchaînés. Dans *La Presse* du 4 septembre 1923, sous le titre *A propos du freudisme : les théories d'un savant boche,* on peut lire . « Il semble bien que la guerre n'ait pas guéri tous les Français de la ridicule et puérile manie qui les poussait, avant la grande hécatombe, à s'enthousiasmer pour tout ce qui venait de la bochie ». Dans *Patrie* du 15 juillet 1924, un journaliste écrit : « On ne saurait nier que le freudisme s'infiltrant dans l'opinion fut un agent d'obscénité et de démoralisation. Il n'est donc pas seulement absurde, il est dangereux au premier chef... C'est ainsi qu'en Amérique les jeunes filles ont un manuel pour trouver la signification sexuelle de leurs rêves. On crée ainsi des névrosés qui finissent par être en proie au désir érotique. »

Après la germanophobie et l'antiaméricanisme, on trouve le thème de la drogue et de l'infiltration. Pour les uns Freud, « Viennois de naissance », est un « boche authentique » dont la doctrine ressemble à un « gaz asphyxiant ». Pour d'autres, la psychanalyse est un « bergsonisme érotique », une « nouvelle drogue » à l'usage des barbares et des dégénérés. On ne parle pas de la judéité du savant mais on emploie à son propos les métaphores déjà utilisées dans l'affaire Dreyfus.

Parmi les défenseurs du freudisme, on retrouve des arguments identiques, mais renversés. Comme Hesnard, les journalistes favorables à la psychanalyse pensent qu'il faut « la filtrer » avant de s'en servir et que « l'instinct sexuel » n'explique pas tout [41].

Aux réactions de la presse, s'ajoutent les critiques de certains catholiques dont la syntaxe est franchement répugnante. J. Laumonier qui avait, avant-guerre, critiqué le pansexualisme, n'hésite pas à écrire en 1925 que la théorie sexuelle de Freud s'explique par les comportements différents des Français et des Allemands : « En Allemagne, écrit-il, les rapports sexuels ne sont pas aussi intimes et discrets qu'en France. Ils s'affichent cyniquement sous toutes ses formes, à ce point que l'inversion y a officiellement ses journaux et ses réunions... Les villes allemandes sont les seules où l'on déroule en public des films érotiques... La fille vierge constitue une exception bien plus rare en Allemagne qu'en France [42]. » Quant à E. Seillère, membre de l'Institut et spécialiste de la littérature romantique, il casse le morceau sans sourciller; pour lui, Freud n'est pas seulement un Allemand mais un Juif : « Ses vues s'appliquent aux Juifs, ses frères de race, particulièrement prédisposés au pansexualisme libidineux, congénital par fatalité ethnique [43]. »

Cette guerre antifreudienne trouve une sorte d'apogée dans la phrase prononcée par le ministre de l'Instruction publique du gouvernement Poincaré : « On m'assure que la jeunesse allemande est empoisonnée par Freud. Le freudisme est un phénomène nordique. En France, il ne peut réussir. Le freudisme achèvera au-delà du Rhin l'œuvre de dissolution commencée par la guerre [44]. »

Face à cet antifreudisme virulent, la position du professeur Henri Claude, de l'hôpital Sainte-Anne, se rapproche de celle d'Hesnard. Il va être, contre son rival Georges Dumas, le « protecteur » de la psychanalyse en France. Il s'agit pour lui de fabriquer une doctrine qui échappe à la pensée allemande et se rapproche du génie latin. On voit donc que la psychanalyse est toujours introduite de la même façon : dans un cadre idéologique qui est celui des adversaires de Freud et auquel on cherche à s'adapter.

Autour de Claude, se concrétisent les derniers grands travaux de l'école française de psychiatrie. Dynamiste et organiciste, il favorise les idées neuves, à partir d'une clinique centrée sur la schizophrénie. On assiste ainsi à la dernière étape de l'oubli de l'œuvre de Charcot. C'est en effet sur le terrain désormais dominant du savoir psychiatrique ou neuropsychiatrique que s'introduit en France la psychanalyse, au prix d'un effacement de la rencontre de 1885. Freud avait découvert l'inconscient à partir de la neurologie et de la névrose hystérique, mais dès l'après-guerre on redécouvre Freud à partir de la psychose paranoïaque ou schizophrénique en enterrant les travaux de Charcot [45].

La démarche du groupe de Claude se caractérise par l'importation des idées issues du courant dynamiste allemand, notamment celles de Bleuler et Kretschmer et par le maintien des acquis de l'école française (Sérieux et Séglas). La définition de l'ancienne démence précoce se trouve achevée avec la *schizonoïa* de Laforgue et Pichon et les *schizoses* de Claude. A l'intérieur de la nouvelle nosologie deux formes cohabitent, l'une où les troubles mentaux sont psychogènes et réactionnels, et l'autre (la démence précoce véritable) dont le substrat est anatomo-pathologique. Ce dualisme sera critiqué par Minkowski.

Pour favoriser sa nouvelle conception de la maladie mentale, Claude s'appuie sur la psychanalyse et, pour introduire celle-ci au sein du pouvoir psychiatrique, Laforgue fait alliance avec Claude. Dans une préface à un livre cosigné par Laforgue et Allendy et intitulé *La Psychanalyse et les Névroses,* ce dernier reprend l'argument de la latinité et de l'anti-symbolisme cher à Hesnard : « La psychanalyse, écrit-il, n'est pas encore adaptée à l'exploration de la mentalité française. Certains procédés d'investigation choquent la délicatesse des sentiments intimes et certaines généralisations, d'un symbolisme outrancier, peut-être applicables chez des sujets d'autres races ne me paraissent pas acceptables en " clinique latine [46] "... »

Comme bon nombre de psychiatres de son époque, Henri Claude cherche à utiliser la technique de la psychanalyse en laissant tomber l'ensemble de son édifice théorique, notamment le symbolisme et l'étiologie sexuelle. Ce mouvement fait fureur après-guerre et sera concrétisé « philosophiquement » par Dalbiez et Pichon. Il s'agit d'accommoder la cure comme technique d'appoint à une psychiatrie défaillante : « Je me suis trouvé en face de cas, écrit Claude, dans lesquels le traitement rationnel par les méthodes psychothérapiques usuelles aidées des agents pharmacodynamiques ne me donnait pas de résultats [47]. » Dans un article du *Progrès médical* intitulé *La Psychanalyse et les critiques dont elle a été l'objet*, le programme de Claude est clairement défini : « A cet égard, nous déclarons comme je l'ai déjà écrit maintes fois, que l'emploi de la méthode psychanalytique doit être réservé aux médecins et non à tous les médecins mais à ceux qui ont acquis la compétence nécessaire pour mener à bien une analyse [48]. » Il ajoute qu'il n'est pas psychanalyste, qu'il veut aider ses malades, qui sont des cas désespérés, et qu'il cherche à adapter la psychanalyse à l'esprit latin. Sur ce dernier point le mystère reste entier puisque les partisans de cette « latinité intégrale » sont incapables de définir concrètement leur programme de francisation. Seul Pichon va donner un contenu conceptuel cohérent à cette aberration. En attendant Freud se moque de l'attitude française. Dans *Ma Vie et la Psychanalyse,* il démonte l'absurdité qui consiste à faire un lien entre sa théorie et un prétendu génie teutonique : « Des objections d'une incroyable naïveté se font jour, écrit-il, telle celle-ci : la délicatesse française est choquée du pédantisme et de la lourdeur de la nomenclature psychanalytique [...] une autre assertion a l'air d'être plus sérieuse; elle n'a pas semblé indigne de lui-même à un professeur de psychologie de la Sorbonne. Le *Génie latin* ne supporte absolument pas le mode de pensée de la psychanalyse. Par là les Alliés anglo-saxons, qui passent pour ses partisans, sont expressément sacrifiés. En attendant ceci, on doit naturellement croire que le *Génie teutonique* a serré sur son cœur la psychanalyse, dès sa naissance, comme son enfant chéri [49]. »

Les efforts courageux de René Laforgue aboutissent à la reconnaissance de la psychanalyse, mais le prix à payer est extraordinairement élevé. Voici ce qui se passe : après la mort de Dupré, en 1921, et avant que Claude ne soit nommé titulaire de la chaire de Sainte-Anne, c'est Georges Heuyer, fondateur de la première chaire de neuropsychiatrie infantile, qui assure l'intérim de la chaire des maladies mentales [30]. Durant l'hiver de 1922-1923, Paul Bourget lui présente une certaine Eugénie Sokolnicka, spécialiste non médecin de la psychanalyse d'enfant. Il lui propose aussitôt de travailler à Sainte-Anne; elle commence des cures mais échoue à se faire reconnaître. Dès que Claude prend possession de sa chaire, il renvoie la dame parce qu'elle n'est pas médecin; dans le même temps, il met au programme de son cours à la faculté de médecine l'étude de la psychanalyse et se heurte à l'opposition des ennemis irréductibles du freudisme. C'est alors qu'Eugénie Sokolnicka devient l'analyste de René Laforgue et d'Édouard Pichon.

L'itinéraire de cette Polonaise juive est raconté par Pichon dans la notice nécrologique qu'il lui consacre en 1934, l'année de sa mort [31]. Eugénie Kutner est née en 1884, dans une famille à l'esprit patriotique. Son grand-père paternel a servi comme officier dans l'armée insurrectionnelle polonaise de 1830. Un de ses oncles paternels a été déporté en Sibérie après l'insurrection de 1863 pour la part qu'il y a prise. Sa propre mère a eu dans le même mouvement un rôle si actif qu'à sa mort, le gouvernement lui fait des funérailles nationales. Son père est fondé de pouvoir dans une grande banque, c'est un intellectuel cultivé comme l'ensemble des membres de la famille qui sont avocats, médecins et professeurs.

Eugénie apprend très tôt la langue française et c'est à Paris à la Sorbonne qu'elle vient poursuivre des études en sciences et en biologie. Elle suit les cours de Pierre Janet et rencontre celui qui sera son mari et dont elle portera le nom. Rentrée en Pologne, elle l'épouse et se consacre à sa vie conjugale. Vers 1911, elle commence à s'intéresser à la psychanalyse. Pendant deux ans, elle reste à Zurich où elle est l'élève de Jung, puis en 1913, au moment de la rupture, elle va à Vienne se faire analyser par Freud. En 1916, elle est de nouveau à Zurich, membre de la société psychanalytique, où elle pratique des cures. À la fin de la guerre, elle gagne Budapest et reçoit l'enseignement de Ferenczi pendant deux ans. Elle restera marquée par la Hongrie, notamment dans sa pratique mobile des cures de courte durée. Rentrée à Varsovie, elle cherche à s'implanter dans le milieu psychiatrique polonais mais elle ne parvient pas à fonder un groupe psychanalytique, et publie ses premiers travaux en 1920 dans l'IZP.

Edouard Pichon rend compte d'une façon étonnante de l'article qu'elle publie à cette date sous le titre *L'Analyse d'une névrose obsessionnelle infantile* [32]. Il s'agit de la cure d'un garçon juif de dix ans, menée pendant six semaines, dont le mal a éclaté durant la domination des bolcheviks sur la ville de Minsk. La famille de l'enfant a dû payer une forte amende; son père et son grand-père se sont enfuis; sa mère a été mise quelque temps en prison. Un premier symptôme apparaît : le garçon lève ses pieds compulsionnellement pour regarder le dessous de ses semelles. Au moment où E. Sokolnicka le reçoit, il ne peut plus rien toucher lui-même et oblige sa mère à l'habiller et à le faire manger selon un cérémonial minutieux où elle doit toucher avec une main puis avec deux tous les objets qu'elle a déjà touchés de son autre main. Si le rituel n'est pas observé, l'enfant vomit, se tord de douleur, perd connaissance ou devient enragé; il mord sa mère et lui déchire ses habits. Un neurologue de la ville a diagnostiqué une épilepsie.

Pichon traduit le récit de Sokolnicka en faisant ressortir tous les jeux de mots : la mère, dit-il, est littéralement possédée par son fils qui ne veut pas « qu'elle le quitte d'une semelle »; en contrepartie il refuse de sortir avec son père et de l'embrasser. Quand il menace sa gouvernante de se jeter par la fenêtre, elle lui rétorque que, s'il fait cela, le Bon Dieu l'empêchera de grandir. Après ces épisodes, il se met à déblayer le chemin devant chaque objet; il croit que les objets grandissent comme les humains et use fortement de ses deux mains pour qu'elles grandissent également. Dès que Sokolnicka parvient à lui expliquer que la compulsion a pour rôle de prévenir la punition divine, le symptôme disparaît. Au premier abord, la thérapeute ne voit rien apparaître de sexuel dans le discours de l'enfant; elle lui demande s'il sait ce qu'est le mariage et comme il se défend d'avoir le droit de le savoir, elle combat son opinion et lui explique qu'en fermant les voies de sa curiosité, il se donne à lui-même les maux de tête dont il souffre. Elle lui fournit alors des explications sur le sexe à partir de faits botaniques et les migraines disparaissent. Bientôt, l'enfant prend des initiatives ou pose des questions sur l'accouchement...

Eugénie Sokolnicka cherche à savoir un secret que son jeune patient ne veut pas lui révéler. En apparence celui-ci n'a rien de sexuel : il s'agit de moyens électriques magiques, détenus par un petit ami, qui permettraient de sauver leurs familles respectives des dangers du bolchevisme. En réalité, l'autre enfant connaît les choses du sexe; il sait que pour faire des enfants, l'homme se couche sur la femme. A cause de cela, il est puni par ses parents et sujet à des accès de colère, lesquels ont réveillé l'agressivité de son camarade contre sa propre mère. Un jour, une crise de rage ayant éclaté devant elle, en présence de la mère, E. Sokolnicka terrasse l'enfant dans un fauteuil et met la femme dehors; le garçon appelle sa maman et elle lui fait alors remarquer que, bien qu'étant sans connaissance, il a repéré l'absence de sa mère. Elle lui explique ensuite le bénéfice secondaire qu'il tire de sa maladie et lui demande d'y renoncer : la prétendue épilepsie disparaît. Elle en profite pour interdire à la mère les duos compulsionnels avec son fils et, le dernier jour du traitement, elle dit à celui-ci que s'il désire se livrer à des cérémonies rituelles, il le fasse tout seul : « Il est intéressant de noter, avec Mme Sokolnicka, écrit Pichon, que la compulsion qui persista la dernière fut celle à nier chaque phrase après l'avoir dite : je veux, je ne veux pas. Donne-moi du thé, ne me donne pas de thé [...] L'enfant l'expliqua ainsi : Supposez que maman oublie de me donner mon thé. Je lui réclame : maman, donne-moi du thé! Et puis j'ajoute : ne me donne pas de thé. C'est alors comme si je n'avais rien dit et que maman eût su d'elle-même qu'il fallait qu'elle me donnât mon thé ". »

Il note ensuite qu'E. Sokolnicka explique elle-même les raisons de la rapidité du succès thérapeutique, du fait de la précocité du traitement et de la nature de la névrose qui n'avait pas eu le temps de « s'invétérer ». Il insiste sur l'élément essentiel du transfert et, enfin, il termine l'exposé clinique par cette remarque extraordinaire pour l'époque : « Mme Sokolnicka a le plus grand mérite dans ce travail, elle qui par sa formation était une biologiste, de dénoncer la vanité des explications prétendument scientifiques des phénomènes psychologiques par des considérations anatomo-physiologiques en réalité tout à fait en l'air [54]. »

Non seulement Eugénie Sokolnicka est une remarquable clinicienne, mais Édouard Pichon, qui rédige sa notice nécrologique, est un fantastique conteur. Il parle d'elle, les critiques en moins, un peu à la façon dont Freud parle de Charcot. Dans ce récit simple, on peut saisir les contradictions qui traversent le mouvement analytique de cette époque : alors même qu'il est l'artisan d'un démantèlement de la doctrine freudienne, Pichon montre qu'il a parfaitement compris l'essence de la cure, le sexe, l'inconscient, le transfert, la dénégation et l'antiorganicisme, bref les axes principaux de la théorie viennoise.

En 1921, Freud envoie Eugénie à Paris pour être sa représentante légitime. C'est une femme fragile, perturbée et surtout non médecin. Ici, comme à Varsovie elle échoue dans sa tentative de conquérir le monde médical. A Sainte-Anne, elle est plongée dans l'univers asilaire des adultes; les cas qu'on lui apporte ne conviennent pas à sa manière de faire : on la rejette.

Durant la saison 1921-1922, ses relations l'entraînent vers le groupe littéraire de la *Nouvelle Revue française*. Les écrivains gravitent autour d'elle et Jacques Rivière restera son ami jusqu'à sa mort. Elle analyse André Gide qui laisse un portrait d'elle dans *Les Faux-Monnayeurs* [55] que Pichon ne trouve pas à son goût. Comme ses collègues, il n'apprécie pas l'enthousiasme des salons littéraires pour la psychanalyse.

Après quelques conférences à l'École des hautes études et son renvoi de l'hôpital Sainte-Anne, elle fait la connaissance de René Laforgue qui la présente à son ami de fraîche date, Édouard Pichon. De 1923 à 1926, elle « prodigue didactiquement ses connaissances » à ce dernier dans une cure plutôt longue. Quant à l'analyse de Laforgue, on raconte qu'elle est contrôlée par Rank et Sachs, mais ce n'est pas une certitude. En tout cas E. Sokolnicka participe activement à la fondation de la SPP dont elle sera vice-présidente : « Vieille psychanalyste, écrit Pichon, elle avait, nous disait-elle, vécu bien des révolutions doctrinales à l'intérieur du freudisme, et cela l'avait rendue humble [56]. »

En juin 1929, à Sainte-Anne, devant la IVe Conférence des psychanalystes de langue française, elle présente un rapport sur la technique psychanalytique. Après avoir observé que la notion de maladie est purement « pratique » et que la psychanalyse a abaissé le seuil de la maladie mentale, elle affirme avec netteté que l'existence d'un déséquilibre sexuel est à l'origine des névroses [57]. La cure a pour but de faire retrouver au patient sa capacité de réunir le désir sexuel et la tendresse sur le même objet. Pour en arriver là, il faut analyser la masturbation et l'inhibition au travail intellectuel. Sur la terminaison de l'analyse, E. Sokolnicka oppose deux programmes : l'un, minimum, qui ne comporte que la disparition des symptômes, l'autre, maximum, qui implique la réalisation de la capacité d'aimer et permet d'éviter les répétitions. Elle insiste sur l'importance du complexe d'Œdipe et de la culpabilité inconsciente. Au contraire de Loewenstein et de la ligne dominante de l'IPA, elle refuse la notion d'*analyse des résistances* : « J'emploie le moins possible le mot résistance si je ne connais pas au moins sa source. Il est inutile de parler au malade de résistances s'il n'a aucune possibilité d'entrevoir leurs significations, si elles sont trop éloignées de son moi conscient. J'ai souvent l'impression qu'on lui donne la conviction qu'on l'accuse du fait que l'analyse ne progresse pas. Or ce n'est pas utile d'augmenter son sentiment de culpabilité. » A la fin de son exposé, elle parle de l'influence du psychique sur l'organique et souligne que si celle-ci existe, la médecine est encore loin de l'avoir étudiée.

Édouard Pichon ne mentionne pas les circonstances de la mort d'Eugénie Sokolnicka. Il évite de prononcer le mot suicide mais fait allusion à la pauvreté de celle-ci qui, rejetée du monde médical, n'avait qu'une maigre clientèle. En 1934, elle habite un appartement qui appartient à Pichon. On ne sait pas si elle est logée gratuitement ou si elle paie un loyer : en tout cas, le 19 mai, elle laisse le gaz se répandre dans la maison [58].

Ainsi mourait à Paris, dix ans avant la découverte d'Auschwitz, une Juive varsovienne âgée de cinquante ans. Solitaire et persécutée, elle s'était asphyxiée dans la demeure de son ami, élève et protecteur, membre illustre de la ligue d'*Action française* : osera-t-on dire que l'histoire n'a pas l'allure d'une tragédie?

III. *Un Alsacien à Paris : René Laforgue*

Au moment où il devient l'ami de Pichon et rencontre Eugénie Sokolnicka, René Laforgue est un homme encore en pleine jeunesse. Il est né en 1894, à Thann, petit village du Haut-Rhin. Sa mère, de milieu très modeste, appartient à une famille nombreuse. Son père est un artisan pauvre, graveur sur cuivre pour le compte d'une usine textile. Une incertitude plane sur l'origine de la naissance de ce dernier. Son nom, qui rappelle le métier de forgeron, le renvoie à une sorte d'insécurité intérieure; sa mère, la grand-mère paternelle de René, est la fille illégitime d'une vieille famille bourgeoise dont les parents n'ont pas pu se marier à cause de conflits religieux opposant les catholiques et les protestants. Elle épouse un ouvrier pour donner un nom à son enfant mais l'homme lui-même n'est pas le fils légal de son père, de sorte que le nom de Laforgue acquiert pour le père de René un étrange statut [59]. Il épouse une femme dépressive et suicidaire naviguant entre trois religions. Celle-ci envoie son fils tantôt à l'Église catholique, tantôt au culte protestant et le soir, faute de synagogue, elle lui fait réciter une prière en hébreu. Cette fille illégitime mariée à un fils illégal croit fermement que son premier-né, le jeune René, risque d'être condamné à mort comme un assassin ou un voleur. Dans cette famille, déjà marquée par une destinée dramatique, on porte sa nationalité d'emprunt comme un fardeau. On habite une terre incertaine, sans être intégré ni à la France ni à l'Allemagne. On parle une langue proscrite, à la fois par la bourgeoisie qui cultive les restes d'une belle prononciation française et par les professeurs venus d'Outre-Rhin dont le discours germanique trop châtié fait figure d'exotisme : « J'ai appris à me priver de certitudes, écrit Laforgue, et à me tenir sur la bande étroite de cette frontière qui marque la limite entre la vie et la mort. Lorsqu'on a pris l'habitude de ne plus rien avoir à perdre, on découvre les richesses qui ne sont pas de cette terre. Au lieu de chercher les fleurs uniquement dans les jardins bien ratissés, on apprend à les voir sur le fumier, et il y en a partout. Je me suis donc penché sur les damnés de la terre, et c'est chez eux grâce à leur misère et à leur dénuement que j'ai trouvé un enseignement qu'ignore celui qui est élevé dans un souci continuel de bienséance et avec l'obligation de vivre pour acquérir une grande fortune [60]. »

René Laforgue est un révolté; il reçoit une éducation rigide qui ne lui convient pas; on l'habitue à se démunir de ses jouets et de ses vêtements au profit de ses frères cadets; son intelligence fait peur à l'entourage et son père est un obstacle à ses projets intellectuels. Ses études sont mouvementées et on l'envoie vite dans un internat célèbre pour la sévérité de ses méthodes éducatives. Il fugue et on le place dans un autre collège. Toujours en guerre contre ses parents, il part à Berlin chez Franz Oppenheimer, un physiologiste réputé qui devient rapidement son père adoptif. Ainsi cet Alsacien persécuté trouve-t-il refuge dans une famille juive qui lui fait découvrir l'art contemporain et la science moderne. Il décide, contre l'avis paternel, d'entreprendre des études médicales. En 1913, à l'âge de dix-neuf ans, il lit, en allemand, la *Traumdeutung* : « Je me rappelle distinctement l'impression produite : j'étais sceptique. Et pourtant il m'était resté le sentiment indéfinissable de quelque chose de grand, qui me dépassait, que je ne pouvais approfondir, faute d'expérience. J'ai relu ce livre en 16-17 et je n'ai pas compris beaucoup plus, du moins consciemment. Mais c'est probablement la lecture de ce livre qui m'a armé pour découvrir une réalité affective derrière le langage des schizophrènes [61]. »

Par son roman familial et sa position d'Alsacien, René Laforgue semble « prédestiné » à devenir le premier disciple français de Freud, le fondateur du mouvement. Son histoire ressemble à celle des Juifs de l'empire austro-hongrois, déracinés, ballottés entre plusieurs religions ou nationalités. Elle s'apparente aussi à celle de ces protestants des contrées helvétiques, fascinés par le problème des langues et de la psychose; à celle encore de ces Juifs orientaux, fuyant les pogromes pour devenir les ambassadeurs itinérants d'un « new deal » psychanalytique.

En 1914, il est mobilisé dans l'armée allemande et envoyé comme médecin auxiliaire sur le front de l'Est. Il découvre les horreurs de la guerre, la peur, la mort, la réalité des maladies, de la crasse et des épidémies. Il est blessé, manque d'attraper le typhus et retourne à Berlin vers ses chères études. L'Alsace est de nouveau française et Laforgue se retrouve interne dans un hôpital psychiatrique de Strasbourg. Il lui arrive alors une surprenante histoire qui va le conduire vers l'étude de la schizophrénie : « Je me rappellerai toujours, écrit-il, une scène fameuse : dans le service des hommes, je m'adressai à un vieux schizophrène qui moisissait, m'assurait-on, dans son coin depuis douze ans, toujours debout, toujours seul, ne parlant jamais, protégé par un mur de mauvaises odeurs, urine, excréments, dans lequel il s'enfermait avec obstination. Tout le monde essayait de me dissuader de lui poser des questions : " Celui-là, docteur, vous y perdrez votre temps, il est irrémédiablement idiot et dément, incapable de répondre. " Mais je lui posai quand même une question : " Réponds-moi, qui es-tu? " Le malade de sourciller et finalement après trois ou cinq minutes d'attente, de me répondre au grand étonnement du personnel : " Je suis le cheval de Nancy avec la femme dessus. " Spontanément je lui dis : " Bonjour Jeanne d'Arc, je suis heureux de te rencontrer. " Le malade sort de son coin, vient vers moi, me tend ses bras avec des larmes dans des yeux restés secs depuis douze ans et s'écrie dans un langage compréhensible pour tout le monde : " Enfin, Dieu merci, je ne suis plus seul sur terre, voici un homme qui me comprend. " Et je me laissai embrasser devant les gens ahuris. Trois semaines plus tard, ce malade n'était plus gâteux. Tous les jours, il a fallu que j'aille le voir et je me promenais une demi-heure avec lui [62]. » Tel est l'extraordinaire génie clinique de René Laforgue.

A cette époque il continue à étudier, en langue allemande, les œuvres de Freud. En 1919, il soutient sa thèse sur la schizophrénie, où il s'intéresse à Jung et Bleuler. C'est à la société de théosophie strasbourgeoise, parmi les membres de l'élite cultivée et libérale, qu'il rencontre sa première femme, Paulette Erikson, elle-même marquée par les problèmes de la spiritualité. Le mariage est célébré en 1922, mais un drame frappe le jeune psychiatre en quête de paternité : sa femme est très vite opérée d'une tumeur bénigne et doit subir une hystérectomie; elle ne pourra jamais avoir d'enfants. On dirait que le malheur s'acharne sur Laforgue; après un divorce et un second mariage, un nouveau drame survient, au seuil de la vieillesse : il est le père d'une petite fille handicapée qui meurt à l'âge de quatre ans.

En 1919, il ouvre aussi un cabinet de généraliste à Strasbourg, qui ne répond pas à ses ambitions. Sa connaissance de la langue française est imparfaite; il ne possède ni fortune ni relations, mais, fort de son intelligence et de son talent, il décide de conquérir la capitale. A Paris, il rencontre Eugénie Sokolnicka qui le prend en analyse puis René Allendy et

Édouard Pichon; il s'installe bientôt dans un appartement d'Auteuil. En 1923, Claude lui confie le poste d'assistant à l'hôpital Sainte-Anne et le charge de cette fameuse consultation dont la Polonaise vient d'être évincée. Il entreprend alors une correspondance avec Freud qui dure jusqu'en 1937.

C'est ici que commence une nouvelle et dure bataille : l'Alsacien s'affirme hostile à tout compromis; il n'est pas chauvin et, comme bilingue, il occupe une position privilégiée; ses lettres sont rédigées en allemand et Freud le félicite pour la perfection de sa langue. Très vite il informe le maître de la parution aux éditions Payot d'un livre, écrit avec Allendy et destiné à faire connaître en France les principes cliniques de la psychanalyse. Il projette, avec Hesnard, la création d'une revue et se propose de mettre en route des travaux de traduction. Il assure Freud de la bienveillance de Claude et lui demande de soutenir auprès de lui Mme Sokolnicka : « Nous placerions la psychanalyse, écrit-il, au cœur de l'enthousiasme scientifique comme l'a fait Langevin pour la théorie de la relativité [63]. »

Laforgue a une grande faiblesse cependant : n'étant pas un « théoricien », il croit que pour introduire une doctrine, on peut séparer sa forme de son contenu et céder sur l'une pour épargner l'autre. Contrairement à Hesnard, il n'est pas opportuniste, et, mauvais navigateur, il déchire ses voiles dans la tempête. Cherchant l'amour des autres, il est séduit par les relations brillantes et s'attire vite une clientèle importante, qui lui permet de sortir de la pauvreté. Il va se trouver très tôt dans une situation difficile, déchiré entre les exigences de Pichon et celles de Freud, qui sont tous deux intransigeants en matière de conceptualité. Face à Freud, il veut apparaître sincèrement comme l'artisan d'une politique sans compromission, mais, à Paris, il ne peut maintenir cette exigence trop lourde pour lui. Côté viennois, on le rappelle à l'ordre, côté français, on lui tire les oreilles : sa situation ressemble à celle de sa terre alsacienne. Il faut à la fois se faire agréer par l'IPA, vaincre les résistances du milieu médical et réaliser l'unité d'un groupe dont les tendances sont antagonistes. Il s'appuie donc sur Claude pour soutenir la psychanalyse en France, sur Freud pour appuyer Sokolnicka contre l'avis de Claude, sur Pichon contre l'emprise viennoise et enfin sur l'autorité de Langevin contre le redoutable Georges Dumas. Le résultat de cette politique est le compromis obligé, dont, pourtant, Laforgue refuse d'être l'artisan.

En 1923, il accepte de signer avec Pichon un article qui marque son ambivalence. Celui-ci est publié dans *le Progrès médical* sous le titre : *De quelques obstacles à la diffusion de la psychanalyse*. Il s'agit d'expliquer au milieu médical l'intérêt que peut représenter pour lui la méthode freudienne : « Il nous semble que la faute [la résistance des médecins] en est, non pas au fond même des doctrines de la psychanalyse, mais à la façon dont elle a été présentée au public français [...] Ceux de nos maîtres qui comme Claude cherchent à intéresser le milieu médical à la psychanalyse ont déjà senti que c'était dans ce domaine surtout de forme que des fautes avaient été commises [64]. » Après avoir cédé sur le fond en croyant sauver un contenu, nos auteurs rejettent sur le milieu littéraire la responsabilité du retard français. Ensuite, ils expliquent vaillamment que les traducteurs suisses ou « slaves » ont donné une traduction fausse des textes freudiens. Le chauvinisme et le mécanisme de la « double détente » réapparaissent, ainsi que l'ostracisme à l'égard des artistes et écrivains : « Dans bien des cas, les psychanalystes suisses ou slaves qui ont transposé en langue française les écrits de l'école de Vienne et de celle de Zurich se sont contentés d'à-peu-près ou bien ont brutalement introduit en français le terme employé en allemand sans prendre garde que ce terme pouvait dans notre langue prêter à la critique, voire au ridicule. Par exemple, il est impossible à un Français de ne pas associer libido avec libidineux. Libido est de ce fait même un mot qui doit être banni de la nomenclature psychanalytique française, pour être remplacé par un vocable mieux approprié à rendre l'idée beaucoup plus générale que les freudistes veulent lui faire exprimer. Cette adaptation de la nomenclature freudienne aux exigences françaises, nous croyons qu'il est encore temps de le faire et nous y emploierons à l'occasion[65]. »

Laforgue et Pichon définissent ensuite la nature de l'ambivalence et le mécanisme du refoulement. Celui-ci n'est pensé ni dans le cadre de la conscience, ni dans celui de l'inconscient mais dans un « entre-deux ». Puis, par une queue de poisson, on en revient à la litanie de la « culture grecque », autre version du « génie latin » : Freud est comparé à Socrate et la cure à une « maîtrise de soi ».

A Vienne, Freud reçoit la première lettre de Laforgue avec beaucoup d'enthousiasme; il s'aperçoit qu'une brèche est opérée dans le concert des résistances françaises et il accepte les projets de Laforgue; il se dit prêt aussi bien à participer au choix des textes à traduire, qu'à obtenir le consentement du Verlag. Bientôt il va envoyer Eitingon à Paris pour prendre contact avec le groupe naissant puis charger Rank de s'occuper des problèmes de publications. Enfin, Jones rencontre Laforgue et la France s'intègre dans le mouvement international. Mais dès 1923, Freud met en garde son interlocuteur. A propos de l'article du *Progrès médical,* il écrit : « Je voudrais vous mettre en garde pour que vous n'alliez pas plus avant dans la voie où vous vous êtes engagés, Pichon et vous, dans votre article. On n'obtient rien par des concessions à l'opinion publique ou à des préjugés régnants. Ce procédé est de plus tout à fait contraire à l'esprit de la psychanalyse, dont ce n'est jamais la technique de vouloir camoufler ou atténuer les résistances. L'expérience a aussi enseigné que les personnes qui prennent la voie des compromis, des atténuations, bref de l'opportunisme diplomatique, se voient en fin de compte écartées elles-mêmes de leur propre route et ne peuvent participer au développement ultérieur de la psychanalyse. A votre collaborateur Hesnard, par ailleurs si apprécié, je fais le reproche d'avoir, pour de telles considérations d'opportunité, laissé presque inchangée la deuxième édition de son livre bien connu, bien qu'une lettre écrite par lui à la même époque fasse état d'une prise de position beaucoup plus avancée en faveur de l'analyse. Je souhaite que ma mise en garde ait du succès auprès de vous, mais n'en suis malheureusement pas sûr [66]. » Cette réponse est terrible parce que les arguments de Freud sont vrais et qu'ils situent par « avance » ce que sera la destinée de Laforgue. Ce dernier a trouvé dans ce maître malade une nouvelle figure paternelle, protectrice et juive comme celle d'Oppenheimer, mais sévère et intransigeante. Quant à Freud, il ne semble pas mettre d'affect dans cette relation; depuis la rupture avec Jung il ne se fait plus aucune illusion sur la validité des compromis, et, concernant la France, il n'a guère d'espoir. L'enthousiasme passionné de Laforgue lui plaît mais ne le convainc pas.

A propos de l'article du *Progrès médical,* Laforgue s'enlise et tente de désavouer Pichon : « Mon nom y a été ajouté après coup, écrit-il, du fait que j'avais préalablement discuté de certains points avec Pichon. J'y ai certes souscrit en dépit toutefois de mes convictions intimes, car je n'aime pas ce genre de discussion. Il s'agit d'un ergotage qui n'a pas la moindre valeur scientifique. Malheureusement, beaucoup le confondent avec la science, ceux en particulier qui estiment qu'il suffit de dire les choses autrement – et ce si possible en long et en large – pour dire des choses nouvelles. » Il ajoute aussitôt : « Le mieux est de se placer sur le terrain des faits [67]. »

La position de Laforgue est impossible : il est évident que Pichon est l'auteur de l'article; le style et le vocabulaire suffisent à le démontrer. Mais le nom de Laforgue y figure, comme signe de l'incertitude de cet homme de « terrain », peu armé pour les discussions rhétoriques. Dans la suite de la lettre, il fait l'éloge de Sokolnicka et Freud en profite pour lui signifier qu'il voit en elle sa « représentante légitime ». Nouvelle blessure pour l'Alsacien révolté...

Après l'épisode de ce texte survient la dispute à propos de la nécrologie de Charcot [68]. La passe d'armes se durcit sur un terrain défavorable au Français. Les conflits qui opposent les deux hommes vont se dérouler dans un temps qui précède et suit la création de la SPP et l'entrée en analyse chez Freud de Marie Bonaparte. Pour l'heure Laforgue est en train d'acquérir la célébrité et le respect qui conviennent à son personnage. Il s'affirme comme le père fondateur du mouvement français, et tente de faire régner un certain ordre dans la confusion des tendances.

René Laforgue va chercher à élargir dans plusieurs domaines la conceptualité freudienne. On trouve en premier lieu l'élaboration de la notion de *schizonoïa* qui veut parachever l'étude de la schizophrénie. La plupart des concepts employés viennent de la plume de Pichon, théoricien du groupe français en matière de nomenclature. Pour définir la schizonoïa, Laforgue a recours aux termes de *résultante vitale, oblativité, captativité,* et *complexe de sevrage.* A partir de la psychose, il tente de construire une nouvelle définition de la personnalité qui élargit la deuxième topique freudienne, en lui ajoutant la notion de *super-ego,* sorte de surmoi réunissant le collectif et l'individuel dans le cadre d'une psychopathologie de l'échec. Cette perspective le conduit à s'intéresser, comme Gustave Le Bon et Freud, aux phénomènes des révolutions, des masses, des chefs et de l'histoire, bref à la problématique du « grand homme ». C'est ainsi qu'il débouche sur une large entreprise de psychobiographie des hommes politiques et des écrivains. Dans un premier temps, il publie, en 1931, un ouvrage intitulé *L'Échec de Baudelaire*, puis, dans une suite consacrée à la psychopathologie de l'échec, il étudie la vie et l'œuvre de Robespierre, Napoléon, et Jean-Jacques Rousseau. Un livre consacré à Talleyrand paraît en 1947, l'année qui suivra son procès [69].

La notion de *schizonoïa* est élaborée conjointement par Claude, Laforgue, Pichon, Borel, Codet et Hesnard dans un vaste cadre de discussion sur les psychoses qui commence en 1924 et se déploie jusqu'à la guerre, à la fois dans la SPP et dans le groupe de *L'Évolution psychiatrique*. De nombreux articles sont publiés dans les deux revues, la RFP et l'EP, sur ce sujet. On peut dire que c'est sous la dominante de cette nouvelle approche de la psychose, par la schizophrénie, que les concepts freudiens sont introduits en France et repensés à travers un savoir psychiatrique, lui-même envahi par la psychanalyse.

La *schizonoïa* est apportée dans le cadre d'une conception de l'affectivité qui permet d'interpréter l'autisme, le délire et les « états limites » de la terminologie anglaise. Le terme, inventé par Pichon, définit une discordance entre l'attitude qu'un sujet cherche à prendre consciemment dans la vie et l'activité psychique inconsciente. Codet et Laforgue regroupent sous ce nom toutes les arriérations affectives provenant d'un trouble de l'évolution des instincts et aboutissant à une résultante vitale déficiente. Le noyau fondamental de la schizonoïa est, pour eux, une tendance à l'activité autistique compensatrice des échecs. Au contraire de Freud, qui sépare la névrose et la psychose, les auteurs français font entrer dans leur définition les névroses, la schizophrénie de Bleuler, la schizomanie de Claude, forme mineure de la schizophrénie, une partie notable de la démence précoce de Kraepelin, et la folie discordante de Chaslin. La schizonoïa participe en outre de la paranoïa (d'où son suffixe), par la fixation à un stade sadique-anal du développement et à cause des mécanismes de projection.

En tenant compte des trois stades freudiens de la libido, Laforgue et Pichon définissent les deux pôles de l'affectivité sous la dénomination du *captatif* et de l'*oblatif*. La *captativité* est la tendance instinctuelle première du jeune enfant à s'approprier ce qui le sert ou l'entoure dans le monde extérieur; l'*oblativité* est, au contraire, la tendance seconde, qui consiste à se tourner vers l'extérieur et à donner à autrui quelque chose de soi. En accédant à l'oblativité, l'enfant sort d'un univers captatif pour devenir adulte. Les deux tendances réunies forment ce que les auteurs appellent la *résultante vitale* c'est-à-dire l'affectivité complète dont dispose l'individu dans ses rapports avec le monde et autrui.

Le mécanisme spécifique de cette entité nosologique est décrit par la *scotomisation*. Le mot vient du domaine de l'ophtalmologie, et désigne une fermeture, un scotome, une aperception psychique; il se distingue du refoulement. C'est sur ce point qu'a lieu le seul grand débat véritablement conceptuel entre Freud et la France, dans le cadre de la correspondance avec Laforgue. Nous y reviendrons...

C'est dans *Relativité de la réalité,* en 1932, que Laforgue commence à tomber dans le piège de l'élaboration d'une psychologie collective [70]. Il réintègre le surmoi dans la problématique de la psychologie sociale en oubliant que la distinction de l'individuel et du collectif est absente de la psychanalyse du fait même que l'inconscient freudien est une notion qui contourne et exclut cette division. Le *super-ego* laforguien est un concept flou et difficile à définir puisqu'il essaie d'étendre à du social le terme de surmoi qui fait partie d'une topique des identifications inconscientes sans rapport avec la psychologie collective ou individuelle. Par ce biais, est introduite une nouvelle manière de penser l'inconscient sous la catégorie de la conscience, proche de la façon dont Bergson rencontre Einstein sur le terrain de la relativité. Le super-ego inclut une partie du ça sous l'espèce de l'héritage et de l'hérédité et une partie du surmoi dans l'idée d'une instance contraignante. Il débouche sur la notion d'*appareil psychique des civilisations* et sur celle d'un *inconscient pathologique* à partir duquel Laforgue introduit la névrose d'échec et sa « psychopathologie ». C'est à propos de cette conception de la réalité « relative » que Pichon écrira un article critique contre son ami [71].

La notion de super-ego prend une extension démesurée dans l'œuvre de Laforgue consacrée aux grands hommes. Il faut dire que son approche de la névrose d'échec de Baudelaire est aussi médiocre que son explication de la personnalité des tyrans. Il n'y a rien de commun entre la manière dont il traite la littérature ou la politique et la technique utilisée par Freud à propos de Wilson et de Léonard de Vinci. Laforgue penche vers une sorte d'humanisme qui consiste à défendre les poètes maudits en montrant qu'ils sont des schizonoïaques, malades de la civilisation. Côté politique, il réactualise l'art du portrait psychologique, en expliquant la panaroïa des chefs par leur enfance malheureuse, ou leur réussite, par le caractère exceptionnel de leur tempérament. On apprend ainsi que Robespierre est vertueux pour cacher sa haine, qu'il met sa révolte personnelle au service de la révolution populaire et qu'il envoie ses amis au bourreau parce qu'il refuse la vie. Il est le chef paranoïaque dont la France a besoin à l'époque, ambivalent, monstrueux et déchirant. Le portrait de Napoléon est aussi décevant que celui de Talleyrand. Le premier porte sa didacture comme une façade construite avec génie, crée lui-même son mythe et possède une double personnalité. Quant au second, c'est un précurseur, puisque Laforgue explique qu'il a su comprendre le fonctionnement du super-ego collectif, payer le prix de toute les transgressions et se montrer capable de réfléchir.

Plutôt que d'examiner en détail la manière dont Laforgue traite le problème des grands hommes, il faut s'interroger sur le sens de sa fascination à leur égard. Pourquoi cet Alsacien, spécialiste de la névrose d'échec, a-t-il si bien réussi sa carrière de clinicien et tellement raté son œuvre d'écrivain et de théoricien?

En réalité il y a un *drame* de la position laforguienne dans l'histoire du mouvement psychanalytique : cet homme est passionnément désireux de s'élever dans l'échelle sociale, il aime les « grandes familles », comme le montre son deuxième mariage avec Délia Clauzel, fille d'un ambassadeur à Vienne. A l'égal de Freud, il s'identifie au personnage d'un conquérant et tente de décrire la folie au pouvoir, mais il ne parvient pas à se distancier de l'histoire qu'il raconte; il « colle » à ses héros, à leurs biographies, à leurs larmes, comme s'il voulait faire la preuve, à son insu, de son échec à occuper la place d'un maître à penser.

Ainsi la politique de Laforgue en arrive-t-elle à se concrétiser dans la quête d'une illusoire psychologie des tyrans et des poètes. Il semble bien que ce praticien soit condamné à être le dirigeant d'un mouvement qu'il ne réussit pas à gouverner, parce que le lieu de son désir, en partie méconnu de lui-même, est moins la politique de la psychanalyse, à laquelle il consacre tant d'énergie, que la « cueillette des fleurs sur le fumier », c'est-à-dire l'écoute de la révolte schizophrénique, inséparable, en lui, d'une recherche de la place impossible du « grand homme ». Pour cette raison, paradoxalement, il n'est pas un véritable « chef » mais, peut-être, l'un des plus authentiques psychanalystes de sa génération : un inoubliable « gourou ».

Un jour de 1925, Marie Bonaparte écrivit à propos de son ami une phrase qui ressemblait à celle-ci : « La langue française est votre amante et la langue allemande votre mère. Vous n'y pouvez rien. On ne choisit pas sa mère, mais on ne parle jamais, de toute la force de son inconscient, que son langage [72]. »

IV. *Édouard Pichon : Docteur Jekyll et Mister Hyde*

Quand il fait la connaissance de Laforgue, Édouard Pichon est un jeune pédiatre que rien ne destinait à la carrière médicale sinon l'autorité paternelle [73]. Il est doué pour les lettres, grand causeur, fort en gueule et connaît sur le bout des doigts la plupart des vieilles chansons françaises. Il possède un sens éblouissant de l'humour et exerce ses talents en improvisant des textes qui caricaturent ses maîtres et ses collègues. Il est né en 1890 à Sarcelles dans une famille originaire de Bourgogne. Son père est devenu notaire après avoir possédé un vignoble. Les Pichon sont des terriens déracinés, marqués par la maladie. Du côté paternel, le diabète emporte le père, le grand-père et deux frères. Du côté maternel, le rhumatisme articulaire aigu frappe la mère, la sœur et Édouard lui-même qui en mourra en 1940.

En 1910, il est externe des hôpitaux de Paris et devient l'ami du neurologue Alajouanine qui sera l'élève de Chaslin. A l'école de médecine, il côtoie Louis Aragon qui se souviendra de lui bien des années plus tard :

« Un grand cheval blême à moustaches couleur de typhoïde à treize ans, le docteur Pichon qu'on l'appelait [...] Obscène le neveu, à souhait. Chantant les airs sacrés de la profession à en avoir des crises de tachycardie. Ne déposant les morpions du De Profondis que pour parler grammaire [74]. »

Dans la grande maison familiale de Sarcelles, vit un personnage du nom de Jacques Damourette. C'est l'oncle d'Édouard, grand lettré, fou de langue et de philologie. Il initie son neveu à la vie du langage et ils rédigeront ensemble durant trente années la fameuse grammaire en sept volumes. Damourette est épileptique, borgne, et tuberculeux. Il porte une barbe de prophète qu'il ne coupe jamais, ne travaille pas mais participe activement à la société des linguistes romanistes. Il faut imaginer la longue histoire d'amour de ces deux hommes malades, rivés à leur table de bois dans le jardin de la maison de Sarcelles, collectionnant les mots, élaborant les dénominations, décrivant la « parlure » de leurs contemporains dans un style baroque. Le neveu a pris très tôt l'habitude de se déplacer avec un petit carnet où il note méticuleusement les termes et les expressions qu'il entend. Quant à l'oncle, il a trouvé un remède à son état de demi-aveugle. Son œil unique est myope et presbyte à la fois : pour éviter de transporter deux paires de lunettes, il a confectionné des branches réversibles sur une seule paire. Un verre est conçu pour remédier à la myopie et l'autre pour corriger la presbytie. Ainsi, quand Damourette veut regarder ses mots de près, il porte ses lunettes dans un sens; quand il veut contempler un lointain paysage, il retourne ses branches et pose ses binocles sur son nez dans l'autre sens. Le même œil bénéficie tour à tour des deux verres correctifs [75]. « C'est le neveu, écrit Aragon, travaillant avec l'oncle, toute pathologie mise de côté, à leur *Grammaire* monumentale, qui essayait de me détourner de la mythologie comme description de l'espèce humaine, pour m'enseigner conjointement la pataphysique et le jargon des salles de garde [...] Affaire de se payer un brin ma fiole, [Pichon classait] mes idées linguistiques avec les auteurs romantiques allemands de l'époque prémullérienne et moi-même au mieux comme un sous-fifre de la *Grammaire comparée* de Bopp [76]. »

Durant la Grande Guerre, où il est médecin militaire, Pichon sent venir les premiers signes de la maladie. Il connaît l'issue fatale du rhumatisme et les formes d'infirmité qu'il engendre. Toute sa vie il sera hospitalisé, handicapé et diminué au point de circuler dans une chaise roulante. Il est soigné avec un traitement au salicylate qui provoque des épisodes délirants. Il prendra pour sujet de sa thèse de médecine son propre mal dont il individualisera la forme et dont il décrira, avec une minutie de grammairien, l'évolution et l'incurabilité.

En 1924, il est nommé docteur en médecine et chef-adjoint de clinique infantile. Il poursuivra sa carrière à l'hôpital Bretonneau où il aura pour élève Françoise Marette-Dolto. C'est Alajouanine qui présente Édouard Pichon à Adrien Borel et celui-ci lui fait rencontrer René Laforgue. Il mène de front sa carrière médicale, psychanalytique et linguistique, fréquente les milieux universitaires et littéraires et vise la chaire de linguistique au

Collège de France. En 1927, il épouse Hélène Janet, qui est elle-même une grande malade, tuberculeuse. La même année, il demande son adhésion à la *Ligue d'action française*. Le 2 avril il écrit à Maurras cette lettre : « Monsieur et admirable maître, je ne suis pas un rationaliste pur. Quelque beauté, quelque utilité qu'ait la raison, il me semble que le cœur est, si j'ose ainsi parler, plus divin encore. Aussi bien suis-je incurablement religieux. Je sors d'une vieille famille de bonne race. Je sors d'une famille catholique. J'ai été élevé hors de l'Église. Baptême mais point communion. Je me retrouve pourtant foncièrement catholique, en tant que le catholicisme, facteur d'ordre social, familial et national s'opposerait à l'esprit judaïque ou protestant. [...] le Pape est en train de se faire protestant, c'est la raison de mon humble demande d'adhésion [...]. Un dernier point : je suis psychanalyste. Les résultats obtenus par la méthode freudienne ont obligé ma bonne foi à accepter cette discipline. J'ai écrit récemment un article pour montrer que l'adoption de la psychanalyse comme méthode thérapeutique n'entraînait en rien la renonciation à aucun style métaphysique, moral ni religieux. Mais surtout à la suite de l'immonde livre de Gaucher et de la préface que cet individu a arrachée à Freud, les attaques de M. Daudet contre le freudisme ont été si vives que je crains presque que ma foi dans cette méthode thérapeutique ne devienne une entrave à mon admission dans la ligue d'AF. [...] Je suis tel, m'acceptez-vous tel? Si oui, j'adhère demain à l'AF [77]. »

Tel est en effet Édouard Pichon : incapable d'opportunisme, fanatique, intransigeant, ne cédant pas sur son désir. Il se tient au plus près de ses contradictions extrêmes et réclame avec absolutisme qu'on accepte ses projets les plus fous. Il est hostile au judaïsme sans être un antisémite notoire. Il adhère à l'AF alors même que cette ligue combat l'essence du freudisme, doctrine « juive », antichrétienne. Il est membre fondateur de la SPP qui défend une théorie que ses amis antisémites enverront au bûcher. Au milieu des psychanalystes, Pichon soutient la ligne politique et idéologique de *L'Action française* et cherche à franciser la conceptualité freudienne. Chez les maurrassiens, il mène croisade pour les idées d'un Juif viennois [78]. On dira qu'il est malade, psychotique, dérangé, mais ce troubadour est adepte autant que Freud de la cause qu'il défend. A Vienne on se méfie de lui; Freud le considère comme l'homme à abattre mais ne l'attaque jamais directement. Il tient à distance ce redoutable personnage, gendre de Janet, partisan de la rénovation de la nation française. Marie Bonaparte voit en lui un revenant de cette ancienne monarchie que la dynastie napoléonienne a envoyé aux enfers. Quant à Laforgue, il ne saura jamais choisir son camp. Freudien de cœur et d'esprit, il aime la France comme une maîtresse qui le persécute. Allemand de formation, il ne peut se résoudre au chauvinisme pichonien. Il acceptera la tâche ingrate de régner sur les enfants terribles d'une patrie en miettes.

L'orientation de Pichon tend à ramener le freudisme dans le giron de la médecine en séparant la théorie, jugée dogmatique, de la pratique considérée comme « assimilable » par l'esprit français. Pour réaliser ce programme, il s'appuie sur les idéaux politiques de *L'Action française* et sur sa théorie de la langue et de la grammaire. Tous les thèmes pichoniens se tiennent : franciser la conceptualité freudienne, c'est lui donner une assise solide à l'intérieur d'une « race » ou d'une mentalité. Adapter la technique psychanalytique au discours médical, c'est soumettre le freudisme à une « langue » qui lui est étrangère. La doctrine maurrassienne sert de base à une position linguistique qui inclut la langue dans le mythe de la nation et celle-ci est utilisée simultanément pour construire l'édifice d'une psychanalyse conforme à la mentalité française. Pichon n'est pas chauvin à la manière d'Hesnard. Il ne fait pas de compromissions avec l'idéologie dominante. Au contraire, il est l'incarnation extrême d'une idéologie à partir de laquelle il conçoit un projet théorique. Chez lui, le culte du génie latin fait partie intégrante d'un programme politique concerté. Ce dernier est voué à l'échec mais il va imprégner fortement l'histoire du mouvement psychanalytique, aussi bien dans ses travaux conceptuels, que pour la traduction des œuvres viennoises. C'est toujours à propos des théories pichoniennes que des conflits éclatent entre Vienne et Paris. Mais Freud et Pichon s'affrontent par personnes interposées, essentiellement à travers Laforgue et Marie Bonaparte.

Après des travaux sur les cardiopathies et le rhumatisme articulaire aigu, Édouard Pichon s'oriente vers la neuropsychiatrie infantile puis vers la psychologie de l'enfant, cherchant à bâtir un système pédagogique à l'usage des représentants de l'art médical. Dans son manuel d'étude sur *Le Développement psychique de l'enfant et de l'adolescent* [79], publié en 1936, il prend nettement parti pour Anna Freud contre Mélanie Klein en affirmant que la psychanalyse des enfants doit être contrôlée par une autorité éducative. Avec son goût habituel pour les vocables baroques, il se propose de créer une nouvelle discipline, la *psychopédeutique,* dont les principes doctrinaux sont déduits d'un mélange savant entre les thèses de Janet, Freud, Piaget, Binet et Wallon. A chaque auteur, il reconnaît son dû et il critique les uns à l'aide des autres. La question langagière est mêlée à celle du développement psychique et deux grandes étapes formatives sont distinguées : avant et après le langage. Celui-ci est divisé en trois fonctions; *appétitive, ordonnatrice* et *réalisatrice.* Le plan *locutoire* est séparé du plan *délocutoire :* dans le premier, le sujet ne forme ni concepts ni jugements mais cherche à agir par ses émotions. Dans le second apparaît l'expression de rapports entre les concepts. Pichon souligne que « M. Lacan a raison de dire que le concept naît avec le langage », puis il condamne le bilinguisme et distingue deux « types mentaux », empruntés à Binet, mais dont la dénomination est de son cru : le *sensu-actuoriel* où prédominent les facteurs archaïques non spécifiquement humains et le *lingui-spéculatif* qui inclut la pensée-langage. A propos de la psychanalyse, il débaptise les termes et introduit son propre vocabulaire : le stade oral devient *anérotico-buccal* et la période de latence s'appelle phase de *décharnalisation.* Après cette belle épopée, Pichon consacre la troisième partie de son ouvrage à l'éducation normalisante qu'il appelle *ortho-psychopédie.* Celle-ci doit être à la fois diversifiante, spiritualisante et concaténative, c'est-à-dire intégrée dans la « chaine » de la tradition. L'auteur condamne le travail des femmes mariées, encourage le scoutisme puis conseille aux parents de parler aux nourrissons et de tondre les garçons pour qu'ils ne ressemblent pas aux filles; il affirme que la psychanalyse ne met pas en cause la vraie foi religieuse : « On se doit de savoir aussi que beaucoup de familles demanderont qu'il ne soit pas touché à la foi catholique de leurs enfants. On pourra leur donner loyalement cette assurance; car entreprît-on même une psychanalyse en règle au cours de laquelle les réactions religieuses auraient à être analysées commes les autres pour les attaches libidinales qu'elles pourraient avoir contractées, on peut être sûr que la véritable foi, qui se meut sur un tout autre plan, n'en saurait être atteinte [80] ». Ce thème constitue l'une des pierres d'angle de ce qu'il faut bien nommer « la psychanalyse pichonienne ».

Ce Manuel obtient, en plein Front populaire, un fantastique succès. Il servira durant des années de Bible pour les médecins et les éducateurs. On peut se demander, avec le recul, si son caractère fortement orthopédique, génial par éclairs, mais le plus souvent doctrinal, rigide et moralisateur, n'a pas, comme d'autres méthodes de la même inspiration, servi à fabriquer tantôt des juristes fous et tantôt des éducateurs psychotiques...

Dans un article de 1928 intitulé *Position du problème de l'adaptation réciproque entre la société et les psychismes exceptionnels* [81] Pichon exprime dans l'organe officiel de la SPP sa ligne politique en matière de psychanalyse. Il abandonne la stricte définition organiciste de la maladie mentale pour reprendre la thématique de la dégénérescence du côté de l'inadaptation et de la délinquance. Sa position permet d'expliquer « l'efficience de toutes les méthodes purgatives, désencombrantes, cathartiques, dont la psychanalyse, la confession auriculaire catholique, le pardon sincèrement et tendrement accordé, en même temps qu'humblement et tendrement accepté, la simple effusion confiante, ne sont après tout que les formes diverses ». Il propose que la psychanalyse soutienne une police c'est-à-dire « la création et la conservation d'un certain nombre de garanties de douceur qui rendent la société policée ». Il défend l'ordre et compare la clinique médicale sur laquelle doit s'ordonner la psychanalyse à ce que Maurras appelle « l'empirisme organisateur ». Il nomme *inincorporables* ceux des fous et des criminels réputés que la société doit rejeter hors de ses rangs. Si l'éducation a échoué dans son projet d'adapter les individus à la société, c'est le médecin, armé de la psychanalyse, qui doit suppléer à l'impuissance de l'éducateur. Pichon poursuit son article en défendant le renfermement et utilise un vocabulaire qui évoque les grandes heures du combat des aliénistes : « Il y a enfin, écrit-il, des individus agités qui sont sujets à se lancer dans les fredaines les plus déshonorantes, dans les frasques les plus bizarres. Sans leur imposer absolument la marque infamante de la folie ni celle de la délinquance ou de la criminalité, la société devrait pouvoir les mettre maternellement en tutelle. L'Ancien Régime avait pour cela [...] un système beaucoup plus souple que le nôtre, système dont l'Hôpital général (entité administrative ayant son centre à la Salpêtrière) et la Bastille étaient les rouages principaux. » Il s'attaque ensuite poliment à son adversaire principal, la redoutable Princesse, toujours prête au sauvetage des démunis, et il défend le Droit contre la Justice : « Les juges n'ont pas à dire la justice mais à dire le droit. Pour la princesse Bonaparte, la responsabilité n'existe pas du tout. Mais à elle comme à moi-même est apparue, de par le simple examen clinique impartial des cas concrets, la vanité des prétentions qu'on a classiquement à trier les criminels et délinquants en responsables et irresponsables. Aussi elle et moi sommes-nous absolument d'accord, sur l'empirique terrain des faits, pour penser que responsable ou irresponsable au point de vue légal a perdu son sens et que le mot de responsabilité devrait être rayé du code. C'est avant que le crime ne se commette qu'il y a lieu de tout faire – psychothérapie, psychanalyse, internement à temps, voire internement à perpétuité – pour empêcher qu'un événement funeste ne se réalise. Mais une fois l'infraction à la loi pénale (délit ou crime) commise, à la société de mettre en jeu sa puissance répressive, et, si l'intérêt général l'exige, sa puissance suppressive. » Dans une envolée lyrique, Pichon défend la peine de mort au nom de l'exemplarité, saluant au passage l'action de Charlotte Corday : « Certes, la sombre brute qui n'a plus rien d'humain ne sera pas arrêtée dans son élan meurtrier par la peur de la guillotine, mais elle-même devra être abattue pour l'exemple. Car beaucoup de candidats au crime, au milieu de leurs entraînements funestes, conservent encore en eux cet élément normal, *la peur de la mort,* et peuvent être retenus par là sur la voie du meurtre. Beaucoup de gens savent risquer la mort; beaucoup moins nombreux sont ceux qui osent aller au-devant d'elle à coup sûr, comme l'a fait Charlotte Corday. Aussi la peine de mort, je le concède, n'a-t-elle son exemplarité que si elle est appliquée régulièrement à tout meurtre hors de la légitime défense. *La conserver dans le code pour en saboter l'application est évidemment une sottise*[82]. »

Cette dernière phrase est révélatrice de l'ensemble de l'attitude pichonienne. Un grammairien est toujours un juriste en sommeil. A la différence du linguiste, il ne décrit pas simplement des faits et ne construit pas seulement une théorie, il légifère, différencie la norme et la pathologie, définit le beau parler et stigmatise les écarts et les mauvais usages. En matière de psychanalyse, comme ailleurs, Pichon est un législateur. Sa vie entière se confond avec la croisade qu'il mène pour définir les règles « juridiques » d'une « psychanalyse française » et édifier sa langue. A l'intérieur de la SPP, il est le fondateur et l'animateur d'une commission pour l'unification du vocabulaire freudien et il impose les principes d'une traduction inspirée par le modèle de sa grammaire : il est le Littré du mouvement. Dans cette perspective sa cohérence est exemplaire. Anti-abolitionniste, il ne peut admettre que l'on se moque du code. Un abolitionniste convaincu ne le contredirait pas : ou la peine de mort est inscrite dans la Loi pour être appliquée, ou elle disparaît de la Loi; il n'y a pas de demi-mesure; entre ces deux solutions, aucun compromis n'est possible : l'attitude pichonienne est peut-être moins répressive qu'elle n'en a l'air.

Notre homme, en effet, s'écarte de la position classique des aliénistes et réclame l'abolition de la distinction entre la responsabilité et l'irresponsabilité. Contre Edouard Toulouse, il aurait envoyé Joseph Vacher à la guillotine. Pour ce monarchiste intégral, Pinel et Esquirol sont des fauteurs de troubles; ils ont fait du fou un irresponsable. Pichon, lui, hostile aux principes de la Révolution, cherche au contraire soit à l'intégrer dans la société comme citoyen à part entière, soit à l'en expulser comme criminel. Il rêve d'un état féodal qui n'existe plus, dans lequel la folie était l'équivalent du vagabondage : d'où sa position répressive qui est la contrepartie de son antiorganicisme. Si la folie n'est pas une maladie, on ne voit pas pourquoi le fou serait irresponsable devant la Loi. Mais Pichon est aussi un adepte de la psychiatrie dynamique moderne, ce qui explique son attitude contradictoire : il en vient donc à affirmer à la fois que la délinquance est une maladie que l'on peut prévenir et une déviance incurable, c'est-à-dire une folie. Il ne sort de ce dilemme doctrinal qu'au prix de son maurrassisme, forme politique de son juridisme. Cela lui permet d'abandonner le point de vue médical et de juger le crime comme une infraction à la loi.

Ce texte est unique dans les annales de la RFP et l'on peut imaginer les discussions qu'il suscita. Dans le groupe, régnait l'atmosphère souple d'un certain libéralisme bourgeois. Pichon ressemblait à un personnage de la planète Mars, avec son fanatisme, ses extravagances de langage et surtout cette sorte de « paranoïa » propre aux législateurs, gênante, et d'autant plus incommode qu'elle s'exprimait dans des termes maurrassiens.

Dans *L'Évolution psychiatrique,* Pichon exprime, autant qu'à l'intérieur de la SPP, sa défense et illustration du point de vue médical. Non seulement la psychanalyse, mais aussi la médecine, doit être « française ». Il prend position d'emblée contre la Laienanalyse et contre Marie Bonaparte qui représente l'adversité dans ce domaine. Il accepte la règle, fixée par l'IPA, de l'analyse didactique obligatoire, mais récuse le principe de l'internationalisme. Dans un article de 1932, intitulé *La Psychanalyse dans l'art médical*, il écrit : « Les psychanalystes vraiment soucieux d'orthodoxie freudienne [...] tiennent que pour être psychanalyste, il est inutile d'être médecin. La psychanalyse, à leurs yeux se suffit à elle-même; pour un peu, on irait même jusqu'à dire que les connaissances médicales et le sot orgueil professionnel qu'engendre la possession du diplôme de médecin sont plutôt un obstacle pour la formation d'un bon psychanalyste ». En revanche, il est absolument indispensable, pour être psychanalyste, d'avoir soi-même subi à titre didactique, la psychanalyse. Enfin, les sociétés psychanalytiques des divers pays ont coutume de s'affilier à une association internationale gravitant autour de Vienne et de Berlin; et le sentiment d'exaltation que les vrais croyants tirent de leur qualité de psychanalyste est tel que M. Freud peut en s'adressant à eux écrire cette phrase énorme : " Le psychanalyste ne devra pas vouloir être anglais, français, américain ou allemand avant d'être adepte de l'analyse, et il lui faudra placer les intérêts communs de celle-ci au-dessus des intérêts nationaux. " Comment réagir devant une telle construction? Tout accepter en bloc, c'est impossible. Tout rejeter en bloc ce n'est pas non plus la bonne solution, car les notions psychologiques capitales sont enfermées dans la conception freudienne. [83] »

Telle est bien la politique de Pichon. Il tente d'élaguer ce qu'il trouve inadmissible dans la doctrine freudienne, et s'en prend donc à l'athéisme de Freud cherchant à séparer la technique de la doctrine, afin de préserver de toute critique la Morale et la Religion. C'est le noyau de rationalisme cartésien de la pensée maurrassienne qui doit lui permettre de corriger le caractère « allemand » de la théorie viennoise. Il attaque la « sociologie freudienne » et compare l'IPA à une organisation collectiviste à laquelle il oppose le modèle monarchique : « Sur le terrain politique enfin, les tentatives collectivistes et standardisatrices ont fait suffisamment leurs preuves de nocivité pour que rien n'aille contre cette évidence. D'ailleurs, on peut tout aussi bien interpréter les données psychanalytiques dans un sens que dans l'autre : pour ma part je conçois volontiers *la monarchie protectrice des diversités comme la transposition dans l'ordre social de ce qu'est en clinique psychologique une âme bien maîtresse de soi* [84]... ».

Il range dès lors la psychanalyse parmi les autres formes de psychothérapie. Comme toute méthode, elle comprend des contre-indications et le psychanalyste doit non seulement rester lié à l'esprit médical mais également demeurer médecin des corps et procéder à l'examen somatique de ses patients. Dans un élan populiste, qui est la contrepartie de son monarchisme, Pichon déclare sans sourciller que la psychanalyse ne peut réussir qu'avec des malades intelligents, l'intelligence n'étant pas l'apanage des classes possédantes : « Et le degré d'intelligence nécessaire est d'autant plus grand, écrit-il, qu'on a affaire à des patients moins cultivés. La psychanalyse s'adresse donc à une élite. Le médecin ne doit pas l'oublier quand il est appelé à en décider l'emploi [85]. »

Pichon propose un programme aussi totalitaire en matière psychanalytique que dans le domaine éducatif. Il édicte la Loi et décrète, par exemple, que la cure est inapplicable aux personnes âgées de plus de quarante-cinq ans (on songe à Marie Bonaparte), qu'un examen psychiatrique classique avec « interrogatoire » est indispensable et qu'enfin la personnalité de l'individu prime sur la théorie : « Ici je me sépare hautement de certains psychanalystes étrangers qui vont espérant que la technique de la méthode freudienne et la science même des symboles se développeront un jour assez pour que la personnalité du psychanalyste n'ait plus d'influence sur l'issue du traitement [86]. » Cette déclaration est d'autant plus curieuse qu'elle semble privilégier la technique férenczienne contre l'orthodoxie. Pichon a l'air de s'attaquer à ceux qui veulent standardiser la cure et se débarrasser de la question du transfert. Mais en réalité, il propose des règles aussi rigides que celles qu'il prétend dénoncer. Sans s'en apercevoir il construit un programme qui s'adapte à celui des notables de l'IPA, avec une différence cependant : il soutient ouvertement la politique chauvine du chacun chez soi et réclame que la souveraineté de chaque nation sur son propre territoire soit inscrite au programme des sociétés d'analystes. Son chauvinisme antiviennois n'est pas identique à celui des Anglo-Américains et son antifreudisme n'a pas l'allure, comme chez Janet ou Hesnard, d'une défense de la science et de la psychologie contre le « pansexualisme » et le « symbolisme ». Pichon s'inspire d'une autre tradition, celle inégalitariste et héréditariste que l'on retrouve chez Barrès, Drumont, et Daudet, c'est-à-dire celle des théoriciens de la « race » et de la « nation ». Mais de même qu'André Breton et Jacques Lacan rencontrent Freud sur le terrain de la pensée allemande et dans le sillage de la philosophie hégélienne, de même Pichon croise la psychanalyse par la voie « philosophique » de Maurras. Il construit son projet dans l'après-coup de l'affaire Dreyfus, à ce moment de bascule où pèse sur l'intelligentsia française de droite la honte d'une magistrale erreur judiciaire dont elle a approuvé le verdict au nom de l'antisémitisme. Bien qu'il en soit la continuation, le maurrassisme est en rupture avec les anciens idéaux de la dégénérescence. Il est hostile aux fantômes ténébreux de la race démoniaque et syphilitique; il combat la pensée de ses propres ancêtres et renonce à l'occultisme de l'avant-siècle pour prôner la lumineuse renaissance d'un rationalisme cartésien inféodé à la splendeur du génie latin. La mer Méditerranée redevient le symbole d'un classiscisme qui s'énonce dans le rejet des transes du Romantisme. L'itinéraire de Pichon s'inscrit dans cette nouvelle référence au culte de la latinité où se retrouvent pêle-mêle les valeurs défendues par le dreyfusiste Anatole France, et par l'antisémite Daudet, reconverti au maurrassisme.

Notre futur psychanalyste est âgé de dix ans lorsque son « admirable maître » commence sa carrière fulgurante et publie sa très fameuse *Enquête sur la monarchie* pour dénoncer l'esprit républicain et défendre la monarchie institutionnelle, héréditaire et antiparlementaire. Il a quinze ans lorsque Maurras écrit ces mots dans *L'Avenir de l'intelligence :* « Sans doute le catholicisme résiste, et seul : c'est pourquoi cette Église est partout inquiétée, poursuivie, serrée de fort près. Chez nous, le Concordat l'enchaîne à l'État qui, lui-même est enchaîné à l'Or et nos libres-penseurs n'ont pas encore compris que le dernier obstacle à l'impérialisme de l'Or, le dernier fort des pensées libres est justement représenté par l'Église qu'ils accablent de vexations! Elle est bien le dernier organe autonome de l'esprit pur. Une intelligence sincère ne peut voir affaiblir le catholicisme sans concevoir qu'elle est affaiblie avec lui [87]... ». Le jeune Pichon a un an de plus lors de la cassation du jugement de Rennes en 1906. Enfin, il a l'âge adulte et il a rencontré Laforgue et Sokolnicka quand Maurras réédite son *Enquête* en 1924, accompagnée d'un *Discours préliminaire* où il réclame la chute d'une République jugée malfaisante et l'avènement d'un pouvoir monarchique fondé sur des vertus guerrières [88].

La Ligue à laquelle adhère Pichon n'est plus l'ancien groupement des belles années de l'antidreyfusisme. Pour cette nouvelle droite-là, Barrès est devenu une momie bien-pensante, un pilier de l'ordre établi. L'irrésistible ascension de Charles Maurras va de pair avec le renouveau du nationalisme. Cet écrivain provençal né en 1868 est féru de littérature, amoureux du beau parler et monarchiste impénitent. Il fait remonter sa propre « conversion » à l'année 1896 où un voyage en Grèce lui a donné le sentiment de la décadence nationale. Au début du siècle, il fait figure d'héritier du jeune Barrès, de celui qui avait mené le tapage contre la tradition. Mais l'auteur des *Déracinés* s'est refusé à entrer dans la Ligue au nom de l'acceptation du verdict de l'Histoire et de la légitimité républicaine. Avec son nouvel activisme, le mouvement maurrassien conteste celle-ci : « Au lendemain de la guerre, écrit Zeev Sternhell, l'*Action française,* comme Barrès vingt ans plus tôt, commencera sa trajectoire vers le centre : sa fonction de mouvement franchement radical sera désormais remplie par les divers mouvements fascistes où proliféreront les anciens du mouvement maurrassien [89]. »

L'intégration de la monarchie au nationalisme se fait par une redécouverte des idéaux de la royauté. Comme Maurras, auquel il s'identifie, Pichon n'est pas de sang royal mais il vient au monarchisme par la logique d'une réflexion positiviste et rationaliste. Il est plus nationaliste que monarchiste et plus monarchiste que royaliste. Dans sa verbalisation extrême, l'*Action française* reprend les injures outrancières de ses aînés. Elle appelle la République « la Gueuse », et écrit comme Drumont. L'antisémitisme s'y retrouve : Maurras dénonce le Juif qui cherche à perdre la France; il retranche de l'Histoire la Révolution de 1789, alors que Barrès la revendiquait comme un épisode glorieux. Le bonapartisme est condamné, forme et fond, et surtout les nouveaux ligueurs sont antiromantiques, germanophobes, tout en préparant le terrain au fascisme : certains glisseront vers lui en 1940. Le dogmatisme règne avec le goût de la certitude et l'assurance de savoir trancher entre le vrai et le faux. La Ligue est construite comme une Église et défend une Cause. Pichon puise à cette source une force doctrinale capable de rivaliser avec la politique viennoise en offrant à la psychanalyse un cadre nationaliste. En 1926, le catholicisme peu orthodoxe de la pensée maurassienne est condamné par Rome. Pichon fait allusion à l'événement en disant que le Pape devient protestant. L'intégrisme de l'*Action française,* hostile au libéralisme, fournit à la droite la philosophie qui lui manquait pour s'opposer à la pensée allemande, au judaïsme et au marxisme.

En 1936, Roland Dalbiez, ami de Pichon, publie un livre qui aura un retentissement considérable dans tous les milieux : *La Méthode psychanalytique et la Doctrine freudienne* [90]. Le titre parle de lui-même. Il s'agit pour l'auteur de séparer la méthode psychanalytique, jugée apte à enrichir la psychiatrie, du freudisme considéré comme une philosophie incohérente. Dalbiez refuse la notion de refoulement et lui oppose une inconscience primitive. Il distingue l'association (ou automatisme) de l'interprétation des rêves. Enfin, il donne à la psychogénèse des névroses une explication pavlovienne et réflexologique. Il reproche par ailleurs à Freud d'être un philosophe raté et l'accuse d'avoir procédé à une réduction des idées religieuses et morales en voulant traduire la métaphysique en métapsychologie. L'ouvrage va permettre à Pichon d'asseoir sa position sur de nouvelles bases en utilisant la résistance au freudisme pour introduire sa conception d'une « psychanalyse française ».

Dans un article publié en 1938 et intitulé *De Freud à Dalbiez*[91], il rend hommage à son ami sans lui épargner ses critiques. Sur le symbolisme, il accepte le point de vue freudien et se démarque de ce qu'il appelle « l'hérésie de Zurich ». A propos de la religion, il écrit : « Ce qu'il me paraît, c'est que M. Freud, de même qu'il sauve son matérialisme en jetant sans cesse dans sa géniale œuvre psychologique des considérations biologiques vides, sans appui aucun, qui n'y ajoutent rien, est de même foncièrement poussé à sauver son irréligiosité à priori, en bouchant toutes les fenêtres qui risqueraient de donner sur une finalité morale. » Le combat pichonien est ainsi clairement philosophique : il oppose la bonne cause du spiritualisme à un matérialisme freudien erroné. Ceci l'amène à prendre position pour un primat de la conscience sur l'inconscient, dans le sens d'un néo-cartésianisme, capable de retrouver les idéaux d'une médecine « à l'ancienne » unissant l'âme au corps : « Quant à l'inconscient lui-même, écrit-il, M. Dalbiez est beaucoup plus près que moi des idées de M. Freud. Puisqu'il admet des faits psychiques sans conscience qui les supporte, il lui est facile de suivre M. Freud *dans cette notion qui m'a toujours paru et me paraît toujours incompréhensible d'un inconscient psychologique qui soit toujours inconscient, non seulement pour la personnalité centrale du patient mais pour qui que ce soit*[92]. »

C'est dans les trois conférences datées de 1937 et intitulées avec humour *A l'aise dans la civilisation*[93] que Pichon complète son programme philosophique et politique par un projet culturel et idéologique. En 1929, Freud a publié *Das Unbehagen in der Kultur* qui se traduit littéralement par « Le malaise ou la gêne dans la *culture* ». Le texte paraît en français dans la RFP en 1934, traduit par le psychanalyste suisse-romand Charles Odier avec le titre suivant : *Malaise dans la civilisation*[94]. Le passage du mot *Kultur* à celui de *civilisation* pose un problème dont la teneur a échappé à l'attention du traducteur. A travers l'opposition entre les deux vocables, on peut lire toute l'histoire d'une bataille qui se prolonge encore de nos jours, et dont Pichon était partie prenante en 1937. Dans la langue allemande, *culture* (Kultur) tend à désigner un fait individuel et *civilisation* (Civilization) un phénomène collectif. A cela il faut ajouter la *Bildung,* ou formation personnelle. Plus précisément, le mot *Kultur,* dans la tradition germanique, définit un vécu spécifique où s'engouffrent à la fois la poésie, le sentiment religieux, l'émotion personnelle, l'architecture, la musique et la science. A l'opposé, *civilisation* est un mot d'importation, sans grande envergure, qui désigne l'extériorité d'une situation culturelle. L'antithèse culture/civilisation n'a pas le même contenu historique et idéologique en français et en allemand.

Pour les philosophes des Lumières, la civilisation est le statut auquel les peuples sont parvenus, une fois sortis de l'état de nature. La culture désigne alors les valeurs et les pratiques qu'ils ont conservées de ce premier état. Les anthropologues du XXe siècle ont repris le terme de culture en ce sens et l'ont associé à la notion de différence. Alors que la civilisation universalise et légifère en introduisant l'idée d'une progression des mœurs, la culture différencie et englobe les marginalités. Elle a un contenu antiethnocentriste.

Employer le terme *Kultur* comme le fait Freud en 1934, c'est mettre au cœur de la psychanalyse la question de l'universalité, non de la civilisation contre la barbarie, mais d'une structure interne, œdipienne ou culturelle qui commanderait, par-delà les différences ethniques, le fonctionnement des sociétés. Le mot *Kultur* dans le vocabulaire freudien se rattache à la tradition allemande. Il définit à la fois l'intériorité d'une situation individuelle et l'extériorité d'un mécanisme civilisateur. En même temps, il abolit la division entre l'individuel et le collectif. Il désigne la totalité des œuvres et organisations dont l'institution nous éloigne de l'état animal. La *Kultur* protège l'homme contre la nature et règle les relations des hommes entre eux. En somme, elle autorise le mécanisme de la sublimation des pulsions et empêche le ça de répandre ses « instincts meurtriers ». Chez Pichon le mot civilisation a un tout autre sens. Il renvoie à la fonction légiférante du Bien contre le Mal. Le siècle des Lumières a mis la civilisation au centre de sa problématique mais il a posé l'accent sur les « différences culturelles » (le mythe du bon sauvage). Sa philosophie est à la fois universaliste : elle croit au progrès de l'humanité, et antiuniversaliste : elle prône le retour aux sources et valorise des modèles culturels, sans doute imaginaires, mais « différents ». Le discours maurrassien dont s'inspire Pichon affirme une haine absolue de la Révolution française, fille des Lumières, mais reprend à son compte l'idée civilisatrice et la fonction totalisante du progrès qu'il oppose au caractère brumeux de la pensée teutonne. Maurras défend la Civilisation, c'est-à-dire la Rationalité, contre la *Kultur,* comprise comme une intériorité spirituelle [95].

Pichon peut donc « retourner » le texte de Freud et s'amuser à ses dépens, en s'appuyant sur l'ambiguïté d'une traduction. *A l'aise* s'oppose à *Malaise* dans un registre orthopédique et dans la mesure même où le mot *civilisation* dénote la supériorité du « Génie latin » sur la « Kultur boche ». Les trois conférences réunies sous ce titre énoncent un incroyable programme. La première contient une défense du complexe d'Œdipe repensé dans le cadre d'une opposition entre la « bonne » différence des sexes et la « mauvaise » génitalité. Elle se conclut par un appel civilisateur à l'atténuation de la brutalité génitale et à l'exaltation de « l'homme-mâle » et de la « femme-femme ». La seconde est une sorte de discours anthropologique très érudit sur la valeur du mariage et du patriarcat. Non sans une certaine drôlerie, Pichon part en guerre contre le féminisme qu'il baptise *hominisme* : « Ce terme imaginé par Damourette, écrit-il, se réfère à homo, nom de l'espèce humaine entière, donc nom où l'homme et la femme sont confondus. » On imagine aisément quels coups de bâton notre législateur a dû recevoir lorsque les femmes de 1937 et notamment Marie

Bonaparte ont découvert sous sa plume cette curieuse diatribe : « Voyons en effet où se situent socialement les féministes : en général parmi les femmes qui versent dans tous les mouvements de révolte sociale : elles sont bolchevistes, végétariennes, nudistes; elles s'affilient à des sectes religieuses bizarres, telles que le " mazdaznan ", la " Christian Science ", etc. Et on aurait tort de voir dans ce non-conformisme la manifestation d'une originalité personnelle que je serais le premier, dans mon horreur de la standardisation, à encourager; car ce qu'il faut à ces femmes, ce n'est pas la liberté de penser personnellement, ce sont des sectes organisées pour la révolte. Enfin et surtout, elles sont des *stigmates pathologiques* : nous autres psychanalystes, nous savons que ce sont des *infirmes de la génitalité* : intrasexuelles avouées ou latentes, frigides, etc. "[96]. » La troisième conférence, sur laquelle nous reviendrons, est intitulée *Comment la pensée prend corps* et contient une discussion sur la conceptualité saussurienne. Ce texte tripartite met en lumière, en tout cas, un des traits essentiels de la pensée pichonienne selon laquelle le combat psychanalytique, linguistique et politique relève d'un même projet théorique.

Cet homme, qui par les traits de son visage, ressemble fort à Léon Blum, son ennemi « héréditaire », ne se contente pas d'être le Littré du mouvement psychanalytique. Il rêve d'un Maurras à la tête du groupe français. Il voudrait transformer la SPP en une ligue militante, armée d'une doctrine cohérente et cherche désespérément en Laforgue la figure d'un maître capable de réaliser ses desseins. Mais l'Alsacien le déçoit comme il déçoit Freud et progressivement, Pichon assiste à la débâcle de ses projets de croisade. L'*Action française* a creusé le lit du fascisme et notre grammairien, qui est violemment hostile à Hitler et à Staline, continue à faire semblant de croire que son cher pays est à l'abri des doctrines étrangères. Il ne comprend rien à la capitulation de Munich et un an avant sa mort en 1939, alors qu'il est complètement infirme, il continue à confondre la théorie freudienne avec une tyrannie et à mettre dans le même sac le nazisme, le bolchevisme et le Front populaire. Avec une grande amertume, il reproche à son ami Laforgue de n'avoir pas su choisir son camp et de n'être pas cet « admirable maître » qu'il eût souhaité être lui-même et voir régner à la tête de l'impossible « psychanalyse française ». Pichon fait preuve d'une lucidité qui n'a d'égal que son aveuglement. En effet il regrette que Laforgue n'ait pas réalisé le programme que lui-même n'a pas réussi à imposer et il désigne la place laissée vacante d'un authentique maître à penser dans l'histoire du mouvement psychanalytique français : « C'est lui qui pour beaucoup de psychiatres encore, incarne véritablement la psychanalyse en France; et il aurait pu être le chef incontesté de l'école psychanalytique française si les Français avaient eu un tantinet davantage l'esprit grégaire, mais aussi, si lui-même avait su se construire une personnalité moins déconcertante. Mon ami Laforgue, en effet, est un étrange esprit : excellent clinicien, thérapeute parfois étonnant, il est décevant comme doctrinaire. On croirait qu'il va avoir toutes les audaces et on lui découvre de surprenantes timidités. » D'une plume surgie d'outre-tombe, Pichon ajoute : « O René Laforgue, mien ami, [...] cesse de trembler devant les autorités contradictoires de ce maître-ci et de ce docteur-là. Tu peux choisir librement la route qui monte, sans avoir à en rendre compte à personne. Notre père n'est pas de ce monde [97]! »

Par son appartenance à l'épopée maurrassienne, Edouard Pichon fait partie des vaincus de l'Histoire. A ce titre, il a droit au respect de l'Histoire. On peut faire l'hypothèse que ce personnage hors du commun n'aurait pas sombré dans le collaborationnisme. En tout cas, sa mort, en pleine débâcle, est le symptôme de l'agonie de ses idéaux. Il a joué cartes sur table et a perdu toutes ses batailles sauf une, monumentale, celle de la Langue. Cela est bien pour lui et pour le destin de la psychanalyse.

L'année de Munich, il avait vu, avant tout le monde, monter en première ligne le maître dont il rêvait : un personnage encore inconnu, énigmatique, « luciférien » comme on disait, étrangement beau; il venait d'un autre monde que celui de Pichon, et était poussé par une philosophie hostile à toutes les formes de néo-cartésianisme et de bergsonisme, nettement « de gauche » dans ses intérêts culturels, hégélien par Kojève. Pichon écrivait de lui : « Allez, Lacan : continuez à fouler bravement votre chemin propre dans la friche, mais veuillez laisser derrière vous assez de petits cailloux bien blancs, pour qu'on puisse vous suivre et vous rejoindre; trop de gens, ayant perdu toute liaison avec vous, se figurent que vous êtes égaré [98]. »

La collaboration de Jacques Damourette avec Édouard Pichon ne manque pas de sel. Après coup elle peut évoquer cette sorte de métaphore surréaliste dont l'origine remonte au comte de Lautréamont : « Beau comme la rencontre d'un parapluie et d'une machine à coudre sur une table de dissection. » Dans un mariage d'amour ou d'amourette, un clinicien de l'esprit s'associe à un architecte de la langue pour engendrer une grammaire; la folie de cette copulation en trente années et sept volumes entre un oncle et un neveu mérite d'être interrogée : « L'originalité du livre, soulignent J.-C. Chevalier et M. Arrivé, apparaît au premier coup d'œil : sept énormes volumes, une terminologie technique presque entièrement néologique – au point d'avoir exigé la composition d'un petit *Glossaire des termes spéciaux* – des dizaines de milliers d'exemples empruntés à toutes les époques et à tous les niveaux de la langue, un nombre de témoins oraux tels qu'il fallut les immatriculer à la manière des voitures, un style inimitable, à la fois ironique et passionné [99]... »

Le titre d'abord : *Des mots à la pensée,* renvoie à tout un programme [100]. Il rompt avec une position traditionnelle, qui part de la pensée pour arriver à la langue, et se rapproche du travail des linguistes pour lesquels il n'y a pas d'antériorité de la pensée catégorielle sur le langage. Damourette et Pichon prennent le contrepied de Ferdinand Brunot qui avait intitulé sa grammaire *La pensée et la langue* et fait campagne contre les grammairiens logiciens du XVIIIe siècle et leurs continuateurs. Ils ont commencé leurs travaux depuis deux ans lorsque meurt Ferdinand de Saussure en 1913 et leur grammaire est âgée de neuf ans quand paraît à Genève le *Cours de linguistique générale* en 1920.

Nos deux maîtres de la langue situent leur orientation méthodologique dans le cadre habituel des grammairiens normativistes. Ils codifient, jugent et défendent un certain élitisme tout en prônant un amour du terroir, des parlers du peuple qu'ils nomment *usances* et des manières de s'exprimer des différentes classes sociales qu'ils baptisent *parlures*. L'idiome est « une façon de penser » et le langage « s'il n'est pas toute la pensée est au moins de la pensée ». Les auteurs sont à la jonction de deux courants, celui traditionnel de la grammaire dont ils héritent et celui nouveau de la linguistique structurale. Ils se prétendent sémanticiens et antiformalistes. Ils rejettent la distinction saussurienne entre forme et substance, ainsi que l'arbitraire du signe. Dans leur terminologie, les *répartitoires* ou systèmes grammaticaux rendent compte immédiatement d'un contenu de pensée. A partir du primat de la langue, Damourette et Pichon entreprennent la lourde tâche de décrire de manière absolument exhaustive l'état de la langue française entre 1911 et 1940. R. L. Wagner approuve la création d'une nomenclature originale en ces termes : « Les médecins font de même et s'entendent par-dessus les frontières très aisément. Quant au besoin de créer des désignations nouvelles, *ils ne pouvaient pas l'éluder* [...] Dans la mesure où un état de langue représente quelque chose d'*unique*, un système absolument original et irréductible à n'importe quel autre, les rapports existants entre les pièces qui le composent et ces pièces elles-mêmes doivent être désignés par des termes appropriés. Sur le fond, *L'Essai de grammaire* n'a plus besoin de réclame; je pense que presque tous les linguistes sont d'accord pour reconnaître la justesse du dessein de l'œuvre et sa vérité; il est pour longtemps un instrument de travail unique, irremplaçable. Pour la forme, il ne devrait plus être une occasion de scandale[101]. »

La position de grammairien de Pichon est en contradiction radicale avec celle qu'il adopte pour la psychanalyse. L'idée du primat de la langue sur la pensée le conduit à soutenir, dans la grammaire, le principe d'un primat de l'inconscient sur la conscience, là où, dans sa lecture des textes freudiens, il a toujours prétendu ignorer le sens d'un « inconscient psychologique ». On peut faire l'hypothèse que c'est à travers la grammaire que Pichon accède à la nature de l'inconscient freudien. Il reste psychologue et médecin quand il cherche à comprendre la théorie freudienne et il abandonne ce point de vue dès le moment où il pense l'inconscient sous les catégories de sa grammaire. Ce renversement est commandé par le fait qu'il soutient que le langage est l'une des conditions d'accès à l'inconscient. Pichon est le premier dans l'histoire du mouvement psychanalytique à opérer à partir de la langue une jonction qui sera reprise par Lacan dans sa lecture des textes freudiens. D'où cette contradiction pichonienne majeure : *il ne reverse pas dans la psychanalyse ce qu'il a mis en évidence par la grammaire*, comme si son projet maurrassien ou néo-cartésien l'empêchait de faire une découverte dont il a anticipé la venue. Ajoutons à cela l'attachement à la figure de Janet : Pichon respecte et admire l'œuvre de son beau-père et éprouve vis-à-vis de Freud une passion amoureuse ambivalente. Quoi qu'il en dise lui-même, il n'est pas janétien : il ignore les conduites et adopte toujours les structures, il a le culte des grands hommes, et, rompu à la politique, il sait faire la différence entre un maître à penser et un petit chef de file. Mais l'Europe centrale l'encombre, le judaïsme lui est insupportable et la « pensée allemande » lui semble dangereuse. La véritable trajectoire de Pichon, celle où il se tient au plus près de la chose inconsciente, c'est l'épopée de la grammaire. Il s'y sent protégé d'une extériorité menaçante, *à l'aise* dans une langue maternelle parfaitement conquise, et capable dès lors de grandes innovations.

Quel est le statut de l'inconscient selon Damourette et Pichon? Les auteurs partent du principe que pour décrire la langue française, il faut être français. Un idiome est constitué par l'esprit national et la tâche du grammairien consiste à amener dans le champ de la conscience le système taxiématique qui baigne en grande partie dans l'inconscient. Ce dernier est composé pour une part de facteurs héréditaires. Ainsi race et langue sont deux faits séparables mais il y a un rapport entre le parler d'un groupement humain et les caractères nationaux et raciaux dont il hérite : « Nous ne sommes donc pas portés à admettre que le rôle de l'hérédité soit strictement nul en ce qui concerne la formation du parler de l'individu. Pourtant un enfant séparé des siens dès le berceau et transplanté en terre étrangère avant d'avoir pu recevoir aucune empreinte linguistique, parlera la langue du pays où il sera élevé. Mais nous croyons qu'il ne la parlera pas sans lui faire subir d'imperceptibles déformations causées par son hérédité allogène. Cet individu isolé ne pourra, certes, avoir de parler que s'écartant très peu du type commun du pays, car il ne trouvera nulle part hors de lui-même d'appui à ses innovations [102]. » La notion de race ne revêt pas dans *L'Essai* un contenu « raciste ». Elle est liée à la parenté, à l'héritage et à la filiation. Cela n'empêche pas nos deux grammairiens de souhaiter le rattachement de l'Alsace à la mère patrie : « Tout permet d'ailleurs d'espérer que les Alsaciens, étant donné leur attachement non douteux à la patrie française, comprendront tous l'énorme importance qu'il y a pour elle à voir sa langue régner en maîtresse sur tout le territoire, et s'efforceront de plus en plus activement de réaliser cet idéal [103]. »

Dans cette perspective, ils condamnent le bilinguisme comme contraire à l'essence du sujet humain qui doit se structurer dans un cadre hiérarchique où la langue maternelle occupe la première place. Ils défendent un universalisme néo-classique dans lequel on retrouve une partie de la pensée maurrassienne : « Trois langues seulement, depuis qu'il y a des hommes et qu'ils parlent, ont mérité d'être appelées universelles : la grecque, la romaine et la française. L'on a pu dire que la grecque, toute vibrante du chant des déesses et des cigales, fut celle de la beauté, tandis que la langue romaine, formée par l'effort ambitieux des juristes et des soldats, fut celle de l'autorité. La langue française, elle, fut la langue de la grâce et de la raison réconciliées dans son harmonie et dans sa clarté. C'est son miracle continuel. Nous l'avons dû sans doute à l'origine à l'heureux accord du celte et du latin. Ainsi parlait le marquis de Flers dans son discours du 25 octobre 1921 à la séance publique annuelle des cinq Académies et il exprimait éloquemment la vérité [104]. »

En plus de la Grammaire, trois articles permettent de comprendre l'inconscient selon Damourette et Pichon. Bien qu'ils paraissent dans des revues différentes et ne soient pas incorporés à *L'Essai,* ils retracent parfaitement la démarche des deux hommes durant trente ans. Le premier s'intitule *La Grammaire en tant que mode d'exploration de l'inconscient.* Il paraît en 1925 dans le premier numéro de *L'Évolution psychiatrique.* Le deuxième est publié en 1928 par la revue de Janet sous le titre : *Sur la signification psychologique de la négation en français.* Enfin le troisième est édité dix ans plus tard, en 1938, dans la RFP. Il est intitulé : *La Personne et la Personnalité vues à la lumière de la pensée idiomatique française* [105]. A la différence des deux autres il est de la plume du seul Pichon. Il s'agit d'une communication lue au XVe Congrès international de psychanalyse qui se tient à Paris et qui marque la capitulation de Jones devant l'offensive de l'APA concernant l'affiliation des étrangers [106]. C'est le seul congrès de l'IPA où Pichon se soit rendu, et pour cause, il a lieu dans sa ville. N'oublions pas qu'il est à la fois chauvin et infirme. Sa communication est répertoriée dans le journal de l'IPA, ce qui veut dire qu'il l'a donnée à reproduire [107].

Ces trois articles constituent un ensemble capital pour l'histoire du mouvement psychanalytique français et notamment pour l'édification de la pensée lacanienne. Les lieux de publication sont importants. Pour énoncer ses thèses de grammairien sur l'inconscient, Pichon a « investi » les trois endroits clés de la diffusion des idées psychanalytiques en France entre 1925 et 1938. Dans le premier texte, les auteurs définissent leur projet par une déclaration liminaire : « Il n'est pas besoin d'être grand clerc, écrivent-ils, pour savoir que quand on parle couramment on ne fait pas intervenir le jeu conscient de l'intelligence dans le choix et l'ordonnancement des matériaux linguistiques dont on constitue ses phrases. Que si la culture et à un degré plus élevé encore l'art littéraire donnent un caractère conscient à certaines parties du mécanisme, ce n'est que secondairement, et la nature essentiellement spontanée du langage n'en est pas foncièrement altérée [108]. » Ils soulignent ensuite que le lapsus, comme les tournures réputées incorrectes, ou les phrases spontanées comptent parmi les voies d'accès à l'inconscient. A une époque où plus personne n'ose parler de la fameuse « origine », ils reprennent l'idée selon laquelle le langage est l'évolution naturelle du cri animal et réfutent la croyance à une convention originelle. La langue est définie selon une valeur extérieure double, représentative et affective. Leur position est ici nettement antisaussurienne. Ils analysent ensuite à l'aide de nombreux exemples la notion de temps à partir des *tiroirs verbaux* (ou éléments qui composent les temps du verbe) et de la *personnaison* (ou mode personnalisé de la répartition des tiroirs selon le plan délocutoire ou locutoire). Rappelons que le plan *délocutoire* désigne l'état du langage dans lequel l'expression est centrée autour de la personne dont on parle, tandis que le plan *locutoire* est centré autour de l'état d'âme de la personne qui parle.

Ils tirent de leur étude une conclusion originale selon laquelle il existe une différence radicale entre la représentation du temps dans l'inconscient et dans le conscient : « L'indépendance grammaticale des trois répartitoires du temps (ou système de classement) prouve que l'inconscient ou tout au moins cette partie de l'inconscient que la grammaire nous révèle et qui est proprement le génie de la langue française, n'opère pas la synthèse des idées claires, mais simples, de présent, de passé et d'avenir. Ces idées le conscient les possède depuis assez longtemps pour que nous les voyions appartenir au plus ancien fonds philosophique. Elles se transmettent de peuple à peuple, mais elles sont trop privées de couleur affective pour pouvoir vivre dans l'inconscient [109]. » En d'autres termes, nos auteurs avancent, en 1925, l'hypothèse toute freudienne selon laquelle l'inconscient méconnaît la dimension commune de la temporalité. La grammaire leur permet d'en faire la preuve à partir d'une structure langagière. L'utilisation des personnes, dans leur système de classification, autorise une séparation également freudienne et non « sociologiste » entre l'individuel et le collectif. En effet l'exploration psychanalytique fait connaître ce qu'il y a d'individuel dans l'inconscient, mais l'exploration grammaticale éclaire l'inconscient « national collectif qui s'appelle le génie du peuple ». Par-delà cette déclaration d'allure chauvine, Damourette et Pichon posent un problème fondamental. Si dans la réalité, il n'existe pas deux personnes dont le parler soit identique, cela veut dire que l'étude des différents parlers constituent une *grammaire* et que réciproquement celle-ci éclaire les mécanismes individuels de la personne. Par la mise en scène du jeu des personnes dans la langue, nos auteurs abandonnent, comme Freud, la coupure sociologiste entre l'individuel et le collectif pour représenter une structure inconsciente de la personnalité humaine. Le style d'un écrivain ou d'un individu n'est rien d'autre que l'histoire de son âme et la grammaire donne la description de l'histoire de ce style. Ils ajoutent dans ce même article que la séparation entre le conscient et l'inconscient est à l'œuvre non seulement dans la représentation du temps mais dans celle de la négation.

Le deuxième texte de 1928 fait suite au premier. Il reprend un des passages les plus célèbres de l'*Essai* consacré au problème de la négation en français. Les auteurs partent de la constatation que, dans notre idiome, la négation est représentée par deux membres distincts dont aucun n'est à proprement parler négatif. Il s'agit du *ne* d'une part et des adverbes *pas, rien* et *jamais* d'autre part. A l'opposé des autres langues, le français sépare les deux termes dans la phrase. Dans certaines tournures qualifiées de vulgaires le *ne* peut s'écraser : *j'en sais rien*. Cela enseigne que la notion exprimée par *pas, rien* et *jamais* est plus voisine de la négation brute que le *ne* isolé. Damourette et Pichon distinguent deux autres emplois du *ne*. Le premier où s'ajoute *que* exprime l'exception : *elle n'a que moi, elle ne possède que cela*, etc. La deuxième où l'on trouve une proposition subordonnée donne la clé du problème : *il a plus de génie qu'il n'en a l'air*. Dans ce cas, le *ne* exprime une *discordance* entre la subordonnée et le fait central de la phrase : *Il a du génie* est en *discordance* avec : *il n'a pas l'air d'en avoir*. Damourette et Pichon nomment *discordantiel* ce *ne* de la subordonnée. Ils constatent ensuite que ce discordantiel se rencontre dans les conditions un peu différentes si le verbe central de la phrase est touché par la négation. Ainsi dans *ne pas craindre, ne pas douter, ne pas empêcher,* tantôt le discordantiel apparaît tantôt il manque. Avec le subjonctif, il est présent dans : *cela n'empêche pas qu'il ne soit mon ami,* ou *je ne doute pas qu'il n'ait fait cette action.* Il manque dans : *je ne crains pas qu'il vienne* et dans *je ne doute pas qu'il soit ici.* En fait la présence du discordantiel implique le doute lui-même : « Il y a discordance entre ce doute réel, d'ailleurs marqué par le subjonctif et l'affirmation principale, qui vient prétendre qu'on ne doute pas. Le discordantiel apparaît donc et ceci d'autant plus facilement que le fait est futur, un fait futur étant douteux par essence [110]. »

Après avoir examiné de nombreux exemples les auteurs notent que le discordantiel est une fonction mentale réellement vivante dans la langue française et que ce fameux *ne* en est l'expression directe. De même que le *ne* peut être employé indépendamment du deuxième membre de la négation, de même ce dernier se rencontre sans le premier membre. Les deux morceaux qui constituent la négation ont des emplois complètement différenciés quand ils sont séparés; à côté du *ne* discordantiel, le deuxième membre qui est constitué par *rien, jamais, aucun, personne, plus, guère,* etc. s'applique aux faits que le locuteur n'envisage plus comme faisant partie de la réalité. Ces faits sont en quelque sorte *forclos* et Pichon (avec son oncle), adoptant un vocabulaire de juriste, appelle *forclusif* le second morceau de la négation en langue française. Il distingue quatre emplois dont le quatrième est le plus intéressant. L'exemple donné ne manque pas d'humour. Il s'agit d'une citation d'un journaliste, J. Marsillac, extraite du *Journal* du 18 août 1923 à propos de la mort d'Esterhazy : « " L'affaire Dreyfus, dit-il [Esterhazy], est pour moi un livre qui est désormais clos. " Il dut se repentir de l'avoir *jamais* ouvert. » Damourette et Pichon soulignent que l'emploi du verbe *se repentir de* implique qu'un fait qui a réellement existé, est *affectivement* exclu du passé. Ils rapprochent dès lors, et c'est Pichon qui parle, la *scotomisation* du *forclusif* : « Le langage est pour celui qui sait en déchiffrer les images, un merveilleux miroir des profondeurs de l'inconscient. Le repentir est le désir qu'une chose passée, donc irréparable n'ait jamais existé; la langue française, par le forclusif, exprime ce désir de scotomisation, traduisant ainsi le phénomène normal dont la scotomisation décrite en pathologie mentale par M. Laforgue et l'un de nous, est l'exagération pathologique [111]. »

Cette année-là, Édouard Pichon ignorait qu'en rédigeant cet article, il était l'initiateur d'un moment théorique essentiel de l'histoire du mouvement psychanalytique français. Nous verrons par la suite qu'un dialogue de sourds venait de s'engager depuis 1925 entre Freud et Laforgue sur le statut de la scotomisation. Selon un processus fréquent dans l'histoire des sciences, un concept voit le jour sans recevoir encore une définition appropriée. Si la scotomisation définit un processus de retranchement propre à la schizophrénie (ou schizonoïa), dans le cadre d'une psychiatrie fondée, comme le souligne Pichon, sur la valorisation pathologique d'une anomalie ou d'une exagération, alors le mécanisme de forclusion ou effacement ou rejet, découvert par ce même Pichon comme traduisant un phénomène de langue, a toutes les chances de s'imposer à la place de la scotomisation et du côté de la paranoïa, en tant que *négatif* de ce concept inadéquat. En d'autres termes, Pichon a compris en 1928 que la forclusion est la traduction en langue et dans l'inconscient du mécanisme de la scotomisation. Il apparaît dès lors que ce dernier terme maintient le processus de la psychose dans le cadre d'une pathologie médicale et sous la catégorie d'une conscience « positive » incompatible avec la découverte freudienne. A l'opposé, la forclusion abolit cette incompatibilité, puisqu'elle situe ce même mécanisme dans la langue en général et non du côté de l'anomalie. Laforgue a *vu* avec le scotome ce que Freud refuse d'*entendre*, d'où le dialogue de sourds. Quant à Pichon, il a théorisé, au moyen de la Grammaire, un inconscient freudien séparé de la conscience, qu'il refuse de prendre en compte dans son approche de la psychanalyse. Un quart de siècle plus tard, Lacan remettra sur le tapis les termes du débat. Ce sera une tout autre histoire. Il reste qu'en 1928, Édouard Pichon, avec son oncle, est l'inventeur du concept de forclusion. A suivre...

Que cette invention se produise au détour d'un repentir concernant la tragédie d'un Juif déporté à l'île du Diable, est sans doute la marque la plus paradoxale de cette épopée théorique. Le repentir est le désir qu'une chose passée donc irréparable n'ait jamais existé : notre grammairien savait sans doute ce qu'il disait, lui qui n'a jamais écrit le nom d'Alfred Dreyfus [112].

Quant à la *discordance,* son aventure n'est pas moins exemplaire que celle du forclusif. Elle servira de base à l'élaboration lacanienne de l'imaginaire, à la place négative elle aussi, de la simple captation pichonienne. La discordance introduit à ce désordre fondamental de l'être que l'illusion captative ne fait que masquer et que l'oblativité ne permet pas de résoudre.

C'est bien dans la grammaire que Pichon fabrique, tel un forgeron des rivages souterrains, les outils de fer et de sang qui vont, dans l'avenir, démembrer le programme rationnel dont il a proclamé la valeur civilisatrice à la lumière du jour : Mister Hyde est ainsi lui-même l'initiateur de la destruction du projet du docteur Jekyll.

L'article sur la négation démontre la même chose que le texte sur la grammaire comme exploration de l'inconscient. Si le temps ne s'exprime pas de la même manière dans l'inconscient et dans le conscient, la négation, quant à elle, est carrément absente de la « pensée-langage » de la langue française des années 1911-1940. La notion de négativité éclate en deux domaines séparés, la discordance d'un côté, la forclusion de l'autre. En se réunissant, dans certains cas, elles donnent naissance à l'expression négative. On ne se demandera pas si Damourette et Pichon ont lu à cette époque l'article de Freud publié en 1925 et intitulé *Die Verneinung*. Ce texte traduit en français par Hoesli et jamais retraduit depuis paraît en 1934 dans la RFP sous le titre erroné de *la Négation*. C'est Jean Hyppolite qui introduira le terme de *dénégation,* lors d'un séminaire de Lacan en 1954 [113]. Freud appelle dénégation un mécanisme *verbal* par lequel le refoulé est reconnu de manière négative : *ce n'est pas ma mère, ce n'est pas cette personne,* ce qui veut dire : ce sont bien elles. Il est reconnu sans être accepté et dans une tentative de supprimer le refoulement. Freud conclut son article en disant que cette conception est confirmée par le fait qu'il n'existe aucun *non* en provenance de l'inconscient. On fera l'hypothèse que nos grammairiens n'opèrent pas de jonction entre leurs découvertes et celles de Freud. Pichon ne reconnaît pas que sa forclusion pourrait s'inscrire dans une chaîne conceptuelle, passant par le refoulement, le déni et la dénégation. Cette impasse sur les travaux freudiens est même la condition de sa propre démarche théorique, car il ne peut découvrir l'inconscient à travers la langue qu'au prix de méconnaître l'incidence des concepts de Freud dans le domaine du langage. Plus il explore l'inconscient par la voie de la langue, plus il pense la psychanalyse sous le primat de la conscience. Un événement fait exception à cette étrange dichotomie, c'est l'article nécrologique sur Eugénie Sokolnicka. Dans ce texte il met parfaitement en place les concepts freudiens. Doit-on penser que son analyse lui a apporté, côté grammaire, cette ouverture sur l'inconscient qu'il refuse d'admettre côté psychanalyse? La question mérite d'être posée. En tout cas c'est encore à partir de sa grammaire qu'il traduit avec succès certains concepts freudiens.

L'article de 1938 sur la personne et la personnalité complète le triptyque des positions pichoniennes. Il concerne les diverses traductions possibles du Ich freudien et s'inscrit dans le cadre de la commission de la SPP pour l'unification du vocabulaire dont nous reparlerons plus loin. Suivant la même perspective que dans les autres textes, Pichon met en place, à partir de l'étude de la langue, les différents modes d'expression du sujet dans la représentation qu'il se fait de soi. Il scinde la notion de pronom personnel et met en place une division entre le *je* et le *moi*. Il distingue la *personne ténue* dans la série des pronoms je, tu, il, ils et *la personne étoffée* qui s'actualise dans la suite moi, toi, lui, eux. La première est réduite à son rôle strict de personne grammaticale c'est-à-dire qu'elle « est nûment, l'entité qui parle, l'entité à qui l'on parle, l'entité dont on parle ». La deuxième au contraire exprime la notion « d'une personnalité concrète complète nantie de tous ses caractères tant essentiels qu'accessoires [114] ». La division entre le je et le moi sera reprise par Lacan et repensée dans le cadre d'une linguistique de l'énonciation, comme un clivage entre le plan de l'énoncé et celui de l'énonciation, le je étant lui-même le lieu d'une division. A suivre...

Le quatrième volet des travaux sur la langue publiés par Pichon en dehors de *l'Essai* se trouve dans la troisième conférence d'*A l'aise dans la civilisation* et a pour titre *Comment la pensée prend corps.* Curieusement, l'intitulé est en retrait sur *Des mots à la pensée.* En effet Pichon semble suggérer qu'il existerait une pensée indépendante du corps du langage. Ce léger recul est symptomatique. C'est comme psychanalyste, idéologue et médecin que notre grammairien s'exprime devant un public réuni à l'institut de psychanalyse, lieu de diffusion depuis 1934 de l'enseignement de la SPP. Il commence donc par vanter les mérites de Descartes, Dalbiez, puis de sa collaboratrice, Mme Borel-Maisonny, spécialiste de la rééducation des troubles du langage. Il en vient ensuite à l'essentiel, la discussion sur la nature du signe linguistique dans la théorie de Saussure. Pour ce dernier le signe est la combinaison non d'une chose et d'un nom mais d'un concept et d'une image acoustique désignés respectivement par les termes de signifié et de signifiant. Au contraire du symbole le signe linguistique est arbitraire dans la mesure où il est le résultat d'un lien conventionnel entre le signifiant et le signifié. Dès lors, il peut servir de modèle à toute sémiologie. Conscient du caractère discutable de sa définition, Saussure la corrige en affirmant que le signe est immotivé, c'est-à-dire arbitraire par rapport au signifié avec lequel le signifiant n'a aucune attache dans la réalité. Arbitraire ne signifie pas que le signifiant dépende du libre choix du sujet parlant mais simplement qu'il n'y a aucun motif à choisir *sœur* ou *sister* pour représenter le concept de sœur, *Ochs* ou *bœuf* pour représenter celui de bœuf [115].

Cette conception de l'arbitraire du signe a donné lieu dans l'histoire de la linguistique a de nombreuses discussions. En effet Saussure semble oublier que l'arbitraire n'exclut pas le nécessaire. Le lien entre le signifié et le signifiant est sans doute conventionnel mais il est nécessaire, sans quoi, dans la langue, n'importe quel signifiant pourrait désigner n'importe quel signifié. Dans un exposé de 1939 intitulé *Nature du signe linguistique,* Émile Benveniste met en évidence la contradiction qui existe dans la démarche saussurienne entre la manière dont il définit le signe et la nature fondamentale qu'il lui attribue : « Décider que le signe linguistique est arbitraire parce que le même animal s'appelle *bœuf* en un pays, *Ochs* ailleurs, équivaut à dire que la notion du deuil est " arbitraire " parce qu'elle a pour symbole le noir en Europe, le blanc en Chine. Arbitraire oui, mais seulement sous le regard impassible de Sirius ou pour celui qui se borne à constater du dehors la liaison établie entre une réalité objective et un comportement humain et se condamne ainsi à n'y voir que contingence [116]. » Entre le signifiant et le signifié, un lien est nécessaire car le concept *bœuf* est forcément identique dans la conscience d'un sujet à l'ensemble phonique « bœuf ». Ce qui est arbitraire c'est que tel signe et non tel autre soit appliqué à tel élément de la réalité et non à tel autre.

Pichon, à la même époque que Benveniste, mais par des voies différentes, critique également l'arbitraire du signe. Il rétablit le lien de nécessité entre le signifiant et le signifié, mais il fait intervenir deux raisons à « l'erreur » de Saussure. En premier lieu, il invoque l'époque et montre que le linguiste est tributaire des impératifs d'un rationalisme « exaspéré » dans lequel « on ne pouvait admettre ni qu'il y eut des faits psychiques qui se déroulassent ailleurs qu'à la claire lumière de la conscience, ni qu'il pût exister dans le langage autre chose qu'une Raison humaine universelle, toujours la même qu'on devait retrouver partout et en dépit de tout ». On n'en croit pas ses oreilles. Pichon le moralisateur, Pichon le cartésien, Pichon le maurrassien reproche au grand Saussure d'avoir méconnu la découverte freudienne, et, pour étayer sa démonstration, il ajoute : « L'accession de son fils à la psychanalyse montre que dans cette vieille famille de grands intellectuels, on sait évoluer [117]. » Cette phrase est d'autant plus humoristique que Raymond, fils de Ferdinand, vivait dans la méconnaissance de l'importance théorique des travaux de son père au regard de la découverte de l'inconscient. Une fois de plus, Pichon comme grammairien saisit l'essentiel d'un débat conceptuel. Curieusement, il se trompe en attribuant à Saussure un rationalisme qu'il devrait se reprocher à lui-même. Car l'erreur du Genevois concernant l'arbitraire provient moins d'un culte de la conscience claire que des restes d'un comparatisme qui l'amènent à considérer que dans l'infinie diversité des attitudes, rien n'est apparemment nécessaire : « De l'universelle dissemblance, écrit Benveniste, il conclut à l'universelle contingence. »

Pichon a repéré que la découverte de l'inconscient pose à la linguistique une question qu'elle ne peut contourner. C'est sa position de grammairien qui autorise cette interrogation. Le deuxième argument qu'il emploie contre l'arbitraire du signe renvoie à son propre substantialisme c'est-à-dire aux séquelles héréditaristes, raciales et inégalitaristes qui hantent sa démarche de législateur de la langue. Pichon explique que l'erreur de Saussure provient de son bilinguisme de Genevois, autrement dit de son ancrage dans la tradition d'un pays sans unité linguistique. Il n'a pas complètement tort et pourtant il se trompe. Ce n'est pas parce que Saussure est suisse qu'il ne sent pas la nécessité du lien entre signifié et signifiant, mais c'est au contraire, parce que, comme Freud, il est né dans un pays non marqué par le culte d'un unilinguisme national qu'il a pu devenir le fondateur de la linguistique moderne ; du moins c'est une des raisons, pas la seule. L'arbitraire est un reste de comparatisme et non pas la conséquence d'un bilinguisme. Il y a un lien entre le bilinguisme et le comparatisme, mais pas celui que fait Pichon. L'interprétation pichonienne signe la distance qui sépare un grammairien hanté par le génie national, la race et la substance « mentale », d'un linguiste à la recherche des fondements de sa démarche.

En fait, en 1938, Pichon n'a pas connaissance des fameuses sources manuscrites du cours et il ne prend en compte que la version de 1916 publiée par les élèves de Saussure, Bally et Sechehaye. C'est seulement des années plus tard que Godel fera remarquer [118] que le grand linguiste avait attribué à l'arbitraire une importance moins grande que l'on croyait. Il avait mis l'accent essentiellement sur la *valeur*, c'est-à-dire sur les aspects différentiels des éléments de la langue. Au contraire de Pichon, Saussure détache bien la langue de l'hérédité. Et dans *Les Anagrammes* qui marquent le lieu de sa « folie », il cherche à être complètement rationaliste et évite toute rencontre avec l'inconscient freudien. Pichon a remarqué qu'il manque à Saussure la découverte de Freud, d'où l'accusation de rationalisme, mais il ne met pas en évidence le fait que Freud, s'il n'avait point méconnu l'outil saussurien, aurait peut-être évité des emprunts à une époque dépassée de la philologie. Pour sortir l'enseignement saussurien du dilemme du rationalisme, il faut relire le *Cours* à la lumière des *Anagrammes* [119].

On comprend dès lors comment peut s'opérer dans la démarche de Lacan la reprise des concepts grammaticaux de Pichon. Pour les rendre compatibles avec l'inconscient freudien il faut abandonner la position normative, mentaliste et raciale de la grammaire, sortir de l'idée de la suprématie du génie national pour accéder à l'universalisme du langage et de la langue en tant qu'elle est une forme et non l'expression d'une mentalité. Ce passage conduira Lacan à faire une jonction entre Freud et Saussure en conservant une partie de l'héritage pichonien.

V. *Son Altesse, la princesse Marie Bonaparte*

« Avant le souvenir, qu'est-ce qu'il y avait? Il y avait sans moi, comme il y aura après moi, l'univers, le monde, l'univers stellaire et le monde humain. Les astres gravitaient dans l'infini de l'espace; dans le fini de l'histoire, les empires se bâtissaient et s'écroulaient [120] ». Ainsi commence le long récit des *Mémoires* de Marie Bonaparte; en une seule phrase, s'inscrit le condensé de son histoire : le temps, la mort, la tristesse, l'ennui, l'aspiration de l'être à régenter un univers qui se dérobe... Le style de la princesse obéit à la tradition du journal intime, et quand on rêve à son itinéraire, on est troublé par le ratage d'une écriture. Osons le dire : l'œuvre de la grande dame française de la psychanalyse est d'une pauvreté qui contraste singulièrement avec l'importance du personnage. Marie est une héroïne de roman, et, pour la conter, il eût fallu la plume de Dumas, de Balzac et de Flaubert; pas la sienne...

Cette arrière-petite-nièce d'un conquérant a hérité du sang de ses ancêtres : elle est bonapartiste à en mourir, traversée dans son corps par les passions de toute la dynastie, dont elle porte l'œil noir avec panache, telle une femelle de la vendetta corse. Intrigante comme Milady de Winter, généreuse à la manière d'Emma Bovary, sombre et redoutable comme les aventuriers des sœurs Brontë, elle appartient à l'univers romanesque du siècle où elle est née. Et pourtant, l'histoire de sa personne se confond entièrement avec l'histoire récente de la psychanalyse en France; à l'âge adulte, elle fait partie de la génération des fondateurs, et, à sa mort en 1962, elle aura vu se dérouler, sans jamais lâcher le gouvernail, toutes les batailles du mouvement, depuis le Pont d'Arcole, où elle porte le drapeau d'une révolution, jusqu'à la plaine de Waterloo, où son règne n'est plus que tyrannie.

Une magicienne a jeté un sort sur la litière de cette princesse de conte de fées, transformant son enfance et sa jeunesse en cauchemar. Le 2 juillet 1882, à sa naissance, Marie Bonaparte se trouve en état de mort apparente; un mois plus tard, sa mère, tuberculeuse, est emportée par une hémoptysie qui ressemble à une embolie. Marie-Félix Blanc, née de mère allemande, est elle-même la fille du fondateur du casino de Monte-Carlo. En mourant, elle laisse à sa famille une fortune considérable que Roland Bonaparte, son époux, va gérer avec sa propre mère, l'impitoyable Justine-Éléonore Ruflin, princesse impériale d'origine roturière. Roland est le petit-fils de Lucien, auquel son frère, Napoléon, avait octroyé le titre d'altesse impériale. Badinguet a ensuite rabaissé les héritiers de la branche fraternelle au rang de famille civile, obligeant le prince Pierre, père de Roland, à renoncer à ses privilèges anciens.

Pierre Bonaparte aimait les femmes du peuple. Quand il rencontra la belle Justine, fille de métallurgiste, il fut séduit par le charme exquis de sa personne. Napoléon III lui interdit de contracter mariage avec une plébéienne mais passant outre il emmena son amante et promit à ses parents de l'épouser quand les circonstances lui seraient favorables. Il tint parole. La jeune fille le suivit dans l'Île de Beauté, patrie des ancêtres, et le mariage religieux fut célébré secrètement par un étrange curé du nom de Casanova. Justine devint une femelle passionnée, Diane chasseresse ou amazone, et bientôt mère de cinq enfants dont deux moururent à la naissance. Roland survécut et reçut le prénom de son frère mort, tandis que Jeanne, sa sœur, connut une destinée de marquise. A la chute de l'Empire, le couple maudit fut enfin accepté et la République, encore bâtarde, célébra le mariage civil, donnant ainsi un statut légal à des enfants princiers illégitimes.

Quelque temps plus tard, Justine-Éléonore quittait son époux et s'installait à Londres où elle connut la misère. De retour à Paris, elle fut accueillie chaleureusement par un certain Pascal, fils bâtard que le prince Pierre avait eu autrefois avec une jeune paysanne corse. Élevé par son père, il avait appris à monter à cheval et à chasser. Avant la chute de l'Empire, il avait fait partie des écuries de Badinguet. Le prince Roland, devenu riche, allait se souvenir de ce demi-frère qui avait aidé sa mère et le prendre comme piqueur de chevaux dans sa demeure.

Le jeune Roland est un prince intelligent et travailleur. Il méprise son père et voue à sa mère un culte passionné. A douze ans, il acquiert le droit de porter le nom de Bonaparte et cette reconnaissance tardive lui vaut d'attacher un prix exorbitant aux honneurs, à l'argent et à la respectabilité. Après des études brillantes, il entre à l'école Saint-Cyr et devient officier, mais il est bientôt expulsé de l'armée à cause d'une loi républicaine qui interdit aux princes des anciennes maisons régnantes de faire une carrière militaire. Il se dirige vers l'anthropologie, la botanique et la géographie et sera élu à l'Académie des sciences. Désireux de prendre sa place au sein de la noblesse d'Empire dont il a été rejeté, il s'octroie le titre d'altesse impériale auquel il n'a pas droit. La princesse Justine est d'autant plus avide de la réussite et de la notoriété de son fils qu'elle cherche à renier ses origines modestes. Mère autoritaire, elle aime Roland d'une passion d'ogresse. L'ancienne amazone d'un prince récalcitrant a pris de l'embonpoint. Elle ressemble à un homme, capable, comme le souligne Marie, de

« pisser debout dans une foule en écartant ses jambes et ses jupes [121] ».

Roland n'aime guère les femmes. Pour le sortir d'une relative pauvreté, sa mère lui organise un mariage avec une roturière fortunée, la jeune Marie-Félix Blanc, dont elle se plaît à dénigrer la stupidité, la richesse et les manières simples. Au sortir de l'Église, un étrange événement se produit : le Prince enlève sa belle épouse, comme jadis son père, et, dans une voiture conduite par son demi-frère Pascal, il l'emmène dans sa nouvelle demeure de Saint-Cloud, délaissant la réception organisée par les parents Blanc au château d'Ermenonville. Après ce magistral désaveu, il contracte une police d'assurance sur la vie de sa femme, puis lui demande de renoncer à la succession de sa mère pour crainte de dettes; il réussit à lui extorquer un testament alors qu'elle est enceinte de cinq mois. Le 27 mars 1882, pour donner à son mari la preuve de son attachement, Marie-Félix lui lègue la totalité de sa fortune et le droit de disposer de ce que la loi autorise, au cas où elle laisserait des enfants. Bien des années plus tard, alors qu'elle est en analyse avec Freud, Marie Bonaparte consulte ce testament et se fait expliquer par un notaire les clauses de l'article du Code civil concernant les successions. Sans l'acte testamentaire et sans héritier direct le prince Roland n'aurait pas eu le droit de jouir de la fortune de sa femme décédée. C'est dans cette atmosphère balzacienne que se déroule l'enfance dramatique de Marie. Peu de paroles lui suffisent, au contact d'une gouvernante adorée surnommée Mimau, pour construire un roman familial à l'image des adultes qui forment son entourage. Identifiée à une femme morte, elle imagine que sa mère a été empoisonnée et se croit à son tour menacée dans son sexe et son corps.

Les trois premières années de son enfance se déroulent dans la maison de Saint-Cloud, entre une belle nourrice, Rose Boulet, un père toujours absent, Pascal le piqueur corse, et Justine-Éléonore qui règne sur l'ensemble d'une domesticité tapageuse. En 1885, la famille Bonaparte déménage dans une demeure triste située Cours-la-Reine. Rose a été renvoyée pour avoir servi trop tôt des bouillies à la fillette et la nouvelle Nounou est également mise dehors parce qu'elle a tenu tête à l'épouvantable marâtre. Plus tard Lucie, la gouvernante, subit le même sort : on l'a surprise en compagnie galante avec Pascal. A l'âge de quatre ans, Marie crache du sang et l'on croit qu'elle est tuberculeuse comme sa mère. A la suite de cet événement la princesse Pierre perd la vue. L'opération réparatrice échoue et elle reste borgne. De son unique œil noir, elle continue son œuvre de surveillance et engage à ses côtés une lectrice surnommée Gra-Gra à cause de son embonpoint.

La grand-mère se passionne pour la politique. Au moment où éclate l'Affaire, elle accuse le capitaine d'être un traître à la France, tandis que son fils partage les convictions des dreyfusistes. Marie défend ardemment le Juif innocent et prend l'antisémitisme en horreur. Prisonnière des stupides idées éducatives de la vieille bonne-maman, elle est élevée comme une malade. On lui interdit de sortir quand il fait froid ou de se laver les mains sans eau chaude. On l'oblige à marcher au pas cadencé et à ne jamais courir. Par peur de la contagion, on refuse qu'elle partage les jeux des autres enfants. Repliée sur elle-même, Marie rêve de son glorieux ancêtre. Elle brûle d'avoir des aventures et de partir à la conquête de pays lointains. Elle se retranche de la réalité quotidienne et se réfugie dans la lecture et l'écriture. Cendrillon et Peau-d'Âne sont ses héroïnes favorites et la mythologie grecque, le lieu de prédilection de ses romances géographiques. Elle se masturbe abondamment en défiant sa virile grand-mère et cherche les traces anatomiques de sa féminité. A sept ans, elle est polyglotte : la langue française lui sert à raconter ses rêves et les détails de sa vie quotidienne; la langue anglaise lui permet d'écrire, dans des cahiers de moleskine noire, les contes cruels qui hantent son esprit; la langue allemande est le lieu de tous ses fantasmes : elle évoque le rythme ancien d'une mélodie que la mère de sa mère morte a peut-être chantée au berceau de sa fille tuberculeuse. Marie est dévorée d'amour pour son père qu'elle croit assassin et se sent coupable d'une telle adoration. Elle invente des mots pour raconter ses obsessions. Le *Serquintué,* ou chemin de fer féroce et voyeur, se confond avec la figure terrible d'un meurtrier, pénétrant dans sa chambre et menaçant de la tuer. Le *Calica,* au doigt rouge, prend la forme d'un index pointé sur sa nuque blanche et essayant de perforer sa chair fragile. Elle a peur des boutons, du vin rouge, de la constipation, de la tuberculose, des poisons, des revenants, de la contagion.

Quand Marie a onze ans, sa famille s'installe dans une nouvelle maison, en attendant que le somptueux hôtel particulier de l'avenue d'Iéna soit construit. C'est alors la valse des institutrices particulières qui lui enseignent l'orthographe et l'arithmétique. En 1896, elle assiste à la représentation d'Œdipe-Roi et d'Hamlet interprétés par Mounet-Sully. Comme Sarah Bernhardt, ce tragédien déplace les foules. On s'émerveille d'une mise en scène de pacotille, pleine de colonnes antiques et de drapés en clair-obscur. Démarches baroques, figurants prosternés, pleureuses chargées de simili-feuillages, musique plaintive, barbes au charbon : tout est en place pour exalter le cœur d'une princesse mélancolique. Mounet-Sully est le héros de son réveil d'adolescence, avec sa voix divine, son regard idolâtre et la ferveur hallucinée de sa démarche. A travers lui, elle aime la Grèce et peut se prendre pour le prince de Danemark, efféminé, plein de tourments, de cauchemars : « Hamlet est mon proche parent, écrit-elle. Je m'identifie à lui : car en moi aussi pour l'action quelque chose est paralysé par je ne sais quoi. Tel le prince du Danemark, je ne sais pas vouloir. Bonne-maman dit que petite-maman était ainsi, et toute la famille Blanc. Malédiction héréditaire? [...] J'adorais Œdipe mais je ne l'étais pas. Je suis Hamlet. Les mêmes profondes énigmes m'étreignent, la vie, la mort, la survie improbable... La même irrésolution surtout, la même paralysie de la volonté [122]... »

Roland Bonaparte n'apprécie guère l'art théâtral. Il méprise les « cabotins » et traite les actrices de « gourgandines ». Les comédiens sont à ses yeux indignes du genre humain, des êtres « dépravés » qu'il faut tenir en place comme au temps du Roi-Soleil. Le prince voue une haine particulière à Mounet-Sully parce qu'il est pédéraste. L'homosexualité du tragédien lui fait horreur et l'on comprend pourquoi quand on lit *Les Mémoires* de Marie. Il a pris à son service, comme secrétaire, un jeune et élégant bandit corse nommé Léandri qui vit avec sa femme sous le toit familial. Celui-ci s'éprend de Marie, lui fait la cour et cherche à la « féminiser ». Il lui explique que sa grand-mère l'enlaidit et la séquestre en l'obligeant à porter de vieilles robes ou à se couper les cheveux. L'adolescente crédule se révolte, obtient d'être traitée en femme, puis s'amourache de Léandri et lui écrit des lettres d'amour.

Le prince s'aperçoit du manège et renvoie son cher secrétaire qui fait alors chanter la jeune fille pour lui extorquer de l'argent. Roland ne trouve rien de mieux que de lui chercher un prétendant. Il échoue et Marie se rapproche de lui. Il sombre dans la neurasthénie au point d'abandonner la rédaction de son livre sur *Les Idées géographiques à travers les âges*. La princesse sort brisée de cette aventure sans comprendre ce qui se passe entre les deux hommes. Elle a été l'objet d'un chantage mais ne sait pas si le Corse a agi contre elle ou contre son père. En 1900, l'affaire rebondit : Marie reçoit une lettre de Léandri lui réclamant une rente viagère élevée et la menaçant, si elle refuse, de publier ses lettres dans la presse. On fait appel à Demange, l'avocat de Dreyfus, et l'histoire se termine par un procès où les lettres sont rendues. La princesse se croit de plus en plus malade. Un jour elle se cogne le nez sur le rebord d'un piano : le choc laisse une entaille peu visible qui va pourtant l'obséder; elle se fera opérer plusieurs fois, cherchant à écarter, avec la cicatrice, la trace de cet événement « honteux ».

En 1905, elle se découvre guérie de sa tuberculose puis commence une vie mondaine. Elle s'intéresse avant tout à elle-même, à sa triste destinée et souffre d'une névrose avec hypocondrie et symptômes hystériques. Son père entreprend de la marier, comme sa propre mère avait fait pour lui. Il rêve d'épousailles qui mettraient sa fille dans une situation sociale incontestée. Ce bonapartiste, peu content des restes de sa noblesse d'Empire, lorgne la reconnaissance des véritables familles royales. Marie, elle, vit dans un autre monde : ambivalente, elle ne veut pas quitter son père, désormais seul, après la mort de la vieille borgne, mais elle souhaiterait aussi faire des études de médecine pour disséquer les cadavres; s'enfuir, partir, voyager, oublier la fortune, le rang, le nom, les contraintes d'une existence insensée : tel est le rêve profond de l'arrière-petite-nièce de l'Empereur.

En 1906, c'est le coup du destin : elle fait la connaissance du roi Georges Ier des Hellènes : « Un Danois, écrit-elle, qui venu du pays d'Hamlet règne depuis près de quarante ans sur le peuple d'Œdipe [123]. » Roland organise le mariage de sa fille avec le fils de Georges Ier, le prince Georges de Grèce qui n'est pas prétendant au trône. Marie refuse mais il insiste. Elle est de nouveau l'objet d'un chantage : « C'est un homme sérieux, charmant, lui dit-il, et tel que bien des pères le voudraient pour leur enfant [124]. » Elle accepte alors de le rencontrer. L'homme est grand et blond comme un Viking, un peu chauve, avec des yeux bleus. Elle veut l'aimer, le croit bon et désintéressé. Il ne lit jamais de romans, ni de poésies, méprise la littérature, trouve Shakespeare ampoulé, prétend apprécier les choses « vraies », les récits historiques et surtout les aventures de marins. Il lui raconte sa vie, les étés passés dans des châteaux royaux et lui fait l'aveu de son plus grave secret : à l'âge de quatorze ans il a été abandonné par ses parents au royaume du Danemark et a trouvé refuge auprès de son bel oncle, Valdemar, de dix ans son aîné. Le jeune homme s'est aperçu de la détresse de son neveu et au cours d'une promenade, il a pris sa main dans la sienne : « De ce jour, de cet instant, dit Georges à Marie, je l'aimai et n'ai jamais eu d'autre ami que lui [125]. » Le prince de Grèce souhaite vivre au Danemark auprès de l'oncle Valdemar qui a épousé une femme nommée Marie, sœur d'Henri d'Orléans, lui-même explorateur de l'Asie. Il ne s'intéresse pas à sa future épouse et à sa vie de simple bourgeoise parisienne, ne comprend pas le premier mot de sa lamentable histoire avec Léandri. Marie a envie de dormir, elle hésite; harcelée par son père, elle se résigne enfin à épouser ce prince désuet dont le comportement étrange ne semble pas frapper son esprit.

« Épouser un fils de roi, écrit Marie, cela ressemble à un conte de fées [126]. » Athée, elle refuse de se convertir à la religion orthodoxe et de renier la catholique dans laquelle elle a été baptisée. Elle ne cède pas non plus à la pression pontificale qui exige, pour les mariages mixtes, que les enfants à venir entrent dans le sein de l'Église romaine. Elle prend ses décisions seule, avec courage et entêtement : ses héritiers seront élevés dans la religion de leur père et le mariage sera célébré par l'Église orthodoxe à la cathédrale d'Athènes. Très vite elle sait se conduire en souveraine, prenant ainsi une revanche sur sa bourgeoise grand-mère qui lui interdisait les toilettes féminines, le beau linge, la dentelle. Très vite elle dépense une fortune dans l'achat d'une somptueuse garde-robe, et à la demande des fournisseurs, son trousseau est exposé devant le Tout-Paris. Un journal intitule son compte rendu : « Exposition de Blanc ». Les souliers et les pieds de la princesse font l'objet de longues descriptions dans la presse quotidienne. Des murmures lui parviennent concernant le prince Georges; certains le disent atteint d'une maladie secrète, d'autres affirment qu'il s'adonne à la débauche, à la boisson. Marie refuse d'entendre les médisances. A son arrivée en Grèce, elle fait la connaissance de Valdemar : « C'est l'être que le blond prince aime le plus, écrit-elle. Je le regarde avec attention. Plutôt grand, mince et élégant, une barbe en pointe châtain complète son visage aux gris yeux myopes derrière un lorgnon posé sur un nez un peu retroussé au bout. [...] Il me sourit et me parle avec aménité. Je suis heureuse de connaître le grand ami de celui que j'aime et de voir que je lui plais [127]. » Elle rêve de rencontrer le roi Édouard VII : « On dit qu'il s'y connaît en femmes, il m'apprécierait. Ce n'est d'ailleurs pas sûr. *Je suis d'une autre race* [128]. »

Altesse royale, elle est comblée d'honneurs et de célébrité, mais reste hantée par le problème de la frigidité. Délaissant un époux qui méprise les contes de fées, elle s'intéresse aux idées nouvelles sur la sexualité. Par Aristide Briand dont elle devient l'amie, elle se mêle aux affaires politiques de la France. Elle se lie également avec Gustave Le Bon qui lui parle de

Freud pour la première fois. En 1923, elle commence à fréquenter les hôpitaux et à faire des recherches sur la sexualité féminine. En 1924, son père meurt d'un cancer de la prostate. Elle le veille jusqu'au dernier soupir et évoque sa froideur à l'égard des femmes : « Il va mourir et ses oreilles que voilà jamais n'ont accueilli l'enchantement de la poésie ou de la musique, ses mains n'ont jamais enlacé, vraiment enivrées, une amante. Il me l'a dit : jamais aucune ivresse ne l'a terrassé et maintenant il est trop tard [129]. »

La même année, elle publie en Belgique sous le pseudonyme d'A.E. Narjani un incroyable article intitulé *Considérations sur les causes anatomiques de la frigidité chez la femme* [130]. Elle y fait état de ses travaux concernant la mensuration de la distance entre le clitoris et le méat urétral sur une population parisienne de deux cents femmes prises au hasard. Persuadée, après de multiples observations anatomiques, que la frigidité féminine a pour origine une fixation clitoridienne, seule source de jouissance, elle préconise, pour remédier au mal, une opération chirurgicale destinée à rapprocher le clitoris du vagin, afin que le pénis soit mis en contact avec le clitoris lors de l'acte sexuel. Jamais elle ne changera d'avis sur cette question et, malgré son analyse, elle sera toute sa vie obsédée par le recours ultime à la biologie et à l'anatomie, faisant ainsi retour, à son insu, par-delà Freud et Charcot, à la sacro-sainte présomption utérine. Avec Marie Bonaparte l'hostilité au pansexualisme n'est pas de mise, mais l'étiologie de la névrose est reversée dans un cadre épistémologique tombé depuis longtemps en désuétude mais ravivé par les progrès de la chirurgie. Cet itinéraire insensé a pour origine le drame d'un roman familial qui empêchera toujours la princesse de décoller de son autobiographie pour accéder à une véritable écriture théorique.

Devenue mère, adulte et toute-puissante, Marie attend encore à l'âge de quarante ans l'authentique prince charmant de ses rêves enfantins. Dans le silence du royaume des morts, la Belle au bois dormant est somnambule. Un jour de 1925, à Vienne, un souverain vieillissant la réveille. Tout se passe comme dans un conte : elle se jette aux pieds de son libérateur et celui-ci s'éprend de cette tragique princesse. Un amour superbe, platonique, incestueux, se noue entre la descendante d'un légendaire empereur et le fils d'un marchand juif parvenu à la gloire d'Hannibal.

Le 9 avril 1925, alors que Rank se trouve à Paris, Laforgue demande à Freud de prendre Marie Bonaparte en analyse. Il a lui-même reçu la princesse pour quelques entretiens mais ne désire pas continuer avec elle. Rank a déjà son idée sur le « cas » et Laforgue souligne que « la dame en question souffre d'une névrose obsessionnelle assez prononcée, ce qui, certes, n'a pas nui à son intelligence mais a toutefois perturbé quelque peu l'équilibre de sa psyché [131] ». Freud se méfie de cette personne célèbre et mondaine. Il accepte de la prendre en analyse à condition qu'elle sache parler l'anglais et l'allemand, mais demande à Laforgue de se porter garant du sérieux de ses intentions et de sa valeur personnelle. Ce dernier répond le 1er mai 1925 : « En ce qui concerne la patiente, je la tiens pour une personne très sensée et consciencieuse. Elle se trouve actuellement en cure dans le

Midi de la France pour des douleurs rebelles au bas-ventre, dont nous avons dû déjà mettre en évidence, comme il convient, le point de départ psychique. L'analysante croit fermement (et les médecins aussi) qu'elle pourra, en automne, risquer le séjour à Vienne. Dans huit jours elle sera de retour ici et prendra alors des décisions définitives. Naturellement elle devra se soumettre aux conditions générales. Les résistances ne se trouvent pas là, elles relèvent entièrement du domaine intellectuel, où la patiente, par la supériorité de son esprit, cherche à disputer la préséance à chacun. Elle est la fille d'un père très érudit, le prince Roland Buonaparte [sic]. Sa mère est morte en couches. [132] »

En fait Marie Bonaparte ne cherche pas seulement à se « soigner », elle veut recevoir une formation didactique et demande à Laforgue d'intercéder auprès de Freud en sa faveur. Toujours bienveillant, l'Alsacien obtempère : « C'est essentiellement pour des raisons didactiques que cette dame voudrait aller vous voir. Elle a selon moi un complexe de virilité prononcé et par ailleurs de nombreuses difficultés dans la vie, si bien que l'analyse serait de toute façon indiquée. Je suis chargé de vous demander si cette dame peut venir entre le 1er mai et le 10 novembre, si vous pourriez la prendre en analyse de 6 semaines à 2 mois, dans la mesure du possible deux fois par jour. Je n'ai voulu donner aucune réponse précise avant de vous avoir posé la question. J'ai toutefois fait comprendre à cette dame qu'elle devait se soumettre rigoureusement à vos conditions, ce sur quoi d'ailleurs elle est d'accord. Toutefois la question du temps entraîne aussi quelques difficultés du côté de la famille. Mais il n'est pas exclu qu'en cas de nécessité l'analyse puisse, après une brève interruption, être reprise pour deux autres mois [133]. »

Devant de telles exigences, Freud refuse de recevoir Marie. Le 16 juin 1925, il écrit ces mots à Laforgue : « Avec la Princesse, il semble donc qu'il n'y ait rien à faire. Comme je ne prends que très peu de cas, une analyse de 6-8 semaines, qui m'oblige à en abandonner une autre, et qui s'étend sur une saison, ne peut me tenter. Pour la même raison, il m'est impossible de me consacrer à un même cas deux heures par jour, ce que je n'ai vraiment jamais fait que très exceptionnellement. En outre étant donné le nombre restreint de mes heures de travail, je ne pense pas avoir le droit de rien gaspiller pour une analyse sans but sérieux (soit didactique, soit thérapeutique) [134]. »

Une analyse sans but sérieux : Freud ne savait pas ce qui l'attendait et allait bientôt changer d'avis. La princesse intervient par lettre directement auprès de lui et il accepte de la recevoir après les vacances. Laforgue, toujours prêt à rendre service, fait part à Freud de la reconnaissance de Marie.

Le 30 septembre 1925, elle s'installe à l'hôtel Bristol et rencontre le maître pour la première fois. Elle lui trouve une grande douceur alliée à une forte puissance, et le sent en sympathie avec toute l'humanité. Il lui dit de venir chaque jour à onze heures et lui annonce qu'elle jugera elle-même quand l'analyse sera terminée.

Dès lors, au cours d'une longue correspondance, et par de nombreux trajets entre Paris et Vienne, elle va progressivement devenir la représentante légitime de l'orthodoxie freudienne et régner sur le mouvement français à la manière d'un maréchal d'Empire. Freud tombe en extase devant ce Bonaparte en jupons et Marie découvre une grande cause à défendre qui donne enfin un sens à son existence. A travers elle, c'est la France entière qui rend justice à la psychanalyse, une France toujours hostile et antisémite, mais une France de la haute société qui reconnaît sans concession et pour la première fois le génie d'un petit Juif viennois. Freud n'en revient pas, et c'est ce qui explique le caractère passionnel de sa relation à la princesse. Elle dépose aux pieds de son sauveur la totalité de sa fortune, dépensant sans compter un argent dont elle se moque éperdument mais qui lui donne le pouvoir de régner. Elle finance le mouvement français, lui donne des assises institutionnelles, entreprend des traductions, intervient auprès des autorités pour défendre la cause et enfin publie elle-même ses œuvres avec l'approbation du maître. Elle éclipse Laforgue, dont l'ambivalence ne plaît pas à Freud, mais maintient avec lui une relation amicale. Pour se moquer de son militantisme, le groupe parisien la surnomme « Freud a dit ». Peu lui importe; tel un amant royal, elle couvre son idole de cadeaux : authentiques vases grecs, recherchés avec un soin maniaque dans les musées de Grèce ou chez les marchands d'Athènes; superbes statuettes de collection; merveilleux chiens « chow-chow » que le vieillard affectionne; cigares luxueux et rares, avec ou sans nicotine. La générosité de Marie est sans limites; pour ce père légendaire elle devient une fille, une mère, l'amie de la famille. Elle est la fidélité même et Freud, gâté comme un enfant, ne sait plus où donner de la tête. Il fétichise les objets de la grande dame, les place avec amour sur certains coins de son bureau, ou près de son fauteuil. Reconnaissance suprême, il la fait entrer dans le cercle arthurien de ses disciples en lui offrant la fameuse bague; mieux, il recommande qu'après sa propre mort ses cendres soient recueillies dans la douceur profonde de son plus beau vase grec [135].

On dira qu'à l'intérieur du groupe français, l'orthodoxie viennoise de Marie Bonaparte résonne comme l'envers caricatural du dogmatisme pichonien. Laforgue est tiraillé entre ces deux extrêmes tandis qu'Hesnard continue de voguer sur le radeau de la latinité. De sorte que, dans cette étrange configuration, aucun personnage ne peut occuper la place d'un maître à penser. La France reste incapable, en ces années-là, de laisser émerger une position réellement novatrice : ni abusivement hostile au freudisme, ni adepte sans limite d'une politique viennoise d'autant plus stérile qu'elle est inféodée à la ligne de l'IPA. La rivalité entre Pichon et Marie Bonaparte est le reflet exact du mode de pénétration de la psychanalyse en France : outrance, démesure, dogmatisme, crises passionnelles, déchirements, extravagances sur fond d'extrême souffrance. Aucun des fondateurs de la SPP n'est un citoyen « ordinaire ». Tous sont des aventuriers, risquant leur vie, leur talent, leur carrière pour la lutte qu'ils ont entreprise, souvent au prix d'une œuvre sans héritage, ni envergure, parfois dans des compromissions absurdes ou inefficaces. Mais pour s'intéresser à la psychanalyse dans ce pays entre 1914 et 1935, il fallait être solidement « fou » ou ne pas craindre les galères.

Contre vents et marées, la précieuse princesse reste la gardienne du temple freudien, se heurtant sans cesse au conservatisme de sa propre famille. En 1927 lorsque paraît sa traduction du *Souvenir d'enfance de Léonard de Vinci,* Marie est accusée de crime de lèse-majesté. Freud a osé mettre en évidence les fantasmes sexuels de l'un des plus grands peintres de tous les temps, dont la pédérastie est évidente. Le prince Georges se fâche. Considérant que la psychanalyse est aussi fausse qu'inconvenante, il supplie son épouse de renoncer à ses néfastes occupations au nom de l'avenir de ses enfants [136]. Elle ne cède pas, mais continue de souffrir autant que dans son enfance.

Vers la fin de l'année 1928, à Vienne, elle tombe gravement malade. Pendant quelques semaines, elle est soignée par Max Schur et se lie d'amitié avec lui. Elle insiste alors auprès de Freud pour qu'il l'engage comme médecin personnel et obtient gain de cause. Ce dernier est admis dans le sanctuaire et à la mort de Marie, il rédigera sa notice nécrologique. Très proche des plus hautes sommités de la tradition médicale française, elle demande à Rigaud et Lacassagne des conseils pour le traitement anticancéreux de Freud. Une amitié la lie avec Ruth Mack Brunswick, la deuxième analyste de l'homme aux loups. Avec elle, elle réussit à convaincre le professeur Kazanijan de réaliser la prothèse de Freud. Un jour elle prend le train pour Paris, rattrape le médecin récalcitrant, en route pour son pays, et le ramène dare-dare avec elle. Elle devient l'amie intime d'Anna Freud et la mécène de la famille qui l'idolâtre.

En 1936, Marie annonce à Freud qu'un écrivain et marchand d'objets d'art du nom de Stahl est venu la trouver pour lui vendre la correspondance avec Fliess qu'il a obtenue de la veuve de ce dernier. Freud est complètement affolé et écrit à la princesse : « Notre correspondance était aussi intime que vous pouvez l'imaginer. Il aurait été tout à fait pénible de la voir tomber dans des mains étrangères. Aussi est-ce extrêmement gentil à vous d'avoir acheté ces lettres et de les garder contre tout danger. Je regrette seulement la dépense qu'il vous a fallu encourir. Puis-je offrir d'en payer la moitié? J'aurais moi-même dû les acheter si cet homme s'était directement adressé à moi. Je ne voudrais pas qu'elles viennent même en partie à la connaissance de la soi-disant postérité [137]. » Marie refuse la proposition de Freud et s'abrite derrière le fait qu'elle a pu acheter les lettres à condition de ne pas les revendre à la famille Freud : « Tel que je vous connais, écrit-elle, il ne pourrait y avoir dans vos lettres rien qui vous rabaissât. Et vous-même avez écrit un bel article où vous combattiez l'idéalisation à n'importe quel prix des grands hommes, des grandes figures paternelles de l'humanité. Du reste, si ma prédiction est juste, une part de l'histoire de la psychanalyse, cette science unique et nouvelle que vous avez créée qui est même plus importante que la théorie des idées platoniciennes serait perdue si le matériel était entièrement détruit à cause des quelques remarques personnelles que contiennent ces lettres [138]. » Freud, rassuré, proteste encore mais il avoue qu'il est heureux de savoir que cette correspondance se trouve dans des mains fidèles.

La princesse avait raison. Le manuscrit des lettres constituait une information de premier ordre sur la préhistoire de la psychanalyse et l'auto-analyse de Freud avec Fliess. Il sera publié en 1950 [139] par les soins de Marie Bonaparte, Anna Freud et Ernest Kris. Les trois éditeurs eurent tellement l'impression de trahir la mémoire d'un grand homme qu'ils amputèrent de cette correspondance les passages qui *à leurs yeux* risquaient de contrevenir à la « discrétion médicale » ou qui évoquaient des accidents d'ordre « familial » ou « survenus dans le cercle des amis ».

Il faut alors interroger le rôle de Marie Bonaparte dans cette histoire. Que signifie cette affaire de lettres jamais rendues à leur auteur puis amputées d'une partie de leur contenu? Pourquoi les représentants officiels de l'IPA ont-ils à la fois refusé d'obéir au diktat de Freud en publiant des lettres intimes et fait semblant de préserver un secret de polichinelle en censurant sa correspondance? Quelle est la nature du « fameux mystère » qu'on ne veut pas dévoiler et que tout le monde connaît par la simple lecture de lettres expurgées? S'agit-il de l'évidence d'une homosexualité latente entre deux hommes ou d'une « chose » qui devient scandale du fait même qu'elle est dissimulée? Peu importe; en tout cas, il fallait choisir : ou publier intégralement les lettres quitte à défier la statue du commandeur ou ne rien publier et ne pas offenser la mémoire d'un père mort. La solution « intermédiaire », qui a été retenue, témoigne de l'hypocrisie des notables de l'IPA et constitue le seul « scandale » de cette affaire.

Destin funeste ou noir dessein? Dans l'itinéraire de cette princesse, fascinée jusqu'à la nécrophilie par le personnage d'Edgar Poe, la problématique des lettres volées, rachetées, échangées, falsifiées, occupe une place centrale. L'épisode de 1936 vient répéter l'aventure des missives amoureuses envoyées au bandit corse où l'on prétend ne pas savoir que le rachat d'un courrier a pour objet de dissimuler l'existence d'une relation entre deux hommes. Quand Marie raconte ses mémoires et commente à foison ses cahiers d'enfance, elle consacre environ trois mille pages à faire semblant de se raconter pour dissimuler les traces essentielles de son autobiographie. Il ne s'agit pas d'un procédé littéraire à la manière de Proust ou d'Aragon qui permettrait d'énoncer une vérité narrative au fil d'un univers romanesque fondé sur le « mentir-vrai »; il s'agit au contraire d'un semblant d'écriture destiné à masquer la vérité historique au prix d'un romanesque mensonger. Quel narcissisme préside donc à ce projet? Dans le « style » même de la princesse, on trouve réponse à cette question.

La rhétorique de Son Altesse est en effet à l'image de la censure qu'elle fait subir à la correspondance de Freud et à sa propre histoire. Le culte de la trace, l'amour ritualisé pour les objets, qu'elle partage avec un maître moribond, la passion qu'elle voue aux signes figés d'une écriture, renvoient à une rupture non accomplie avec le monde honni d'une enfance passée dans les cuisines, sous les jupes des gouvernantes ou la bannière d'un couple incestueux. La princesse reste aussi conservatrice qu'elle se croit libre et progressiste; elle est d'autant plus moralisatrice qu'elle masque avec insolence son ivresse d'une sexualité perverse. Cherchant à tout maîtriser, son âme et son entourage, elle ne peut rien assumer; du coup, elle aime ses amis aussi fougueusement qu'elle les trahit : Laforgue fera les frais de cette ambivalence.

Une anecdote témoigne de l'attitude contradictoire de la princesse. Lorsque en 1933, elle publie son étude sur Edgar Poe [140] préfacée par Freud, Michel Leiris en fait un compte rendu élogieux, à cause de la nouveauté d'une démarche qui ose parler ouvertement des fantasmes sexuels des créateurs. Un an plus tard l'écrivain fait paraître son admirable *Afrique fantôme* [141]. Le livre fait scandale parce qu'il mélange des récits subjectifs, des rêves érotiques et des critiques du colonialisme. Marcel Mauss reproche à Leiris de compromettre la bonne entente entre les missions et les indigènes. Marie Bonaparte est férue d'ethnographie. En 1928 elle a presque entièrement financé l'expédition de Geza Roheim en Mélanésie et elle s'intéresse à la mesure du temps du coït chez les primitifs observés par Malinowski. Cela ne l'empêche pas de reprocher à l'écrivain de critiquer les administrateurs coloniaux [142].

La princesse qui est elle-même attaquée dans son milieu pour son appartenance à la cause freudienne n'hésite pas à devenir la représentante de l'ordre établi quand il s'agit de défendre les valeurs de sa caste. Son attitude est semblable face au savoir médical. Alors qu'elle est embrigadée dans la croisade pour la Laienanalyse, elle reste fascinée par un organicisme démesuré : elle n'a pas fait d'études médicales à cause de sa famille et toute sa vie elle sera plus médecin que les médecins, malgré sa lutte pour la reconnaissance de l'analyse laïque en France.

Courageusement, elle finance l'émigration de la famille Freud après l'occupation de l'Autriche par les troupes allemandes. En 1938, elle est à Vienne avec Jones. Les Nazis réclament à tous les émigrants qui possèdent des biens une « taxe » de sortie s'élevant à vingt pour cent de la valeur de leur fortune. Les comptes en banque, le Verlag et tous les moyens dont Freud peut disposer ont été confisqués. Marie verse aux Nazis une fabuleuse « rançon » de 4 824 dollars [143] que Freud lui rembourse dès son arrivée à Londres. Aussitôt elle décide de consacrer cette somme à la reproduction des *Gesammelte Werke* qui ont été détruites par les Allemands. Sur la route de l'exil, Freud est hébergé avec toute sa famille dans l'hôtel particulier de la princesse qui lui fait cadeau d'une des pièces de sa collection qu'il préfère : une statuette d'Athéna sortie de Grèce en contrebande. Arrivé à Londres, Freud la remercie chaleureusement : « La première lettre écrite sur la table encadrée par vos terres cuites, dans une pièce donnant sur le jardin, que vous aimerez certainement, vous revient de droit, car la journée passée chez vous à Paris a rétabli notre dignité et notre bonne humeur. Entourés d'amour pendant douze heures, nous sommes partis fiers et riches sous la protection d'Athéna [144]. »

Le 15 novembre 1925, Freud écrit à Laforgue : « La princesse fait une très belle analyse et est, je crois, très satisfaite de son séjour. Je me réjouis à présent d'avoir cédé à votre désir ainsi qu'à l'impression que m'a faite sa lettre et de l'avoir acceptée. Elle envisage de rentrer à Paris à la mi-décembre, mais me laisse espérer qu'elle reviendra bientôt. Une analyse interrompue après si peu de temps ne laisserait qu'un grand regret [145]. »

On peut se demander ce qu'a été réellement l'analyse de Marie Bonaparte. Freud est amoureux de l'arrière-petite-nièce d'un empereur et celle-ci est la représentante légitime d'un père idolâtré. Une cure peut-elle « réussir » dans ces conditions? La chose est complexe. A cette époque, les élèves de Freud sont à la fois des analysants et les militants d'une cause. Ils font partie d'une grande famille. S'agissant de la princesse, la situation est particulière. Elle rencontre Freud à l'âge de quarante-trois ans, en un moment de sa vie et à une époque historique où il lui est impossible de rompre avec les idéaux de son rang. Ce n'est pas la réussite de la cure qui va permettre à Marie de sortir de la tristesse de son existence, mais sa participation directe aux affaires du mouvement. Elle arrive à Vienne quand la SPP est sur le point de se constituer : nous ne dirons pas que Freud « manipule » ou « utilise » la princesse dans le but d'implanter la psychanalyse à Paris; ce serait trop simpliste et peu conforme à la réalité des faits. Il semble plutôt que le lien passionnel qui s'établit entre le vieil homme et la dame autorise un jeu politique par lequel Laforgue est progressivement évincé de sa place de fondateur au profit de Marie Bonaparte qui reçoit l'appui officiel des disciples de Freud et de l'IPA. Celui-ci envoie à Paris, pour la seconder, un groupe de didacticiens chevronnés qui ont pour mission de combattre la tendance chauvine ou marginale représentée par Pichon, Codet, Borel et Hesnard. Ce groupe « d'intervention » est composé par les analystes suisses, Raymond de Saussure, Charles Odier, Henri Flournoy et par Rudolph Loewenstein qui émigre à Paris en 1925. Ils sont tous formés à Berlin ou à Vienne et représentent la ligne de l'IPA.

La cure de Marie Bonaparte, au contraire de celle des autres disciples, est interminable. Elle se déroule de 1925 à 1938, par « tranches » successives : cinq à six mois les premières années, un à deux mois les années suivantes. Elle se fait en allemand et en anglais, rarement en français. La langue allemande est celle des femmes mortes de la lignée maternelle. La langue anglaise renvoie Marie à l'écriture enfantine des cahiers : c'est un code secret, une sorte de dialecte fondamental. Durant l'hiver 1937-1938, la princesse est encore en analyse avec Freud, qui ne parviendra jamais à se séparer d'elle. Elle ne s'allonge plus sur son divan mais le veille jusqu'à sa mort et assiste à son incinération.

De 1925 à 1927, la Belle au bois dormant est « réveillée » par la psychanalyse : Freud emplit ses journées et ses pensées; elle découvre que son inconscient est une bête féroce, heureusement dominée par un génial dompteur. Le maître lui déconseille de faire des études médicales et lui révèle le côté justicier de son caractère : elle a voulu se venger de son père qui ne lui rendait pas l'amour qu'elle lui donnait. Ayant eu l'ambition de le surpasser, grâce à ses dons intellectuels, elle désire devenir analyste pour guérir ou peut-être « assassiner » des êtres vivants [146].

Avec son habituel talent de clinicien, Laforgue se rend compte, malgré l'enthousiasme des deux protagonistes, des difficultés de la cure de la princesse. Il se réjouit de la satisfaction de Freud et, non sans amertume, il affirme que la collaboration de Marie est décisive pour le mouvement. Dans une lettre à Freud, il semble douter, au-delà d'une approbation apparente, de la réussite d'une telle analyse : « Pour ce qui est des autres " triomphes ", écrit-il, j'ai à peine besoin de vous dire combien m'intéressent les cahiers de la princesse. Elle se propose de mettre le cas à votre disposition aux fins de publication éventuelle et il est je crois hautement instructif en ce qui concerne les possibilités de l'analyse [147]. » Freud ne répond pas à l'interrogation soulevée par Laforgue. Par la suite, il lui écrira qu'il a gagné en la personne de la princesse un membre éminemment précieux. Le 25 juillet 1926, il fait allusion pour la dernière fois à l'analyse de Marie : « Naturellement, j'entends à présent votre nom très souvent, puisque je travaille avec notre princesse qui cette fois pénètre sérieusement dans les arrière-fonds de son attachement au père. Je suis persuadé qu'elle ne trouve plus l'analyse aussi agréable, mais celle-ci n'en est que plus riche d'enseignement. Nous avons le droit d'être très satisfait de l'acquis [148]. » Freud est ravi de sa relation paternelle avec Marie et Laforgue n'a plus son mot à dire.

L'Alsacien va rester silencieux mais il a pressenti la vérité de cette affaire. Freud favorise la publication des *Cinq Cahiers* dont le premier sera édité l'année de sa mort, à compte d'auteur. Il empêche Marie de rédiger le journal de son analyse, et elle s'empresse de contrevenir à son ordre. La princesse va devenir un « cas » à l'égal de Dora ou d'Anna O., avec cette différence cependant que l'histoire de sa cure se réduit au commentaire de ses cahiers d'enfance. Le *Journal* existe mais il est resté lettre morte, enfoui dans les archives de la famille [149]. On ne possède donc pas sur l'analyse de la princesse un document qui ait la teneur clinique, théorique ou littéraire des cures publiées par Freud ou du récit d'Abram Kardiner.

Une fois de plus, la censure volontaire a produit ses effets. Par la publication de ses *Cahiers,* Marie Bonaparte a fait connaître, de son vivant, à la postérité, l'aspect « héroïque » de son analyse; mais ses commentaires ressemblent aux pages de son interminable autobiographie : il s'agit d'un récit dans lequel le narcissisme de l'auteur, sa complaisance, sont poussés à une telle démesure que le texte est amputé d'une écriture authentique. Seuls les contes d'enfance, redécouverts à l'âge adulte, échappent à la maîtrise de l'auteur et ont une valeur littéraire ou clinique à cause de leur cruauté naïve.

Trois ou quatre semaines après le début de sa cure, Marie raconte un rêve qui se situe sur les rives du bois de Boulogne. Elle est assise dans un petit lit bas et observe les divertissements amoureux d'un couple couché dans un grand lit d'adultes. Freud déclare péremptoirement à Marie qu'elle a assisté dans son enfance à des scènes de coït. Il affirme qu'elle n'a pas seulement *entendu* ces scènes, comme la plupart des enfants qui dorment dans la chambre de leurs parents, mais qu'elle les a *vues,* en *plein* jour. Ahurie, elle proteste qu'elle n'a pas eu de mère. Freud tient bon, objectant la présence de la nourrice. La princesse oppose une résistance farouche à cette interprétation et raconte le premier souvenir qu'elle a conservé de son enfance : « Je suis assise très bas sur une petite chaise ou une petite caisse, au Cours-la-Reine, dans la chambre de ma nourrice. Elle est debout devant la glace de la cheminée, dans laquelle le feu flambe; attentivement je la regarde. Elle est en train de se mettre de la pommade sur ses bandeaux de cheveux noirs. La pommade, dans un petit pot blanc, est sur le marbre de la cheminée : elle est noire. Je trouve cela dégoûtant. Ma nourrice a un long visage jaunâtre et ressemble à un cheval [150]. »

Freud voit dans ce souvenir-écran une confirmation de son interprétation. La face chevaline de la nourrice renvoie à Pascal, le piqueur corse, demi-frère de Roland et amant de Lucie, la gouvernante. La cheminée est un symbole du cloaque féminin, noire comme l'intérieur d'un corps de femme « ramoné » par le coït. Le feu est à l'image du plaisir sexuel et la pommade noire peut signifier les fèces et l'érotisme anal. Toujours peu convaincue de la première affirmation de Freud, Marie rend visite à Pascal un soir de Noël 1926. L'homme a quatre-vingt-deux ans et refuse de répondre à des questions sur ses relations sexuelles avec les domestiques de la maison Bonaparte. De retour à Vienne, la princesse fait lire à Freud ses cinq cahiers. A propos du conte intitulé *Le Crayon de bouche,* il lui dit : « Cela me semble suspect. Vous avez dû voir, enfant, une fellation. » Durant deux mois, il commente les textes et explique à Marie qu'elle a agi comme les peuples dans leur enfance : « Un grand événement les frappe dans leur période préhistorique, chute de Troie sous les coups des Achéens, ou d'un royaume burgonde sous ceux des Huns. Mais ce n'est que quelques siècles plus tard que se créent l'Iliade ou les Niebelungen. De même pour moi [Marie] dans ma période préhistorique, vers deux, trois ans, un grand événement me frappa : les actes sexuels des grandes personnes, mais ce ne fut que quelques années plus tard, vers sept, huit, neuf ans, que se créèrent les mythes symboliques que j'ai notés dans mes petits cahiers [151]. »

Incrédule et soucieuse de vérifier les assertions de Freud, Marie retourne voir Pascal et décide de le faire parler par tous les moyens. Elle le supplie de lui avouer qu'il a été l'amant non seulement de Lucie mais de Rose Boulet, sa première nourrice. Elle fait valoir son analyse avec Freud et la haute portée scientifique de ses expériences. Alors, le vieillard, un peu honteux, se met à table et tout au long d'une minutieuse enquête, la princesse l'oblige à décrire, au nom de la science, les détails complets de ses relations sexuelles avec la nourrice : les amants ont fait l'amour *en plein jour* devant le berceau de Marie; ils ont pratiqué devant elle des actes de fellation et des cunnilingues. Tel un magicien, Freud avait bel et bien énoncé la vérité.

Le Crayon de bouche, rédigé en forme de conte par Marie dans son enfance et analysé dans la cure avec Freud, dévoile une partie des fantasmes inconscients de la princesse à propos de sa sexualité. Le crayon symbolise l'arme de l'intellect par laquelle elle s'est identifiée à son père. C'est un attribut phallique qui prolonge le pénis : « Quand la bonne fée donne le crayon, écrit-elle, cela équivaut, pour mon inconscient, à la reddition à moi, par la femme du pénis de l'homme qui lui appartenait aussi, de par le rôle récepteur du pénis, de la femme dans le coït. La bonne fée est ainsi doublement déterminée; elle est Nounou qui m'octroie le pénis de Pascal; elle est Petite-Maman qui me donne le pénis paternel [152] ».

Ce dévoilement extraordinaire constitue la partie « réussie » de la cure de Marie. Comme avec Kardiner, Freud fait preuve ici d'un génie clinique qui s'apparente à la voyance. Pourtant cette réussite renvoie à un échec de l'analyse concernant l'émergence de la féminité de la princesse. Elle va passer le reste de sa vie à se pencher avec admiration sur sa triste enfance pour éviter de devenir « femme », tandis que l'essentiel de son trajet analytique sera gardé secret dans un journal non publié. Pourtant, elle fait lire celui-ci à Jones, qui le mentionne, sans le nommer, dans sa biographie de Freud puis elle le donne à Schur qui le cite explicitement dans son livre. Ainsi le document « introuvable » fonctionne-t-il dans la « famille » analytique comme des lettres volées que l'on cherche à la fois à cacher et à montrer. Alors que l'histoire « vraie » d'une analyse est dérobée au regard des curieux, le commentaire des *Cahiers* est semé à tous vents dans des conférences publiques. En 1945, la princesse publie *en anglais* le récit du *Crayon de bouche* [153]. Elle y raconte l'aventure de cette scène primitive, à la troisième personne, comme s'il s'agissait d'un cas clinique extérieur à son vécu. Dans la conclusion, elle fait l'apologie de ce témoignage exceptionnel et vante les qualités scientifiques de sa patiente imaginaire, s'offrant ainsi le luxe d'une admiration sans bornes pour sa propre personne.

Dans la cure, Freud n'analyse pas son contre-transfert paternel. Il traite Marie en homme, comme un disciple ou un général d'armée et sa sauvage féminité semble lui faire peur. Du coup elle reste « déguisée » en femme, porteuse d'un crayon ou d'un « pénis retourné ».

Dans un conte enfantin intitulé *Le Vlout*, mot qui signifie « verge changée en trou », elle découvre qu'elle a transformé son père en femme et qu'elle est devenue un phallus-fœtus, capable de le pénétrer, pour échanger avec lui, sans danger, des « secrets amoureux ». Par ailleurs elle s'identifie à sa mère morte et ne peut se défaire d'une haine du sang et d'une hantise de la grossesse où se révèle une terreur vitale des fonctions sexuelles femelles. Cette malédiction de la féminité se retourne en une horreur de la condition de femme et celle-ci va se traduire, dans des écrits théoriques, par un retour de plus en plus prononcé à l'organicisme. La princesse s'intéresse à Edgar Poe à cause du thème de la femme morte dans lequel elle retrouve ses propres fantasmes. Elle étudie la biographie et l'œuvre de l'écrivain à la manière d'un cas clinique comme elle fait pour elle-même. Freud soutient et approuve sa quête du substrat biologique, alors même que dans ses propres textes il s'en écarte. Dans la relation du vieil homme à la dame fait retour un refoulé freudien qui concerne à la fois le statut non élucidé des restes biologiques de la doctrine psychanalytique et les incohérences d'une position contre-transférentielle qui met en jeu la problématique non résolue de la sexualité masculine de Freud. De même que l'attitude d'Anna à l'égard de la psychanalyse d'enfant actualise le fantasme éducatif refoulé de son père, de même, les théories de Marie sur la sexualité féminine sont le symptôme du complexe paternel de Freud dans sa relation homosexuelle avec les femmes intellectuelles qui deviennent ses disciples.

Marie se trouve ramenée aux fantasmes archaïques de son enfance dans lesquels elle reste figée et le retour qu'elle accomplit au substrat organique dans le domaine de la sexualité féminine est la conséquence de cette fixation qui l'empêche d'accéder à la symbolique de la castration.

En 1927, à Vienne, alors que son analyse est commencée depuis deux ans, la princesse se livre avec le gynécologue Halban à des exercices anatomiques sur des cadavres de femmes, destinés à démontrer que la fameuse opération du clitoris dont elle a fait l'éloge sous un pseudonyme en 1924, est le traitement idéal pour la guérison de la frigidité féminine. En 1933, elle publie à ce sujet un article dans le *Bulletin de la société de sexologie,* intitulé *Les Deux Frigidités de la femme* [154]. Après un rapide résumé consacré à la sexualité infantile et à la masturbation, elle fait un classement des différents modes de la frigidité. Elle distingue les *frigidités totales* des *frigidités partielles.* Dans le premier cas, certaines femmes sont parfois révélées à elles-mêmes par un changement de partenaire, tandis que d'autres ne connaissent jamais d'orgasme. Dans le second cas, il s'agit d'un clitoridisme tenace pour lequel la cure analytique doit être complétée par un « adjuvant somatique ». Chez les femmes atteintes de cette anomalie, le clitoris est la seule zone érogène et empêche la jouissance vaginale. La psychanalyse aboutit à un échec si elle n'est pas accompagnée de la fameuse opération qui permet de réunir le clitoris et le vagin. Marie Bonaparte donne les résultats détaillés des interventions d'Halban en expliquant leur total insuccès. Cela ne l'empêche pas de conclure son article en énonçant les bienfaits conjugués de la psychanalyse et de la chirurgie pour le traitement du clitoridisme : « Telles semblent à ce jour les deux seules cures applicables à la frigidité par fixation clitoridienne, frigidité si rebelle, ainsi que l'on sait, à tout autre traitement. Ceci en attendant que l'endocrinologie mette peut-être un jour en nos mains les hormones permettant de viriliser l'homme et de féminiser la femme qui le désireraient [155]. »

Chirurgie et hormones : tel est pour Marie Bonaparte l'avenir de la psychanalyse en 1933. L'exaltation qui règne dans son esprit la conduit à confondre la différence anatomique des sexes avec la sexualité non génitale et celle-ci avec les phénomènes de transexualisme. L'article est republié en 1950 avec d'autres de la même inspiration dans son ouvrage *Psychanalyse et biologie.* Cette idée mythique, propre à la féminité elle-même, d'un transfert possible de la capacité orgasmique du clitoris au vagin, prend chez la princesse une allure particulièrement obsédante. Au lieu de penser la question du complexe de castration en termes de transformation d'une libido auto-érotique en libido objectale, elle reverse la théorie freudienne sur le terrain de l'anatomie. Dans cette optique, l'étude ethnographique lui sert de prétexte expérimental. Freud l'encourage dans cette voie, comme s'il cherchait à travers les angoisses d'une femme la preuve impossible que le critère de réussite de la normativation sexuelle serait la limitation de l'orgasme à la seule jouissance vaginale. Qu'a-t-il dit ou qu'a-t-il fait pour renforcer ainsi la résistance clitoridienne de sa patiente et l'entraîner vers la solution chirurgicale? Seule la publication du journal secret pourra peut-être apporter une réponse à cette question.

Un jour, Freud fait cadeau à Marie d'un livre récemment édité à Berlin, intitulé *Neger Eros* et écrit par un certain Félix Bryk qui a séjourné en Afrique orientale. Il a étudié les mœurs des Nandis, une tribu des pentes du mont Elgon et il a décrit la pratique de l'excision qui prive les jeunes filles de leur clitoris. Les hommes de la tribu cherchent par ce moyen à féminiser au maximum leurs compagnes en supprimant de leurs corps le dernier vestige pénien. Freud fait remarquer à Marie que Bryk avait sans doute connaissance du problème du transfert de la sensibilité d'une zone à l'autre et il ajoute à propos de l'excision : « Cette opération ne doit pas supprimer les possibilités érotiques, orgastiques des femmes; les hommes Nandis n'auraient pas admis sans cela une coutume les privant de la communion voluptueuse avec leurs compagnes [156]. » On peut se demander pourquoi Freud incite la princesse à s'occuper de clitoris coupés, tout en affirmant que l'opération destinée à faire passer dans la réalité charnelle un fantasme « masculin » de féminisation du corps de la femme ne change rien ni à la frigidité ni à la capacité orgastique des femmes. Il lui dit en somme que le transfert d'une zone à l'autre est une opération de l'inconscient irréductible à l'anatomie, même si la tribu des Nandis est persuadée du contraire.

Marie n'en demande pas tant et se précipite dans une enquête forcenée sur le terrain. Interrogeant les voyageurs et les ethnographes qui ont eu des relations sexuelles avec des femmes excisées, elle cherche à savoir si celles-ci sont capables d'orgasme. N'obtenant aucune réponse à cette épuisante interrogation sur elle-même, elle décide en 1929, alors qu'elle se rend à Vienne pour sa cure, de s'arrêter à Leipzig chez la doctoresse Hupfer qui pratique, comme Halban, des opérations chirurgicales sur le clitoris. Nouvelles observations, nouveaux cas, nouvelles déceptions. Après la mort de Freud en 1941, elle poursuit encore ses investigations en Égypte sur des femmes musulmanes excisées. Elle se met en rapport avec le professeur Mahfour Pacha, gynécologue de l'hôpital copte du Caire, qui lui explique le détail des techniques d'excision. Elle assiste à toutes sortes d'expériences, fait des comparaisons, observe minutieusement des clitoris coupés qu'elle confronte à des clitoris entiers. Elle regarde des accouchements, des saignements, détecte des infections, dissèque des moignons de lèvres. Elle prend en analyse des femmes indigènes qui se montrent incapables de lui transmettre la moindre information sur les lieux anatomiques de leur féminité. Pourtant Marie Bonaparte croit obtenir des résultats : elle ne comprendra jamais qu'il n'existe pas de solution chirurgicale à la frigidité féminine, de même qu'elle ne trouvera jamais de réponse au problème du statut inconscient de la sexualité féminine.

Freud, le génial clinicien, semble s'être montré incapable d'interpréter à sa patiente la signification de ses actes, de ses discours et de sa quête échevelée d'une impossible féminité. A travers les textes théoriques de la princesse on peut cerner quelles rationalisations elle met en place pour reverser la doctrine psychanalytique dans le domaine de la biologie.

Dans un un article célèbre de 1931 intitulé *La Sexualité féminine*, Freud décrit le mécanisme inconscient de l'Œdipe chez la femme. Contrairement à Jones et à Karen Horney, il soutient la thèse d'une libido unique [157] et constate que la bisexualité est plus accentuée chez la femme que chez l'homme. Il insiste sur le fait que dans le développement de la femme l'attachement excessif au père est en réalité la conséquence d'une relation ancienne et exclusive avec la mère. Autrement dit, dans l'Œdipe masculin, le garçon renonce à sa mère pour une autre femme en changeant d'objet et non de sexe, tandis que dans l'Œdipe féminin intervient un changement de sexe et d'objet. Freud montre à ce propos la difficulté de la position de l'analyste dans l'élucidation de l'attachement des filles à leurs mères : « Tout ce qui touche au domaine de ce premier lien à la mère, écrit-il, m'a paru si difficile à saisir analytiquement, si blanchi par les ans, si vague, à peine capable de revivre, comme soumis à un refoulement particulièrement inexorable. *Mais peut-être n'ai-je cette impression que parce que les femmes qui étaient analysées par moi pouvaient conserver ce lien même au père, lien dans lequel elles s'étaient réfugiées depuis la phase de pré-Œdipe dont il est question.* Il apparaît en vérité que les femmes analystes comme Hélène Deutsch et Jeanne Lampl de Groot ont pu percevoir plus aisément cet état de choses parce que leur venait en aide, chez leurs malades, *le transfert sur un substitut de mère approprié.* Je ne suis pas non plus encore parvenu à percer un cas complètement à jour [158]. »

Cette constatation faite en 1931, six ans après le début de la cure de Marie, donne une indication sur les difficultés contre-transférentielles de Freud. En conservant à travers son analyste un lien incestueux à la figure du père, la princesse ne parvient pas à se détacher d'une identification archaïque à sa femme morte. Elle reste figée dans l'univers de cauchemar de ses contes enfantins et incapable de se départir d'une terreur absolue de la féminité. Elle cherche, alors, hors de l'espace analytique, une solution « délirante » au problème insoluble de « sa » sexualité féminine. Poussée par Freud, elle se livre à un commentaire étonnant du texte de 1931 en confondant fantasme et réalité. A propos du complexe de castration, Freud divise en trois orientations l'attitude divisée de la femme devant la reconnaissance du manque du pénis : la première conduit à renoncer d'une façon générale à la sexualité; la seconde entraîne, au contraire, la femme à ne pas démordre de sa masculinité menacée; la troisième direction, « normale », selon lui, débouche sur la forme féminine du complexe d'Œdipe. La validité des thèses freudiennes à propos de ce « continent noir » de la féminité peut être discutée à condition de savoir qu'il s'agit d'une théorie où la division sexuelle est pensée du point de vue de l'inconscient et non à partir de la division anatomique des sexes ou d'une inégalité sociale. Dans cette perspective, il existe, dans l'inconscient, pour l'homme comme pour la femme, une seule espèce d'organe, le phallus, et la croyance au phallicisme est partagée par les deux sexes, chacun ayant la certitude que l'autre est détenteur d'une imaginaire puissance phallique. Cette division phallique ne se superpose pas à la division anatomique d'où les phénomènes de déni, de dénégation et de refoulement [159]. Or Marie Bonaparte transforme la théorie psychanalytique de la sexualité en une typologie des instincts biologiques, d'où la nature de l'inconscient est évacuée. Chez elle, les trois attitudes sont retraduites en trois catégories comportementales qui définissent les pôles d'une psychologie de la femme. La princesse distingue les *revendicatrices* qui cherchent à s'approprier le pénis de l'homme, les *acceptatrices* qui s'adaptent à la réalité de leurs fonctions biologiques ou de leur rôle social et enfin les *renonciatrices* qui se détachent de la sexualité en général. Le passage de la doctrine freudienne à cette thèse psychologiste révèle comment, pour Marie, le recours au substrat anatomique devient la seule manière d'échapper au primat de l'inconscient. La confusion entre l'organe pénien dans sa réalité charnelle et la fonction phallique d'ordre imaginaire, entre la génitalité et la sexualité, est si évidente qu'on a l'impression que Marie Bonaparte ne fait pas la différence entre une réflexion conceptuelle et la rationalisation de ses propres fantasmes.

Cette théorisation constitue l'apport essentiel de la princesse au continent de la sexualité féminine. Dans un deuxième livre sur le sujet, elle affirme de nouveau que Freud a mis en évidence trois types de comportement féminin [160]. Elle ajoute à sa classification des notions de santé psychique d'adaptation et de normalité. L'idéal féminin, dont elle rêve, est rangé chez les acceptatrices pour lesquelles « la santé psychique coïncide au maximum avec la normalité : ce sont des femmes vaginales, amantes ou mères qui ont adopté au mieux leur féminité [161] ». Elle place du côté des renonciatrices certaines vierges dont la libido, très sublimée, est saturée par une intense activité sociale. Dans ce cas la santé peut coexister avec l'absence de sexualité objectale. Enfin, elle situe en première ligne des revendicatrices, les femmes homosexuelles chez lesquelles la protestation virile est l'élément dominant. Dans ce dernier cas, elle préconise la cure analytique. Cette classification débouche de nouveau sur une étude détaillée de l'anatomie, du clitoris et du vagin, au terme de laquelle les hormones et la chirurgie apparaissent encore comme des adjuvants nécessaires à la psychanalyse.

En 1949, la princesse a basculé dans les profondeurs de cet organicisme qui a hanté Freud toute sa vie, et qui, tel le symptôme hypnotique de la période ferenczienne, fait retour dans le discours de la grande dame qu'il a tant aimée et si difficilement analysée : « Je crois, écrit-elle à cette date, que par-delà se trouve une sorte d'*inconscient* bien plus profond encore, l'*inconscient organique,* que mon vieil ami Gustave Le Bon, dans *Les Opinions et les Croyances,* d'ailleurs à juste titre, postulait [162]. »

Malgré les apparences, il est nécessaire de ne pas sous-estimer les tentatives psychanalytiques faites par Freud pour sortir Marie Bonaparte de son imbroglio personnel. Peut-être a-t-il senti son impuissance face à une situation où la cure intervenait trop tard? Peut-être s'est-il contenté d'éviter des passages à l'acte tragiques ou d'empêcher certaines pratiques? Nous n'irons pas plus loin. Marie Bonaparte a fait en sorte, par ses dispositions testamentaires, que son analyse reste secrète : respectons ce secret. Une simple lettre, écrite par elle, et la réponse donnée par le vieil homme revêtent aujourd'hui une signification clinique plus importante, pour cette cure, que les commentaires que nous pourrions ajouter. En 1932, la princesse demande à Freud si la psychanalyse a de sérieuses raisons pour décourager les relations incestueuses entre une mère et son fils, et si c'est le cas, quelles sont-elles. Voici la réponse qu'il lui fait parvenir : « Il ne peut évidemment s'agir de l'habituelle raison du simple tabou [...]. Il est assez étrange – mais peut-être aisément compréhensible – que les interdictions les plus puissantes de l'humanité soient les plus difficiles à justifier [...]. La situation pour l'inceste est exactement pareille à celle du cannibalisme. Il y a naturellement de bonnes raisons pour que dans la vie moderne on ne tue pas un homme pour le dévorer, mais aucune raison quelle qu'elle soit pour ne pas manger de la chair humaine au lieu de viande. Pourtant, la plupart d'entre nous trouveraient cela tout à fait impossible. L'inceste n'est pas aussi éloigné et ne se produit en fait que trop souvent. Nous pouvons facilement nous rendre compte que s'il était pratiqué sur une large échelle, il serait socialement aussi nuisible aujourd'hui qu'il l'était dans les temps passés. C'est ce mal social qui constitue le noyau de ce qui, paré d'un tabou, est devenu une telle affaire. Dans des cas individuels exceptionnels, l'inceste, même aujourd'hui, serait inoffensif bien que toujours antisocial comme le serait l'abrogation d'une de ces restrictions sexuelles nécessaires au maintien de la civilisation. Pour un cas particulier, il faut aussi tenir compte de la considération suivante. Il pourrait se faire que quelqu'un qui aurait échappé à l'influence des refoulements philogénétiques pratique l'inceste sans dommage, mais on ne réussirait pas à en être sûr. Ces héritages sont souvent plus puissants que nous avons tendance à le penser et puis la transgression est suivie de sentiments de culpabilité contre lesquels on est tout à fait impuissant [163]. »

C'est dans cette perspective qu'il faut lire *Le Cas de Mme Lefèbvre* [164], l'un des rares beaux textes écrits par la princesse au début de son analyse. Est-ce un hasard? Il s'agit d'une affaire criminelle qui a défrayé la chronique et dont l'histoire n'est pas sans lien avec le roman familial de Marie Bonaparte : pour des histoires d'argent et de passion incestueuse, Marie-Félicité Lefèbvre a en effet assassiné la femme de son fils, alors que celle-ci était enceinte de plusieurs mois.

En janvier 1927, grâce aux avocats, Marie Bonaparte se rend à la prison de Lille pour s'entretenir avec la meurtrière et recueillir de sa bouche sa propre version du crime. Celle-ci ignore l'identité de son interlocutrice qui se présente comme une psychologue désireuse d'écrire une étude sur son cas.

Avec une extrême minutie et dans une syntaxe sobre et bien tournée, la princesse rédige un texte de cinquante pages qu'elle publie aussitôt dans la RFP.

Marie-Félicité Lemaire est née en 1864 dans une honorable famille de cultivateurs du Nord. Élevée d'abord par sa grand-mère paternelle, qu'elle aime passionnément, elle est mise en pension dans un couvent jusqu'à l'âge de douze ans. Durant les mois d'été, elle séjourne dans la maison familiale et s'attache exclusivement à son père, rejetant sa mère qu'elle juge sévère. A l'âge de vingt-quatre ans, elle fait un mariage de convenance avec Guillaume Lefèbvre qui exerce la profession de brasseur. En unissant leurs fortunes, les époux deviennent riches. Marie-Félicité n'aime guère les relations charnelles et s'y soumet par devoir. Après la mort d'une fillette prématurée, elle met au monde deux fils, André et Charles. Le premier grandit en pleine santé et songe à la carrière de notaire, tandis que le second est atteint de troubles moteurs et devient infirme.

En 1912, elle tombe malade des « nerfs ». Un médecin incompétent constate la chute d'un rein et dès lors elle croit fermement que tous les organes de son corps subissent une attraction vers le sol. Elle en profite pour refuser les relations sexuelles et fait chambre à part. En 1924, André épouse Antoinette Mulle, elle-même fille de brasseur. Huit jours avant le mariage, Marie-Félicité reproche à sa future belle-fille « d'accaparer sans cesse l'automobile de la famille pour se promener avec son fiancé ».

Durant le voyage de noces des époux, elle conçoit une haine particulière pour Antoinette, persuadée que celle-ci et son frère ont l'intention, après la mort de leur père, de faire un procès à leur mère. Dès lors, elle clame son refus « d'avoir des enfants de cette race qui manque de respect aux parents ». L'avarice de Mme Lefèbvre éclate bientôt au grand jour. Elle a offert à Antoinette, pour son mariage, une broche de fausses perles et celle-ci s'en aperçoit. Et puis, elle se mêle des affaires du couple, reprochant à sa bru des dépenses immotivées. Celle-ci décide de ne plus la voir et André se rend seul chaque semaine chez ses parents.

En mars 1925, Antoinette est enceinte; en juin, Marie-Félicité achète un revolver chez un armurier de Saint-Étienne lors d'un voyage pour une cure à Vichy. Malgré une tentative de réconciliation, elle se plaint toujours du manque de respect de sa belle-fille. Le 23 août 1925, lors d'une promenade en automobile avec le couple, elle sort son arme et tire avec une implacable sûreté.

L'année suivante, aux assises de Douai, elle est jugée responsable et condamnée à mort. La salle hurle au lynchage; une odeur d'inceste flotte sur le drame et le peuple murmure que cette mère abjecte aurait eu des rapports charnels avec son fils. A cette époque on ne guillotine plus les femmes et la grâce présidentielle intervient pour transformer la peine en réclusion à perpétuité.

Suivant la tradition des grands aliénistes, Marie Bonaparte intervient pour mettre en cause le rapport des experts. Cette action constitue une innovation : pour la première fois en France, une psychanalyste, femme et non-médecin, engage sa célébrité personnelle et invoque la théorie freudienne comme arme de combat contre une juridiction. Marie Bonaparte s'appuie sur la contre-expertise du docteur Voivenel, produite par la défense, qui interprète, en termes de paranoïa, la folie raisonnante de Mme Lefèbvre, mais c'est au nom de la psychanalyse et en se référant aux paroles mêmes de la criminelle, qu'elle fait campagne dans la RFP pour plaider l'irresponsabilité. Elle explique que le meurtre est la répétition d'un rite cérémonial pratiquée par Marie-Félicité dans son enfance, qui consistait à « enterrer des poussins crevés ». Ce jeu est la mise en acte d'un vœu de mort à l'encontre de sa mère qui se trouve, à l'époque, enceinte de sa petite sœur. Devenue frigide et avare à l'âge adulte, Mme Lefèbvre entre dans le délire au moment où Antoinette est fécondée, ne pouvant supporter le don de sperme que son fils fait à la jeune épouse : « Alors, écrit la princesse, dans l'inconscient de Mme L. a lieu quelque chose que nous ne saurons jamais et qui fait franchir à cette riche bourgeoise, scrupuleuse et rangée, la frontière au-delà de laquelle on devient criminel [165]. » Après l'acte, elle demeure dépressive et indifférente à l'entourage. Pour la princesse, il ne s'agit pas, comme on l'a dit, de la férocité calculatrice d'un être raisonnable mais de la folie d'une femme persécutée qui se sent comme guérie de ses souillures par son crime : « Mme Lefèbvre, écrit Marie Bonaparte, appartient d'ailleurs à cett catégorie de " fous " que le public refuse de considérer comme tels parce qu'ils ont pleinement conservé la lucidité, la mémoire et la raison. Les revendicateurs font souvent illusion et contredisent l'idée que le populaire a de la folie. C'est ce qui permit aux experts leur affirmation de la pleine responsabilité. C'est ce qui fit dire à André Lefèbvre lui-même – pourtant intéressé à ce que sa mère " passât pour folle " –, au fils répondant à cette question et Mme Henri Mulle : " Est-ce que tu crois que ta mère est folle et si on te posait la question sous la foi du serment oserais-tu le dire? – Évidemment non, répondit André, je ne pourrais pas dire qu'elle est folle. " Et l'accusation se servit de ce propos comme si André Lefèbvre eût été un éminent expert en psychiatrie [166]. »

L'article se termine par un vibrant réquisitoire pour le traitement médical de la folie et pour la création d'asiles-prisons : nous sommes en 1927. C'est le premier texte public de Marie. Il est édité dans le premier numéro de la RFP et fera scandale. A cette époque, le combat pour l'application de l'article 64 a encore l'allure d'une croisade, même s'il assure le maintien de la folie dans un cadre médical. En 1933, à propos des sœurs Papin, condamnées dans des conditions identiques, Jacques Lacan écrit : « Au juge, elles ne donneront de leur acte aucun motif compréhensible, aucune haine, aucun grief contre leurs victimes; leur seul souci paraîtra de partager entièrement la responsabilité du crime. A trois médecins experts, elles apparaîtront sans aucun signe de délire, ni de démence, sans aucun trouble actuel psychique ni physique, et force leur sera d'enregistrer ce fait [167]. »

II

La Société psychanalytique de Paris

I. *Mœurs et ambitions*

Avant la fondation de la SPP, René Laforgue pose sa candidature pour s'affilier à l'*Association psychanalytique viennoise* et demande à remplacer la traditionnelle conférence par une présentation de ses travaux. Ce souhait est accepté et à la fin de l'année 1925, il est élu à l'unanimité Cette année-là Rudolph Loewenstein, Juif russe émigré à Berlin, vient s'installer à Paris avec l'assentiment de Freud et grâce aux démarches de Marie Bonaparte. Le groupe français comprend dix membres auquels viendront s'adjoindre ultérieurement deux Suisses, Raymond de Saussure et Charles Odier. Eugénie Sokolnicka a pris Paulette Erikson-Laforgue en analyse; celle-ci deviendra analyste sans faire partie du noyau fondateur. Adrien Borel et Henri Codet, tous deux élèves de Claude, représentent, souvent avec Pichon, la tendance minoritaire. A.L.M. Hesnard va résider à Toulon; malgré sa « conversion » à la psychanalyse et son désir de s'installer dans la capitale, il refuse toujours obstinément de se soumettre à une cure didactique. René Allendy et Georges Parcheminey, deux « marginaux », s'occupent l'un d'homéopathie et l'autre de médecine psychosomatique. R. de Saussure est un « charmant jeune homme » qui fait de fréquents voyages à Paris et Charles Odier un psychanalyste chevronné qui va résider dans la capitale pendant un certain temps. A ces deux Suisses romands, il faut ajouter Henri Flournoy, fils du grand Théodore, qui ne fait pas partie du groupe fondateur mais sera un membre important de la SPP. Né en 1886, il devient ami de Marie Bonaparte à Vienne alors qu'il est en analyse avec Freud. Il a été également analysé par J.H. Van Ophuijsen [1] et pose comme condition de son adhésion que Charles Baudoin, son rival « psychagogue » proche de Jung, ne soit pas admis à la SPP. Il lui reproche de n'être pas médecin, alors qu'il est lui-même partisan de l'analyse profane. Nous verrons que cette attitude contradictoire existe en permanence chez les membres de toutes les sociétés de cette époque et qu'elle est la conséquence directe de la bataille qui se déroule à l'intérieur de l'IPA. Flournoy est le beau-frère de Raymond de Saussure qui a épousé sa sœur Ariane Flournoy. Les deux plus illustres familles de l'aristocratie genevoise sont donc présentes à la création de la SPP. Le fils du grand linguiste et celui du légendaire magnétiseur se sont tous deux retrouvés sur le divan de Freud, à quelques années d'intervalle.

Les deux premiers analystes de la deuxième génération à se joindre au groupe sont Sacha Nacht, Juif d'origine roumaine, et Michel Cénac, élève de Claude, spécialiste de criminologie (tous deux titulaires en 1929). Après eux on trouve Pierre Mâle (adhérent en 1932), Marc Schlumberger (1933) et Jacques Lacan (1934). Daniel Lagache rejoint le groupe plus tard. Anne Berman, secrétaire de Marie Bonaparte et analysée par elle, est la traductrice de nombreuses œuvres de Freud. Odette Codet, également analysée par la princesse, adhère en 1934 et prend une part active à la vie de la SPP. Sophie Morgenstern (titulaire en 1929), Juive polonaise, analysée par E. Sokolnicka, fait partie de la première génération; elle se spécialise dans la psychanalyse d'enfant, et travaille dans le service du professeur Heuyer qui accepte des non-médecins. Après le décès de sa fille, brillante égyptologue, qui succombe à une opération de la vésicule biliaire, elle ne supporte pas l'arrivée des nazis à Paris et se donne la mort. Son destin est étrangement semblable à celui de son analyste.

Dans le même service, à cette époque, une jeune femme grande, aux cheveux courts, du nom de Jenny Roudinesco fait sa première rencontre avec la psychanalyse. Elle vient d'être nommée chef de clinique du professeur Heuyer, après avoir été l'élève du neurologue Clovis Vincent, lui-même élève de Babinski. Elle est encore neuropsychiatre, sans grande connaissance de la psychanalyse, et a soutenu sa thèse de médecine sur les lésions encéphaliques de la diphtérie. Elle a épousé un médecin juif roumain émigré, de vingt ans son aîné, naturalisé en 1914 et combattant de la Grande Guerre : il est plutôt hostile à la psychanalyse. En 1939, elle est la deuxième femme en France à recevoir le titre de médecin des hôpitaux. Après la seconde guerre, elle est analysée par Michel Cénac et Sacha Nacht. Elle divorce au moment où elle joue un rôle important dans le déclenchement de la scission de 1953. Elle est connue pour ses travaux sur la psychanalyse sous le nom de Jenny Aubry.

Blanche Reverchon-Jouve fait partie de la SPP en 1928 ainsi qu'Henri Hoesli qui donnera la première traduction de l'article de Freud sur la *Verneinung*. M. Frois-Wittmann, ami des poètes et des écrivains, est considéré volontiers comme un analyste « surréaliste ». C'est chez Mme Lowtzky, à Passy, que Raymond Queneau poursuit une cure dont il donne le compte rendu en vers rimés dans un livre intitulé *Chêne et Chien* et publié en 1937 : « Enfin me voilà donc couché / sur un divan près de Passy. / Je raconte tout ce qu'il me plaît : / je suis dans le psychanalysis. / Naturellement je commence / par des histoires assez récentes / que je crois assez importantes / par exemple que je viens de me fâcher avec mon ami / Untel... » En fait Queneau brouille les pistes et construit un personnage d'analyste conforme à la double légende du « bourgeois parvenu » et du « technicien rigoureux ». On y trouve un morceau d'Allendy, un trait de Laforgue, un bout de Lacan, de Loewenstein ou de Frois-Wittmann, etc. L'analyste est décrit comme un fin psychologue, habitant un appartement moderne; son divant n'est pas très long mais son intérieur est cossu. Parfois il est silencieux et surtout il cherche à faire payer ses « auditions ». Il est « avide, rapace, âpre au gain et rapiat ». L'écrivain le traite de « faux père » et de « vieille faïence » et celui-ci interprète le transfert en répondant avec humour qu'il n'est ni père ni bandit mais médecin à Passy, le client obéit : « Puisque maintenant je travaille, / puisque tu as bien travaillé, / laisse-moi quelque picaille / verser en ton porte-monnaie [2]. »

Il faut ajouter à cela un personnage haut en couleur qui aura des activités de traducteur sans être membre de la SPP. Il s'agit de l'abbé Paul Jury, né en 1878, dont le souvenir s'est gravé dans la mémoire de tous les psychanalystes. Ami de Laforgue, analysé par Charles Odier, il est jésuite de formation et non-médecin. Il fait ses cures en soutane entre deux messes et quelquefois il pratique « à domicile ». Éliette de Beaurepaire a été sa patiente avant-guerre; elle est anorexique et le professeur Robert Debré tente de l'envoyer dans une clinique pour un forcing alimentaire. Jury intervient pour éviter cette erreur. Alors qu'elle poursuit sa cure avec lui, il donne des leçons de latin à son frère.

Peu après sa mort, en 1955, une polémique éclate au sujet du *Journal d'un prêtre* publié par *Les Temps modernes* [3] et dont Ernest Fraenkel, ami de l'abbé, conteste certains passages qui lui semblent peu authentiques. Dans ceux-ci Jury insulte l'Église, sa mère adoptive, et décrit les frustrations et les hypocrisies dans lesquelles sa formation de jésuite l'a maintenu. Il s'en prend particulièrement aux mères des prêtres : « C'est en général une veuve, en tout cas une femme froide. Elle déteste l'homme et a rompu avec lui. Elle le trouve grossier, sensuel, répugnant [...] Elle a remplacé très tôt son mari par le vicaire ou le curé; elle ne couche pas avec eux, Dieu l'en garde, sinon par erreur ou par distraction... » Il n'y a pas là matière à scandale mais la très catholique et mondaine Maryse Choisy s'émeut de l'immoralité du curé dont elle a été l'amie et le renie à son tour. Elle lui reproche de trahir sa foi, d'être un loup solitaire et un praticien de l'« analyse sauvage » condamnée par Freud. Surtout elle s'en prend à la cure didactique de Jury : « Je serais tentée d'en référer à ma thèse sur la famille d'âmes et à rappeler que dès 1949, j'ai soutenu qu'un catholique devrait être analysé de préférence par un catholique. Odier était protestant, d'une tendance plutôt athée. Je dois cependant à la vérité d'ajouter que ce serait là un exemple injuste et peu probant. Car Odier a assuré devant plusieurs amis que l'abbé Jury n'avait pas terminé sa psychanalyse, ce qui donnerait à penser que les six mois de 1923 ont été réduits à trois petits mois, allons, mettons une saison, quoi! Toujours est-il que Paul Jury refusa avec véhémence tous les contrôles qui sont habituels lorsqu'on veut s'établir psychanalyste soi-même. Deuxième exemple de révolte contre l'autorité. Jamais il n'appartint à aucune société professionnelle. Église et société psychanalytique symbolisent également pour lui cette mère avec laquelle il n'est pas arrivé à faire la paix [4]. »

Cette sombre histoire montre à quel point le système des « conversions-reniements » fait corps avec la vie des sociétés psychanalytiques dans leurs rapports avec les idéaux de la religion.

Le séjour d'Otto Rank à Paris ressemble à une épopée et témoigne de l'atmosphère exaltée dans laquelle s'implante la psychanalyse. En 1924, il fait un voyage aux USA où il analyse une partie des membres de la société de New York. De retour à Vienne, il ne songe qu'à repartir. Une rencontre avec Freud a lieu en novembre 1924. Les deux hommes se brouillent définitivement. Rank part alors pour Paris afin de se rendre de nouveau en Amérique, mais, complètement déprimé, il rentre à Vienne. Le maître croit au retour de l'enfant prodigue et pense que son élève a « agi » sa névrose. En décembre 1924, il écrit une lettre circulaire où il demande pardon pour l'inconséquence de sa conduite. En janvier 1925, aidé par l'initiative de Freud, il retourne aux États-Unis pour aider Brill dans sa tâche d'unification du mouvement; il ne parvient ni à se démarquer de l'orthodoxie freudienne ni à s'affirmer comme un psychanalyste indépendant, face à la ligne médicale. Le 22 février 1925, René Allendy l'invite à faire une conférence à la Sorbonne dans le cadre d'un séminaire qu'il patronne sous le nom de *Groupe d'études philosophiques et scientifiques pour l'étude et l'examen des idées et tendances nouvelles.* Son exposé porte sur *la Psychanalyse et son influence sur l'évolution intellectuelle;* l'audience est importante. Ensuite Rank retourne à Vienne. En juin, Freud pense qu'il est sorti de son état dépressif. Au congrès de Hombourg (1925) c'est le conflit avec Jones : il repart aux États-Unis puis revient à Vienne une dernière fois avant de s'installer définitivement à Paris le 12 avril 1926, quelques mois avant la création de la SPP. Juif, étranger et non-médecin, il est mal accueilli par le milieu psychiatrique français mais trouve une réception chaleureuse du côté des salons littéraires. En juillet 1926, il est à Zürich et en octobre de nouveau à New York. A partir de juin, il s'installe comme analyste dans un appartement parisien pour faire des cures et des contrôles. René Laforgue l'aide à se faire une clientèle et se lie d'amitié avec lui tout en le condamnant officiellement dans sa correspondance avec Freud. Dans une lettre du 25 juillet 1925, ce dernier écrit à l'Alsacien : « La princesse m'a fait savoir que vous condamnez *comme il se doit* le comportement de Rank. Il me semble qu'il va se séparer totalement de nous. Il ne peut naturellement manquer de réussir. Je n'ai rien fait pour le pousser dehors. La volonté inconsciente de l'homme, c'est son destin [5]. »

Le pauvre Rank est condamné à un exercice semi-clandestin de la psychanalyse. Il ne parvient pas à faire véritablement carrière en France, malgré une certaine réussite, et c'est à New York en 1934 qu'il s'établit jusqu'à sa mort en 1939. A Paris, pourtant, il assure « secrètement » des cures complémentaires et des contrôles aux analystes de la SPP, partageant ce rôle avec les « officiels » de l'IPA, Eitingon, lors de ses passages (1930 et 1933), et Loewenstein. Par ailleurs, il est, après Allendy, le deuxième analyste d'Anaïs Nin avec laquelle il noue une relation à la fois amicale, amoureuse et professionnelle.

Cette pratique, qui mélange le lit, le divan et l'amitié fait toujours scandale et pourtant, elle est d'une extrême banalité dans les mœurs de toutes les sociétés; les analystes de cette génération sont pris dans la grande aventure freudienne de la sexualité où l'on ne parvient pas à faire la différence entre l'amour et le transfert, la passion et le passage à l'acte, l'amitié et l'inceste etc. La ligne de démarcation ne se situe pas entre ceux qui sont chastes et ceux qui ont des relations charnelles avec leurs patients ou collègues mais entre ceux qui affichent une rigueur technique qu'ils ne parviennent pas à respecter, ceux qui n'ont aucune règle et fonctionnent selon leur « intuition » et ceux qui incluent la relation affective, amicale ou amoureuse comme faisant partie de la cure. A ce propos Freud a eu raison de situer la discussion au niveau théorique et non au plan des mœurs [6]. En réalité, dès 1926, plus la standardisation du métier conduit à énoncer des principes rigides, plus les analystes transgressent ces règles en accusant leurs voisins de faire ce qu'ils font eux-mêmes. Les moralistes comme Édouard Pichon ou Freud ne succombent pas au « péché de chair », mais toute leur libido est investie dans une passion de la chose conceptuelle qui ne rend pas leurs cures plus réussies ou moins ratées. Ils font l'amour avec les mots bien plus qu'avec les femmes et sont les amants de leur propre doctrine. Ils connaissent, dans leurs analyses, comme tout le monde, autant de désastres que de succès.

En 1926, alors que la SPP est en train de se constituer, l'ensemble du groupe envoie à Freud un cadeau pour son soixante-dixième anniversaire. Il s'agit de l'œuvre presque complète d'Anatole France. L'idée vient certainement de Pichon et ne manque pas d'humour. Le vocable « France » possède une connotation évidente et l'écrivain est le représentant d'un académisme littéraire qui fait de lui l'ennemi des avant-gardes : il est brillamment traité de cadavre par les surréalistes. A l'époque, Anatole France, par son dreyfusisme et ses opinions socialistes modérées, est considéré comme un écrivain de gauche. Par son style et sa renommée, il est le Bergson ou le Janet de la littérature. Freud ne peut imaginer que le groupe parisien ait eu l'idée de lui faire un cadeau et naïvement, il imagine que celui-ci vient de la princesse. Laforgue rectifie le tir mais la gaffe est monumentale, témoignant à la fois de l'amour du maître pour sa Bonaparte et de sa dureté à l'égard de la France. Chose étonnante, Ferenczi avait écrit en 1911 un article intitulé *Anatole France psychanalyste* [7] dans lequel il montrait que l'écrivain avait proposé une définition de la folie plus juste que celle des psychiatres de son temps et proche des positions psychanalytiques. A. France, en effet, dans un article de 1887, avait souligné la différence entre la folie comme usager singulier des facultés intellectuelles et la démence comme perte de ces facultés. Il avait également insisté sur la capacité de tolérance des Anglais face à la rigidité française. Ferenczi lui rendait hommage en lui octroyant le titre de psychanalyste.

Le 1er août 1926 se tient à Genève la première conférence des psychanalystes de langue française. D'autres suivront en 1927 et 1928 à Blois et à Paris. Elles prendront ensuite l'intitulé de *Congrès des psychanalystes de langue romane.* Laforgue présente son rapport sur la schizonoïa et la schizophrénie et envoie une carte postale à Freud où se retrouvent les signatures de Pichon, Borel, Hesnard et Saussure. Les psychanalystes ont choisi de tenir leur conférence avant le *Congrès des médecins aliénistes et neurologistes de France* afin de pouvoir inviter ces derniers à participer à leurs débats. Du côté des aliénistes, et donc parallèlement à Laforgue, Claude présente son rapport sur la démence précoce et la schizophrénie.

La question des publications est à l'ordre du jour. Du côté de la SPP, c'est Marie Bonaparte et Anne Berman qui traduisent la plupart des œuvres de Freud, mais elles ne sont pas seules. Paulette Laforgue, qui est bilingue, participe au travail, tandis qu'Édouard Pichon et Rudolph Loewenstein donnent des conseils érudits. Plusieurs articles sont également traduits par d'autres membres du groupe. René Laforgue, bien qu'il écrive mieux la langue allemande que la française, n'est pas un homme de textes et c'est dans l'enseignement oral qu'il fait merveille. En dehors de la SPP, Samuel Jankélévitch, médecin, fournit un nombre non négligeable de traductions tandis qu'en 1926, I. Meyerson se charge de la *Traumdeutung* qu'il traduit « Science des rêves ». Malgré les travaux de la fameuse commission, on ne parvient pas à un accord d'ensemble qui permette de constituer une version canonique des concepts freudiens en langue française. De nos jours le problème de la traduction est le serpent de mer de l'histoire du mouvement de sorte que les textes de Freud restent éparpillés dans des revues et des recueils médiocrement traduits, sans unité, et mal présentés. Ce phénomène est caractéristique du chauvinisme français et de la résistance particulière de ce pays non seulement à la psychanalyse mais aux œuvres venues de l'étranger en général [8].

Un conflit éclate entre Freud et le groupe français à propos de la création de la *Revue française de psychanalyse.* Dès 1923, Laforgue annonce une revue intitulée *Recueils d'études françaises de psychanalyse* à paraître chez Payot. Elle ne voit pas le jour et la RFP paraît, quatre ans plus tard, chez Doin. Le titre initialement retenu était *Revue internationale de psychoanalyse, publiée sous le patronage du professeur Freud;* mais pour ne pas offenser Claude, protecteur de la psychanalyse, la fraction chauvine du groupe veut associer son nom à celui du Viennois. Laforgue sait que le patronage du psychiatre est dangereux pour la libre expression des opinions analytiques et il demande à Freud de renoncer à voir figurer son nom sur la couverture afin d'obliger le groupe à renoncer à l'idée même de patronage : « Vues de loin, écrit-il à Freud, ces considérations accessoires semblent du dernier ridicule, mais pour la mentalité française elles ont une grande importance, et si l'on regarde de plus près, la tactique qui consiste à éluder les difficultés accessoires pour mieux défendre " l'essentiel " peut parfois se comprendre [9]. » Freud, toujours intransigeant, répond avec un certain humour : « Si vous souhaitez mon avis sur les questions qui ont été débattues dans votre cercle, je ne me déroberai pas. Ç'aurait été pour moi une vraie joie si vous aviez mis mon nom sur la page de titre, et spontanément l'idée ne me serait pas venue que Claude puisse le prendre mal, car il ne peut certes pas se faire d'illusions sur sa faible participation à la psychanalyse. Mais je ne le connais pas et du moment où vous (ou quelques-uns d'entre vous) supposez qu'il pût souhaiter la même prérogative typographique et qu'en l'absence de celle-ci il se froissât, vous avez eu raison à coup sûr d'éliminer l'objet du litige [10]. »

Il demande cependant que ne soit pas omis, dans le titre de la revue, l'appartenance à l'IPA : ce conseil est destiné à éviter, au moment ou débute la bataille sur l'analyse profane, que le groupe français soit soupçonné d'opportunisme ou d'éclectisme. Freud est donc amené à soutenir les représentants de l'orthodoxie médicale de l'IPA, à l'intérieur de la SPP, alors même qu'il les combat dans ses textes et dans sa lutte contre le courant anglo-américain. Ceci montre bien que le conflit sur la Laienanalyse dépasse largement la sphère du médical. La véritable lutte qui se déroule dans l'IPA et passe par l'attachement ou le renoncement aux idéaux de la médecine oppose en réalité les partisans d'une psychanalyse « adaptative » et les tenants d'une psychanalyse « subversive » : l'Ouest contre l'Est [11]. Ce combat frappe d'emblée le mouvement français et marque l'une des contradictions majeures de la situation des années 1926-1938. Contre le chauvinisme médical français, strictement « médicalisant », représenté par Pichon et la minorité, Freud va soutenir le courant « adaptatif » de l'IPA, dont il ne partage pas le point de vue et qui, dans la SPP, est représenté par le groupe Saussure, Odier et Loewenstein auquel se lie Marie Bonaparte; pour elle cela n'est pas contradictoire, malgré les apparences, avec la défense de la Laienanalyse : sur le fond, la princesse est conservatrice et favorable à l'adaptation comme le montre l'ensemble de son œuvre. Pour Freud, face à la France, en 1926, mieux vaut l'internationalisme triomphant, qu'il désapprouve, plutôt que la « psychanalyse française » qu'il juge dangereuse et encore plus éloignée de sa découverte que les positions de l'IPA. Laforgue est pris dans un étau parce qu'il n'appartient à aucun des deux camps. Par-delà son attachement au savoir psychiatrique, il est un authentique représentant de l'analyse profane : c'est son écoute généreuse de la psychose qui l'amène sur ce terrain. Pour l'IPA, il fait figure très vite de marginal et de révolté en n'obéissant pas aux règles de la standardisation. Pour la fraction minoritaire, il ne s'oppose pas assez à la « tyrannie » freudienne.

Afin de régler la question épineuse du patronage, Freud propose à Laforgue que la RFP soit éditée sur le modèle du *Journal* de l'IPA, publié par Jones. Il refuse cependant de donner un texte pour le premier numéro : « Un texte de moi, écrit-il, non scientifique, littéraire, par exemple, sur la pénétration et les tâches de la psychanalyse en France, froisserait la mentalité française que vous êtes soucieux de ménager. Vous savez que je suis assez abrupt et intransigeant [12]. » L'attitude française déclenche les foudres de la princesse. De Vienne, elle fait part à Laforgue de sa déception et s'oppose violemment au patronage de Claude; elle exige que soient mentionnés sur la couverture de la RFP le nom de Freud et le rattachement de la revue à l'IPA : « Votre lettre, lui dit-elle en substance, ressemble trop au discours du maître de maison qui s'excuse, avant de passer à la salle à manger, de ne pouvoir mettre le premier invité à sa place. » Selon elle Claude risque de « se venger » en fermant Sainte-Anne aux analystes, mais elle pense qu'il ne le fera pas et que « le gros morceau » à convaincre reste Adrien Borel dont la position psychiatrique au sein du groupe est importante. Elle souligne que la RFP ne doit pas prendre modèle sur le *Journal,* car la revue n'est pas internationale et ne contient que des rédacteurs français [13].

Finalement le premier numéro de la RFP sort des presses le 25 juin 1927 avec la mention suivante sur la page de couverture : « Cette revue est placée sous le haut patronage de M. le Professeur Sigmund Freud. » Le nom de Claude n'est pas mentionné et il n'est pas fait allusion à l'appartenance du groupe à l'IPA. L'imbroglio débouche sur une position contraire à celle que Freud avait préconisée; le compromis s'est fait en sens inverse de sa volonté : la minorité a cédé sur la question du patronage mais a obtenu gain de cause sur celle de l'appartenance à l'IPA.

Entre-temps, le 4 novembre 1926, la *Société psychanalytique de Paris* est officiellement fondée [14]. Elle comprend d'abord neuf membres, Hesnard, Laforgue, M. Bonaparte, E. Sokolnicka, R. Allendy, G. Parcheminey, Borel, Loewenstein et Pichon, auquels viennent se joindre Odier et Saussure. Le 20 décembre, Henri Codet est élu membre titulaire : la société des *Douze* est au complet. Elle obéit aux règles de 1926 sur l'analyse didactique obligatoire et dès lors Hesnard pose un problème insoluble en continuant à se dérober à la cure. Il prétend que son salaire de médecin de la marine l'empêche de payer sa formation mais essaie néanmoins d'entrer en analyse avec Laforgue et Pichon. Très vite, il décrète que son érudition est plus importante que celle de ses amis et s'échappe de nouveau. En fait Hesnard n'acceptera jamais pour lui-même le principe de la cure et deviendra quand même un didacticien renommé dans la SPP et pour la région méridionale de la France. Selon René Pache qui a été son analysant en 1955, Hesnard ne mentionnait jamais le fait qu'il n'avait pas subi de cure et les jeunes didacticiens en formation ignoraient ce détail. Il s'érigeait à cette époque en ancien combattant du mouvement et en « patron » de la psychanalyse à Marseille et à Toulon, pratiquant souvent une seule séance par semaine à un tarif très bas et faisant des interventions explicatives sur un ton amical et familier [15].

Dès la création de la SPP, des conflits éclatent, comme à propos de la revue, sur le problème des statuts, ce qui explique leur publication tardive. Pichon est le rédacteur avec Allendy et fait passer un article qui interdit que les séances de la société se tiennent dans une autre langue que le français. Furieuse, Marie Bonaparte proteste contre la stupidité d'une telle clause, unique dans les annales du mouvement psychanalytique, et souligne que les minoritaires du groupe confondent la section française de l'IPA avec une société pour la promotion de la littérature et de la philologie; selon elle, l'attitude chauvine de Pichon est d'autant plus ridicule que la société comprend des membres suisses et des émigrés qui parlent le français avec toutes sortes d'accents. Par ailleurs une telle décision empêche les psychanalystes de l'IPA de venir faire des conférences à la SPP. La princesse traite Pichon de « névropathe » et fait remarquer qu'avec son culte maniaque du beau langage et son habitude d'ajouter Monsieur ou Madame à chaque nom propre, il a commis la bévue impardonnable d'écrire *Monsieur Karen Horney* dans un article, ce qui a fait scandale auprès de cette spécialiste de la sexualité féminine. Le conflit se prolonge et aboutit à un compromis. L'article 25 des statuts stipule ceci : « La langue officielle des séances de la société ainsi que les bulletins, comptes rendus ou autres pièces émanant d'elle, est la langue française. » C'est une défaite pour l'IPA et les statuts seront transformés après-guerre.

Il est prévu que l'association demande son affiliation à l'IPA, dans les limites compatibles avec les lois françaises. Elle comprend deux sortes de membres : les *titulaires* et les *adhérents*. Les premiers dirigent le groupe et forment un comité d'organisation chargé d'élire un bureau. Les seconds sont exclus des tâches administratives; ils ont un statut d'analyste en formation et sont destinés à devenir rapidement titulaires. Les douze fondateurs sont de droit membres titulaires [16].

Rudolph ou Rodolphe Loewenstein est le didacticien le plus brillant et le plus jeune de la nouvelle société. Né en 1898 dans la ville industrielle de Lodz, cette terre de la Grande Promesse qui appartient encore à l'Empire russe, il est, comme Eitingon, un représentant typique de la psychanalyse juive et errante en quête d'identité. Il a horreur de son pays natal où l'antisémitisme est virulent. Juif oriental, il fuit vers l'ouest, s'éloignant toujours plus des contrées de pogromes. Son statut d'itinérant l'oblige à refaire plusieurs fois ses études de médecine car les divers pays où il séjourne ne reconnaissent pas la validité des diplômes étrangers. Cette folle redondance marque d'emblée sa future trajectoire qui va le conduire, à travers la défense du point de vue médical, à devenir un des fondateurs de l'egopsychology. Il n'est pas étonnant de constater que ce sont des Juifs émigrés qui inventent la doctrine, non freudienne, de la psychologie du moi. En quête d'une mère patrie ou d'une Terre promise, ils cherchent dans une psychanalyse adaptative une solution à leurs problèmes d'identité nationale, au prix de devenir les défenseurs d'une normalité sociale conforme à leurs aspirations assimilationnistes. La position de Freud, Juif viennois parfaitement implanté, malgré ses difficultés, dans une communauté violente et déchirée, tranche avec l'attitude des émigrants, comme en témoigne son attachement à sa ville natale, sa « prison dorée », et son horreur de l'exil. On a déjà vu que les luttes qui se déroulent à l'intérieur de l'IPA ne sont pas étrangères à ce vaste problème des nationalités.

Après la Pologne, les deuxièmes études médicales de Loewenstein se déroulent à Zurich où il découvre la nouvelle psychiatrie. Il est analysé par H. Sachs puis formé à Berlin où il s'installe après avoir recommencé une troisième fois ses études de médecine [17]. Il n'aime guère l'Allemagne et rêve de s'établir à Paris, la ville de la prise de la Bastille et des droits de l'homme. Il arrive en France en 1925 et grâce à Marie Bonaparte, il obtient rapidement sa naturalisation après avoir refait une quatrième fois ses études médicales. Il est pauvre, mais d'une intelligence hors du commun. Sans être beau, il est séduisant et plein de charme, transportant dans ses bagages l'humour des ghettos. Son polyglottisme est un affront à l'unilinguisme militant de Pichon, ce qui n'empêche pas les deux hommes de s'entendre à merveille. Laforgue finance son installation en lui prêtant de l'argent et en lui envoyant une abondante clientèle.

Malgré des rapports extrêmement chaleureux, une sourde rivalité se fait jour entre Laforgue et Loewenstein, alimentant la crise endémique qui règne à l'intérieur de la SPP entre les chauvins et les représentants de l'IPA. L'Alsacien est progressivement dépossédé de sa position de didacticien en chef, du fait même que le nouvel arrivant possède le label d'une formation rigoureuse reçue à Berlin. Laforgue n'a jamais caché son amour de l'argent. Il possède une des premières fortunes de la profession et dépense sans compter pour aider ses amis. Il n'est pas, comme Marie Bonaparte, un riche héritier, et tire ses bénéfices d'une clientèle essentiellement composée de bourgeois fortunés auxquels s'ajoutent des patients pauvres qu'il analyse souvent gratuitement. A cette époque, les analyses didactiques sont moins rentables que les cures thérapeutiques et Laforgue est une sorte de Ferenczi plus « clinicien » que « didacticien ». En 1925, il travaille onze heures par jour et sa clientèle est trop abondante. C'est lui qui va pousser la plupart des membres de la SPP sur le divan de Loewenstein, comme il avait poussé la princesse sur celui de Freud. L'émigré devient ainsi le chef de file de la formation à la SPP; ses qualités techniques sont incomparables, son orthodoxie sans limites, et sa rigueur d'écoute est promptement admirée par les Français turbulents, à la recherche d'un certain ordre analytique. A côté de Loewenstein, Laforgue fait figure de gourou. Certains de ses ennemis l'appellent « Raspoutine » et déplorent ses pratiques relâchées : on lui reproche de devenir ami avec ses patients ou de favoriser le culte de sa propre personne en les invitant à le suivre, l'été, dans sa demeure campagnarde.

Délia Clauzel, sa deuxième femme, raconte qu'on le surnommait aussi « le petit père » et qu'il émanait de lui un vaste rayonnement paternel, une sorte de prise en charge qui calmait l'angoisse de ceux qui se groupaient autour de lui.

En 1928, l'année où Loewenstein fait sa fameuse conférence sur la technique, Laforgue annonce à Freud son intention d'apporter des modifications à la règle habituelle de la cure. Notamment il veut faciliter la possibilité pour le patient d'être un homme « libre ». Freud lui répond avec justesse que la technique reste encore à modifier. Au contraire de Laforgue il pense que la notion de liberté doit être limitée au maximum et remplacée par des instructions bien fondées : « Mais tout ne peut pas se faire en une fois, écrit-il, et votre ligne oppositionnelle abonde en dangers immédiatement menaçants. » Laforgue se défend mais répond en « valorisant » l'exposé de Loewenstein, qu'il dit lui-même être plus conforme au point de vue de Freud. On dirait qu'il donne à son « père admiré » des verges pour se faire battre. Cette attitude est typiquement laforguienne [18].

En réalité les tenants de l'orthodoxie, et notamment Marie Bonaparte et Loewenstein, obéissent publiquement aux règles de l'IPA mais, secrètement, leur pratique n'est ni plus ni moins rigoureuse que celle de Laforgue.

La différence entre Laforgue et les autres analystes, c'est le côté ambivalent et maladroit de l'Alsacien. Ses manières sont un peu vulgaires et l'entourage ne se prive pas de lui rappeler ses origines modestes. Ce n'est pas un intellectuel de la haute société, mais un praticien « arrivé » dont le talent n'est pas dépourvu d'une certaine brusquerie. Il déclenche des réactions hostiles et aujourd'hui encore le milieu psychanalytique ne lui est guère favorable. A côté de lui, Loewenstein est prestigieux; habilement secondé par Marie Bonaparte, il fait figure de théoricien. C'est un séducteur, bon vivant et amoureux des femmes. Il a eu plusieurs mariages et connu le décès en couches d'une de ses femmes. Malgré une vie compliquée, il reste dans l'histoire de la SPP, avant-guerre, le garant de la légitimité freudienne face au « désordre » laforguien.

La « vie privée » de Laforgue témoigne de sa situation difficile à l'intérieur du groupe dans la période 1938-1939. A cette époque, il quitte Paulette Erikson et divorce pour épouser Délia Clauzel qui a été son analysante quelques années auparavant. La chose est d'une extrême banalité mais provoque un scandale au sein du groupe : la princesse fait ses remontrances à Laforgue et à Délia tandis que la famille Freud prend le parti de l'épouse délaissée, notamment la sévère Anna qui est devenue son amie. Après-guerre, Paulette Erikson, malgré son attachement aux représentants de la légitimité, abandonnera la psychanalyse pour se consacrer à la génétique.

Le témoignage de Juliette Favez-Boutonier analysée avant-guerre par Laforgue et contrôlée par Marie Bonaparte et Heinz Hartmann, montre bien que la notion de rigueur doit être maniée avec des pincettes et que son utilisation, à l'époque, permet de cacher des conflits d'une autre nature : « ... Ce n'est qu'en cours d'analyse déjà avancée, écrit-elle, que je suis passée le voir dans sa résidence en Provence que je nomme sa « maison » parce qu'elle était vraiment aménagée avec le confort nécessaire pour y vivre commodément mais sans la moindre recherche de prestige et de standing [...] Je crois qu'il n'est pas inutile de préciser qu'à l'époque où j'ai connu Laforgue comme analyste, sa technique était quasiment ce que l'on considérait comme une analyse classique. La régularité des horaires, la durée uniforme des séances, le silence souvent total de l'analyste, son impassibilité contrastant d'ailleurs avec les conversations que j'avais avec lui, tout cela ne m'étonnait pas mais faisait de cette analyse ce qu'elle devait être, une expérience parfois lourde et difficile dont je sentais la charge [19]... »

L'attitude de Laforgue à l'égard de la technique analytique s'exprime dans un exposé fait au congrès international de Lucerne (en 1934) et intitulé *Exception à la règle fondamentale* [20]. Elle n'est pas sans évoquer les conflits suscités dans l'IPA à propos des libertés prises par Rank et Ferenczi. Laforgue soutient que l'application de la règle nécessite une souplesse intelligente. L'omission est certes une résistance, mais l'obligation pour l'analysant de tout dire le rend parfois prisonnier de son discours. Le Français définit deux catégories de patients pour lesquels l'application stricte de la régle s'avère difficile : les obsédés et les scrupuleux d'une part et les névrosés obsessionnels graves de l'autre. Il ajoute à cela les masochistes pour lesquels la névrose est encouragée par la jouissance que leur apporte l'obéissance à une règle vécue comme douloureuse. Laforgue admet que le refus de la règle peut et doit être analysé, mais que celle-ci doit être appliquée dans un sens très large et non pas conformément à une orthodoxie.

En fait, dès 1930, les relations entre Freud et Laforgue n'ont plus la même cordialité réciproque. Le conflit qui n'a pas éclaté à propos de l'analyse de Marie Bonaparte surgit à l'occasion de la cure d'un patient qui fait la navette entre Vienne et Paris en opposant Freud à son disciple français et réciproquement. En 1932 le Verlag se trouve dans d'énormes difficultés financières et Laforgue lance l'idée de la création d'un *Comité international* destiné à superviser sa gestion. Il propose la candidature d'Eitingon à la présidence et s'engage personnellement à verser la somme de mille schillings par an. Au congrès de Wiesbaden la ligne jonesienne prend la suite de celle d'Eitingon et l'orthodoxie s'affirme. Le *Comité* est créé et la princesse prend la place que Laforgue espérait occuper. Outre M. Bonaparte il comprend A.A. Brill, E. Jones, Clarence Oberndorf, J.H.W. Ophuijsen, R. Spitz et P. Sarasin (Suisse). Eitingon et Laforgue n'en font pas partie.

Malgré tous ces conflits, les membres de la SPP entretiennent des relations mondaines et amicales. Face à l'adversité antianalytique, ils combattent officiellement pour une même cause. De nombreux dîners les réunissent, tantôt dans le bel appartement de Laforgue, rue Mignet, tantôt dans la splendide demeure de la princesse, rue Adolphe-Yvon. Le seizième arrondissement de Paris est la « rive gauche » de l'intelligentsia analytique de France. Les groupes de travail succèdent aux soirées agréables. Pichon chante des chansons populaires ou paillardes, Loewenstein raconte des histoires juives, Laforgue amuse par ses manières et chacun s'efforce de faire rire Marie que l'on appelle « Son Altesse ».

Les psychanalystes de la SPP sont apparemment unis et chaleureux les uns envers les autres. Ils travaillent abondamment et discutent librement de leurs cas, comme en témoignent les comptes rendus publiés par la RFP. Ils parlent sans cesse de sexualité, de mœurs, de troubles « bizarres » et de folie. Leurs récits cliniques fourmillent de détails intimes sur la vie des personnes qu'ils ont en analyse. Mais cela n'empêche pas certains de ces praticiens de l'inconscient d'être des bourgeois puritains scandalisés par les pratiques sexuelles « des autres », favorables à la paix des ménages et hostiles au divorce. On dirait que l'acceptation de la théorie freudienne de la sexualité et l'obligation de la cure personnelle favorisent l'éclosion d'un moralisme qui empêche les analystes de prendre en compte, dans leur vie sociale, les effets subversifs de la redécouverte freudienne de la sexualité. Pour avoir une idée des cures de cette époque, il faut lire à la fois le *Journal* d'Anaïs Nin et les comptes rendus cliniques de la RFP. Dans le premier, on trouve, décrite à l'état brut, la vérité sur les mœurs de certains analystes, dans les seconds, on peut décrypter la manière dont les praticiens parlent eux-mêmes de leurs névroses et de leur sexe, à travers les récits de leurs patients et sous couvert d'un regard médicalisé.

Habilement secondé par la princesse, appuyé par Saussure et Odier, soutenu par Vienne et l'IPA, « Rudi » ou « Loew » comme on l'appelle, va former avec brio la plupart des didacticiens de la première et de la deuxième génération. Dans le groupe fondateur, il est l'analyste de Borel et de Codet qui font partie de la minorité « chauvine », mais aussi de Parcheminey et de Paul Shiff. Certains reprennent des bouts de cure avec lui, comme Saussure, et quand Marie Bonaparte n'est pas à Vienne, il la couche sur son divan. Il contrôle la plupart des cas et surtout, il analyse la totalité des didacticiens, qui deviendront, plus tard, les nouveaux chefs de file de la SPP : ainsi, Sacha Nacht, Jacques Lacan, John Leuba, Michel Cénac, Pierre Mâle et Lagache, fréquentent, à un moment ou à un autre, l'oreille de Loewenstein qui prend aussi à charge la formation de Pierre de Grèce, fils de Marie, ethnographe et élève de Malinowski; celui-ci adhère au groupe en 1935 et donne plusieurs conférences dans sa spécialité. En contrepartie, Laforgue est le didacticien de Juliette Favez-Boutonier, André Berge, Georges Mauco, Marc Schlumberger, Françoise Marette-Dolto et Philippe Marette.

On a beaucoup épilogué sur l'analyse de Lacan. De nombreux psychanalystes ont dit que sa cure n'avait pas « marché » et avait été de courte durée. Pourtant Lacan a confié un jour à Jacques-Alain Miller, son gendre, que son analyse avait duré sept ans, de 1932 environ jusque vers 1939, ce qui est très long pour l'époque. Par ailleurs, Germaine Guex nous a assuré que Lacan avait fait une seconde tranche chez Odier sans pouvoir nous préciser de dates [21]. Sur ce point Miller est formel : jamais Lacan n'a parlé publiquement ou en privé de cette deuxième cure qui est peut-être une analyse de contrôle. Quant aux témoins qui ont connu Loewenstein, ils affirment tous que celui-ci aimait bien Lacan mais se méfiait de lui, le jugeant parfois ambitieux et très peu « orthodoxe ». Jamais Loewenstein, qui était d'une discrétion absolue sur ses cures, n'a désavoué Lacan, mais à la fin de sa vie il a souvent dit, à propos des conflits français, que dans ce pays « on fait tout sauf de la psychanalyse [22] ». N'oublions pas que cette déclaration est celle d'un représentant américain de l'IPA dont le jugement vise peut-être moins la position de Lacan dans l'après-guerre que l'ensemble d'une orientation qu'il désapprouve. Il est probable que ce didacticien qui, dans l'entre-deux guerres, avait presque le même âge que son patient a dû éprouver une certaine rivalité vis-à-vis de celui dont il avait perçu l'intelligence et l'attitude novatrice. En tout cas, quelle que soit la vérité des faits, il faut briser une légende, largement véhiculée par le milieu analytique, selon laquelle Lacan aurait été un « pur » théoricien imperméable à toute analyse personnelle. Même si les témoignages sont contradictoires, ils montrent que Lacan n'a pas refusé le principe de la cure et a été analysé comme tout le monde à l'époque, ni mieux ni moins bien. Il adhère en 1934 à la SPP; la même année il épouse Marie-Louise Blondin, sa première femme et en 1936, il est médecin des hôpitaux psychiatriques. En 1938, il devient titulaire à la SPP. Ainsi le parcours de Lacan est-il « classique » et non pas « marginal » comme on le dit à tort. C'est ce classissisme qui lui fera mettre en question les principes de l'ego-psychology, défendus par son ancien analyste.

Amoureux de la France et passionné par la vie du groupe, Rudolph Loewenstein et très durement éprouvé par l'arrivée des nazis à Paris. Mobilisé dans l'armée durant la drôle de guerre, il obtient la croix de guerre avant d'émigrer définitivement pour les États-Unis en 1942. Il s'installe à New York, refait une dernière fois des études médicales, reçoit sa naturalisation et joue un rôle important à la direction de l'IPA et dans la scission parisienne de 1953.

C'est dans un rapport présenté à la IIIe Conférence des psychanalystes de langue française qui se tient à Paris le 20 juin 1928 que Loewenstein fait sa communication majeure sur *La Technique psychanalytique*. Elle sera suivie en 1930 par un exposé fait à la SPP et intitulé *Le Tact dans la technique psychanalytique* [23]. Le premier texte commence par un avant-propos éblouissant qui contredit le principe de la psychothérapie adaptative dont l'auteur allait devenir plus tard le fondateur. Pour définir la technique analytique, il fait appel à une image employée par Freud et la commente ainsi : « Il compara la névrose à de l'eau inondant une rue et s'écoulant d'une conduite crevée. On pourrait y remédier en entassant sur le trottoir du sable et des pierres. Ce serait le principe des procédés psychothérapiques habituels. Mais on peut aussi, et c'est le principe de la psychanalyse, défoncer momentanément le trottoir et réparer la conduite d'eau à l'endroit défectueux même. » Après un exposé historique où sont mentionnés les noms de Breuer et de Bernheim, à défaut de celui de Charcot, Loewenstein expose la *règle fondamentale* en privilégiant l'inconscient contre le conscient et le préconscient puis affirme que l'investigation analytique découle de l'interprétation du rêve et non d'une clé des songes. Il soutient ensuite que l'analyste ne doit pas prendre de notes pendant les séances et faire confiance à sa mémoire inconsciente; il passe alors au problème de la *résistance,* et marque le virage qui s'est fait à l'intérieur de l'IPA, où l'on accorde plus de poids à l'analyse des résistances qu'à la recherche du refoulé; ensuite, il donne des conseils sur le temps des séances, leur nombre et les retards des patients qui témoignent ainsi de leur volonté d'écourter le temps des séances. Il préconise l'interdiction de la lecture d'ouvrages psychanalytiques durant la durée du traitement, et souligne que la résistance n'est pas le signe de la mauvaise volonté d'un sujet mais un mécanisme inconscient qu'on ne doit pas combattre par la persuasion. Il distingue le transfert positif du transfert négatif en réaffirmant l'obligation de la cure personnelle pour les analystes. Il décrit ensuite la gêne que représentent les liens amicaux qui existent entre les analystes et les analysants. Vient alors l'affirmation selon laquelle la fin de l'analyse revient à analyser le transfert positif, meilleur que le négatif, pour rendre le patient indépendant du thérapeute. Dans le cas où il existe une résistance par transfert, Loewenstein pense que l'analyste doit sortir de sa réserve. Voici un des cas exposés : « Une jeune fille, dans la première séance d'analyse, s'arrête subitement au milieu d'une phrase. J'insiste auprès d'elle pour qu'elle me fasse part de la pensée qu'elle vient d'avoir. Elle avoue avoir pensé en m'entendant allumer une cigarette que je faisais le geste d'exhiber mes organes. Je lui explique le phénomène du transfert et lui dis qu'elle avait dû avoir dans son enfance la curiosité de voir des organes d'hommes. Elle se souvient alors d'avoir vu à plusieurs reprises des exhibitionnistes, ce qui lui avait fait une grande impression [24]. »

Dans cet exemple on voit comment Loewenstein contredit sa propre position technique en expliquant le principe du transfert au lieu d'interpréter ses manifestations, et d'amener le patient à faire lui-même le travail de remémoration et d'association. Il questionne plus qu'il n'écoute, il conseille au lieu d'attendre et il explique plus qu'il n'interprète. Par ailleurs les problèmes relatifs au complexe de castration et à la perlaboration sont absents de son exposé, tandis que l'analyse des résistances prend une extension démesurée, au point de recouvrir l'analyse du transfert. Cet exposé montre de quelle manière les règles de l'IPA tentent de s'imposer à l'intérieur de la SPP.

La discussion qui suit est tout à fait extraordinaire. Sans sourciller, Hesnard énonce que chez certains vieux phobiques ou obsédés l'élément narcissique est si solide qu'il crée une résistance fondamentale à l'analyse, indépendante des résistances partielles. Saussure oppose les fictions aux résistances et parle du complexe de castration d'une patiente homosexuelle en demandant à l'orateur de l'éclairer sur le transfert négatif dans de telles conditions. Codet reproche à Loewenstein d'avoir été trop discret, trop technicien et pas assez clinicien. Il insiste sur les causes du transfert négatif et sur la différence entre l'hostilité au médecin et la défense par le patient de sa propre maladie. Pichon amène sur le tapis sa terminologie qu'il attribue à Laforgue et, après Codet, parle de « défense de la névrose par le névrosé ». Loewenstein répond minutieusement aux questions; il dit à Saussure qu'il ne connait rien à l'homosexualité féminine; à Codet, il rétorque que la défense névrotique est différente du transfert négatif quoique l'une puisse utiliser les armes de l'autre. Hesnard n'est pas content et observe que Loewenstein n'a pas répondu à Saussure. Fort de sa science de la perversion, il énonce hardiment que celle-ci « même en tant que réalisée est une cause autonome de résistance ». Personne ne le contredit. Laforgue remarque que ses confrères ont des attitudes plus prudentes en séance publique qu'en comité privé et Marie Bonaparte lui répond sèchement qu'elle n'a jamais entendu aucun psychanalyste émettre une opinion différente en public et en privé. Son Altesse a parlé et la séance est levée. Edouard Pichon en assure le compte rendu pour la RFP [25].

Cette position techniciste conduit Loewenstein, au plan théorique, à refuser la notion de pulsion de mort. Ce rejet va l'amener directement sur le terrain de la valorisation du moi contre l'inconscient. En 1938, dans un article intitulé *L'Origine du masochisme,* il assimile la pulsion de mort à une métaphore sur la fragilité de la vie, ce qui lui permet de penser cette catégorie sous celle de la pulsion de vie : « Si cette théorie, écrit-il, peut servir de théorie au second degré [la fragilité de la vie] [...] je considère qu'il est préférable d'écarter cette hypothèse de toute application au psychisme humain [26]. » Sur ce point mais par d'autres voies, il se rapproche de Pichon et de l'ensemble du groupe français pour lesquels cette notion reste incomprise ou peu conforme aux valeurs de la civilisation. Mais surtout Loewenstein se trouve en conformité avec les idéaux de l'IPA, où un tel concept est contradictoire avec la psychanalyse standardisée.

A l'intérieur du groupe, Henri Codet est un personnage sobre et effacé. Il meurt à l'âge de cinquante ans, à l'orée de la guerre, comme son ami Édouard Pichon. Après des études de psychiatrie, il s'intéresse à l'hystérie à travers les œuvres de Janet avant de découvrir les travaux de Freud. Interne de Maillard à Bicêtre puis de Souques et Séglas, il devient, comme Borel, l'élève d'Henri Claude puis se fait analyser par Loewenstein. Il ne forme guère de didacticiens mais son appartement au 10 de la rue de l'Odéon accueille très longtemps les membres du groupe de *L'Évolution psychiatrique* où sa femme, Odette, réserve à ses amis son sourire chaleureux. Codet a consacré sa thèse de médecine à l'étude du *Collectionnisme normal et pathologique,* en partie pour dépeindre certains traits de son caractère. Outre des articles, il rédige en 1926 un manuel de psychiatrie à l'usage des étudiants. Deux domaines l'intéressent particulièrement : l'arriération effective et l'hystérie; avec Pichon et Laforgue, il participe à l'élaboration des notions de captativité, d'oblativité et de résultante vitale.

Vers 1924, Georges Bataille se lie d'amitié avec Michel Leiris puis André Masson et Théodore Fraenkel. Il noue des relations avec le groupe surréaliste mais, entre Breton et lui, surgit une hostilité réciproque. Il écrit en 1926 un petit livre intitulé *W.C.* qui est « violemment contraire à toute dignité ». Celui-ci ne sera jamais publié et son auteur finira par détruire le manuscrit. En 1927, il rédige *L'Anus solaire* et, dès lors, la virulence de ses obsessions sexuelles incite un de ses amis, le docteur Dausse, à lui proposer de faire une analyse avec Adrien Borel. L'homme est l'un des fondateurs de la SPP et de *L'Évolution psychiatrique.* Il use d'une manière très libre des règles freudiennes et se moque volontiers des psychanalystes « double crème », c'est-à-dire de ceux qui croient tout arranger par le divan. Psychiatre et clinicien classique, il rédige quelques articles mais n'a pas d'œuvre écrite, comme son ami Henri Codet. Analysé par Loewenstein et spécialiste de toxicomanie, il exerce sa pratique à la fois à domicile et à la consultation de Sainte-Anne. A cette époque il est l'analyste de plusieurs écrivains avec lesquels il noue des relations amicales. Il appartient à la fraction minoritaire de la SPP et se montre hostile au « dogmatisme » freudien. Par sa formation psychiatrique, il est l'adepte d'un certain organicisme dynamiste. L'analyse de Bataille par Borel a un résultat décisif sur l'écrivain, et selon les dires de celui-ci, elle met fin aux malchances et aux échecs dans lesquels il se débat mais non à un état de violence intellectuelle qui durera toute sa vie [27].

La pratique d'Adrien Borel est thérapeutique, adaptative et fondée sur une écoute de la souffrance; sa technique est peu rigoureuse et ne propose pas de modèle de cure ritualisée. Borel semble ne pas s'identifier à la position de son propre analyste : il laisse son patient se débattre avec les violences de son inconscient, surtout quand il s'agit d'un créateur.

A cette époque, Raymond Queneau loue un atelier situé square Desnouettes, tout près de la porte de Versailles. Il a épousé Jeanine Kahn, la sœur de Simone qui a été elle-même mariée avec André Breton dont elle est séparée. C'est là que Jean Piel, ami de Bataille, rencontre Michel Leiris. En 1928, Georges épouse l'une des quatre sœurs Maklés qui ont fait leurs études au pensionnat de l'avenue de Villiers avec les sœurs Kahn [28]. Sylvia Maklés, Juive d'origine roumaine, sera, sous le nom de Sylvia Bataille, l'actrice d'*Une partie de campagne* de Jean Renoir avant de devenir la femme de Jacques Lacan en 1953. L'une de ses sœurs sera l'épouse de Jean Piel, et une autre, Rose, celle du peintre André Masson. La rencontre entre Sylvia Maklés et Georges Bataille a lieu au square Desnouettes dans un cercle où plusieurs écrivains font leur analyse avec Adrien Borel.

C'est sur le conseil de son ami Bataille que Leiris commence en 1929 sa cure avec Borel. Celle-ci va se prolonger avec de nombreuses interruptions jusque vers 1935. L'écrivain a compris d'emblée la révolution freudienne [29]. Il a lu notamment *La Gradiva* de Jensen et son commentaire, *Psychopathologie de la vie quotidienne* et les *Trois essais sur la théorie de la sexualité*. La valorisation par Freud de l'indice et du détail insignifiant lui permet d'associer, dans son œuvre, la technique de la psychanalyse et le procédé du roman proustien. Il songe à un mode d'écriture qu'il va faire fructifier dans *L'Afrique fantôme* et *L'Age d'homme*. La littérature tauromachique dont il est l'initiateur n'est pas étrangère à la pratique de la cure. Elle met en scène la règle fondamentale de la non-omission, reprise par les surréalistes à la technique des associations libres, et adopte le principe de la sexualité comme pierre angulaire de l'édifice de la personnalité. A cela s'ajoute la règle tauromachique qui n'est pas sans rapport avec la pulsion de mort, par laquelle l'écrivain prend le risque du combat et du rituel de la boucherie en énonçant ses fantasmes.

Adrien Borel ressemble à un chanoine, amateur de vins et de gastronomie. Il a gardé le sens des valeurs de la terre qui lui vient de ses ancêtres ardéchois. A la SPP et au groupe de *L'Évolution psychiatrique,* il est connu pour son humanisme paternel. En 1950, à la fin de sa vie, cet homme revêt la soutane pour incarner à l'écran le rôle du curé de Torcy dans le film de Robert Bresson *Le Journal d'un curé de campagne,* tiré d'un roman de Georges Bernanos publié en 1936. Au générique, il est mentionné sous le pseudonyme d'André Guibert. Cette histoire tragique raconte l'itinéraire d'un jeune prêtre atteint d'un cancer de l'estomac, qui ne se nourrit que de

« pain et de vin » et s'attire la haine du village d'Ambricourt à cause de son idéal religieux trop janséniste pour la vulgarité ambiante. Dans sa paroisse, résident les châtelains du village dont la famille est composée d'un comte, amant de l'institutrice, de la comtesse et de leur fille Chantal. Celle-ci révèle en confession la haine qu'elle porte à sa mère et le dégoût que lui inspirent les relations adultérines de son père. Le curé tente une réconciliation entre la mère et la fille, mais au cours d'un entretien avec la comtesse, il s'aperçoit de ses turpitudes. Elle se sait trompée par son mari mais se venge de sa honte par la secrète joie de voir sa fille désillusionnée sur son père. Elle avoue au curé le seul amour qui la fait survivre : celui d'un enfant mort dont elle dispute à Dieu la possession et le souvenir. Le prêtre parvient à briser l'orgueil de la femme qui retrouve la foi et meurt la nuit même de sa réconciliation avec la religion. Le curé de Torcy est le seul personnage chaleureux de cette affaire; il est capable de compromis avec la réalité sans pour autant douter de sa croyance. Supérieur du jeune prêtre, il joue auprès de lui un rôle de confident, de guide et de thérapeute en apaisant ses angoisses. Il ne l'empêchera pas d'aller rendre l'âme chez un ancien camarade de séminaire défroqué duquel le curé recevra l'ultime bénédiction.

On sait que Bresson ne fait jamais appel à des comédiens professionnels pour tourner ses films. Le rôle de Torcy convient à merveille à Borel dont la tranquillité fait contrepoint à l'angoisse métaphysique du jeune prêtre. Dans sa direction d'acteurs, Bresson a très peu retouché le personnage qui ressemble au « chanoine » de la SPP. Pour l'histoire de la psychanalyse, ce film revêt une signification plus grande qu'il n'y paraît. Borel, alias Torcy ou Guibert, n'a pas eu à renier une « foi freudienne » qu'il ne possédait pas, mais sa participation à un film dont l'épisode central est l'histoire de la « conversion » d'une comtesse en proie à un drame œdipien et du semi-reniement d'un prêtre qui risque de perdre la foi et se fait bénir par un défroqué, n'est pas étrangère à l'essence même de l'épopée analytique en France et ailleurs.

Gageons qu'entre l'intransigeance rationnelle de Pichon et la religion souple de Borel, la question du reniement, de l'appartenance et de la conversion fait partie des conflits qui éclatent au sein de la SPP. La minorité est travaillée par diverses tendances « spirituelles », face à l'unité de plus en plus forte des représentants de l'IPA, qui n'ont pas besoin de « renier » le freudisme, pour détourner, de l'intérieur, ses objectifs théoriques. Ce n'est pas un hasard sans doute si Borel s'intéresse aux « convulsionnaires » et publie un article en 1935 où il étudie les luttes entre les jansénistes et les jésuites [30]. Par ailleurs, il participe, au groupe de *L'Évolution psychiatrique*, à l'élaboration de la nouvelle conception de la schizophrénie avec Claude, Gilbert Robin et Laforgue. Nous verrons ultérieurement dans quelles conditions il sera amené à démissionner de la SPP.

Dans l'histoire interne de la SPP, il assure la présidence du groupe pendant trois ans de 1932 à 1934, après l'intérim de Parcheminey (1930-1931) dont l'élection a été destinée à calmer les esprits dans la crise entre les minoritaires et les majoritaires, à la suite de la longue présidence de

Laforgue (1926-1929). En 1935, au moment où le vent tourne nettement en faveur des représentants de l'IPA, Pichon est élu président, afin que soit respectée la balance démocratique entre les deux tendances. A côté de lui, Marie Bonaparte est vice-présidente depuis 1934 et John Leuba, trésorier depuis la même date. Charles Odier est installé à Paris depuis 1929 et a été vice-président avant la princesse de 1930 à 1933. Il prendra la suite de la présidence après Pichon en 1938. Saussure séjourne dans la capitale de 1937 à 1939, ainsi que René Spitz, sur la route de l'exil.

En 1934, Marie Bonaparte participe au financement d'un *Institut de psychanalyse* chargé de diffuser l'enseignement freudien dans le groupe qui est en pleine expansion et comporte maintenant une trentaine de membres. Situé 137, boulevard Saint-Germain, au premier étage d'un immeuble élégant, le local comprend une salle de cours-bibliothèque et un certain nombre de pièces pour le secrétariat et l'organisation de l'enseignement. La séance d'inauguration a lieu en grande pompe le 10 janvier à 21 heures, en présence d'Henri Claude et des professeurs Heuyer et Troisier qui apportent leur soutien médical à l'entreprise. La création de cet institut renforce la position de la princesse dans le groupe et donc des majoritaires, au moment où Laforgue n'a plus le rôle d'arbitre entre les deux tendances et où celles-ci s'affrontent directement. Pichon est présent au titre de médecin des hôpitaux de Paris et Adrien Borel avec celui de président de la SPP. Le grammairien prend la parole en premier et affirme que la psychanalyse a conquis droit de cité dans la médecine parce qu'elle est une méthode destinée à rendre service à des malades et notamment aux homosexuels. Borel, après lui, insiste sur son efficacité thérapeutique et sur l'importance de la découverte d'un inconscient dynamique, qui, avant Freud, était « inconnaissable ». Marie Bonaparte donne alors lecture d'un télégramme du professeur Freud souhaitant réussite et prospérité au nouvel Institut. Borel enchaîne en lisant un télégramme de Jones exprimant les vœux de l'IPA et un autre d'Eitingon au nom de la *Commission internationale pour l'enseignement de la psychanalyse* qu'il préside avant son départ définitif pour la Palestine [31].

Avec cet institut et grâce à l'influence de la princesse, le pouvoir réel passe aux mains des majoritaires. Damant le pion à Pichon, elle a réussi sur le terrain où il a échoué, à cause de la « fausseté » de son projet. Elle s'appuie sur les tenants de la tradition médicale française, dont Claude le protecteur « chauvin », pour faire officiellement reconnaître à Paris l'enseignement de la psychanalyse. Ce faisant, elle dérobe à Pichon les armes qu'il avait forgées et passe une alliance avec les adversaires de la Laienanalyse, alors même qu'elle défend le point de vue profane. Pichon perd la bataille dans la mesure où il reste *purement assimilationniste* et fait de la psychanalyse une simple branche de la médecine, « française » de surcroît, tandis que Marie Bonaparte gagne le combat parce qu'elle a su, comme Odier, Saussure, H. Flournoy, Loewenstein, Jones et Eitingon, séparer la médecine de la psychanalyse pour assurer le triomphe de l'idéal médical adaptatif à l'intérieur du mouvement freudien. Le nouvel Institut reçoit immédiatement le soutien de l'IPA et de Freud. Pichon subit sa défaite au moment où il est en passe d'être élu président, bien entouré par la princesse et Leuba.

En 1937, à la veille de publier son article critique sur le livre de Laforgue, *Relativité de la réalité,* Pichon lui envoie une lettre troublante qui fait le bilan de la situation de ces années-là. A son ami qui se sent persécuté de toutes parts, il reproche ses faiblesses théoriques et politiques et refuse la croyance selon laquelle la réalité serait une illusion purement subjective. Il s'affirme le partisan d'une réalité existante et vraie sans laquelle la connaissance n'a aucun sens. A travers ce débat philosophique où s'oppose le « matérialisme maurrassien » de Pichon et l' « idéalisme spiritualiste » de Laforgue se déroule un autre conflit : « Tu me connais assez, écrit-il, pour savoir que je m'efforce de ne jamais sortir d'une discussion sans m'être enrichi de ce qui était assimilable pour moi dans les arguments de l'adversaire. Ma pensée d'ailleurs est en pleine évolution depuis quinze ans et je ne considère pas ce que j'écris comme définitif, mais chacun de mes articles est si remanié, tant de fois retapé pour être l'expression juste de ma pensée du moment, que ce qui est écrit est écrit. Je ne me ferai pas faute, crois-le bien, de dire dans mes articles ultérieurs que je me suis trompé si tu arrives à m'en convaincre [...] En pratique, ayant trouvé le bonheur, je me fous exactement que les autres me trouvent des complexes; cela n'a plus aucun sens pour moi. J'aime Hélène, Étienne et la France sans conflit ni malaise et je me sens, avec cette saturation affective solide, inattaquable par mes psychanalysés en même temps que très libre dans le jeu délicieux de mes spéculations intellectuelles et aussi de mon activité poétique, qui, hors de toute publication, se continue pour moi. Et ne crois pas que je sois le " religieux " de l'intellect dont tu parles dans ton livre : mes écrits sont des *actes* qui ont toujours une répercussion (aussi petite soit-elle peut-être), en vue de laquelle ils sont écrits. Je ne suis pas au-dessus de la mêlée comme Romain Rolland ou l'odieux Benda. Je suis l'homme dans la mêlée de son temps, de sa civilisation et de sa patrie. Aussi risqué-je souvent d'être injuste pour toi qui suis des Dieux plus ésotériques car souvent je te reproche de ne pas te jeter assez fort dans les si importantes luttes doctrinales et pratiques d'aujourd'hui [32]. »

Pichon a certainement raison contre Laforgue dont la religiosité est le symptôme d'une fuite hors des conflits réels, mais sa victoire est bien amère : à force de sauter à pieds joints dans la mêlée, il n'a pas su s'enrichir des arguments de l'adversaire et renoncer à temps à tirer les oreilles de Laforgue pour l'obliger à ne pas céder au « dogmatisme » freudien. Docteur Jekyll, héros royaliste, est battu par une bonapartiste.

II. *De Genève à Paris*

A Genève, psychologues, pédagogues et moralistes prennent la suite d'une tradition issue de Théodore Flournoy et d'Oskar Pfister et proposent un amalgame entre les théories de Piaget et celles de Freud pour donner naissance à un mouvement qui reçoit le nom de « psychanalyse génétique ».

La fondation du *Groupe psychanalytique de Genève* remonte à 1919 et est annoncée par l'IZP en 1920. Au nombre de ses membres on trouve des profanes et des médecins. Il est présidé par Edouard Claparède. Un bureau restreint se réunit chaque semaine, composé de Pierre Bovet, Henri Flournoy, Charles Odier, Morel et ensuite Raymond de Saussure. Parallèlement se crée la *Société psychanalytique suisse* qui regroupe à la fois des Romands et des Alémaniques. Parmi ses fondateurs on trouve notamment O. Pfister, Oberholzer, H. Rorschach puis Gustav Bally et Ludwig Binswanger. Ce groupe prend la suite de la *Société pour les recherches freudiennes* dissoute en 1914. De nombreux psychanalystes font partie des deux sociétés. Charles Baudoin fait « bande à part » en continuant à s'intéresser à l'hypnose et à la suggestion dans une perspective inspirée librement de la psychanalyse freudienne et de la méthode jungienne. Jean Piaget qui a renié son analyste, Sabina Spielrein, fait la « révérence » au freudisme tout en élaborant une doctrine psychologique qui va permettre aux psychanalystes de démanteler de l'intérieur la conceptualité freudienne. Il joue en Suisse un rôle aussi important que Janet, plus même, dans la mesure où ses hypothèses parviennent à s'imposer dans un courant qui est l'équivalent helvétique de la future ego-psychology. Le docteur Repond, directeur de l'hôpital psychiatrique du Valais cherche à étendre la psychanalyse au domaine de l'hygiène mentale et de la prévention sociale et engage comme collaboratrice Germaine Guex, une jeune psychologue piagétienne, qui crée avec lui en 1930 un service médico-pédagogique pour les enfants. Analysée par Raymond de Saussure, elle deviendra la compagne de Charles Odier, séparé de sa femme. Elle se spécialise dans l'étude de la névrose d'abandon et sera titulaire de la société.

En 1928, un conflit se produit au sein du groupe suisse. Une tendance favorable à l'analyse médicale et hostile à Pfister menace de quitter la société. La rupture est provoquée par des médecins alémaniques dirigés par Oberholzer et Brun qui ne s'attaquent pas directement aux non-médecins mais à ceux qu'ils appellent les « pseudo-analystes ». Ils désignent par là les praticiens qui s'éloignent de l'orthodoxie. Une fois de plus, le conflit entre les partisans et les adversaires de la Laienanalyse cache en réalité une autre lutte qui opposent des doctrinaires de l'IPA à des « marginaux ». Mais la situation ici est différente de celle de la France, dans la mesure où Pfister se trouve dans le camp des « pseudo-analystes », soutenu par son vieil ami Freud. Accusé par Oberholzer de pratiquer des analyses didactiques sauvages en douze séances et de promettre des guérisons miraculeuses, il est en outre soupçonné de cohabiter avec ses patients : on cherche ainsi à démontrer que la cure d'âme est l'œuvre d'un religieux et d'un pédagogue qui n'a pas lui-même consenti à se soumettre au principe de l'analyse. A cela s'ajoutent des divergences liées à la langue et à la culture où Genève est en conflit avec Zurich. Les Alémaniques veulent constituer avec les francophones et face à l'IPA un lien confédéral et non centraliste.

Saussure, Odier et H. Flournoy sont obligés de choisir leur camp. Partagés entre une conviction favorable à la Laienanalyse, qui sous-tend une volonté de garder l'appartenance à l'IPA, et une très grande sympathie pour l'orthodoxie médicalisante, ils soutiennent les scissionnaires tout en restant membres de la société officielle appuyée par Freud. La crise aboutit à la création d'une *Société médicale de psychanalyse* dont les membres rejoindront individuellement l'ancienne association, après l'émigration de Oberholzer aux États-Unis. Le groupe médical avait en vain cherché à se faire reconnaître par l'IPA sans y parvenir [33].

Charles Odier, le premier des « trois mousquetaires » genevois, est né en 1886 d'une famille originaire de Normandie réfugiée en Suisse après la révocation de l'édit de Nantes. Un hameau normand porte encore le nom : Les Odier. Ses frères et sœurs sont des musiciens non professionnels et forment le *Quatuor Odier,* très connu dans les salons genevois. Charles est mélomane et joue lui-même du violon, partageant cette activité avec l'alpinisme. Après des études de psychiatrie et de neurologie, il fait un stage à Vienne chez le professeur Wagner-Jauregg, rival de Freud, puis travaille à Paris dans le service de Souques à Villejuif où il a l'occasion d'observer des névroses de guerre. Son intérêt pour la contracture hystérique l'incite à s'orienter vers le freudisme. En 1923 et 1928 il fait des stages à la Policlinique de Berlin où il est d'abord analysé par Abraham puis par Alexander. Les deux cures sont de courte durée.

Charles Odier s'établit à Paris en 1929 et noue des relations amicales avec Michel Cénac, Pierre Mâle et Rudi Loewenstein qui a suivi une trajectoire aussi rigoureusement « berlinoise » que la sienne. Il ne s'entend guère avec Laforgue : malgré des relations apparemment chaleureuses, il lui reproche son amour de l'argent, ses « mauvaises manières » et son absence de rigueur [34].

A la première conférence des psychanalystes de langue française en 1926, il présente son rapport sur la deuxième topique et fait connaître ainsi aux Français les grands principes de la refonte freudienne. Celle-ci est exposée à partir d'un cas de fétichisme, où Odier tente de rechercher le substrat biologique de la fonction morale du surmoi [35]. A la deuxième conférence de 1927, son exposé est consacré à une étude théorique de la névrose obsessionnelle, également à partir d'un cas clinique. Les deux travaux sont suivis d'une abondante discussion à laquelle participent la plupart des membres de la SPP [36].

La deuxième guerre mondiale ramène Charles Odier en Suisse; il s'installe à Lausanne, ville beaucoup plus provinciale que Genève et non menacée par le cosmopolitisme et le catholicisme. Après le départ de Saussure pour les Etats-Unis, il est isolé en compagnie de Germaine Guex et n'a guère de contacts avec les Zurichois. Il poursuit un enseignement clinique important, publie de nombreux articles, avant de mourir prématurément en 1954, emporté par un cancer du foie. C'est durant cette période qu'il développe considérablement sa théorie psychogénétique du moi, inspiré de la doctrine piagétienne. Dans son allocution funèbre, Daniel

Lagache qui a été contrôlé avant-guerre par Charles Odier prononce ces mots sur la tombe de celui qu'il considère comme un maître : « Pour ma part, je l'ai d'abord rencontré comme un maître, l'un des plus reconnus, peut-être le plus reconnu de la SPP. Dans ses écrits nous trouvions l'expression de sa maîtrise, d'une pensée qui réunissait deux caractères rarement présents tous les deux : la méthode et la nuance. Dans le cabinet de son petit appartement de la rue Franklin, en qualité de contrôleur, il guidait nos premiers pas dans les voies de la thérapie analytique. Il est difficile de rendre la qualité de ses interventions, toujours opportunes, précises, souriantes, parfois d'une raillerie légère dont le plus rebelle ne pouvait s'offenser [...] Dois-je dire que le maître est devenu un ami? Il l'avait été dès le premier moment. Charles Odier n'a jamais eu vis-à-vis de ses élèves une attitude le moins du monde autoritaire et dogmatique. L'élève était d'emblée traité sur un plan d'égalité [37]. »

L'itinéraire du cadet de la bande des mousquetaires genevois est aussi intéressant que l'aventure des autres fondateurs de la SPP. Raymond de Saussure, fils de Ferdinand, ne possède pas la rigueur technique de son ami Odier et son œuvre écrite se réduit à peu de chose. La grande beauté de cet aristocrate n'échappe à aucun de ses contemporains : sa haute crinière, vite blanchie, donne aux traits de son visage une séduction à laquelle personne ne saurait résister. Né en 1894, il a dix-neuf ans à la mort de son père, auquel il reproche son amour de la dive bouteille et son désintérêt pour le foyer conjugal. D'abord élevé au château familial de Vufflens où il se passionne pour le Moyen Age, il vit ensuite à Genthoud dans une maison dont le style a quelque chose d'extravagant : « Quand on y va, écrit Olivier Flournoy, on découvre une superbe façade classique, avec la porte d'entrée et on s'imagine une grandiose maison le long du lac; on s'aperçoit alors qu'elle a été construite par une fantaisie de l'architecte, perpendiculairement au lac; elle est toute étroite alors qu'on s'attendait à voir la façade principale sur le lac : encore une étrangeté qui a sûrement dû contribuer à éveiller l'esprit critique de Raymond et qui en tout cas lui a donné le goût pour l'architecture comme en témoignent les nombreux voyages qu'il faisait dans toutes les parties de la France, à la recherche de différents monuments et églises Renaissance [38]. »

Fils d'un des plus grands génies du siècle, il se remet difficilement d'une telle naissance et sous sa délicieuse apparence, se cache un drame profond. En effet, Raymond de Saussure est incapable de prononcer le nom de son père et semble ignorer les travaux et la célébrité de celui-ci. L'histoire raconte que c'est à New York, en 1940, où se retrouvent de nombreux chercheurs exilés, qu'il apprend de la bouche de Roman Jakobson la grandeur de l'œuvre de Ferdinand. Dira-t-on que cette méconnaissance persistante est la preuve d'un refoulement non levé au cours de son analyse avec Freud, qui se déroule quatre ans après la publication du *Cours de linguistique générale?* Rien ne permet de l'affirmer, mais une chose est certaine, Raymond de Saussure est à la recherche d'une paternité de remplacement : il épouse la fille de son premier maître, Théodore Flournoy, après avoir suivi les cours de celui-ci sur la psychologie dynamique. Dès ce moment, sa carrière est décidée : « J'avais du reste deux amis, écrit-il en 1957, hélas tous deux disparus, qui allaient se lancer dans le même sillage : H. Flournoy et Charles Odier. Nous serions donc un groupe au sein duquel nous pourrions échanger des idées. C'est ainsi que naquit le mouvement psychanalytique en Suisse romande [39]. »

En 1920, au congrès de La Haye, il rencontre son deuxième maître, Sigmund Freud. Il est frappé par sa physionomie grave, ses rides sur le front, son regard pénétrant et réfléchi, sa capacité de synthèse : « Je me souviens, écrit-il, des premiers entretiens que j'ai eus avec lui à La Haye, le grand espoir qu'il avait que par la Suisse, peut-être, les cercles médicaux français s'intéresseraient à la psychanalyse [40]. »

Quelques mois plus tard, il est étendu sur le divan de cette nouvelle figure paternelle; il ne voit plus les traits de son visage et le contact s'établit par la voix ou l'odeur du cigare. Raymond est fasciné, pénétré même par la lucidité et le génie de son analyste. Pourtant, la cure semble ne pas lui apporter le résultat escompté. Saussure reproche à Freud de n'avoir pas été lui-même analysé et de commettre des fautes techniques : « Premièrement, écrit-il, il avait trop longtemps pratiqué la suggestion pour ne pas en avoir conservé certains réflexes. Lorsqu'il était persuadé d'une vérité, il avait peine à attendre qu'elle s'éveillât dans l'esprit de son malade; il voulait le convaincre de suite et à cause de cela, il parlait trop. Deuxièmement, on sentait rapidement par quelle question théorique il était préoccupé car il développait souvent longuement les points de vue nouveaux qu'il était en train de mettre au clair dans sa pensée. C'était un bénéfice pour l'esprit mais pas toujours pour le traitement [41]. » Ce témoignage recoupe ceux de Kardiner et de Marie Bonaparte sur la manière dont Freud mène ses cures après-guerre.

Après 1920, il ne revoit Freud que brièvement dans des congrès et au cours d'un séjour à Berlin en 1930. C'est dans cette ville qu'a lieu, pendant un an, sa deuxième cure avec Alexander. Ce dernier mange des croissants et boit du café pendant les séances et Saussure lui dit un jour : « Allez-vous m'écouter au lieu de manger? » L'analyste lui répond par ces mots : « Comme vous êtes égoïste [42]... »

En 1922, il publie un livre intitulé *La Méthode psychanalytique* destiné à vulgariser les idées freudiennes en France et en Suisse. Freud signe une préface paternelle et militante : « Le docteur de Saussure, écrit-il, n'a pas seulement consciencieusement étudié mes œuvres, mais encore il a fait le sacrifice de venir chez moi pour se soumettre à une analyse durant plusieurs mois. Cela lui a permis de se faire une opinion sur la plupart des questions encore flottantes de la psychanalyse. Grâce à cela, il a également pu éviter les multiples erreurs et les nombreux à-peu-près que l'on est habitué à trouver dans les exposés allemands ou français de la psychanalyse. Il n'a pas omis non plus de contredire certaines affirmations fausses ou négligentes que divers auteurs répètent de l'un à l'autre, ainsi par exemple que tous les rêves auraient une signification sexuelle ou que la seule force vive de notre psychisme serait, selon moi, la libido sexuelle[43] ».

Dans ce livre se dévoile le triple intérêt porté par Saussure à la fantasmatique sexuelle, à la génétique et à la clinique. L'auteur décrit d'abord un cas inventé de toutes pièces par son ami Forel. Celui-ci avait envoyé son valet acheter des médicaments dans une pharmacie et donné l'ordre qu'on le fasse attendre une bonne heure. A son retour, Forel lui demande ce qu'il a vu et l'homme répond qu'il n'a rien observé d'autre que des flacons sur les murs. Ensuite, il l'hypnotise et découvre qu'il a appris par cœur les noms latins des médicaments. A travers cet exemple, Saussure fait l'éloge de l'inconscient subliminal de T. Flournoy et de l'inconscient freudien, mais il reste proche d'une notion de refoulement traumatique, éloigné de l'idée freudienne de refoulement originaire. Au milieu du livre et à propos du rêve d'un patient que lui a procuré Charles Odier, il évoque une fantasmatique sexuelle avec un grand luxe de détails. Son entourage lui fait remarquer qu'il est dangereux de publier des récits de rêve dans lesquels les patients peuvent se reconnaître. Du coup l'ouvrage est retiré de la circulation, de sorte que ni la France ni la Suisse n'ont bénéficié réellement de ce qu'il apportait comme contribution à la technique analytique. En 1923, Jones publie une critique très élogieuse du livre où il accuse les Français de lui avoir fermé les frontières de leur pays : « Comme il y a eu si peu de publications françaises de qualité concernant la psychanalyse et du fait que ce livre pourrait être sujet de fierté pour tout pays, nous regrettons cette malheureuse attitude qui ne peut être portée qu'au discrédit de nos collègues français[44] ».

Dans un numéro de *L'Évolution psychiatrique* de 1926, Saussure publie un article intitulé *Remarques sur la technique de la psychanalyse freudienne* destiné à soutenir le point de vue de la rigueur technique et à combattre la manière « française » de s'approprier la psychanalyse : « On a pris l'habitude, en France surtout, écrit-il, de considérer sous le nom de psychanalyse, non seulement la méthode des associations libres telle qu'elle est décrite par Freud, mais encore une méthode beaucoup plus simple où le médecin se contente d'un entretien avec son malade en lui expliquant son cas selon certaines données de la psychanalyse. On parle du complexe d'Œdipe, du complexe de castration, du refoulement, des tendances inconscientes, de la sublimation, de la résistance, etc., et parce que l'on a traduit dans ce langage l'état psychopathologique du malade, on croit avoir fait de la psychanalyse. C'est là une grosse erreur qui fit dire à Hesnard (Rapport au congrès de Besançon), qu'après tout, la psychanalyse ne différait pas de l'ancienne méthode psychiatrique classique, que seuls des termes de psychologie nouveaux avaient été introduits[45] ».

Saussure divise ensuite en trois classes les méthodes psychothérapeutiques. Dans la première, il range l'hypnose, la persuasion et les traitements moraux ou religieux. Dans la seconde vient la psychanalyse freudienne et dans la troisième on trouve l'analyse psychologique qui ajoute à la psychanalyse des tentatives de moralisation. A ce propos, l'auteur évoque explicitement les noms de Jung et de Maeder, il décrit le fonctionnement de la cure psychanalytique et prône les vertus du silence comme s'il voulait rappeler que Freud lui avait trop parlé durant son analyse. Il attaque courageusement les œuvres de Laumonier et de Blondel, montrant que l'analyste n'est ni un guide ni un enquêteur mais un interprète. Cet article est suivi d'une bibliographie assez complète des œuvres techniques de Freud en allemand.

Cet homme qui avait reproché à Freud de rester tributaire de la suggestion est en réalité passionné par la préhistoire du mouvement psychanalytique. Il possède une impressionnante bibliothèque sur les anciens magnétiseurs et guérisseurs. Il est attaché à la rigueur technique de l'IPA, mais on dirait que cette attitude est sans cesse contrebalancée par la tentation d'un retour aux origines qui n'est pas sans rappeler la quête effectuée par son père vers l'Antiquité latine et le vers saturnien. Quand il s'installe à Paris, il choisit d'habiter rue des Chanoinesses et inscrit sur sa plaque : « Raymond de Saussure, hypnotiseur [46] », titre qui ne convient guère à son apparente position orthodoxe. C'est à cette époque qu'il passe deux ans sur le divan de Loewenstein.

Après son départ de France, il accueille en 1941, à Genève, les analystes juifs persécutés, notamment Loewenstein et Heinz Hartmann, qui, lors de son passage à Paris, a analysé Sacha Nacht (en deuxième tranche) et Georges Favez.

A son tour, il se rend aux États-Unis et réside à New York jusqu'en 1952. Il y exerce les fonctions de professeur à la *Clinique psychiatrique* puis participe à la création de la *Swiss American foundation for scientific exchange* dont il sera le président jusqu'à son départ.

Dès son retour à Genève, il organise la psychanalyse en Suisse romande et met sur pied un ensemble de séminaires théoriques et cliniques avec la collaboration de Michel Gressot analysé par Odier et de Germaine Guex. Marcelle Spira, d'obédience kleinienne, est mise en quarantaine après avoir été admise à la *Société suisse de psychanalyse,* mais, au bout de quelques années, son enseignement fait partie du programme officiel. A la fin de sa vie, Saussure revient à ses premières amours et publie avec Léon Chertok un livre sur l'origine de la psychothérapie analytique [47]. Comme Loewenstein, il a été plusieurs fois marié et comme Laforgue il a épousé, en troisièmes noces, une de ses analysantes. Il meurt en 1971 d'un cancer de la prostate, après une effroyable agonie.

III. *Deux « marginaux » : Georges Parcheminey et René Allendy*

Dans le premier cercle psychanalytique, Georges Parcheminey est un mélomane aussi actif que Charles Odier avec lequel il organise, sous l'égide de la princesse, des soirées musicales hebdomadaires. Sa mère était professeur de musique et son père ingénieur des mines. Né en Haute-Saône, il fait des études classiques dans une institution religieuse : il n'est guère pratiquant, mais à la fin de sa vie, il se reprochera d'avoir abandonné la religion dès son jeune âge. La métaphore de la « conversion », dans laquelle baigne son œuvre, n'est pas étrangère à cette problématique. En 1906, il est engagé volontaire dans la grande armée et en 1916, il est incorporé dans un régiment d'infanterie. Il termine la guerre avec une sérieuse blessure et une solide formation de neurologue. En 1917, il épouse une femme aussi mélomane que lui [48]. Le couple est uni et sans histoires bien que Georges Parcheminey soit moins rigide que son épouse en matière d'éducation. Il entreprend son analyse avec Loewenstein dès l'arrivée de celui-ci à Paris, puis commence à recevoir des patients chez lui et à l'hôpital Sainte-Anne, où il est chef de laboratoire.

Au cours des années 30, il rencontre plusieurs fois Freud et lui voue un certain culte. Ami de Michel Cénac et de Jean Rostand, il va se lier également, peu avant sa mort, avec le révérend père Bruno qui lui fait retrouver la foi et la religion. Il parle allemand, lit les textes de Freud dans leur langue originale mais ne participe guère à des travaux de traduction. L'image que la communauté analytique garde de lui est celle d'un homme tranquille et effacé dont la vie calme contraste singulièrement avec celle de ses collègues. A l'intérieur de la SPP, il est un didacticien « silencieux » mais important dans la formation de la deuxième et de la troisième génération. Il prend notamment en analyse Maurice Bouvet, Francis Pasche et Jean-Paul Valabrega. Dans les périodes de crise il assure la présidence à la tête de la société.

C'est en 1931, au VIe Congrès des psychanalystes de langue française que Parcheminey propose son premier exposé sur l'hystérie de conversion, son sujet favori. Ce texte sera suivi de trois autres études sur le même thème. En 1933, l'exposé de 1931 est repris presque intégralement et cosigné avec Loewenstein. La même année, Parcheminey publie un article sur la notion de régression dans la névrose, où s'annonce une nouvelle orientation avec la confrontation de la théorie freudienne et des travaux de Pavlov. En 1935 enfin, il rédige un exposé sur le problème général de l'hystérie qui se présente comme un résumé académique des différentes hypothèses d'école sur le statut de cette névrose [49].

A une époque où s'est effacé le nom de Charcot et où la neurologie est réintégrée dans le cadre de la psychiatrie, Parcheminey reprend l'énigme freudienne du « saut du psychique dans l'innervation somatique » pour poser de nouveau la question de l'hystérie. Chez Freud le terme de conversion est contemporain des premières recherches; il désigne une énergie libidinale qui se détache de la représentation refoulée et se transforme en énergie d'innervation; les symptômes de conversion expriment alors, par le corps, des représentations refoulées. Avec l'analyse du *petit Hans* le syndrome phobique est rattaché à l'hystérie sous le nom d'hystérie d'angoisse et la conversion désigne une des formes de l'hystérie.

La question posée par Parcheminey, dès ses premiers textes, est moins l'élucidation de la problématique freudienne de l'hystérie de conversion que l'extension de la psychanalyse à la médecine par le biais du domaine, nouveau pour l'époque, de la psychosomatique. Partant du fondement biologique ou physiologique de la névrose, il débouche sur une révision du concept freudien de conversion pour évoluer vers la réunification du corps et de l'esprit, d'où l'aspect religieux des positions qu'il défend à la fin de sa vie.

Au fond, ce qu'on a coutume d'appeler les « médecines particulières » sont présentes dans le cercle des fondateurs de la SPP : à côté des psychiatres de formation « classique », de deux femmes non-médecins, d'un pédiatre des hôpitaux de Paris, on trouve, un neurologue psychosomaticien et un homéopathe passionné d'occultisme.

L'œuvre écrite de René Allendy est aussi considérable que le personnage est étrange et même oublié. Près de deux cents articles ont paru, signés de sa plume, sur des sujets aussi divers que l'influence astrale, le Kéroubs et les Sphinx, la théorie des quatre tempéraments, le grand œuvre des alchimistes, les modalités atmosphériques, la table d'émeraude d'Hermès Trimégiste avec les commentaires de l'Hortumaire, le traitement de la tuberculose pulmonaire, le complexe d'Œdipe, la lycosa tarentula, le rêve, les présages, le calcium dans l'organisme, le chahut à l'école, le catarrhe nasal etc. La liste est impressionnante et digne d'une anthologie surréaliste. La production livresque de cet homéopathe convaincu n'est pas moins importante : on compte une vingtaine d'ouvrages et l'on est encore loin de la réalité; leurs titres sont aussi originaux que ceux des articles : on trouve pêle-mêle *Le Symbolisme des nombres, Les Tempéraments, Le Problème de la destinée, La Justice intérieure, Capitalisme et Sexualité, Paracelse le médecin maudit, Aristote ou le Complexe de trahison* et enfin *Le Journal d'un médecin malade,* où l'excellent docteur observe minutieusement sa longue agonie [30].

René Allendy est né en 1889 et achève ses études de médecine en 1912. Déçu par la thérapeutique de son époque, il s'engage vers de nouvelles voies de traitement peu développées ou encore absentes en France, en essayant de raccorder les deux domaines de l'homéopathie et de la psychanalyse. Son enfance est marquée par la maladie; fréquemment alité par des bronchites chroniques, il attrape une diphtérie qui lui laisse une tétraplégie passagère. A l'âge de huit ans, il entre dans un collège tenu par les pères maristes puis continue ses études secondaires au lycée Janson de Sailly. Dès son adolescence, il est attiré par l'occultisme et l'œuvre de Paracelse où il trouve une « nouvelle religion », après avoir renoncé au catholicisme. Au grand scandale de sa famille, il soutient sa thèse de médecine sur l'alchimie; parallèlement, il écrit des articles sur l'astrologie, domaine dont la valeur scientifique lui paraît aussi évidente que la doctrine freudienne, suit des cours à l'école des langues orientales et obtient le diplôme de licencié en langues scandinaves. Pendant la guerre, il est mobilisé et fait connaître ses sentiments antimilitaristes : on le nomme alors médecin du front avec ordre de rechercher les cadavres et les blessés sur des terrains dangereux. Il est gazé, évacué et reconnu tuberculeux; sa conduite lui vaut une citation et la croix de guerre avec palme.

Au sanatorium de Gorbio, près de Menton, où il est envoyé, son état s'aggrave. Un médecin-chef porte sur son cas un diagnostic défavorable et il décide alors de se guérir par lui-même : « Je me rappelle maintenant, écrit-il, l'immense pitié pour moi-même qui m'avait envahi à ce moment alors que, jusque-là, je voyais mon état s'aggraver avec une parfaite indifférence affective, puis la vague de rage, comme si G. [le médecin-chef] voulait me faire mourir, et ma volonté de guérir [51]. »

Après sa convalescence, il revient à Paris et reprend ses activités. En janvier 1920, il est nommé membre titulaire de la Société française d'homéopathie et la même année, il crée à la Sorbonne le *Groupe d'études philosophiques et scientifiques pour les idées nouvelles*. Outre Rank, il invite de nombreux autres conférenciers de toutes tendances à venir exposer leurs idées. En 1929, Jones parle de la jalousie; en 1931, Marie Bonaparte consacre une étude à la vie et l'œuvre de Freud; en 1936, elle donne une autre conférence sur le même sujet à l'occasion des quatre-vingts ans de Freud; en 1933, Antonin Artaud fait un exposé qui deviendra célèbre où il mime les contorsions des pestiférés, au grand étonnement de l'auditoire.

René Allendy rencontre l'autre René à la Société de théosophie et entreprend son analyse avec lui vers 1923. Très vite il est introduit par Laforgue dans le service du professeur Claude. Ce dernier signe la fameuse préface chauvine de l'ouvrage *La Psychanalyse et les Névroses* [52], à propos de laquelle Freud écrit dans sa correspondance : « J'ai reçu votre livre, naturellement je n'ai pas encore pu le lire, mais d'après la préface de Claude je crois qu'il doit être bon car sa réserve me prouve que vous n'avez fait aucun compromis et n'avez pas craint de susciter la contradiction. Je vous souhaite maintenant de voir bientôt devenir réalité un succès qui ne fait pas de doute. Ne m'oubliez pas auprès de votre collaborateur Allendy [53]. » Comme on l'a vu, Freud devait changer d'avis par la suite.

En 1924, avec d'autres collègues, Allendy participe à un numéro spécial de la revue bruxelloise *Le Disque vert* [54] où il écrit un article sur la libido, et prend nettement position en faveur de l'étiologie sexuelle soulignant que l'hostilité au pansexualisme conduit à une interprétation erronée de la notion freudienne de sexualité. Dans cette même revue, Freud profite de l'occasion qui lui est donnée pour rappeler aux Français sa dette envers Charcot. Il ne sait pas encore que son article nécrologique ne paraîtra pas dans *Le Progrès médical :* « Des nombreux enseignements que me prodigua en son temps (1885-1886) maître Charcot à la Salpêtrière, il y en a deux qui m'ont laissé une impression bien profonde : c'est qu'on ne doit jamais se lasser de considérer toujours les mêmes phénomènes (ou d'en subir les effets) et qu'on ne doit pas se soucier de la contradiction la plus générale quand on a travaillé d'une façon sincère [55]. »

Dans le premier numéro de la RFP, Allendy marque sa marginalité en publiant un article sur les rapports de l'affectivité à la dentition [56]. Il participe régulièrement au travaux de la SPP dont il est le secrétaire de

1928 à 1931, rédige, avec Pichon, les statuts et assure un bon nombre de comptes rendus de séances. Il ne formera pratiquement pas de didacticiens mais son hôtel particulier de la rue de l'Assomption est très fréquenté par les artistes et les poètes. En 1912 René Allendy a épousé Yvonne Nel-Dumouchel dont Antonin Artaud fera dans sa correspondance une de ses cinq mères adoptives [57]. Ses rapports avec le poète sont extrêmement houleux : il essaie de le soumettre à dix séances de cure, celui-ci obéit mais, très vite, il abandonne le traitement, se sentant « violé » par l'analyse : « Vous ai-je dit, écrit-il, que les séances de psychanalyse auxquelles j'avais fini par me prêter ont laissé en moi une empreinte inoubliable. Vous savez assez quelles répugnances surtout instinctives et nerveuses je manifestais quand je vous ai connu pour ce mode de traitement. Vous êtes parvenu à me faire changer d'avis, sinon du point de vue intellectuel, car il y a dans cette curiosité, dans cette pénétration de ma conscience par une intelligence étrangère une sorte de prostitution, d'impudeur que je repousserai toujours, mais enfin du point de vue expérimental, j'ai pu constater les bienfaits que j'en avais retirés et au besoin je me prêterai à une tentative analogue mais du plus profond de ma vie je persiste à fuir la psychanalyse, je la fuirai toujours comme je fuirai toute tentative pour enserrer ma conscience dans des préceptes ou des formules, une organisation verbale quelconque [58]. »

Artaud demande alors à Allendy un moyen médical de faire face à ses angoisses et le docteur lui fournit du laudanum. Après Édouard Toulouse et la psychanalyse, Antonin Artaud subira les « bienfaits » de la psychiatrie à l'hôpital de Rodez où Gaston Ferdière essaiera sur lui le nouveau procédé de l'électrochoc.

A la déclaration de la deuxième guerre mondiale, Allendy est de nouveau mobilisé : la retraite de l'armée française, durant l'été 1940, l'amène sur les routes de Bretagne, puis à Dijon et enfin en zone libre, à Montpellier, où il est démobilisé. C'est dans cette ville des anciens vitalistes qu'il réussit à se faire une petite clientèle. Mais on le soupçonne d'être juif, sans doute à cause de sa passion pour l'occultisme et de ses sympathies socialistes, et il rencontre des difficultés pour s'inscrire au conseil de l'ordre : sa maison parisienne est perquisitionnée. Allendy est obligé de constituer un dossier *pour les autorités françaises,* prouvant qu'aucun membre de sa famille n'est juif. En 1941, un an avant sa mort, il se rend, près de Bâle, aux cérémonies consacrées à la réhabilitation de Paracelse, où il retrouve Jung et Charles Baudoin. Ce voyage est l'aboutissement d'une longue quête qui le conduit vers un refuge religieux qu'il n'a jamais abandonné et dont la psychanalyse n'a été qu'un épisode : « C'est un Celte, écrit Baudoin, et qui tient à l'être. Il déteste ce qui est latin et romain et en secoue le joug tyrannique avec une fougue injuste et juvénile [...] C'est en toutes choses un rebelle. Ses murs sont pavoisés de tableaux cubistes et futuristes des plus agressifs. Mais ce même esprit d'indépendance frondeuse le garde, par ailleurs, de ce sectarisme d'école où achoppent tant de confrères [59]. »

En 1926, paraît un ouvrage collectif intitulé *Le Rêve et la Psychanalyse* [60]. Hesnard, Allendy, Saussure, Laforgue et Pichon y participent. Freud lit le livre et donne son avis : il reproche à Hesnard sa « ridicule pusillanimité » et ses « courbettes » au génie latin; il félicite Saussure, ne dit pas mot sur Pichon et engage avec Laforgue une discussion sur la notion de schizonoïa. A propos du texte d'Allendy, il écrit à Laforgue : « Votre ami, en traitant du travail du rêve, s'est réservé quelque chose de très difficile. C'est, à de rares exceptions près, exact, plein de mérite, peut-être pas tout à fait adroit dans son agencement [61]. » Il est vrai que dans ses travaux sur le rêve et ses articles sur la sexualité, Allendy est souvent fidèle à l'interprétation freudienne, mais sur les notions d'inconscient, d'instinct et de pulsion de mort, de nombreuses divergences apparaissent, où le Français se montre plus proche des hypothèses de Jung et d'Adler que de celles de Freud. Il n'est cependant le représentant d'aucune école et son œuvre forme un conglomérat de théories disparates empruntées à tous les domaines de la pensée et de la science.

Dans un article de 1929 publié dans *L'Évolution psychiatrique* et intitulé *Les Représentations de l'instinct de mort* [62], Allendy considère le problème de la mort sous un angle quasi religieux et la décrit comme le couronnement d'une tendance oblative née des instincts sociaux et mûrie dans les instincts sexuels. Dans cette perspective, la mort devient une aspiration mystique à l'unité et l'acceptation finale du grand passage dans l'autre monde. Allendy partage avec Jung la conviction d'un inconscient collectif et, suivant une orientation bien française, il différencie la théorie freudienne de la pratique de la psychanalyse. Il croit à l'influence des astres sur la destinée des individus et cherche une similitude entre la cure par la parole et les traitements homéopathiques. Le principe de cette médecine consiste à utiliser chez l'homme malade une substance qui chez l'homme sain provoque les symptômes de la maladie; dans le traitement des affections psychiques, cette loi de similitude est appliquée pour aider l'individu à retrouver lui-même son équilibre. Pour Allendy, la psychanalyse, comme l'homéopathie, n'a pas besoin de situer la maladie dans une catégorie étiologique pour la soigner. L'auteur compare le transfert à un médicament homéopathique : en effet, ceux-ci, donnés à des doses infinitésimales, provoquent une excitation subtile de l'organisme et réactivent des états pathologiques antérieurs, dans l'ordre inverse de leur succession chronologique; de même la psychanalyse, selon Allendy, vise, par le transfert, à une réactualisation d'états anciens moins importants que le traumatisme originel.

Cet amalgame conduit notre thérapeute à critiquer sévèrement la médecine pasteurienne et à revaloriser une pratique synthétique de la médecine; il accuse le pasteurisme d'avoir fait perdre aux médecins le sens de la réalité clinique au profit du laboratoire.

Le « bricolage théorique » d'Allendy se retrouve dans la cure d'Anaïs Nin, dont le récit est le témoignage le plus étonnant de cette époque sur la pratique privée d'un analyste.

La jeune femme est âgée de vingt-neuf ans lorsque, en 1932, elle se rend pour la première fois rue de l'Assomption. Une amie qui l'aide à recopier son journal se fait analyser par Allendy et la persuade de rencontrer le docteur en lui rappelant l'épisode d'une dépression nerveuse. Le père d'Anaïs, Joaquim Nin, pianiste et compositeur espagnol, s'est séparé de sa femme et de ses enfants quand la fillette avait deux ans. Durant son séjour aux États-Unis, où sa mère a émigré, elle a été modèle puis danseuse, afin d'échapper à la monotonie de la maison familiale. Après avoir terminé seule son instruction en lisant des livres en plusieurs langues, elle épouse un banquier qui deviendra graveur et cinéaste. A Paris, dans les années 30, elle fréquente les artistes et les intellectuels. Antonin Artaud lui écrit des lettres et lui confie ses tourments tandis qu'Henry Miller et sa femme June entretiennent avec elle des rapports passionnels. Son *Journal* est une sorte de caverne qui contient les portraits de tous les personnages marquants de sa vie.

Le cabinet de René Allendy est insonorisé à l'aide d'une tenture chinoise de couleur noire. Il ressemble à la tanière d'un magicien et le docteur a l'allure d'un moujik avec ses yeux celtiques, son crâne chauve et son visage barbu. A la première séance, Anaïs fait l'éloge des livres de son thérapeute, parle de son propre travail et de sa vie intime. Elle croit qu'elle n'a besoin d'aucun secours mais se met à pleurer, puis se plaint de la méchanceté de son père qui la trouvait laide. Allendy la rassure et après avoir dit qu'elle n'a pas besoin de ses services, il accepte de la prendre en traitement. Il récite alors un long discours sur l'énigme de la femme, la vanité de l'homme et les imperfections de la psychanalyse.

A la deuxième séance, Anaïs est allongée : le médecin lui explique qu'elle aime anormalement son père et déteste les motifs sexuels pour lesquels il a abandonné sa famille. Elle évoque sa relation avec Henry Miller, son attirance pour le sadisme masculin, et raconte plusieurs rêves où Allendy découvre toujours un désir inconscient de punition ou d'abandon. Selon lui, Anaïs se sent coupable d'avoir trop aimé son père et d'avoir, pour cela, encore plus aimé sa mère. Prenant modèle sur le docteur, la jeune femme se met à interpréter elle-même son discours et se voit reprocher de vouloir occuper la place du psychanalyste.

Un jour, elle trouve ses seins trop petits, son corps gracile et peu féminin. Allendy la rassure, lui dit qu'elle est charmante et affirme que beaucoup d'hommes apprécient les femmes qui ont des corps d'adolescente. La semaine suivante, il réduit ses honoraires de moitié pour lui permettre de venir plusieurs fois par semaine. En échange elle devra travailler pour lui, et l'aider à rédiger ses articles en faisant des recherches en bibliothèque. Anaïs, très flattée, commence le travail. Comme elle ne cesse d'évoquer la féminité de June ou la platitude de ses seins, Allendy émet des doutes sur l'authenticité des affirmations de sa patiente. Prise au défi, la jeune femme se déshabille et lui montre sa poitrine. Le docteur s'amuse et la rassure encore : « Parfaitement féminins, s'exclame-t-il, petits mais bien formés, bien dessinés par rapport au reste de votre silhouette, une si jolie silhouette, tout ce qu'il vous faut ce sont quelques kilos de plus. Vous êtes belle vraiment, une telle grâce de mouvement, un tel charme, tant de classe et de finesse de ligne [63]. »

Comparées aux « baisers » de Ferenczi, à la « cure humanisée » de Rank ou aux « entorses » à la règle fondamentale prônées par Laforgue, les « innovations techniques » de l'homéopathe n'ont plus rien à voir avec la psychanalyse. Des relations sexuelles, amoureuses ou amicales ont certainement des effets néfastes pour une cure quand elles surviennent pendant sa durée, mais elles sont moins désastreuses que le voyeurisme qui maintient l'ambiguïté d'un lien transférentiel perverti sous l'autorité du regard médical.

Anaïs Nin présente elle-même sa cure comme une opération chirurgicale ou une entreprise de dissection. Elle affirme qu'elle rapporte les restes de son « cadavre » chez elle pour les transcrire dans son *Journal* et les transmettre ensuite à Henry Miller avec « tact et poésie ».

Pour interpréter l'identification de sa patiente à June, Allendy lui explique qu'elle ne ressemble pas à l'épouse enviée, qu'elle n'est pas une « femme fatale » et qu'elle doit se réconcilier avec sa propre image. Au bout d'un certain temps, elle demande à son thérapeute de lui donner des détails sur sa vie sexuelle. Comme il refuse, invoquant la bonne tenue de la cure, elle fait l'éloge d'Henry Miller et vante sa capacité d'aimer la laideur, la morbidité, la vulgarité. Allendy émet aussitôt un jugement négatif sur l'écrivain. Anaïs oublie alors une séance et parle de la terminaison de sa cure. En réponse, il se met à lui reprocher de ne plus lui faire confiance : « Si vous me quittez maintenant, dit-il, je souffrirais en tant que médecin de n'avoir pas réussi à vous guérir et j'en souffrirais personnellement parce que vous êtes une personne intéressante. Ainsi voyez-vous, en un sens, j'ai autant besoin de vous que vous de moi. Vous pourriez me blesser en me laissant tomber [64]. »

Le médecin cherche ensuite à l'arracher à sa vie de bohème, et, comme elle résiste, il se met à lui parler de sa folie à lui; il croit que sa maison est hantée, que le fantôme de son père mort habite les murs. Craignant d'être pris pour un dément, il demande à Anaïs de ne pas répéter ses confidences. Plus tard il la presse de ne plus jamais revoir Henry et June Miller : « C'est votre névrose, dit-il, qui vous a rapprochée de June, d'Henry et de leurs amis. Vous une femme si extraordinaire... comme *une fleur sur du fumier*... J'éclatai de rire. Allendy crut que je riais à l'idée qu'une névrose m'avait poussée à une vie de bohème. Hélas! Ce n'est pas cela. Son expression *une fleur sur du fumier* venait tout droit des romans à deux sous que lisent les domestiques et le poète que j'étais en était offensé comme une autre femme serait choquée de voir un homme lui adresser la parole le chapeau sur la tête et le cigare aux lèvres [65]. »

Malgré cela, Anaïs fait semblant d'obéir à son thérapeute et lui raconte des mensonges. Pour sortir de cette situation elle décide d'inverser les rôles : elle fait asseoir Allendy dans le fauteuil réservé aux analysants, lui renvoie ses formules et son jargon et obtient de lui ce qu'elle cherchait : il lui avoue qu'il n'a jamais eu pour les femmes autre chose que de la tendresse.

Cette cure rocambolesque se termine au bout d'un an par une rupture. Anaïs rend alors visite à Otto Rank qui a le mérite de lui parler franchement : « Allendy, lui dit-il, a tenté par l'analyse de vous adapter à l'idéal social. Il n'a pas suffisamment souligné les différences parce que la cure avait pour objet l'adaptation [66]. » Il lui fait remarquer que son journal fonctionne comme un refuge, lui conseille de ne pas garder le contrôle de son analyse en « analysant l'analyse », et lui propose de vivre quelques temps à l'hôtel pour prendre une certaine distance. Rank va permettre à Anaïs de se libérer de la nécessité de *tout écrire* dans son *Journal* au lieu de *tout dire* en analyse. Il met en cause son culte de l'exactitude et de la transparence puis interprète sa fixation au *Journal* comme la répétition d'une fixation œdipienne à son père. Dans la cure, il la traite comme une femme en quête de sa féminité, et, dès lors, elle renonce à écrire à la manière d'un automate pour accéder à un nouveau mode narratif. L'analyse avec Rank débouche sur la transformation progressive d'un journal intime en œuvre romanesque.

Après l'autopsie pratiquée par Allendy et la naissance d'une nouvelle écriture au contact de Rank, Anaïs Nin accouche d'un enfant mort-né : « La psychanalyse m'a sauvée, écrit-elle, parce qu'elle m'a permis de naître à ma véritable personnalité : naissance douloureuse et dangereuse pour une femme car on n'a jamais aimé une femme aventureuse comme on a aimé les hommes aventureux. Cette naissance de mon véritable moi aurait pu se terminer comme celle de mon enfant mort-né. Je ne serai peut-être pas une sainte, mais je suis déjà riche et pleine de vie [67]. » C'est donc au génie clinique de l'auteur du *Traumatisme de la naissance* qu'Anaïs Nin doit, non pas son talent, mais l'accession à la signification inconsciente de son désir d'écrire. Après son départ pour New York, Rank l'appelle au secours; elle le rejoint et tente de faire carrière auprès de lui comme analyste mais il lui demande de renoncer à son *Journal* pour l'aider à rédiger ses propres livres; elle refuse et regagne Paris en 1935.

A la fin de sa vie, elle fait retour sur son passé et, songeant à sa cure ratée avec Allendy, elle écrit : « Lorsque j'ai parlé des limites de René Allendy comme psychanalyste, j'ai clairement exposé que ces limites m'étaient personnelles, à moi, en tant qu'artiste. J'ai fait part également de ses propres révélations sur ses difficultés, j'ai décrit ses réalisations positives [...] son rôle dans l'exploration des idées nouvelles. Je fus choquée lorsque quelqu'un m'a dit que j'aurais dû me rebeller contre Allendy. Quel droit avais-je de le juger, simplement à cause de l'erreur qu'il avait commise dans mon cas personnel alors que je comprenais ses traumatismes et l'origine de ses erreurs, et que je connaissais l'importance de sa contribution dans d'autres domaines [68]? »

IV. *Conflits théoriques*

Au moment de la création de la SPP, se pose pour la première fois le problème de l'élaboration d'un vocabulaire des concepts analytiques. Il faut en effet trouver une traduction française adéquate des principaux termes freudiens. Sous l'impulsion d'Édouard Pichon une *Commission linguistique pour l'unification du vocabulaire psychanalytique français* est élue à Genève lors de la première conférence des psychanalystes de langue française. La première séance de travail se tient à la SPP le 29 mai 1927. Trois autres la suivront : le 31 mai 1927, le 24 juillet 1927 et le 20 juillet 1928. L'existence de la Commission est de courte durée, sans doute à cause des conflits qu'elle occasionne, et du caractère insoluble des problèmes posés, à l'époque, par une telle tentative unificatrice.

A la réunion inaugurale, Codet, Hesnard, Odier, Pichon et Saussure sont présents; ils ont demandé à Eugénie Sokolnicka de se joindre à eux. Le Genevois souhaite la mise au point d'un dictionnaire dans lequel on trouverait à la fois les correspondances des mots dans les différentes langues et un historique de l'évolution des concepts. La Commission approuve ce projet, mais devant l'immensité de la tâche à accomplir, elle décide de se contenter d'une nomenclature. Chaque article comprendra le vocable français, son correspondant allemand entre parenthèses et une définition courte et claire du terme.

Le premier terme discuté est *Verdrängung* pour lequel on décide de conserver la traduction *refoulement* acceptée par tous. La Commission lui oppose la notion de *répression* ou *Unterdrückung* mais ne retient pas le mot *désirs* (au pluriel) qui ne rend pas compte, selon elle, de ce qui se passe dans l'inconscient. Appuyé par Odier, Hesnard préfère désigner les éléments refoulés par le terme *tendances.* Eugénie Sokolnicka n'est pas convaincue par cette traduction du *Wunsch* freudien, et Pichon, Codet et Saussure abondent dans son sens. Après une longue discussion, le *refoulement* est défini de la manière suivante : « Opposition inconsciente à la réalisation d'une tendance. Mode non conscient de non-acceptation d'un fait psychique [69]. »

La *répression* reçoit l'étiquette de mécanisme pleinement conscient : « Rejet conscient d'une sollicitation psychique. » Pour intégrer le préconscient à cette définition, Odier propose d'ajouter le terme *éviction* à celui de *répression.* Invitée à se prononcer, Sokolnicka fait une peinture très vivante de la lutte du sujet avec sa mémoire et montre comment il louvoie, biaise et se répand en échappatoires. Hesnard propose le verbe *éluder* à la place de l'*éviction* et la Commission se décide pour le mot *élusion* sans donner de définition précise au mécanisme décrit.

C'est à propos de la traduction des concepts de la deuxième topique que se produit la plus longue passe d'armes entre les membres de la savante Commission. On ne sait comment rendre en français les mots *das Ich, das Es* et *das Über-Ich.* Pichon mène l'offensive et tente de faire avaliser les catégories issues de sa *Grammaire.* Ayant repéré l'ambivalence du pronom *Ich,* il récuse le vocable *moi,* qui lui paraît une mauvaise traduction. Selon lui, le *moi* s'oppose au *non-moi* et comprend tout ce qui *est* dans le sujet, répondant aussi bien à *das Es* qu'à *das Ich;* ce qui caractérise, pour lui, le *Ich* c'est de pouvoir être le sujet de la pensée consciente; il propose alors comme traduction soit *ego* soit *je,* termes qui sont les correspondants les moins inexacts de *Ich.*

Toujours dans le vent, Hesnard fait remarquer que les psychologues contemporains donnent au terme *le moi* un sens restreint équivalent à *das Ich*. Sokolnicka insiste sur le fait que tout n'est pas conscient dans le *Ich* et que la traduction *je* risque d'être trop étroite. Finalement, par quatre voix contre une, celle de Pichon, la Commission décide de conserver la traduction *le moi*. *Über-Ich* est donc désigné par le vocable *Surmoi*.

Le *Es* freudien pose des problèmes aussi insolubles que le *Ich*. Hesnard a déjà opté pour le terme impropre le *soi* contre lequel Pichon s'insurge violemment. Il souligne, à juste titre, que le pronom *soi* exprime, en français, le contraire du *Es*, c'est-à-dire ce « qu'il y a de plus spécifiquement et consciemment personnel dans l'âme de chacun », il est soutenu par Codet; Hesnard se fâche et allègue l'opinion des germanistes qui ont approuvé sa traduction. Pour calmer l'atmosphère, Codet propose alors le mot *cela*, invoquant le fait que Laforgue, sur le conseil de Pichon, avait utilisé dans une conférence le terme *ça* qui rendait parfaitement la neutralité du *Es* freudien. Comme Hesnard continue à faire les gros yeux, Pichon joue au latiniste et propose la variante *Illud*. Odier va plus loin et se rapportant au linguiste Bally, disciple de F. de Saussure, il propose de recourir à un hellénisme et de traduire *Es* par le substantif *prothymos* ou *prothyme* (du grec antériorité, modèle, premier). Après une discussion laborieuse, Pichon avance le terme d'*infra-moi* sans être très satisfait. La discussion est repoussée à la séance suivante.

Le 31 mai 1927 [70], Marie Bonaparte participe aux débats et fait connaître l'avis de Freud. Elle souligne en particulier que le refoulement réussi est constitutif de « l'homme normal » et que la définition donnée par la Commission de la *Verdrängung* n'est pas tout à fait correcte. On passe alors à l'ordre du jour et la bataille pour la traduction du *Es* reprend allégrement. Pichon observe que le pronom neutre *ça* est le terme le plus apte à rendre compte du concept freudien. Hesnard s'entête de plus belle et objecte que le « es » allemand est moins démonstratif que le « ça » français. Il s'appuie sur l'exemple suivant : *« Es regnet* donne *il pleut* et non *ça pleut. »* Notre grammairien reste poli mais, devant une telle absurdité, il affirme que *il* est un pronom masculin et qu'en français on emploie fréquemment les expressions : « Ça va, ça colle, ça me démange. » Il en conclut que le *ça* traduit parfaitement le *es*. Hesnard, dépité, rétorque que cette traduction « ridicule » sera difficilement admise par le public. Pichon objecte immédiatement que les personnes désireuses d'assimiler des idées nouvelles passent vite sur des difficultés de vocabulaire et sur les vaines apparences de ridicule; il soutient qu'une traduction doit être la meilleure possible; Marie Bonaparte est convaincue par cette argumentation et se rallie à Pichon. La traduction de *Es* par *ça* est adoptée par quatre voix contre une. Hesnard exige que son opposition soit inscrite au procès-verbal.

L'épopée de l'introduction du concept du *ça* dans le vocabulaire français de la psychanalyse ne s'arrête pas à cette mémorable séance. En février 1928, la princesse rend compte à Freud de la traduction adoptée par le groupe français. Celui-ci marque sa désapprobation et prend parti, après une hésitation, pour le vocable *soi*. Du coup Marie change d'avis, revient sur son vote et tente de convaincre Saussure et Odier d'opter pour la traduction de Freud et de rejeter celle de Pichon. Elle affirme en substance : « Le *ça* en français n'est pas viable et fait effet incompréhensible bien que je sois le *père* de ce terme et Pichon sa *mère* [71]. » A la séance du 20 juillet 1928, malgré l'avis formel de son président, la Commission adopte la traduction *le soi* pour rendre l'allemand *das Es*.

Visiblement, les participants sont gênés par cette ingérence de Freud dans leurs affaires et surtout par l'autoritarisme et l'incompétence de la princesse. Ils déplorent en effet qu'aucune des traductions proposées, le *ça* y compris, ne soit parfaitement adéquate au rôle requis.

En 1938 alors que la Commission a cessé ses activités, Pichon relance la bataille dans la conférence sur la personne et la personnalité qu'il prononce au Congrès international. Sans nommer Marie Bonaparte, il rappelle que le 3 juin 1929, à la IVe Conférence des psychanalystes de langue française, il a publiquement proposé une traduction inédite du *Ich* et du *Es* : « Je suggérais qu'on traduisît *das Ich* par *l'actorium* et *das Es* par *le pulsorium;* ce système se compléterait par le terme de *suasorium* qui désignerait la partie consciente du surmoi, le *surmoi* de Charles Odier, *l'idéal du moi* d'Alexander, la conscience morale; et par le terme de *coactorium* qui désignerait la partie inconsciente du surmoi, c'est-à-dire le *surmoi* d'Alexander et le *surça* (plus tard *sursoi*) de mon ami Odier. Les termes d'actorium, de pulsorium, de suasorium, de coactorium n'ayant pas fait fortune, ni même dépassé, que je sache, la limite de mes propres écrits, on est resté dans le malaise du vocabulaire signalé ci-dessus. Dès 1926, j'avais protesté contre la traduction de *das Ich* par *le moi* : " L'entité centrale du royaume intérieur, disais-je, doit être appelé non le *moi* mais le *je* " [...] Pareille querelle n'est pas purement verbale. En employant des termes mal choisis, on risquait d'ancrer dans les esprits des confusions regrettables et de perdre le fruit d'observations exactes. La Commission pourtant obéit à la routine et par quatre voix contre la mienne décida de conseiller qu'on continuât à traduire *das Ich* par *le moi* [72]. ».

Les termes de *pulsorium, coactorium,* etc. sont en effet peu utilisables et Pichon le sait bien. Il les a inventés après coup pour obtenir gain de cause avant de perdre son combat. Pourtant sa traduction du *Es* va s'imposer progressivement dans le mouvement français. Il faut souligner que c'est un membre de *L'Action française* qui a été le seul capable de repérer que le couple *moi/soi* appartenait à la tradition héréditariste de « l'inconscient à la française » et que ces termes, employés par Léon Daudet, recouvraient une réalité théorique incompatible avec l'enseignement freudien : « M. Léon Daudet, écrit-il, parti de ce sens philosophique général, connu de tous les gens cultivés, oppose le *moi,* réservoir de tous les héréditarismes, au *soi,* élément directeur personnel inné, propre à les dompter, à les discipliner, à les diriger : le moi ainsi conçu est presque à l'opposé du moi tel que l'entendent les psychanalystes. Et la confusion est encore augmentée par ceux d'entre nous qui adoptent l'absurde traduction *le soi* pour *das Es :*

monstruosité dont il faudrait selon moi effacer jusqu'aux traces dans les éditions futures des traductions d'écrits psychanalytiques allemands [73]. »

C'est à travers sa conception de la langue que Pichon rencontre le sens de la conceptualité freudienne, contre Freud lui-même qui, pour l'occasion, se trouve en accord avec Hesnard. Il dégage ainsi le vocabulaire psychanalytique français d'une tradition dont il est pourtant le représentant.

Les aventures du *moi* et du *ça*, du *je* et du *soi* sont de longue durée. Trente ans après cet épisode, Angelo Louis Marie Hesnard n'a pas encore digéré la traduction de Pichon. En 1956, dans une conférence faite à la *Société française de psychanalyse,* il propose ses réflexions sur la locution freudienne : « Wo es war, soll ich werden. » Cette phrase a été prononcée par Freud en 1932 à la fin d'un exposé intitulé : *Les Diverses Instances de la personnalité psychique*. Elle désigne la nouvelle tâche qui incombe à la civilisation à travers la psychanalyse, et qui est aussi importante pour l'humanité que l'assèchement du Zuyderzee. En 1936, l'expression est traduite par Anne Berman de la façon suivante : « Le moi doit déloger le ça. » Cette transcription montre que, malgré Hesnard, le *ça* pichonien s'est imposé et que malgré Pichon le *moi* a triomphé en partie à cause de la ligne « psychologiste » de l'IPA. La traduction de 1936 est le reflet de la situation du mouvement analytique dans ce domaine [74] : il s'agit d'adapter l'inconscient aux modalités de la pensée consciente.

La discussion proposée par Hesnard vient du fait qu'en 1956, Lacan a publié un article intitulé *La Chose freudienne* où il conteste la traduction d'Anne Berman et utilise le couple pichonien *je/ça* pour rendre en français la locution de Freud : Là où *ça* était [c'était] le *je* doit être [dois-je advenir]. « ... confirmerait pour notre profit le caractère faible de la traduction qui substantifie le *Ich* en passant un t au doit du *soll* et fixe le cours du *Es* au taux du cécédilla. Il reste que le pupitre n'est pas un moi, si éloquent ait-il été, mais un moyen dans mon discours [75]. » Lacan traduit le mot *war* dans son sens littéral, *était,* et rétablit le passé là où A. Berman avait mis le présent. Cette transcription a pour but de réinterpréter la deuxième topique dans une perspective non psychologiste : la psychanalyse n'a pas pour tâche de déloger le ça à l'aide du moi, elle doit au contraire permettre de situer chaque élément à sa place respective; le *moi* n'est pas tout le *Ich* qui se subdivise en un *moi* imaginaire et un *je* énonciatif. A travers un conflit de vocabulaire se déploie une bataille théorique, clinique et politique.

En 1956, Hesnard a changé de doctrine une fois de plus. Il est devenu phénoménologue et reproche à Lacan sa nouvelle traduction. Mais dans son argumentation il semble avoir complètement « oublié » les discussions anciennes de la Commission. Il commente le sens des concepts freudiens *Es, Ich, ça, moi* et *je,* sans jamais mentionner le *soi* ni son rôle dans la traduction des notions psychanalytiques. Cet effacement mérite d'être souligné car il est significatif de la manière dont un pionnier se montre capable de transfigurer l'histoire au point de refouler le rôle qu'il y a joué. Dans cette même discussion, le vieux Laforgue, qui, à cette époque, est complètement évincé de sa position de fondateur, a pourtant le courage d'évoquer le passé.

Sans citer Pichon, dont le nom semble proscrit des débats d'après-guerre, il s'adresse à Hesnard et lui rappelle avec une certaine nostalgie les mots du bon vieux temps : « Je regrette, dit-il, que le docteur Hesnard n'ait pas utilisé les termes de pulsorium et d'aimance [76]. »

Le mot *aimance,* pour traduire *libido,* fait partie du vocabulaire pichonien. Notre grammairien explique en effet à la séance du 31 mai 1927 que le terme *libido* ne convient pas à l'oreille française car il évoque directement l'adjectif *libidineux* qui ne rend pas l'allemand *libidinös.* La Commission tient compte de cet avis et conserve le substantif *libido* tout en adoptant la traduction *libidinal* pour l'adjectif allemand. Saussure avait proposé *hédonique* et Jones avait employé *libidinal* dans une conférence prononcée en français à la SPP le 5 avril 1927.

Dans une lettre à Laforgue, Freud avait accepté le mot aimance tout en refusant le chauvinisme français : « Vous faites gloire à la langue française, écrivait-il, d'avoir créé avec le mot aimer une unité correspondant à une opération de l'affectivité. Je crois que c'est faire trop de concessions au patriotisme. Ladite unité, le génie humain de la langue l'a créée dans toutes les autres langues connues de moi, même l'allemand. Je trouve d'ailleurs que *aimance* remplace avec beaucoup de grâce et d'opportunité notre mot étranger libido [77]. »

A cette même séance, sur la proposition d'Hesnard, le vocable *pulsion* est adopté à l'unanimité pour la traduction du mot *Trieb,* ce qui n'empêchera pas le même Hesnard et de nombreux autres auteurs, de confondre ce terme avec celui d'*instinct.* On critique également Meyerson qui a transcrit *Besetzung* par *occupation* et sur la demande de Marie Bonaparte le mot *investissement* est adopté à l'unanimité. La discussion porte ensuite sur *Zwang* et *Zwangneurose.* Hesnard précise que ce terme recouvre le cadre clinique de ce qu'on appelle en France *névrose obsessionnelle.* Saussure et Marie Bonaparte trouvent trop étroite la traduction de *Zwang* par *obsession* qui ne rend pas l'idée de contrainte, et choisissent le mot *compulsion* qui est adopté. Odier voudrait nommer *névrose de compulsion* la *Zwangneurose* mais sa proposition n'est pas retenue. Un dialogue s'engage à propos du vocable *Affekt* : Hesnard pense qu'*affectivité* peut traduire à la fois ce mot et celui d'*Affektivität,* mais les autres membres de la Commission ne sont pas de son avis; non content de confondre l'affect avec l'affectivité, il demande qu'on traduise *Affekt* par *affection,* ce qui annule purement et simplement le sens du concept freudien, en y ajoutant à la fois l'idée du corps malade et un sentiment d'attachement. Par quatre voix contre une, la Commission rejette la proposition d'Hesnard et conserve le mot *Affect.*

A la réunion du 20 juillet 1928, Marie Bonaparte attire l'attention des membres de la Commission sur la traduction de *Wiederholungszwang.* On a transcrit *contrainte de répétition* mais Freud trouve ce terme trop faible. Codet remarque que *contrainte* implique une sensation de gêne subjective qui est absente de la notion freudienne de *Zwang.* C'est alors Pichon qui introduit le terme de *compulsion de répétition* en faisant remarquer que si *Zwang* est traduit par *compulsion, Wiederholungs-zwang* doit être logiquement transcrit sur le même modèle. Il rejette à la fois *contrainte* et *automatisme* proposé par Saussure. Notons que ce dernier terme appartient plus au vocabulaire de la psychologie janétienne et de la psychiatrie qu'à celui de la psychanalyse. C'est peut-être en référence à sa double formation psychiatrique et surréaliste que Lacan aura tendance à traduire *Wiederholungszwang* par *automatisme de répétition.*

Durant sa courte existence, la Commission donne des traductions et des définitions à peu près adéquates mais incomplètes des principaux concepts freudiens [78]. Deux grands termes sont absents des débats : le *Wunsch* (souhait) ou *désir inconscient* est édulcoré sous le nom de tendance et reste, dans l'ensemble, méconnu. La *Todestrieb* ou *pulsion de mort* est traduite par le terme impropre d'*instinct de mort* et interprétée sous la catégorie d'un comportement héréditaire ou préorganisé. Dans les textes de Marie Bonaparte, le concept est littéralement perverti et noyé dans un substrat organiciste. Pour d'autres auteurs, la notion n'est même pas un concept mais la conséquence du pessimisme de Freud devant la fragilité de la vie et face à la guerre, à son cancer ou à la mort de sa fille [79]. A ce propos on retrouve en France des conflits analogues à ceux suscités dans l'IPA par l'introduction de la deuxième topique et par la bataille sur l'analyse profane.

C'est Jacques Lacan qui va réintroduire le *Wunsch* dans la terminologie psychanalytique à partir de sa fréquentation de la philosophie allemande et notamment après avoir suivi le cours de Kojève sur Hegel. Cette notion sera située dans une chaîne associative à côté de la *Begierde* (appétit, convoitise), *Lust* (plaisir, envie) et *Befriedigung* (satisfaction).

L'introduction de la philosophie allemande et de la phénoménologie heideggerienne joue également un rôle dans l'attitude contradictoire de Pichon face au concept de pulsion de mort. Dans un article publié à titre posthume, intitulé *Mort, angoisse, négation* [80] et dédié à Françoise Marette (Dolto), l'auteur compare la phénoménologie avec la psychanalyse et montre à la fois leur incompatibilité et leurs points de ressemblance. Reprenant son analyse de la non-universalité de la négation et de l'éclatement de celle-ci, entre la forclusion et la discordance, il remarque que la conception heideggerienne de la négativité repose sur un postulat erroné puisqu'elle admet l'universalité linguistique de la notion de négation. A propos de Freud, Pichon n'emploie pas le terme de *pulsion de mort* mais celui d'*angoisse de mort* qu'il rattache à l'angoisse de castration. Il soutient qu'elle est un phénomène psychologique existant indépendamment de toute menace actuelle de désorganisation du présent. Ce texte témoigne du fait que l'auteur a tenté de sortir le concept de mort de son ancrage dans la notion biologique d'instinct et de situer le débat dans le champ de la philosophie.

Avant lui et dans une autre perspective, Lacan avait déjà placé la discussion sur ce terrain. En 1938 dans l'article sur *La Famille* [81] on trouve l'ébauche d'une distinction rigoureuse entre *complexe, instinct* et *pulsion.* Lacan définit le complexe dans son lien au fait culturel, comme une représentation inconsciente et renverse la conception freudienne du rapport du complexe à l'instinct pour réinterpréter le second à partir du premier : « C'est pourquoi, écrit-il, répudiant l'appui que l'inventeur du complexe croyait devoir chercher dans le concept classique de l'instinct, nous croyons que par un renversement théorique, c'est l'instinct qu'on pourrait éclairer actuellement par sa référence au complexe [82]. » Comme la plupart de ses contemporains, Lacan n'emploie pas le terme de *pulsion de mort* mais parle d'*appétit de la mort*. On trouve ici un croisement entre le vocabulaire pichonien et la conceptualité kojévienne. L'*appétit* rappelle la *loi d'appétence* du grammairien et la *Begierde* du philosophe : « Que la tendance à la mort soit vécue par l'homme comme objet d'un appétit, c'est là une réalité que l'analyse fait apparaître à tous les niveaux du psychisme; cette réalité, il appartenait à l'inventeur de la psychanalyse d'en reconnaître le caractère irréductible, mais l'explication qu'il en a donnée par un *instinct de mort*, pour éblouissante qu'elle soit, n'en reste pas moins contradictoire dans les termes; tellement il est vrai que le génie, même chez Freud, cède au préjugé du biologiste qui exige que toute tendance se rapporte à un instinct. Or la tendance à la mort, qui spécifie le psychisme de l'homme, s'explique de façon satisfaisante par la conception que nous développons ici, à savoir que le complexe, unité fonctionnelle de ce psychisme, ne répond pas à des fonctions vitales, mais à l'insuffisance congénitale de ces fonctions [83]. »

En 1938, Lacan semble ignorer que le terme français *instinct de mort* est la traduction erronée de la *Todestrieb*. Il attribue donc à Freud la découverte d'un *instinct* de mort et non d'une *pulsion* de mort. Mais cela lui permet de critiquer la notion d'instinct de mort à partir de celle d'instinct en général. Il fait d'une pierre deux coups : il se sépare de la traduction française en désignant sous le nom d'*appétit de la mort* un processus psychique proche du désir et de la pulsion et, en même temps, il se démarque du préjugé biologiste qui reste à l'œuvre dans la conception freudienne de l'instinct. Pichon a parfaitement saisi le mode de fonctionnement de la démarche lacanienne : dans sa polémique à propos de l'article sur *La Famille* [84] il montre que Lacan sépare l'appétit de la mort de toute forme d'instinct sans être capable de donner un contenu réel au terme de mort.

Le véritable débat sur le concept de pulsion de mort s'ouvre donc dans le mouvement français aux alentours de 1938, à la veille de la guerre et de la mort de Freud. Le travail conceptuel de Pichon sert de support à la refonte lacanienne de la doctrine psychanalytique, mais réciproquement – une fois n'est pas coutume – l'avancée de Lacan va permettre à Pichon d'interroger le contenu d'une notion freudienne. L'article posthume sur la mort, l'angoisse et la négation se présente en effet comme l'ultime tentative d'un vieux pionnier d'apporter une réponse à la question soulevée par un futur maître. Il y a, dans ces notes dernières, une connivence de plume entre le style de Pichon et celui de Lacan, une sorte de modernité de l'écriture, annonciatrice d'une ère nouvelle.

Quelques remarques s'imposent encore sur les activités de la Commission : on peut constater que ses travaux sont utiles mais restent marginaux par rapport à ceux des traducteurs. C'est Marie Bonaparte, aidée d'Anne

Berman, qui fournit le plus grand nombre de traductions des œuvres de Freud parmi les membres de la SPP. Elle possède une bonne connaissance de la langue allemande mais elle n'a pas la compétence requise pour une telle aventure. En premier lieu elle n'a pas de talent d'écrivain; par ailleurs, n'étant pas une théoricienne, elle s'aveugle sur le sens des concepts. A côté d'elle, Pichon est un linguiste qui possède un sens inné de la conceptualité et du « génie » de la langue, mais il connaît mal l'allemand courant, ses tournures, son style. Ses à priori idéologiques lui font faire des bévues et finalement il traduit très peu de textes. Hesnard se veut théoricien mais il ne connaît ni les concepts ni la langue allemande. Il cherche à régenter les activités des autres mais ne fournira, entre 1920 et 1940, aucune traduction des œuvres de Freud. Quant à Laforgue, qui écrit mieux l'allemand que le français, il n'a pas d'activité de traducteur. Loewenstein et Sokolnicka sont polyglottes et servent souvent d'arbitres dans les querelles. Saussure est incontestablement « paresseux » en matière d'écriture et Odier, qui est pourtant un bon germaniste, se consacre peu à la traduction. En conséquence, les compétences de chacun ne servent à personne et, à la place de l'unité, on trouve la dispersion. Les « spécialistes » du concept traduisent mal la langue allemande et les traducteurs méconnaissent l'activité conceptuelle. L'incompétence est compensée par la fantastique énergie de Marie Bonaparte qui dirige presque toutes les activités éditoriales de la SPP [85].

En 1967 paraît, pour la première fois en France, un vocabulaire complet des principaux concepts freudiens traduits en langue française. Cette publication est l'aboutissement d'un travail remarquable mené par Jean Laplanche et Jean-Bertrand Pontalis sous la direction de Daniel Lagache. Le livre se présente comme un répertoire historico-critique des concepts de la psychanalyse mais les auteurs ne mentionnent nulle part les activités de la Commission. Dans sa préface, D. Lagache se réfère à l'existence de travaux anglais et allemands sans citer l'expérience française ni le projet de dictionnaire de 1927. Il fait remonter la première tentative d'élaboration d'un vocabulaire à la période de 1937-1939 en affirmant que les données recueillies ont été perdues. Il ne donne ni ses sources ni le nom des inspirateurs d'un tel projet : « Les circonstances, d'autres tâches, écrit-il, l'absence de documentation condamnèrent le projet au sommeil, sinon à l'abandon, sommeil incomplet en ce sens que les préoccupations terminologiques ne furent pas absentes de divers travaux. Le réveil ne s'accomplit qu'en 1958, toujours dans l'esprit historico-critique du *Vocabulaire de philosophie* de Lalande bien qu'avec des modalités différentes [86]. »

A l'intérieur des articles, les noms des premiers traducteurs français des concepts sont rarement présents. Le *Vocabulaire* est constitué par d'excellents exposés qui ne font aucune référence aux travaux des prédécesseurs français. Certains termes introduits par M. Klein, Rank, Jung etc. figurent dans les listes ainsi que des concepts forgés par Lacan. Sous la rubrique *forclusion* on peut lire un historique du terme, dans ses rapports avec la conceptualité freudienne, mais le nom de Pichon n'est pas mentionné. La notion de *scotomisation* ne se trouve dans aucune rubrique et à propos de la *pulsion de mort,* aucun nom n'est cité. Les auteurs font référence à « certains traducteurs français » pour écarter la transcription de *Trieb* par *instinct :* « Certains traducteurs français de Freud, écrivent-ils, ont bien senti que la dernière théorie des pulsions se situait sur un autre plan que ses théories précédentes, comme l'indique le fait qu'ils préfèrent parler d' " instinct de vie " et d' " instinct de mort " alors même qu'ils ont choisi par ailleurs de rendre le *Trieb* freudien par *pulsion* [87]. » Le *Wunsch* freudien est rétabli dans la plénitude de sa définition et les auteurs mentionnent que Lacan a recentré la découverte freudienne sur cette notion. A l'article *ça,* ils expliquent l'emprunt du *Es* par Freud à Groddeck. Ils exposent ensuite les principes de la deuxième topique et on peut lire en note : « Dans les premières traductions françaises, *das Es* est traduit par *le soi.* On retrouve cette traduction mais de plus en plus rarement, chez certains auteurs français, le terme de *soi* étant plutôt réservé pour rendre *self* ou l'allemand *Selbst* [88]. »

En écrivant ces lignes, les rédacteurs ne songent pas à mentionner les noms d'Hesnard, de Pichon ou de Léon Daudet mais notent avec justesse l'existence d'une « influence » anglaise sur le vocabulaire français d'après-guerre. Pour eux, le *soi* renvoie donc moins à la tradition héréditariste française qu'à l'école anglaise.

Laplanche et Pontalis, analysés par Lacan, appartiennent à la troisième génération des psychanalystes français, celle qui émerge à l'intérieur de la SFP, après la première scission entre 1953 et 1963. Daniel Lagache au contraire fait partie de la deuxième génération, comme Lacan, celle qui prend la relève des fondateurs juste après-guerre, mais qui adhère à la SFP dans l'entre-deux-guerres. Analysé par Loewenstein, contrôlé par Odier, il ne peut ignorer l'existence des travaux de la Commission et les batailles conceptuelles livrées par Pichon. Pourquoi alors « oublie »-t-il de mentionner ces faits dans sa préface? Il aurait pu par exemple prendre le parti d'exclure toute référence aux conflits antérieurs afin de limiter le vocabulaire psychanalytique aux tendances universellement reconnues ou en passe de le devenir. Comparées aux grandes dissidences, les petites querelles de la SPP ressemblent à une tempête dans un verre d'eau et on sait qu'aucune « école » ne s'impose en France avant-guerre. Mais si tel avait été le choix, il eût été nécessaire d'en informer le lecteur. Le silence de Lagache sur l'histoire du mouvement *français,* dans la préface à un vocabulaire *français* de la psychanalyse, est forcément intentionnel.

S'agissant des deux autres rédacteurs, le problème se pose peut-être de manière différente. On a l'impression qu'il n'y a dans leur démarche aucun oubli concerté mais une sorte d'indifférence à l'égard de l'histoire *française* de l'introduction des concepts. La traduction de *Es* par *soi* semble n'évoquer aucun précédent et ils connaissent mieux les affaires de l'IPA et les conflits de l'école anglaise que les querelles survenues autrefois dans leur propre pays. On retrouve, dans leurs travaux, l'écho des batailles des années 1953-1964 et non celles du passé. On dirait que les maîtres de la génération précédente ont contribué à faire table rase d'une histoire et que ceux de la génération suivante ne la prennent plus en compte.

Les rédacteurs attribuent par exemple à Lacan l'origine du terme *forclusion.* Ce faisant, ils « collent » à sa démarche dans la mesure où Lacan lui-même ne se réfère pas au nom de Pichon pour l'introduction de ce concept. Celui-ci cite souvent le grammairien dans ses séminaires et ses écrits et n'hésite pas à rendre hommage à son don divinatoire, mais à propos de la *forclusion,* il situe le terme dans la chaîne des concepts allemands de Freud *(Verwerfung, Verdrängung, Verleugnung, Verneinung)* sans se référer nommément à Pichon. Cela vient du fait que pour Lacan, les vocables parlent d'eux-mêmes et leur simple utilisation suffit à désigner un texte de référence à défaut de son auteur : cette façon de procéder lui a du reste été souvent reprochée. Quant aux auteurs du vocabulaire, ils ont « oublié » l'histoire ancienne de leur mouvement, peut-être pas intentionnellement, mais parce que les concepts ont eux-mêmes une histoire et que celle-ci s'élabore comme un récit fondé sur l'effacement de l'origine et le déplacement des traces.

Il est intéressant de comparer la nomenclature réalisée par les psychanalystes à celle élaborée par les psychiatres. Dans le *Manuel alphabétique de psychiatrie* publié par A. Porot en 1952 [89], puis remanié à plusieurs reprises après la mort de l'auteur jusqu'en 1975, on trouve un nombre important de concepts freudiens, mais aussi la quasi-totalité des notions introduites par Pichon et Laforgue. Une mention est également faite, à la rubrique *frigidité,* des travaux de Marie Bonaparte. L'article *ça* ne mentionne ni Hesnard, ni Pichon mais se réfère, comme *le Vocabulaire,* au *soi,* pour rendre le *self.* A la rubrique *forclusion,* Lacan est désigné comme l'introducteur du terme et Serge Leclaire est cité, sans aucun renvoi à Pichon. Le terme *scotomisation* est attribué à Pichon et Laforgue et rapproché de la *Verleugnung* de Freud. La *captativité* et *l'oblativité* sont également mentionnées ainsi que la *schizonoïa,* la *schizose* et *la schizomanie.* A l'article *sevrage,* on ne trouve aucune référence ni à Pichon ni à Laforgue ni à Lacan. Le concept de *pulsion de mort* est défini de manière très incomplète à l'intérieur de la rubrique *pulsion,* elle-même distinguée de l'*instinct.*

On peut en conclure schématiquement que les auteurs du *Manuel* ignorent autant que ceux du *Vocabulaire* les traductions d'avant-guerre. En revanche, ils prennent en compte la terminologie inventée par les pionniers français de la psychanalyse. Dans les deux cas le terme *forclusion* n'est jamais rapporté ni à la *scotomisation* ni aux travaux linguistiques de Pichon. Il faut donc faire l'hypothèse que les termes avancés par Pichon et Laforgue ont été retenus par l'histoire, après coup, comme faisant exclusivement partie du vocabulaire psychiatrique. Ceux introduits par Lacan ont été retenus dans les deux domaines sans être renvoyés à leur origine. Ainsi, les concepts lacaniens, comme les freudiens, ont acquis un statut dans le vocabulaire de la psychiatrie : ils ont débordé le champ de la psychanalyse alors que les termes pichoniens et laforguiens sont restés cantonnés à celui de la médecine mentale.

L'histoire a fait peut-être un choix étrange mais parfaitement logique. L'oubli des origines est un symptôme qui renvoie aux conditions d'introduction de la psychanalyse en France. Il serait trop simpliste d'affirmer que la psychiatrie s'est approprié la psychanalyse et que le mouvement psychanalytique a renvoyé aux galères des concepts dont il ne voulait pas. Il faut poser au contraire que dans les années vingt, le savoir psychiatrique français, malgré sa résistance au freudisme, subit une refonte dont le symptôme se manifeste par sa résistance même à rencontrer le terrain de la psychanalyse. Nous verrons plus loin que l'acte de naissance de cette refonte prend corps avec la fondation du *Groupe de l'évolution psychiatrique* qui se produit en 1925, un an avant la création de la SPP.

L'histoire de la production des principaux concepts de cette époque se joue à l'intérieur d'une dialectique des vases communicants qui oscille entre l'inclusion et l'exclusion. C'est elle que l'on retrouve après coup dans les lieux où s'élabore la terminologie. D'ores et déjà on sait que l'introduction du freudisme en France coïncide avec l'abandon généralisé des principes classiques de l'hérédité-dégénérescence et de la doctrine des constitutions. Elle précipite un rejet déjà amorcé au début du siècle. Les cadres de la nosologie traditionnelle sont bouleversés à l'intérieur d'une visée qui reste organiciste mais qui accentue le primat dynamique et donne naissance à une nouvelle philosophie de la folie. C'est dans ce creuset que l'œuvre clinique de Jacques Lacan trouve sa première source, au cœur d'un paysage délimité par l'automatisme de Gaetan Gatian de Clérambault, la phénoménologie d'Eugène Minkowski et les concepts pichoniens. A cela s'ajoutent l'expérience surréaliste et une pratique kojévienne de l'hégélianisme. D'où un itinéraire contraire à celui de Freud.

Le Viennois est parti de Charcot et de la névrose hystérique pour arriver à la psychose. Face à Bleuler il « préfère » la paranoïa à la schizophrénie. Lacan découvre l'œuvre de Freud et vient à la psychanalyse par la voie de la psychiatrie, nommément par celle de la paranoïa, au moment même où les psychanalystes français reprennent avec Claude d'un côté et Minkowski de l'autre l'étude de la schizophrénie. On comprend pourquoi, à cette date, l'oubli de l'enseignement de Charcot n'est pas seulement une affaire d'attribution de paternité comme on l'a vu jusqu'à présent. Le démembrement de Babinski est une première réalité mais l'existence de la psychanalyse en est une autre. Les découvertes de la Salpêtrière ont été si bien intégrées par l'œuvre de Freud qu'elles sont devenues des acquis de la psychanalyse. L'hystérie, débarrassée des « erreurs » de l'hypnose, fait maintenant partie de l'épistémologie freudienne. On interroge la névrose dans son rapport à la psychose à partir d'un savoir psychiatrique qui entérine les avancées de la psychanalyse, même et surtout quand elle semble leur résister. En conséquence, dans son retour à Freud, Lacan n'aura même plus besoin de mentionner le nom de Jean Martin Charcot. Il ne s'agit pas là de la méconnaissance d'une filiation historique mais de la prise en compte d'une réalité épistémologique. Paradoxalement, à travers le *Groupe de l'évolution psychiatrique,* un certain rêve freudien se réalise qui avait échoué à Zürich : celui de la conquête d'une nouvelle terre promise.

La première étape de la refonte d'une clinique des psychoses et des névroses à partir de la double scène de la psychiatrie et de la psychanalyse se produit dans la polémique qui oppose Freud et Laforgue à propos du concept de *scotomisation*. Ce dernier a pour origine la notion d'hallucination négative créée par Bernheim en 1884 et utilisée par Freud de 1895 à 1917 [90]. A partir de cette date, elle est définitivement remplacée par le concept de *déni (Verleugnung)* qui a été introduit en 1914 pour écarter le processus de toute référence à un vocabulaire psycho-physique ou psychiatrique. C'est dans *Pour introduire le narcissisme* que Freud utilise le terme pour la première fois. Celui-ci sert à décrire la manière dont les parents opèrent un déni de la sexualité infantile en cachant et en oubliant tous les défauts de l'enfant. Deux ans plus tard, il est repris dans l'*Introduction à la psychanalyse* pour désigner la négation faite par le garçon quand il découvre chez sa sœur ou chez une fille l'existence du vagin. Dans le *Complément métapsychologique à la théorie du rêve* [91], le processus du déni est plus largement spécifié, au moment où Freud abandonne l'hallucination négative, et procède à une extension de son nouveau concept. Dans le texte sur *Le Fétichisme* de 1927 [92], il expose sa conception générale du déni et celle-ci va le conduire à une nouvelle classification de la perversion dans le cadre de la théorie de la castration, à côté de la névrose et de la psychose. Il s'agit dès lors d'un mode particulier de défense consistant en un refus par le sujet de reconnaître la réalité d'une perception *négative*, celle de l'absence de pénis chez la femme.

L'idée de négativité qui existait dans la notion bernheimienne est conservée du fait que le déni consiste à nier la réalité de quelque chose qui n'existe pas. En d'autres termes, ce qui est dénié, c'est une absence. Si la femme est reconnue châtrée, le sujet ressent une menace insupportable sur l'existence de son propre pénis. Quand l'attitude de déni persiste, cela conduit soit à l'homosexualité, soit à la constitution d'un fétiche qui sert de garantie contre la terreur de la castration. Celui-ci est le substitut du phallus de la mère auquel le sujet a cru quand il était enfant et auquel, adulte, il ne veut pas renoncer.

La *scotomisation* inventée par Pichon recouvre en partie l'hallucination négative mais dans un registre où la positivité du processus est rétablie. Le terme vient du mot *scotome*, qui dans le domaine de l'ophtalmologie signifie « un voile sur l'œil provoquant une altération du champ visuel ». Dans l'édition de 1977 du Petit Robert le terme est défini comme « une exclusion inconsciente d'une réalité extérieure du champ de la conscience ». Dans le *Manuel* d'A. Porot, il est désigné comme « un mécanisme psychique inconscient, un aveuglement spécifique et sélectif par lequel le sujet fait disparaître du champ de sa conscience ou de sa mémoire certains souvenirs porteurs d'une charge affective pénible ou désagréable ».

Le 1er mai 1925, Laforgue écrit à Freud : « Odier m'a écrit que pour *scotomisation* vous aviez déjà proposé *maculation* et que pourtant cette idée n'a pas été retenue. Je n'en savais rien et reviendrai à l'avenir à vos idées concernant la tâche aveugle psychique. Le mot de *scotomisation* a été souvent employé en salle de garde, chaque fois que quelqu'un voulait ignorer l'autre [93]. » Cette référence montre que le terme laforguien désigne un processus positif d'aveuglement ou de refus de voir alors que le déni porte sur le refus de prendre en compte une absence. Le mot scotomisation renvoie à une théorie psychologiste de la perception même si elle fait intervenir un mécanisme inconscient : il reste en effet tributaire d'une problématique relationnelle du rapport à l'autre sans faire intervenir la castration; il ne traduit pas le déni mais remplace l'hallucination négative abandonnée par Freud. Cette dernière désigne l'absence de perception d'un objet présent dans le champ perceptif du sujet après hypnose : « En effet, écrivent A. Bourguignon et A. Manus, si la suggestion sous hypnose peut faire " voir " au sujet ce qui n'existe pas dans son champ visuel (hallucination positive), elle est capable inversement de l'empêcher de voir ce qui occupe réellement son champ perceptif (hallucination négative [94]) ».

En introduisant le concept de déni, Freud opère une révolution philosophique dans le champ du psychisme. Le déni est la conséquence de l'existence de la dimension de la castration dans la problématique de la différence des sexes. C'est à partir d'elle que l'on peut démontrer que la différence psychique des sexes ne recouvre pas la différence anatomique. La doctrine freudienne est un véritable défi au bon sens « cartésien », puisque dans l'inconscient de chaque individu, homme ou femme, il existe une seule espèce d'organe sexuel, le phallus, symbole de toute-puissance. Le déni est le refus d'accepter la différence anatomique des sexes; il maintient le sujet dans l'idée infantile d'une toute-puissance phallique des êtres en général et de la mère en particulier. Le déni n'est donc pas de même nature que le refoulement; il ne porte pas sur une perception mais sur une théorie sexuelle infantile ou, comme le soulignent Laplanche et Pontalis, sur une « théorie explicative des faits [95] ».

On voit pourquoi Freud ne comprend pas le sens du terme *scotomisation :* celui-ci en effet s'oppose au refoulement sans faire intervenir la castration; il remplace l'hallucination négative sans faire intervenir la catégorie de la castration comme nouvelle théorie « psychanalytique » de la différence des sexes. Du coup Freud n'entend pas ce que lui signifie Laforgue et lui répond sur le terrain du refoulement : « Un point très important me paraît être, écrit-il, que dans le refoulement *Verdrängung,* vous distinguez une *scotomisation.* Je crois que cela n'a aucune raison d'être. Nous avons énoncé que le refoulement consiste en ce qu'une pulsion est réprimée et que le fait d'être conscient est retiré à son *représentant-représentation.* Pourquoi scinder en deux ce processus unitaire? Je n'ai d'ailleurs jamais utilisé de mot comme *scotomiser* ou *maculation.* Quant aux autres différences que vous établissez entre refouler et scotomiser, je ne les comprends pas [96]. »

Laforgue relance le débat le 10 juin 1925 et souligne que la *scotomisation* est un processus spécifique de méconnaissance de la réalité qui correspond à un désir *non* refoulé de ne pas reconnaître le monde extérieur mais de mettre à la place le moi propre : « Dans ces conditions, écrit-il, le processus de refoulement n'aurait pas surmonté les étapes primitives de façon normale mais au contraire les aurait laissé subsister. » Et il ajoute : « Je crois qu'on n'avance pas dans le domaine de la pathogénie de la schizophrénie, qui nous intéresse beaucoup, si l'on ne peut se faire une idée claire de la tendance de ces malades à scotomiser. Je ne comprends pas ce passage de votre lettre : " et que son *représentant-représentation* est privé de la conscience ". Si vous le permettez, je vous importunerai une fois de plus avec cela au Congrès [97]. »

Freud avoue ne rien comprendre au concept de scotomisation et promet cependant à Laforgue de ne pas perdre de vue sa mise en évidence. L'IZP publie en 1926 un article de Laforgue rédigé en allemand et intitulé : *Verdrängung und Skotomisation (Refoulement et scotomisation [98]).* Le débat tourne alors au dialogue de sourds : Laforgue oppose le refoulement et la scotomisation sur le terrain de la psychose et particulièrement sur celui de la schizophrénie. A ce moment Freud, qui n'a pas encore théorisé la problématique du déni, lui répond dans le cadre de sa conception métapsychologique : « J'ai lu de bout en bout votre article en allemand sur la *scotomisation,* écrit-il. Je comprends maintenant pourquoi ce concept et son rapport au refoulement présentent pour moi de telles difficultés. Je remarque que sur un point, vous n'acceptez pas la représentation métapsychologique qui s'efforce de caractériser un événement psychique par ses côtés dynamique, topique et économique, pour ainsi dire selon trois coordonnées. C'est particulièrement en négligeant la coordonnée topique que vous renoncez à une sorte de certitude, alors que celle-ci se fait sentir dans l'ensemble [99]. »

Oubliant que Laforgue a situé la scotomisation sur le terrain de la schizophrénie, Freud poursuit donc le débat en critiquant le terme à partir du refoulement. Laforgue publie alors un deuxième article en allemand où il réaffirme l'importance de la scotomisation dans le processus schizophrénique. Il ne l'intitule pas *Refoulement et Scotomisation,* comme le premier, mais *Sur la scotomisation dans la schizophrénie (Über Skotomisation in der Schizophrenie [100]).*

A ce moment Freud cesse la discussion épistolaire et porte le débat sur la scène publique. En mai 1925, il ajoute un *Addendum* à *Inhibition, Symptôme, Angoisse,* dans lequel il semble ignorer le deuxième article de Laforgue. Il ne rejette pas complètement le terme de *scotomisation* mais il méconnaît son sens. En effet, il admet l'existence du processus dans l'hystérie c'est-à-dire du côté d'une clinique de la névrose, là où le Français ne l'avait pas observé : « En fait, écrit-il, le contre-investissement hystérique est dirigé de préférence vers l'extérieur, contre la perception dangereuse. Il prend la forme d'une vigilance particulière qui, par des limitations du moi, évite des situations dans lesquelles la perception devrait se produire et parvient à retirer l'attention de cette perception, si malgré tout elle a surgi. Des auteurs français [Laforgue] ont récemment choisi pour caractériser ce procédé de l'hystérie le nom de " scotomisation " [101]. » Freud place encore la scotomisation sur le terrain du refoulement puisqu'il note l'existence d'une relation particulièrement intime entre celui-ci et un contre-investissement extérieur.

En 1927, Freud fait paraître son article sur le *fétichisme* et prend alors nettement position. C'est au moment où il introduit sous sa forme accomplie le terme de *déni* dans son rapport à celui de *castration,* qu'il cesse de méconnaître le lien établi par Laforgue entre la *scotomisation* et la *schizophrénie.* Du coup, il renonce à placer celle-ci dans le cadre de l'hystérie : « Si je ne me trompe pas, écrit-il, Laforgue dirait dans un cas semblable que l'enfant " scotomise " la perception du manque de pénis chez la femme. » Puis il ajoute en note : « Je me corrige moi-même en disant que j'ai toutes les raisons de penser que Laforgue ne dirait justement pas cela. Il a lui-même expliqué que " scotomisation " est un terme dont l'origine se trouve dans la description de la démence précoce, qui ne provient pas du transfert de la conception psychanalytique aux psychoses et ne peut s'appliquer aux processus de développement et de formation des névroses. Le texte s'efforce de rendre claire cette incompatibilité. » Quelques lignes plus loin il écrit de nouveau : « Le terme scotomisation me paraît particulièrement impropre car il éveille l'idée que la perception a été complètement balayée, comme dans le cas où une impression visuelle frappe la tache aveugle de la rétine. Au contraire la situation que nous décrivons montre que la perception demeure et qu'on a entrepris une action très énergique pour maintenir son déni [102]. »

C'est donc bien l'introduction du déni dans le cadre de la théorie de la castration qui permet à Freud à la fois de comprendre et de critiquer la notion de *scotomisation.* En effet la situation décrite par Laforgue éveille l'idée d'une *annulation* de la perception c'est-à-dire d'une *positivité psychologiste de la fermeture,* tandis que celle décrite par Freud maintient la perception dans le cadre d'une négativité. Il n'y a pas fermeture de la perception par rapport à une réalité méconnue, mais actualisation d'une perception qui consiste en un déni. Freud a gardé l'idée de négativité contenue dans l'hallucination négative, alors que la scotomisation la rejette tout en conservant le caractère inconscient du processus.

Avec le déni et la castration, Freud bouleverse, contre la scotomisation, sa propre conception du refoulement. Dans l'article sur le *Fétichisme* il sépare le destin de la *représentation* de celui de *l'affect.* Pour la première il choisit la *Verleugnung* (ou *déni*) et pour le second il conserve la *Verdrängung* (ou *refoulement*). Laforgue a donc bien mis le doigt sur la problématique d'un *non-refoulé* que Freud fait fructifier dans une autre logique clinique, celle de la perversion, d'où est absente le phénomène classique du refoulement. En d'autres termes le *déni* (Verleugnung) à côté du *refoulement* (Verdrängung) vient « remplacer » à la fois l'ancienne *hallucination négative* de Bernheim et la *scotomisation* de Pichon et Laforgue. Pour le vocabulaire de la psychanalyse, la *scotomisation* reste alors un concept « mort-né », une notion qui n'a pas le temps d'exister historiquement; pour la terminologie psychiatrique, centrée au contraire sur les psychoses, elle se maintient. Le terme freudien de *déni* s'applique essentiellement au fétichisme et peut s'étendre à la clinique de la perversion mais il ne permet pas de définir ce fameux processus spécifique de la psychose (schizophrénie) que la *scotomisation* prenait en compte. Freud refuse de s'en apercevoir et résout le problème en affirmant que la scotomisation ne peut expliquer le mécanisme psychotique. Dans le même article sur le fétichisme, il écrit : « Empruntant une voie purement spéculative j'ai dernièrement trouvé que la névrose et la psychose diffèrent essentiellement en ce que dans la première le moi, au service de la réalité, réprime un morceau du ça tandis que, dans la psychose, il se laisse emporter par le ça à se détacher d'un morceau de la réalité. Par la suite je suis revenu une autre fois sur ce terme. Mais j'eus bien vite lieu de regretter d'avoir osé m'aventurer si loin. L'analyse de deux jeunes gens m'apprit que l'un et l'autre n'avaient pas pris connaissance de la mort de leur père aimé dans la deuxième et dixième année; ils l'avaient « scotomisée » – aucun des deux cas cependant n'avait évolué en psychose. Ici donc un morceau certainement significatif de la réalité avait reçu un déni du moi, tout comme chez le fétichiste la désagréable réalité de la castration de la femme [103]. » Ainsi Freud assimile la *scotomisation* à un *déni* pur et simple et refuse de prendre en compte le terrain où Laforgue avait situé le terme.

Cela n'empêche pas l'Alsacien de défendre fermement sa forteresse et de publier en 1928 un troisième article en allemand dans l'IZP, intitulé *Considération sur le concept de refoulement* [104]. On notera que le mot scotomisation a disparu du titre et que le texte revient sur le terrain du refoulement. Dans une lettre à Freud datée du 6 janvier 1928, Laforgue insiste de nouveau sur l'intérêt de la notion de *scotomisation* pour l'élucidation de certains cas de psychoses [105]. Dix ans plus tard, en 1937, dans *Relativité de la réalité,* il distingue celui-ci du *déni* en soutenant que le terme freudien désigne une opération consciente; il renonce à l'idée que la scotomisation soit un processus spécifique de la schizophrénie et enfin il replace encore le débat sur le terrain du refoulement : « Celui-ci, écrit-il, représenterait l'activité psychique tendant à repousser dans l'inconscient tout ce qui empêche l'être de réaliser le contact avec la réalité et le présent au profit de ce qui devrait être refoulé ou, comme dit Freud, réprimé [106] » : à cette date, Laforgue a perdu la bataille de la *scotomisation.*

A ce jour, il n'existe qu'une seule étude historico-critique sérieuse sur cet épisode essentiel du mouvement psychanalytique français : elle a été publiée en 1980 par A. Bourguignon et A. Manus [107]; au terme d'un commentaire remarquablement argumenté, les rédacteurs conviennent d'écarter du vocabulaire psychanalytique les termes de *scotomisation* et de *déni au sens large* et de conserver ceux de *déni* et d'*hallucination négative* dans un *sens strictement défini.*

Nous voudrions déboucher, à leur suite, sur une autre conclusion et montrer que l'introduction en 1954 du concept de *forclusion,* repris par Lacan à Pichon, comme « retournement par la négative » de la *scotomisation,* prolonge la discussion entre Laforgue et Freud et permet de résoudre le problème laissé vacant du processus spécifique de la psychose, dans le cadre de la théorie freudienne de la castration. Bourguignon et Manus citent le terme de forclusion ainsi que l'article posthume de Pichon paru en 1947, mais ils ne mentionnent pas celui de 1928 sur la *négation,* où le linguiste démontre lui-même que la forclusion traduit un phénomène langagier normal désigné en pathologie par la scotomisation [108]. C'est à propos d'une hallucination qui met en jeu la castration que Lacan reprend, à partir des textes de Freud, le débat d'avant-guerre. A cette époque la correspondance entre Freud et Laforgue n'est pas encore publiée et Lacan ne « remplace » pas la scotomisation par la forclusion. Il place la discussion à propos des psychoses sur le terrain exclusif des textes freudiens.

En 1954, dans la réponse à un commentaire de Jean Hyppolite sur la notion de *dénégation* (Verneinung), Lacan introduit pour la première fois le terme de *retranchement* qu'il ne nomme pas encore *forclusion.* Cette dernière formule sera avancée et définie deux ans plus tard dans le séminaire sur *Les Psychoses* [109]. Hyppolite propose de traduire *Verneinung* par *dénégation* au lieu de *négation.* La notion se rapproche ainsi, à cause du préfixe français *dé-,* des concepts allemands de Freud centrés autour du préfixe *Ver-* : on trouve la chaîne *Verdrängung, Verneinung, Verleugnung* à laquelle se rattache la chaîne française *Refoulement, dênégation, déni,* qui renvoie à l'idée d'un retranchement spécifique dans chaque cas. La *dénégation* n'est ni la *résistance (Widerstand)* ni le *déni* mais une *non-acceptation.* C'est dans ce cadre que Lacan est amené à attribuer à Freud la découverte d'un nouveau terme spécifique qu'il nomme *Verwerfung* ou *retranchement* et qui est distinct de la *Verdrängung* ou *refoulement.* Dans un passage de l'analyse de *L'Homme aux loups,* Freud explique la genèse de la reconnaissance et de la méconnaissance de la castration chez son patient. En face de ce problème, celui-ci a une attitude de rejet et s'en tient à la théorie sexuelle infantile du commerce par l'anus : « Quand je dis : il la rejeta, écrit Freud, le sens immédiat est qu'il n'en voulut rien savoir, ceci au sens d'un refoulement. Aucun jugement n'était porté par là sur la question de son existence, mais les choses se passaient comme si elle n'existait pas [110]. » Pour illustrer son propos, Freud raconte l'histoire de l'hallucination du doigt coupé : « J'avais cinq ans, raconte le patient, je jouais au jardin auprès de ma bonne et j'étais en train d'entailler, avec mon couteau de poche, l'écorce de l'un de ces noyers qui jouent encore un rôle dans mon rêve. Je remarquai soudain avec une inexprimable terreur que je m'étais coupé le petit doigt de la main (droite ou gauche?) de telle sorte que le doigt ne tenait plus que par la peau. Je n'éprouvais aucune douleur mais une grande peur. Je n'osais pas dire quoi que ce fût à ma bonne, qui était à quelques pas de moi, je m'effondrai sur le banc voisin et restai là assis, incapable de jeter un regard de plus sur mon doigt. Je me calmai enfin, je regardai mon doigt et voilà qu'il n'avait jamais subi la moindre blessure [111]. »

En 1954, dans sa *Réponse au commentaire* d'Hyppolite sur la dénégation, Lacan note à ce propos que Freud a employé le terme *Verwerfung* pour rendre un rejet qui est *autre chose* que le refoulement. Il écrit : « Eine

Verdrängung ist etwas anderes als eine Verwerfung. » M. Bonaparte et R. Loewenstein ont traduit ce syntagme par : « Un refoulement est autre chose qu'un jugement qui rejette et choisit [112]. » Lacan récuse cette transcription et propose celle-ci, plus littérale : « Un refoulement est autre chose qu'un rejet (ou retranchement). » En 1956 dans son séminaire sur *les Psychoses,* il cite la discussion de 1954 avec Jean Hyppolite sur la *Verneinung* et définit ainsi le *rejet* ou *Verwerfung :* « Le texte de Freud incontestablement éclatant est loin d'être satisfaisant. Ça confond tout, ça n'a rien à faire avec une *Verdrängung.* De quoi s'agit-il quand je parle de *Verwerfung?* Il s'agit du rejet d'un signifiant primordial dans des ténèbres extérieures, signifiant qui manquera dès lors à ce niveau. Voilà le mécanisme fondamental que je suppose à la base de la paranoïa. Il s'agit d'un processus primordial d'exclusion d'un dedans primitif, qui n'est pas le dehors du corps, mais celui d'un premier corps de signifiant [113]. » Quelques pages plus loin, Lacan mentionne l'article sur le fétichisme et notamment le passage où Freud « révise » sa clinique des psychoses et des névroses : « Freud y apporte une révision essentielle, écrit Lacan, à la distinction qu'il a faite entre névrose et psychose, en disant que dans les psychoses la réalité est remaniée, qu'une partie de la réalité est supprimée, et que la *réalité n'est jamais véritablement scotomisée.* C'est en fin de compte, vous le verrez d'après le contexte, à une déficience, à un trou du symbolique qu'il se rapporte même si dans le texte allemand c'est le terme de réalité qui est employé [114]. »

Plus loin, dans son commentaire sur la paranoïa de Schreber, Lacan propose de traduire le terme *Verwerfung* par *forclusion :* il s'agit, pour lui, d'un mécanisme spécifique de la psychose en général, défini à partir de la paranoïa, qui consiste en un rejet primordial d'un signifiant fondamental hors de l'univers symbolique du sujet. Ce signifiant, c'est le phallus qui autorise l'existence même du complexe de castration; la forclusion se distingue du refoulement parce que le signifiant forclos, ou les signifiants qui le représentent, ne sont pas intégrés à l'inconscient du sujet mais font retour de l'extérieur, dans le « réel », à l'occasion d'un phénomène hallucinatoire ou délirant qui envahit la parole ou la perception du sujet. Dans le cas de Schreber, Lacan démontre que le processus de forclusion porte sur le nom du père.

L'itinéraire du concept de *forclusion* dans l'histoire du mouvement psychanalytique français est véritablement fantastique : inventé vers 1928 par un grammairien qui le définit comme la traduction langagière normale d'un processus pathologique nommé *scotomisation,* il fait retour en 1956 sous la plume d'un psychiatre, théoricien de la psychanalyse, qui l'utilise pour traduire un mécanisme mis à jour par Freud en 1915 dans le traitement d'une névrose infantile. Lacan conserve le terrain de la langue où Pichon situe le terme mais il s'appuie sur la linguistique de Saussure pour y inscrire la trajectoire du signifiant. Par ailleurs il attribue à Freud la découverte d'un processus que celui-ci n'a jamais théorisé, et, pour transcrire le nom de ce processus il emploie un vocable qui renvoie à l'exigence, constante dans l'histoire de la clinique psychanalytique, de définir un mécanisme de défense spécifique de la psychose. La démarche lacanienne prolonge *explicitement* celle de Freud puisqu'elle apporte à sa terminologie un concept nouveau; mais elle poursuit *implicitement* celle de Laforgue qui avait repéré l'existence d'un mécanisme que la réflexion freudienne laissait en suspens.

Autrement dit, Lacan redécouvre le terme de *forclusion* à travers une double tradition : celle des textes freudiens dont il produit le commentaire et celle du savoir psychiatrique français dont il est l'héritier. Il déplace la clinique des psychoses sur le terrain du « modèle » paranoïaque, tandis que ses prédécesseurs privilégiaient le domaine de la schizophrénie. La *forclusion* ne remplace ni le *déni* ni la *scotomisation*, elle unifie des éléments contenus dans les deux termes à partir d'une réflexion philosophique proposée par Jean Hyppolite; elle relie la question de la négativité au cadre d'une clinique des psychoses ayant pour fondement la théorie freudienne de la castration. Dans cette aventure épistémologique, l'histoire procède par rupture et non par continuité : aucun concept ne « remplace » un autre antérieur, mais chaque nouveau concept se constitue en empruntant la voie sinueuse du déplacement et de la refonte. Avec la forclusion, Lacan a « gagné » la bataille perdue par Laforgue sur la scotomisation. Cette victoire s'accompagne d'une perte : la communauté psychanalytique française, comme toutes les nations du monde, préfère célébrer des héros que pleurer des défunts; elle a « oublié » le nom des concepts vaincus et préfère rendre hommage à la culotte des conquérants.

V. *Judéité, israélisme, antisémitisme*

On a vu précédemment que la France est le seul pays où les Juifs assimilés ont inventé un mot particulier pour se distinguer des Juifs « étrangers ». Le terme « Israélite » a fini par désigner le « bon Juif » du terroir par opposition au « mauvais Juif » barbare. D'abord utilisé par la communauté juive, il tombe en désuétude dans l'après-coup de l'affaire Dreyfus, lorsque, avec l'essor du sionisme, les Juifs cherchent à retrouver leur identité perdue. Le vocable « Israélite » a donc un étrange destin : dans le courant du XXᵉ siècle et entre les deux guerres il est encore employé par les Juifs français mais il est repris par le discours antisémite dans le but de distinguer de nouveau les « bons » et les « mauvais », les « assimilés » ou les « métèques ». Cette implantation de la xénophobie à l'intérieur de l'antisémitisme autorise, par exemple, un amalgame entre le discours judéophobe et celui de l'antigermanisme. En 1922, quand le freudisme devient une « mode », les adversaires de la psychanalyse critiquent volontiers les obscurités de cette « science allemande » et font peu référence à la judéité de son auteur.

Alexandre Minkowski, fils du psychiatre Eugène Minkowski, dont nous reparlerons plus loin, a compris ce que signifiait pour un Juif polonais le mot Israélite : « Ce mot, écrit-il, il faut le rayer du langage courant. Comme autrefois pour les Noirs en Amérique on semble considérer que le mot " juif " est injurieux et qu'il faut le supprimer du vocabulaire. Je crois qu'il faut rétablir le mot " juif " dépouillé de tout contenu péjoratif [...] Si j'utilise le mot " israélite ", c'est pour ne pas prononcer le mot " juif " avec son côté " honteux ". Il faut bien reconnaître que quand on a été soumis, comme je l'ai été dans mon enfance, à l'injure, à l'insulte, c'est toujours " sale juif " qui revient [115]. »

Il ne faut pas chercher à traquer derrière ce mot la présence d'un antisémitisme virulent mais plutôt celle d'un antisémitisme « ordinaire », une forme larvée ou refoulée d'antisémitisme. C'est souvent avec une parfaite bonne conscience que les non-Juifs utilisent le terme, croyant ainsi valoriser l'identité du Juif. A leur insu, ils apportent le témoignage que la différenciation entre Juif et Israélite s'est inscrite dans la mentalité collective française, aussi bien chez les Juifs que chez les non-Juifs. En 1962, dans *Portrait d'un Juif,* A. Memmi distingue *judéité, judaïcité* et *judaïsme* sans prendre en compte la notion d'*israélisme* qui tend à disparaître : « Le vocabulaire courant, écrit-il, étant fort imprécis, je propose de distinguer entre judéité, judaïcité et judaïsme : la judéité est le fait et la manière d'être juif; la judaïcité est l'ensemble des personnes juives; le judaïsme est l'ensemble des doctrines et des institutions juives. Relevant de la judaïcité française, vivant une judéité yiddish et laïque, je ne me reconnais ni dans le judaïsme en tant que religion, ni dans les institutions juives [116]. » Les trois termes recouvrent ainsi ce qu'on appelait autrefois *la communauté israélite de France* et leur utilisation séparée permet de faire voler en éclats la notion d'israélisme. Ce phénomène est important pour l'histoire de la psychanalyse en France. Nous l'avons déjà dit : cette histoire ne se raconte pas de la même manière avant et après Auschwitz. C'est seulement après la deuxième guerre mondiale que le mouvement français s'interrogera réellement sur les rapports de Freud à sa judéité et sur l'importance de la judéité viennoise pour la naissance de la psychanalyse. Cette interrogation coïncide avec la lecture de *Moïse et le Monothéisme.*

Avant-guerre, dans la plupart des pays où il s'implante, le freudisme est assimilé à une « science allemande » et en France, terre d'élection de la germanophobie, les discours *nommément* antisémites contre la psychanalyse sont rares. Les insultes des chroniqueurs sont dirigées contre le pansexualisme, contre les « Allemands débauchés » ou contre la « corruption viennoise »; elles visent rarement l'origine juive de la psychanalyse ou l'image mythique du « Juif libidineux ». Cela arrive, mais ce n'est pas un fait dominant. Freud ne s'était pas trompé : c'est la mise à jour de l'étiologie sexuelle pour elle-même qui provoque une formidable hostilité et non le fait que celle-ci ait été découverte par un savant juif. Cette résistance prend la forme de l'antigermanisme, mais, dans d'autres circonstances, elle trouverait un autre vêtement.

Par un curieux hasard de l'histoire, la germanophobie française rencontre la « germanité » freudienne. Freud a voulu déjudaïser la psychanalyse mais il a également voué un culte important à la langue allemande : « Nous savons avec quelle ténacité, écrit W. Granoff, Freud se voulut allemand, écrivain, et pourquoi ne pas le dire, héros de la langue allemande [117]. »

Dans un livre intitulé *L'Amour du yiddish* Régine Robin étudie le drame linguistique des Juifs d'Europe centrale et notamment de Kafka, dans leurs rapports avec « l'absence » d'une langue maternelle. Écartelé entre le yiddish, langue « rapiécée », l'hébreu, langue sacrée, et l'allemand, langue « conceptuelle » mais étrangère, les intellectuels juifs vivent leur polyglottisme comme une source de désordre : « Entre l'amour de la langue et la haine de soi, écrit-elle, entre la jouissance du nom propre et le rejet du nom propre, l'écrivain juif, cet hybride culturel, navigue, car pour lui, l'exil est d'abord dans la langue [118]. »

La Haskalah, mouvement juif des Lumières, naît à la fin du XVIIIe siècle en Allemagne et se prolonge au XIXe siècle. Il est résolument émancipateur et assimilationniste. Sous l'impulsion de Moses Mendelssohn, une bataille sur la langue est engagée. Celui-ci traduit la Bible en allemand et vante les qualités esthétiques de cette langue grâce à laquelle les Juifs doivent renoncer au yiddish, désigné comme une « non-langue ». L'allemand est assimilé, avec l'hébreu, à une langue claire, rationnelle : « Tous établissent un rapport étroit, écrit Régine Robin, entre grammaire, logique, conceptualisation, clarté et pureté. L'allemand dont la grammaire est rigoureuse aux yeux de Mendelssohn obéit à ces critères et par là est l'une des grandes langues de l'ordre, de la régularité. Tous ces termes, toutes ces qualités attribuées à l'allemand, on les retrouve déplacées sur l'hébreu. Car Mendelssohn n'a pas opté aussi simplement qu'on pourrait le penser pour la langue du pays, l'allemand. Lui et ses disciples au moment même où ils prônaient l'allemand, faisaient l'éloge de l'hébreu [119]. »

Dans son culte de la langue allemande, Freud est l'héritier d'une partie de cette tradition, sans être « dogmatique »; il adopte la langue allemande sans adhérer aux principes de la supériorité d'une langue sur une autre et c'est dans la tradition yiddish du Witz qu'il met à jour les liens unissant l'inconscient et le langage. La langue « maternelle » de Freud, celle dans laquelle il parle et écrit, est la langue allemande; il a intériorisé ses valeurs et sa culture sans pour autant construire une théorie apologétique de sa supériorité. Son attitude à l'égard de l'allemand reflète sa position scientifique : il cultive l'universalité dans la mesure où il est hostile aux particularismes et à l'héréditarisme; de même il apprécie l'universalisme de la langue allemande sans inférioriser le yiddish ou les autres langues.

L'œuvre freudienne est accueillie en France sous les auspices d'une « obscure pensée germanique » incompatible avec la clarté de la « raison française ». Les chroniqueurs de presse se montrent moins antisémites avec Freud qu'avec Einstein, mais tout aussi germanophobes. Étant de culture allemande, le Viennois n'est pas ressenti comme un Juif; il est vrai qu'à la différence d'Einstein, Freud décline l'invitation qui lui est faite (par Laforgue) de prononcer une conférence à Paris. La presse n'a donc pas la possibilité de s'exprimer sur sa barbe de prophète ou sur la forme de son crâne. Si Freud avait fait le voyage, les réactions auraient probablement été les mêmes que pour Einstein.

Les défenseurs chauvins du freudisme sont dans l'incapacité d'avouer ou même de penser la judéité de Freud, car il faudrait oser dire simplement qu'il est juif; or ce terme est ressenti comme injurieux. Le courant chauvin a donc refoulé ou méconnu l'origine juive de Freud. Il a considéré que celle-ci ne pouvait pas être prise en compte dans l'évaluation scientifique de sa doctrine : à la limite, il n'a pas eu conscience de son importance. Mais alors, dans ces conditions, pourquoi mettre en avant le caractère « allemand » de la psychanalyse sans s'apercevoir que cette argumentation n'a pas plus de validité théorique que celle d'une « estampille » juive? On pourrait dire au premier abord que ce silence témoigne d'une volonté de ne pas attirer l'attention des antisémites et des détracteurs de Freud, en protégeant ainsi sa doctrine d'éventuelles attaques sur le terrain du judaïsme. On peut dire également que la germanophobie est un ressort plus puissant que l'antisémitisme dans une France en état de guerre idéologique permanente contre l'Allemagne.

En réalité, on sait bien que germanophobie et antisémitisme sont les deux faces d'une même médaille et que le mouvement xénophobe français va se transformer très vite, dans l'entre-deux-guerres, en mouvement antisémite. C'est au nom de la chasse aux « Juifs étrangers » et surtout polonais et allemands que le gouvernement de Vichy va collaborer avec les Nazis pour déporter les Juifs. L'amiral Darlan, sous l'autorité duquel se trouve Hesnard, déclarera un jour que les Juifs apatrides qui se sont « abattus » sur le territoire français de l'intéressent pas, mais que les « autres », les bons vieux Juifs de France, doivent recevoir une protection. Il affirmera également qu'il a des « Juifs » dans sa famille.

En regardant de près les textes et discours des fondateurs de la SPP, on s'aperçoit que ceux qui sont traditionnellement chauvins et germanophobes emploient le mot « Israélite » en l'opposant à celui de « Juif » et n'abordent jamais de front la question du judaïsme ou de la judéité. C'est le cas de Pichon qui ne consacre aucun texte à cette question mais tient des discours anti-étrangers reproduits dans les colonnes de *L'Action française;* par ailleurs il désigne Eugénie Sokolnicka comme israélite pour valoriser son identité et franciser son appartenance. S'agissant d'Hesnard, ardent défenseur de la latinité contre les obscurités germaniques, la judéité de Freud est abordée à partir d'un « israélisme » et selon une prétendue « psychologie différentielle » des communautés. En revanche, les psychanalystes qui ne sont ni chauvins ni germanophobes (Laforgue, Bonaparte, Loewenstein) abordent franchement le terrain de la judéité, du judaïsme et de l'antisémitisme. En d'autres termes, à la SPP, comme ailleurs, la germanophobie est la face visible d'un antisémitisme qui peut être complètement refoulé ou qui s'exprime à la faveur d'une distinction entre ce qui est français et ne l'est pas.

Aucun article n'est publié dans la RFP sur la question juive entre 1927 et

1938. On trouve simplement un texte très intéressant d'un certain Vélikovsky sur le problème de l'hébreu et des différentes langues parlées par les Juifs de Palestine. Il est intitulé : *Jeux de mots hébraïques. Une langue nouvellement acquise peut-elle devenir la langue de l'inconscient* [120]. Naturellement Pichon participe au débat.

L'auteur de l'exposé est un Juif d'Europe orientale qui pratique la psychanalyse en Palestine avec des émigrés venus de nombreux pays. A partir de leurs rêves, il constate l'inexistence d'une mémoire héréditaire de la langue et souligne que l'hébreu comme langue acquise après coup peut devenir le mode d'expression majeur de la pensée inconsciente. Édouard Pichon lui répond magistralement qu'il se trompe : il partage l'opinion de Vélikovsky sur l'absence d'un « mnémonique héréditaire » mais propose de parler plutôt du statut de la langue maternelle. Si le sujet ne parle qu'une langue, il est unilingue, et s'il a appris concurremment plusieurs idiomes, il est plurilingue et non polyglotte, ce terme devant être réservé à ceux qui ont assimilé des langues étrangères après une formation unilingue. A juste titre, Pichon souligne qu'il n'existe pas *une* langue de l'inconscient : la pensée inconsciente, en effet, ne s'exprime pas dans une langue existante ou cohérente mais à l'aide de bribes de langage. Ce raisonnement s'appuie sur celui de Freud qui n'a jamais affirmé que l'inconscient pouvait revêtir la forme d'une langue particulière; Pichon conclut que Vélikovsky ne parvient pas à prouver que la pensée inconsciente des Juifs nouvellement émigrés en Palestine puisse s'exprimer en hébreu.

En fait, Vélikovsky sacralise l'hébreu comme autrefois les Juifs de la Haskalah avaient idéalisé l'allemand et sacralisé la langue de leurs prières. Il ne se rend pas compte que ses exemples contredisent son hypothèse d'une prétendue unité « linguistique hébraïque inconsciente du peuple juif de Palestine ». L'hébreu est au contraire intégré dans l'inconscient au même titre que les autres langues sans être prédominant. La position de Pichon est plus psychanalytique que celle de Vélikovsky. Curieusement ce dernier emploie le mot « race juive » tandis que Pichon utilise le terme « Juifs » pour désigner les émigrés vivant en Palestine.

En dehors de débats portant sur la langue, c'est dans l'œuvre de Pichon que le rejet de la judéité est le plus marqué. L'homme n'est pas un antisémite notoire et ne publie aucun article dans *L'Action française*, ni sur le problème juif, ni sur aucun autre sujet. Pourtant nous savons qu'il est impossible d'être un militant actif de la Ligue, entre 1927 et 1940, sans adhérer explicitement aux principes théoriques de l'antisémitisme qui servent de base à la pensée de Maurras. Dans sa lettre d'adhésion à l'AF, Pichon exprime une certaine hostilité aux idées judaïques, mais, assimilationniste, il fait la différence entre les « bons Juifs » (Israélites) et les « barbares ». Une anecdote témoigne de son attitude; elle émane d'Alexandre Minkowski : « Je tiens à dire aussi qu'Édouard Pichon était *Action française*. Il a eu une très grosse influence sur moi quand j'étais petit. Il avait perçu la difficulté que j'avais déjà à me débrouiller avec mes origines étrangères et ma nationalité française. Étant AF comme son ami

Alajouanine, le professeur de neurologie, il me dit : " Tu comprends, les Juifs doivent être intégrés dans la population et doivent se placer sous la protection de l'Archange Michel. Toi tu devrais être un Juif Michelot. " Il m'expliquait cela quand j'étais sur ses genoux tout enfant. Il a contrebalancé la vision passablement sinistre que me donnait involontairement ma mère de son passé lorsqu'elle me parlait des persécutions qu'elle avait subies, à la fois comme Juive et comme Polonaise [121]. »

Ce témoignage démontre l'intelligence et l'humour de Pichon; celui-ci est capable d'entendre l'angoisse d'un enfant juif à la recherche de son identité; il tente de l'éduquer selon le principe d'un nationalisme actif et se montre le partisan d'une intégration des Juifs à la mère patrie : ce qui est une manière de dénier l'existence de la judéité au profit d'un assimilationnisme protecteur.

En parcourant les numéros quotidiens de *L'Action française,* on découvre que l'activisme de Pichon est assez important. C'est aux cours *de banquets médicaux annuels* organisés par la Ligue que le « docteur » Pichon fait preuve, aux côtés de ses amis Léon Daudet, Alajouanine, Pujo et Charles Maurras, de sa ferme adhésion à la politique du mouvement. Le ton et le style de ses discours rappellent ceux du grammairien ou du psychanalyste, mais on y découvre la troisième facette de Jekyll et de Mister Hyde : en effet au cours de ces réunions il ne mentionne *jamais* son appartenance au mouvement psychanalytique, alors que, parfois, il fait allusion à ses activités de grammairien. En réalité le vocabulaire utilisé tranche singulièrement avec celui des réunions de la SPP. La politesse et la grâce désuète se sont évanouies pour laisser place à une parole de tribun haineux dans laquelle on retrouve tous les clichés du pamphlet antisémite. Avec la même ardeur que Léon Daudet, Pichon fustige la République, insulte les parlementaires et traite d'assassins les politiciens français; il boit de grandes rasades à la santé du roi de France et réclame la mise à mort de ses ennemis. Ainsi s'exprime-t-il le 11 juin 1931 : « Par la faiblesse imbécile de crétins comme Poincaré, par la trahison de " frappes " comme Briand, d'un ramassis de bandits comme la police de Sûreté générale, par la trahison d'une bande de politiciens abrutis ou lâches, payés ou vendus, " oustricards " ou coquins, vous êtes messieurs à la merci d'une guerre qui peut fondre sur vous en moins de trois mois. » Il faut imaginer un instant la mine qu'a pu faire Marie Bonaparte à la lecture de tels jurons proférés contre son cher Aristide. Ce n'est pas tout : lors d'un autre banquet, le 16 juin 1932, le « docteur » Pichon s'en prend à un « Juif métèque » qu'il ne nomme pas et qu'il accuse de faire main basse sur l'édition française : « Une maison d'édition, énonce-t-il, qui dispose également d'agences et qui est soutenue par un Juif métèque essaie de mettre la main sur toutes les autres, d'en étouffer l'indépendance et si le scandale n'éclate pas bientôt, il en sera du livre comme du journal, il sera complètement asservi et l'on n'aura plus le droit d'avoir une pensée qui ne soit absolument réglementée. »

Comme ses amis d'*Action française,* Pichon croit fermement à l'existence d'un complot judéo-maçonnique sur le sol de la patrie. Au banquet médical du 19 juin 1933, quelques mois après la prise du pouvoir par Hitler, il annonce la fin de l'ère républicaine en France : « Sa succession est virtuellement ouverte. Il faut travailler pour que le régime successeur soit non de gauche, ce qui serait temporaire certes, mais l'aggravation du mal, mais un régime sauveur. » Juste avant lui, à ce même banquet, Léon Daudet salue avec satisfaction l'effondrement du marxisme et de la social-démocratie en Allemagne, puis dénonce la caducité des régimes dictatoriaux d'Hitler et de Mussolini qui sont incapables de défendre la pérennité de la famille, puis remercie « tout de même » Mussolini d'avoir su conserver la monarchie italienne.

Le 11 juin 1934, le « docteur » Pichon dénonce la « coterie maçonnique » qui gouverne la France et rend hommage à la journée d'émeutes du 6 février dans laquelle il voit le signe avant-coureur de l'effondrement des institutions républicaines. Dans la stricte obédience maurrassienne, il condamne le colonel de La Roque, encore trop démocrate à ses yeux, fustige la « menuaille radicale », défend le corporatisme médical et se plaint de la patente et des impôts; il dénonce en outre toutes les tentatives de médecine sociale qui cherchent à domestiquer et à asservir la profession en lui ôtant sa dignité [122].

Telle est donc la triste activité politique du plus grand inventeur de concepts que le mouvement psychanalytique français ait connu dans la période de l'entre-deux-guerres.

Les discours du « docteur » Pichon ont la tonalité des pamphlets de Daudet. Même si le Juif n'est pas insulté à longueur de ligne, les mots utilisés sont porteurs d'un racisme et d'un antisémitisme violents; ils font partie de cette langue de bois issue de Drumont dans laquelle on trouve le vocabulaire rituel de l'insulte et de l'inégalitarisme : « raté, dégénéré, crétin, débile, abruti, bandit, assassin, etc. ». Il faut rapprocher ces discours des fameux articles publiés par Daudet sur la psychanalyse, en 1926. Les titres et sous-titres de ceux-ci sont significatifs. A côté de *Freudisme et Psychanalyse, Le Cas de Freud* ou *Le Complexe selon Freud,* on trouve *Un Bobard dangereux* et *La Putréfaction intellectuelle* [123]. Aucune mention, dans ces trois textes, n'est faite de la judéité de Freud; le mot « Juif » n'est pas prononcé; le nom de Charcot est absent et la venue de Freud à la Salpêtrière est oubliée : on dirait que Daudet n'a jamais fréquenté le salon du boulevard Saint-Germain. Son argumentation n'est pas spécifiquement antisémite parce qu'elle prétend se placer sur le terrain du débat scientifique; pourtant, elle est d'une stupidité déconcertante qui n'a pas échappé à Pichon. En réalité, le vocabulaire utilisé par Daudet contre la psychanalyse est de même nature que celui employé par le « docteur » Pichon, dans les colonnes de l'AF, pour fustiger les suppôts de la République. Curieusement Freud est comparé par Daudet à Max Nordau puis à Lombroso, et qualifié ensuite de « plagiaire, obsédé, abruti, charlatan »; sa doctrine est désignée par les mots « fatras, âneries, fabrique de détraqués, vacuité ». Enfin le pansexualisme est qualifié de « manie » et

« puérilisme » : pas de Juif à l'horizon, mais un *vocabulaire* abject, dénonciateur, inégalitariste, c'est-à-dire, en définitive, antisémite.

C'est sans doute moins pour effacer les traces de l'histoire que pour préserver le souvenir d'une authentique amitié qu'Eugène Minkowski ne mentionne pas dans l'article nécrologique qu'il consacre à Pichon, en 1947, l'appartenance de celui-ci à la *Ligue d'Action française.* En cette période d'épuration il fait preuve de courage en évitant de régler des comptes avec la droite française sur le dos de son meilleur ami. En 1944, Minkowski a échappé de justesse à la déportation grâce à l'intervention de Michel Cénac; il a porté l'étoile jaune et refusé de changer d'identité. Voici ce qu'il écrit sur Édouard Pichon dans le premier numéro d'après-guerre de *L'Évolution psychiatrique* : « Il y a eu des accrochages entre nous; il ne pouvait pas ne pas y en avoir, il y en a eu surtout au début; nous nous heurtâmes, mais par-delà ces heurts, rapidement des liens précieux s'établissaient; par-delà les divergences, et elles étaient profondes, des cordes communes vibrèrent [...] Permettez-moi, dans la perspective historique que les circonstances nous imposent à moi qui suis nouveau venu dans ce pays, de vous dire que Pichon personnifie à mes yeux l'esprit français. Il est le symbole de ce que la France peut et doit produire et de ce qu'elle peut faire en venant enrichir ainsi de ses dons particuliers le commun patrimoine humain. Je ne vois la personne et l'œuvre de Pichon naître nulle part ailleurs qu'en France. De cette terre, il est né, à cette terre il a appartenu, cette terre il a su l'ensemencer. Et la récolte qui se lève, tout autour, non pas seulement au sens géographique du mot, à savoir que son nom et ses ouvrages sont cités par-delà les frontières [124]... »

Contrairement à la notice de Minkowski sur Pichon, celle de Parcheminey à propos de la mort de Sophie Morgenstern témoigne d'une étrange façon de raconter l'histoire. L'auteur mentionne le décès de Laure, la fille de sa collègue, et à propos du suicide de Sophie il écrit : « Le 13 juin 1940, au moment où *les armées* d'invasion faisaient leur entrée à Paris, *s'éteignait* notre collègue madame Morgenstern. Cette nouvelle fut pour tous ses amis dispersés au gré de la tourmente l'objet d'une grande tristesse mais non d'une surprise [...] Ainsi quand une claire vision de son destin lui apparut, devant le renoncement forcé de son activité scientifique en perspective immédiate, notre collègue *disparut de la scène silencieusement et sereinement* [125]. »

Parcheminey cite les études médicales de Sophie Morgenstern à Zurich puis son itinéraire de la Russie à la Pologne et enfin son retour à Zurich en 1917 dans le service de Bleuler où elle est l'assistante bénévole de Minkowski. Il mentionne ensuite son activité en France, mais à aucun endroit du texte, les mots « Juif, judaïsme ou judéité » ne sont écrits. Le terme « suicide » n'est pas employé, ni le vocable « Israélite » que Pichon avait utilisé pour Sokolnicka. On peut se demander ce que signifie l'emploi du mot « sereinement » dans cette notice : pour Parcheminey, c'est donc une Polonaise et non une Juive, qui s'éteint « tranquillement » à Paris, en 1940, après avoir perdu accidentellement sa fille et cette mort n'étonne personne. Sous la plume de l'auteur le mot « Nazi » a disparu comme par enchantement au profit de « la claire vision d'un destin » ou d'un « renoncement forcé », ou encore des « armées d'invasion ». Quelles armées?

Tous les témoignages concordent pour affirmer qu'après le décès de sa fille, Sophie Morgenstern avait perdu le goût de vivre. Mais considérer son suicide face à l'invasion nazie comme la conséquence inévitable de cette perte, c'est faire une impasse sérieuse sur sa condition de Juive émigrée. On notera que les historiens du mouvement sont divisés sur cette question. Moreau, Lilamand, Mitry, Bourguignon emploient les mots « suicide, Nazis, Juif »; d'autres, les Barande et Denis, font silence. Certains témoins, que nous avons interrogés, ont même imaginé que Laure Morgenstern était morte avant-guerre en déportation et non sur une table d'opération. Cela montre en tout cas que pour eux ce suicide n'était pas « serein [126] ».

Les phrases de Minkowski, à propos de Pichon, sont d'une tout autre nature que celles de Parcheminey, malgré l'omission de l'*Action française;* entre les lignes de son texte on peut lire la vérité d'une histoire et d'un personnage : des divergences existent entre les deux hommes, qui ne portent pas seulement sur la psychiatrie ou la psychanalyse; par ailleurs la référence faite par un Juif « étranger » à « l'esprit français » de son ami ne manque pas de sel.

Dans le camp retranché de Bizerte où il est mobilisé sous l'Occupation, l'amiral Hesnard rédige entre novembre 1942 et mai 1943 un très curieux texte, le seul qu'il publiera, sur les rapports de Freud, de la psychanalyse et de la judéité; il s'intitule *Sur l'israélisme de Freud* et comporte trois chapitres : *Freud et le poncif psychologique d'Israël, Freud et l'inquiétude d'Israël* et *Arriération affective et psychanalyse* [127]. Il s'agit d'un texte qui se veut *philosémite.* Constatant que Freud est juif, Hesnard commence par s'insurger contre les persécutions dont il a été l'objet, mais par souci de « vérité » et sans citer aucune référence bibliographique ou source quelconque, il se propose d'examiner « si, comme on *l'a dit* et *écrit,* certains aspects de la théorie scientifique imaginée par Freud peuvent être rattachés aux éléments ethniques de sa personnalité, dont ses prétendues protestations raciales – pour autant que celles-ci existent et qu'elles aient pu orienter sa pensée créatrice [128]. »

Après ce début fulgurant, Hesnard décrit les caractères psychologiques spécifiques des collectivités d'Afrique du Nord et du Proche-Orient, telles qu'elles sont formulées par les observateurs *(sic).* Celles-ci définissent, selon lui, le « poncif psychologique d'Israël », mais ne peuvent s'appliquer à la personnalité et à l'œuvre de Freud car l'on a affaire à un « grand esprit ». Voici comment Hesnard décrit l'*Israélite typique* tel qu'il prétend le trouver à travers l'expression « poncif » : « L'Israélite apparaît très souvent comme orienté vers des buts d'activité pratique, laborieuse, productive. C'est un travailleur lucide et acharné, qui excelle à entreprendre et à réussir les affaires. Son esprit d'entregent est frappant. Il apporte aux tractations une habileté qui n'a d'égale que son inlassable persévérance. Inculte, il réussit à merveille dans le petit commerce. S'il a reçu une instruction suffisante, il se distingue dans les professions commerciales, les banques privées, les agences, la commission. Pourvu de culture générale, il se fait remarquer par ses capacités dans la finance, le barreau, la presse, la médecine. Sa maîtrise professionnelle en ces matières en fait souvent un fonctionnaire habile et consciencieux, un contrôleur perspicace, un excellent directeur administratif, un conseiller technique avisé, un chef technicien, quelquefois une personnalité éminente d'homme d'action quoique le plus souvent vivant en marge du commandement ou dans l'entourage immédiat du chef militaire ou du pouvoir exécutif [129]. »

Suit alors une minutieuse description des qualités intellectuelles de cet *Israélite-poncif*. Celui-ci possède un génie propre, un talent, une séduction, une éloquence, qui sont les indices de sa « supériorité ». Hesnard pense du reste que ces indices ne sont pas spécifiques aux Israélites et qu'on les trouve chez d'autres individus, mais il est tout de même persuadé qu'on les trouve plus fréquemment dans les familles juives : « Freud, écrit-il, n'y correspond guère. Intellectuel de pure et haute vocation scientifique, il n'a jamais été un chercheur de profit ni un gagneur d'argent. De l'or, il n'a jamais voulu connaître que la signification symbolique, assez misérable, qu'il lui attribuait. De son activité pratique, nous ne connaissons que la réalité de son labeur professionnel, qui fut, presque toute sa vie, celui d'un praticien laborieux et d'un père de famille soucieux de ses charges domestiques [130]. »

Autrement dit, selon Hesnard, Freud ne correspond pas au type de l'Israélite-poncif, habituellement décrit par les observateurs, parce que c'est un « grand » Juif, « penseur » et « bon père de famille ». Après cette brillante démonstration, notre auteur, toujours ardemment philosémite, se demande si « l'inquiétude caractéristique de la psychologie du Juif » est présente chez Freud; la réponse est positive : oui, Freud est un anxieux parce qu'il est israélite et, pour cette raison, il a su, mieux qu'un autre, décrire la souffrance du névropathe. Voici quelques confidences d'Hesnard sur cette question : « La fixité des caractères ethnologiques chez l'Israélite, écrit-il, est admise par tout le monde. Elle existe évidemment sur le plan corporel, morphologique, biologique. Il est donc vraisemblable qu'elle existe sur le plan psychologique, quoique plus subtile à discerner. Il est certain que dans les milieux dont il est question plus haut, l'Israélite moyen est facile à identifier physiquement. On parvient aussi à l'identifier mentalement, par certains traits de caractère, par certaines de ses réactions : goûts et penchants, opinions et croyances, etc. Tous leviers d'action parmi lesquels cette fièvre laborieuse, cette subtilité d'esprit et cette susceptibilité de caractère avec émotivité inquiète dont nous avons parlé [131].

Qui croit à l'existence d'une « fixité des caractères ethnologiques de l'Israélite »? Qui est le « Tout le monde »? On ne le saura jamais, parce qu'Hesnard ne le dit pas : il procède comme si les arguments qu'il attribue à des auteurs anonymes étaient admis par le sens commun. Quant aux observateurs des « Israélites » et des « Juifs » on ne sait pas si ce sont des ethnologues spécialistes du Proche-Orient, des lecteurs de *Mein Kampf*, des représentants du régime de Vichy ou des psychologues chevronnés. Une chose est sûre, en tout cas, Hesnard admet *comme une évidence* l'idée selon laquelle le Juif ou l'Israélite posséderait une psychologie, une morphologie et une physiologie spécifiques et différentes de celles des autres individus. Il précise d'ailleurs que ces distinctions ne prouvent pas l'existence d'une « race juive », terme qu'il rejette; mais il écrit : « Quant à la prédisposition de l'Israélite à l'angoisse, elle paraît exister, sur le plan pathologique, au sens de la fréquence vraiment assez frappante des cas de psycho-névrose anxieuse dans les milieux israélites en général »[132] : Hesnard cite ici, comme référence, une discussion qui a eu lieu en 1937 à la *Société médico-psychologique*. On sait en effet qu'à cette époque les Juifs avaient de bonnes raisons d'être plus anxieux que les non-Juifs. Est-il besoin pour expliquer ce phénomène d'invoquer une « prédisposition »?

Ce texte, « philosémite », rédigé en 1942 et publié en 1946, se passe de commentaires, mais appelle une remarque : Hesnard emploie les mots « juif, latin, aryen, etc. » de la même façon qu'autrefois il expliquait le caractère « germanique » de la pensée freudienne. Autrement dit, le « chauvinisme » d'Hesnard n'est pas une concession tactique faite au « climat germanophobe » d'une époque, mais perpétue le fondement d'une tradition xénophobe dont les principes reposent sur les mêmes préjugés héréditaristes et organicistes que le discours antisémite. Comme Jung, mais avec plus de certitude, Hesnard est persuadé de l'existence d'une psychologie différentielle selon les peuples, les nations et les ethnies, à l'intérieur desquels il distingue le Juif, l'Israélite, l'Aryen, le Latin, etc. Son « philosémitisme militant » est ainsi la forme retournée d'un antisémitisme à peine refoulé : si Freud, le Juif civilisé, se distingue « constitutionnellement » de l'Israélite d'Afrique du Nord, habile et rusé, c'est qu'il existe *par essence* une typologie spéciale des Juifs, comme des non-Juifs, et que celle-ci se retrouve à l'intérieur des communautés juives, dans une différenciation entre les Juifs supérieurs et les Juifs inférieurs; elle traverse également les communautés humaines qui se divisent selon le principe des masses et des élites.

Dans le troisième chapitre de son article, Hesnard débouche sur l'étude de l'*arriération affective spécifique de l'Israélite :* « Sur le plan affectif, écrit-il, – le plan psychologique en profondeur –, il y aurait chez l'Israélite une sorte d'arriération ou d'infantilisme, qui expliquerait l'arrêt évolutif de son sens social au niveau du clan ou de la tribu : d'où une certaine insuffisance de l'esprit national dans les masses juives non assimilées; celui-ci n'acquérant sa pleine maturité que chez les individus entièrement assimilés après plusieurs générations par une nation [133]. » Il souligne alors que cette « arriération » n'a qu'une « valeur métaphorique » et ne doit pas être utilisée de façon péjorative; du reste on ne l'observe pas chez Freud, mais « seulement dans la personnalité biologique de tout névropathe, Israélite ou Aryen [134] ». Autrement dit, Hesnard, psychanalyste, n'a jamais renoncé *théoriquement* aux idéaux de l'hérédité-dégénérescence qui lui permettent en 1942 de démontrer que tout névropathe est *biologiquement* un arriéré. Dans les œuvres des autres psychiatres et psychanalystes de cette génération, l'organicisme, le biologisme et l'héréditarisme sont également maintenus, mais comme les « restes » d'une théorie antérieure dont les principes originels se sont transformés avec le dynamisme; cela est vrai, même chez Pichon, dont le chauvinisme « latin » et « patriotique » n'a pas le même contenu théorique que celui d'Hesnard. Chez M. Bonaparte, le biologisme n'est pas fondé théoriquement mais s'apparente à un fantasme quasi délirant.

Dans la préface du livre où est publié son article, Hesnard écrit : « Le professeur Sigmund Freud, créateur de la psychanalyse, est mort à Londres au début de la récente guerre. Il s'y était réfugié pour fuir les odieuses persécutions que son *étiquette raciste de Juif, donc l'israélisme apparent ou prétendu de son œuvre avaient attirées sur sa prééminente personnalité* [135] ». En d'autres termes le qualificatif « juif » est bien ressenti ici comme injurieux ou porteur de racisme et « l'israélisme », caractère spécifique, selon Hesnard, de la psychologie juive, ne s'applique pas à l'œuvre de Freud dans la mesure où la personnalité de celui-ci est « supérieure ». Les mots « juif » et « israélite » revêtent donc pour l'auteur un caractère dévalorisant mais « juif » a un contenu raciste plus fort qu' « israélite » qui définit une simple typologie. On retrouve l'opposition traditionnellement française entre les deux termes.

Avec son « philosémitisme », qui perpétue son chauvinisme, son anti-pansexualisme et son culte de la « race latine », Hesnard est bien, malgré les apparences de son hygiénisme ou de son janétisme, le seul et l'ultime représentant, à l'intérieur de la SPP, du versant inégalitariste de la tradition française de l'hérédité-dégénérescence.

René Laforgue est un antiraciste convaincu et son hostilité au chauvinisme et à l'antisémitisme est notoire. Avant-guerre, il adhère à la ligue contre l'antisémitisme. Obsédé par l'arrivée du nazisme au pouvoir, qui risque, après l'invasion de la France, de le renvoyer dans les rangs de l'armée allemande ou de faire de lui un citoyen du IIIe Reich, il écrit un pamphlet contre Hitler qu'il détruira par peur des perquisitions. Délia Clausel raconte qu'il a fait traduire intégralement *Mein Kampf* pour alerter l'opinion française et ses amis sur les dangers du nazisme. Durant l'Occupation son attitude est ambivalente : il fréquente l'Institut culturel allemand, fait un voyage non officiel à Berlin, et protège des Juifs persécutés en les hébergeant dans sa maison de campagne. A la Libération, l'Ordre des médecins, à travers John Leuba et *L'Évolution psychiatrique,* lui fait un procès pour collaborationnisme d'où il sort acquitté. Brisé par cette campagne il démissionne de la SPP en 1953. Aucune preuve suffisante n'a pu être retenue contre lui mais aujourd'hui encore, pour certains historiens du mouvement, le fondateur de la SPP de 1926 est assimilé à un collaborationniste. En réalité Laforgue a été poursuivi pour d'autres motifs que ceux de sa prétendue « intelligence avec l'ennemi »; il a payé l'addition de la politique chauvine d'avant-guerre, celle de Pichon, qu'il n'a pas réussi à empêcher, celle d'Hesnard qui s'empresse de changer de bannière. Il a été aussi la victime de son non-conformisme par rapport à l'IPA. L'incontestable ambivalence de son personnage d'Alsacien a servi à le démettre d'une position de fondateur qui était devenue « symbolique ». L'IPA ne demandera pas son exclusion [136].

Le rapport de Laforgue à la judéité de Freud passe par l'intérêt qu'il porte aux religions en général et au judaïsme en particulier. Le 1er janvier 1928, après avoir lu *L'Avenir d'une illusion,* il fait part à Freud de ses craintes que la critique de la religion conduise à mettre la psychanalyse à la place de celle-ci : « Je crains cependant qu'il faille dire malgré tout, écrit-il, que l'on sera forcé de mettre la psychanalyse à la place de la religion, même disons-le au risque de vous voir reprocher encore davantage de vous mettre à la place du Pape ou de Dieu [137]. » Freud est embarrassé mais sa réponse montre qu'il a compris que Laforgue a mis le doigt sur le problème central de l'histoire du mouvement psychanalytique : « Il semble, écrit-il, que vous surestimiez tout de même ce petit livre vraiment modeste. Les arrière-plans que vous découvrez se trouvent *dans le sujet et non dans le livre* [...] Cela me déroute parfois que les analystes eux-mêmes ne soient pas radicalement changés par leur commerce avec l'analyse [138]. »

Superbe énoncé! C'est dans le *Moïse* que Freud va achever de penser cette question de la « légende » du grand homme, alors même qu'il est devenu le Pape du mouvement. Il a compris ce que lui signifie Laforgue : les querelles internes aux mouvements s'expriment à la manière des luttes religieuses et la pratique de la cure ne « transforme » pas les analystes; elle ne leur permet pas de mettre en œuvre une politique fondée sur la castration, le décentrement et la découverte de l'inconscient.

Laforgue se rend à Vienne et parle avec Freud de *L'Avenir d'une illusion.* Plus tard, dans son *Journal,* il relate la discussion : « J'entends encore sa voix raisonner à mes oreilles, me parlant de son livre : " C'est mon plus mauvais livre; ce n'est pas un livre de Freud. Freud est mort. Je regrette pour vous que vous ne l'ayez pas connu plus tôt, car croyez-moi, c'était vraiment un grand homme. *L'Avenir d'une illusion* est le livre d'un vieil homme " [...] J'étais abasourdi par cette confidence subite [...] Ces paroles me semblent importantes. En tout cas elles m'ont mis en garde et depuis ce moment j'ai considéré Freud comme un vieillard, malgré le culte ou peut-être à cause du culte dont il était l'objet de la part de son entourage, culte poussé jusqu'à l'adulation [139]. »

Laforgue ne tire pas parti de cette confidence de Freud. Il lui reproche son refus de l'illusion puis évolue lui-même vers une religiosité prononcée et un certain spiritualisme. En 1935, il prononce une conférence intitulée *L'Influence d'Israël sur la pensée moderne* [140] où il compare Freud à un Moïse sans religion ni croyance. Il espère toujours que celui-ci va changer d'avis et renoncer à son « erreur ». La lecture de *Moïse et le Monothéisme* le déçoit profondément et en 1949, il publie à ce sujet un article intitulé *Freud et le Monothéisme* [141]. Il s'appuie sur un travail de Bienenfeld, juriste et disciple de Freud, qui a étudié le problème des Juifs sans religion : « Bienenfeld, écrit Laforgue, ne fait pas autre chose que d'étudier avec autorité un sujet limité : le super-ego judaïque. » Laforgue tente de démontrer que Freud est victime de l'illusion du progrès de la science selon laquelle la raison peut vaincre la croyance : « Il a méconnu à tel point la formidable puissance affective qu'allait déterminer sa doctrine, qu'il n'a même pas pu supposer que certains de ses élèves, beaucoup plus sectaires que lui-même, le traiteraient non en maître mais en prophète, accusant ceux qui ne respecteraient pas la virgule de ses écrits d'être de dangereux hérétiques, les persécutant même et cherchant à les exclure de la communauté des croyants de la psychanalyse freudienne [142]. »

La démarche de Laforgue est la seule parmi celles des fondateurs de la SPP à aborder la judéité de Freud à partir de la psychanalyse elle-même et non sous le couvert d'un psychologisme ou d'un héréditarisme. De ce fait, elle anticipe des travaux qui seront produits par le mouvement psychanalytique dans l'après-coup de la publication du *Moïse,* et inaugure une réflexion sur l'histoire de ce mouvement et de ses querelles.

Rudolph Loewenstein et Marie Bonaparte abordent la question juive à partir d'une « psychologie de l'antisémitisme ». Leurs textes sont chaleureux et sympathiques mais sans aucun intérêt théorique ou psychanalytique. La princesse a toujours été une ardente dreyfusiste; elle est âgée de quinze ans quand l'affaire éclate et son père, libéral, soutient l'innocence du capitaine, tandis que sa grand-mère l'accable. Marie s'identifie à son arrière-grand-oncle, l'empereur, parce qu'il est l'émancipateur de la communauté juive française; elle n'est ni chauvine ni germanophobe et aucune trace d'antisémitisme, même refoulé, n'apparaît dans ses textes. Elle emploie le mot « Juif » et elle le revendique sans jamais utiliser le terme « Israélite ». Il n'est pas impossible que, dans les fantasmes inconscients de la princesse, existe la croyance que Marie-Félix Blanc ait été porteuse de « sang juif ». La mère morte incarne pour elle l'image d'une femme étrangère, faible, allemande, persécutée par une belle-mère chauvine et conservatrice. Marie-Félix est « riche » et son « or » lui vient d'un père qui a fondé le plus grand tripot de France. Elle a pu être assimilée, dans l'inconscient de sa fille, à la figure légendaire de la « femme juive » et sa tuberculose symboliserait le « mauvais sang » d'une « race honnie » par les antisémites. Marie méprise cet argent hérité : elle le dépense, telle une « flambeuse », pour la cause freudienne et ne cherche pas à en gagner dans sa pratique. La thématique de l'or et du sang est sans cesse présente dans ses attaques contre l'antisémitisme, qu'elle considère comme une « tare mentale »; elle s'identifie à une femme juive et ne se dit pas philosémite mais anti-antisémite. La défense de la psychanalyse ne se sépare pas chez elle d'un combat en faveur de toutes les diasporas. Héritière des idéaux de la Révolution, la princesse est une authentique militante des droits de l'homme : elle défend ceux des criminels comme ceux des Juifs et des persécutés, mais c'est toujours à partir de son enfance et de son trajet biographique qu'elle projette sur le monde des jugements et des états d'âme qui empêchent toute distance nécessaire à la réflexion et à l'analyse.

Le problème juif est abordé par elle dans deux textes d'après-guerre, en

1946 et en 1951. Le premier est une étude du *Juif Satan* qui se trouve dans les *Mythes de guerre* [143] et le second est la retranscription d'une conférence prononcée à l'association des B'naï B'rith; il s'intitule *Des causes psychologiques de l'antisémitisme* [144]. Marie Bonaparte y mélange allégrement les travaux de Sartre, Loewenstein, Freud et Gustave Le Bon avec ses histoires d'enfance pour démontrer que les antisémites sont des fanatiques qui ont la haine des boucs émissaires et qui les persécutent. Le seul intérêt de cette conférence est le récit d'une confidence que lui a faite Freud en 1926. Comme la princesse lui expliquait que l'antisémitisme était un mal moyenâgeux et obscurantiste qui serait vite dissipé par les Lumières des temps modernes, celui-ci lui rétorqua : « Attendez! On verra sans doute un retour offensif terrible. » Reconnaissons à Marie Bonaparte qu'en relatant cette confidence, elle acceptait d'avouer sa « candeur » face à un grand homme, comme elle le dit, mais aussi devant un public qui avait vécu le génocide. Ah! si seulement elle avait pu admettre parfois qu'elle était capable de se tromper, le destin du mouvement psychanalytique en France en eût été changé. Hélas les faits sont têtus...

Dans l'introduction à son livre intitulé *Juifs et Chrétiens* et traduit en France sous le titre *Psychanalyse de l'antisémitisme* [145], R. Loewenstein explique que cet ouvrage est la conséquence de la terrible déception qu'il a ressentie quand, à cause du nazisme, il a été obligé de quitter la France, son pays d'adoption. Le livre est dédié aux chrétiens qui se sont sacrifiés pour sauvers les Juifs persécutés et tente d'expliquer, à l'aide de la psychanalyse, la nature et l'origine de l'antisémitisme. Loewenstein ne mentionne pas l'existence du *Moïse* et produit une étude médicale, psychologique et psychiatrique du phénomène antisémite qui est considéré sous l'angle d'une « pathologie ». Le Juif est « l'homologue » de l'Antisémite, son « autre », son « double » et la psychanalyse est employée comme une méthode ayant à charge de dresser le portrait-robot de l'antisémite, véritable « malade mental », névrosé ou phobique du Juif. Quant au Juif lui-même, il est analysé sur le même modèle, avec ses caractéristiques particulières. A cela s'ajoute une étude sociologique des origines de l'antisémitisme en Europe. Naturellement le mot « israélite » n'apparaît pas mais l'auteur s'étend longuement sur le couple formé par le Juif et le Chrétien. En fait, ce livre ne doit rien à la psychanalyse; il ne tient pas compte des nouveautés apportées par Freud sur la légende du grand homme, la démythification de la notion de peuple élu et l'interprétation du rite de la circoncision, etc. L'héréditarisme à la française est absent de l'ouvrage, mais l'idéal psychologiste qui préside à son élaboration montre que Loewenstein est persuadé de l'existence d'une psychologie spécifique aux Juifs, d'où le fait qu'il ne cesse d'affirmer, comme un contrepoint « dénégatif », que le Juif est un individu comme les autres. Ce texte ne contient, en aucun cas, les mêmes mots ou expressions que celui d'Hesnard, mais il maintient l'idée d'une typologie différencielle des communautés fondée sur le primat d'une psychologie de la relation à l'autre. Il eut été plus cohérent de la part des Français d'éditer ce livre sous son titre original et d'éviter d'y introduire le mot psychanalyse.

La lecture des textes écrits par les fondateurs de la SPP sur la question juive montre que, contrairement à une opinion largement répandue, les conflits qui opposent les analystes à l'époque de l'entre-deux-guerres ne sont pas liés directement à la judéophobie des uns, au philosémitisme des autres ou à l'appartenance juive ou non juive des émigrés ou des étrangers. Il n'existe pas, dans la SPP, deux clans, celui des judéophiles d'un côté et celui des antisémites de l'autre. Les véritables divergences sont à l'échelle de ce qui se passe dans le mouvement international; elles portent sur la technique d'une part, où Laforgue affronte, comme Ferenczi, la ligne rigide de l'IPA soutenue en France par Freud, et de l'autre sur un projet impossible à concrétiser où Pichon tente de fonder une « psychanalyse française » avec l'appui de la tradition médicale contre le « dogmatisme viennois ». L'antisémitisme est présent, souvent *au titre d'un refoulement,* dans *certains* textes de *certains* psychanalystes français. En général ceux-ci sont publiés dans des lieux marginaux (les discours du « docteur » Pichon) ou dans l'après-coup des conflits de l'entre-deux-guerres, pour des raisons historiques précises. C'est à partir de l'interprétation de ces documents que l'on peut comprendre ce qui s'est passé à cette période et faire un lien entre la germanophobie, le culte de la latinité, l'antisémitisme et l'héritage de la théorie de la dégénérescence.

Nous ne trancherons pas la question de savoir si l'absence de Juifs de « souche française » ou assimilés parmi les membres fondateurs de la SPP est ou non significative de cette situation. En tout cas malgré sa naturalisation et à cause des événements politiques, Loewenstein n'est pas devenu un maître en France. L'essentiel de son œuvre est américaine et l'ego-psychology, qui triomphera dans l'IPA, sera ressentie, comme une psychanalyse « à l'américaine » au même titre que le pichonisme était vécu comme spécifiquement français. Lacan, comme Freud, tentera l'aventure de l'universalisme pour détacher la psychanalyse de toute étiquette nationale ou géographique.

Au groupe de *L'Évolution psychiatrique,* trois Juifs font partie des membres fondateurs. E. Minkowski et sa femme Françoise Minkowska sont des émigrés polonais. Paul Schiff est un Juif assimilé. Les œuvres de ces trois fondateurs sont écrites en langue française et font partie de la tradition psychiatrique française; elles se veulent « scientifiques » et n'ont pas pour objectif de « coller » à une estampille nationale. Ceci explique, en partie, l'absence de dogmatisme à l'intérieur du groupe et la rupture consommée avec les idéaux de l'hérédité-dégénérescence.

Dans l'EP comme à la SPP les oppositions ne tournent pas autour de la question juive et n'aboutissent pas à la constitution de deux clans pivotant autour de l'antisémitisme. Celui-ci est présent au sein des groupes mais il ne s'exprime jamais notoirement et n'est pas déterminant dans les querelles. Cette situation reflète la manière dont le freudisme est accueilli en France comme une « doctrine allemande » et non comme une « science juive ».

En Suisse les choses se sont passées différemment; l'opposition directe entre l'éthique protestante et la judéité joue un rôle central dans le triple conflit entre Jung, Bleuler et Freud. Il n'est pas question d'antisémitisme au sens strict mais d'une querelle théorique (la sexualité) où intervient la morale religieuse et la notion de « mentalité psychologique » des peuples. C'est du reste dans ce cadre que Freud a voulu déjudaïser la psychanalyse, en choisissant « la psychiatrie allemande » de Kraepelin contre la nouvelle schizophrénie « helvétique » de Bleuler. Les divergences entre les alémaniques et les francophones interviennent à l'intérieur du mouvement psychanalytique suisse dominé par l'éthique protestante : elles apparaissent après la dissidence jungienne et dans le creuset d'une division interne au freudisme où la question de la judéité ne joue plus de rôle.

Il existe cependant deux points communs entre la dissidence jungienne et la situation française : en premier lieu le phénomène des reniements et des conversions se présente de part et d'autre sur le modèle d'une lutte religieuse, bien qu'il porte sur des problèmes théoriques et politiques; on renonce à une « Église » pour adhérer à une autre, puis on fait retour à l'ancienne « foi », ou alors on renie la deuxième pour s'attacher à une nouvelle « spiritualité », etc. C'est ce problème que Freud a tenté de comprendre à la veille de sa mort; en interrogeant les origines de la religion juive, il a fourni les instruments théoriques nécessaires pour penser cette sorte de transformation inéluctable de la psychanalyse en une nouvelle religion; il a pu effectuer ce travail parce que, n'ayant jamais eu la foi, il n'a pas eu à renier son « Église » à laquelle il n'était attaché que par tradition culturelle. Deuxième point commun : les oppositions religieuses ou culturelles (judéité contre protestantisme ou latinité contre germanisme) recouvrent des conflits théoriques dont les enjeux ont trait aux idéaux de l'hérédité-dégénérescence qui dominent le savoir psychiatrique de la fin du XIXe siècle. Ceux-ci ont partie liée avec l'élaboration des notions modernes de « race », de « nation », d' « élite » et de « masse »,etc. Dans le domaine de la psychanalyse, on en retrouve la présence ou simplement les « restes » dans des démarches visant à l'élaboration d'une psychologie spécifique liée à la diversité des peuples et des cultures. C'est en payant le prix de l'universalisme et du scientisme que Freud a pu forger une théorie de l'inconscient capable de rompre avec cette tradition, religieuse, héréditariste, psychologiste. Mais il n'a pu empêcher que sa doctrine soit « débordée » par cela même dont il s'était séparé : d'où le destin particulier de la psychanalyse. Il y a de fortes chances pour que l'on retrouve dans chaque pays où elle s'est implantée des modes de fonctionnement identiques, dont les variantes peuvent s'étendre à l'infini...

III

Le groupe de l'Évolution psychiatrique

Le 1er juillet 1925, Max Eitingon envoie à René Laforgue une lettre enthousiaste pour le remercier, au nom de la cause analytique de sa participation active à la création du groupe de l'*Évolution psychiatrique :* « Mon plus cordial remerciement, écrit-il, pour les signes si éloquents de votre activité au service de la cause commune et en particulier pour le plus beau document de cette activité, pour " L'Évolution psychiatrique ". J'admire l'énergie et la grande adresse avec lesquelles vous menez la campagne de France. Un quotidien russe qui fait autorité à Paris a donné un assez long compte rendu de ce livre sous le titre " Une victoire du freudisme ". Le livre va nous valoir à coup sûr beaucoup d'amis en France et à vous, à coup sûr, beaucoup de louanges, car c'est ainsi justement qu'il faut se battre en France pour l'analyse afin de bien vaincre. Mais par ailleurs, je suis certain que vous comprendrez le sourire avec lequel j'ai lu dans l'avant-propos cette phrase : " Quittant le terrain trop délibérément dogmatique et doctrinaire sur lequel a glissé la psychanalyse allemande " [...] Mais soyons sérieux, je vous félicite vraiment de cette réussite [1]. »

Cette lettre appelle plusieurs remarques. On peut y voir qu'à cette date le conflit entre Laforgue, Freud et l'IPA n'a pas encore éclaté et que la création de la revue de l'EP n'est pas ressenti par Eitingon comme une tentative de colonisation de la psychanalyse par la psychiatrie, mais au contraire comme une victoire « napoléonienne » du freudisme en France. Eitingon critique avec une certaine bonhomie l' *Avant-propos* et l' *Aperçu historique* publiés dans le premier numéro et signés de la rédaction [2].

En lisant de près ces deux textes introductifs, on y reconnaît la griffe d'Angelo Louis Marie Hesnard. Ils reprennent les clichés traditionnels de l'antifreudisme : hostilité au pansexualisme et au symbolisme, méfiance à l'égard d'une « doctrine allemande » et apologie de la « race latine ». Le fait qu'ils soient cautionnés par la rédaction indique moins la position personnelle de chacun des membres que le climat dans lequel fonctionne la « mentalité » française de l'époque face à la psychanalyse. Ce n'est certainement pas un hasard si on a laissé à Hesnard, comme *pionnier* du mouvement avant-guerre, le soin de rédiger ces lignes.

L' *Aperçu historique* témoigne de la manière dont Hesnard se représente à lui-même l'histoire du mouvement en le transfigurant. Il débute par l'affirmation selon laquelle l'hostilité du monde médical français à la psychanalyse est beaucoup plus tenace que partout ailleurs; naturellement l'auteur ne dit pas qu'il est lui-même, en partie, l'artisan de cette hostilité et se range dans le camp des partisans d'un freudisme revu et corrigé à la sauce latine. Du coup, il dit ne pas vouloir rechercher les causes de la répugnance française à l'égard de la psychanalyse, puis cite les travaux de Kostyleff, Vaschide et Morichau-Beauchant dont le nom est curieusement écrit « Mauricheau-Bauchant ». Il en vient ensuite au congrès de Londres pour souligner que l'exposé de Janet a eu un grand retentissement. A propos des névroses de guerre, il écrit cette phrase extravagante : « Il est évident que la peur du danger est à la base des névroses de guerre et que l'angoisse des champs de bataille n'a rien à faire avec la sexualité [3]. »

Ainsi notre auteur anonyme dévoile-t-il la représentation qu'il se fait de la théorie freudienne de la sexualité, réduite à une vague disposition génitale qui n'apparaîtrait que durant les périodes de paix. Les travaux de Flournoy, Delage, Logre, Dupré, Trepsat, Claude, Ribot, Bergson etc. sont cités pêle-mêle et la contribution des écrivains au freudisme est réduite aux œuvres de Paul Bourget et à des critiques littéraires ayant appliqué la psychanalyse à la chanson de Roland, à Maupassant et à J.-J. Rousseau. Une allusion est faite à Albert Thibaudet, à certaines revues et au *Disque vert* [4]. Ensuite on trouve une référence au texte de R. de Saussure publié dans l'IJP en 1921 sous le titre *La Littérature française de la psycho-analyse avant 1919* : « C'est surtout au sujet du rôle que Freud fait jouer à la sexualité, écrit Saussure, que les auteurs français ont fait des objections. Ils lui reprochent d'avoir étendu le sens du mot sexuel, à tel point que celui-ci, au lieu de représenter un concept parfaitement précis et utile à la science, devient un terme si général qu'il prête à confusion. Ces mêmes objections ont été faites par des auteurs anglais, mais plutôt que de rejeter toutes les idées de Freud, à cause des quelques points auxquels ils ne pouvaient souscrire, ils ont utilisé grand nombre de ses découvertes. Les Français n'ont pas eu le même sens pratique, et il en est bien peu qui aient cherché à expérimenter l'analyse des rêves et la méthode des associations. Aussi ne faut-il pas s'étonner de ce que tant de leurs critiques aient un caractère si théorique [5]. » Comme il le fait ailleurs, Saussure vise ici, en partie, certains travaux de son collègue Hesnard. Voici comment ce dernier commente dans l'EP ces critiques contre la France : « Nous aurons plus tard l'occasion de rechercher les raisons de cette opposition; elle ne tient pas à un défaut de sens pratique mais à des malentendus apparus en vertu des *raisons psychologiques profondes tirées de la constitution même de notre esprit national* [6]. » Après cette apologie du constitutionnalisme, Hesnard retrace l'épisode du congrès de Besançon, puis montre l'importance de son propre exposé et enfin résume les critiques qui lui furent faites à cette époque par Hartenberg, auquel il reproche de confondre le génital et le sexuel. Décidément notre pionnier possède la faculté inouïe de critiquer dans la démarche de ses adversaires une argumentation qu'il développe dans la sienne propre. Heureusement, au bout du compte, le sens « caché » de son opinion revient à la surface de l'océan : « Nous insistons sur ce point, écrit-il [à propos de la « confusion » d'Hartenberg], parce qu'à notre avis, il y a un malentendu terminologique essentiel à dénoncer si l'on veut arriver à dégager de la psychanalyse ce qu'elle peut avoir de vrai et d'utile, c'est-à-dire *une psychologie de l'intérêt humain*[7]. »

Hesnard fait ensuite l'éloge du Burghölzli, de Laforgue et de Minkowski avant de conclure son article par ces mots : « Nulle époque n'est donc mieux choisie que celle que nous vivons pour accueillir avec loyauté et soumettre à la critique de l'esprit latin de mesure, les vues profondes, incertaines, mais géniales du Pr S. Freud, le premier auteur d'une psychologie universelle fondée sur l'affectivité[8]. »

L'auteur de cet historique a commis pourtant une formidable bévue : il a oublié de mentionner le nom de G. Heuyer parmi les protecteurs de la psychanalyse. Mécontent, celui-ci envoie un rectificatif qui sera mentionné en 1927, lors de la deuxième livraison de la revue, et accompagné d'un vibrant appel à une collaboration.

L'*Avant-propos* et l'*Aperçu historique* de 1925 peuvent « faire sourire » Eitingon. En effet ces deux textes ne sont pas représentatifs de la démarche d'ensemble de ce groupe qui n'est pas constitué sur le modèle d'une société analytique des années 1925-30 mais ressemble plutôt au premier cercle viennois. Comme l'indique le titre de la revue, il s'agit d'un groupe « évolutif » c'est-à-dire informel ou dynamique, composé de collaborateurs variés, représentant plusieurs courants de la nouvelle psychiatrie. Il n'a pas pour objectif de former des praticiens, selon des directives précises, mais plutôt de créer un lieu pour la publication de travaux français dans les domaines de la psychologie clinique, de la psychologie générale et de la psychiatrie. Évidemment la théorie freudienne est saluée comme une nouveauté, puisque sa méthode transforme l'écoute du fait mental.

Au départ les membres de l'EP sont au nombre de onze, parmi lesquels se trouvent sept fondateurs de la future SPP : Allendy, Pichon, Laforgue, Parcheminey, Hesnard, Borel et Codet; Paul Schiff fait partie du noyau ainsi que Françoise Minkowska, Eugène Minkowski et Gilbert Robin qui ne seront jamais psychanalystes. Il faut ajouter Odette Codet qui rejoint très vite le groupe, ce qui porte à *douze* le nombre des membres actifs. A côté d'eux on trouve de nombreux collaborateurs qui participent à l'élaboration de la revue, de sorte qu'il est difficile de définir avec précision une liste de « permanents ». Par rapport à la SPP, intégrée à l'IPA, l'EP est paradoxalement un mouvement peu dogmatique puisqu'il n'a pas l'obligation d'adhérer à une politique officielle[9].

Entre 1925 et 1932, la périodicité des livraisons n'est pas définie et reste tributaire des manuscrits recueillis; six numéros sont publiés durant cette période; après le premier, le deuxième paraît en 1927, avec une orientation psychanalytique plus évidente, le troisième en 1929, le quatrième en 1931, et le cinquième et le sixième en 1932. En 1930, une distinction se précise entre les collaborateurs et les membres : sous la présidence de Codet, avec Minkowski au secrétariat, on retrouve les membres du noyau fondateur. En 1938, la liste des membres de l'EP se répartit de la façon suivante : onze rédacteurs, trente-sept titulaires et quatre correspondants (suisses) [10].

Dès 1932, sous l'impulsion d'Henri Ey qui ne fait pas partie du noyau rédactionnel, mais qui regroupe autour de lui les psychiatres et psychanalystes de la deuxième génération, la revue devient trimestrielle et prend alors une orientation un peu plus doctrinale. Dans les premières années le groupe se réunit dans l'appartement des Codet, puis en 1934 il est hébergé par l'institut de psychanalyse. Mais, en 1936, la rédaction prend la décision de ne plus siéger chez les psychanalystes et de choisir un nouveau local. Henri Ey émet le vœu que soient suscitées en plus grand nombre des candidatures de neurologues. Cette année-là un numéro spécial est consacré à Freud pour son quatre-vingtième anniversaire.

Il est intéressant de citer entièrement l'avertissement publié par la rédaction au moment de la sortie du volume de ces *Études freudiennes* : « Notre revue, libérale et éclectique, présente des travaux d'inspiration et d'orientation diverses, laissant aux auteurs de toutes tendances la faculté d'exposer leurs recherches, leurs conclusions. Elle ne veut s'imposer aucun esprit d'école, aucun systématisme; elle vise à mettre en lumière tout ce qui peut contribuer à une connaissance meilleure, à un progrès dans le domaine de la psychiatrie. Dans ce sens l'examen des théories freudiennes et l'observation des cas cliniques par la technique psychanalytique nous apparaissent comme l'une des parties importantes de la science psychiatrique. La psychanalyse a suscité et suscite encore de nombreuses controverses, soit relative à son ensemble même, soit visant certains de ses points particuliers. Elle a soulevé un mouvement d'idées considérable, elle a marqué de son influence beaucoup d'esprits, même chez ses opposants; elle fournit une compréhension nouvelle du mécanisme des maladies mentales, elle présente à son actif des résultats thérapeutiques impressionnants. Aussi nous a-t-il semblé indiqué, par une dérogation à notre composition habituelle, de présenter ce volume consacré à des travaux psychanalytiques. En cette année 1936, quatre-vingtième anniversaire de Freud, nous pensons juste de lui rendre ainsi hommage; et les membres du groupe de l'EP, quelle que soit leur attitude d'esprit dans l'ordre scientifique, s'associent dans un même témoignage d'admiration et de respect pour la personnalité et l'œuvre du Maître de Vienne [11]. »

Comme on le voit, le ton et le style de cet avertissement n'ont plus rien à voir avec le chauvinisme hesnardien de 1925. En 1936, la ligne politique de l'EP s'est donc confirmée dans ce qu'elle a toujours été : la volonté de *confronter* la psychanalyse et la psychiatrie dans une optique libérale. Autrement dit, cette ligne a triomphé de celle, chauvine, de Pichon et Hesnard. Il y a plusieurs raisons à cela. En premier lieu Minkowski, Minkowska et Schiff ne sont pas germanophobes; ensuite les représentants de l'IPA ont massivement investi les colonnes de la revue; enfin, Henri Ey et la deuxième génération psychiatro-psychanalytique française s'orientent vers l'élaboration d'une nouvelle doctrine de la maladie mentale d'où sont absents les idéaux de la race ou de la patrie. C'est peut-être, paradoxalement, pour cette raison, que le numéro anniversaire de 1936 est sans grand intérêt. Les « ténors » du mouvement ne s'y expriment pas. La rédaction rend hommage à Freud mais choisit de publier deux textes très « médicaux » de Codet et un autre signé de Loewenstein et Cénac. C'est seulement dans un article splendide de Jacques Lacan que s'énonce la ligne politique du groupe; celui-ci est intitulé *Au-delà du principe de réalité;* il forme une sorte de complément au *Stade du miroir;* il est daté de la façon suivante : « Marienbad-Noirmoutier, août-octobre, 1936 ». L'auteur situe d'emblée sa propre position dans l'histoire du mouvement et celle-ci resprésente, en quelque sorte, celle de la deuxième génération : « La psychologie nouvelle, écrit-il, ne reconnaît pas seulement à la psychanalyse le droit de cité; en la recoupant sans cesse dans le progrès de disciplines parties d'ailleurs, elle en démontre la valeur de voie de pionnier. Ainsi c'est, peut-on dire, sous une incidence normale que la psychanalyse est abordée par ce que nous appellerons, passant sur l'arbitraire d'une telle formule, la deuxième génération analytique. C'est cette incidence que nous voulons ici définir pour indiquer la route où elle se réfléchit [12]. »

Il faut donc constater que malgré les apparences le « séparatisme » de l'EP qui s'affirme dans les propos d'Henri Ey en 1936 n'a pas pour cause, ni pour conséquence, un rejet de la psychanalyse, mais une volonté de délimiter la géographie des appartenances et des zones d'influence. Face à l'extension du mouvement psychanalytique, de plus en plus dominé par Marie Bonaparte, dont l'action en faveur de la Laienanalyse est ressentie comme antimédicale, la politique de l'EP se transforme dans deux directions; d'une part il faut doter la revue d'une périodicité qui la rende capable de rivaliser avec la RFP, et, d'autre part, il faut donner à la psychiatrie moderne des assises solides à l'intérieur de la profession médicale, quitte à développer l'ouverture vers la psychanalyse dans un enseignement diffusé par des psychiatres et destiné à des psychiatres, lesquels deviendront un jour ou l'autre psychanalystes. Pour mettre en œuvre cette politique, une séparation s'impose d'avec la SPP, qui est un organisme strictement psychanalytique, inféodé à l'IPA.

On arrive donc au paradoxe suivant qui se perpétue au-delà de la seconde guerre : la majorité des psychanalystes qui vont devenir les chefs de file de la deuxième génération suivent les traces de leurs aînés et débutent leur carrière à l'EP en même temps qu'ils grossissent les rangs de la SPP. Cette situation n'a rien d'étonnant : le programme authentiquement profane de Freud ayant échoué, aucune séparation théorique n'intervient dans le mouvement psychanalytique de l'entre-deux-guerres, entre le principe d'une formation analytique « didactique » et celui d'une carrière médicale. Même si la cure et les contrôles sont les seuls critères retenus officiellement par la SPP pour l'autorisation de la pratique analytique, ce sont tout de même des psychiatres qui forment la majorité de ses membres; les non-médecins restent largement minoritaires et on leur conseille toujours de faire des études médicales, contrairement, rappelons-le, à l'opinion de Freud. Dans cette perspective, l'EP apparaît dès sa fondation et plus tard encore comme une « pépinière » d'analystes, selon le mot de Laforgue. Quant aux psychiatres de ce groupe qui ne deviennent pas analystes, ils se « confrontent » à la psychanalyse.

A cet égard le témoignage de Jenny Aubry est fort intéressant : elle raconte qu'après-guerre, tous les didacticiens renommés de la SPP étaient prêts à la prendre immédiatement en analyse et en contrôle parce qu'elle était neuropsychiatre et de surcroît médecin des hôpitaux, titre « prestigieux », comme on l'a vu à propos de Pichon.

La création de l'EP est donc bien, comme le dit Eitingon, une « victoire du freudisme », à condition de considérer celle-ci comme une victoire de l'IPA. Plus tard la politique suivie par Henri Ey prolonge, amplifie et transforme un mouvement qui est déjà à l'œuvre en 1925.

Au départ les praticiens qui composent la majorité des membres de l'EP sont ceux qui à la SPP forment la fraction minoritaire dite « chauvine » (Codet, Hesnard, Pichon, Borel); Allendy et Parcheminey sont « marginaux » et Laforgue « tiraillé ». Les « majoritaires » de la SPP ne font pas partie du noyau fondateur de l'EP et ne participent à ses travaux qu'au titre de collaborateurs : c'est le cas notamment de Saussure, Loewenstein, Flournoy et Odier qui publient chacun des articles dans la revue. E. Sokolnicka et M. Bonaparte, n'étant pas psychiatres, n'y figurent pas. Ceci explique pourquoi la rédaction de l'EP laisse publier le texte d'Hesnard, qui sera signé ultérieurement par Pichon; dans la RFP, c'est-à-dire dans une revue patronnée par Freud et intégrée à l'IPA, un tel texte n'aurait pas pu paraître sous cette forme. On peut donc penser que la fraction minoritaire est plus à l'aise dans les rangs de l'EP qu'à l'intérieur de la SPP, puisqu'elle n'a pas à combattre directement l'IPA ou le « dogmatisme viennois ». Pour les psychiatres-psychanalystes de cette tendance et de cette génération, l'EP représente au fond ce qu'ils voudraient que soit la SPP : un groupe *français* s'exprimant dans une revue *française,* aux multiples courants, et gouvernant son territoire sans l'ingérence d'une puissance étrangère. La politique de Laforgue est logique : dans un premier temps, il s'appuie sur les courants psychiatriques français non hostiles, *par principe,* à la psychanalyse (Claude d'un côté, Minkowski de l'autre) et participe ainsi à la création de l'EP, et dans un deuxième temps, il fonde la SPP puis la RFP qui ont à charge de représenter officiellement la psychanalyse au sein d'une situation conflictuelle où la fraction chauvine, présente à l'EP, tente de le déborder sans y parvenir. Après coup, sous l'impulsion de Marie Bonaparte, se produit un durcissement des positions de l'IPA dans la SPP, qui se répercutera dans l'EP.

Entre 1932 et 1936, au moment où il est progressivement rejeté de l'IPA pour ses « déviations », Laforgue apparaît, à l'EP, plus « psychanalyste » que « psychiatre ». En d'autres termes, la pratique « libertaire » de ce Ferenczi à la française n'est pas mieux tolérée dans un groupe que dans l'autre, et ce d'autant plus qu'à la deuxième génération, ce sont les mêmes personnes qui investissent les deux espaces : les mêmes, c'est-à-dire des psychiatres de plus en plus analysés par des didacticiens recevant le label de l'IPA; répétons une fois encore que les liens amicaux qui unissent les personnages de cette histoire n'empêchent pas le surgissement de conflits qui se produisent, parfois à leur insu.

Laforgue va progressivement se trouver isolé de deux côtés, chaque fois pour des raisons différentes, mais à l'intérieur d'un contexte où les luttes de la SPP coïncident avec celles de l'EP qui est elle-même en pleine transformation, sous l'impulsion d'Henri Ey dont l'œuvre et l'action tendent à devenir prépondérantes. Dès lors l'Alsacien prend ses distances, se retire sur la pointe des pieds et se consacre à son énorme clientèle privée, ce qui ne l'empêche pas, étant donné sa renommée, de continuer à former des didacticiens et de rester membre du comité éditorial de l'EP : n'oublions pas non plus qu'il ne sera jamais « exclu » de l'IPA.

De nos jours, l'hostilité à Laforgue se perpétue aussi bien à l'intérieur de la « nouvelle » *Évolution psychiatrique* qu'au sein de la communauté analytique. En témoigne, si nécessaire, l'article publié en 1976 par H. Sztulman à l'occasion de la célébration du cinquantenaire de la revue. Soutenant la thèse de la « récupération », ce dernier écrit : « Laforgue qui joue un rôle moteur décisif dans les deux jeunes Sociétés, mais dont la *personnalité se révèle ambiguë et parfois franchement inquiétante,* m'a conduit à penser que la meilleure définition du rôle effectif – conscient ou pas, délibéré ou pas – joué par le groupe de l'Évolution psychiatrique quant à la pénétration de la révolution psychanalytique en France fait appel à la notion d'ambivalence, voire peut-être à celle plus moderne de récupération », et plus loin : « A Paris, R. Laforgue s'affirme *incertain et fantasque,* se méfie de Freud, qui le lui rend bien, se compromet pendant la guerre et finira sa carrière au Maroc [13]. »

Fantasque, ambivalent, incertain, oui, cela correspond au « caractère » de Laforgue dont le destin est commandé par une solide névrose d'échec; mais l'emploi à son propos du « franchement inquiétant » a de quoi faire rigoler. Par ailleurs ce n'est pas Laforgue qui se méfie de Freud, mais Freud qui témoigne sa méfiance à Laforgue, tandis que celui-ci implore sa reconnaissance. Quant à l'accusation de collaborationnisme, elle ne tiendrait debout que si elle était étayée par des documents que l'auteur ne fournit pas et dont nous verrons ultérieurement qu'ils doivent être utilisés avec sérieux et sans esprit de vengeance.

Paul Bercherie souligne qu'à partir des années 20, où la psychanalyse gagne du terrain dans le domaine des psychoses, la tendance des psychiatres semble avoir été de soutenir qu'elle devait son succès à son système totalisant et qu'il devenait indispensable de donner à leurs propres conceptions une tournure plus systématique : « d'où la véritable floraison, écrit-il, des systèmes doctrinaux dans la psychiatrie récente [14] ».

En France, à côté de la nouvelle conception de la schizophrénie élaborée conjointement par Henri Claude, René Laforgue, Adrien Borel et Gilbert Robin, les travaux d'Eugène Minkowski font une synthèse entre le courant zurichois bleulerien, le bergsonisme et l'analyse phénoménologique existentielle de Binswanger.

Né en 1885 à Saint-Pétersbourg, ce Juif polonais fait des études médicales et philosophiques à Zurich puis repasse ses diplômes en Russie avant d'émigrer pour la France en 1915 où il s'engage dans l'armée afin de défendre la patrie des droits de l'homme. Ses quatre frères font également leurs études en Suisse et l'un d'eux y demeure comme neurologue. Minkowski reste quelque temps au Burghölzli et obtient le titre de Privat-Dozent. C'est son départ pour la France, où il refait, comme Loewenstein, ses études de médecine, qui l'empêche de devenir le successeur de Bleuler à la direction de la clinique. Il ne pratique pas la religion juive mais revendique son appartenance à la judéité s'opposant ainsi à l'assimilationnisme de son ami Pichon. A côté de lui, Françoise Minkowska est plus religieuse et sévère vis-à-vis des Juifs assimilés qui cherchent à masquer leurs origines. Née en 1882, elle suit le même itinéraire que son mari, refaisant plusieurs fois ses études médicales, après un séjour au Burghölzli.

Le couple a gardé de sa fréquentation de Bleuler une certaine hostilité à la psychanalyse. Minkowski reconnaît le génie de Freud et l'importance de sa découverte mais il n'aime guère la théorie de la sexualité bien qu'il n'y ait dans son attitude aucune trace de chauvinisme à la française. Il considère que l'approche de la folie doit se faire sous l'autorité du regard médical et, à l'intérieur de l'EP, il ne s'entend guère avec Laforgue dont la pratique le choque. Ami intime de Sophie Morgenstern, il est agacé, comme sa femme, par son ardeur psychanalytique. En réalité l'hostilité de Minkowski à la psychanalyse est plus une affaire de « mœurs » ou de « personnes » qu'une question de doctrine. Sous l'impulsion de Françoise Minkowska, plus rigoriste que lui, il s'oppose à la politique de Marie Bonaparte qu'il considère comme une sorte d'« usurpatrice », incompétente dans le domaine médical. Quant à l'étiologie sexuelle, il la refuse moins pour des raisons théoriques qu'à cause d'une éthique privée. Voici comment Alexandre Minkowski parle de l'éducation sexuelle qu'il a reçue de ses parents : « Mes parents étaient des intellectuels, de purs esprits, leur conversation évitait ce genre de sujet. Pas la moindre allusion. On me maintint longtemps ainsi dans une étonnante naïveté. Jusqu'à un âge avancé je crus que les enfants naissaient dans les choux. Je faisais plus qu'y croire : j'en étais absolument persuadé. Le chemin d'un spécialiste de néonatalogie est pavé de bien des surprises [15]! »

Il y a cependant une différence entre Minkowski et son maître Bleuler : s'il a adopté la philosophie psychiatrique de l'école zurichoise, le Polonais n'est pas puritain et son éthique est plus « juive » que « calviniste ». De plus, il n'a pas eu à affronter un conflit personnel avec Freud et aborde celui-ci à travers son œuvre, s'intéressant du reste à tous les courants de la psychiatrie dynamique, à Janet comme à Adler auquel il rend visite à Vienne [16]. A Paris, il entretient avec Otto Rank d'excellentes relations. Comme lui, le Viennois est un émigré de culture juive et allemande; sa désobéissance à l'IPA et ses extravagances psychanalytiques lui semblent sympathiques et ne choquent pas sa morale. Minkowski aime fréquenter de grands lettrés quelles que soient leurs mœurs ou leurs opinions. Par ailleurs, il est fortement attaché à la valeur des titres médicaux. Ainsi le chauvinisme primaire d'Hesnard le gêne moins que le « clientélisme » de Laforgue : le premier est médecin de la marine, tandis que le second est un psychanalyste « privé » qui a délaissé les fonctions hospitalières [17].

Par sa participation à la Grande Guerre, Minkowski s'est solidement attaché à la patrie française, obtenant vite sa naturalisation. La montée du nazisme ne le conduira pas, comme Loewenstein, sur la voie de l'exil mais au contraire à une fixation plus grande à sa terre d'émigration. Ceci explique qu'il ait accepté de porter l'étoile jaune, et de se conformer, ainsi, aux lois scélérates d'un pays respecté : il y a un héroïsme intransigeant chez ce grand moraliste.

Le 23 août 1943, la police française fait une descente dans l'appartement des Minkowski, leur reprochant, après une dénonciation, de ne pas porter l'étoile; ils exhibent immédiatement leur garde-robe, faisant la « preuve » de leur « innocence »; les jeunes inspecteurs se déclarent antisémites et prêts à « remplir leur mission », mais devant les pleurs de Françoise Minkowska, ils disent à sa fille Jeanine de s'enfuir, affirmant qu'ils feront semblant de ne pas l'avoir vue. Celle-ci se précipite alors chez Michel Cénac, qui, devant son affolement, imagine que Françoise Minkowska s'est suicidée. Il enfourche sa bicyclette, se rend à la Préfecture et fait valoir l'importance scientifique de cet ancien combattant volontaire. Un haut responsable constate que le nom des Minkowski figure seulement sur la « liste française » et décide de ne pas le transcrire sur le « registre allemand » de la déportation. Le couple est libéré sur un coup de téléphone, alors que les policiers, qui ont traîné dans leur appartement, les amènent au commissariat de la rue de la Gaîté [18]. Sans doute Michel Cénac, craignant un geste fatal de Françoise Minkowska, songeait-il à Sophie Morgenstern...

C'est en 1923 qu'Eugène Minkowski publie dans la revue de Janet son premier article de phénoménologie clinique, sous le titre : *Étude psychologique et analyse phénoménologique d'un cas de mélancolie schizophrénique* [19]. Il s'agit du cas d'un homme qui annonce quotidiennement qu'il sera exécuté le soir même. Quand le thérapeute lui fait remarquer que l'événement ne se produit pas malgré les prédictions, le malade répète que l'exécution doit avoir lieu dans la soirée. Minkowski en conclut que la perception du temps dans la schizophrénie n'est pas la conséquence d'une idée délirante mais qu'au contraire l'idée délirante est la manifestation pathologique d'un trouble concernant l'être humain en général dans son rapport à l'avenir. Quatre ans plus tard, il fait paraître son ouvrage sur la schizophrénie [20] pour montrer la prédominance de l'expérience de l'espace sur celle du temps dans l'univers intérieur du schizophrène, et définir ainsi un « géométrisme morbide » de la maladie mentale.

En 1929, à l'occasion du prix Nobel, il rend hommage à Bergson pour ses idées neuves dans le domaine de la psychopathologie. S'appuyant sur la distinction faite par ce dernier entre le temps et l'espace, il montre que dans l'excitation maniaque décrite par Bleuler, le sujet ne se construit plus de « présent », absorbe avec avidité le monde extérieur et reste limité à la dimension d'un « maintenant » immédiat qui témoigne d'une activité profondément dégradée [21].

Membre fondateur de l'*Évolution psychiatrique,* Minkowski est plus un philosophe de la psychiatrie ou un clinicien de la prophylaxie qu'un théoricien des systèmes. Cependant, c'est bien à une doctrine totalisante de la maladie mentale qu'il fait appel, en privilégiant un regard sur la folie centré sur l'histoire personnelle de chaque sujet et comprise dans le cadre de la relation à autrui. Pour cela, il utilise la terminologie de Bleuler et notamment les termes d'autisme et de Spaltung (au sens non freudien de la dissociation). Il lui adjoint l'analyse existentielle de Binswanger dont le questionnement philosophique à l'égard de la psychanalyse n'est pas étranger au sien. Enfin la lecture des philosophes modernes, notamment de Heidegger, Husserl puis Bergson, lui permet de doter sa clinique d'une sorte de complément métaphysique, conforme à l'idée totalisante que la psychiatrie dynamique se fait de l'être humain. Dans cette optique, l'appréhension de la folie quitte le terrain des constitutions, maintient l'organicisme mais lui adjoint une explication psychologique ou existentielle tenant moins compte d'un tableau clinique que d'un « roman » individuel. D'où le refus d'une nosographie fondée sur la fixité de symptômes repérables et l'attention portée à une « anthropologie » du fait psychique, ainsi qu'au langage et au vécu de la maladie.

Ludwig Binswanger est le contemporain de Minkowski et occupe une place à la fois marginale et particulière dans le cercle des disciples de Freud. Il est né à Kreuzlingen, ville frontière entre la Suisse et l'Allemagne, où il passe son enfance dans le sanatorium de Bellevue fondé par son grand-père – prénommé Ludwig – et dirigé alors par son père. Après un séjour d'études au Burghölzli, il prend lui-même la direction du sanatorium et occupe cette fonction durant quarante-cinq ans, de 1911 à 1956. Il invente la méthode de la *Dasein-analyse* (analyse existentielle) en s'inspirant de la phénoménologie et reçoit dans sa clinique de nombreux psychiatres ainsi que Husserl et Heidegger. Son chemin vers la psychanalyse ne le conduit pas à une cure mais à un dialogue ininterrompu avec Freud : il critique le naturalisme de ses conceptions tandis que celui-ci lui reproche ses besoins religieux et métaphysiques [22].

C'est à la lumière de cette trajectoire biswangerienne qu'il faut saisir l'idéal psychiatrique d'Eugène Minkowski dont l'œuvre contribue à la pénétration en France du courant psychiatrique zurichois et d'une école philosophique importante pour le mouvement psychanalytique, puisqu'elle va marquer l'itinéraire du jeune Lacan. On sait déjà que le retour lacanien à Freud passe par des voies multiples, à l'intérieur desquelles la lecture des textes d'Heidegger occupe une place cruciale. Élève du groupe de l'EP, il reçoit à travers Minkowski un enseignement phénoménologique dont on trouve la trace, dès 1938, dans le texte sur la *Famille.* C'est par la même voie, du reste, que Pichon est initié à la philosophie allemande, comme en témoigne son article posthume sur la mort, l'angoisse et la négation.

L'attitude de Minkowski à l'égard de la psychanalyse s'exprime dans un article de 1952 dédié à Emmanuel Mounier et intitulé *La Psychopathologie contemporaine face à l'être humain*[23]. Ce texte tardif montre que contrairement à certains psychiatres de sa génération (notamment Claude et Hesnard) Minkowski ne reprend pas à son compte l'épouvantail bleulerien du pansexualisme et ne construit aucun bricolage psychologiste sur la notion de race et de culture latines. On peut imaginer qu'aux premières heures de l'EP, il ne partage pas l'opinion de la tendance dite « chauvine », malgré son amitié pour Pichon, et se tient à l'écart de ce type de conflit. Par ailleurs chez lui, l'intérêt pour le courant zurichois est « authentique » et n'obéit pas à la fameuse stratégie de la double détente qui caractérise les premiers textes français sur la psychanalyse. Il semble d'après le texte de 1952 qu'il ait été moins hostile à la doctrine freudienne elle-même que critique vis-à-vis des psychanalystes auxquels il reproche la sacro-sainte analyse des résistances : « Les travaux de Freud, écrit-il, sont venus heurter de front la pudibonderie d'une société se complaisant dans un vernis extérieur et ne voulant y renoncer. Toute résistance pourtant n'est pas nécessairement une résistance non analysée, et vouloir avoir raison de toutes les résistances est peut-être le point le plus faible de la position psychanalytique, tant à l'égard des malades que d'autres orientations psychopathologiques. Il y a là un facteur d'intolérance qui présente toujours quelque danger. La résistance peut fort bien avoir pour point de départ l'image de l'être humain que par ailleurs nous portons en nous, en désaccord avec l'image mécanique à laquelle on veut la ramener[24]. »

Dans le même article, Minkowski s'attache à vanter les mérites des travaux de Freud et de Breuer en contournant la question de la libido pour insister, comme Politzer, sur l'importance du rôle du roman individuel dont il attribue la découverte à Freud : « En fait, écrit-il, cette première période de l'activité de Freud nous paraît la plus importante. Celle qui a exercé l'influence la plus grande sur l'évolution de la psychopathologie, cela justement par le rôle attribué au " roman ". Elle marque l'avènement de la psychopathologie affective contemporaine et de cette psychopathologie nous sommes tous redevables à Freud, quelle qu'ait été par la suite notre position à l'égard de la psychanalyse[25]. »

Il est certain que Minkowski, par l'intérêt qu'il porte à l'analyse existentielle, est plus captivé par la notion de roman que par celle d'étiologie sexuelle : d'où son *évitement* du moment essentiel de la découverte freudienne dont il situe le grand tournant du côté de son propre parcours.

En janvier 1955, au cours d'une conférence de Juliette Favez-Boutonier sur le thème *Psychanalyse et Philosophie,* Minkowski apporte des précisions qui éclairent ce qu'ont pu être les conflits à l'intérieur de l'EP et situent la réalité de la ligne de l'IPA à cette époque : « Il fut un temps – je l'ai connu –, écrit-il, où un dialogue de cet ordre aurait été tout à fait impossible car lorsqu'on formulait certaines réserves vis-à-vis de la psychanalyse, votre interlocuteur psychanalyste vous demandait : " Avez-vous été analysé? " et si vous donniez une réponse négative, il vous répondait : " C'est une résistance non analysée; elle n'a que peu de valeur. " La psychanalyse se présentait presque comme un château fort imprenable, et c'était peut-être son point le plus faible, car quand on veut avoir raison, il faut au moins laisser une petite brèche par laquelle " avoir tort " peut pénétrer [26]. »

Une telle déclaration confirme le fait qu'à propos des débuts de l'EP, la thèse de la colonisation ou de la récupération n'a aucun sens. Si Minkowski ressent la psychanalyse de ce temps-là comme un château fort imprenable, il y a fort à parier que de nombreux psychanalystes ont dû ressentir la psychiatrie de la même époque comme un donjon inviolable. Au lieu d'expliquer les conflits en termes de subjectivité, il est préférable de penser les deux domaines sous la catégorie de l'interprétation, quitte à expliquer qu'en gagnant du terrain, la psychanalyse sert de moteur à une refonte du savoir psychiatrique. Autrement dit, la psychiatrie se dynamise contre et avec la psychanalyse et les résistances qu'elles s'opposent mutuellement sont les symptômes de leur progrès agissant. Ce schéma structural se répercute dans la politique des groupes et induit trois tendances : l'*assimilationnisme* qui consiste à inféoder la psychanalyse à la médecine, en séparant la technique de la doctrine (Dalbiez-Pichon). Le *séparatisme* qui conduit à un semblant de Laienanalyse et maintient, dans la psychanalyse, l'idéal médical et psychiatrique (Marie Bonaparte, IPA). La *confrontation,* qui tend à ne pas mélanger les territoires, quitte à doter la psychiatrie d'un système théorique qui prend en compte la découverte freudienne : c'est la position de Minkowski (et plus tard d'H. Ey) : « Tant mieux, écrit-il en 1955, qu'il y ait des malentendus. Si nous étions tous d'accord, on n'avancerait point, et si j'ai dit tout à l'heure que si on me laissait le choix entre pour et contre [la pratique analytique], je serais obligé de me prononcer contre, cela n'empêche point que l'œuvre de Freud, d'une part, m'a obligé à réfléchir, et que d'autre part, il y a un apport et une influence sur la psychopathologie que ni les uns ni les autres nous ne saurions nier [27]. »

Comme on l'a vu, l'*assimilationnisme* pur et et simple, qui s'accompagne d'un idéal de *françaiseté,* va perdre toutes ses batailles et tomber dans l'oubli tandis que le *séparatisme* et la *confrontation* vont triompher parallèlement. Laforgue, dont la politique n'appartient à aucun de ces courants, va s'effacer.

Paradoxalement, si l'on voulait employer le terme erroné de récupération, c'est du côté des psychanalystes qu'il faudrait le situer. Disons-le tout net : la résistance « intelligente » d'un Minkowski à l'égard de la psychanalyse est moins « dangereuse » pour celle-ci que l'ardeur biologisante de Marie Bonaparte, que le chauvinisme de Hesnard ou que le maurrassisme pichonien.

Après la fin de ses études Françoise Brokman rencontre à Varsovie Eugène Minkowski; elle l'épouse en 1913 à Zurich, alors qu'elle est l'assistante bénévole de Bleuler. Elle a demandé à celui-ci de lui donner un « petit » travail scientifique et a reçu pour tâche d'élucider les antécédents héréditaires de la double figure de la psychose maniaco-dépressive et de la schizophrénie qui constituent à l'époque les deux pôles de la nosographie bleulérienne. A propos des cas étudiés, un frère et une sœur, elle retrouve la schizophrénie dans la lignée paternelle mais aucune trace de cyclothymie ni dans celle-ci ni dans la lignée maternelle où elle découvre en revanche plusieurs cas d'épilepsie. Ainsi commence une recherche qui va se concrétiser et aboutir à la publication par Françoise Minkowska, dans le premier numéro de l'EP, d'un article intitulé : *Les troubles essentiels de la schizophrénie dans leurs rapports avec les données de la psychologie et de la biologie modernes*.

Ce travail se poursuit et donne naissance en 1936 à un nouvel article sur l'hérédité dans la schizophrénie et l'épilepsie [28] qui conclut à l'existence de deux dispositions pathologiques différentes selon les deux affections; celles-ci se manifestent non seulement chez les sujets « normaux » mais encore dans la constitution psychique et somatique générale des membres « normaux » des familles, marquant chacune d'elles d'une empreinte spécifique. Cette attitude, hygiéniste et organiciste, conduit F. Minkowska à attaquer l'eugénisme et notamment l'eugénique de Rudin, initiateur de la loi hitlérienne sur la stérilisation obligatoire, qui a pour but de nettoyer la nation allemande de ses « dégénérés [29] ».

On voit ici l'aboutissement des deux versants contradictoires de la théorie de l'hérédité-dégénérescence, et leurs implications politiques. L'un, dynamiste, maintient l'hérédité des maladies mentales en vue d'une prophylaxie sociale progressiste, et l'autre conduit au racisme pur et simple, cherchant à éliminer les fous sur le modèle de la solution finale. F. Minkowska s'oppose radicalement à l'eugénique hitlérienne tout en admettant le principe d'une stérilisation volontaire et non obligatoire dans certains cas exceptionnels où l'hérédité peut être dérangeante pour la descendance. L'existence de la folie en général reste attachée pour elle, comme pour Minkowski, à un substrat héréditaire, bien que celui-ci soit insuffisant à expliquer la maladie d'un sujet où se manifeste une histoire personnelle et familiale.

Dans cette perspective, F. Minkowska s'intéresse à l'œuvre et à la vie de Van Gogh en s'appuyant sur les travaux de Jaspers : à ce propos elle range la psychose du peintre dans la nosologie de l'épilepsie et non dans celle de la schizophrénie. Attirée par le domaine des représentations imagées, elle utilise les tests de Hermann Rorschach sur les taches d'encre et les introduit en France. Elle a rencontré celui-ci à Kazan dans sa jeunesse et, comme elle, il a été l'élève de Bleuler sans faire partie de l'équipe du Burghölzli [30]. Dans ce domaine, elle s'oppose à la réduction chiffrée des résultats des tests et les pratique en exigeant la publication des protocoles et l'épluchage « mot à mot », chacun étant révélateur. Tout en maintenant le triage des réponses selon les indications de Rorschach, elle s'écarte de la notion de psychogramme pour attribuer au langage une importance plus grande.

A la fin de sa vie elle projette d'écrire une œuvre sur la manière dont elle a utilisé le Rorschach, mais la mort l'en empêche. Au cimetière de Bagneux, Jacques Lacan, au nom du groupe de l'EP, lui rend hommage par ces mots : « La psychiatrie moderne s'inscrit dans cette retrouvaille de la vie cachée dans le langage, dans ces noces sémantiques dont nous respirons encore les fastes perdus aux lignes des anciens scholiastes, après en avoir redécouvert les vertus salutaires. Madame Minkowska et Monsieur Minkowski ont confié leurs pensées à cette suite du Verbe de toujours, où vient s'incarner la Vérité de l'homme. Que si la prévalence donnée dans leur œuvre, sur la phénoménologie et les constitutions, aux fonctions de la forme, les rattache pour nous à la tradition alexandrine où la spéculation grecque a conflué dans la tradition prophétique, ceci m'autorisera à rappeler qu'Aristote voit l'équilibre supérieur du mariage se réaliser dans le sentiment de l'amitié. Oui, Minkowski, pour nous tous, vos cadets, qui savons notre dette à votre pensée et à votre exemple, Mme Minkowska vit avec vous dans cette forme suprême de la Justice qui se manifeste aujourd'hui dans la douleur et qui s'appelle l'amitié [31]. »

En lisant ces lignes, l'historien a envie de rendre hommage une dernière fois à ces Juifs émigrés qui ont tant contribué à la pénétration en France des idées neuves. La terre d'adoption qu'ils ont aimée ne les a guère protégés : Sokolnicka et Morgenstern, suicidées; Minkowski et Minkowska, dénoncés; Politzer, assassiné; Loewenstein, exilé. Face à un tel bilan, il ne devrait plus être possible d'affirmer qu'une théorie soit réductible à ses frontières ou qu'une psychologie concrétise l'existence d'une race.

***

Le 17 juin 1895, un certain Friedrich Schiff, correspondant parisien de la *Wolf Telegraphic Agency* prend connaissance du manuscrit de *L'État juif* que Theodor Herzl vient de terminer. Il s'agit d'une soixantaine de feuillets rédigés sous forme d'une adresse aux Rothschild et exposant une solution nouvelle au problème de la diaspora. Devant l'exaltation de son ami et après la lecture des premières pages, le journaliste éclate en sanglots. Theodor, comblé par une telle réaction, se tait : Schiff est juif et viennois, il ne peut qu'être touché dans ses entrailles par l'annonce du salut de tout un peuple; lui-même a bien souvent versé des larmes en accouchant de son projet; puis, tout d'un coup, il reste consterné : l'ami Schiff ne pleure pas à cause du livre mais parce qu'il croit que son auteur est devenu fou. Il lui rend son manuscrit et le supplie de se faire soigner au plus vite : ne doit-il pas songer à ses parents, à sa femme, à ses enfants et renoncer à des chimères qui compromettent sa santé et risquent de briser sa carrière? Schiff avait dit déjà à Theodor que la plus terrible bataille qu'il aurait à livrer serait contre la moquerie des Juifs eux-mêmes. Aujourd'hui le journaliste pense à la maladie de son ami et surtout à la manière hallucinée dont il parle de son

État juif; il tente de le persuader de prendre conseil chez Max Nordau, le psychiatre bien connu, et bon Juif de surcroît, qui pourra expliquer l'origine de sa dépression et comprendre ce qu'il y a de vrai dans son délire. Pour calmer Schiff, Theodor lui promet d'obéir : si son livre produit un tel effet sur un ami, il vaut mieux renoncer au projet; il n'ira pas voir Nordau, mais il écrit à Güdemann pour lui demander de lui retourner, sans l'avoir ouverte, une lettre sollicitant une audience auprès des Rothschild. Après quelque temps où il oscille encore entre l'exaltation et le désespoir, il publie ses « visions » et devient un prophète. Paris s'éteint pour lui : le 27 juillet 1895, il est de retour à Vienne [32].

A l'époque de cet incident, Paul Schiff, fils de Friedrich, est âgé de cinq ans. Il ne sait pas qu'il s'intéressera au délire et à l'alpinisme, à la paranoïa et aux criminels, à Adler et à Freud, et qu'il deviendra trente ans plus tard un des fondateurs du groupe de l'*Évolution psychiatrique*.

Après des études médicales, philosophiques et juridiques, Paul Schiff, héritier direct de la tradition hygiéniste d'Édouard Toulouse, est nommé interne des asiles de la Seine en 1923, puis chef de clinique de Claude en 1927. Médecin traitant à l'hôpital Henri Rousselle où il donne un enseignement de sexologie, il s'oriente vers la psychanalyse en 1928, date à laquelle il adhère à la SPP après une analyse avec Loewenstein. La Société l'accueille ensuite comme titulaire en 1930 : il ne fait pas partie du premier noyau fondateur parce qu'il hésite au début de sa formation entre l'adlérisme et le freudisme. La première doctrine revêt à ses yeux un caractère socialisant plus proche de ses conceptions prophylactiques que la deuxième. En 1935, il est l'un des trois premiers médecins français à recevoir le titre de neuropsychiatre des prisons.

Cet homme d'une grande courtoisie que l'on appelle « Monsieur Schiff » pour le taquiner, épouse une Alsacienne, Suzanne Wertheimer, dont les travaux dans le domaine de l'ophtalmologie sont restés importants. Fils d'un Juif antisioniste proche de Karl Kraus, il adhère au principe de l'assimilation, n'obéit à aucun rite religieux et ne revendique pas sa judéité, qui lui semble peu importante dans son itinéraire. Plein d'humour, il raille un jour publiquement Marie Bonaparte plus organiciste à ses yeux que les médecins eux-mêmes puis un autre jour, il l'invite à dîner avec Louis Ferdinand Céline qui commet l'exploit de faire dire « merde » à Son Altesse [33]. Il sera l'analyste de Celes Cárcamo, l'un des fondateurs du mouvement argentin.

En 1923, dans une revue intitulée *Le Spectateur de la librairie*, il publie un compte rendu de plusieurs livres de Freud et de deux ouvrages de Hesnard. Après avoir critiqué la mode psychanalytique qui règne dans les salons, il qualifie les *Trois Essais* de « livre hardi » puis écorche les positions hesnardiennes : « Comme on devait s'y attendre, écrit-il, il y aura pendant longtemps dans les affirmations et les déductions freudiennes quelque chose d'inconciliable avec l'esprit français. Aussi les exposés critiques de la doctrine ont-ils un succès croissant. La deuxième édition du livre du professeur Régis et du docteur Hesnard vient de paraître fortement augmentée. C'est là un ouvrage fort bien fait, et si l'on songe que la première édition en avait paru en 1914, à une époque où le nom de Freud était à peu près inconnu en France, on ne peut qu'admirer la conscience de ces deux auteurs, l'effort très sincère qu'ils ont fait pour recueillir une documentation la plus complète possible, pour donner un exposé le plus fidèle possible et rester mesurés dans la critique. Néanmoins, il subsiste dans cette édition l'espèce d'hiatus qui nous avait frappé dans la première déjà, entre la netteté de l'exposé dont nous parlons, et l'imprécision, la généralisation de certaines critiques [34]. »

On voit que Paul Schiff n'est pas hostile à l'étiologie sexuelle et que s'il reprend à son actif l'idée d'une incompatibilité de l'esprit français avec la doctrine viennoise, c'est moins pour l'approuver que pour la mettre en cause. Ce texte montre une fois de plus que les critiques à l'encontre de la présentation hesnardienne de la psychanalyse existent dès les débuts du mouvement et émanent des psychanalystes ou des psychiatres eux-mêmes.

En 1925, Schiff publie avec A. Antheaume un article intitulé *La Psychanalyse envisagée du point de vue de quelques applications médico-légales*. Les auteurs constatent l'échec des théories outrancières de l'hérédité-dégénérescence en matière de criminologie et montrent qu'un renouveau est possible dans ce domaine, notamment dans l'élucidation des délits sexuels, grâce aux travaux de Freud introduits par le professeur Claude. Cependant, c'est vers l'Angleterre qu'ils tournent leur regard et, pour confirmer le rôle novateur de la psychanalyse, ils rapportent une décision prise par un juge britannique dans une affaire d'attentat à la pudeur : « Le prévenu reconnaissait les faits mais à la demande de la défense le docteur Gilbert Scott expliqua au jury les théories freudiennes sur le développement de l'instinct sexuel et sur ses déviations par la persistance d'impressions infantiles. Le docteur Scott confirma qu'un examen psychanalytique avait été entrepris par lui chez le sujet, consécutivement au délit. A la suite de cette déposition, le juge mit le prévenu en liberté sous caution, à la condition de continuer son traitement par la psychanalyse, sous la direction du docteur Scott. Le *Journal of Mental Science* remarque que c'est la première fois qu'un tribunal anglais reconnaît formellement la valeur du traitement psychanalytique [35]. » L'article se conclut par un appel à remplacer la jurisprudence répressive par un traitement psychologique.

C'est dans cette perspective qu'il faut situer l'ensemble des travaux de Schiff; comme Minkowska, il s'attaque à l'eugénisme et comme Marie Bonaparte, il souhaite que la punition pénale soit remplacée par une prophylaxie de l'âme : c'est pourquoi il ébauche un ouvrage de psychologie criminelle et met sur pied un service d'observation psychiatrique à la Petite Roquette, qui commencera à fonctionner en 1947, trois jours après sa mort.

On voit se déployer ici le point d'aboutissement d'une doctrine, issue des aliénistes classiques, qui tend à faire passer la criminalité sous l'autorité du pouvoir psychiatrique afin de transformer le châtiment corporel en une éducation des âmes. La nouvelle psychiatrie s'engage sur cette voie, prenant appui sur la psychanalyse. Que la théorie freudienne soit reconnue, comme telle, par un tribunal pose le problème de son statut au sein de la médecine psychiatrique; cette reconnaissance, vécue comme un progrès dans l'entre-deux-guerres, sera combattue ultérieurement par une génération de psychanalystes qui utiliseront les concepts freudiens eux-mêmes pour détacher la psychanalyse à la fois des idéaux de la médecine et de l'expertise judiciaire. Ce mouvement s'amorce après 1945 et va de pair avec une redéfinition du statut social de la cure. En 1950, à la treizième conférence des psychanalystes de langue française, Jacques Lacan et Michel Cénac démontrent l'inexistence des « instincts criminels » et limitent le territoire de la psychanalyse à l'objectivation du ça et à l'autonomie d'une expérience subjective [36]. Une fois de plus on remarque que c'est au sein de la communauté psychiatro-psychanalytique elle-même qu'intervient une refonte cruciale, entre la première génération et la seconde, par laquelle se concrétise un nouveau mode d'introduction du freudisme en France. Celui-ci va déboucher, à travers l'œuvre de Lacan, sur le retour à une vision « hannibalienne » de la psychanalyse.

En dehors de sa participation aux travaux de l'EP et aux réunions de la SPP, où il fait une communication en 1929, Paul Schiff publie un seul texte dans la RFP, en 1935, qui est sa contribution à la neuvième conférence des psychanalystes de langue française. L'exposé, intitulé *Les Paranoïas et la Psychanalyse* fait l'objet d'une autre publication, un peu différente, la même année, dans *L'Hygiène mentale*. Le titre retenu est le suivant : *L'évolution des idées sur la folie et la persécution; conceptions psychiatrique et psychanalytique des paranoïas* [37]. Ces deux textes montrent qu'à côté de l'étude de la schizophrénie, celle de la paranoïa est présente dans les travaux des fondateurs des deux groupes. Elle intègre à la perspective dynamique les cadres de la clinique de la persécution dont les pôles marquants sont représentés par Sérieux, Capgras, Clérambault et l'école allemande : « La question de la paranoïa, écrit Schiff, celle du délire d'interprétation et des délires de persécution en général, reste à l'ordre du jour des préoccupations psychiatriques. Alors que, dans les années précédant la guerre, la doctrine sur ce point semblait stabilisée et codifiée, les travaux plus récents semblent amener dans divers pays une réforme des idées, aussi bien sur la genèse que sur la situation nosographique des états paranoïaques. Les recherches issues de la psychanalyse freudienne ont joué dans cet effort de révision un rôle important qu'un rapport récent à la IXe conférence des psychanalystes de langue française nous a permis de mettre en évidence. Nous voudrions, dans ce travail, montrer que les tendances psychanalytiques ne font que compléter et approfondir une situation que la psychiatrie nouvelle avait déjà entreprise [38]. »

Après un historique de la doctrine classique, de Kraepelin à Kretschmer en passant par Bleuler, l'auteur expose le cas Schreber pour montrer que la révolution freudienne dans ce domaine consiste à introduire le fait basal de l'homosexualité dans le délire paranoïaque. Il parle de complexe de castration, de pulsion de mort et donne le schéma, selon Abraham, de l'organisation de la libido. Enfin, il conclut son article sur un appel à une complémentarité possible de la psychanalyse avec la nouvelle psychiatrie : « Nous sommes persuadés, écrit-il, que le moment viendra où les partisans des deux tendances se rejoindront : les psychiatres se rendront compte à quel point les données analytiques peuvent éclairer la pratique quotidienne de leur science, les analystes comprendront la nécessité de contrôler leurs déductions par des statistiques d'observations sur de nombreux sujets. Ce sera le travail d'une jeune génération psychiatrique, sinon psychanalyste et psychanalysée elle-même, du moins bien informée de la psychanalyse et assurée de son utilité [39]. »

Dans sa bibliographie, Paul Schiff cite la thèse de Jacques Lacan sur la psychose paranoïaque, publiée en 1932, ainsi qu'un autre article sur le même sujet, paru dans *La Semaine des Hôpitaux*. En ce temps-là, le jeune Lacan est un aliéniste classique; il n'a pas encore abordé le continent psychanalytique et étudie la paranoïa d'un point de vue strictement psychiatrique. Schiff est donc l'un des premiers psychanalystes français à ouvrir la voie, à propos de la paranoïa, à une synthèse entre deux perspectives. Après coup seulement, avec le concept de forclusion, Lacan prendra une trajectoire inverse, non synthétique et sans complémentarité, pour situer la paranoïa sous un angle exclusivement freudien, mais élaboré à partir d'un contexte présent dans le savoir psychiatro-psychanalytique français. A l'époque où Schiff produit ses travaux, les principaux textes de Freud sur ce sujet, dont le cas Schreber, ont été traduits et Lacan a donné dans la RFP une traduction de l'article : *De quelques mécanismes névrotiques dans la jalousie, la paranoïa et l'homosexualité* [40]. L'intérêt que le « cadet » partage avec son « aîné » pour un même domaine explique la dédicace inscrite par le premier sur un livre destiné au second : « A Paul Schiff, pour qu'il me comprenne. Cordialement. Jacques Lacan, 8 novembre 1932 [41]. »

Mobilisé en 1939, Paul Schiff réclame d'être nommé médecin de bataillon; avec ce titre, il se retrouve, durant la drôle de guerre, en avant de la ligne Maginot. La débâcle le conduit dans le sud de la France, d'où il tente en vain de gagner l'Angleterre. De retour à Paris, avant la création des réseaux, il entre dans les premières organisations de la Résistance, passe quinze fois la ligne de démarcation et lacère toutes les nuits les affiches scélérates sur les fusillés. En 1942, un membre de son groupe est arrêté avec d'autres, cependant qu'avec sa femme, il continue ses activités. Un jour la Gestapo fait une descente dans l'appartement du couple, qui, par hasard, s'est absenté : dès lors, commence une vie errante; Suzanne Wertheimer entre dans la clandestinité, tandis que Schiff essaie de rejoindre les troupes gaullistes. Arrêté par les Allemands à la frontière espagnole avec deux camarades dont l'un est fusillé, il parvient à déjouer les soupçons qui pèsent sur lui et ses gardiens le mettent en liberté surveillée, attendant de plus amples informations. Schiff n'attend pas : brillant alpiniste, il s'enfuit par un col enneigé, à plus de deux mille mètres d'altitude. En Espagne, il passe deux mois en prison, puis cinq dans un camp de concentration et maigrit sérieusement avant d'être libéré sur l'intervention des Anglo-Américains, qui le dirigent vers le Maroc par la route du Portugal. Auparavant, il a tenté de se réfugier en Argentine par l'entreprise de Cárcamo. En 1943, il participe à la campagne d'Italie comme médecin transfuseur, puis se retrouve encore médecin de bataillon sur le front jusqu'en septembre 1944. A cette date, il rejoint les troupes débarquées dans le Midi et obtient d'être envoyé sur le front d'Alsace. A Obenheim il assiste à l'ultime offensive de von Runstedt : biessé à la tête avant l'encerclement, il refuse l'évacuation et le 11 janvier 1945, il est « porté disparu » avec son groupe. En réalité, il est fait prisonnier puis affecté au traitement des malades nerveux dans un camp-hôpital d'où il est délivré par l'avance de la première armée française. Il ne séjourne à Paris que pour rejoindre les Forces françaises libres sur les Alpes, à la veille de l'armistice [42]. En octobre 1945, il reprend son travail, portant avec discrétion ses médailles et ses citations. Au milieu des siens, il semble rajeuni par la victoire, mais bientôt la maladie le surprend et il meurt à l'âge de cinquante-sept ans, d'une crise d'hypertension.

Porté disparu : tel est le verdict prononcé bien après-guerre contre Paul Schiff par certains « historiens » du mouvement français. Ilse et Robert Barande ainsi que Paul Denis [43] font mourir ce personnage hors du commun dans les brumes de la drôle de guerre, en même temps que Pichon, ou qu'Allendy. Pourquoi cette « erreur », alors que la simple lecture des notices nécrologiques parues dans l'EP et la RFP suffit à démonter l'activité politique d'un des rares psychanalystes français qui ait été un authentique soldat de l'antinazisme? Pourquoi ces mêmes historiens donnent-ils de Laforgue un portrait réducteur et souvent grotesque? Pourquoi les mêmes, toujours, ne prononcent-ils pas le mot « suicide », alors qu'après un demi-siècle, ils n'ont plus l'excuse de cette pudeur qui a conduit Pichon avant eux, et même Parcheminey, à vouloir conserver, au prix d'un effacement, le souvenir de collaborateurs ayant vécu dans leur intimité?

L'histoire de cette manière de raconter l'histoire fera l'objet d'une autre histoire.

Épilogue

Le 15 mars 1939, six mois après la signature des accords de Munich, l'armée allemande entre à Prague et démembre la Tchécoslovaquie. A la fin du mois d'août, la signature du pacte germano-soviétique ouvre la voie à l'invasion de la Pologne et au début de septembre la France et la Grande-Bretagne déclarent la guerre à l'Allemagne. Après quelques opérations en Sarre, les troupes françaises se replient derrière la ligne Maginot : c'est le commencement de la « drôle de guerre ».

A Londres, Freud écoute la radio et à son entourage qui lui demande si ce sera la dernière guerre, il répond simplement : « Ma dernière guerre. » Depuis quelques jours déjà, il a entamé la lecture de *La Peau de chagrin :* « C'est juste ce qu'il me faut, a-t-il dit, ce livre parle de rétrécissement et de mort par inanition. » Le 21 septembre, il prend la main de Max Schur et lui rappelle le souvenir de leur première rencontre : « Vous m'aviez promis alors de ne pas m'abandonner, lorsque le moment serait venu. Maintenant ce n'est plus qu'une torture et cela n'a plus de sens. » Puis il ajoute : « Parlez-en à Anna. » Le médecin soupire et fait au vieillard une injection de deux centigrammes de morphine. Le 23 septembre 1939, à trois heures du matin, Sigmund Freud est mort.

Paris-Soir annonce la nouvelle en première page à côté d'un titre consacré à l'avance de l'Armée rouge en Pologne : « A Gratz, écrit le chroniqueur, le professeur vivait comme un bon bourgeois parmi les siens. Ce vieillard moderne, avec sa barbiche taillée en sabre, ses moustaches coupées au raz de la bouche, ses cheveux blancs, sa peau brune et tannée et ses lunettes d'écaille, continuait, plus qu'octogénaire, à recevoir des patients. Il en venait de tous les côtés et de toutes les façons (il en vint un à pied du Danemark). Freud soignait les uns et les autres avec bonté et sans les faire payer. Il est vrai que les traductions de ses principaux ouvrages, publiés simultanément dans plus de quarante-cinq pays, lui rapportaient un joli revenu. Il aimait à rappeler les batailles du début de sa carrière et les insultes dont l'abreuvèrent ceux qui ne voulaient voir que le côté scandaleux de ses travaux [1]. »

Comme *Paris-Soir, Le Figaro* condamne les persécutions dont Freud a été l'objet de la part de la Gestapo mais le journaliste chargé de la nécrologie écrit ces lignes : « Nous ne savons pour le reste ce que l'avenir réserve au pansexualisme de Freud. Il fut l'objet en France, comme dans le monde entier, d'un engouement qui n'a pas laissé un brillant souvenir. Le refoulement, les complexes, le jeu analytique des rêves, ont mené souvent à une littérature et à des pratiques avilissantes. Si le freudisme a guéri des névroses, il apparaît aussi à beaucoup de psychiatres qu'il en a créé et qu'il a fait des victimes. »

De son côté *L'Action française* du 25 septembre note que Freud n'exerçait plus la psychanalyse depuis l'âge de soixante-cinq ans. Le chroniqueur termine son article par ces mots : « Il fut accablé d'honneurs par certaines universités étrangères. Il se mêla de politique. En 1933, a paru sa correspondance avec Einstein intitulée *Pourquoi la guerre?* L'Anschluss, en mars 1938, bannit Freud qui était *israélite* [sic]. Comme Einstein, il prit le chemin de l'exil. [...] La psychanalyse freudienne n'est, dans presque toutes ses parties, qu'un rajeunissement adroit, souvent artificiel, d'observations et d'explications depuis bien des siècles connues des moralistes. »

Comme *L'Action française, Le Temps,* journal anticommuniste favorable à Mussolini et persuadé de la « bonne foi » d'Hitler, publie un entrefilet sur l'illustre savant *israélite* proscrit de son pays par les Nazis. Dans *L'Époque,* quotidien d'extrême droite et violemment antimunichois, on trouve un article signé de Norpois : « Tout de même, écrit-il, ce vieux savant célèbre, sinon glorieux, il eût été plus décent pour l'humanité qu'il pût mourir chez lui en Autriche, où *la destinée errante de sa race* l'avait apparemment fixé. [...] La psychanalyse fondée par Freud et poussée par lui jusqu'à des conséquences dont quelques bons juges sans passion ont pu soutenir qu'elles rejoignaient absurdement le puéril. Débat auquel mon incompétence ne saurait prendre part. Je remarquerai simplement que ce médecin viennois qui, en somme, sondait plus les reins que les cœurs, commença de construire sa doctrine après avoir pris en France les leçons de nos grands psychiatres tels que Charcot, Janet ou Bernheim de Nancy. Tandis que revenu à Vienne, il creusait les soubassements de son système qui restera en somme souterrain, nos savants travaillaient en pleine lumière; il suffirait de citer quelques noms, Pitres, Babinski, Régis et tant d'autres. Il est curieux de constater que ce sont des littérateurs parfois de seconde zone et assez primaires qui ont fait la fortune de la psychanalyse. [...] L'introspection? Mais elle est deux fois millénaire et sainte : tout catholique s'y plie humblement quand il s'agenouille en confession. »

Dans *Le Jour-Écho de Paris,* quotidien italophile (Mussolini) et hostile au Front populaire, on remarque un article signé d'un certain docteur Fischer et intitulé *On les croyait incurables, mais grâce à Freud ils ont guéri :* « Freud, écrit l'auteur, parvenait à arracher à ces malades l'aveu, souvent oublié par eux-mêmes, de ces impulsions sexuelles cachées de la première enfance. Le patient, soulagé, voyait ainsi disparaître des troubles nerveux que tous les médecins avaient déclarés inguérissables. [...] Il s'est manifesté une sensation de méfiance du grand public, surtout *chez les races latines,* dont la tendance d'esprit s'accommode mal de l'idée que les choses sexuelles ne sont pas toujours uniquement du badinage. [...] Depuis Freud et grâce à lui, nous avons la possibilité de traiter et de guérir quantité de malades mentaux qui jadis étaient considérés comme incurables. Il n'est pas de plus bel éloge que l'on puisse faire d'une œuvre humaine. »

Dans l'hebdomadaire *Marianne* du 4 octobre, dirigé par Emmanuel Berl, on trouve un texte de Marie Bonaparte. La princesse fait l'éloge du grand homme et s'insurge contre la bêtise d'un journaliste anonyme qui a accusé Freud d'avoir préparé l'avènement du nazisme en glorifiant l'instinct. Malgré cette déclaration courageuse, Marie ne parvient pas à faire autre chose que l'éloge de sa propre personne : « Descendante moi-même, écrit-elle, d'une lignée qui donna au monde l'un de ses plus grands conquérants, mais fille d'un petit-neveu de l'Empereur qui se voua aux œuvres de la pensée, j'ai, depuis l'enfance, appris à estimer, plus haut que les actions de force et de puissance, les conquêtes spirituelles et c'est sans doute ce qui me porta, sur le déclin de ma vie, vers Freud, dont je m'enorgueillis d'être la disciple [2]. »

De son côté l'hebdomadaire *Les Nouvelles littéraires* confie à Roland Dalbiez le soin de présenter sérieusement à ses lecteurs la doctrine freudienne. Voici ce que celui-ci écrit le 30 septembre : « Peu avant la publication des premiers travaux de Freud, le grand psychologue Pierre Janet avait soutenu sa thèse célèbre : *L'Automatisme psychologique.* Mais si Freud n'a *en aucune façon découvert l'inconscient,* il a découvert un procédé entièrement nouveau pour l'explorer : la méthode associative. » Après avoir fait de Freud le technicien d'un inconscient découvert par un savant français, Dalbiez termine son étude par un éloge du génie du professeur viennois.

C'est donc par un ramassis de sottises, semblables à celles énoncées à propos d'Einstein en 1922, que la patrie de Descartes rend hommage une dernière fois à Freud. Malgré cela le vieux savant n'a peut-être pas perdu l'ultime bataille de son ancien ghetto. En effet, alors que la France est au bord du gouffre, deux grands quotidiens d'information, *Le Matin* et *Paris-Soir* divulguent également l'étrange rumeur selon laquelle, à la veille de sa mort, l'exilé de Londres préparait secrètement, avec sa fille, un livre mystérieux sur la « psychologie nazie [3] » ayant à charge de « répondre » à *Mein Kampf.*

Ce précieux manuscrit n'a jamais vu le jour mais les « fantasmes » de la presse n'étaient pas dépourvus d'une certaine vérité. Freud n'a pas publié de livre sur la psychologie nazie, mais Hitler était obsédé par le sexe et l'hérédité comme par la race ou la folie, autant de thèmes qui sont à la racine de la pratique généralisée du génocide. Et pour cause! Ce sont des médecins soviétiques qui ont révélé, après une autopsie légale faite sur le cadavre roussi du chef nazi, le détail de l'absence de son testicule gauche. Par ailleurs on sait qu'Eva Braun était atteinte d'une « anomalie » tout aussi « signifiante » : elle possédait un vagin trop étroit et un gynécologue réputé pour son habileté en matière d'excision pratiqua sur elle une opération qui devait lui permettre une vie sexuelle « normale ». Thomas Mann n'avait pas tort quand il écrivit en 1938 cette phrase géniale : « Comme cet homme [Hitler] doit haïr l'analyse! Je soupçonne en secret que la fureur avec laquelle il marcha contre certaine capitale s'adressait au fond au vieil analyste installé là-bas, son ennemi véritable et essentiel, le philosophe qui démasqua la névrose, le grand désillusionneur, celui qui sait à quoi s'en tenir et en sait long sur le génie [4]. »

Notes bibliographiques

Abréviations

SE :	Standard Edition of the Complete psychological Works of S. Freud, éd. James Strachey, 24 vol. Hogarth Press, Londres 1953.
GW :	Gesammelte Werke, S. Fischer Verlag, 18 vol. Imago Publishing Co. Ltd., Londres 1952.
PM :	Progrès médical.
RN :	Revue neurologique.
AP :	Archives de psychologie.
AN :	Archives de neurologie.
JPNP :	Journal de psychologie normale et pathologique.
IZP :	Internationale Zeitschrift für ärztliche Psychoanalyse.
IJP :	International Journal of Psychoanalysis.
NZZ :	Neue Zürcher Zeitung.
TM :	Temps modernes.
RFP :	Revue française de psychanalyse.
NRP :	Nouvelle revue de psychanalyse.
Pbp. :	Petite bibliothèque Payot.
Cr :	Correspondance.
IPA :	International Psycho-Analytical Association (Association psychanalytique internationale) (1910).
EP :	Groupe de l'Évolution psychiatrique et revue du même nom (1925).
SPP :	Société psychanalytique de Paris (1926).
SFP :	Société française de psychanalyse (1953-1964).
APF :	Association psychanalytique de France (1964).
EFP :	École freudienne de Paris (1964-1980).
APA :	American Psychoanalytic Association (Association psychanalytique américaine) (1911).

Première partie

La découverte de l'hystérie

CHAPITRE I. « *De ces causes génitales* »

1. Voir Jacques Léonard, *La Médecine entre les pouvoirs et les savoirs*, Paris, Aubier, 1981.
2. Michel Foucault, *Naissance de la clinique*, Paris, PUF, 1972, p. 149.
3. Cité par Michel Foucault, *ibid.*, p. 125.
4. *Ibid.*, p. 127.
5. Léon Daudet, « Charcot ou le césarisme de la faculté », in *Les Œuvres dans les hommes*, Paris, Nouvelle librairie nationale, 1922.
6. Georges Canguilhem, *Le Normal et le Pathologique*, Paris, PUF, 1966.
7. Foucault, *op. cit.*
8. Léonard, *op. cit.*
9. Foucault, *op. cit.*
10. Sarah Bernardt, *Ma Double Vie*, Paris, Éd. des femmes, 1980.
11. Freud, *Correspondance 1873-1939*, Paris, Gallimard, 1967, p. 191.
12. Sur l'histoire d'Anna O. et la « préhistoire » du mouvement psy., voir E. Jones, *Vie et Œuvre de Sigmund Freud*, t. I, Paris, PUF, 1958 ; H.F. Ellenberger, *A la découverte de l'inconscient*, Villeurbanne, Simep, 1974 ; F.J. Sulloway, *Freud biologiste de l'esprit*, Paris, Fayard, 1981 (préface d'André Bourguignon) ; Ola Andersson, *Studies in the Prehistory of Psychoanalysis*, Upsala, Norstedts, 1962.
13. Voir IIe partie, ch. I.
14. Ellenberger, *op. cit.*, p. 406.
15. Freud et J. Breuer, *Études sur l'hystérie*, préface à la deuxième édition, Paris, PUF, 1967.
16. Freud, *Sur l'étiologie de l'hystérie*, GW, I, 435 (1896) ; repris in *Névrose, Psychose et Perversion*, Paris, PUF, 1973. J'ai adopté la traduction de Marthe Robert, in *La Révolution psychanalytique*, t. I, Paris, Pbp, 1979, p. 120.
17. M. Robert, *op. cit.*, p. 117.
18. Sulloway, *op. cit.*
19. Ellenberger, *op. cit.*, p. 403.
20. Freud, Cr., *op. cit.*, p. 186-188.
21. Georges Guillain, Jean Martin Charcot, Paris, Masson, 1955, p. 51. Voir également, G. Didi-Huberman, *Invention de l'hystérie, Charcot et l'iconographie photographique de la Salpêtrière*, Paris, Macula, 1982.

Ce dernier livre, écrit en jargon prétentieux, véhicule l'image d'Épinal d'un Charcot « manipulateur ».

Voir surtout, Jean Martin Charcot, *Leçons sur les maladies du système nerveux*, I, II et III (recueillies par ses élèves), Bureaux du Progrès médical, Louis Bataille, Félix Alcan, Lecrosnier et Babé, éditeurs. J.M. Charcot, *Leçons du mardi à la Salpêtrière*, Policlinique 1887-1889, *ibid.* ; E. Trillat, *L'Hystérie, textes choisis*, Toulouse, Privat, 1971. Pour la description visuelle et l'anamnèse de tous les cas célèbres (Joséphine, Madeleine, Rosalie,

Marguerite, Emma, Augustine), voir Bourneville et Regnard, *Iconographie photographique de la Salpêtrière*, vol. I (1877), II (1878), III (1878-1880), Paris, Bureaux du Progrès médical (réserve 8326), Bibliothèque de la faculté de médecine.

22. Cité par Guillain.
23. J.M. Charcot et P. Richer, *Les Démoniaques dans l'art*, Paris, A. Delaye et E. Lecrosnier, 1887. Extraits republiés in *Documents* 6/7/8, sept. 1980.
24. Freud, Cr., *op. cit.*, p. 209
25. Voir Jacques Nassif, *Freud, l'inconscient*, Paris, Galilée, 1977.
26. Cité par Guillain.
27. Voir Nassif, *op. cit.*
28. Freud, *Jean Martin Charcot*, GW, I, 21-35. Traduction réalisée pour moi par Geneviève Jestaz. Voir également A.L. Le Breton, *Tertulia*, 5-10, Paris, 1982. Une traduction est en cours pour l'année à venir par l'équipe de Jean Laplanche.
29. Freud, *J.M. Charcot, ibid.*
30. Foucault, *op. cit.*, p. 197.
31. Nassif, *op. cit.*, p. 69.
32. O. Mannoni, *L'Analyse originelle*, TM, juin 1967, 53 ; repris in *Clefs pour l'imaginaire*, Paris, Seuil, 1969.
33. Voir, W. Granoff, *Filiations*, Paris, Minuit, 1975.
34. Freud, *JMC, op. cit.*
35. Voir J.-B. Pontalis, *Le Séjour de Freud à Paris*, NRP, 8, automne 1973, p. 238.
36. *Ibid.*
37. M. Foucault, *Histoire de la folie*, Paris, Gallimard, 1972, p. 303.
38. Charcot, *Les Démoniaques, op. cit.*
39. Freud, Cr., p. 200.
40. Krafft-Ebing, *Psychopathia sexualis*, Paris, Payot, 1969 (préface de Pierre Janet, 1931) ; H. Ellis, *Études de psychologie sexuelle*, 10 vol., Paris, Mercure de France, 1966.
41. J. Clavreul, « Aspects cliniques des perversions », in *Sexualité humaine*, Paris, Aubier-Montaigne, 1970.
42. Roland Barthes, *Essais critiques*, Paris, Seuil, 1964, p. 112-124.
43. Guillain, *op. cit.*, p. 22.

CHAPITRE II. *Des mages, des lettrés, des savants*

1. Voir Léon Chertok et R. de Saussure, *Naissance du psychanalyste*, Paris, Payot, 1973. Voir également F.A. Mesmer, *Le Magnétisme animal*, Paris, Payot, 1971, et F. Rausky, *Mesmer ou la Révolution thérapeutique*, Paris, Payot, 1977.
2. Chertok, *op. cit.*, p. 55-60.
3. Nassif, *op. cit.*, p. 118.
4. Freud, *Ma vie et la Psychanalyse*, Paris, Idées-Gallimard, 1965, p. 19.
5. Freud, repris in GW, I, 37.
6. Jones, *op. cit.*, I, p. 250.
7. *Ibid.*, p. 256.
8. G. de Maupassant, « La vie errante », Conrad éditeur ; repris in *La Tour Eiffel*, Paris, Différence, 1980, p. 53.
9. Freud, *Ma Vie...*, *op. cit.*, p. 23.
10. Nassif, *op. cit.*
11. Charcot, « The Faith Healing », *Revue hebdomadaire*, Paris, Plon, décembre 1892.
12. Dumas, publié entre 1844 et 1846.
13. *Id.*, 1846-1848.
14. Publié à titre posthume en 1872 ; repris in coll. Ressources, Genève, Slatkine reprints, 1980. Voir également articles de Catherine Clément et Michel de Certeau, in *L'Arc*, 71, *Alexandre Dumas*, 1er trimestre 1978, p. 24 et 29.
15. Freud, *Psychopathologie de la vie quotidienne*, Paris, Pbp, 1967.
16. Voir 2e partie : contradiction équivalente à celle du « maître sans commandement ».
17. Léon Daudet, *Les Morticoles*, Paris, Charpentier et Fasquelle éd., 1894.
18. *Ibid.*, p. 164.
19. *Ibid.*, p. 168.
20. Voir Ellenberger, *op. cit.*, p. 86 ; Jules Janet, « L'hystérie et l'hypnotisme, d'après la théorie de la double personnalité », *Revue scientifique* (revue rose), XV, Paris, 1888,

p. 616-623. Pour évoquer le destin de Blanche, H. Ellenberger cite un article de A. Baudoin qui n'existe pas à l'endroit indiqué et que je n'ai pas pu retrouver.

21. Léon Daudet, *L'Entre-Deux-Guerres*, Paris, Nouvelle librairie nationale, 1922, p. 199-200.

22. *Ibid.*, p. 197 et L. Daudet, *Charles Maurras et son temps*, Paris, Flammarion, 1930, p. 14.

23. LD, Ch, *césarisme*, *op. cit.*

24. *Ibid.*, p. 218.

25. *Ibid.*, p. 225.

26. *Ibid.*, p. 227.

27. *Ibid.*, p. 233.

28. *Ibid.*, p. 239.

29. *Ibid.*, p. 239-240.

30. Joseph Babinski, « Définition de l'hystérie », Société de neurologie de Paris, séance du 7 nov. 1901, in *Œuvres complètes*, Masson et Cie, Paris, 1934. Voir également A. Tournay, *La Vie de J. Babinski*, Amsterdam, Londres, New York, Elsevier, 1967.

31. J. Babinski, « Ma conception de l'hystérie et de l'hypnotisme (pithiatisme) », conférence à la Société de l'internat des hôpitaux de Paris, 28 juin 1906.

32. M. Foucault, *Maladie mentale et Psychologie*, Paris, PUF, 1966, p. 15-16.

33. Freud, *JMC*, *op. cit.*

34. *Ibid.*

35. *Ibid.*

36. Freud, *op. cit.*, GM, I, 37.

37. *Ibid.*, p. 50-51.

38. *Ibid.*, p. 52.

39. *Ibid.*, p. 53.

40. Freud, *Névrose, Psychose et Perversion*, *op. cit.*

41. S. Freud, *Obsessions et Phobies*, repris in GW I, p. 345 et 407.

42. H. Codet et R. Laforgue, « L'influence de Charcot sur Freud », PM, 22, 30 mai 1925.

43. *Ibid.*

44. *Ibid.*

45. *Ibid.*

46. G. de Maupassant, *Chroniques* I, II, III, Paris, 10/18, 1980 (préface d'Hubert Juin). Et *Contes cruels et fantastiques*, Paris, Garnier, éd. illustrée, 1976 (préface de M.-C. Bancquart).

47. *Contes, op. cit.*, p. 411 et 459.

48. *Chroniques, op. cit.*, II, p. 111.

49. *Ibid.*, p. 112.

50. *Contes, op. cit.*, p. 9.

51. *Ibid.*, p. 13.

52. Voir A.M. Schmidt, *Maupassant*, Paris, Seuil, 1962.

53. Voir *La Peur, Contes, op. cit.*, p. 205.

54. *Chr.* III, *op. cit.*, p. 403.

55. *Ibid.*, p. 432.

56. *Ibid.*, p. 433.

57. *Chr.* I, p. 2.

58. *Ibid.*, p. 5.

59. Cité par A.M. Schmidt, *op. cit.*, p. 64.

60. *L'Homme de Mars, Contes, op. cit.*, p. 481, s'inspire des thèses de Flammarion.

61. Freud, « Une difficulté de la psychanalyse », in *Essais de psychanalyse appliquée*, Idées-Gallimard, Paris, 1971, p. 137-147.

62. Freud, « L'inquiétante étrangeté », *ibid.*

63. Voir 4e partie.

64. J. Lacan, extrait d'une conférence inédite prononcée à Bruxelles le 26 fév. 1977. Texte reproduit in *Quarto*, suppl. de la lettre mensuelle de *L'École de la cause freudienne*. Cité avec l'autorisation de J.A. Miller.

65. Guy de Maupassant, *Contes, op. cit.*, p. 420.

66. *Ibid.*, p. 219, 247, 263. *Le Voyage du Horla* ne figure pas dans le recueil Garnier ; voir *Le Figaro* du 16 juillet 1887 sous le titre *De Paris à Heyst*.

Deuxième partie

Le mouvement psychanalytique international

CHAPITRE I. *Détour par Vienne : un maître sans commandement*

1. J. Lacan, *Séminaire III, Les Psychoses* (texte établi par J.-A. Miller) Paris, Seuil, 1981, p. 264.
2. Voir A. Janik et S. Toulmin, *Wittgenstein, Freud et la Modernité*, PUF, Paris, 1978.
3. A. Schnitzler, « Gay Vienna — Myth and reality », *Journal of the History of ideas*, Vol. 15, p. 115.
4. R. Musil, *L'Homme sans qualités*, Paris, Seuil, 1966 (tr. Ph. Jaccottet), 2 vol.
5. Voir É. Roudinesco, « Céline et Semmelweis, la médecine, le délire et la mort », in *Les psychanalystes parlent de la mort*, Paris, Tchou, 1979.
6. Janik et Toulmin, *op. cit.*, p 34.
7. Voir *infra*.
8. Freud, Cr., *op. cit.*, p. 270.
9. *Ibid.*, p. 370.
10. Marthe Robert, « Freud et Vienne », in *Freud, jugements et témoignages*, textes présentés par R. Jaccard, Paris, PUF, 1976, p. 53-54.
11. *Ibid.*
12. C.E. Schorske, « Politique et parricide », in *ibid.*, p. 101-137.
13. Musil, cité par Janik et Toulmin, *op. cit.*, p. 28.
14. *Op. cit.*
15. Karl Kraus, cité par Janik et Toulmin, *op. cit.*, p. 59.
16. Voir *Karl Kraus*, Paris, L'Herne, 1975.
17. Janik et Toulmin, *op. cit.*, p. 59.
18. O. Weininger, *Sexe et Caractère* (Vienne 1903), Lausanne, rééd. L'Age d'homme, 1975 (préface de R. Jaccard).
19. *Ibid.*
20. J.P. Winter, « Psychanalyse de l'antisémitisme », in *La Psychanalyse est-elle une histoire juive ?* Paris, Seuil, 1981.
21. On retrouve cette problématique dans l'œuvre d'Albert Cohen.
22. Janik et Toulmin, *op. cit.*
23. M. Nordau, *Dégénérescence*, Berlin, 1892-1893, vol. I et II, cité par M. Siegert, « Karl Kraus et le sionisme », Paris, L'Herne, *op. cit.*, p. 154.
24. Voir R. Jaccard, *op. cit.*
25. Voir Vincent Brome, *Les Premiers Disciples de Freud*, PUF, Paris, 1978.
26. Voir Helm Stierlin, *Adolf Hitler*, PUF, Paris, 1980.
27. Freud, *La Science des rêves* (*Traumdeutung* : interprétation des rêves), Paris, PUF, 1967, p. 182.
28. Cité par Vincent Brome.
29. Freud, *L'Étiologie de l'hystérie*, *op. cit.*, p. 83. E. Jones, *Vie et Œuvre de Freud*, Paris, 1962, t. II, p. 7.
30. Freud, *La Science des Rêves*, *op. cit.*, p. 175.
31. Freud, « Contribution à l'histoire du mouvement psychanalytique », in *Cinq Leçons sur la psychanalyse*, Paris, Pbp, p. 121.
32. *Ibid.*
33. Voir Schorske, *op. cit.*
34. Freud, « Un trouble de mémoire sur l'Acropole », in *L'Éphémère*, fond. Maeght, Paris, av. 1967.
35. Granoff, cité.
36. Voir 3e partie.
37. Jones, *op. cit.*, II. *Les Premiers Psychanalystes, minutes de la Société psychanalytique de Vienne*, I (1906-1908), II (1908-1910), III (1910-1911), Paris, Gallimard, 1976-1980.
38. S. Ferenczi, « De l'histoire du mouvement psychanalytique » (1910), texte prononcé

au IIe congrès de Nuremberg en vue d'une fondation de l'IPA, in *Psychanalyse* I, Paris, Payot, 1968, p. 161.

39. T. Tzara, conférence prononcée en sept. 1922, citée par R. Lourau, *Autodissolution des avant-gardes*, Paris, Galilée, 1980.
40. Picabia, *Funny-Guy*, in *291*, 15, juill. 1921.
41. Cité par Jones, II, p. 74.
42. *Ibid.*, p. 76.
43. Ferenczi, *op. cit.*
44. Leipzig, 1907.
45. *Correspondance Freud/Jung*, t. I (1906-1909), et II (1910-1914), Paris, Gallimard, 1975. Ici, I, p. 218.
46. *Ibid.*, p. 305.
47. *Ibid.*, p. 229. Voir également Michel Schneider, *Blessures de mémoire*, Paris, Gallimard, 1980. Pour l'évocation de l'affaire Gross dans les milieux littéraires français, voir volume II.
48. Cité par Ellenberger, p. 272.
49. Voir Paul Bercherie, *Les Fondements de la clinique*, Paris, Bibliothèque d'Ornicar, 1980 (préface de G. Lantéri-Laura).
50. Ellenberger, *op. cit.*, p. 241.
51. Voir 4e partie, chap. III.
52. H.B. de Saussure, *Premières Ascensions du Mont-Blanc*, Paris, Maspero, coll. Découverte, 1979.
53. Voir M. Pêcheux et F. Gadet, *La Langue introuvable*, Paris, Maspero, 1981 ; Th. Flournoy, *Des Indes à la planète Mars, étude sur un cas de somnanbulisme avec glossolalie*, Paris et Genève, Atar, 1900 ; rééd. Seuil, 1983.
54. Ellenberger, *op. cit.*, p. 268.
55. Voir E. Claparède, *Théodore Flournoy, sa vie, son œuvre*, AP, XVIII, 1923, p. 80-81.
56. AP, t. II, 1903, p. 72-73.
57. Cité par Ellenberger, p. 550.
58. Carl Gustav Jung, *Ma vie*, Paris, Gallimard, 1966.
59. Eugen Bleuler et C.G. Jung, « Komplexe und Krankheitsursachen bei Dementia Praecox », *Zentralblatt für Nervenheilkunde und Psychiatrie*, XXXI, 19, 1908, p. 220-227. Voir également Ellenberger, p. 573.
60. Sur ce point voir F. Roustang, *Un destin si funeste*, Paris, Minuit, 1977.
61. Freud, « Remarques psychanalytiques sur l'autobiographie d'un cas de paranoïa », in *Cinq Psychanalyses*, Paris, PUF, 1967 ; et D.P. Schreber, *Mémoires d'un névropathe*, Paris, Seuil, 1975.
62. Voir chap. suivant.
63. E. Jones, *Vie et Œuvre de Freud*, Paris, PUF, 1969, t. III, p. 238.

A noter qu'Adler s'est converti au protestantisme. Ses œuvres ainsi que celles de Jung seront mentionnées au volume II, à propos des écoles jungienne et adlérienne françaises. Voir déjà F. Wittels, *Freud, l'Homme, la Doctrine, l'École*, Paris, Alcan, 1929 ; Manès Sperber, *Alfred Adler et la psychologie individuelle*, Paris, Gallimard, 1972 ; et Ellenberger, *op. cit.*

64. J. Laplanche et J.B. Pontalis, *Vocabulaire de la psychanalyse*, Paris, PUF, 1968, p. 44.
65. *Correspondance Freud/Jung*, I, p. 74.
66. *Ibid.*, p. 93.
67. Freud, « Pour introduire le narcissisme », in *La Vie sexuelle*, Paris, PUF, 1970.
68. Jones, II, p. 460.
69. *Vocabulaire de la psychanalyse*, *op. cit.*, article : « clivage ».
70. Voir 4e partie, chap. II, discussion entre Freud et Laforgue sur la scotomisation.

CHAPITRE II. *La psychanalyse des notables ou la nouvelle conquête de l'Ouest*

1. Brome, *op. cit.*, p. 200.
2. *Correspondance Freud/Abraham* (1907-1926), Paris, Gallimard, 1969, p. 42.
3. *Sabina Spielrein entre Freud et Jung*, dossier découvert par A. Carotenuto et C. Trombeta, éd. fr., Michel Guibal et Jacques Nobécourt, Paris, Aubier Montaigne, 1981, p. 273.
4. Repris in *Essais de psychanalyse... app.*, *op. cit.*

5. *Contribution, op. cit.*
6. Freud, *La Naissance de la psychanalyse* (corr. avec Fliess), Paris, PUF, 1969, p. 143.
7. Brome, cité, p. 211.
8. Robert, *D'Œdipe à Moïse*, Paris, Livre de poche, 1978, p. 10.
9. *Ibid.*, cité p. 12.
10. Ph. Bernard, *La Fin d'un monde*, Paris, Seuil, Points Histoire, 1975, p. 8.
11. Voir *Action poétique*, 49, 1er trimestre 1972.
12. Sur l'opposition Joke/Witz, voir Pêcheux, *op. cit.*
13. Freud et W. Bullitt, *T.W. Wilson, portrait psychologique*, Paris, Albin Michel, 1967.
14. Voir Michel Plon et Grahame Lock, « Frédéric le Grand et Machiavel », *Wijsgerig Perspectief*, 22, 3, 1982, Pays-Bas, 1982, p. 82-90.
15. Voir S. Freud, « Die Frage der Laienanalyse », traduit par M. Bonaparte avec l'approbation de Freud sous le titre erroné de « Psychanalyse et médecine », in *Ma Vie et la Psychanalyse, op. cit.* Littéralement il s'agit de La question de l'analyse profane. *Laie*, en allemand, signifie amateur, profane ou laïque et s'oppose à sacré, régulier, professionnel, etc. Pour Freud, il s'agit d'opposer *l'essence* non médicale de la psychanalyse à la médecine et de les différencier en montrant qu'il est inutile d'être professionnellement médecin pour pratiquer des cures. J'emploierai indifféremment *analyse profane, laïque*, ou *Laienanalyse*, pour désigner ce que recouvre ce mot. Comme nous le verrons le problème posé par Freud dépasse largement le cadre de l'opposition médecine/psychanalyse.
16. Les itinéraires de Rorschach et de Binswanger seront évoqués au chapitre III de la 4e partie.
17. Freud, *L'Avenir d'une illusion*, Paris, PUF, 1971.
18. *Correspondance Freud/Pfister* (1909-1939), Paris, Gallimard, 1966. Voir également Mireille Cifali, *Freud pédagogue*, Paris, Inter Éditions, 1982.
19. Le surréalisme et les rapports du mouvement communiste avec la psychanalyse seront traités au volume II.
20. Freud, *Malaise dans la civilisation*, Paris, PUF, 1971. Pour E. Pichon, culture et civilisation, voir chap. I, 4e partie.
21. « Analyse d'une phobie... » et « Remarques psychanalytiques... », *Cinq Psychanalyses, op. cit.*
22. Freud, *Délires et Rêves dans la Gradiva de Jensen*, Paris, Idées-Gallimard, 1971, p. 181.
23. Le mot est d'Henri Ey, « Le Mouvement psychanalytique », *Revue du praticien*, t. XX, 10, avr. 1970 ; et S. Freud, « Au-delà du principe de plaisir », in *Essais de psychanalyse*, Payot, Paris, 1981. Cette nouvelle traduction réalisée par l'équipe Laplanche-Bourguignon remplace avec bonheur celle de Jankélévitch (voir Annexes).
24. Freud, « Psychologie des foules et analyse du moi », *ibid.*
25. Voir 2e partie, chap. I.
26. A. Kardiner, *Mon analyse avec Freud*, Belfond, Paris, 1978. A noter l'excellente traduction réalisée par A. Lyotard-May.
27. *Ibid.*, p. 33.
28. *Ibid.*, p. 101.
29. *Ibid.*, p. 105.
30. *Ibid.*, p. 103.
31. *Ibid.*, p. 116-117.
32. Jones, tome II, p. 34.
33. « Preliminary discussion of the question of analytical training », *Bulletin of IPA*, sept. 3, 1925.
34. *Ibid.*
35. *Ibid.*
36. *Ibid.*
37. M. Eitingon, « Rapport sur la politique de Berlin », prononcé au congrès de Berlin le 26/9/1922. *Bull. de l'IPA*, et voir *Topique* 18, janv. 1977.
38. Abraham Arden Brill (1874-1948), psychanalyste juif austro-hongrois émigré, fondateur en 1911 de l'Association psychanalytique de New York.
39. M. Klein, *Essais de psychanalyse*, Paris, Payot, 1972 (préface Abraham et Torok). Hanna Ségal, *Introduction à l'œuvre de M. Klein*, Paris, PUF, 1969.
40. Abraham et Torock, préf. citée, in M. Klein, *Essais, op. cit.*
41. Le dogmatisme de M.K. a été dénoncé par sa propre fille, voir Melitta Schmideberg, « Contribution à l'histoire du mouvement psychanalytique en Angleterre », *Cahiers Confrontation*, III, 1er trimestre 1980.

42. Voir M.K., « Colloque sur la psychanalyse d'enfant », *Essais, op. cit.*, p. 178. Par la suite A. Freud devait modifier ses positions et accepter les nouveautés kleiniennes. Voir A. Freud, *Le Traitement psychanalytique des enfants*, Paris, PUF, 1959.
43. Jones, III, p. 239.
44. J. Lacan, « Le stade du miroir », in *Écrits*, Paris, Seuil, 1966. Précisions en annexes.
45. Jones, III, p. 214.
46. *Ibid.*, p. 342.
47. *Ibid.* L'analyse de J. Wortis par Freud en 1934 rend compte de cette transformation qui s'est produite dans l'IPA. On peut comparer avec Kardiner. Voir J. W., *Notes sur mon analyse avec Freud* (publié en 1954), trad. fr. Paris, Denoël, 1974.
48. Voir volume II.
49. Ellenberger, p. 703. Pour itinéraire de Rank à Paris, voir 4e partie, chap. II.
50. W. Granoff, Ferenczi, « Faux problème ou vrai malentendu », *La Psychanalyse*, 6, Paris, 1961, p. 279, souligné par moi.
51. S. Ferenczi, « La technique psychanalytique », in *Psychanalyse*, II, Paris, Payot, 1970, p. 327.
52. Brome, *op. cit.*, p. 260.
53. *Ibid.*, p. 247.
54. *Ibid.*, p. 248.
55. Freud, *Analyse terminée et Analyse interminable*, RFP, II, 1939. Le texte que je cite ne correspond pas à cette traduction.
56. *Ibid.*
57. *Ibid.*
58. *Vocabulaire de la psychanalyse, op. cit.*
59. O. Mannoni, *Un commencement qui n'en finit pas*, Paris, Seuil, 1980, p. 39.
60. Jones, III, 445.
61. *Ibid.*, p. 447-448.
62. *Ibid.*
63. *Rêve et Télépathie*, 1922, GW, XIII (non traduit en français). « Rêve et occultisme », in *Nouvelles conférences sur la psychanalyse*, Paris, Gallimard, 1936. *Psychanalyse et télépathie*, GW, XVII (non traduit en français). Voir J. Derrida, « Télépathie », Lausanne, Furor 2, 1981. La question sera reprise au volume II, à propos d'André Breton.
64. Freud, *Moïse et le Monothéisme*, Paris, Idées-Gallimard, 1967.
65. *Ibid.*, p. 119.
66. *Ibid.*, p. 122. Voir également J.P. Winter, *op. cit.* Sur la question juive dans la SPP, voir 4e partie, chap. II.
67. Brome, *op. cit.*, p. 178-191. Ellenberger, p. 557-558.
68. Brome, p. 179.
69. G. Bally, « Deutschstammige psychotherapie », NZZ, 23 février 1934. C.G. Jung, « Zeitunggenössisches », NZZ, 13 mars 1934.
70. C.G. Jung, « Nachtrag », NZZ, 15 mars 1934, et Brome, *op. cit.*, p. 181.
71. Pour une définition du terme, voir 3e partie.

Troisième partie

Territoires français

CHAPITRE I. *L'inconscient « à la française »* (de Le Bon à l'affaire Dreyfus)

1. C. Ginzburg, *Crisi della ragione*, Einaudi, Turin, 1979. Un condensé de cet ouvrage a été traduit en français sous le titre : *Signes, Traces, Pistes*, in *Le Débat*, 6 novembre 1980.
2. Ellenberger, p. 628.
3. Entretien avec Frédéric Pottecher.
4. Ed. Laffont, Bouquins, volume II, p. 550.

5. Voir 2e partie, chap. II.
6. Gobineau, publié en 1853-1855.
7. Voir M. Foucault, *Histoire de la sexualité*, Paris, Gallimard, 1976.
8. C. Ginzburg, *op. cit.*
9. Jean Jaurès, *Les Preuves, affaire Dreyfus* (1898), Paris, Le Signe, 1981 (préface de Madeleine Rebérioux).
10. B. Lazare, *Figures contemporaines, ceux de demain*, Paris, 1895, p. IV.
11. B. Lazare, *Juifs et Israélites, entretiens politiques et littéraires*, volume I, sept. 1890, p. 176.
12. P. Girard, *Les Juifs de France de 1789 à 1860*, Calmann-Lévy, Paris, 1976.
13. B.L., *op. cit.* Voir également Marrus, *Les Juifs de France à l'époque de l'affaire Dreyfus*, Paris, Calmann-Lévy, 1971.
14. Marrus, *ibid.*, p. 200.
15. *Ibid.*
16. É. Zola, « Pour les Juifs », *Le Figaro*, 16 mai 1896.
17. L. Daudet, *Les Œuvres dans les hommes, op. cit.*, p. 92.
18. É. Zola, *Le Docteur Pascal*, Paris, Garnier-Flammarion, 1975 (préface et documents de Jean Borie).
19. Voir Y. Conry, *L'Introduction du darwinisme en France*, Paris, Vrin, 1974.
20. Voir P. Thuillier, *Darwin et Cie*, Paris, Complexe, 1981.
21. M. Foucault, *Les Mots et les Choses*, Paris, Gallimard, 1966, p. 275-292.
22. *Ibid.*, p. 290.
23. Thuillier, *op. cit.*, p. 7.
24. Conry, *op. cit.*
25. Zola, *Le Docteur Pascal, op. cit.*, p. 409.
26. F. Gaillard, « Genèse et généalogie, le cas du docteur Pascal », in *Romantisme*, 31, Paris, CDU et Sedes, 1981.
27. Zola, *ibid.*, p. 407.
28. M. Serres, *Feux et Signaux : Zola*, Paris, Grasset, 1975, p. 312.
29. Zola, *ibid.*, p. 178.
30. *Ibid.*, p. 163.
31. *Ibid.*, p. 163-164.
32. *Ibid.*, p. 235.
33. J. Borie, *Mythologies de l'hérédité au XIXe siècle*, Paris, Galilée, 1981.
34. Je ne partage pas le point de vue de Serres sur l'idée que Zola est le prophète d'un dépassement des idéaux scientifiques de son temps. Il est au contraire ancré dans ceux-ci comme je tente de le montrer.
35. É. Zola, *La Vérité en marche*, Paris, Garnier-Flammarion, 1969.
36. *Ibid.*
37. *Op. cit.*, voir préface.
38. Zeev Sternhell, *La Droite révolutionnaire*, Paris, Seuil, 1978, p. 187.
39. *Ibid.*
40. *Ibid.*
41. *Ibid.*, p. 171.
42. *La Lanterne*, 20 janvier 1898.
43. *Preuves, op. cit.*, p. 12.
44. Voir volume II, rapports du mouvement communiste à la psychanalyse.
45. Dans son film *Le Juge et l'Assassin*, Bertrand Tavernier fait le parallèle avec l'affaire Dreyfus. Voir Gilbert Collard, *Le Psychiatre, le Juge et son Fou*, Marseille, Médiprint, 1981.
46. Voir P. Pinel, *Traité médico-philosophique sur l'aliénation mentale ou la manie* (1745-1826), Genève-Paris, Slatkine, 1980 ; Jacques Postel, *Genèse de la psychiatrie*, Paris, Le Sycomore, 1981 ; M. Foucault, *Surveiller et punir*, Paris, Gallimard, 1975.
47. Voir Robert Castel, *L'Ordre psychiatrique*, Paris, Minuit, 1977.
48. *Ibid.*, p. 176.
49. Foucault, *Histoire de la folie, op. cit.*, p. 579.
50. É. Regnault, *Du degré de compétence des médecins dans les questions judiciaires relatives aux aliénations mentales*, Paris, 1828 ; et Castel, *op. cit.*
51. Voir Frank Chaumon, *Un autre à venir*, mémoire pour le CES de psychiatrie, université de Paris-VI, 1980.
52. Voir É. Roudinesco et H. Deluy, *La Psychanalyse mère et chienne*, Paris, 10/18, 1979. Pour l'héritage d'É. Toulouse, voir aussi 4e partie, chap. III.
53. J.K. Huysmans, *A rebours*, Paris, 10/18, 1975, p. 170 ; voir également Patrick Wald Lasowski, *Syphilis*, Paris, Gallimard, 1982.

54. A.L.J. Bayle, *Traité des maladies du cerveau et de ses membranes*, Paris, 1826. Voir également Castel et Bercherie, *op. cit.*

55. Bayle, *op. cit.*, p. 8-9.

56. Castel, *op. cit.*, p. 115.

57. Borie, *op. cit.*, p. 160.

58. Paris, Payot, 1933.

59. *Ibid.*, préface p. 9, souligné par moi.

60. Hesnard est le plus représentatif du maintien de ce courant dans la SPP, voir 4e partie, chap. II.

61. GW, I, 407, et *Névrose, Psychose et Perversion, op. cit.*

62. GW, I, p. 421-422.

63. *Cinq Psychanalyses, op. cit.* Le tréponème est isolé à cette date, 1905.

64. Voir M. Winock, *Édouard Drumont et Cie*, Paris, Seuil, 1982.

65. Voir Paul Lidsky, *Les Écrivains contre la Commune*, Paris, Maspero, 1970.

66. Voir R.A. Nye, *The Origins of Crowd Psychology, G. Le Bon and the Crisis of Mass Democracy in the third République*, Sage, London, 1975 ; voir également, Gustave Le Bon, *La Psychologie des foules*, Paris, PUF, 1973.

67. Voir, R. Linhart, *Lénine, les Paysans, Taylor*, Paris, Seuil, 1976.

68. Cette question est aussi celle de W. Reich. Voir volume II.

69. Léon Daudet, *L'Hérédo*, Paris, Nouvelle librairie nationale, 1917.

70. Sulloway, *op. cit.*

71. Méthode inventée par l'un des derniers représentants de l'école de Nancy, Émile Coué, qui consiste en une autosuggestion persuasive.

72. Freud, *Psychologie des foules, op. cit.*, nouvelle traduction.

73. *Ibid.*, p. 129-130.

74. Dans ce domaine la palme de la mauvaise foi revient à Serge Moscovici qui n'hésite pas à cultiver le paradoxe selon lequel Freud serait, avec Le Bon et Tarde, le fondateur d'une science nouvelle de la psychologie de masse. Il prétend ainsi « réhabiliter » les œuvres du dernier Freud, comme si *tout* le mouvement psychanalytique français et international les avait jugées séniles. Nous savons que la chose est beaucoup plus complexe. Voir S. Moscovici. *L'Âge des foules*, Fayard, Paris, 1981. Voir également G. Tarde, *L'Opinion et la Foule*, Paris, Alcan, 1901.

75. *Op. cit.*, p. 149.

CHAPITRE II. *Psychologie ou pansexualisme ?*

1. *Correspondance Freud/Jung, op. cit.*, I, p. 113.

2. *Ibid.*, p. 116.

3. *Ibid.*, p. 119.

4. *Ibid.*

5. *Ibid.*, p. 246.

6. C.G. Jung, *L'Analyse du rêve*, AP, vol. XV, 1909.

7. *Correspondance Freud/Jung*, I, p. 321. Voir également M. Scheidhauer, « Une histoire de la psychanalyse en France », *Ornicar ?* 24, 1981. Il s'agit d'un article consacré à l'introduction de la *Traumdeutung* en France.

8. C.G. Jung, « Études d'associations », AP, vol. XIV, 1908.

9. A. Maeder, « Essai d'interprétation de quelques rêves », AP, vol. VI, 1906, p. 358.

10. A. Maeder, « Glossolalie », AP, mars 1910, p. 208-216, 1910.

11. A. Maeder, « Le mouvement psychanalytique », AP, vol. XVIII, 1912, p. 389-417. Pour l'introduction de Freud en France voir aussi Jacques Lamoulen, *La Médecine française et la Psychanalyse de 1895 à 1926*, faculté de Paris, 1966.

12. A. Maeder, *ibid.*, p. 414.

13. Voir l'excellent commentaire de textes de Jean-Pierre Mordier, *Les Débuts de la psychanalyse en France*, Paris, Maspero, 1981. Je ne partage pas tout à fait le point de vue de cet auteur sur le rôle du « tamis suisse », ni sur le fait que l'œuvre de Lacan ne doit rien aux travaux des fondateurs français. Voir 4e partie, chap. II.

14. Ne pas confondre ce congrès avec celui qui a lieu à la même date sur l'hypnotisme. A ce sujet, voir E. Czoniczer, *Quelques antécédents de « A la recherche du temps perdu »*, Droz-Minard, Lounz-Genève-New York-Paris, 1957. Sur les rapports de Proust à la médecine mentale de son époque, voir volume II.

15. Voir Pierre Janet, « J.M. Charcot, son œuvre psychologique », *Revue philosophique*, t. 39, juin 1895, p. 569-604.

16. Pour l'étude des rapports conceptuels Freud-Jackson, voir Nassif, *op. cit.*

17. A. Thibaudet, *Histoire de la littérature française*, Paris, Marabout, 1981. Sur le rôle de Thibaudet pour la psychanalyse en France, voir volume II.

18. T. Ribot, préface à *La Psychologie des sentiments*, Paris, Alcan, 1896. Et Lamoulen, *op. cit.*

19. T. Ribot, préface à *La Vie inconsciente et les Mouvements*, Paris, Alcan, 1913.

20. T. Ribot, « La logique effective de la psychoanalyse », *Revue philosophique*, II, 1914.

21. Voir *infra*.

22. T. Ribot, « La pensée symbolique », *Revue philosophique*, 1915.

23. J. Laumonier, « Le pansexualisme de Freud », *Gazette des hôpitaux*, 33, mars 1914.

24. P. Farez, « La psychoanalyse française », *Revue de psychothérapie*, t. 29, p. 22-26.

25. Y. Delage, « La théorie du rêve de Freud », *Bull. Inst. de psychologie*, 1915.

26. *Journal de neurologie*, 7/8, 1908, p. 221-252. A propos de ce texte qui est bien dans la tonalité de l'époque je ne partage pas l'enthousiasme « néophyte » de J. Chasseguet-Smirgel *in* « Une première introduction de la psychanalyse en France et sa " difficulté " », RFP, 45, 6, 1981.

27. *a)* « Freud et le traitement moral des névroses », JPNP, 1911.
b) « Les derniers travaux de Freud et le problème de l'hystérie », AN, 1911.
c) « La psychoanalyse appliquée à l'étude objective de l'imagination », *Rev. phil.*, t. LXXIII, 1912, et Paris, Alcan, 1914.
d) Le Mécanisme cérébral de la pensée, Paris, Alcan, 1914.

28. Vaschide, *Le Sommeil et les Rêves*, Paris, Bibl. de psychologie scientifique, 1914.

29. *Correspondance Freud/Jung*, II, p. 120.

30. La lettre figure dans l'édition anglaise de la biographie de Freud par Jones. Citée par V. Smirnoff, « De Vienne à Paris », NRP, 20, automne 1979, p. 15.

31. « Le Rapport affectif », *Gazette des hôpitaux*, nov. 1911, p. 1845-1849.

32. Mordier, *op. cit.*

33. « L'instinct sexuel avant la puberté », *Journal médical français*, 1912, p. 375-382.

34. « Les troubles de l'instinct sexuel chez les épileptiques », *Journal de médecine française*, 1912, p. 155-161.

35. « La fausse continence des sphincters chez l'enfant : contribution à l'étude de l'auto-érotisme paragénital », *Paris médical*, juillet 1922.

36. Lamoulen, *op. cit.*, p. 17.

37. A. Binet, « Le fétichisme dans l'amour », *Revue phil.* 24, p. 143-167 et 252-274.

38. A. Binet, *Les Altérations de la personnalité*, Paris, Alcan, 1892.

39. Sulloway, *op. cit.*, p. 275.

40. Binet et Simon, « L'hystérie », *Année psychologique*, 1910, p. 94.

41. *Ibid.*

42. *Ibid.*, p. 95.

43. Voir Michel Tort, *Le Quotient intellectuel*, Paris, Maspero, 1974.

44. Ce qui explique l'influence des thèses de Bergson sur l'EP et notamment sur Minkowski. Voir 4e partie, chap. III.

45. B. Hoffmann, *Albert Einstein, créateur et rebelle*, Paris, Seuil, 1979, p. 149.

46. Voir Gilles Deleuze, *Le Bergsonisme*, Paris, PUF, 1968.

47. Repris dans *L'Énergie spirituelle, essais et conférences*, Paris, PUF, 1976, p. 85-109.

48. *L'Évolution créatrice* (1907), p. 571, et *Les Deux Sources de la morale et de la religion* (1932), cités par Deleuze.

49. F. Gaillard, « L'éternel Adam ou l'évolutionnisme à l'heure de la thermodynamique », in *Colloque J. Verne*, Paris, 10/18, 1979, p. 293-325.

50. Voir G. Duby, *Le Dimanche de Bouvines*, Paris, Gallimard, 1973.

51. Ellenberger, p. 674.

52. P. Janet, *EMH*, Paris, Alcan, 1894.

53. Voir 4e partie, chap. I.

54. On trouve un excellent exposé de la « querelle historique » dans le livre de Claude Prévost, *Janet, Freud et la Psychologie clinique*, Pbp, Paris, 1973. Voir du même auteur, *La Psychophilosophie de Pierre Janet*, Paris, Payot, 1973. Également, Ellenberger, *op. cit.*, et H.J. Barraud, *Freud et Janet*, Toulouse, Privat, 1971.

55. P. Janet, *L'Automatisme psychologique*, Paris, Alcan, 1889 ; rééd. par Prévost et le CNRS, Paris, 1973.

56. La liste est longue en France des philosophes normaliens agrégés qui obtiennent la qualification médicale et se spécialisent dans la psychopathologie. On trouve G. Dumas

(ENS 1879), Charles Blondel (ENS 1897), Henri Wallon (ENS 1894) dont l'œuvre sera traitée au volume II. Ensuite : Daniel Lagache (ENS 1924), Jean Laplanche (ENS 1944) : pour ces deux derniers voir également volume II. C'est G. Dumas, redoutable adversaire de la psychanalyse, qui conseille à ses élèves de la promotion 1924 de faire des études médicales : Lagache réussit, tandis que Sartre, Nizan et Aron échouent. L'influence de Dumas marque ainsi l'existence d'une résistance au freudisme à l'intérieur de l'université française qui se perpétue de nos jours, et qui se retrouve aussi dans une manière française de « psychologiser » la psychanalyse. N'oublions pas que, dans sa jeunesse, même Lacan est très respectueux de Dumas et de Janet, comme beaucoup de ses contemporains. Voir D. Anzieu, « La Psychanalyse au service de la psychologie », NRP, 20, automne 1979. Dans la même promotion, Georges Canguilhem, élève d'Alain, fera des études de médecine ultérieurement, sans suivre la même filière.

57. *Op. cit.*

58. P. Janet, *Les Méditations psychologiques*, Paris, Alcan, 1919-1921, p. 252.

59. *Op. cit.*, p. 222 et 223.

60. La thématique de l'inclusion de la folie a fait l'objet d'un débat contradictoire entre Foucault et Derrida. Voir J. Denida, « Cogito et histoire de la folie », in *L'Écriture et la Différence*, Paris, Seuil, 1967 ; et M. Foucault, *Histoire de la folie, op. cit.*

61. P. Janet, *Évolution psychologique de la personnalité*, Chahine, Paris, 1929, p. 146 ; et Prévost, *Freud/Jung, op. cit.*

62. *Médications, op. cit.*, p. 224.

63. *EPP, op. cit.*, p. 328.

64. Le rapport de Londres est publié *in extenso* in JPNP, IIe année (p. 1-35 et 97-129), 1914, sous le titre « La psychoanalyse ».

65. *Ibid.*, p. 10-11.

66. *Ibid.*, p. 98.

67. *Ibid.*, p. 99.

68. *Ibid.*, p. 102.

69. *Ibid.*, p. 108 et 119.

70. *Op. cit.*, p. 26.

71. *Psychoanalyse*, p. 124.

72. Voir Prévost.

73. Jones, *op. cit.*, II, p. 105.

74. Jones, *Free Associations : Memoirs of a Psychoanalyst*, Londres, Hogarth Press, 1959, p. 225. Également Ellenberger, p. 677.

75. Voir 4e partie, chap. I.

76. *Revue de psychothérapie et de psychologie appliquée*, XXIX, Paris, 1915.

77. *Op. cit.*, p. 105-106.

78. Freud, *Introduction à la psychanalyse*, Paris, Pbp, 1965, p. 239. C'est à tort que l'on a pu rapprocher l'expression janétienne « façon de parler » de « l'inconscient structuré comme un langage » de Lacan, dont « l'inspiration » est pichonienne et non pas janétienne. Chez Janet, il s'agit de *conduite* et chez Pichon, comme chez Lacan, de *structure*. Voir 4e partie, chap. I et II.

79. Freud, *op. cit.*, p. 39.

80. A. Gaucher, *L'Obsédé, drame de la libido*, Paris, Delpeuch, 1925.

81. Des extraits des deux lettres de Freud ont été republiés dans *Ornicar ?* 20/21, 1980, avec une préface de S. Cottet. Le livre de Gaucher a été mal accueilli par l'ensemble du mouvement psychanalytique français. Voir Hesnard, compte rendu dans l'EP, 1927. Et lettre d'adhésion de Pichon à l'AF, 4e partie, chap. I.

82. Hesnard, *Réflexions sur la psychologie de Pierre Janet*, RFP, 1, 4 et 3, 2, 1927 et 1929 *(Nouvelles réflexions)*.

83. *Ibid.*, 1927, p. 626.

84. *Ibid.*, p. 637.

85. *Ibid.*, p. 640. Il s'agit d'un commentaire de *De l'angoisse à l'extase* (t. I) qui vient de paraître. Pour ce livre voir AE, I, Alcan, Paris, 1926 et II, *ibid.*, 1928 et réédition par C. Prévost. A ce propos, l'analyse du *Cas Martial* (Raymond Roussel) sera traitée au volume II.

86. Hesnard, RFP, 1929, *op. cit.*, p. 271.

87. Voir RFP, 3, 1929.

88. Alcan, Paris, 1909.

89. Prévost, *Psychoph.*, *op. cit.*, p. 17.

90. J. Lacan, *De la psychose paranoïaque dans ses rapports avec la personnalité*, Paris, Seuil, 1975, p. 69.

91. P. Janet, *Névroses et Idées fixes*, Alcan, I et II, Paris, 1898. Notamment : *Observation d'un délire systématisé par confusion des rêves et des souvenirs*, II, p. 167. Le délire y est ramené non à la paranoïa mais à l'hystérie.
92. Prévost, *Psycho-phil.*, *op. cit.*
93. L'itinéraire de Clérambault sera traité au volume II, dans le cadre de la formation du jeune Lacan.
94. Jones, *op. cit.*, III, p. 244.

Quatrième partie

Histoire des douze

CHAPITRE I. *La croisée des destins*

1. Les témoignages oraux sont réalisés par des entretiens avec ceux qui ont connu les fondateurs. Dans certains cas, heureusement très rares, la mention « Archives privées » a été nécessaire. Je garantis cependant l'authenticité des documents.
2. On trouve souvent « Ange » et parfois « Angel » à côté de « Angelo ».
3. Préface à Hesnard, *Les Phobies et la Névrose phobique*, Paris, Payot, 1961.
4. Voir volume II.
5. Hesnard, *L'Œuvre de Freud*, Paris, Payot, 1960 (préface de M. Merleau-Ponty).
6. Hesnard, *De Freud à Lacan*, Paris, ESF, 1970 (posthume).
7. *Correspondance Freud/Jung*, I, p. 213 et 216.
8. *Ibid.*, p. 218. *Jahrbuch*, au singulier, signifie annuaire ou chronique et *Jahrbücher*, au pluriel, annales. Freud préfère en outre, pour des raisons d'euphonie (?) maintenir la psychanalyse sous l'angle de l'investigation ou de la recherche *(Forschungen).*
9. Voir Mireille Cifali, « Entre Genève et Paris : Vienne », *Bloc-notes de la psychanalyse*, 2, Genève, 1982.
10. Volume du XVIIe congrès de Besançon (août 1923), Paris, Masson, 1923.
11. *Europe*, spécial Freud, 539, mars 1974. Édith Félix-Hesnard, *Les Débuts de la psychanalyse en France*, p. 69-87.
12. Bercherie, *op. cit.*, p. 157.
13. É. Felix-Hesnard, *op. cit.*
14. *Les Troubles de la personnalité dans les états d'asthénie psychique*, Paris, Alcan, 1909.
15. *Correspondance Freud/Abraham, op. cit.*, p. 115.
16. In *Journal de médecine de Bordeaux*, 24, 15 juin 1913.
17. Le rapport est publié avec quelques modifications dans : « Les Théories psychologiques et métapsychiatriques de la démence précoce », in JPNP, XI, p. 30-70, janv. 1914. Voir commentaire de Mordier, *op. cit.*, p. 93.
18. *L'Encéphale*, 2e tr. 1913. L'index bibliographique fait 10 pages à lui tout seul.
19. Titre complet, *La Psychoanalyse des névroses et des psychoses, ses applications médicales et extra-médicales*, Paris, Alcan, 1914. Seule subsiste en général l'édition remaniée de 1929.
20. *Ibid.*, p. 2.
21. Publiée par É. Félix-Hesnard, *op. cit.*, p. 73.
22. AP, XV, 1915, p. 319.
23. Lettre publiée par M. Cifali, *Bloc-notes, op. cit.* Le manuscrit vient de la bibliothèque de la faculté de psychologie et des sciences de l'éducation, université de Genève.
24. Repris in S. Ferenczi, *Psychanalyse II, op. cit.*
25. *Ibid.*, p. 209.
26. *Ibid.*, p. 213-214.
27. *Ibid.*, p. 217.
28. *Ibid.*, p. 227.
29. *Ibid.*, p. 231.
30. Hesnard, *L'Inconscient*, Paris, Doin, 1923, préface, p. 18.
31. Deuxième édition, Paris, Stock, 1928, p. 11-12.
32. Ces travaux sont faits en compagnie de Porot et repris dans un article de l'EP, en 1936.

33. Voir F. Pottecher, *Les Grands Procès de l'histoire*, Paris, Fayard, 1981.
34. Voir J. Chasseguet-Smirgel, « Cinquantenaire de la SPP », RFP, 3, 1977.
35. Toutes ces citations sont extraites du dossier de M. Biezunski, spécialiste de l'histoire de l'introduction de la relativité en France, « Einstein à Paris », in *La Recherche*, 132, avril 1982, p. 502-510.
36. *Ibid.*
37. L. Aragon, *Aurélien*, Paris, Gallimard, Folio, 1976, I, p. 29.
38. Pour les salons littéraires, voir volume II ; et François Gautray, mémoire pour le CES de psychiatrie, *S. Freud, la France et la littérature, contribution à l'histoire du mouvement psychanalytique français*, dir. A. Bourguignon, Créteil, 1980.
39. Entretien avec Juliette Favez-Boutonier.
40. C. Blondel, *La Psychanalyse*, Paris, Alcan, 1924. Voir également J. Favez-Boutonier, « Psychanalyse et Philosophie », *Bull. de la Société française de philosophie*, séance du 25 janv. 1955, 48e année, I, Paris, A. Colin, 1er trimestre 1955.
41. Lamoulen, *op. cit.*
42. Cité par T. Zeldin, *Histoire des passions françaises*, t. V, Paris, Encres, 1979, p. 124.
43. *Ibid.*, t. IV, p. 125.
44. *Le Temps*, 1er sept. 1928.
45. Ce qui explique l'épisode de l'article refusé à Freud. Voir 1re partie, chap. II. On pourra également consulter, dans l'esprit de cette époque, E. Adam, « Le freudisme, étude historique critique de méthodologie psychothérapeutique », thèse de médecine, Colmar, in *Mélange*, Alsatia, 1923. Voir également commentaire de Mordier, *op. cit.* pour les travaux de Dupré, Trepsat, Laignel-Lavastine et Vinchon.
46. Payot, Paris, 1924.
47. *Les Nouvelles littéraires*, juin 1924.
48. PM, 10, 6 mars 1926.
49. Freud, *op. cit.*, p. 77.
50. « Correspondance Freud-Laforgue », NRP 15, printemps 1977, accompagné de l'excellente préface d'A. Bourguignon.
51. RFP, 8, 1934.
52. IZP, t. VI, 1920, p. 228-241.
53. Pichon, *Sokolnicka*, *op. cit.*, p. 7.
54. *Ibid.*
55. Voir volume II.
56. Pichon, « Sokolnicka », *op. cit.*, p. 10.
57. E. Sokolnicka, « La Technique psychanalytique », RFP, 3, I, 1929, p. 49. Comparaison avec Loewenstein, voir chap. II.
58. Entretien avec Étienne Pichon.
59. Voir Martine Lilamand, *René Laforgue, fondateur du mouvement psychanalytique français, sa vie son œuvre*, I et II, mémoire pour le CES de psychiatrie de l'université de Paris, sous la direction d'A. Bourguignon, Créteil, 1980. Voir également M. O. Poïvet, *René Laforgue, sa place originale dans la naissance du mouvement psychanalytique français*, thèse pour le doctorat en médecine, université de Paris-VI, 1978, dir. A. Bourguignon.
60. Laforgue, « Journal », *Carrefour d'approfondissement psychologique*, 3, 1974, p. 8.
61. *Ibid.*
62. *Ibid.*, p. 13.
63. « Correspondance Freud-Laforgue », *op. cit.*, p. 254.
64. PM, t. XXXVI, 1923, p. 533-534.
65. *Ibid.*
66. « Correspondance Freud-Laforgue », *op. cit.*, p. 353.
67. *Ibid.*
68. Voir 1re partie, chap. II.
69. Laforgue, *Psychopathologie de l'échec*, Mont-Blanc, Genève, 1963 ; *L'Échec de Baudelaire*, Genève, Mont-Blanc, 1964 ; *Talleyrand, ibid.*, 1947.
70. Laforgue, *Relativité de la réalité*, Paris, Denoël et Steele, 1932.
71. Voir *infra*.
72. Archives privées.
73. Voir Daniel Moreau, *Édouard Pichon, vie et œuvre*, thèse pour le doctorat en médecine, à l'université de Paris Val-de-Marne, sous la direction d'A. Bourguignon, Créteil, 1979.
74. L. Aragon, *Blanche ou l'Oubli*, Paris, Gallimard, 1967, p. 27.
75. Entretien avec É. Pichon.

76. *Op. cit.*, p. 27-28.
77. Brouillon de la lettre communiqué par É. Pichon.
78. Sur les activités de Pichon à l'AF, voir chap. II.
79. Pichon, *Le Développement psychique de l'enfant*, Paris, Masson et Cie, 1953. F. Dolto a emprunté de nombreuses notions à ce livre.
80. *Ibid.*, p. 335.
81. SPP, 1928.
82. *Ibid.*, souligné par moi.
83. EP, 1932, 3, p. 85-86.
84. *Ibid.*, p. 87, souligné par moi.
85. *Ibid.*, p. 91.
86. *Ibid.*, p. 94.
87. C. Maurras, *L'Avenir de l'intelligence*, Paris, Nouvelle librairie nationale, 1909.
88. C. Maurras, *Enquête sur la monarchie, ibid.*, Paris, 1924. Discours, p. 1-135.
89. *Op. cit.*, 353.
90. R. Dalbiez, vol. I et II, Paris, Desclée de Brouwer, 1949.
91. Bibliothèque psychanalytique, Paris, Denoël, 1938.
92. *Ibid.*, souligné par moi.
93. RFP, 10, 1, 1938.
94. RFP, 7, 4, 1934.
95. Pour la polémique entre Lacan et Pichon sur les mots culture ou civilisation, voir É. Roudinesco, « Monsieur Pichon devant la famille », *Cahiers Confrontation*, 3, *op. cit.*
96. *Op. cit.*, p. 27-28.
97. Pichon, *La Réalité devant Monsieur Laforgue*, RFP, 10, 4, 1938.
98. Pichon, « La Famille devant Monsieur Lacan », repris dans *Confrontation*, 3, *op. cit.*, p. 207.
99. In *La Grammaire*, Klincksieck, Paris, 1970.
100. Damourette et Pichon, *Des mots à la pensée, essai de grammaire de la langue française*, d'Artrey, Paris, 1911-1940.
101. R.L. Wagner, *Essais de linguistique française*, Paris, Nathan, 1980.
102. *Des mots à la pensée, op. cit.*, préface p. 17.
103. *Ibid.*, p. 38.
104. *Ibid.*, p. 60.
105. EP, 1925. JPNP, mars 1928 et RFP, 10, 3, 1938.
106. Voir 2e partie, chap. II.
107. Voir annexes.
108. *Grammaire*, 1925, *op. cit.*
109. *Ibid.*, p. 256.
110. *Négation*, 1928, *op. cit.*, p. 236.
111. *Ibid.*, p. 245.
112. Je parle des textes publics et non de la correspondance privée.
113. Freud, « La négation », RFP, 8, 2, 1934 ; Jean Hyppolite, « Commentaire parlé sur la Verneinung de Freud », 10 février 1954, in *La Psychanalyse*, I, Paris, PUF, 1956, p. 29-41. Voir discussion, chap. II.
114. *La Personne et la Personnalité*, 1938, *op. cit.*, p. 453.
115. F. de Saussure, *CLG*, publié par Bally et Sechechaye (1920), Paris, Payot, 1965.
116. Benveniste, repris in *Problèmes de linguistique générale*, Paris, Gallimard, 1966, p. 51.
117. Pichon, *A l'aise dans la civilisation*, RFP, 10, 1, 1938.
118. Godel, *Sources manuscrites du CLG*, Genève, Droz, Paris, Minard, 1957.
119. Voir Pêcheux-Gadet, *op. cit.*
120. M. Bonaparte, *A la mémoire des disparus*, t. I, *Derrière les vitres closes* ; t. II, *L'Appel des sèves*, Paris, PUF, 1958.
121. Voir Jacqueline de Mitry, *Marie Bonaparte*, mémoire pour le CES de psychiatrie, sous la direction d'A. Bourguignon, Val-de-Marne, Créteil, 1982. Pour l'enfance de M. B. voir *Cahiers de petite fille*, avec commentaire, édités à compte d'auteur, vol. I, 1939, vol. II, 1948, Londres, IMP. Voir Céliz Bertin, *La Dernière Bonaparte*, Paris, Librairie Académique Perrin, 1982.
122. M. Bonaparte, *Mémoires*, t. II, p. 558.
123. *Ibid.*, p. 949.
124. *Ibid.*, p. 950.
125. *Ibid.*, p. 962.
126. *Ibid.*, p. 979.
127. *Ibid.*, p. 996.

128. *Ibid.*, p. 990, souligné par moi.
129. M. Bonaparte, *Monologue devant la vie et la mort*, Londres, Imago Publishing Co. Ltd, 1950.
130. A.E. Narjani, *Bruxelles médical*, 1924.
131. *Correspondance Freud/Laforgue, op. cit.*, p. 260.
132. *Ibid.*, p. 261.
133. *Ibid.*, p. 267.
134. *Ibid.*, p. 268.
135. Pour la correspondance de M. Bonaparte avec Freud, on consultera Jones et Max Schur, *La Mort dans la vie de Freud*, Paris, Gallimard, 1975. Voir également témoignage de Martin Freud, *Freud, mon père*, Paris, Denoël, 1975, préface de M. Bonaparte.
136. Archives privées. Freud, *Un souvenir d'enfance de Léonard de Vinci*, Paris, Gallimard, 1927.
137. Schur, *op. cit.*, p. 574.
138. *Ibid.*, p. 575.
139. *Op. cit.* Une édition non expurgée est en préparation aux USA.
140. M. Bonaparte, *Edgar Poe*, Paris, Denoël et Steele, 1933. Voir volume II.
141. M. Leiris, *L'Afrique fantôme*, Paris, Gallimard, 1981.
142. Entretien avec M. Leiris.
143. Selon une économiste et un banquier auxquels j'ai demandé leur avis, cette somme peut être évaluée à 500 000 francs actuels.
144. Schur, *op. cit.*, p. 594.
145. *Correspondance Freud-Laforgue, op. cit.*, p. 280.
146. Archives privées. Elle fait elle-même ce lapsus qu'elle corrige.
147. *Correspondance Freud-Laforgue, op. cit.*, p. 280.
148. *Ibid.*, p. 332.
149. Voir C. Bertin, *op. cit.*
150. M. Bonaparte, *Cahiers I*, p. 64. Voir également Mitry, *op. cit.*
151. *Ibid.*, p. 63 et 70.
152. *Ibid.*, p. 80. La ponctuation et la syntaxe sont de la plume de M. B.
153. Repris in *Psychanalyse et Biologie*, Paris, PUF, 1952, p. 146-152.
154. *Ibid.*, p. 12-19.
155. *Ibid.*, p. 19.
156. Repris également dans *ibid.*, p. 10. Curieux retournement, on sait maintenant que l'excision provoque souvent la frigidité. Ce qui ne change rien au problème théorique de la castration du point de vue psychanalytique.
157. Freud in *La Vie sexuelle, op. cit.*
158. *Ibid.*, p. 140, souligné par moi.
159. Pour le débat sur cette question, voir M. Safouan, *La Sexualité féminine dans la doctrine freudienne*, Paris, Seuil, 1976.
160. M. Bonaparte, *La Sexualité de la femme*, Paris, PUF, 1951.
161. *Ibid.*, p. 126.
162. *Psychanalyse et Biologie, op. cit.*, p. 164.
163. Jones, III, p. 511.
164. RFP, 1, 1, 1927.
165. *Ibid.*, p. 187.
166. *Ibid.*, p. 194.
167. J. Lacan, *Motifs du crime paranoïaque*, Paris, Le Minotaure, 3-4, 1933 ; réédition Skira, vol. II. On notera que cet article est dédié à Georges Dumas.

CHAPITRE II. *La Société psychanalytique de Paris*

1. Entretien avec Olivier Flournoy.
2. R. Queneau, *Chêne et Chien*, Paris, Gallimard, 1952.
3. TM, 110, mars 1955. A cette époque la revue de Sartre n'hésite pas à provoquer des « scandales » au sujet de la psychanalyse. Voir suite volume II.
4. M. Choisy, *Psyché*, 98, Paris, décembre 1954.
5. « Correspondance Freud/Laforgue », *op. cit.*, p. 282, souligné par moi. Voir également Florence Mayet-Guillot, *Otto Rank, sa place originale dans le mouvement psychanalytique*, thèse pour le doctorat en médecine, université de Paris-Sud 1977.
6. Voir 2e partie, chap. II.
7. Ferenczi, *Psychanalyse, I, op. cit.*, p. 138.
8. L'actuelle question des traductions sera évoquée au volume II.

9. « Correspondance Freud/Laforgue », *op. cit.*, p. 284. Voir également préface Bourguignon.

10. *Ibid.*, p. 285.

11. Voir 2e partie, chap. II.

12. « Correspondance Freud/Laforgue », *op. cit.*, p. 285.

13. Archives privées.

14. L'histoire du mouvement psychanalytique français n'a pas été racontée de la même manière selon l'appartenance des auteurs aux différentes écoles. On trouve d'une part les thèses que j'ai déjà citées, qui sont des travaux objectifs et scrupuleux. On trouve d'autre part un ouvrage et des articles écrits par des psychanalystes en général mal informés ou tendancieux, c'est-à-dire sans aucun souci de la simple vérité des faits. Dans cette perspective, voir : Paul Denis, « Les sociétés françaises affiliées à l'IPA », in *Les Écoles psychanalytiques*, Paris, Tchou, 1981 ; et « Psychanalyse hier, repères et anecdotes », in *Psychiatrie aujourd'hui*, 6, 2e trimestre 1972. Voir également, Ilse et R. Barande, *Histoire de la psychanalyse en France*, Toulouse, Privat, 1975. Ce dernier livre a été sévèrement critiqué pour ses « omissions » par A. Bourguignon, EP, Ier trimestre, XLI, 1976, p. 187-194. On trouve par ailleurs un texte ronéoté (100 pages) et inédit de W. Granoff et V. Smirnoff, réalisé au moment de la SFP (1953-1964) et destiné à faire connaître le mouvement français dans l'IPA. Dans cette trajectoire voir l'excellent article de V. Smirnoff, « De Vienne à Paris », NRP, 20, *op. cit.* Voir également Mario Francioni, *Storia della psychoanalisi francese*, Turin, Boringhieri, 1982. Sur la littérature et la psychanalyse, voir P. Tytell, *La Plume sur le divan*, Paris, Aubier-Montaigne, 1982 (avec un tableau de toutes les écoles, de leurs revues et de leurs publications de 1926 à nos jours). Voir aussi M. de Certeau, article « Psychanalyse et histoire », in Jacques Le Goff, *Encyclopédie du savoir moderne*, Paris, Retz, CEPL, 1978. D'autres ouvrages seront cités pour les périodes ultérieures au volume II. Sur les problèmes de l'interprétation psychanalytique de l'histoire et inversement : Saul Friedländer, *Histoire et Psychanalyse*, Paris, Seuil, 1975 ; B. Mazlish, *Psychoanalysis and History*, Prentice-Hall, 1963 ; A. Besançon, *L'Histoire psychanalytique, une anthologie*, Paris, Mouton, 1974.

15. Entretien avec René Pache, psychanalyste, Marseille.

16. Voir annexes pour les statuts et la participation des psychanalystes aux congrès de l'IPA.

17. Entretien avec Elisabeth Loewenstein-Novick.

18. « Correspondance Freud/Laforgue », *op. cit.*, p. 297. L'article de Laforgue sera publié sous le titre *La Pratique analytique*, RFP, 2, 2, 1928.

19. Entretien avec Délia Clausel-Laforgue sur L. Laforgue et avec M. O. et D. Poïvet pour Paulette Erikson. Le texte de J. Favez-Boutonier est reproduit dans la thèse de Lilamand, *op. cit.*

20. Laforgue, RFP, 7, 4, 1934.

21. Entretien avec Germaine Guex d'un côté et Jacques-Alain Miller de l'autre.

22. Cette phrase est citée par P. Tytell, *op. cit.*, p. 13 et 267. Elle revient souvent dans la bouche des témoins qui ont connu Loewenstein.

23. RFP, 2, 1, 1928, et 4, 2, 1930-1931.

24. *Ibid.*, p. 115 et 125.

25. RFP, 2, 1, 1928.

26. RFP, 10, 1, 1938. Ce texte sera suivi d'un autre (conférence prononcée en 1939), publié en 1950 dans la RFP et intitulé : « Des pulsions vitales ou somatiques », 14, 1, p. 106-128.

27. G. Bataille, *Œuvres complètes*, t. VII, Paris, Gallimard, 1976, notice, p. 460.

28. Voir Jean Piel, *La Rencontre et la Différence*, Paris, Fayard, 1982.

29. Il s'agit ici des pratiques de cures avec des écrivains, et non de la diffusion de la psychanalyse dans leurs œuvres. Voir volume II.

30. A. Borel, « Les convulsionnaires et le diacre Pâris », EP, VII, 4, 35, p. 3-24.

31. RFP, 7, 1, 1934, p. 139-143.

32. Lettre du 30-9-37, communiquée par Délia Clausel-Laforgue.

33. Je renvoie aux travaux en cours de M. Cifali sur l'histoire du mouvement psychanalytique helvétique et notamment sur les deux filiations issues de Flournoy (jungisme/freudisme) avec prolongement dans le piagétisme.

34. Détails biographiques fournis par G. Guex.

35. C. Odier, « Contribution à l'étude du surmoi et du phénomène moral », RFP, 1, 1, 1927, p. 24-75.

36. C. Odier, « La névrose obsessionnelle », RFP, 1, 3, 1927, p. 425-491.

37. Allocution de D. Lagache, communiquée par G. Guex.

38. Voir O. Flournoy, *Bulletin intérieur de la Société suisse de psychanalyse*, 13, 1982.

39. Saussure, *Schweizerische Zeitschrift für Psychologie*, t. XV, 1957, p. 136-139.
40. *Ibid.*
41. *Ibid.*
42. O. Flournoy, *op. cit.*
43. Saussure, *La Technique psychanalytique*, Genève, Lausanne, Payot, 1922.
44. Jones, IJP, IV, 1923, cité par O. Flournoy.
45. EP, 1, 1925.
46. O. Flournoy, *op. cit.*
47. Chertok, Saussure, *op. cit.*
48. Voir Geneviève Poncet, *Georges Parcheminey*, mémoire pour le CES de psychiatrie, sous la présidence d'A. Bourguignon, Paris, Val-de-Marne, Créteil, 1981.
49. Parcheminey, « L'hystérie de conversion », *Encéphale*, 26, 1931, p. 803-808 ; « De l'idée de régression dans le problème de la genèse des symptômes névrotiques », RFP, 6, 2, 1933, p. 175-191 ; « La conception psychanalytique de l'hystérie » (coll. Loewenstein), *Encéphale*, 28, p. 312-330 ; « Le problème de l'hystérie », RFP, 8, 1, 1935. Voir également Poncet, *op. cit.*
50. Voir Laurent Bouvard, *René Allendy*, thèse de doctorat en médecine sous la direction d'A. Bourguignon, Créteil, 1981.
51. R. Allendy, *Le Journal d'un médecin malade*, Paris, Denoël, 1944.
52. Laforgue et Allendy, *op. cit.*
53. « Correspondance Freud/Laforgue », *op. cit.*, p. 257.
54. Allendy, « Freud et la psychanalyse », *Disque vert*, Paris-Bruxelles, 1924 ; le contenu de ce numéro sera analysé au volume II (salons littéraires).
55. *Ibid.*, page de garde.
56. RFP, 1, 1, p. 82-86.
57. Voir Roudinesco, *Psychanalyse mère et chienne*, *op. cit.*
58. A. Artaud, *Œuvres complètes*, III, Paris, Gallimard, 1956-1974, p. 125.
59. C. Baudouin, J. Desplanques, R. Jaccard, *René Allendy*, Genève, CAR, Mont-Blanc, 1945.
60. Maloine, Paris, 1926.
61. « Correspondance Freud-Laforgue », *op. cit.*, p. 277.
62. EP, 1929, p. 11-26.
63. Anaïs Nin, *Journal (1931-1934)*, Paris, Livre de poche, 1966, p. 138.
64. *Ibid.*, p. 171-172.
65. *Ibid.*, p. 237.
66. *Ibid.*, p. 404.
67. *Ibid.*, p. 505.
68. A. Nin, *Journal (1966-1974)*, Paris, Stock, 1982, p. 146.
69. RFP, 1, 2, 1927, p. 402-405.
70. *Ibid.*, p. 405-408.
71. Archives privées.
72. Pichon, *Personnalité*, *op. cit.*, p. 448.
73. *Ibid.*, p. 447-448.
74. Freud, *Nouvelles Conférences sur la psychanalyse*, Paris, Gallimard, 1936.
75. Lacan, EP, 1, 1956, Repris in *Écrits*, *op. cit.*, p. 426.
76. In *La Psychanalyse*, 3, Paris, PUF, 1957, p. 315-329.
77. « Correspondance Freud/Laforgue », *op. cit.*, p. 263.
78. Voir annexes.
79. Voir Ire partie, chap. II, et Schur, *op. cit.*
80. EP, 1, 1947.
81. Lacan, « Le complexe, facteur de la psychologie familiale », I, *Encyclopédie française*, volume VIII, 1938 (non réédité).
82. *Ibid.*
83. *Ibid.*
84. Pichon, *La Famille*, *op. cit.*
85. Voir annexes, liste des textes de Freud traduits en 1920 et 1940.
86. *Vocabulaire de la psychanalyse*, *op. cit.*, p. 7.
87. *Ibid.*, p. 376.
88. *Ibid.*, p. 58.
89. *Dictionnaire de la psychiatrie*, Paris, PUF, édition remaniée de 1975.
90. Voir A. Bourguignon et A. Manus, « Hallucination, déni de la réalité et scotomisation », *Annales médico-psychologiques*, volume 138, 2, février 1980 ; l'article a été rédigé en 1978.
91. Freud, *Métapsychologie*, Paris, Idées-Gallimard, 1968.

92. Freud, in *La Vie sexuelle, op. cit.*
93. « Correspondance Freud/Laforgue », *op. cit.*, p. 262.
94. Bourguignon-Manus, *op. cit.*, p. 131. Pour *Le Horla*, voir Iʳᵉ partie chap. II.
95. *Vocabulaire de la psychanalyse*, article « déni ».
96. « Correspondance Freud/Laforgue », *op. cit.*, p. 264. *Vorstellungsrepräsentanz* est traduit ainsi par L. et P. à la place du terme erroné de représentant de la représentation.
97. « Correspondance Freud/Laforgue », *op. cit.*, p. 266.
98. IZP, 12, 1926, p. 54-65.
99. « Correspondance Freud/Laforgue », *op. cit.*, p. 277.
100. IZP, 12, 1926, p. 451-456.
101. Freud, *Inhibition, Symptôme et Angoisse*, Paris, PUF, 1968, p. 86-87.
102. In *La Vie sexuelle, op. cit.*, p. 134.
103. *Ibid.*, p. 137.
104. IZP, 14, 1928, p. 331-374.
105. « Correspondance Freud/Laforgue », *op. cit.*, p. 291.
106. Laforgue, *op. cit.*, p. 21.
107. Bourguignon-Manus, *op. cit.*
108. Voir 4ᵉ partie, chap. I.
109. Textes de Lacan sur l'élaboration de la forclusion : *a)* Séminaire de textes du 10 février 1954, « Introduction au commentaire », de J. Hyppolite, *La Psychanalyse*, 1, Paris, PUF, 1956 ; *b)* « Réponse au commentaire », *ibid.*, *c)* « D'une question préliminaire à tout traitement possible des psychoses », *La Psychanalyse*, 4, Paris, PUF, 1957. Textes repris in *Écrits, op. cit.* Voir également *Séminaire III, op. cit.* Ces problèmes seront repris au volume II, dans le cadre des rapports de Lacan à l'hégélianisme et à Kojève.
110. Freud, *Cinq Psychanalyses, op. cit.*, p. 389.
111. *Ibid.*, p. 390.
112. *Ibid.*, p. 385.
113. *Séminaire III, op. cit.*, p. 171.
114. *Ibid.*, p. 177, souligné par moi.
115. A. Minkowski, *Le Mandarin aux pieds nus*, entretiens avec J. Lacouture, Paris, Seuil, Points, 1977, p. 27.
116. A. Memmi, *Portrait d'un Juif*, Paris, Idées-Gallimard, p. 28.
117. Granoff, *Filiations, op. cit.*, p. 407.
118. Robin, *Écriture juive et Sentiment de la langue, l'amour du yiddish*, Lausanne, L'Age d'homme, 1982 (ouvrage consulté sur manuscrit).
119. *Ibid.*
120. RFP, 10, 1, 1938.
121. *Le Mandarin, op. cit.*, p. 23.
122. Ces discours sont écrits par Pichon avant d'être prononcés et cités *in extenso* dans le journal ou entre guillemets.
123. 4, 6, 8, février 1926. Curieusement, Daudet annonce un quatrième article qu'il ne publiera pas.
124. EP, 1, 1947, rubrique « Nos morts », p. 17.
125. *Ibid.*, souligné par moi.
126. Je dois à Jeanine Minkowski-Pilliard l'information concernant le décès de Laure Morgenstern.
127. Hesnard, *Freud dans la société d'après-guerre*, Genève, Mont-Blanc, coll. Action et pensée, 1946.
128. *Ibid.*, p. 127.
129. *Ibid.*, p. 128.
130. *Ibid.*, p. 130.
131. *Ibid.*, p. 134.
132. *Ibid.*, p. 135.
133. *Ibid.*, p. 137.
134. *Ibid.*, p. 139.
135. *Ibid.*, p. 11.
136. Ce procès sera relaté au volume II.
137. « Correspondance Freud/Laforgue », *op. cit.*, p. 290.
138. *Ibid.*, p. 292, souligné par moi.
139. Laforgue, *Journal, op. cit.*, p. 8-9.
140. Voir Lilamand, *op. cit.*, 1, p. 21.
141. *Psyché*, 27-28, Paris, 1949.
142. *Ibid.*
143. Imago publishing, Londres, Co, LTD, 1946.

144. RFP, 15, 4, 1951.
145. R. Loewenstein, *Psychanalyse de l'antisémitisme*, Paris, PUF, 1952.

CHAPITRE III. *Le groupe de l'Évolution psychiatrique*

1. Publié par A. Bourguignon et M. Lilamand, pour montrer que l'EP n'est pas un lieu de « récupération », EP, 46, 4, 1981, p. 1031.
2. Le premier numéro a été en partie reproduit en fac-similé par l'EP, à l'occasion de son cinquantenaire, XLI, I, 1976.
3. Aperçu, *ibid.* (l'article ne possède pas de pagination). L'« Aperçu » est publié une deuxième fois en 1929 signé par Hesnard et Pichon in *Revue de psychologie concrète*.
4. Voir volume II.
5. Saussure, IJP, coll. Reviews, accompagné d'une imposante bibliographie, 1921, p. 424-441.
6. Hesnard, « Aperçu » souligné par moi.
7. *Ibid.*
8. *Ibid.*
9. On lira avec intérêt l'article de G. Lantéri-Laura, « Histoire de l'évolution psychiatrique », *L'Ane*, 3, automne 1981.
10. Voir annexes.
11. EP, 4, 1936.
12. Repris in *Écrits, op. cit.*, p. 73.
13. H. Sztulman, « Psychanalyse et psychiatrie », EP, Cinquantenaire, *op. cit.*, p. 76 et 85, souligné par moi. Ni P. Denis ni les Barande *(op. cit.)* qui soutiennent les mêmes thèses ne fournissent les documents ou les sources sur le collaborationnisme de Laforgue. Voir volume II.
14. Bercherie, *op. cit.*, p. 280. Rappelons que Clérambault, malgré sa marginalité, fait partie de ce courant. Voir volume II.
15. A. Minkowski, *Un Juif pas très catholique*, Paris, Ramsay, 1981, p. 34.
16. Ellenberg, p. 491.
17. Les informations sur les relations d'Eugène et de Françoise Minkowski avec leurs contemporains sont fournis par un entretien avec A. Minkowski.
18. Renseignements biographiques fournis par Jeanine Pilliard-Minkowski. Voir également fascicule publié par E. Minkowski, *Du temps de l'étoile jaune* (sans autre mention).
19. JPNP, XX, 1923, p. 543-558.
20. Paris, Payot, 1927.
21. Minkowski, « Les idées de Bergson en psychopathologie », *Annales médico-psychologiques*, 87e année, 1, mars 1929, réédité avec d'autres textes dans *Les Cahiers du groupe F. Minkowska*, décembre 1965.
22. Voir L. B. *Discours, Parcours, Freud*, Paris, Gallimard, 1970, présentation de P. Fédida.
23. EP, 1, 1952.
24. *Ibid.*, p. 9.
25. *Ibid.*, p. 5.
26. *Bulletin de la Société française de philosophie, op. cit.*, p. 21.
27. *Ibid.*, p. 22.
28. F. Minkowska, « L'hérédité dans la schizophrénie et dans l'épilepsie, la méthode généalogique, points de vue théoriques et pratiques », EP, 2, 1936.
29. « Discussion du rapport de Monsieur le professeur Rudin », IIe congrès international d'hygiène mentale, Paris, 1937. Et, en collaboration avec E. Minkowski, « L'hérédité des maladies mentales et le problème de la stérilisation », *Revue Ose*, mars-avril 1937.
30. E. Minkowski, « Le Roschach dans l'œuvre de F. Minkowska », *Bulletin du Groupement français du Rorschach*, 2, juillet 1952.
31. « Au cimetière de Bagneux », document confié par J. Pilliard-Minkowski, publié dans un fascicule en hommage à F. Minkowska.
32. Voir A. Chouraki, *Theodor Herzl*, Paris, Club des éditeurs, 1960, p. 130-132.
33. Renseignements et anecdotes fournis par Claire Schiff-Doz. Pour le débat sur l'organicisme, voir RFP, 6, 1, 1933, p. 89-100. Voir également notices nécrologiques de J. Favez-Boutonier, RFP, 12, 2, 1948, et Odette Codet, EP, 2, 1947.
34. P. Schiff, *Le Spectateur*, 2, juillet 1923.
35. *L'Encéphale*, 20, 6 juillet 1925, p. 400.

36. J. Lacan, « Introduction aux fonctions de la psychanalyse en criminologie », RFP, 1, 1951, repris in *Écrits, op. cit.*, p. 125.

37. P. Schiff, RFP, 8, 1, 1935 ; *Hygiène mentale*, 5-6-7, Doin, 1935.

38. *Ibid.*, p. 1.

39. *Ibid.*, p. 49.

40. Voir annexes.

41. Document fourni par C. Schiff-Doz.

42. Voir J. Favez-Boutonier, notice nécrologique, citée et A. Bourguignon, critique du livre de Barande, EP, *op. cit.*

43. Denis et Barande, *op. cit.*

Épilogue

1. *L'Humanité* ne paraît pas à cette date. Elle a été interdite à cause de son approbation du pacte germano-soviétique.

2. Repris dans *Psychanalyse et Biologie, op. cit.*, p. 74.

3. A part le Moïse, les derniers textes de Freud sur l'antisémitisme sont les suivants : « Ein Wort zum Antisemitismus » (Note sur l'antisémitisme), *Die Zukunft*, 7, 25, novembre 1938, Paris, p. 2. Repris dans SE, XXIII, p. 287-293. Et, « Letter to the editor of Time and Tide, Antisemitism in England », *Correspondance, op. cit.*, p. 497-498.

4. T. Mann, *Les Exigences du jour*, Grasset, Paris, 1976, p. 284 ; voir également, Jean Finck, *Thomas Mann et la psychanalyse*, Paris, Les Belles Lettres, 1982 (préface de J.-M. Palmier).

Annexes

Statuts de la Société Psychanalytique de Paris

ARTICLE PREMIER. – Il est constitué une association entre :

Madame la Princesse Georges de GRÈCE, née Marie BONAPARTE, Madame Eugénie SOKOLNICKA et les docteurs René ALLENDY, Adrien BOREL, Henri CODET, Angelo HESNARD, René LAFORGUE, Rodolphe LOEWENSTEIN, Charles ODIER, Georges PARCHEMINEY, Édouard PICHON et Raymond DE SAUSSURE.

ART. 2. – Cette association a pour but d'étudier objectivement la doctrine, la technique et les résultats de la psychanalyse, et d'en diffuser la connaissance. Elle porte le nom de : « *Société Psychanalytique de Paris* ».

ART. 3. – L'association demandera son affiliation scientifique à l'Association Internationale de Psychanalyse; mais cette affiliation ne l'obligera que dans les limites compatibles avec les lois françaises, sous le régime desquelles la *Société Psychanalytique de Paris* se place entièrement et uniquement.

ART. 4. – La *Société Psychanalytique de Paris* comporte deux ordres de membres : les membres titulaires et les membres adhérents.

ART. 5. – Pour les questions administratives, la Société se réunit en un *Comité* composé de tous les membres titulaires, mais auquel aucune autre personne ne peut être conviée.

ART. 6. – Les séances scientifiques de la *Société* sont de deux ordres : les séances d'études techniques réservées aux membres titulaires, et les séances d'études générales, ouvertes aux deux ordres de membres.

ART. 7. – La *Société Psychanalytique de Paris* a un Bureau, composé d'un président, d'un vice-président, d'un secrétaire et d'un trésorier. Toutefois, au cours de la première année (1927), les fonctions de secrétaire et de trésorier seront réunies dans les mains du Docteur Rodolphe LOEWENSTEIN.

ART. 8. – Tous les membres du Bureau sont élus pour un an. Les élections aux différentes fonctions du Bureau devront avoir lieu en janvier de chaque année. Toutefois, il n'y aura pas d'élections en janvier 1927.

ART. 9. – Les membres du Bureau sont indéfiniment rééligibles. Ils sont élus au vote secret.

ART. 10. – Pour chaque scrutin, chaque électeur reçoit un bulletin portant les noms de tous les candidats. Tous les bulletins doivent être indiscernables les uns des autres, c'est-à-dire soit tous imprimés, soit tous dactylographiés, soit tous écrits de la même main. Le secrétaire sortant est chargé de vérifier que les bulletins sont tous complets et identiques, et que chaque électeur n'en reçoit qu'un. L'électeur, en possession de son bulletin, y biffe tous les noms sauf celui du candidat qui lui agrée.

Puis il donne, en pleine séance, son bulletin au président sortant, qui le met sur-le-champ dans l'urne, également en pleine séance.

ART. 11. – Le vote par correspondance est admis pour les élections au Bureau. Les membres désirant voter par correspondance doivent en aviser le secrétaire avant le 1er décembre. Le secrétaire leur fait alors parvenir leur bulletin avant le 15 décembre. Le vote une fois inscrit sur le bulletin, celui-ci est inclus dans une enveloppe cachetée à la cire, adressée au secrétaire, et portant extérieurement la mention : Bulletin de Vote. Pour être valable, le bulletin doit être arrivé au secrétaire, qui en avise immédiatement le président ou à son défaut le vice-président, avant le 1er janvier. Le jour de la séance d'élection, le secrétaire remet en pleine séance l'enveloppe cachetée au Président, en disant à haute voix : « De la part de tel membre, qui vote par correspondance ». Le Président décachette alors l'enveloppe, en extrait le bulletin et le place dans l'urne ès formes ordinaires.

ART. 12. – Le président pour 1927 est le docteur René LAFORGUE. Le président est élu en comité à la majorité absolue, par les membres titulaires. Il doit être choisi parmi les membres titulaires. La majorité relative, à partir du deuxième tour, suffira à assurer l'élection.

ART. 13. – La vice-présidente pour 1927 est Madame Eugénie SOKOLNICKA. Le vice-président et le secrétaire, de même que le trésorier sont élus dans les mêmes conditions que le président.

ART. 14. – Les élections du président, du vice-président, du secrétaire et du trésorier ont lieu au premier comité de l'année, en janvier.

ART. 15. – Tout bulletin de vote portant le nom d'une personne inéligible aux fonctions dont il s'agit est nul et réputé blanc. Tout bulletin de vote signé ou portant apparemment l'indication de la personnalité de l'électeur est également nul et réputé blanc.

ART. 16. – Tout membre a le droit de refuser une fonction à laquelle l'élection vient de l'élever.

ART. 17. – Le mandat des membres du Bureau s'éteint de trois façons : par expiration, au bout de l'année; par démission, par révocation. Les membres du Bureau doivent assister à toutes les réunions dudit Bureau, sur convocation du secrétaire provoquée par le président. Si, sans excuse valable, un membre du Bureau a manqué trois séances consécutives, le président peut le citer devant ses électeurs, qui ont alors licence de le révoquer de sa fonction, par une décision prise dans la même forme que celle par laquelle il a été élu. Si le membre fautif est le président, c'est le vice-président qui peut introduire l'instance en révocation.

ART. 18. – Les douze membres fondateurs sont de droit membres titulaires.

ART. 19. – Le recrutement ultérieur d'autres membres titulaires se fera de la façon suivante :

Le candidat devra d'abord faire acte de candidature par lettre adressée au président de la Société sous couvert du secrétaire.

L'acte de candidature une fois régulièrement fait, la demande ne pourra être déclarée recevable par le président que si le comité a reçu d'un analyste, membre de la *Société Psychanalytique de Paris,* ou d'une branche quelconque de l'Association Internationale, l'assurance que le candidat s'est soumis auprès de lui à une psychanalyse pouvant être considérée comme didactiquement suffisante.

Si cette assurance émane d'un psychanalyste membre de la *Société psychanalytique de Paris,* elle peut être donnée verbalement à condition que ce soit en séance du Comité. Au contraire, si elle émane d'un psychanalyste étranger à la *Société Psychanalytique de Paris,* elle doit être donnée par écrit, dans une lettre adressée au président sous couvert du secrétaire.

La demande une fois déclarée recevable, le candidat, pour être élu membre titulaire, devra réunir au moins les trois quarts des voix des membres titulaires votants. Le vote par correspondance est admis dans les mêmes conditions que pour les élections au Bureau. Pour fixer exactement le nombre de voix à obtenir, on prendra le multiple de 4 égal ou immédiatement supérieur au nombre réel des membres titulaires, et c'est de ce multiple qu'on prendra les trois quarts.

ART. 20. – L'élection d'un nouveau membre titulaire pourra avoir lieu à une époque quelconque de l'année, mais le secrétaire devra avoir, au moins quinze jours avant qu'elle n'ait lieu, avisé individuellement chacun des membres titulaires. Le scrutin a lieu en séance de comité. Le jour du scrutin, le président ouvre et préside le débat au sujet de l'admission éventuelle. Ce débat se clôt par un vote écrit et secret dans la même forme que pour les élections au Bureau.

ART. 21. – Le recrutement des membres adhérents se fera de la façon suivante :

Le candidat devra d'abord faire acte de candidature par lettre adressée au président de la Société sous couvert du secrétaire.

Le secrétaire avisera alors les membres titulaires de la *Société Psychanalytique de Paris* que la candidature est posée, ceci quinze jours au moins avant la séance d'élection.

ART. 22. – L'élection d'un membre adhérent a lieu en séance de comité, au vote écrit et secret.

ART. 23. – Toute élection dûment annoncée par le secrétaire est valable, quel que soit le nombre des électeurs présents; mais le président doit faire faire les élections aux dates régulières des réunions ordinaires de la Société, pour que les membres puissent commodément être présents aux scrutins.

ART. 24. – En cas de grave faute contre l'honneur ou la déontologie professionnelle, l'exclusion d'un membre (titulaire ou adhérent) peut être prononcée.

L'instance en exclusion est introduite par une lettre émanant d'un membre quelconque (titulaire ou adhérent) et adressée au président sous couvert du secrétaire. Le secrétaire avise individuellement chaque membre titulaire au moins quinze jours avant la séance de Comité où ledit membre doit être appelé à statuer sur l'exclusion.

Le Comité est saisi le premier de l'instance en exclusion; il entend le membre demandeur pour son accusation, le membre défendeur pour son plaidoyer, et en général toute personne pouvant éclairer sa décision. Si le Comité le juge bon, il peut, pour l'enquête, déléguer ses pouvoirs à une Commission qui rapportera l'affaire devant lui le jour du vote final. Puis le Comité renvoie le demandeur et le défendeur, et vote en leur absence, même si l'un d'eux est membre titulaire.

ART. 25. – La langue officielle des séances de la Société, ainsi que des bulletins, comptes rendus, ou autres pièces écrites émanant d'elle, est la langue française.

ART. 26. – Les séances d'études techniques ont lieu au moins une fois par mois, à une date régulière, sauf en août et septembre.

Toutefois, le Bureau a le droit de convoquer les membres pour une séance extraordinaire avant la date fixée s'il juge que l'intérêt scientifique l'exige.

ART. 27. – Les séances d'études générales ont lieu quand l'intérêt scientifique le demande.

ART. 28. – Le président préside les séances; il y assure l'ordre. Nul ne peut y prendre la parole qu'il ne la lui ait régulièrement donnée; il la donne aux divers membres dans l'ordre où ils l'ont demandée.

ART. 29. – Le secrétaire fournit le compte rendu des séances à la *Revue Française de Psychanalyse*, qui les publie. Il est également chargé de toute la correspondance incombant à la Société.

ART. 30. – Les membres ordinaires des autres groupes psychanalytiques affiliés à l'Association Internationale ont, lors de leur présence à Paris, le droit d'assister à toutes les séances scientifiques de la Société au même titre que les membres titulaires. Toutefois, ces avantages peuvent être refusés au membre d'un groupe qui ne concéderait pas des droits réciproques aux membres titulaires de la *Société Psychanalytique de Paris*.

D'ailleurs, les membres desdits autres groupes psychanalytiques sont, en tout état de cause, rigoureusement exclus des séances du Comité. Toute décision prise en présence de l'un d'eux serait entachée de nullité.

ART. 31. – Des personnes étrangères tant à la *Société Psychanalytique de Paris* qu'à l'Association Internationale de Psychanalyse pourront être invitées pour une séance scientifique. Mais chaque invitation n'est valable que pour une seule séance.

L'invitation pourra être faite sur la proposition de n'importe quel membre.

Au cas exceptionnel où une personnalité marquante se trouverait à Paris temporairement et où le Bureau n'aurait pas le temps de recueillir le vote des membres, il pourrait prendre à lui seul l'initiative de l'invitation.

ART. 32. – La *Société Psychanalytique de Paris* se réserve de décider à partir de quelle date il y aura lieu d'admettre les représentants de la presse scientifique, médicale ou philosophique à assister aux séances scientifiques pour en publier le compte rendu dans leurs périodiques respectifs.

ART. 33. – Le Siège de l'association est de demeure à Paris. Il est provisoirement installé 1, rue Mignet (XVIe) au domicile particulier du docteur Laforgue.

ART. 34. – Les fonds de l'association se composent des cotisations qu'elle perçoit. Le trésorier administre ces fonds, et en dispose selon l'avis du Bureau, d'après les indications budgétaires générales votées par l'Assemblée des membres titulaires au début de chaque année.

ART. 35. – Le trésorier recueille les cotisations. Il rend compte publiquement de toutes ses recettes et dépenses au premier comité de l'année, en janvier.

ART. 36. – La cotisation pour les membres titulaires est obligatoire. Elle est fixée à 100 francs par an, payables en deux versements semestriels, à échéance du 15 décembre 1926.

La cotisation de membre titulaire donne droit au service de la *Revue Française de Psychanalyse*.

ART. 37. – La cotisation, pour les membres adhérents, est une somme au moins égale au prix de l'abonnement annuel de la *Revue Française de Psychanalyse;* moyennant quoi le service de cette Revue leur est acquis.

ART. 38. – La dissolution de la société peut être prononcée sur la demande de l'un des membres. Cette demande, clairement rédigée et contenant l'exposé détaillé des motifs, est adressée au président sous couvert du secrétaire. Ce dernier avise individuellement les membres trois mois avant la séance où doit être discutée la dissolution.

Le vote sur la question de la dissolution a lieu dans les mêmes formes que pour l'élection d'un membre titulaire.

L'actif possédé par la Société au moment de la dissolution est liquidé dans les formes légales françaises.

Organisation des pouvoirs dans la SPP (1926-1938)

	Président	Vice-Président	Secrétaire	Trésorier	Assesseur
1926	R. Laforgue	E. Sokolnicka	R. Loewenstein	R. Loewenstein	
1927	R. Laforgue	E. Sokolnicka	R. Loewenstein	R. Loewenstein	
1928	R. Laforgue	A. Hesnard	R. Allendy	M. Bonaparte	
1929	R. Laforgue	R. de Saussure	R. Allendy	G. Parcheminey	
1930	G. Parcheminey	H. Codet	R. Allendy	S. Nacht	
1931	G. Parcheminey	C. Odier	R. Allendy	S. Nacht	
1932	A. Borel	C. Odier	S. Nacht	S. Morgenstern	
1933	A. Borel	C. Odier	S. Nacht	S. Morgenstern	
1934	A. Borel	M. Bonaparte	J. Leuba	J. Frois-Wittmann	
1935	E. Pichon	M. Bonaparte	J. Leuba	J. Frois-Wittmann	
1936	E. Pichon	M. Bonaparte	J. Leuba	J. Frois-Wittmann	
1937	E. Pichon	M. Bonaparte	J. Leuba	J. Frois-Wittmann	
1938	C. Odier	M. Bonaparte	J. Leuba	M. Schlumberger	Mme Codet

Société Psychanalytique de Paris

Composition de la Société au 1er juin 1935

Membres fondateurs

Mme Marie BONAPARTE (Princesse Georges de Grèce), 6, rue Adolphe-Yvon, Paris (16e).
Mme Eugénie SOKOLNICKA (décédée).
Dr René ALLENDY, 67, rue de l'Assomption, Paris (16e).
Dr Adrien BOREL, 11, quai aux Fleurs, Paris (4e).
Dr Henry CODET, 10, rue de l'Odéon, Paris (6e).
Dr Angelo HESNARD, 4, rue Peireix, Toulon (Var).
Dr René LAFORGUE, 1, rue Mignet, Paris (16e).
Dr Rodolphe LOEWENSTEIN, 127, avenue de Versailles, Paris (16e).
Dr Charles ODIER, 79, boulevard Montmorency, Paris (16e).
Dr Georges PARCHEMINEY, 92, avenue Niel, Paris (17e).
Dr Edouard PICHON, méd. hôp., 48, avenue de la Bourdonnais, Paris (7e).
Dr Raymond DE SAUSSURE, 2, rue de la Terrasse, Genève (Suisse).

Membres titulaires

1928 – Dr Henry FLOURNOY, 5, rue de Monnetier, Genève (Suisse).
Mme ODIER-RONJAT, 79, boulevard Montmorency, Paris (16e).
Dr Blanche REVERCHON-JOUVE, 8, rue de Tournon, Paris (6e).
1929 – Dr Michel CÉNAC, 3, rue Coëtlogon, Paris (6e).
Dr Sophie MORGENSTERN, 4, rue de la Cure, Paris (16e).
Dr Sacha NACHT, 21, boulevard Flandrin, Paris (16e).
1930 – Dr Paul SCHIFF, 14, rue César-Franck, Paris (15e).
1932 – Dr John LEUBA, 6, rue Pierre-Ducreux, Paris (16e).
M. FROIS-WITTMANN, 8, rue des Marronniers, Paris (16e).

Membres adhérents

1927 – Mlle Anne BERMAN, Dr Pharm., 8, rue Falguière, Paris (15e).
M. Bernard DOREAU, 31, rue de Bellechasse, Paris (7e).
Dr Maurice MARTIN-SISTERON, 14, boulevard Ed.-Rey, Grenoble (Isère).
1928 – Dr HÉLOT, 8, place Masséna, Nice (Alpes-Maritimes).
Dr André REPOND, Directeur Maison de santé Malévoz, à Monthey (Suisse).

1929 – M. Paul GERMAIN, 10, rue Durantin, Paris (18e).
M. Henri HOESLI, 90, rue du Bac, Paris (7e).
Mme Paulette LAFORGUE, 1, rue Mignet, Paris (16e).
1931 – Dr BELTRAM, Prof. Université, 1601, Echeveria, Buenos-Aires.
Dr E. RIETI, Instituto psychiatrico di Grugliasca, Turin (Italie).
1932 – Dr MÂLE, 11, rue de Navarre, Paris (5e).
Dr Allende NOVARO, 1944, Calle Moneda, Santiago-du-Chili.
1933 – M. Marc SCHLUMBERGER, 24, avenue de Lamballe, Paris (16e).
M. Théodore CHENTRIER, 17 *bis,* r. de Bretagne, Asnières (Seine).
1934 – Mme le Dr Odette CODET, 10, rue de l'Odéon, Paris (6e).
Dr LACAN, 149, rue de la Pompe, Paris (16e).
1935 – M. Philippe MARETTE, 2, avenue du Colonel-Bonnet, Paris (16e).
Dr J.-L. PIERRE, 39, avenue Charles-Floquet, Paris (7e).
Mgr le Prince Pierre de GRÈCE, 6, rue Adolphe-Yvon, Paris (16e).

Composition de la SPP en 1938

Membres titulaires.

ALLENDY, Dr René, 67, rue de l'Assomption (16e).
BONAPARTE, Marie, princesse GEORGES DE GRÈCE, 6, rue Adolphe-Yvon (16e).
BOREL, Dr Adrien, 11, quai aux Fleurs (4e).
CÉNAC, Dr Michel, 4, rue de Babylone (6e).
CODET, Dr Henri, 10, rue de l'Odéon (6e).
CODET, Dr Odette, 10, rue de l'Odéon (6e).
FLOURNOY, Dr Henry, 5, rue de Monnetier, Genève.
HESNARD, Prof. Angelo, Port-Hesnard, Le Mourillon, Toulon (Var).
J. LACAN, titulaire, cette année (1938).
LAFORGUE, Dr René, 1, rue Mignet (16e).
LAGACHE, Dr, 2, rue Georges-de-Porto-Riche (16e).
LEUBA, Dr John, 6, rue René-Bazin (16e) *(Secrétaire).*
LOEWENSTEIN, Dr Rodolphe, 127, avenue de Versailles (16e).
LOWTZKY, Mme, 13, square Henry-Paté (16e).
MORGENSTERN, Dr Sophie, 4, rue de la Cure (16e).
NACHT, Dr Sacha, 47, rue des Vignes (16e).
ODIER, Dr Charles, 28, rue Franklin (16e).
ODIER-RONJAT, Mme Ilse, 27, rue Franklin (16e).
PARCHEMINEY, Dr Georges, 92, avenue Niel (17e).
PICHON, Dr Édouard, 48, avenue de La Bourdonnais (7e) ***(Président).***
REVERCHON-JOUVE, Dr Blanche, 8, rue de Tournon (6e).
SAUSSURE, Dr Raymond de, 12, rue Chanoinesse (4e).
SCHIFF, Dr Paul, 14, rue César-Franck (15e).
SCHLUMBERGER, Marc, 24, avenue de Lamballe (16e).
SPITZ, Dr René, 18 *bis,* rue Henri-Heine (16e).

Membres adhérents.

ALLENDE, Dr Novaro, 1944, Calle Moneda, Santiago-du-Chili.
BELTRAM, Prof.-Dr, Université, 1601, Echeveria, Buenos-Aires.
BERMAN, Mlle Anne, 2, rue du Général-Balfourier (16e).
BREUER, Dr Elsa, 5, rue Brown-Séquart (15e).
CHENTRIER, Théodore, 17 *bis,* rue de Bretagne, Asnières (Seine).
DOREAU, Bernard, 11, rue Edmond-Valentin (7e).
GERMAIN, Paul, 10, rue Durantin (18e).

GUEX, Mlle, 9, Florimont, Lausanne.
HÉLIOT, Dr, 8, place Masséna, Nice.
HOESLI, Dr Henri, 90, rue du Bac (7e).
H. R. HOFFMANN, Mme, 1900, Anselroad, Cleveland (Ohio).
LACAN, Dr Jacques, 97, boulevard Malesherbes (8e).
LAFORGUE, Mme Paulette, 1, rue Mignet (16e).
MÂLE, Dr Pierre, 11, rue de Navarre (5e).
MARETTE, Philippe, 322, rue Saint-Jacques (5e).
MARTIN-SISTERON, Dr Maurice, 14, boulevard Édouard-Rey, Grenoble.
PIERRE, Dr J. L., 10 *bis*, rue Paul-Baudry (17e).
Prince PIERRE DE GRÈCE, 6, rue Adolphe-Yvon (16e).
REPOND, Dr André, Malévoz-sur-Monthey, Valais.
RIETI, Dr E., Istituto Psichiatrico di Grugliasco, Turin.
VIOLET, Dr Madeleine, 19, rue Monsieur (7e).

Commission linguistique pour l'unification du vocabulaire psychanalytique français

I. – *Séance du 31 mai 1927*

Sont ensuite adoptées à l'unanimité les traductions suivantes :
Narzissmus. – Narcissisme.
Narzistich { appliqué au malade : narcissiste.
appliqué à un processus morbide : narcissique.
Verschiebung. – Déplacement.
Übertragung. – Transfert.
(Le terme de *report*, employé autrefois par M. Morichau-Beauchant, est aujourd'hui désuet.)
Verdichtung. – Condensation.
Deckerinnerung. – Souvenir-écran.
Hemmung. – Inhibition.

II. – *Séance du 24 juillet 1927*

La Commission Linguistique a tenu séance le 24 juillet 1927, à Blois. En l'absence de son président, le Dr Pichon, elle a offert la présidence à Madame Marie Bonaparte.
Les traductions suivantes ont été arrêtées :
Angsthysterie. – Syndrome phobique (Hystérie d'angoisse de FREUD).
Conversionhysterie. – Syndrome de conversion (Hystérie de conversion de FREUD).
Angstneurose. – Névrose d'angoisse.
Zwangshandlung. – Acte obsédant.
Zwangsvorstellung. – Idée obsédante.
Zwangsdenken. – Pensée obsédante.
Zwangsgrübeln. – Rumination mentale [obsédante].
Zwangsonanie. – Onanisme obsédant.
Zwangsceremoniell. – Cérémonial obsédant.
Zwanghaft. – Compulsif.
Erregung. – Excitation; émoi.
Abfuhr. – Déversement.
Abreagiren. – Abréaction.

Reizquelle. – Excitant (substantif).
Somatisches Entgegenkommen. – Complaisance somatique : plasticité corporelle.
Besetzungenergie. – Énergie d'investissement.
Rückbesetzung. – Investissement régressif.
Reaktionsbildung. – Formation réactionnelle.
Wiederholungszwang. – Contrainte de répétition.
Primar Vorgang. – Processus primaire.
Isolierung. – Isolation.
Ungeschehenmachen. – Annulation rétroactive.
Triebmischung. – Intrication des pulsions.
Triebentmischung. – Désintrication des pulsions.

Participation des psychanalystes de la SPP aux congrès internationaux entre 1927 et 1938

(textes répertoriés dans *International Journal of Psycho-analysis)*

1927 – *Xe Congrès d'Innsbrück*
René LAFORGUE : *La Nature « active » ou « passive » de la thérapie psychanalytique.*

1929 – *XIe Congrès d'Oxford*
René ALLENDY : *L'Instinct social.*
René LAFORGUE : *Technique psychanalytique active et volonté de guérir* (repris dans la RFP, 1929, 3, 3, pp. 464-477).

1932 – *XIIe Congrès de Wiesbaden*
Marie BONAPARTE : *La Fonction érotique chez la femme.*
Charles ODIER : *Névrose sans complexe d'Œdipe* (repris dans la RFP, 1933, 6, 3-4, pp. 298-343).
Raymond de SAUSSURE : *Le Miracle grec* (repris dans RFP, 1938, 10, 1, pp. 87-148).

1934 – *XIIIe Congrès de Lucerne*
Rudolph LOEWENSTEIN : *Passivité phallique chez l'homme* (repris dans RFP, 1935, 8, 1, pp. 36-43).
René LAFORGUE : *Exception à la règle fondamentale* (repris dans RFP, 1934, 7, 4, pp. 684-690).
F. LOWTZKY : *L'Opposition du surmoi à la guérison : trois cas cliniques* (repris dans RFP, 1934, 7, 3, pp. 197-216).

1936 – *XIVe Congrès de Marienbad*
Jacques LACAN : *Le Stade du miroir* (non repris sous sa forme originale). Le texte de 1936 ne figure pas dans les archives à cause d'un « oubli » de l'auteur. Une nouvelle version sera publiée après le XVIe congrès de Zurich de 1949, dans la RFP, 1949, 13, 4, pp. 449-455.
Marie BONAPARTE : *Vues paléobiologiques et biopsychiques* (repris dans RFP, 1936, 9, 3, pp. 422-429).
René SPITZ : *Repetition, rhythm and boredom defence-mechanisms and their effects.*

1938 : XVe Congrès de Paris

(août 1938, salle de l'avenue d'Iéna et réception au restaurant *Le Doyen*)

1. – Discours de Jones pour signifier que la découverte de l'inconscient fut préparée en terrain français mais fut faite ailleurs : « Il est inexact de faire dériver les idées de Freud de sa rencontre avec Charcot. ».

2. – R. LOEWENSTEIN : *L'Origine du masochisme et la Théorie des pulsions* (repris in RFP, 10, 2, 1938).

3. – R. ALLENDY : *Morbid Substitutions and Masochism.*

4. – D. LAGACHE : *Contribution à l'étude des idées d'infidélité homosexuelle dans la jalousie* (repris in RFP, 10, 4, 1938).

5. – E. PICHON : *Évolution divergente de la génitalité et de la sexualité dans la civilisation occidentale* (repris in RFP, 10, 3, 1938).

6. – M. RAMBERT : *Une Nouvelle Technique de psychanalyse infantile : le jeu de guignols.*

7. – S. MORGENSTERN : *Le Symbolisme et la Valeur psychanalytique des dessins infantiles* (repris in RFP, 11, 1, 1939).

8. – P. SCHIFF : *On the possibilities of Psycho-analysing Criminals.*

9. – E. PICHON : *La Personne et la Personnalité vues à la lumière de la pensée idiomatique française* (repris in RFP, 10, 3, 1936).

10. – Marie BONAPARTE : *L'Inconscient et le Temps* (repris in RFP, 11, 1, 1939).

Symposium sur le thème : *Moi fort et moi faible* avec la participation de René Laforgue, Edward Glover, Otto Fenichel et Hermann Nunberg.

Symposium sur le thème : *Le Critère d'interprétation* avec la participation de Charles Odier, Susan Isaacs, Georg Gëro, Robert Wälder.

Premier numéro de L'ÉVOLUTION PSYCHIATRIQUE, 1925

TABLE DES MATIÈRES

AVANT-PROPOS 7

HISTORIQUE DU MOUVEMENT PSYCHANALYTIQUE EN FRANCE 11

H. CLAUDE ET R. LAFORGUE — Sur la Schizophrénie et la constitution bipolaire du caractère schizoïde 27

R. DE SAUSSURE .... Remarques sur la Technique de la Psychanalyse freudienne 37

H. CODET ET R. LAFORGUE . La Sexualité dans les Névroses 55

A. HESNARD .... I. – L'Intérêt de la Psychanalyse pour la Clinique psychiatrique française 68

II. – Analyse d'un cas de Psychose paranoïaque chez une jeune fille 68

H. CODET ET R. LAFORGUE . Les Arriérations affectives : La Schizonoïa 102

Mme F. MINKOWSKA .... Les troubles essentiels de la Schizophrénie dans leurs rapports avec les données de la Psychologie et de la Biologie Modernes 127

A. CEILLIER .... Du rôle des Hallucinations psychiques dans l'exploration de l'Inconscient. Un exemple clinique 142

BOREL ET ROBIN .... Les Rêveurs 155

E. MINKOWSKI .... La genèse de la notion de Schizophrénie et ses caractères essentiels 193

J. DAMOURETTE ET E. PICHON. La Grammaire en tant que mode de l'exploration de l'inconscient 237

R. ALLENDY .... La Psychanalyse et les sciences anciennes : Les Doctrines philosophiques 258

COMPTES RENDUS : *Piaget*. Le Langage et la pensée chez l'enfant. – *Varendonck*. L'Évolution des facultés conscientes. – *Laforgue et Allendy*. La Psychanalyse et les Névroses. – *Muralt*. Un Pseudo-Prophète. – *Blondel*. La Psychanalyse. 277

THÉÂTRE. *Lenormand*. L'Homme et ses fantômes 295

BIBLIOGRAPHIE 297

Liste des membres du groupe de « l'Évolution Psychiatrique » 1938-1939

Membres rédacteurs

MM. Allendy
Borel
Mme Codet
MM. Codet
Hesnard
Laforgue
Mme Minkowska
MM. Minkowski
Pichon
Robin
Schiff

Membres titulaires

MM. Anglade
Baruk
Bize
Bonhomme
Brousseau
Cénac
Cuel
Ceillier
Delmond
Dublineau
Ey
Ferdière
Fretet
Garand
Gallot
Gilles
Mme Kopp
MM. Lacan
Lagache
MM. Le Guillant
Loewenstein
Mâle
Martin-Sisteron
Mme Morgenstern
MM. Migault
Montassut
Nacht
Néron
Nodet
Parcheminey
Picard
Pichard
Mme Reverchon
MM. Rouart
Rubenovitch
Tusques
Westphal

Membres correspondants

MM. Leuba
Odier
MM. Repond
De Saussure

Traductions des œuvres de Freud en langue française entre 1920 et 1940

1900 – *La Science des rêves.* Trad. I. Meyerson, Alcan, Paris, 1926.

1901 – *Fragment d'une analyse d'hystérie, Dora.* Trad. M. Bonaparte et R. Loewenstein. RFP, II, 1, 1928. Révisée par A. Berman in *Cinq psychanalyses,* Denoël et Steele, Paris, 1935.

1901 – *Psychopathologie de la vie quotidienne.* Trad. S. Jankélévitch, Paris, Payot, 1922.

1905 – *Le Mot d'esprit dans ses rapports avec l'inconscient.* Trad. M. Bonaparte et M. Nathan, Gallimard, Paris, 1930.

1905 – *Trois Essais sur la théorie de la sexualité.* Trad. B. Reverchon, Paris, Gallimard, 1923.

1907 – *Délires et Rêves dans la Gradiva de Jensen.* Trad. M. Bonaparte, Gallimard, Paris, 1931.

1909 – *Analyse d'une phobie d'un petit garçon de cinq ans – Hans.* Trad. Marie Bonaparte. RFP, II, 3, 1928. Repris dans *Cinq psychanalyses* (cité).

1909 – *Remarques sur un cas de névrose obsessionnelle : l'homme aux rats.* Trad. M. Bonaparte et R. Loewenstein. RFP, V, 3, 1932. Repris dans *Cinq psychanalyses* (cité).

1909 – *Cinq Leçons sur la psychanalyse.* Trad. Y. Le Lay sous le titre : *Origine et Développement de la psychanalyse,* La Revue de Genève, 1920. Rééd. sous le titre *La psychanalyse,* Genève, Sonor, 1921. Rééd. sous le titre actuel, Payot, Paris, 1921.

1910 – *Un Souvenir d'enfance de Léonard de Vinci.* Trad. Marie Bonaparte, Gallimard, Paris, 1927.

1910 – *Contribution à la psychologie de la vie amoureuse I : d'un type particulier de choix objectal chez l'homme.* Trad. M. Bonaparte et A. Berman, RFP, IX, 1, 1936.

1911 – *Remarques psychanalytiques sur l'autobiographie d'un cas de paranoïa (Le président Schreber).* Trad. Marie Bonaparte et R. Loewenstein. RFP, V, 1, 1932. Repris dans *Cinq Psychanalyses.*

1912 – *Contribution à la psychologie de la vie amoureuse II : Considération sur le plus commun des ravalements de la vie amoureuse.* Trad. M. Bonaparte et A. Berman, RFP, IX, 1, 1936.

1913 – *Totem et Tabou.* Trad. S. Jankélévitch. Payot, Paris, 1923.

1913 – *Deux Mensonges d'enfants.* Trad. P. Jury et F. Engel, RFP, VII, 4, 1934.

1913 – *La Prédisposition à la névrose obsessionnelle.* Trad. E. Pichon et H. Hoesli, RFP, III, 3, 1929.

1914 – *Contribution à l'histoire du mouvement psychanalytique,* dans *Essais de psychanalyse,* Paris, Payot, 1927.

1914 – *Extrait de l'histoire d'une névrose infantile (l'homme aux loups).* Trad. M. Bonaparte et R. Loewenstein, Denoël et Steele, Paris, 1935. Repris dans *Cinq Psychanalyses* (cité). A compléter avec R. M. Brunswick : *En supplément à l'extrait d'une névrose infantile de Freud,* trad. M. Bonaparte RFP, IX, 1936.

1915 – *Un cas de paranoïa qui contredit la théorie psychanalytique de cette affection.* Trad. P. Jury, RFP, VIII, 1, 1935.

1915 – *Considération actuelle sur la guerre et la mort,* in *Essais de psychanalyse (cité).*

1916 – *Rapport entre un symbole et un symptôme.* Trad. P. Jury, RFP, VIII, 3, 1935.

1916 – *Sur les transformations des pulsions, particulièrement dans l'érotisme anal.* Trad. E. Pichon et H. Hoesli, RFP, II, 4, 1928.

1917 – *Métapsychologie.* Trad. M. Bonaparte et A. Berman, Gallimard, Paris 1940. Recueil comprenant : *Notes sur l'inconscient* (1912) – *L'Inconscient* – *Le Refoulement – Pulsions et Destins des pulsions* (1915) – *Complément métapsychologique à la théorie du rêve – Deuil et Mélancolie* (1917).

1917 – *Introduction à la psychanalyse.* Trad. S. Jankélevitch, Paris, Payot, 1922.

1918 – *Contribution à la psychologie de la vie amoureuse III : tabou de la virginité,* trad. A. Berman, RFP, VIII, 1, 1933.

1919 – *On bat un enfant.* Trad. H. Hoesli, RFP, VI, 3-4, 1933.

1920 – *Psychogenèse d'un cas d'homosexualité féminine.* Trad. H. Hoesli, RFP, VI, 2, 1933.

1920 – *Préface à la quatrième édition des* Trois Essais sur la théorie de la sexualité. Trad. B. Reverchon. Gallimard, Paris, 1923.

1920 – *Au-delà du principe de plaisir,* 1927, dans *Essais de psychanalyse (cité).*

1921 – *Psychologie collective et analyse du moi. Ibid.*

1921 – *De quelques mécanismes névrotiques dans la jalousie, la paranoïa et l'homosexualité.* Trad. Jacques Lacan, RFP, V, 3, 1932.

1922 – Préface à R. de Saussure, *La Méthode psychanalytique,* Lausanne, Genève. Payot, 1922.

1922 – *Épilogue à l'analyse du petit Hans.* Trad. M. Bonaparte, RFP, II, 3, Repris dans *Cinq psychanalyses* (cité).

1923 – *Le Moi et le Ça,* 1927 dans *Essais de psychanalyse* (cité).

1924 – *Le Problème économique du masochisme.* Trad. E. Pichon et H. Hoesli, RFP, II, 1928.

1924 – *Le Déclin du complexe d'Œdipe.* Trad. A. Berman, RFP, VII, 3, 1934.

1924 – *Essais de psychanalyse appliquée.* Trad. E. Marty et M. Bonaparte. Gallimard, Paris, 1933. Recueil comprenant : *La Psychanalyse et l'Établissement des faits en matière judiciaire par une méthode diagnostique* (1906); *La Création littéraire et le Rêve éveillé* (1908); *Le Moïse de Michel-Ange* (1914) et *Appendice* (1927); *Parallèles mythologiques à une représentation obsessionnelle plastique* (1916); *Quelques types de caractères dégagés par la psychanalyse* (1916); *Une Difficulté de la psychanalyse* (1917); *Un Souvenir d'enfance de Goethe* (1917); *Une Névrose démoniaque au* XVIIe siècle (1922); *L'inquiétante Étrangeté* (1919).

1925 – *Ma Vie et la Psychanalyse.* Trad. Marie Bonaparte, revue par Freud, Gallimard, Paris, 1928.

1925 – *Résistances à la psychanalyse, La revue juive* I, 2, Gallimard, 1925.

1925 – *La Négation.* Trad. H. Hoesli, RFA, VII,2, 1934.

1926 – *Psychanalyse et Médecine.* Trad. M. Bonaparte dans *Ma Vie et la Psychanalyse* (cité).

1927 – *L'Avenir d'une illusion.* Trad. Marie Bonaparte et M. Nathan, Gallimard, Paris, 1930.

1928 – *Dostoiewski et le parricide* dans *Dostoïewski par sa femme.* Gallimard, Paris, 1930.

1930 – *Malaise dans la civilisation.* Trad. M. et Mme C. Odier, RFP, VII, 4, 1934 et Denoël et Steele Paris, 1934.

1932 – *Nouvelles Conférences sur la psychanalyse.* Trad. A. Berman, Gallimard, Paris, 1936.

1933 – Préface à M. Bonaparte dans *Edgar Poe, étude psychanalytique,* Denoël et Steele, Paris, 1933.

1937 – *Analyse terminée et analyse interminable.* Trad. Anne Berman, RFP, XI, 1, 1939.

1921 – *Extraits d'une lettre à Claparède* dans *La Psychanalyse.* Trad. Y. Le Lay, Genève, Sonor, *op. cit.*

1923 – *Extraits d'une lettre à F. Wittels* dans F. Wittels, *Freud, l'Homme, la Doctrine, l'École.* Trad. Herbert, Paris, Alcan, 1929.

1924 – *Lettre préface au Disque vert* », II, numéro spécial, « Freud et la psychanalyse », Paris, Bruxelles, 1924.

1926 – *Lettre de Freud* dans *Au-delà de l'amour. Les Cahiers contemporains,* n° 3, Paris, éd. Montaigne, 1926.

1929 – *Lettre à Maxime Leroy sur quelques rêves de Descartes* dans M. Leroy, *Descartes l'homme au masque,* Rieder, Paris, 1930.

1933 – *Lettre à Einstein* dans *Pourquoi la guerre?* Trad. B. Briod, Institut international de coopération intellectuelle, Stock, Paris, 1933.

1933 – *Lettres à André Breton* dans *Le Surréalisme au Service de la révolution* n°s 5-6, Paris, mai 1933.

Pour le panorama bibliographique complet des rééditions des œuvres et de la correspondance de Freud en français après 1940 on pourra consulter Roger Dufresne, *Bibliographie des écrits de Freud,* Payot, Paris, 1973.

Chaque fois que j'ai mentionné des références bibliographiques, j'ai indiqué en note les dernières rééditions ainsi que les nouvelles traductions.

Cette bibliographie est destinée à donner un panorama des activités de traduction en France entre 1920 et 1940. Elle sera complétée au volume II par un nouveau tableau.

Textes traduits entre 1920 et 1940 ayant fait l'objet d'une nouvelle traduction (disponible au 30 mars 1989)

1905 – *Le Mot d'esprit et sa relation à l'inconscient.* Trad. Denis Messier, préface de Jean-Claude Lavie, Gallimard, 1988.

1905 – *Trois Essais sur la théorie sexuelle.* Trad. M. Koeppel, préface de M. Cribinski, Gallimard, 1987.

1907 – *Le Délire et les Rêves dans la* Gradiva *de Jensen,* précédé de *Gradiva* par W. Jensen. Trad. J. Bellemin-Noël, préface de Jean-Bertrand Pontalis, Gallimard, 1986.

1910 – *Un souvenir d'enfance de Léonard de Vinci.* Trad. André Bourguignon, préface de Jean-Bertrand Pontalis, Gallimard, 1987.

1915 – *Considérations actuelles sur la guerre et la mort.* Trad. Pierre Cotet, André Bourguignon et Alice Cherki, in *Essais de psychanalyse,* Payot, coll. « Prismes », 1987 ; et *Œuvres complètes,* t. XIII, PUF, 1988.

1917 – *Métapsychologie.* Trad. Janine Altounian, André Bouguignon, Pierre Cotet et Alain Rauzy, in *Œuvres complètes,* t. XIII, *op. cit.*

1917 – *Métapsychologie.* Trad. Jean Laplanche et Jean-Bertrand Pontalis, Gallimard, coll. « Folio Essais », 1985.

1920 – *Au-delà du principe de plaisir.* Trad. Jean Laplanche et Jean-Bertrand Pontalis, in *Essais de psychanalyse, op. cit.*

1921 – *Psychologie des foules et Analyse du moi.* Trad. par Janine Altounian, Odile et André Bourguignon, Pierre Cotet et Alain Rauzy, in *Essais de psychanalyse, op. cit.*

1923 – *Le Moi et le Ça*. Trad. Jean Laplanche, in *Essais de psychanalyse, op. cit.*

1924 – *L'Inquiétante Étrangeté (1919) et Autres Essais*. Trad. Bertrand Férou, avertissement de Jean-Bertrand Pontalis, Gallimard, 1985, et coll. « Folio Essais », 1988.

1925 – *Résistances à la psychanalyse* (écrit en français par S. Freud), in *Résultats, Idées, Problèmes*, t. II, *1921-1938*, PUF, 1985.

1925 – *La Négation*. Trad. Jean Laplanche, in *Résultats, Idées, problèmes*, t. II, *op. cit.*

1925 – *La Dénégation*. Éd. bilingue, trad. Pierre Theves et Bernard This, Éd. du Coq-Héron, 1982.

1925 – *S. Freud présenté par lui-même*. Trad. F. Cambon, Gallimard, 1984.

1926 – *La Question de l'analyse profane*. Trad. Janine Altounian, Odile et André Bourguignon, Pierre Cotet, Alain Rauzy, préface de Jean-Bertrand Pontalis, appendice de Michel Schneider, Gallimard, 1986.

1928 – *Dostoïewski et le Parricide*. Trad. Jean-Bertrand Pontalis, en collab. avec C. Heim et L. Weibel, in *Résultats, Idées, Problèmes*, t. II, *op. cit.*

1932 – *Nouvelles Conférences d'introduction à la psychanalyse*. Trad. Rose-Marie Zeitlin, Gallimard, coll. « Connaissance de l'inconscient », 1984.

1937 – *L'Analyse avec fin et l'Analyse sans fin*. Trad. Janine Altounian, André Bourguignon, Pierre Cotet et Alain Rauzy, in *Résultats, Idées, Problèmes*, t. II, *op. cit.*

Index

Abraham, Karl, 104, 133, 135, 154-155, 158, 273-274, 430.
Adler, Alfred, 99-101, 110, 114, 118, 129, 136, 158, 373, 420, 427.
Adler, Viktor, 91.
Alajouanine, Th., 297-298, 400.
Alexander, Franz, 155, 364, 366, 379.
Allendy, René, 285, 291-292, 343, 345-346, 350, 368, 370-376, 415, 418, 431.
Anna, O., (voir Bertha Pappenheim), 30-31, 33, 39, 45-46, 54, 82, 151, 333.
Antheaume, A., 428.
Aragon, Louis, 179, 297-298, 330.
Aristote, 426.
Arrivé, Michel, 310.
Artaud, Antonin, 41, 206-207, 371-372, 374.
Aschaffenburg, Gustav, 130.
Aubert, 77.
Aubry, Jenny (voir Roudinesco), 344, 418.
Auenbrugger, Léopold, 22.
Azam, 226.

Babinski, Joseph, 37, 63, 66-73, 75, 92, 186, 225, 227, 238, 246, 279, 344, 387, 434.
Baker, Joséphine, 280.
Ball, B., 272.
Ballet, Gilbert, 264, 275.
Bally, Charles, 319, 378.
Bally, Gustav, 176, 363.
Balzac, Honoré de, 320.
Bamberger, Heinrich von, 54.
Barande, Ilse, 403, 431.
Barande, Robert, 403, 431.
Barrès, Maurice, 97, 117, 201, 213, 217, 220, 305-306.
Barthes, Roland, 47.
Bataille, Sylvia (ex Maklès), 359.
Bataille, Georges, 358-359.
Baudelaire, Charles, 97, 295-296, 363.
Baudoin, Charles, 343, 372.
Bayle, Antoine, G.L., 207-208.
Beard, Georges, M., 42.
Berl, Emmanuel, 435.
Beaurepaire, Eliette de, 345.
Beethoven, Ludwig van, 95.
Bekhterev, Wladimir, 216.
Bénédict, Horace, 122.
Benveniste, Émile, 318-319.
Bercherie, Paul, 272, 419.
Berge, André, 355.
Bergson, Henri, 117, 138-139, 213, 226-227, 237-242, 248, 250, 256, 275, 296, 347, 414, 421, 422.
Bérillon, 256.
Berman, Anne, 344, 348, 380, 384.
Bernanos, Georges, 61, 359.
Bernard, Claude, 26-27, 36, 38, 62, 65-67, 79, 120, 194.
Bernhardt, Sarah, 28-29, 76, 323.
Bernfeld, Siegfried, 151.
Bernheim, Hippolyte, 51, 53-57, 61-62, 68-69, 72, 78, 82, 117, 122, 131, 138, 183, 214, 238, 248, 255, 273-274, 356, 388, 391, 434.
Bertillon, Alphonse, 183-184, 186-189.
Berthollet, Claude, 206.
Bertrand, Alexandre, 52.
Bichat, Xavier, 23-27, 41-42, 79, 88, 90, 148.
Bienenfeld, 407.
Biezunski, Michel, 282.
Binet, Alfred, 71, 213, 220, 224-229, 235-238, 253, 261, 275, 300.
Binswanger, Ludwig, 104, 111, 145, 363, 420, 422.
Blanc, Marie-Félix, 321-322, 408.
Blanche, Dr, 41, 83.
Bleuler, Eugen, 74, 113, 115, 118-119, 120-122, 124-132, 135, 145, 161, 177, 211, 223, 226, 233, 255-256, 265, 271, 273-274, 284, 291, 295, 387, 402, 411, 420, 422, 425, 429.

Bleuler, Manfred, 265.
Bloch, Édouard, 99.
Blondel, Charles, 283, 368.
Blondin, Marie-Louise, 356.
Blum, Léon, 309.
Bœhm, 162.
Boileau, Nicolas, 282.
Boltzmann, Ludwig, 95, 239.
Bompart, Gabrielle, 183.
Bonaparte, Marie, 91, 146, 213, 265, 270, 279, 294, 297, 299-300, 302-304, 309, 320-344, 347-350, 352-355, 357, 361, 366, 371, 378-379, 381-384, 386, 394, 398, 400, 406, 408-409, 417-418, 420, 424, 427-428, 435.
Bonaparte, Napoléon, 24, 107, 143, 230, 295, 321.
Bonaparte, Pierre (prince), 321.
Bonaparte, Roland (prince), 321-324, 327, 334.
Bopp, Franz, 298.
Borel, Adrien, 295, 298, 332, 343, 348, 350, 355, 358-361, 415, 418-419.
Borel-Maisonny, 318.
Borie, Jean, 209.
Boulanger, Georges (général), 38.
Bourguignon, André, 235, 389, 392, 393, 403.
Boulet, Rose, 322, 334.
Bourget, Paul, 286, 414.
Boutroux, Émile, 240, 248.
Bouvet, Maurice, 369.
Bovet, Pierre, 363.
Braid, James, 52-53, 55.
Brasillach, Robert, 177.
Braun, Eva, 435.
Brecht, Bertolt, 143.
Bresson, Robert, 359, 360.
Breton, André, 112, 305, 358-359.
Breuer, Dora, 31, 108, 151, 211, 233, 333.
Breuer, Joseph, 30-33, 43, 54, 131, 228, 238, 252, 259, 277.
Briand, Aristide, 325, 400.
Brill, Abraham, Arden, 104, 133, 156, 157, 160, 245, 346, 354.
Briquet, Paul, 49.
Brissaud, Édouard, 66.
Broca, Paul, 53.
Brokman, Françoise (voir Minkowska), 425.
Brome, Vincent, 99, 135, 138.
Brontë (sœurs), 320.
Brouardel, Paul, 32, 37.
Brouillet, Louis, 63.
Broussais, François, 26, 41-42, 283.
Brown, 41.
Brücke, Ernst, 29-30.
Brun, Rudolf, 363.
Brunot, Ferdinand, 310.
Brunswick-Mack, Ruth, 329.
Bryk, Félix, 337.
Buffon, Georges, L., Leclerc de, 122.
Bullitt, William, 142, 144.
Cagliostro, 58, 77, 138.
Calmette, Albert, 36.
Canguilhem, Georges, 26.
Capgras, Joseph, 264, 429.
Cárcamo, Celes, 427, 431.
Castel, Robert, 205, 208.
Cavaignac, Louis-Eugène, 200.
Céline, Louis-Ferdinand, 61-62, 98, 177, 427.
Cénac, Michel, 344, 355, 364, 369, 402, 417, 421, 429.
Cervantès, Miguel de, 143.
Charcot, Jean-Baptiste, 38.
Charcot, Jean-Martin, 23, 25-26, 28, 30, 32-49, 51, 53-57, 59-80, 92, 94, 100-101, 106-107, 117, 119-121, 124-126, 129, 131-132, 138, 166, 183, 186, 189, 194, 196, 199, 209-210, 214, 216, 220, 224-225, 227-230, 236, 238, 243, 246, 248-249, 253, 255, 258-259, 261, 264-265, 269, 272-274, 277, 281, 284, 288, 294, 326, 356, 369, 371, 387, 401, 434.
Charcot, Jeanne, 37.
Charlemagne, 133, 243.
Charpignon, Louis, 52.
Chaslin, P., 273, 295, 297.
Chertok, Léon, 368.
Chevalier, Jean-Claude, 310.
Choisy, Maryse, 345.
Claparède, Édouard, 124, 225, 226, 275, 363.
Claude, Henri, 71, 118, 284-286, 295, 343-344, 348-350, 358, 360-361, 371, 387, 414, 418-419, 423, 427-428.
Claudel, Paul, 60.
Clausius, 242.
Clauzel-Laforgue, Délia, 297, 352-353, 406.
Clavreul, Jean, 47.
Clemenceau, Georges, 200, 279-280.
Clérambault, Gaëtan, Gatian de, 264, 265, 387, 429.
Clouston, Thomas, 244.
Codet, Henri, 74-75, 295, 332, 350, 355, 357-358, 377-378, 381, 415-418.
Codet, Odette, 344, 358, 415.
Comte, Auguste, 26.
Conry, Yvette, 196.
Considérant, Victor, 48.
Copernic, Nicolas, 181.
Corday, Charlotte, 302.
Coriat, Isador, 245, 256.
Corvisart, Jean-Nicolas, 22, 24-25, 28.
Cottin, Émile, 280.
Coué, Émile, 217.
Cromwell, Olivier, 107.
Cullen, W., 48.
Cuvier, Georges, 71, 195-196.

Dada, 112.
Dalbiez, Roland, 285, 306-307, 318, 424, 435.
Damourette, Jacques, 298, 308, 310-316.

D'Annunzio, Gabriele, 97, 280.
Danton, 76, 230.
Darlan, Amiral, 398.
Darwin, Charles, 62, 81, 194-196, 209.
Daudet, Alphonse, 37, 59-60, 63, 65, 212, 213, 229.
Daudet, Léon, 26, 37-38, 59-67, 71, 75, 97, 178, 189, 193, 216-217, 220, 240, 260-261, 281, 299, 305, 379, 385, 400-401.
Daudet, Philippe, 60, 63, 260.
Dausse, 358.
Denis, Paul, 403, 431.
Debré, Robert, 345.
Déjerine, J., 71, 224, 248.
Delage, Yves, 233, 241, 414.
Delay, Jean, 265.
Deleuze, Gilles, 240.
Deleuze, Jean-Philippe, 52.
Demange, 202, 304.
Déroulède, Paul, 202.
Descartes, René, 217, 318, 435.
Deutsch, Hélène, 338.
Donato, 77, 78, 246.
Donlay, 245.
Dora (Breuer), 31, 108, 151, 211, 233, 333.
Doyle, Arthur Conan, 184, 186.
Dreyfus, Alfred, 29, 61, 97, 178, 181, 183, 186-189, 192-193, 200-203, 206-207, 211, 213, 220, 227, 269, 283, 305, 315-316, 324, 395.
Dreyfus, Lucie, 202.
Dreyfus, Mathieu, 193, 202.
Drumont, Édouard, 60, 97, 192, 197, 213, 216, 220, 305-306, 401.
Duchenne de Boulogne, Guillaume, 38.
Dumas, Alexandre, 57-59, 194.
Dumas, Georges, 237, 270, 282-284, 292.
Dupré, Ernest, 275, 286, 414.
Dürer, Albrecht, 36.
Durkheim, Émile, 214.

Eder, 256.
Edouard VII, 325.
Einstein, Albert, 9, 138, 239-241, 280-282, 296, 397-398, 434-435.
Eitingon, Max, 104, 133, 142, 152-157, 160-162, 170-171, 270, 293, 346, 351, 354, 361, 413, 415, 418.
Ellenberger, Henri F., 31-32, 164, 176.
Ellis, Havelock, 47, 129.
Emmy von N., 54, 57, 82, 151.
Erikson-Laforgue, Paulette, 291, 343, 353.
Esquirol, Jean E.D., 205-208, 209, 303.
Esterhazy, Christian, 188, 193, 199, 200, 202, 315.
Ey, Henri, 265, 416, 419, 424.
Eyraud, 182.

Falret, Jean-Paul, 209.
Farez, 233.
Faria (abbé), 52, 55, 57.
Faure, Félix, 200, 202.
Favez, Georges, 368.
Favez-Boutonier, Juliette, 283, 353, 355, 423.
Fechner, Gustav Theodor, 230.
Federn, Paul, 104.
Félix-Hesnard, Édith, 272, 278.
Fenayrou, Gabrielle, 76, 77.
Fenayrou, Martin, 77.
Ferdière, Gaston, 372.
Féré, Charles, 209, 226.
Ferenczi, Sandor, 100, 110-111, 113-114, 132-134, 141, 151-152, 156-157, 160, 163-167, 169-172, 257, 270, 276, 278, 286, 347, 352, 354, 375, 410, 418.
Fischer, Dr, 434.
Flammarion, Camille, 81, 213.
Flaubert, Gustave, 19, 42, 48, 59, 79-80, 170, 212, 229, 260, 320.
Fleischl-Marxow, Ernst von, 115.
Fliess, Wilhelm, 43, 54, 91, 95, 99-103, 114-115, 118, 126, 129, 137, 329, 330.
Flournoy, Ariane, 344.
Flournoy, Henri, 343, 361, 363-364, 366, 418.
Flournoy, Olivier, 365.
Flournoy, Théodore, 33, 118, 122-125, 127-128, 177, 223, 226, 251, 255, 332, 343-344, 362, 365, 367, 414.
Foch, Ferdinand, 28.
Forel, Auguste, 113, 115, 119, 161, 248, 367.
Forsythe, 256.
Foucault, Michel, 24-25, 41, 44, 71, 195, 204, 205.
Fould, Achille, 34.
Fourquet, Émile, 204.
Fourier, Charles, 48.
Fraenkel, Ernest, 345.
Fraenkel, Théodore, 358.
France, Anatole, 212, 305, 347.
Freud, Alexandre, 107.
Freud, Anna, 144, 147, 150, 157, 159, 160-161, 163, 170, 300, 329-330, 353, 433.
Freud, Jakob, 105, 107.
Freud, Mathilde, 30.
Freud, Martha, 29, 34, 37, 46, 53, 115.
Freud, Sigmund, 29-35, 37-39, 42-49, 51, 53-55, 57, 59-60, 64, 67-68, 71-78, 81-82, 87-95, 97-122, 124-139, 142-155, 157-176, 178, 181-186, 189, 194, 200, 205, 210, 213-215, 217-220, 223-228, 231-235, 237-239, 241-263, 265-267, 270-279, 283-286, 288, 290-297, 299-300, 303-309, 311, 314-317, 319, 322, 327-340, 343-354, 356, 358-359, 361-369, 371-373, 378-399, 401, 403-411, 413-420, 422, 424, 427-428, 430, 433-435.
Friedländer, A.A., 253.
Frink, Horace, W., 149-150.
Frois-Wittmann, 344-345.

Gabrielle, 183.
Gaillard, Françoise, 241.

Galilée, Galileo, 181, 252.
Gall, François-Joseph, 53.
Gambetta, Léon, 29, 35, 37.
Gaucher, André, 260, 261, 299.
Gide, André, 60, 288.
Gilbert, 246.
Ginzburg, Carlo, 181, 184, 187.
Gladstone, William, E., 143.
Gobineau, Arthur, comte de, 186, 196, 213.
Godel, 319.
Goebbels, Paul Joseph, 97, 215-216.
Goncourt (frères), 61, 212.
Göring, M.H., 162, 175-176.
Goron, 182-183.
Gouffé, 182-183, 204.
Graf, Max, 147.
Granoff, Wladimir, 164, 397.
Grèce, Georges (prince de), 324-325, 329.
Grèce, Pierre (prince de), 355.
Gressot, Michel, 368.
Groddeck, Georg, 148, 177, 218, 385.
Güdemann, 427.
Gross, Otto, 114-116, 118.
Guesde, Jules, 200-201.
Guex, Germaine, 355, 363-364, 368.
Guinon, 226.
Guillain, Georges, 35.

Halban, 336-337.
Hall, Stanley, 132.
Hans (Graf), 147, 151, 160.
Hartenberg, P., 283, 414-415.
Hartmann, Heinz, 161, 353, 368.
Hébrard, Adrien, 67-68.
Hegel, G.F.W., 240, 382.
Heidegger, Martin, 422.
Heine, Heinrich, 93.
Helmholtz, Hermann, 39.
Henry, Joseph (cdt), 188-189, 193, 202.
Henry, Victor, 123-124.
Herzl, Theodor, 96, 97, 192, 426, 427.
Hesnard, Angelo L.M., 118, 210, 220, 245, 258, 262-263, 269-279, 283-285, 293, 295, 305, 328, 332, 343, 348, 350, 357, 367, 372-373, 377-378, 380-381, 384-386, 398, 403-406, 409, 413-416, 418, 421, 423-424, 427.
Hesnard, Oswald, 273.
Heuyer, Georges, 286, 344, 361, 415.
Hippocrate, 28, 44.
Hitler, Adolf, 33, 98, 99, 162, 214-215, 309, 401, 406, 434-435, 436.
Hobbes, Thomas, 230.
Hochwart, Flankl, 256.
Hoesli, Henri, 344.
Hoffmann, Banesh, 239.
Hoffmann, Ernst Theodor, 81,
Hofmannsthal, Hugo von, 87.
Horney, Karen, 338, 351.
Horthy (amiral), 141.
Hugo, Victor, 38, 46, 91, 171, 212, 229.
Hunter, 25.
Hupfer, 337.
Husserl, Edmund, 422.
Huysmans, Georges-Charles, 207.
Hyppolite, Jean, 316, 393-395.

Jaccard, Roland, 96.
Jackson, John, Huglings, 228, 230.
Jakobson, Roman, 365.
James, William, 230, 249.
Janet, Hélène, 261, 299.
Janet, Jules, 63, 244, 246.
Janet, Pierre, 63, 71, 74-75, 118, 125, 128-129, 131, 178, 196, 213, 220, 224-232, 234, 237-239, 241, 243-266, 270-277, 282, 286, 299-300, 305, 311, 313, 347, 358, 414, 420-421, 434-435.
Janet, Paul, 227, 244.
Janik, A., 93-94.
Jankélévitch, Samuel, 220, 348.
Jaspers, 425.
Jaurès, Jean, 188, 200-202, 239, 279-280.
Jensen, Wilhelm, 108, 147, 359.
Jones, Ernest, 30-32, 52, 54, 104, 116, 133-134, 138, 152, 156-164, 166-167, 170-172, 234-235, 244, 256-257, 262, 276, 293, 331, 335, 338, 346, 349, 354, 361, 367, 371, 381.
Joseph II, 89.
Joyce, James, 91.
Juin, Hubert, 80.
Jung, Carl Gustav, 30, 33, 99, 100, 113-116, 118-119, 121, 124-136, 138-139, 145, 158, 170, 174-178, 211, 217-220, 223, 228, 233-234, 237, 244, 252, 255-257, 271, 274, 276-277, 286, 291, 294, 367, 372-373, 384, 405, 411.
Jury, Paul, 345.

Kafka, Franz, 397.
Kahane, Max, 101, 110.
Kahn, Jeanine, 359.
Kahn, Simone, 359.
Kant, Emmanuel, 95-96.
Kardiner, Abram, 129, 149-151, 155, 169, 333, 335, 366.
Kausksky ou Kautsky, Karl, 202.
Kazanijan, 329.
Klein, Mélanie, 144, 155, 157-160, 163, 300, 384.
Klimt, Gustav, 87, 91.
Knapp (pharmacien), 113, 115.
Knapp (ophtalmo), 115.
Knödl, 103.
Koch, Robert, 22.
Kœningstein (Ravachol), 188.
Kojève, Alexandre, 310, 382.
Kokoschka, Oskar, 87, 91.
Koller, Carl, 129.
Kostyleff, Nicolas, 233.
Kraepelin, Emil, 101, 116, 119-121, 125-128, 264, 273, 295, 411, 429.
Krafft-Ebing, Richard von, 47, 54, 79, 235-236, 256, 273.
Kraus, Karl, 85, 87, 91, 93-97, 427.
Krestchmer, Ernst, 175, 284, 429.

Kris, Ernest, 161, 330.
Kun, Béla, 141.
Kutner, Eugénie (Sokolnicka), 286.

Labori, Fernand, 200, 202.
Lacan, Jacques, 42, 82, 89, 128, 132, 159, 161, 264-265, 300, 305, 310-311, 316-317, 320, 342, 344-345, 355-356, 359, 380, 382-387, 392-395, 410, 422, 426, 429-430.
Laccassagne (professeur), 182, 204, 329.
Ladame, Paul-Louis, 245, 253.
Laennec, René-Thomas, 22, 28.
La Fontaine, Jean de, 229.
Laforgue, Paulette, 348.
Laforgue, René, 74-75, 132, 156, 234, 270, 276, 279, 283-286, 288-300, 305, 310, 315-316, 326-328, 331-333, 343, 345-350, 352-355, 357-358, 360-362, 364, 371-373, 375, 378, 380-381, 384, 386, 388-393, 395, 397, 406-408, 410, 413, 415, 418-421, 424, 431.
Lagache, Daniel, 270, 344, 355, 365, 384-385.
Lalande, 384.
Lamarck, Jean-Baptiste, 194, 195, 196, 208.
Lampl de Groot, Jeanne, 338.
Langevin, Paul, 280-281.
Lang, Fritz, 215-216.
Laplanche, Jean, 74, 384-385, 389.
Larguier de Bancels, Jean, 225.
Laroque, Colonel de, 401.
Laumonier, M.-J., 233, 284, 368.
Lautréamont, 310.
Lavoisier, 24.
Lawrence, D.-H., 46, 116.
Lazare, Bernard, 189, 191-193.
Léandri, 324-325.
Leblois, 192-193.
Le Bon, Gustave, 99, 148, 177-178, 213-220, 229, 231, 240, 260, 294, 325, 339, 409.
Lecène, 68.
Leclaire, Serge, 386.
Lefèbvre, André, 342.
Lefèbvre, Charles, 342.
Lefèbvre, Guillaume, 341.
Lefèbvre, Marie-Félicité (née Lemaire), 340-342.
Leiris, Michel, 331, 356, 359.
Lénine, Vladimir Oulianov, 280.
Léonie, 246, 248.
Lépine, Raphaël, 37.
Lepois, Charles, 44.
Le Poittevin, Alfred, 79.
Leroux, P., 48.
Leuba, John, 355, 361-362, 406.
Liébault, Ambroise, 53, 55, 194, 248.
Liebknecht, Karl, 93, 202.
Liégeois, Jules, 183.
Lilamand, Martine, 403.
Littré, Émile, 28, 75, 190-191, 302.
Lœwenstein, Rudolph, 161, 289, 332, 343, 345-346, 348-358, 361, 364, 368-369, 384-385, 394, 398, 408-410, 417-418, 420-421, 426-427.
Logre, Benjamin, 414.
Lombroso, Cesare, 182, 235, 401.
Loos, Adolf, 91.
Loubet, Émile, 202.
Lowtzky, 344.
Lucas, Prosper, 196, 198.
Luxemburg, Rosa, 202.

Machiavel, Niccolo, 142.
Madeleine, 248, 263.
Maeder, Alphonse, 125, 224-228, 233, 235, 245, 253, 255, 275, 367.
Maeterlinck, Maurice, 189.
Magnan, Valentin, 209, 236, 260, 264, 272.
Mahfour, Pacha, 337.
Maillard, 358.
Maine de Biran, 240.
Mâle, Pierre, 344-355, 364.
Mahler, Gustav, 87, 90-91.
Mahler, Otto, 95.
Maklès Sylvia (Lacan), 359.
Malinowski, Bronislaw, 177, 331, 335.
Mallarmé, Stéphane, 189, 206.
Mann, Heinrich, 93.
Mann, Thomas, 436.
Mannoni, Octave, 43, 169.
Manus, A., 389, 392-393.
Marat, 76, 230.
Marette-Dolto, Françoise, 298, 355, 382.
Marette, Philippe, 355.
Marey, P., 237.
Marie, Pierre, 43, 66.
Marie-Antoinette, 123.
Marr, Wilhelm, 186.
Marrande, Dr, 83-84.
Marsillac, 315.
Marx, Karl, 21, 138, 146, 200-201.
Masson, André, 358-359.
Mauco, Georges, 355.
Maupassant, Guy de, 41, 46, 54, 59, 76-80, 82-84, 93, 97, 199, 205, 207, 246.
Maurras, Charles, 60, 65, 139, 299, 301, 305, 306, 308, 399, 400.
Mauss, Marcel, 331.
Memmi, A., 396.
Mendel, Gregor, 194.
Mendelssohn, Moses, 397.
Merleau-Ponty, Maurice, 270.
Mesmer Franz, Anton, 51-52, 58, 117.
Meyer, Adolf, 244.
Meyerson, I., 348, 381.
Meynert, Theodor, 29, 38, 54, 91.
Michel-Ange, 91.
Michelet, Jules, 26, 47-48, 183, 199.
Mill, Stuart, 229.
Miller, Henry, 374-375.
Miller, June, 374-375.
Miller, Jacques-Alain, 355.
Millerand, Alexandre, 201.
Minkowska, Françoise, 410, 415-416, 420-421, 425-426, 428.

Minkowski, Alexandre, 395, 399, 420.
Minkowski, Eugène, 285, 387, 395, 410, 415-416, 418-426.
Mistinguett, 280.
Mitry, Jacqueline de, 403, 431.
Molière, 34.
Mordier, J.-P., 234.
Moreau, Daniel, 403.
Moreau de Tours, Pierre, 249.
Morel, Auguste Bénédict, 197, 199, 205-206, 208-209, 229, 236, 363.
Morelli, Giovanni, 184-186.
Morgagni, Giambattista, 22, 25.
Morichau-Beauchant, Pierre Ernest René, 234, 235, 273, 414.
Morgenstern, Laure, 402-403.
Morgenstern, Sophie, 344, 402-403, 420-421, 426.
Mounet-Sully, 323.
Mounier, Emmanuel, 423.
Mulle, Antoinette, 341-342.
Müller, Catherine (Hélène Smith), 122-123.
Mun, Albert de, 212.
Musil, Robert, 87, 89, 91, 93.
Mussolini, 214, 401, 434.
Myers, Frederick, 63, 246.

Nacht, Sacha, 344, 355.
Nageotte, Jean, 225.
Napoléon Ier, 76, 77, 190, 296.
Napoléon III, 34, 321.
Nassif, Jacques, 42, 53, 55.
Nel-Dumouchel, Yvonne (Allendy), 372.
Nietzsche, Frédéric, 65, 82, 101, 205, 218, 242, 250.
Nin, Anaïs, 347, 355, 373-376.
Nin Joaquim, 374.
Noizet (général), 52.
Nordau, Max, 97-98, 192, 401.
Nordmann, Charles, 281.
Nothnagel, Hermann, 29, 54.

Oberholzer, Emil, 363-364.
Oberndorf, Clarence, 354.
Odier, Charles, 307, 322, 343, 345, 349-350, 355, 361, 363-368, 377-379, 381, 384-385, 388, 418.
Ophuijsen, J.H. Van, 343, 354.
Oppenheimer, Franz, 290.

Pache, René, 350.
Painlevé, Paul, 280.
Papin, 342.
Pappenheim, Bertha (Anna O.), 33.
Parcheminey, Georges, 343, 350, 355, 360, 368-369, 402-403, 415, 418, 431.
Paracelse, 275, 372.
Parelhoff, 176.
Pascal, 334-335.
Pasche, Francis, 369.
Pasteur, Louis, 26, 36, 62, 66-67, 79, 194.
Paty de Clam (commandant du), 193.
Pavlov, Ivan, 216, 369.
Pellieux (général de), 200.
Pestalozzi, 275.
Pétain, 61.
Pfenning, 102.
Pfister, Oskar, 145-146, 159, 362-363.
Piaget, Jean, 265, 300, 362.
Pichon, Édouard, 42, 132, 146, 258, 261, 265, 270, 279, 285-289, 292-320, 328, 332, 343, 347-352, 354, 357-358, 360-362, 372-373, 377-386, 388, 391-394, 398-403, 406, 410, 415-416, 418, 420, 423-424, 431.
Picquart, Georges (colonel), 188, 192-193.
Piel, Jean, 359.
Pinel, Philippe, 24, 27, 43, 44, 119, 121, 207, 209.
Pitres, Albert, 71, 272, 275, 434.
Planck, Max, 239.
Platon, 96, 114.
Poe, Edgar, 77, 78, 330, 331, 335.
Poincaré, Henri, 213, 281, 284, 400.
Politzer, Georges, 271, 283, 423, 426.
Pontalis, Jean-Bertrand, 44, 384, 385, 389.
Porot, A., 386, 388.
Prévost, Claude, 264.
Prince, Morton, 245.
Proudhon, Pierre-Joseph, 146, 201.
Proust, Marcel, 60, 251, 330.
Provotelle, P., 233.
Pujo, P., 400.
Putnam, James, 245.
Puységur, Armand de, 52, 170.

Queneau, Raymond, 344, 359.

Rabelais, François, 62-63.
Rank, Otto, 100, 104, 110, 114, 133, 152, 156, 163-167, 172, 288, 293, 326, 346, 354, 371, 375-376, 384, 420.
Rappoport, Charles, 281.
Ravachol (Kœningstein), 97, 188-189, 192, 206.
Rayer, Pierre, 25, 34.
Raymond, Fulgence, 71, 225.
Rebatet, Lucien, 177.
Régis, Emmanuel, 245, 257, 271-277, 427, 434.
Regnault, Elias, 206.
Régnier, Henri de, 189.
Reich, Wilhelm, 146, 163, 220.
Reik, Theodor, 151, 156, 270.
Reitler, Rudolf, 101.
Renan, Ernest, 230.
Renoir, Jean, 359.
Repond, André, 363.
Reverchon-Jouve, Blanche, 344.
Renouvier, Charles, 240.
Ribot, Théodule, 37, 213, 220, 225, 227-233, 235-238, 246, 273, 280, 414.
Richet, Charles, 36, 246, 248.
Richetti, 37.

Rickman, John, 150.
Rie, Oskar, 111.
Riemann, Georg, 240.
Rigaud (professeur), 329.
Riklin, Franz, 114.
Rimbaud, Arthur, 212.
Rivière, Jacques, 288.
Robert, Henri, 183.
Robert, Marthe, 138.
Robert, W., 241.
Robespierre, Maximilien, 76, 230, 295-296.
Robin, Gilbert, 360, 415, 419.
Robin, Régine, 397.
Rodolphe (archiduc), 95.
Roheim, Geza, 331.
Rolland, Romain, 106, 108, 362.
Ronsard, Pierre de, 281.
Rorschach, Hermann, 145, 363, 425, 426.
Rostand, Jean, 369.
Rothschild, 426-427.
Rouanet, 201.
Roudinesco, Jenny (Aubry), 344.
Rousseau, Jean-Jacques, 122, 216, 275, 295, 414.
Rousselle, Henri, 427.
Rubens, 45.
Rudin, 425.
Ruflin, Justine-Éléonore (princesse P. Bonaparte), 321.
Russel, Bertrand, 93.

Sacher-Masoch, Leopold von, 283.
Sachs, Hans, 104, 133, 145, 155, 288, 351.
Sade, D.A.F. de, 79.
Salomé, Lou-Andréas, 95.
Sarasin, P., 354.
Sandherr (colonel), 188-189.
Sardou, Victorien, 29.
Sartre, Jean-Paul, 409.
Saussure, Ferdinand de, 122, 223, 318-319, 350, 355, 365, 378.
Saussure, Horace Bénédict de, 122.
Saussure, Raymond de, 319, 332, 343-344, 348-349, 355, 357, 361, 363-368, 372, 377, 379, 381-382, 384, 414, 418, 420.
Savage, 256.
Scheurer-Krestner, 193.
Schiaparelli, Giovanni, 81.
Schiff, Friedrich, 426-427.
Schiff, Paul, 355, 410, 415, 427-431.
Schlumberger, Marc, 344, 355.
Schmiergeld, A., 233.
Schmidt, Vera, 146.
Schnitzler, Arthur, 87, 91-92.
Schönberg, Arnold, 87, 91, 93.
Schopenhauer, Arthur, 59, 96.
Schorske, C.E., 92.
Schreber, Daniel Paul, 127-128, 142, 147, 394, 429.
Schrenck-Notzing, 236.
Schur, Max, 329, 335, 433.
Schwarzkoppen, Maximilien von, 183.
Sechehaye, Albert, 319.
Scott, Gilbert, 428.
Séglas, Jules, 264, 272, 275, 284, 358.
Seillère, Ernest, 284, 286.
Semmelweiss, Philippe Ignace, 90.
Sérieux, P., 264, 275, 284, 429.
Shakespeare, William, 62, 91, 324.
Simon, Théodore, 237-238.
Sokolnicka, Eugénie (Kutner), 279, 286-289, 291-292, 294, 305, 317, 343-344, 350, 377-378, 384, 398, 402, 418, 426.
Souques, 358.
Spencer, Herbert, 240.
Spielrein, Sabina, 135, 265.
Spinoza, 229.
Spira, Marcelle, 368.
Spitz, René, 354, 361.
Stahl, 329.
Stakhanov, 216.
Staline, Joseph, 309.
Stekel, Wilhelm, 101, 103, 114, 129.
Sternhell, Zeev, 201, 306.
Strachey, James, 150.
Strauss, Johann, 89.
Sulloway, Frank J., 32-33, 236.
Swift, Jonathan, 61.
Swinburne, Algernon Charles, 79, 97.
Swoboda, Hermann, 91, 102-103, 114, 116.
Sztulman, H., 419.

Taine, Hippolyte, 212-213, 220, 227, 229-231, 235, 273.
Talleyrand, Ch. Maurice (duc de), 295-296.
Tarde, Gabriel, 213, 218.
Tausk, Viktor, 95, 104, 111.
Thibaudet, Albert, 229, 414.
Toulmin, S., 93-94.
Toulouse, Édouard, 41, 197, 206, 210, 270, 278, 302, 372, 427.
Tourette, Gilles de la, 37, 66.
Tourgueniev, 79.
Trakl, Georg, 95.
Trélat, Ulysse, 209.
Trepsat, 414.
Troisier, Jean, 361.
Tzara, Tristan, 112.

Vacher, Joseph, 203-204, 206-207, 303.
Vaillant, Auguste, 189.
Valabrega, Jean-Paul, 369.
Vallès, Jules, 212.
Valéry, Paul, 213.
Van Gogh, Vincent, 41, 425.
Vaschide, Nicolas, 233, 241, 414.
Vaugeois, H., 65.
Vélikovsky, P., 399.
Verlaine, Paul, 212.
Verne, Jules, 241.
Villain, Raoul, 279-280.
Villiers, Charles de, 52.
Villiers de l'Isle-Adam, Philippe-Auguste (comte de), 189, 212.

Vincent, Clovis, 344.
Vinci, Léonard de, 91, 296, 329.
Virey, J.-G., 52.
Viviani, René, 201.
Vries, Hugo de, 194.
Vulpian, 37.

Wagner, Richard, 95.
Wagner, R.-L., 311.
Wagner-Jauregg, Julius von, 364.
Waldeck-Rousseau, Pierre, 202.
Wallon, Henri, 270, 300.
Walsh, 256.
Wedekind, Frank, 93.
Weininger, Otto, 91, 94-96, 98, 102, 192.
Weiss, Eduardo, 111.
Weismann, August, 194-195, 209.
Wertheimer, Suzanne, 427, 430.
Wilde, Oscar, 97.
Wilson, T. Woodrow, 142-144, 296.
Williams, Tom A., 256.
Winter, Jean-Pierre, 96.
Wittels, Fritz, 94.
Wittgenstein, Ludwig, 87, 91, 93, 95-96.
Wittmann, Blanche ou Marie, 63.
Wolf, Hugo, 93.
Wundt, 101.

Young, J.-Z., 39.

Zola, Émile, 29, 41, 61, 80, 97, 189, 193-194, 196, 198-202, 206-207, 209, 251.
Zweig, Arnold, 129.
Zweig, Stefan, 95-96.

Table

Avertissement *13*

Remerciements *17*

PREMIÈRE PARTIE

La découverte de l'hystérie

I. « De ces causes génitales » **21**

1. L'école des cadavres 21
2. Rencontres 29
3. Filiations 37
4. Le sexe, la femme, l'hystérie 43

II. Des mages, des lettrés, des savants **51**

1. Magnétiseurs 51
2. L'hystérie révisée, Charcot démembré 59
3. Le Horla, l'Unbewusste 76

DEUXIÈME PARTIE

Le mouvement psychanalytique international

I. Détour par Vienne : un maître sans commandement **87**

1. Paradoxes viennois, destinées juives 87
2. La horde sauvage 100
3. Une nouvelle terre promise : Jung, Bleuler et la psychiatrie 115

II. La psychanalyse des notables ou la nouvelle conquête de l'Ouest **133**

1. La cause freudienne dans la Grande Guerre 133
2. Les illusions perdues 144
3. Les grands congrès 151
4. Le symptôme hypnotique 163
5. Moïse exilé 172

TROISIÈME PARTIE

Territoires français

I. L'inconscient « à la française » (de Le Bon à l'affaire Dreyfus) **181**

1. L'univers des traces 181
2. L'arbre aux ancêtres 194
3. Stigmates et maladie mentale 203
4. La peur des foules 211

II. Psychologie ou pansexualisme ? **223**

1. Introduire Freud 223
2. Une nouvelle rencontre de Bouvines : Londres 1913 242
3. Le temps des soupirs 257

QUATRIÈME PARTIE

Histoire des douze

(le mouvement psychanalytique français)

I. La croisée des destins **269**

1. La psychoanalyse selon Angelo Louis Marie Hesnard 269
2. Tragique Varsovienne : Eugénie Sokolnicka 279
3. Un Alsacien à Paris : René Laforgue 289
4. Édouard Pichon : Docteur Jekyll et Mister Hyde 297
5. Son Altesse, la princesse Marie Bonaparte 320

II. La Société psychanalytique de Paris **343**

1. Mœurs et ambitions 343
2. De Genève à Paris 362
3. Deux « marginaux » : Georges Parcheminey et René Allendy 368
4. Conflits théoriques 376
5. Judéité, israélisme, antisémitisme 395

III. Le groupe de l'Évolution psychiatrique **413**
Épilogue *435*
Notes bibliographiques *441*
Annexes *463*
Index *483*

CRÉDIT PHOTOGRAPHIQUE

Éditions ESF : 5 (en bas).
KIPA : 6 (en bas).
ROGER-VIOLLET : 1, 2 (en haut).
Sigmund Freud Copyrights Ltd. : 4 (en haut).
The Psychoanalytic Quarterly : 7 (en bas).
Droits réservés : 2 (en bas), 3, 4 (en bas), 5 (en haut), 6 (en haut), 7 (en haut), 8.

IMPRIMERIE HÉRISSEY À ÉVREUX (9-93)
D.L. SEPTEMBRE 1986. N° 9346-5 (62574)